Lea Wohl von Haselberg

Und nach dem Holocaust?
Jüdische Spielfilmfiguren im (west-)deutschen Film und Fernsehen nach 1945

Jüdische Kulturgeschichte in der Moderne
hrsg. von Joachim Schlör
Band 7

Lea Wohl von Haselberg hat Theater-, Film- und Medienwissenschaften in Frankfurt am Main studiert und an der Universität Hamburg im Bereich Medienwissenschaften mit *Und nach dem Holocaust?* promoviert. Sie forscht und schreibt zu zeitgenössischen jüdischen Themen in Deutschland, zu Erinnerungskultur und Film. Sie lebt in Berlin und Bonn.

Lea Wohl von Haselberg

Und nach dem Holocaust?

Jüdische Spielfilmfiguren im (west-)deutschen Film und Fernsehen nach 1945

Neofelis Verlag

Die Drucklegung wurde ermöglicht durch die Axel Springer Stiftung, die Ursula Lachnit-Fixson Stiftung und die Ephraim Veitel Stiftung.

URSULA LACHNIT-FIXSON STIFTUNG

Ephraim Veitel Stiftung

Bibliografische Information der Deutschen Nationalbibliothek
Die Deutsche Nationalbibliothek verzeichnet diese Publikation in der Deutschen Nationalbibliografie; detaillierte bibliografische Daten sind im Internet über http://dnb.d-nb.de abrufbar.

Umschlaggestaltung: Marija Skara unter Verwendung von Filmstills aus *Zeugin aus der Hölle* (Artur Brauner-Archiv im Deutschen Filminstitut – DIF e. V., Frankfurt am Main), *Lore* (Rohfilm GmbH, Berlin) und *Alles auf Zucker!* (© Alles auf Zucker! X VERLEIH AG).
Lektorat & Satz: Neofelis Verlag (mn/ae)
Druck: PRESSEL Digitaler Produktionsdruck, Remshalden
Gedruckt auf FSC-zertifiziertem Papier.
ISBN (Print): 978-3-943414-60-8
ISBN (PDF): 978-3-943414-81-3

Für Clemens

Inhalt

Dank ... 11

Einleitung ... 13

I. Jüdische Filmfiguren ... 37
1. Realistische jüdische Figuren ... 42
2. Stereotype und die Darstellung jüdischer Filmfiguren ... 47
2.1 Figurenstereotype ... 47
2.2 Stereotype als Bilder des Anderen ... 51
2.3 Stereotype des Jüdischen ... 53
3. Filmische Vor-Bilder und Traditionen in der Darstellung jüdischer Figuren ... 59
4. Das Potential jüdischer Filmfiguren ... 65

II. Jüdische Filmfiguren im Kontext ... 69
1. Jüdische Figuren in Geschichte und kollektivem Gedächtnis ... 70
1.1 Historische Situiertheit von Filmen und ihren (jüdischen) Figuren ... 70
1.2 Jüdische Figuren im kollektiven Gedächtnis ... 72
2. Das ‚deutsch-jüdische Verhältnis' ... 75
2.1 Unterschiedliche Kommunikationsräume und Akteur_innen ... 77
2.2 Ein zeitlicher Abriss ... 79
3. Antisemitismus, Philosemitismus und Film ... 90
3.1 Antisemitismus und Film ... 91
3.2 Antisemitismus nach Auschwitz: Sekundärer Antisemitismus ... 99
3.3 Überlegungen zum Philosemitismus ... 106
4. „Es ist nicht normal. Normal ist nicht, wenn man immer noch über Normalität extra reden muss." – ‚Normalität' als problematische Kategorie ... 111
4.1 Normalität als Paradigmenwechsel: Von der Shoah zu Anderen unter anderen Anderen ... 116

III. Kodierungen von *Jewishness* ... 119
1. Die Einführung einer Figur als jüdisch ... 123
2. Reflexionen von Kodierungen von Jewishness ... 124
3. Rollenbesetzung und paratextuelle Kodierungen ... 126
4. Orte und Dinge ... 131
4.1 Friedhöfe und Beerdigungen ... 133
4.2 Judaica ... 135
4.3 Essen ... 136

5. Jüdische Namen ... 140
6. Von Jüdinnen und Juden: Geschlechterkonstruktionen ... 145
6.1 Jüdinnen: Mütter, Schwestern, Nebenrollen ... 146
6.2 Der jüdische Mann: Schlemihl und Objekt der Begierde nichtjüdischer Frauen ... 152
7. ‚Jüdischer' Witz und Humor ... 154
7.1 Jüdischer Witz als Zuschreibung und Phänomen ... 155
7.2 Filme jüdischen Humors: Dani Levy und Jan Schütte ... 157
7.3 Jüdischer Witz und Humor als defensiv und selbstkritisch ... 159
7.4 Die soziale Funktion von Witzen und Lachen ... 161
7.5 Wer lacht mit wem? Die doppelte Anschlussfähigkeit jüdischer Witze ... 164
8. Auditive Kodierungen ... 165
8.1 „Diese Musik, die sagt mehr aus über das Leid, das ihrem Volk widerfahren ist, als tausend Worte." – Jiddische Musik ... 165
8.2 Jiddische Begriffe und ‚jiddelnde' Sprechweisen ... 168
9. Zusammenfassung: Jewishness im (west-)deutschen Spielfilm nach 1945 ... 170

IV. Eine Typologie jüdischer Filmfiguren ... 173
1. „Sie sind innerlich genauso fifty-fifty wie wir." (Re-)Migrant_innen und Rückkehrer_innen auf Zeit ... 175
1.1 Remigrant_innen ... 177
1.2 Rückkehrer_innen auf Zeit ... 187
1.3 Migrant_innen ... 193
2. „Es wird immer Teil ihrer Gegenwart bleiben" – Überlebende ... 202
2.1 Überlebende und Displaced Persons-Camps ... 207
2.2 Kennzeichen von Überlebenden-Figuren am Beispiel von *Zeugin aus der Hölle* ... 212
2.3 ‚Täter_innen' und Rächer_innen ... 239
3. „Ganz normale feine Kinder" – Die *second generation* ... 252
3.1 Rosenzweigs Freiheit ... 257
3.2 Psychische Folgen und transgenerationelle Traumatisierungen ... 260
3.3 Sprechen und Schweigen ... 263
3.4 Das Verhältnis zu Deutschland ... 266
3.5 Das Verhältnis zum eigenen Judentum ... 270
4. „Religiöser Jude in Berlin ermordet" – Ermittler_innen ... 274
4.1 „Nein, das ist kein Heimspiel!" – Ermittlungen in jüdischen Milieus ... 276
4.2 Jüdische Ermittler_innen-Figuren zwischen Andeutungen und Eindeutigkeit ... 288
4.3 Exkurs: Krimi und Israel ... 296

5. „You don't know who I am" –
Kuckuckskinder (und Transformationen). Doing Jewishness? 298
5.1 Spiel mit Identitäten 299
5.2 Entdecken der eigenen Identität: *Meschugge* 305
6. „Ich habe ein Faible für die jüdischen Männer" – Jüdische Lover 323
6.1 Symbolisches Potential 325
6.2 Konfliktpotential 332
6.3 Geschlechterkonstruktionen
und die Inszenierung der sexuellen Attraktion 337
6.4 Implikationen und Leerstellen 342
7. „Es geht doch nichts über eine jüdische Freundin!" –
Jüdische Nebenfiguren 344
7.1 Im Umfeld jüdischer Hauptfiguren 345
7.2 Begleiter_innen nichtjüdischer Hauptfiguren 347
7.3 ‚Atmosphärische' Figuren 349

**Fazit – „Ist das aus dem Talmud?
Kann gut sein, ich hab's aus einem Film."** 353

Anhang 369
1. Filmografie mit Synopsen 370
2. Figurennamen 397
3. Analyseleitende Fragen zur systematisierten Filmsichtung 402
4. Literaturverzeichnis 403
5. Abbildungsverzeichnis 420
6. Filmregister 422

Dank

Arbeiten, von denen man sich lange nicht vorstellen kann, dass sie irgendwann abgeschlossen sein werden, werden fertig und irgendwann ist der letzte, langerwartete Arbeitsschritt, die Danksagung, gekommen:
Mein besonderer Dank gilt Ronny Loewy, der die Idee zu diesem Projekt bereits unterstützt hat, als sie noch eine ‚fixe' war, der mich mit DVDs und VHS-Kassetten versorgt und immer wieder nach dem Fortschritt der Arbeit gefragt hat und der nun deren Fertigstellung nicht mehr erleben kann.
Joan K. Bleicher und Andreas Stuhlmann haben die Arbeit betreut – sie waren im besten Sinne Doktoreltern. Andreas Brämer hat es ermöglicht, dass ich einen Teil ‚meiner' Filme einem größeren Publikum in einer Filmreihe zeigen konnte; Knut Hickethier, Frank Stern und Christina von Braun haben die Arbeit ebenfalls unterstützt, nicht zuletzt dadurch, dass ich dank ihnen in verschiedenen Institutionen ein inspirierendes Arbeitsumfeld gefunden habe – der Graduate School Media and Communication der Universität Hamburg, dem Zentrum Jüdische Studien Berlin-Brandenburg und dem Bucerius Institute for Research of Contemporary German History and Society an der Universität Haifa gilt dafür Dank. Ein Buch entsteht auch immer im Austausch mit Freund_innen und Kolleg_innen. Ich danke Julia Schumacher, Lisa Schoß, Raphael Rauch, Marie Harder, Markus Nesselrodt, Juliane Sucker und Lena Kreppel, Matthias Naumann und Frank Schlöffel, Caspar Battegay, Tobias Ebbrecht-Hartmann, Hauke Neddermann und Katharina Engler-Coldren.
Die Arbeit an einem Dissertationsprojekt wird von vielen Menschen begleitet und unterstützt. Alle hier zu nennen, die mit anregenden Gesprächen und Filmtiteln, mit Lob und Kritik, mit Aufmunterung und Ablenkung in den unterschiedlichen Phasen beigetragen haben, wäre unmöglich, die wichtigsten haben hier hoffentlich Erwähnung gefunden. Dank gilt auch allen, die mich bei der Filmrecherche unterstützt und beim Fernsehen oder im Kinosaal an mich gedacht haben und mich auf jüdische Filmfiguren hingewiesen oder mich mit Filmkopien versorgt haben – zum Teil haben die Filmemacher_innen selbst ausgeholfen. Vergessen werden dürfen nicht meine Familie – meine Eltern und meine Schwestern, die mich von Anfang an unterstützt haben, Clemens, ohne den die Arbeit keinen Spaß gemacht hätte, und Toscha und Amos, die für den nötigen Zeitdruck gesorgt haben.

Die Promotion wurde von der Friedrich-Ebert-Stiftung und der ZEIT-Stiftung durch Stipendien unterstützt. Für die Überlassung der Bilder für das Buchcover danke ich Dr. Alice Brauner, Dani Levy und Rohfilm. Die Drucklegung wurde durch die Axel Springer Stiftung, die Ursula Lachnit-Fixon Stiftung sowie die Ephraim Veitel Stiftung ermöglicht.

Einleitung

Wendet man sich dem deutschen Film und Fernsehen nach 1945 zu, ist das präsenteste Bild von Jüdinnen und Juden das der Opfer der Shoah. Dabei gibt es weit weniger Spielfilme mit jüdischen Figuren, die nach 1945 spielen und zeitgenössisches jüdisches Leben zeigen, als Filme, deren Handlungen während des Nationalsozialismus angesiedelt sind. Zeitgenössisches jüdisches Leben scheint auf den ersten Blick unterrepräsentiert in der deutschen Film- und Fernsehlandschaft – verglichen mit der Shoah und dem filmischen Bild von Jüdinnen und Juden als verfolgten Opfern. Aber sind nicht auch die jüdischen Figuren, die in zeitgenössischen Spielfilmwelten auftreten als Opferfiguren konzipiert?

Die Aporie, mit der filmische Darstellungen von Jüdinnen und Juden in Deutschland nach 1945 konfrontiert gewesen sind, nämlich dass jüdische Figuren entsprechend sichtbar oder erkennbar gemacht werden mussten und gleichzeitig Jüdinnen und Juden nach 1945 in Deutschland kaum sichtbar waren, habe, so argumentiert Ingo Loose, zu den Ersatzthemen Holocaust und Antisemitismus geführt.[1] Jedoch sind diese Ersatzthemen, wie die vorliegende Untersuchung von etwa 150 (west-)deutschen Spielfilmen, Fernsehfilmen und -serienepisoden zeigt, zum einen häufig an die Zeit des Naziregimes gebunden und gehen über diese nicht hinaus und, wenn sie doch nach der Zäsur des Jahres 1945 angesiedelt sind, funktionieren sie erstaunlich häufig ohne jüdische Figuren, wie in *Zwischen gestern und morgen* (Deutschland West 1947, R: Harald Braun), in dem die jüdische Figur Nelly nur in der Vergangenheit auftaucht, wie in *Das schreckliche Mädchen* (BRD 1990, R: Michael Verhoeven), in dem sich eine junge Frau mit der nationalsozialistischen Vergangenheit und den Verwicklungen in ihrer Heimatstadt auseinandersetzt oder auch *Am Ende kommen Touristen* (BRD 2006/07, R: Robert Thalheim), der die Geschichte des Zivildienstleistenden Sven erzählt, der seinen Ersatzdienst in der Internationalen Jugendbegegnungsstätte Auschwitz leistet und dort einen polnischen KZ-Überlebenden betreut. „Juden haben ergo ein vergleichsweise kleines

1 Ingo Loose: Juden, Holocaust und Antisemitismus im bundesdeutschen Film nach 1945. In: Haus der Geschichte Baden-Württemberg (Hrsg.): *Antisemitismus im Film. Laupheimer Gespräche 2008.* Heidelberg: Winter 2011, S. 151–170, hier S. 169.

Betätigungsfeld im deutschen Film [...] in erster Linie als Opfer oder gar homogene Opfer*gruppe* der nationalsozialistischen Judenverfolgung."[2]

Dieser erste Befund von der Abwesenheit zeitgenössischer jüdischer Figuren entspricht der Alltagsrealität in der Bundesrepublik, wo Jüdinnen und Juden häufig nicht Teil der Lebenswelt der nichtjüdischen Mehrheit sind. Gleichzeitig zeigt sich in dieser Unsichtbarkeit, dass auch die bundesdeutsche Auseinandersetzung mit der deutschen Nazi-Vergangenheit eine war, die weithin nicht im Kontakt oder Dialog mit Jüdinnen und Juden stattfand.[3] Für Spielfilme müssen die jüdischen Figuren jedoch sichtbar gemacht werden, weil sie als solche sonst nicht erkennbar sind. Hier setzt die vorliegende Arbeit an und fragt danach, *wie* die jüdischen Spielfilmfiguren sichtbar gemacht und wie sie im Einzelnen gestaltet sind, und beleuchtet damit das ‚deutsch-jüdische Verhältnis' nach 1945 (ausführlicher dazu Kap. II.2) mit seinen unterschiedlichen Stimmen und bewussten wie unbewussten Tendenzen. Als Gegenstand dieser Untersuchung wurden fiktionale westdeutsche filmische Darstellungen recherchiert, die jüdische Figuren beinhalten und deren Plot nach 1945 spielt. Ziel der Zusammenstellung des über 150 Spiel- und Fernsehfilme wie auch Fernsehspiele und Serienepisoden umfassenden Filmkorpus war keine flächendeckende Bestandsaufnahme von filmischen Darstellungen dieser Kategorisierung,[4] sondern vielmehr eine detaillierte exemplarische Analyse, die sich auf ein großes Filmkorpus stützt und es ermöglicht, Ähnlichkeiten in Figurengestaltung, Motiven, Konfliktkonstellationen, thematischen Anbindungen und impliziten Vorstellungen ebenso aufzudecken wie historische Veränderungen nachzuzeichnen. Der Analysefokus liegt dabei auf Bedeutungspotentialen und Rollenmustern, um das komplexe deutsch-jüdische Verhältnis nach der Shoah besser zu verstehen.

Die Recherche konnte insofern nicht systematisiert erfolgen, als für die gewählten Kriterien der Korpuseingrenzung weder entsprechende Suchmaschinen noch Verschlagwortungen vorhanden sind.[5] Deshalb wurden vier Recherchestrategien kombiniert: erstens, die Recherche in Datenbanken mit thematischen Schlagworten;[6] zweitens,

2 Loose: Juden, Holocaust und Antisemitismus, S. 169.

3 Vgl. dazu Y. Michal Bodemann: *In den Wogen der Erinnerung. Jüdische Existenz in Deutschland*. München: dtv 2002, S. 15–16.

4 Eine flächendeckende Bestandsaufnahme aller (west-)deutschen Fernseh- und Kinospielfilme, die jüdische Figuren beinhalten und deren Plot nach 1945 angesiedelt ist, scheint nicht möglich, da – selbst wenn alle Filme in Datenbanken erfasst und mit Schlagworten kategorisiert wären – Filme, in denen jüdische Figuren nicht die Hauptrolle innehaben, nicht entsprechend gekennzeichnet sind. D. h. Filme, in denen jüdische Figuren eher in der Nebenhandlung auftauchen oder deren Jüdischsein keine zentrale Rolle spielt bzw. das Thema des Films nicht prägt, lassen sich nur schwer recherchieren. Deshalb soll der nicht einzulösende Anspruch auf Vollständigkeit von Anfang an verworfen werden, auch wenn die Recherche sehr umfangreich war und ein substantielles Filmkorpus ermittelt hat.

5 Das Schlagwort ‚Judentum' führt in der Regel entweder zu Holocaust-Filmen oder zu Filmen, die sich mit tendenziell religiösen Themen befassen. Jüdische Nebenfiguren finden sich beispielsweise unter diesem Schlagwort ebensowenig subsumiert wie Hauptfiguren, deren Jüdischsein nur am Rande eine Rolle spielt. Vgl. bspw. Katholisches Institut für Medieninformation (Hrsg.): *Religion im Film. Lexikon mit Kurzkritiken und Stichworten zu 2400 Kinofilmen*. Köln: KIM 1999.

6 Hier ist besonders die Online-Datenbank filmportal.de zu nennen, die es sich als Projekt des Deutschen Filminstituts DIF e. V. zum Ziel gesetzt hat, den deutschen Film möglichst umfassend aufzunehmen, sowie

die Suche in Sekundärliteratur zur filmischen Darstellung der Shoah; drittens, die Konsultation von Wissenschaftler_innen, die im Bereich des ‚jüdischen' Films sowie des Holocaustfilms forschen sowie ihrer Untersuchungen;[7] viertens, die Suche über das Werk jüdischer Filmschaffender.[8] Über diese Recherchestrategien wurde das im Anhang mit filmographischen Daten und Synopsen dokumentierte und der Untersuchung zugrundeliegende Filmkorpus zusammengestellt.[9] Erschwert wurde die Erstellung des Filmkorpus nicht nur durch die mitunter schwierige Recherche, sondern auch durch die schlechte Zugänglichkeit der Filme, besonders der dezentral gelagerten Fernsehfilme und -spiele.[10]

Die Fragestellung zielt im Kern darauf ab, wie jüdische Figuren, jüdisches Leben und jüdische Themen – mehr oder weniger zeitgenössisch – in deutschen Spielfilmen nach 1945 dargestellt wurden und werden. Dabei ist die Auslassung des DDR-Fernsehens und Kinos zum einen der Notwendigkeit einer thematischen Begrenzung geschuldet. So müsste es nicht nur als ein anderes Filmproduktionssystem reflektiert werden, auch die Situation der Jüdinnen und Juden in der DDR, die sich eklatant von der in Westdeutschland unterschied,[11] würde einer gesonderten Betrachtung bedürfen. Zum

die *Cinematographie des Holocaust* (www.cine-holocaust.de) des Fritz Bauer Instituts in Frankfurt am Main, die eine große Menge an Informationen zu filmischen Darstellungen und Thematisierungen des Holocaust beinhaltet. Das Lexikon *Religion im Film* des Katholischen Instituts für Medieninformation führt unter dem Stichwort ‚Judentum' zwar 101 Filme, da es sich dabei jedoch um internationale Produktionen seit Beginn der Filmgeschichte handelt und sowohl Spiel- als auch Dokumentarfilme aufgeführt sind, entsprechen letztlich nur vier Filme den für das Filmkorpus dieser Arbeit veranschlagten Kriterien. Ähnliches gilt für *The Routledge Companion to Religion and Film*, das mit dem Artikel zum Judentum mit *Hitlerjunge Salomon* (BRD 1990, R: Agnieszka Holland) lediglich einen deutschen Film angibt, dessen Handlung aber während des Nationalsozialismus angesiedelt ist (Melanie J. Wright: Judaism. In: John Lyden (Hrsg.): *The Routledge Companion to Religion and Film*. London / New York: Routledge 2009, S. 91–108).

7 Besonderer Dank gilt an dieser Stelle nochmal Ronny Loewy und Frank Stern.

8 Die Recherche über jüdische Filmschaffende wurde durch das Lexikon der emigrierten Filmschaffenden unterstützt (Kay Weniger: *„Es wird im Leben dir mehr genommen als gegeben ..." Lexikon der aus Deutschland und Österreich emigrierten Filmschaffenden 1933 bis 1945. Eine Gesamtübersicht*. Hamburg: Acabus 2011), in dem auch jüdische verfolgte Filmschaffende aufgeführt sind, von denen jedoch lediglich ein Bruchteil nach Deutschland zurückkehrte und dort auch wieder arbeitete. Überdies waren Kataloge jüdischer Filmfestivals wie die der Festivals in Wien und Berlin oder des UK Jewish Film Festival hilfreich, auch wenn deutsche Produktionen dort häufig kaum vertreten sind, sowie des National Center for Jewish Film (http://www.jewishfilm.org/index.html).

9 Angrenzend daran entstand ein Bestand an Filmen, die thematisch an das Korpus anschließen, da sie auffällige Leerstellen aufweisen, wie *Am Ende kommen Touristen*, oder keine jüdischen Figuren beinhalten, aber dennoch jüdisches Leben bzw. dessen Abwesenheit thematisieren, wie *Das schreckliche Mädchen* oder *Jenseits der Stille*. Sie werden mitunter beispielhaft erwähnt, stehen aber nicht im Zentrum der Untersuchung.

10 Lilli Hobl beschreibt die spezifischen Schwierigkeiten der Recherche in Fernseharchiven und verweist darauf, dass Fernseharchive wie ein visuelles Gedächtnis funktionierten, welches sowohl vom Erinnern als auch dem Vergessen geprägt sei: „So signalisieren die Bestände eines Archivs das, was aus der Perspektive des Mediums aus dem kontinuierlichen Programmfluss in einer bestimmten Zeit als erhaltenswert galt, verweisen aber auch auf das, was als löschenswert galt. [...] An den jeweiligen Archivbeständen wird das mediale Wertesystem einer Epoche erkennbar. Gerade die Unterhaltung, aber auch Teilbereiche der aktuellen Information schienen hier oft verzichtbar." (Lilli Hobl: Wege durch die Irrgärten deutscher Fernseharchive. Aufzeichnungen einer Fernsehhistorikerin. In: *montage/av* 14,1 (2005), S. 93–96, hier S. 93.)

11 Siehe beispielsweise Barbara Eichinger / Frank Stern (Hrsg.): *Film im Sozialismus – die DEFA*. Wien: Mandelbaum 2009; Günter Jordan: *Film in der DDR. Daten, Fakten, Strukturen*. Potsdam: Filmmuseum 2009.

anderen entstand zeitgleich mit der vorliegenden Untersuchung eine Forschungsarbeit, die den Fokus auf Juden im DDR-Film legt.[12] Holocaustfilme[13] und andere historische Darstellungen finden in den folgenden Analysen und Überlegungen u. a. wegen der diesbezüglich umfangreichen Forschung[14] keine oder nur am Rande Beachtung.

Dem gewählten Vorgehen liegt die Annahme zugrunde, dass Filme in einem spezifischen Wechselverhältnis mit der äußeren Wirklichkeit stehen: Auf der einen Seite bilden sie diese ab und ihre Bilder speisen sich aus gesellschaftlichen, historischen oder politischen Ereignissen und Verhältnissen. Auf der anderen Seite beeinflussen sie durch ihre Darstellungen und die enthaltenen impliziten Ideologien und Wertvorstellungen[15] Gesellschaften und wirken somit wieder auf die äußere Wirklichkeit zurück.[16] Darüber hinaus sind Spielfilme Teil gesellschaftlicher Realität. Sie sind als „medienvermittelte Erfahrung" Teil menschlichen Alltags und nicht bloß „defizitäre Formen unvermittelter Erfahrung."[17]

12 Zur Darstellung von Jüdinnen und Juden in DEFA-Filmen entsteht eine Dissertation, die sich in der Abschlussphase befindet, siehe Lisa Schoß: *‚Juden' im Film der DDR. Untersuchung eines widersprüchlichen Zusammenhangs.* 2016 erscheint außerdem das enzyklopädisch angelegte Buch: Elke Schieber: *Tangenten. Holocaust und jüdisches Leben im Spiegel audiovisueller Medien der SBZ und der DDR 1946 bis 1990. Eine Dokumentation.* Berlin: Bertz + Fischer 2016. Weiterführend zur allgemeinen Situation von Jüdinnen und Juden in der DDR: Mario Keßler: *Die SED und die Juden – zwischen Repression und Toleranz. Politische Entwicklungen bis 1967.* Berlin: Akademie 1995; Lothar Mertens (Hrsg.): *Deutschland und Israel. Ausgewählte Aspekte eines schwierigen Verhältnisses.* Berlin: Duncker & Humblot. 2006; Angelika Timm: *Hammer, Zirkel, Davidstern. Das gestörte Verhältnis der DDR zu Zionismus und Staat Israel.* Bonn: Bouvier 1997; Jerry E. Thompson: *Jews, Zionism, and Israel. The Story of the Jews in the German Democratic Republic since 1945.* Ann Arbor: University Microfilms 1997.

13 Hier wird Martina Thieles enger Definition des Begriffs Holocaustfilm gefolgt, die unter Holocaustfilmen Filme versteht, die den Antisemitismus und die Judenverfolgung zwischen 1933 und 1945 zum zentralen Thema haben und in denen die Konzentrations- und Vernichtungslager als Handlungsorte auftauchen, vgl. Martina Thiele: *Publizistische Kontroversen über den Holocaust.* Münster: Lit 2001, S. 124. Einem wesentlich weiter gefassten Verständnis folgt die *Cinematographie des Holocaust* des Fritz Bauer Instituts in Frankfurt am Main (http://www.cine-holocaust.de/).

14 Siehe dazu den Abschnitt zum Forschungsstand.

15 Nach Friedmann und Morin wird das „Universum des Films" bestimmt durch „‚kollektive Vorstellungen', Mentalitäten oder Ideologien, die im Innern einer Gesellschaft vorherrschen. Diese korrespondieren mit einem Ensemble von Werten, Haltungen, Vorurteilen und in diesen Sitten angelegtem Wissen, mit einer Art alltäglicher ‚Praxis' von Gemeinschaften." (Georges Friedmann / Edgar Morin: Soziologie des Kinos. In: *montage/av* 19,2 (2010), S. 21–41, hier S. 30.) Douglas Kellner, als Vertreter der britischen Cultural Studies, sieht in der Medienkultur und in populären Filmen existierende gesellschaftliche Konflikte reproduziert und die politischen Diskurse der Zeit „transkodiert" (Douglas Kellner: *Media Culture. Cultural Studies, Identity and Politics between the Modern and the Postmodern.* London / New York: Routledge 1995, S. 56, vgl. außerdem S. 59).

16 Beispielsweise Rainer Winter: *Filmsoziologie. Eine Einführung in das Verhältnis von Film, Kultur und Gesellschaft.* München: Quintessens 1992; Manfred Mai / Rainer Winter (Hrsg.): *Das Kino der Gesellschaft – die Gesellschaft des Kinos. Interdisziplinäre Positionen, Analysen und Zugänge.* Köln: Halem 2006; Lothar Mikos / Rainer Winter (Hrsg.): *Die Fabrikation des Populären. Der John-Fiske Reader.* Bielefeld: Transcript 2001; Thorsten Benkel: *Inszenierte Wirklichkeiten. Erfahrung, Realität, Konstitution von Konformität.* Stuttgart: Ibidem 2003; *montage/av* 19,2 (2010): Filmologie / Soziologie; Carsten Heinze (Hrsg.): *Perspektiven der Filmsoziologie.* Konstanz: UVK 2012.

17 Rüdiger Funiok / Manuela Pietraß: Medien als Ausgangspunkt für die Frage nach dem Menschsein. In: Dies. (Hrsg.): *Mensch und Medien. Philosophische und sozialwissenschaftliche Perspektiven.* Wiesbaden: VS 2010, S. 7–22, hier S. 8–9.

Allgemein gesprochen liegt in diesem komplexen Wechselverhältnis das Bedeutungspotential von Filmen für das Verständnis der Welt begründet; konkret zeigt sich daran, wie eng die untersuchten filmischen und televisuellen Darstellungen mit gesellschaftspolitischen Fragen der Bundesrepublik verbunden sind. Die Untersuchung jüdischer Spielfilmfiguren ist eng verbunden mit einem Interesse an den in der Bundesrepublik vorhandenen Bildern und Vorstellungen über Jüdinnen und Juden sowie am Verhältnis von Jüdinnen/Juden und Nichtjüdinnen/Nichtjuden und dessen Aushandlungsprozessen. Filme werden dabei als Texte verstanden, die nicht eine einzige Bedeutung haben, die auf eine Autor_innenintention zurückgeführt und vom Publikum ‚richtig' oder ‚falsch' verstanden werden kann. Vielmehr geht die hermeneutisch orientierte Film- und Fernsehanalyse von der Mehrdeutigkeit filmischer und televisueller Werke aus und versucht, diese Mehrdeutigkeiten erkennbar zu machen.[18] Die Filme werden aus diesem Grund nach dominanten Themen und Figurenmustern geordnet analysiert.[19]

Jüdische Identität?

Über diesen Fragen nach Darstellung und Repräsentation scheint die Frage zu schweben, was unter Jüdischsein oder jüdischer Identität verstanden wird. Sie ist insofern relevant, als der Eindruck entstehen kann, die Untersuchung, wie Jüdischsein in Film und Fernsehen dargestellt wird, beruhe letztlich auf dem Versuch zu überprüfen, ob jüdische Identität ‚richtig' im Sinne von ‚authentisch' oder ‚verzerrend' im Sinne von ‚unauthentisch' oder auch virtuell[20] dargestellt werde. Dem setze ich jedoch entgegen, dass ein ‚authentisches' Judentum nicht definiert und damit fixiert werden kann, da es heterogen ist, Identität und Kultur in stetigem Wandel begriffen sind und gleichzeitig gerade in den liminalen Bereichen, im Kontakt mit dem ‚Anderen', in diesem Fall dem Nichtjüdischen, konturiert werden.[21] Im Folgenden wird also nicht auf dem Boden der Annahme argumentiert, dass Fremdbilder des Jüdischen Konstruktionen seien, die prinzipiell dem Verdacht, unauthentisch zu sein, ausgesetzt sind, während Selbstbilder des Jüdischen – in einem letztlich essentialistischen Sinne – authentisch(er) seien.

18 Knut Hickethier: *Film- und Fernsehanalyse*. Stuttgart: Metzler 2007, S. 30.

19 Das methodische Vorgehen der Filmanalyse wird zu Beginn von Teil IV ausführlich dargelegt.

20 Ruth Ellen Gruber entwickelt in *Virtually Jewish* das Konzept einer virtuellen jüdischen Kultur, die schwerpunktmäßig von Nichtjuden für Nichtjuden produziert werde, als einer konstruierten, losgelöst von (jüdischer) Tradition und fernab einer lebendigen jüdischen Kultur. Ruth Ellen Gruber: *Virtually Jewish. Reinventing Jewish Culture in Europe*. Berkeley: University of California Press 2002, S. 8 ff. Klaus Hödl hinterfragt die den Überlegungen von Gruber zugrunde liegende Gegenüberstellung einer lebendigen jüdischen Kultur und einer virtuellen jüdischen Kultur: „Die Gegenüberstellung von ‚living Jewish culture' und konstruierter jüdischer Kultur ist nicht so eindeutig, wie vermutet wird; ob eine ‚vererbte Tradition' – was auch immer genau darunter verstanden wird – wirklich Authentizität statt Virtualität hervorbringt, wie in den zitierten Ausführungen insinuiert wird, und ob Gedächtnis/Erinnerung ganz anders als Bedürfnisse bei der Vergangenheitsrekonstruktion wirken, ist ebenfalls zu hinterfragen." (Klaus Hödl: Der „virtuelle Jude" – ein essentialistisches Konzept? In: Ders. (Hrsg.): *Der „virtuelle Jude". Konstruktionen des Jüdischen*. Innsbruck: Studien-Verlag 2005, S. 53–70, hier S. 53.)

21 Ebd., S. 54–55.

Vielmehr werden Fremd- und Selbstbilder als eng verwoben und jeweils konstruiert verstanden.[22]

1945 bis heute – Der historische Hintergrund

Obwohl sich der Aufbau des Buches an den thematischen Vorgaben der Filme orientiert, werden die vielfältigen zeit- und gesellschaftshistorischen Rahmenbedingungen, vor denen die Filme gesehen werden müssen, nicht nivelliert, sondern so eingeflochten, dass der Einfluss der jeweiligen Entstehungszeit deutlich wird. Der vielschichtige historische Zusammenhang kann an drei Ebenen gezeigt werden: erstens, die der allgemeinen deutschen Zeitgeschichte nach 1945 mit ihren spezifischen Aspekten der Erinnerungskultur und der gesellschaftlichen Auseinandersetzung mit der Shoah und dem Nationalsozialismus. Hier ist auch die daraus resultierende Haltung der nichtjüdischen deutschen Mehrheitsgesellschaft gegenüber Jüdinnen und Juden von Bedeutung, die einen wesentlichen Anteil an der Definition des bundesrepublikanischen Selbstbildes hat und zudem nach 1945 dadurch symbolisch aufgeladen wurde, dass die Haltung gegenüber ‚den Juden' eine enge Verquickung einging mit der gegenüber dem Nationalsozialismus, der Shoah und daraus resultierenden Selbstverständnissen einer demokratischen Bundesrepublik.[23] Zweitens ist die Entwicklung und Veränderung jüdischen Lebens in Deutschland seit Ende des Zweiten Weltkrieges bis heute zu reflektieren. Diese Ebene beinhaltet jüdische Selbstverständnisse sowie Veränderungen in (sichtbaren) jüdischen Positionen in der deutschen Gesellschaft[24] und umfasst auch eine jüdisch-deutsche Kulturgeschichte nach 1945.[25] Drittens stellen film- und fernsehgeschichtliche Entwicklungen und Tendenzen eine weitere Ebene des historischen Kontexts dar, die sowohl bedeutsam für die filmischen Darstellungen jüdischer Figuren und Lebenswelten ist als auch für die Frage, welche Themen wann und wo sichtbar wurden oder auch nicht. Zwischen diesen verschiedenen Ebenen bestehen wechselseitige Beziehungen: Jüdische Selbstverständnisse in der Bundesrepublik sind ebenso von politischen und kulturellen Ereignissen geprägt

22 Vgl. Susanne Schönborn: „Juden reden über Gefühle, und die anderen über Kunst". Konstruktionen jüdischer Identität in der Fassbinder-Debatte 1984/85. In: Hödl (Hrsg.): *Der „virtuelle Jude"*, S. 101–117; Juliane Sucker / Lea Wohl von Haselberg: Einleitung. In: Dies. (Hrsg.): *Bilder des Jüdischen. Zwischen Selbstbildern und Fremdzuschreibungen im 20. und 21. Jahrhundert.* Berlin: de Gruyter 2013, S. 11–30.

23 Michael Brenner unterscheidet hier die reale und die symbolische Existenz von Juden in Deutschland (Michael Brenner: Ein neues deutsches Judentum? In: Ders. (Hrsg.): *Geschichte der Juden in Deutschland. Von 1945 bis zur Gegenwart.* München: Beck 2012, S. 419–434, hier S. 421 ff.). Mit letzterer verweist er auf die symbolische Bedeutung der jüdischen Gemeinschaft, die Y. Michal Bodemann als „ideologische Arbeit" beschreibt, die Juden zugewiesen werde und die sie, wenn auch teilweise widerwillig oder widersprüchlich, doch betreiben: „Juden fungieren als Wächter der ruhmreichen deutsch-jüdischen Vergangenheit [...] und sie dienen zudem als Hüter der Erinnerung an die spätere Katastrophe, die all dies zerstörte. Zum Zweiten dient die jüdische Präsenz in Deutschland heute dem Management der Schuld, denn ein Zusammenleben von Juden und Deutschen wird als Tilgung ebendieser Schuld gesehen." (Bodemann: *In den Wogen der Erinnerung*, S. 172.) Vgl. außerdem die Überlegungen zum demonstrativen Philosemitismus in Kap. II.3.3.

24 Ausführlich dazu Brenner (Hrsg.): *Geschichte der Juden in Deutschland;* Anthony Kauders: *Unmögliche Heimat. Eine deutsch-jüdische Geschichte der Bundesrepublik.* München: DVA 2007.

25 Vgl. bspw. Frank Stern: *Dann bin ich um den Schlaf gebracht. Ein Jahrtausend jüdisch-deutsche Kulturgeschichte.* Berlin: Aufbau 2002.

wie von stattfindenden Zuschreibungen von außen. Filmische Darstellungen wiederum können sowohl ebensolche kulturellen Ereignisse sein als auch Zuschreibungen von außen und sie spielen eine maßgebliche Rolle für kulturelle und gesellschaftliche Identitätskonstruktionen.[26]
Die direkte Nachkriegszeit, die von der Zerstörung Deutschlands und seiner Niederlage, der Besatzung und Aufteilung in Zonen, dem Wiederaufbau und der ideologischen Neuorientierung gezeichnet war,[27] ist auch filmhistorisch von dieser Situation geprägt: Die Alliierten hatten nach dem Ende des Krieges ein Veröffentlichungs-, Produktions- und Verbreitungsverbot über die zusammengebrochene deutsche Filmwirtschaft verhängt, das erst mit der Lizenzierungspflicht, die bis zum Ende der Besatzungszeit galt, gelockert bzw. aufgehoben wurde.[28] Die zwischen 1946 und 1949 entstehenden Filme[29] wurden unter massiven Schwierigkeiten finanzieller, technischer und organisatorischer Art produziert und sahen sich häufig einer „moralischen Wiederaufrüstung" verpflichtet.[30] Gleichzeitig veränderte sich in dieser Phase der Gründung der Bundesrepublik und der Erringung ihrer Souveränität die Haltung gegenüber Jüdinnen und Juden: Projüdischen oder philosemitischen Haltungen kam eine wichtige Funktion für die Legitimierung der Demokratie des westdeutschen Staates und für dessen Bemühungen um die Westintegration zu.[31] In der vorliegenden Arbeit werden aus diesem Zeitraum *Der Ruf* (DE West 1948/49, R: Josef von Baky) und *Lang ist der Weg* (DE Ost 1947/48, R: Herbert B. Fredersdorf, Marek Goldstein) diskutiert. *Der Ruf* wurde 1948/49 in der amerikanischen Besatzungszone von dem nichtjüdischen und in Deutschland gebliebenen Regisseur Josef von Baky gedreht. Fritz Kortner, gerade aus dem amerikanischen Exil zurückgekehrt, verfasste das Drehbuch und spielte die Hauptrolle. *Der Ruf* kann inhaltlich im Zusammenhang einer „moralischen Wiederaufrüstung" mit versöhnlicher Ausrichtung gesehen werden. Doch trotz seines versöhnlichen Tons stieß er, wie auch einige andere Filme der direkten Nachkriegszeit, beispielsweise *Zwischen gestern und morgen* (DE West 1947, R: Harald Braun), *Ehe im Schatten* (DE Ost 1947, R: Kurt Maetzig) oder *Morituri* (DE West 1948, R: Eugen York), auf Ablehnung bei einem westdeutschen Kinopublikum, das lieber eskapistische Unterhaltungsfilme sehen wollte.[32] *Lang ist der Weg* kommt insofern eine besondere Bedeutung zu, als es sich um eine

26 Vgl. bspw. Kellner: *Media Culture*, S. 60; Astrid Erll: *Kollektives Gedächtnis und Erinnerungskulturen*. Stuttgart / Weimar: Metzler 2005, S. 137–142. Vgl. außerdem Kap. II.1.2.

27 Axel Schildt / Detlef Siegfried: *Deutsche Kulturgeschichte. Die Bundesrepublik – 1945 bis zur Gegenwart*. Bonn: Bundeszentrale für politische Bildung 2009, S. 21 ff.

28 Das begründet sich damit, dass man dem Versagen der deutschen Kultur zentralen Anteil an der Ermöglichung des NS-Regimes zusprach und in diesem Zuge die Kulturpolitik zum Teil der alliierten Sicherheitspolitik wurde. Ebd., S. 45.

29 Es wurden in diesem Zeitraum trotz Lizenzierungspflicht über 100 Filme produziert. Kirsten Burghardt: Moralische Wiederaufrüstung im frühen deutschen Nachkriegsfilm. In: Michael Schaudig (Hrsg.): *Positionen deutscher Filmgeschichte. 100 Jahre Kinematographie. Strukturen – Diskurse – Kontexte*. München: Diskurs Film 1996, S. 240–277, hier S. 242.

30 Burghardt: Moralische Wiederaufrüstung im frühen deutschen Nachkriegsfilm, S. 241–245.

31 Frank Stern: *Im Anfang war Auschwitz. Antisemitismus und Philosemitismus im deutschen Nachkrieg*. Gerlingen: Bleicher 1991, S. 17.

32 Burghardt: Moralische Wiederaufrüstung im frühen deutschen Nachkriegsfilm, S. 269–270.

Filmproduktion handelt, die in der unmittelbaren Nachkriegszeit eine Kooperation jüdischer und nichtjüdischer deutscher Filmschaffender war, wobei Jiddisch die hauptsächlich verwendete Sprache des Film ist.[33] Obwohl die Handlung bereits vor Kriegsende einsetzt, zeigt *Lang ist der Weg* das jüdische Leben in Displaced Person-Camps[34] und erzählt als erster deutscher Spielfilm aus jüdischer Perspektive von der Shoah.[35] Retrospektiv, wenn auch mit sehr unterschiedlich großer zeitlicher Distanz und Perspektive, befassen sich Filme wie *Wir Wunderkinder* (BRD 1958, R: Kurt Hoffmann) oder auch *Welcome in Vienna* (AT/CH/BRD 1982–1985, R: Axel Corti) mit dieser Zeit und zeigen die Veränderungen der Perspektiven. Seit Mitte der 1990er Jahre ist ‚die Stunde Null' mit dem Kriegsende und dem Versuch eines Neuanfangs vermehrt Thema vor allem, aber nicht ausschließlich von Fernsehfilmen geworden. Filme wie *Deutschlandlied. Schicksale der Nachkriegszeit* (BRD 1994/95, R: Tom Toelle), *Gegen Ende der Nacht* (BRD 1998, R: Oliver Storz), *Drei Schwestern made in Germany* (BRD 2006, R: Oliver Storz), *Das Zeugenhaus* (BRD 2014, R: Matti Geschonneck), *Landauer. Der Präsident* (BRD 2014, R: Hans Steinbichler), *Tannbach – Schicksal eines Dorfes* (BRD 2015, R: Alexander Dierbach) oder auch *Die Himmelsleiter. Sehnsucht nach Morgen* (BRD 2015, R: Carlo Rola) fragen danach, wie es nach dem Nationalsozialismus eigentlich weiterging und entwerfen vor diesem Hintergrund Bilder deutscher Selbstverständnisse. Zentral oder am Rande spielen dabei auch jüdische Figuren eine Rolle.

Der Wiederaufbau des deutschen Fernsehens begann 1947/48.[36] Erste Testsendungen liefen 1950, weshalb das Filmkorpus keine Fernsehfilme dieser ersten direkten Nachkriegsjahre enthält. In der zweiten Hälfte der 1950er Jahre und dem Beginn der 1960er Jahre etablierte sich das Fernsehen als Massenmedium.[37] Es wurden zunehmend Fernsehspiele produziert, die besonders in den 1960er Jahren häufig kritische Tendenzen hatten und als sozialpolitische Bestandsaufnahmen der bundesdeutschen Gesellschaft verstanden werden konnten.[38] Die 1960er Jahre sind vom Mauerbau und der daraus resultierenden Besiegelung der getrennten Film- und Fernsehsysteme von

33 Cilly Kugelmann: Lang ist der Weg. Eine jüdisch-deutsche Film-Kooperation. In: Fritz Bauer Institut (Hrsg.): *Auschwitz. Geschichte, Rezeption und Wirkung* (= *Jahrbuch 1996 zur Geschichte und Wirkung des Holocaust*). Frankfurt am Main: Campus 1996, S. 353–370, hier S. 353.

34 Als Displaced Persons wurden Heimatlose verstanden, die sich zum Kriegsende in Folge des nationalsozialistischen Vernichtungskrieges außerhalb ihrer Staaten befanden und ohne Hilfe nicht in diese zurückkehren oder eine neue Heimat finden konnten. Darunter fielen u. a. ehemalige Kriegsgefangene, Zwangsarbeiter_innen, Befreite aus Konzentrationslagern und von Todesmärschen. Jacqueline Giere: Einleitung. In: Fritz Bauer Institut (Hrsg.): *Überlebt und Unterwegs. Jüdische Displaced Persons im Nachkriegsdeutschland*. Frankfurt am Main: Campus 1997, S. 13–26, hier S. 13. Zur (Nicht-)Darstellung von Displaced Persons in den für die vorliegende Arbeit untersuchten Filmen siehe Kap. IV.2.1.

35 Catherine Portuges: Intergenerational Transmission. The Holocaust in Central European Cinema. In: Andrea Sabbadini (Hrsg.): *Projected Shadows. Psychoanalytic Reflections on the Representation of Loss in European Cinema*. New York: Routledge 2007, S. 73–91, hier S. 75.

36 Knut Hickethier / Peter Hoff: *Geschichte des deutschen Fernsehens*. Stuttgart: Metzler 1998, S. 6, 60 ff.

37 Vgl. ebd., S. 110–112.

38 Vgl. Knut Hickethier: *Das Fernsehspiel der Bundesrepublik. Themen, Form, Struktur, Theorie, Geschichte 1951–1977*. Stuttgart: Metzler 1980, S. 271–272.

Ost- und Westdeutschland geprägt, sowie von der Studentenbewegung am Ende des Jahrzehnts. Die Aufbruchsstimmung, die im Kino herrschte, drückt sich im Oberhausener Manifest (1962) und dem Neuen Deutschen Film aus.[39] Das Fernsehen etablierte sich zum Leitmedium der gesellschaftlichen Kommunikation.[40] Gleichzeitig sind die 1960er Jahre nicht nur in der BRD, sondern auch in der DDR geprägt von den ersten größeren NS-Prozessen nach den Nürnberger Prozessen und den gesellschaftlichen und künstlerischen Auseinandersetzungen, die sie auslösen. Das schlägt sich auch in west- wie ostdeutschen Filmen und Fernsehspielen wie *Anfrage* (BRD 1962, R: Egon Monk), *Jetzt und in der Stunde meines Todes* (DDR 1963, R: Konrad Petzold), *Chronik eines Mordes* (DDR 1964/65, R: Joachim Hasler), *Zeugin aus der Hölle* (BRD/JUG 1965–67, R: Zica Mitrovic) oder *Mord in Frankfurt* (BRD 1968, R: Rolf Hädrich) nieder. Daneben befassen sich Filme wie *Schwarzer Kies* (BRD 1969/61, R: Helmut Käutner), *Abschied von gestern* (BRD 1965/66, R: Alexander Kluge) oder *Alma Mater* (BRD 1969, R: Rolf Hädrich) mit der NS-Vergangenheit und damit, welche Bedeutung diese für die deutsche Nachkriegsgesellschaft und die (sowohl ost- als auch west-) deutsche Gegenwart hat.[41]
Der Neue Deutsche Film reichte bis in die 1970er Jahre.[42] Häufig werden die 1960er und 1970er Jahre mit ihren ‚Wellen' und Bewegungen und der „Betonung individueller Kreativität" als Zeit des Autorenfilms bezeichnet.[43] Von besonderem Interesse für diese Arbeit sind die Filme Rainer Werner Fassbinders, wie *In einem Jahr mit 13 Monden* (BRD 1978) oder *Die Sehnsucht der Veronika Voss* (BRD 1981/82), weil einerseits jüdische Figuren für die Protagonist_innen ihrer Geschichten ganz zentrale Bedeutung haben und andererseits Fassbinder mit seinem Theaterstück *Der Müll, die Stadt und der Tod* (1975/76) eng mit einer gesellschaftlichen Debatte über Antisemitismus und antisemitische Darstellungen verbunden ist und damit mit einem Stück deutscher Zeitgeschichte. Aber auch Alexander Kluges *Abschied von gestern* ist mit der jüdischen Figur Anita G. relevant, stellt er doch eine jüdische Hauptfigur in den Mittelpunkt, die sich durch die damalige Bundesrepublik bewegt. In den frühen 1970er Jahren machen sich die gesellschaftlichen Liberalisierungstendenzen u.a. als Folge der Studentenbewegung auch im Fernsehen bemerkbar, sowohl thematisch als auch personell. Bis 1975, schreibt Joan K. Bleicher, habe das Fernsehen auch als „Konfliktmedium mit dem Ziel der politischen Aufklärung funktioniert"[44].

39 Thomas Elsaesser: *Der neue deutsche Film. Von den Anfängen bis zu den neunziger Jahren*. München: Heyne 1994; Ralph Eue / Lars H. Gass: *Provokation der Wirklichkeit. Das Oberhauser Manifest und die Folgen*. München: Edition text + kritik 2012.

40 Hickethier / Hoff: *Geschichte des deutschen Fernsehens*, S. 199.

41 Die Filme der DEFA sind hier nur beispielhaft angeführt, um hervorzuheben, dass es sich um ein gesamtdeutsches Phänomen handelte. Gleichzeitig muss erwähnt werden, dass die 1960er Jahre in der DDR ein äußerst produktives Jahrzehnt der filmischen Auseinandersetzung mit Shoah und NS-Prozessen waren und dort deutlich mehr Filme entstanden als in der BRD. Ausführlicher dazu siehe Lisa Schoß: *‚Juden' im Film der DDR*.

42 Sabine Hake / Roger Thiel: *Film in Deutschland. Geschichte und Geschichten seit 1895*. Reinbek: Rowohlt 2004, S. 249–250, 266.

43 Vgl. Hake / Thiel: *Film in Deutschland*, S. 266.

44 Joan K. Bleicher: *Chronik zur Programmgeschichte des deutschen Fernsehens*. Berlin: Edition Sigma 1993, S. 24.

Für das Ende der 1970er Jahre ist sicherlich der Terrorismus der RAF, der als *deutscher Herbst* auch filmisch bearbeitet wurde, prägend. Die Erschütterungen, die der Terrorismus in der bundesdeutschen Gesellschaft auslöste, müssen in Zusammenhang mit den Nachwirkungen der nationalsozialistischen Vergangenheit gesehen werden.[45] Die Ausstrahlung der amerikanischen Miniserie *Holocaust* (USA 1978, NBC, R: Marvin J. Chomsky) in Deutschland im Jahr 1979, die aufgrund ihrer Reichweite und gesellschaftlichen Resonanz als Medienereignis bezeichnet werden kann, löste eine veränderte (filmische) Beschäftigung mit der Shoah und vor allem ihren Opfern aus[46] und fand im deutschen Fernsehen auch direkte Antworten, wie beispielsweise die zehnteilige Fernsehserie *Ein Stück Himmel* (BRD 1982/86, R: Franz Peter Wirth).[47] Die Veränderung und zunehmende Bedeutung der Erinnerungskultur, die sich nicht nur in Film und Fernsehen spiegelte, wurde jedoch von den Ereignissen und Debatten der 1960er und 70er Jahre vorbereitet.[48]

Die 1980er Jahre standen politisch unter dem Zeichen der neuen konservativen Regierung, die mit Ereignissen wie Helmut Kohls Israelbesuch 1984, seinem Sprechen von der ‚Gnade der späten Geburt' oder der sogenannten Bitburg-Affäre 1985 ein verändertes Verhältnis zur nationalsozialistischen Vergangenheit zeigte. Im Kontext dieser Arbeit relevante Ereignisse der bundesdeutschen Öffentlichkeit sind der Historikerstreit[49] und die Fassbinder-Kontroversen[50]. Die Auseinandersetzungen um das Erscheinen des Theaterstücks *Der Müll, die Stadt und der Tod* (1975/76) und die versuchte Uraufführung nach Fassbinders Tod (1984/85) verdeutlichten auf der einen Seite die Existenz eines linken Antisemitismus in der Bundesrepublik;[51] auf der anderen

45 Thomas Elsaesser beschreibt, wie traumatische Ereignisse im Kino wiederkehren, und zeigt in seiner Aufsatzsammlung *Terror und Trauma* die Verbindungslinien von Shoah und RAF-Terror auf. Thomas Elsaesser: *Terror und Trauma. Zur Gewalt des Vergangenen in der BRD*. Berlin: Kadmos 2007. Siehe auch Hake / Thiel: *Film in Deutschland*, S. 291.

46 Vgl. Elsaesser: *Der neue deutsche Film*, S. 361–364; Friedrich Knilli / Siegfried Zielinski: *Holocaust zur Unterhaltung. Anatomie eines internationalen Bestsellers. Fakten, Fotos, Forschungsreportagen*. Berlin: Verlag für Ausbildung und Studium 1982; Catrin Corell: *Der Holocaust als Herausforderung für den Film. Formen des filmischen Umgangs mit der Shoah seit 1945. Eine Wirkungstypologie*. Bielefeld: Transcript 2009; Marcus Stiglegger: *Auschwitz-TV. Reflexionen des Holocaust in Fernsehserien*. Wiesbaden: Springer 2015, S. 2–3.

47 Zu den televisuellen deutschen Antworten auf *Holocaust* entsteht am Lehrstuhl für Jüdische Geschichte der LMU München die historisch ausgerichtete Dissertation *Nach Holocaust: ‚Visuelle Integration' von Juden in westdeutschen Fernsehserien* von Raphael Rauch, die einen Schwerpunkt auf Fernsehserien der 1980er Jahre legt. Vgl. außerdem Raphael Rauch: Ein Stück Himmel (Autobiographie von Janina David und Fernsehserie von Franz Peter Wirth). In: Wolfgang Benz (Hrsg.): *Handbuch des Antisemitismus*, Bd. 8. Berlin: de Gruyter 2015, S. 194–198.

48 Vgl. Bodemann: *In den Wogen der Erinnerung*, S. 81–82, 112–113.

49 Für einen kurzen Überblick zum Historikerstreit siehe Torben Fischer / Matthias N. Lorenz (Hrsg.): *Lexikon der „Vergangenheitsbewältigung" in Deutschland. Debatten- und Diskursgeschichte des Nationalsozialismus nach 1945*. Bielefeld: Transcript 2007, S. 238–240.

50 Für einen kurzen Überblick über die Fassbinderkontroversen siehe ebenfalls Fischer / Lorenz: *Lexikon der „Vergangenheitsbewältigung"*, S. 230–232.

51 Micha Brumlik / Hajo Funke / Lars Rensmann: Einleitung. In: Dies. (Hrsg.): *Umkämpftes Vergessen. Walser-Debatte, Holocaust-Mahnmal und neuere deutsche Geschichtspolitik*. Berlin: Das Arabische Buch 2000, S. 9–14, hier S. 13.

kann die Verhinderung der Uraufführung durch eine Gruppe Frankfurter Jüdinnen und Juden als Zäsur im jüdisch-nichtjüdischen Verhältnis in Deutschland verstanden werden, weil sich hier Juden öffentlich positionierten und selbstsicherer zeigten:

> Indem sich Juden auf die Bühne des Frankfurter Schauspiels wagten, um die Aufführung eines antisemitischen Stücks zu verhindern, gingen sie gleichzeitig in die Öffentlichkeit – und suchten nicht mehr Schutz hinter verschlossenen Türen [...]. Ohne die Bedeutung von Frankfurt oder Bitburg herunterspielen zu wollen, könnte man sagen, dass es angesichts einer kritischen Generation von Intellektuellen früher oder später zu einem symbolischen Akt wie in Frankfurt gekommen wäre. Die Koffer hatte man ja schon längst ausgepackt, die Zukunft würde sich in Deutschland abspielen.[52]

Auch im deutschen Film und Fernsehen wird jüdisches Leben im Laufe der 1980er Jahre sichtbarer und erstmals in der von Artur Brauner produzierten dreizehnteiligen Fernsehserie *Levin und Gutman* (BRD 1985) zum zentralen Thema – vor allem aber wird es als plural dargestellt und nicht ausschließlich auf den alles determinierenden Hintergrund der Shoah bezogen.[53] Der Fall der Mauer 1989 markierte das Ende der Nachkriegszeit[54] und führte auch zu Veränderungen im deutschen Umgang mit nationalsozialistischer Vergangenheit und der jüdischen Bevölkerung. Ein ‚Normalisierungsprozess' begann, mit der Begleiterscheinung, dass Antisemitismus zunehmend wieder salonfähig(er) wurde. Für Jüdinnen und Juden mag bereits die Wiedervereinigung durchaus den Schreckmoment eines erstarkenden Deutschland beinhaltet haben; in jedem Fall aber lösten die neonazistischen Pogrome Anfang der 1990er Jahre, wie im September 1991 im sächsischen Hoyerswerda oder im August 1992 in Rostock-Lichtenhagen, derartige Gefühle aus, die sich in den Fernsehfilmen *Ohne mich* (BRD 1993) von Dani Levy und *Rosenzweigs Freiheit* (BRD 1998) von Liliane Targownik zeigten.

Gleichzeitig bedeuteten das Ende der DDR und die Wiedervereinigung auch für die Medienlandschaft in Deutschland einen massiven Umbruch:[55] Wie in anderen Bereichen auch waren an den Prozess der Neuorganisation des deutschen Fernsehens viele Hoffnungen geknüpft, einen ‚dritten Weg' zwischen BRD- und DDR-Fernsehen gehen zu können, was sich letztlich nicht erfüllte.[56] Eine Produktion, die in diese Umbruchphase der Film- und Fernsehlandschaft fällt, ist *Bronsteins Kinder* vom polnischen Regisseur Jerzy Kawalerowicz. Der Film basiert auf dem 1986 erschienenen gleichnamigen Roman von Jurek Becker. Die Dreharbeiten fanden bereits von Mai bis Juli 1990 statt. Der Film lief aber erst im Juni 1992 in den deutschen Kinos an. Auch wenn er letztlich in der Bundesrepublik produziert wurde, ist er ebenso sehr noch DEFA-Film.

52 Kauders: *Unmögliche Heimat*, S. 196–197.

53 Vgl. Raphael Rauch: Levin und Gutman (Fernseh-Serie von Peter Deutsch, 1985). In: Benz (Hrsg.): *Handbuch des Antisemitismus*, Bd. 8, S. 245–248.

54 Hake / Thiel: *Film in Deutschland*, S. 303.

55 Dieter Wiedemann: Braucht Deutschland den deutschen Film? Überlegungen und Polemiken zur Wiedervereinigung einer Filmnation. In: Schaudig (Hrsg.): *Positionen deutscher Filmgeschichte*, S. 473–486, hier S. 473.

56 Hickethier / Hoff: *Geschichte des deutschen Fernsehens*, S. 494 ff.

Seit den späten 1980er Jahren sind die NS-Vergangenheit und die Shoah in der bundesdeutschen Öffentlichkeit omnipräsent, wobei zunehmend diskutiert wurde, *wie* die Shoah angemessen dargestellt werden könne. Diese Debatte entzündete sich wiederholt auch an Produktionen wie der fiktionalen Miniserie *Holocaust*, dem zweiteiligen französischen Dokumentarfilm *Shoah* (FR 1985, R: Claude Lanzmann), dem US-amerikanischen Spielfilm *Schindlers List* (*Schindlers Liste*, USA 1993, R: Steven Spielberg) und – in der konkreten Frage, ob man über Auschwitz lachen dürfe[57] – dem italienischen Spielfilm *La vita è bella* (*Das Leben ist schön*, IT 1997, R: Roberto Benigni). Letztlich handelt es sich bei der Auseinandersetzung um Mimesis und Bilderverbot um eine, die seit 1945 in Variationen immer wieder geführt wurde und wird[58] und die sich im Kern immer um die Angemessenheit der Darstellung dreht.

Daneben ist das sogenannte wiedervereinigte Deutschland einerseits von einem erstarkenden Rechtsextremismus geprägt,[59] andererseits zeichnet sich auch ein zunehmendes Interesse an jüdischen Themen ab,[60] was sich in einem wachsenden Wunsch nach einer lebendigen jüdischen Kultur in Deutschland ausdrückt und zu einem jüdischen Kulturangebot führt, das primär von nichtjüdischen Deutschen für nichtjüdische Deutsche gestaltet wird und eine Debatte um eine „virtuelle jüdische Kultur" ausgelöst hat.[61] Frank Stern sieht darin eine deutsche Sehnsucht nach einem Judentum vor der ‚Akkulturation', weshalb die ‚ostjüdische Erfahrung' die deutsch-jüdische zunehmend überlagere und der Jude als kulturell völlig Anderer wahrgenommen werde.[62]

In Zusammenhang mit dieser vielschichtig motivierten Hinwendung zu jüdischen Themen stehen sicherlich die (Fernseh-)Komödien *Alles auf Zucker!*, *Zores* (BRD 2006, R: Anja Jacobs) und *So ein Schlamassel* (BRD 2009, R: Dirk Regel), die im ersten Jahrzehnt des neuen Jahrtausends entstanden und die – betrachtet man nachfolgende Produktionen wie *Auf das Leben!* (BRD 2014, R: Uwe Janson) oder *Chuzpe – Klops braucht der Mensch!* (BRD 2015, R: Isabel Klefeld), die ihnen nicht nur durch das Ausrufungszeichen im Titel ähneln – als Beginn der ‚Fernsehkomödie im jüdischen Milieu' verstanden werden können. Im Zuge dessen werden Romane jüdischer Autor_innen häufiger verfilmt, wie *Chuzpe* von Lily Brett oder *SuperTex* von Leon de Winter. Auch in Fernsehserien der 1990er Jahre bis heute finden sich zunehmend jüdische Figuren: In der *Lindenstraße* (BRD 1985–heute, ARD) entpuppt sich Enrico Pavarotti Anfang der 1990er Jahre als KZ-Überlebender und 2010, mit dem Künstler Gunter Demnig als Gaststar, werden für die fiktive Familie Rosenberg Stolpersteine

57 Vgl. Margrit Frölich / Hanno Loewy / Heinz Steinert (Hrsg.): *Lachen über Hitler – Auschwitz-Gelächter? Filmkomödie, Satire und Holocaust.* München: Edition text + kritik 2003.

58 Corell: *Der Holocaust als Herausforderung für den Film*, S. 15 ff.

59 Schildt / Siegfried: *Deutsche Kulturgeschichte*, S. 498 ff. Dieser erstarkende Rechtsextremismus ist auch von Filmen wie *Rosenzweigs Freiheit* (BRD 1998, R: Liliane Targownik) oder *Neues Deutschland: Ohne mich* (BRD 1993, R: Dani Levy) aufgegriffen worden.

60 Vgl. Sander L. Gilman: (Hrsg.): *Reemerging Jewish Culture in Germany. Life and Literature since 1989.* New York: NYU Press 1994.

61 Vgl. Gruber: *Virtually Jewish.*

62 Stern: *Dann bin ich um den Schlaf gebracht*, S. 205.

verlegt.[63] *Schalom meine Liebe* (BRD 1998, R: Josef Rödl) zeigt, ähnlich wie *Levin und Gutman* in den 1980er Jahren, jüdisches Leben in seiner Pluralität und seinen generationellen Konflikten. In *Berlin, Berlin* (BRD 2001–2004, ARD) beginnt die Protagonistin Lolle eine leidenschaftliche, aber unglücklich endende Affäre mit Moshe, dem Besitzer eines koscheren Restaurants, in dem sie arbeitet, und besonders Fernsehkrimis führen die Zuschauer_innen häufig in jüdische Milieus, wie in *Liebe unter Verdacht* (BRD 2002, R: Jorgo Papavassiliou) oder der Schimanski-Episode *Das Geheimnis des Golem* (BRD 2003, R: Andreas Kleinert). Darüber hinaus werden jüdische bzw. jüdisch klingende Namen im deutschen Fernsehen, wie in den Krimiserien *Die Kommissarin* (1994–2006, ARD), deren Protagonistin den Figurennamen Lea Sommer trägt, oder in *Bella Block* (BRD 1994–heute, ZDF), in der der Lebensgefährte der Kommissarin Simon Abendroth heißt, in diesen Jahren immer häufiger. Auch treten zunehmend jüdische Nebenfiguren auf, beispielsweise in *Obsession* (BRD 1996/97, R: Peter Sehr), *Rot und Blau* (BRD 2002/03, R: Rudolf Thome) oder *Rubbeldiekatz* (BRD 2011, R: Detlev Buck). Das lässt – wie auch vermeintlich jüdische Kulturevents – den Eindruck eines vitalen jüdischen Lebens und jüdischer Präsenz in Deutschland entstehen. Einen vorläufigen Höhepunkt findet diese Entwicklung mit der jüdischen Kommissarin Nina Rubin, gespielt von Meret Becker, die seit März 2015 im Berliner *Tatort* zu sehen ist. Das Judentum ist nun vollends im *Tatort* angekommen – und damit in der Bundesrepublik.

Nach Diana Pinto werden Jüdinnen und Juden in Europa zunehmend zu Anderen unter anderen Anderen,[64] was sich auch in den *Tatort*-Filmen *Ein ganz normaler Fall* (BRD 2011, R: Torsten C. Fischer) oder *Hydra* (BRD 2015, R: Nicole Weegmann), den Spielfilmen *Kaddisch für einen Freund* (BRD 2010/11, R: Leo Kashin) oder *Der letzte Mentsch* (BRD/ CH/ FR 2012-14, R: Pierre-Henry Salfati), den Fernsehfilmen *Familie verpflichtet* (BRD 2015, R: Hanno Olderdissen) oder *Herbe Mischung* (BRD/IL 2015, R: Dror Zahavi) sowie dem unrealisierten Filmprojekt *Kebap, Latkes und Sauerkraut* zeigt, aber auch Produktionen anderer Länder wie der britischen Komödie *The Infidel* (2010, R: Josh Appignanesi), wenn jüdische Themen im Dreieck christliche Mehrheitsgesellschaft – jüdische Minderheit – muslimische Minderheit gezeigt werden.

Diese Ausführungen sollen – ohne Anspruch auf Vollständigkeit – deutlich machen, wie dicht das Netz der historischen und gesellschaftlichen Zusammenhänge ist, in dem die hier analysierten Filme wirken und verstanden werden müssen. Gleichzeitig ergibt sich über diese Skizze ein erster Eindruck von der Vielfalt der Filme, die Gegenstand dieser Arbeit sind.

Wie die Heterogenität der untersuchten Filme zustande kommt, erklärt sich durch die Abgrenzung und Definition des Filmkorpus, der folgende Überlegungen zu Grunde liegen: Zunächst steht über allem anderen das Erkenntnisinteresse und die

63 Vgl. Hanno Loewy: Lindenstraße. Eine Erledigung. In: Ulrike Heikaus (Hrsg.): *Das war spitze! Jüdisches in der deutschen Fernsehunterhaltung.* Essen: Klartext 2011, S. 81–89.

64 Diana Pinto: The Challenges of Progressive Jews in 21st Century Europe. In: *European Union for Progressive Judaism* (2010). http://www.eupj.org/paris-2010/69-dr-diana-pinto.html (Zugriff am 20.05.2011).

Schlüsselfrage dieser Arbeit, die spezifische Darstellung und thematische Einbettung fiktiver jüdischer Filmfiguren. Dabei geht es nicht um eine Antisemitismussuche, die von vornherein von antisemitischen Darstellungen ausgeht und diese sucht. Auch wenn sekundärer Antisemitismus – als die spezifische Form des Antisemitismus nach der Shoah (vgl. Kap. II.3) – zu berücksichtigen ist, sollen die filmischen Darstellungen jüdischer Themen zunächst offen und wertneutral betrachtet werden.[65]
Zweitens werden sowohl Kinospielfilme als auch Fernsehspiele berücksichtigt, wobei der Fokus weniger auf vorhandenen Unterschieden liegt,[66] sondern eher auf dem beiden gemeinsamen fiktionalen Erzählen als einem sinnvollen Kriterium zur Abgrenzung gegen den Dokumentarfilm.[67] Es wird davon ausgegangen, dass trotz der Unterschiede zwischen Kino- und Fernsehspielfilmen eine klare Abgrenzung von filmischen Formen, die für verschiedene Medien produziert wurden, problematisch ist, nicht

65 Würde man das Interesse der Arbeit darauf konzentrieren, so müsste man nicht notwendigerweise ausschließlich auf Filme mit jüdischen Figuren fokussieren. Wie Julia Anspach am Beispiel des deutschen Heimatfilms der 1950er Jahre deutlich macht, müssen jüdische Figuren nicht zwangsläufig auftreten, um antisemitische Stereotype fortzuschreiben. Julia Anspach: Antisemitische Stereotype im deutschen Heimatfilm nach 1945. In: Matthias N. Lorenz (Hrsg.): *Juden.Bilder*. München: Edition text + kritik 2008, S. 61–73. So können antisemitische Stereotype, wie geschlechtliche Ambivalenz, Affinität zu Geld und Geldgeschäften, Nähe zu urbanem Leben und Entfremdung von Natur sowie Heimat, auch gebündelt Figuren zugeschrieben werden, die nicht als explizit jüdisch gekennzeichnet sind, aber durch diese akkumulierte Zuschreibung antisemitischer Motive zu Prototypen jüdischer Figuren werden und als solche gelesen werden können.

66 So wurde das Fernsehspiel zunächst eher in die Tradition des Hörspiels gestellt und der Hörfunk galt bis in die 1970er Jahre als Vorbild, wodurch eine bewusste Abgrenzung vom Kinospielfilm vorgenommen wurde. Das drückte sich beispielsweise darin aus, dass für das Fernsehspiel die Autor_innen als die eigentlichen künstlerischen Urheber_innen galten, während die Regisseur_innen eher in den Hintergrund traten (Hickethier: *Das Fernsehspiel der Bundesrepublik*, S. 216–217). Hickethier stellt fest, dass die „,autonome' Bestimmung des Mediums wie auch seiner Programmformen" den wechselseitigen Zusammenhängen zwischen den Medien nicht gerecht werde, wobei es besonderes Kennzeichnen moderner Massenmedien sei „ältere kulturelle Formen und die ästhetischen Mittel anderer Medien sich so weit wie möglich anzueignen und für die eigene Programm- und Produktgestaltung nutzbar zu machen." (Ebd., S. 62.) Weiter heißt es: „Eine Bestimmung des Fernsehspiels als Gattung kann deshalb die überschneidungsfreie Abgrenzung von szenisch-fiktionalen Formen des Kinos und des Theaters nicht zum Ziel haben, sondern muß gerade die Überschneidung und Überlagerung der verschiedenen darstellenden Medien in die Gattungsbestimmung miteinbeziehen." (Ebd.).

67 Die Grenzen zwischen Fiktion und Dokumentation sind natürlich weder unproblematisch, noch trennscharf. Aktuell wird häufig eine Annäherung oder ein Verschwimmen dieser Grenzen postuliert, was Vinzenz Hediger auf eine „ontologische Angst" zurückführt, die auf ein „Problematischwerden der Referenzialität" zurückgeht, letztlich aber fälschlicherweise impliziert, dass sich das früher anders verhalten habe (Vinzenz Hediger: Vom Überhandnehmen der Fiktion. Über ontologische Unterbestimmtheit filmischer Darstellung. In: Gertrud Koch (Hrsg.): *„Es ist, als ob". Fiktionalität in Philosophie, Film- und Medienwissenschaft*. München: Fink 2009, S. 163–183, hier S. 163–166.) Folglich wird die Debatte um die Unterscheidbarkeit von Fiktion und Nicht-Fiktion sowohl in Zusammenhang mit Spielfilmen als auch mit Dokumentarfilmen geführt. Die Frage kann jedoch pragmatisch aufgelöst und mit der Rezeptionshaltung der Zuschauer_innen beantwortet werden. Damit ist von einem dokumentarischen Lektüremodus auszugehen, der sich von dem von Spielfilmen unterscheidet. Vgl. dazu Roger Odin: Dokumentarischer Film – dokumentarisierende Lektüre. In: Christa Blümlinger (Hrsg.): *Sprung Im Spiegel. Filmisches Wahrnehmen zwischen Fiktion und Wirklichkeit*. Wien: Sonderzahl 1990, S. 125–146; Dirk Eitzen: Wann ist ein Dokumentarfilm? Dokumentarfilm als Rezeptionsmodus. In: *montage/av* 7,2 (1998), S. 13–44. Frank Kessler: Fakt oder Fiktion? Zum pragmatischen Status dokumentarischer Bilder. In: *montage/av* 7,2 (1998), S. 63–78.

zuletzt aufgrund der Ausstrahlung von Kinospielfilmen im Fernsehen und der Finanzierung von Kinofilmen durch das Fernsehen.[68] So gibt es neben den Unterschieden in den künstlerischen Möglichkeiten der Medien Ähnlichkeiten in den (zugrundeliegenden) Konventionen des Erzählens audiovisueller Geschichten.[69] Aufgrund paralleler Entwicklungen lässt sich, nach Karl Prümm, Filmgeschichte nicht als die partikularisierte Geschichte eines einzelnen Mediums schreiben.[70] Was Prümm aus Perspektive des Fernsehens formuliert und was sicherlich auch umgekehrt in ähnlicher Form gelten kann, macht deutlich, wie eng die Verflechtungen der beiden Medien sind und welche Bereiche sie berühren. Besonders mit der Einführung des Zweiten Deutschen Fernsehens 1963 wurde das Angebot von (Kino-)Spielfilmen im Fernsehen deutlich ausgeweitet.[71] Auf diese Weise wurden Kinospielfilme zunehmend im Fernsehen sichtbar, was bis heute anhält bzw. kontinuierlich zugenommen hat.[72] 1974 wurde diese Nähe durch das Film-Fernseh-Abkommen verstärkt, das die Koproduktion mit gemeinsamen Mitteln und die anschließende Auswertung zunächst im Kino und später im Fernsehen vertraglich absicherte.[73] Darüber hinaus nehmen auch Kinos Fernsehfilme in ihr Programm auf und zeigen diese auf der großen Leinwand, wie beispielsweise das Filmfest Hamburg in seiner Sektion 16:9. Filmschaffende wie Artur Brauner, Dani Levy oder auch Dominik Graf, Liliane Targownik oder Oliver Hirschbiegel arbeiten – auch wenn sie häufig einen Schwerpunkt in einem der beiden Bildmedien haben – durchaus für Film *und* Fernsehen. Deshalb wird davon ausgegangen, dass Spielfilme unabhängig davon, für welches Medium sie ursprünglich produziert wurden, früher oder später auch im Fernsehen rezipiert werden und ihnen damit (ohne vorhandene Unterschiede nivellieren zu wollen) eine gemeinsame Bedeutung zugesprochen werden kann.[74] Während die Kinovorstellung häufig zu größerer öffentlicher Resonanz für Filme führt, bringt die (häufig auch mehrfache) Ausstrahlung im Fernsehen das ‚große' Publikum. Wenn der Analyse der Darstellungen jüdischer Figuren die Annahme zugrunde liegt, dass diese eine gesellschaftliche Relevanz im Sinne eines Abbildungscharakters einerseits und gesellschaftlicher Wirkung andererseits haben, dann scheint es folgerichtig,

68 Siehe weiterführend Joan Kristin Bleicher: *Die mediale Zwangsgemeinschaft. Der deutsche Kinofilm zwischen Filmförderung und Fernsehen*. Berlin: Avinus 2013.

69 Kristin Thompson: *Storytelling in Film and Television*. Cambridge: Harvard UP 2003, u. a. S. 19–21.

70 Karl Prümm: Film und Fernsehen. Ambivalenz und Identität. In: Wolfgang Jacobsen / Anton Kaes / Hans Helmut Prinzler (Hrsg.): *Geschichte des deutschen Films*. Stuttgart: Metzler 1993, S. 499–518, hier S. 499.

71 Hickethier / Hoff: *Geschichte des deutschen Fernsehens*, S. 253.

72 So schreibt Hickethier, weniger auf die Konkurrenzsituation zwischen Kino und Fernsehen abhebend, als auf den Anspruch des Fernsehens, Filmbildung zu vermitteln: „Es ist ein Verdienst des Fernsehens, daß durch die televisuelle Filmpräsentation und Information über die Filmgeschichte in größeren Teilen der Bevölkerung überhaupt erst ein Bewußtsein von Filmkunst entstand. Wurden in der Kinobranche noch in den fünfziger Jahren abgespielte Filme vielfach vernichtet, so entstand durch die Vermittlungsarbeit des Fernsehens ein Gespür für Filmkunst." (Ebd., S. 254.)

73 Ebd., S. 352 ff.

74 Ebd., S. 354.

Filme beider Medien zu berücksichtigen.[75] Punktuell werden schließlich auch Fernsehserien berücksichtigt, da sie durch ihr serielles Erzählen über einen längeren Zeitraum „differenzierter Wirklichkeit in den menschlichen Beziehungen sichtbar machen"[76] als 90-minütige Spielfilme, besonders wenn sie enge Bezüge zur bundesdeutschen Gesellschaft haben wie die *Lindenstraße* und *Tatort* (1970–heute, ARD). Neben der Familienserie *Die Lindenstraße* werden die Serien *Der ganz normale Wahnsinn* (1979/80, ARD), *Levin und Gutman* (1985, ARD), *Berlin Berlin* (2001–2004, ARD) sowie einzelne Filme der Reihe *Tatort* und anderer Krimiserien wie *Rosa Roth* (1994–2013, ZDF), *Die Kommissarin*, *Bella Block* oder *Pfarrer Braun* (2002–heute, ARD) berücksichtigt. Zwischenmenschliche Beziehungen werden hier häufig als Beziehungen zwischen jüdischen und nichtjüdischen Figuren relevant.

Drittens ist für die Bearbeitung des Filmkorpus die Frage relevant, welche Rolle den Regisseur_innen zugewiesen wird. Die Regisseur_innen im Sinne eines *auteur* als alleinige künstlerische Urheber_innen zu verstehen, ist aus unterschiedlichen theoretischen Perspektiven problematisch. Aus filmwissenschaftlicher Perspektive kommt die Kritik an der Fokussierung auf den *auteur* aus drei Richtungen: Erstens verkenne diese den kollektiven Charakter des Mediums, den schon Siegfried Kracauer in *Von Caligari zu Hitler* mit Blick auf die Produktionsweise von Filmen betonte.[77] Eine weitere Kritikrichtung hebt „auf das zugrunde liegende Subjekt-Verständnis eines kohärenten, autarken und selbstbestimmten Individuums ab, das sich ebenso unbeeinträchtigt seinem Publikum mitteile, welches sich gleichfalls aus derartig kohärenten Subjekten konstituiere".[78] Die dritte Perspektive schaut eher auf die Seite der Rezeption und versteht diese als eine aktive, die maßgeblich an der Produktion von Bedeutung beteiligt sei. Diese Bedeutung verändere sich mit dem historischen und kulturellen Umfeld des Publikums und sei weder von den Filmschaffenden eindeutig intendiert – vor allem nicht hinsichtlich der Mehrdeutigkeit der Filme – noch kontrollierbar.[79] Deshalb werden in den folgenden Überlegungen Vertreter_innen unterschiedlicher an der Filmbzw. Fernsehfilmproduktion beteiligter Berufsgruppen berücksichtigt: In jedem Fall die Regisseur_innen und die Autor_innen der Drehbücher, die Darsteller_innen der

75 Die Vielfalt der Rezeptionssituationen geht natürlich heute über Kino und Fernsehen hinaus und prägt das Filmerleben: „Aus heutiger Sicht ist vor allem auf die Vielfalt der Formen zu verweisen, das Objekt ‚Film' zu präsentieren und zu erleben; die möglichen Rezeptionsbedingungen eines Films haben sich durch die Proliferation neuer Medien, die als Trägermedien oder Verwertungsform fungieren können, vervielfältigt, sodass die Verabsolutierung einer einheitlichen Zuschauerposition nicht nur theoretisch, sondern auch durch die historischen Veränderungen, in deren Zuge die Filmrezeption aus dem Dispositiv des Kinosaals entgrenzt wurde, obsolet geworden ist." (Thomas Morsch: Filmische Erfahrung im Spannungsfeld zwischen Körper, Sinnlichkeit und Ästhetik. In: *montage/av* 19,1 (2010), S. 55–77, hier S. 56.)

76 Knut Hickethier: *Tatort* und *Lindenstraße* als Spiegel der Gesellschaft. In: *Aus Politik und Zeitgeschichte* 20 (2010), S. 41–46. http://www.bpb.de/apuz/32757/tatort-und-lindenstrasse-als-spiegel-der-gesellschaft?p=all (Zugriff am 06.11.2013).

77 Siegfried Kracauer: *Von Caligari zu Hitler. Eine psychologische Geschichte des deutschen Films*, aus d. Engl. v. Ruth Baumgarten / Karsten Witte. Frankfurt am Main: Suhrkamp 1999, S. 11.

78 Jan Distelmeyer: Vom Auteur zum Kulturprodukt. Entwurf einer kontextorientierten Werkgeschichtsschreibung. In: Andrea Nolte (Hrsg.): *Mediale Wirklichkeiten*. Marburg: Schüren 2003, S. 86–97, hier S. 87.

79 Ebd.

Hauptrollen, in einigen Fällen die Produzent_innen oder weitere Beteiligte, etwa aus dem Bereich der Redaktionen oder Produktionsunternehmen.
Im engeren Sinne geht es bei der Frage nach der Bedeutung der Regisseur_innen häufig auch um die Identifikation von jüdischen und nichtjüdischen Filmschaffenden, welche für eine Unterscheidung der filmischen Darstellungen in Selbst- und Fremdbilder notwendig wäre. Die trennscharfe Differenzierung von ‚jüdisch' und ‚nichtjüdisch' wird im Zusammenhang dieser Arbeit jedoch als Konstrukt verstanden. Das ist in mehrfacher Hinsicht relevant: Zum einen ganz konkret, wenn es um die Zuordnung der Filme zu jüdischen und nichtjüdischen Filmemacher_innen geht. Zum anderen aber soll diese diametrale Gegenüberstellung generell in Frage gestellt werden, zeichnen doch sowohl die Realität als auch die hier analysierten Filme ein anderes Bild: In Deutschland haben 50 % der Jüdinnen und Juden einen nichtjüdischen Lebenspartner. Auch wenn das jüdische Religionsgesetz, die Halacha,[80] eindeutig definiert, dass jüdisch ist, wer Kind einer jüdischen Mutter ist oder konvertiert, machen Kinder aus solchen ‚gemischten' Familien[81] eine trennscharfe Unterscheidung schwierig – besonders wenn man die familiäre Erfahrung der Verfolgung während der Shoah als zentral erachtet. Obwohl dieser Aspekt in den filmischen Darstellungen lediglich angerissen wird, so fällt doch auf, dass die Beziehung zwischen jüdischen und nichtjüdischen Figuren und gemischt-jüdisches Familienleben häufige Topoi von Filmen sind, wie beispielsweise in *Der Ruf, Max Minsky und ich* (BRD 2006/07, R: Anna Justice), *Das Leben ist zu lang* (BRD 2010, R: Dani Levy) oder *Alles auf Zucker!*. Selbst wenn die Filme die Identitätsproblematik der Kinder nicht unbedingt näher thematisieren, so zeigen sie doch, dass die Unterscheidung zwischen Juden/Jüdinnen und Nichtjuden/Nichtjüdinnen trotz eindeutiger halachischer Gesetze nicht so klar und einfach ist.[82] Deshalb – und weil eine Identifizierung (und damit mögliche Stigmatisierung) jüdischer Filmschaffender, möglicherweise entgegen ihres Selbstverständnisses und ihres öffentlichen Auftretens, höchst problematisch ist – wird in dieser Arbeit auf die Zuschreibung jüdischer Identität oder Zugehörigkeit von an den Filmen beteiligten Personen wie Regisseur_innen, Autor_innen, Schauspieler_innen oder Produzent_innen in den meisten Fällen verzichtet. Ausnahmen bilden Personen, die sich selbst öffentlich als jüdisch darstellen und damit die Rezeption präfigurieren. Dazu zählen beispielsweise Fritz Kortner, der spätestens durch die nationalsozialistische Verfolgung als Jude begann, sich mit seinem Judentum zu befassen, Dani Levy, der sich selbst als jüdischen Regisseur versteht,[83]

80 Halacha ist ein allgemeiner Begriff, „der das gesamte ‚gesetzliche' System des Judentums umfaßt." (Harry Pross: Halacha. In: Julius H. Schoeps (Hrsg.): *Neues Lexikon des Judentums*. Gütersloh / München: Bertelsmann 1998, S. 322–323, hier S. 322.)

81 Vgl. dazu Lea Wohl von Haselberg (Hrsg.): *Hybride jüdische Identitäten. Gemischte Familien und patrilineare Juden*. Berlin: Neofelis 2015.

82 Ausführlicher zu den mitunter problematischen Zugehörigkeitsgefühlen, die sich besonders für Kinder jüdischer Väter und nichtjüdischer Mütter ergeben, vgl. Ruth Zeifert: Du Jude, Ich Jude, Wir Juden. In: Sucker / Wohl von Haselberg (Hrsg.): *Bilder des Jüdischen,* S. 369–384.

83 Siehe beispielsweise: Christian Böhme / Michael Wuliger: „Wir sind ein aufgescheuchtes Völkchen". Klischees und Wahrheiten: Der Regisseur Dani Levy über Juden, Deutsche und Schweizer. In: *Jüdische Allgemeine,* 17.04.2008. http://www.juedische-allgemeine.de/article/view/id/2975 (Zugriff am 07.11.2013).

Adriana Altaras auf Seiten der Schauspielerinnen[84] oder auch Artur Brauner[85], der neben Gyula Trebitsch[86] als der bekannteste jüdische Filmproduzent der deutschen Film- und Fernsehlandschaft gelten kann. Spannende Grenzfälle wie beispielsweise Iris Berben, die als Nichtjüdin mit einem jüdischen Mann verheiratet war, enge Beziehungen nach Israel hat und deshalb häufig mit jüdischen Themen assoziiert wird, finden in ihrer Ambivalenz und vor allem in ihrer Aussagekraft über den gesellschaftlichen Wunsch nach Eindeutigkeit und Abgrenzung ebenfalls Berücksichtigung. Denn es kann davon ausgegangen werden, dass derartige Assoziationen, die durch Bezüge zum realen Leben der Schauspielerin auftreten, die Wahrnehmung von Filmfiguren beeinflussen können, wie im Falle der von Iris Berben verkörperten Figur der Kommissarin Rosa Roth (vgl. Kap. IV.4.2). So kommt den Filmschaffenden eine die Rezeption prädispositionierende Funktion zu, jedoch werden sie nicht individuell als Urheber_innen der filmischen Darstellung betrachtet.

Forschungsstand

Neben den deutlich zahlreicheren Arbeiten, die sich mit unterschiedlichen Aspekten der filmischen Holocaustdarstellung befassen,[87] sind in der deutschsprachigen Auseinandersetzung mit jüdischen Filmfiguren in erster Linie Aufsätze zu nennen, die sich mit einzelnen Filmen auseinandersetzen.[88] Hervorzuheben ist deshalb Gertrud Kochs 1992 erschienene Monografie *Die Einstellung ist die Einstellung. Visuelle*

84 Vgl. Adriana Altaras: *Titos Brille. Die Geschichte meiner strapaziösen Familie.* Köln: Kiepenheuer & Witsch 2011.

85 Uta von Schrenk: Old Shatterhand. In: *Jüdische Allgemeine*, 03.05.2007. http://www.juedische-allgemeine.de/article/view/id/3798 (Zugriff am 20.11.2013); „Wo es Anstand gibt, bin ich zuhause". In: *ray Filmmagazin.* http://www.ray-magazin.at/magazin/2006/12-/artur-brauner-wo-es-anstand-gibt-bin-ich-zuhause (Zugriff am 20.11.2013).

86 Gyula Trebitsch wurde 1914 in Budapest geboren. Er überlebte die Konzentrationslager Sachsenhausen, Barth und Wöbbelin. 1947 ging Trebitsch nach Hamburg, wo er mit Walter Koppel die Produktionsfirma Real-Film gründete, die schnell zu einer der größten der Bundesrepublik wurde. Überdies gründete er Studio Hamburg im Hamburger Stadtteil Tonndorf. Siehe Kay Weniger: *Zwischen Bühne und Baracke. Lexikon der verfolgten Theater-, Film- und Musikkünstler 1933–1945.* Berlin: Metropol 2008, S. 349–351.

87 Für dieses ausgiebig bearbeitete Forschungsfeld lassen sich lediglich exemplarisch Arbeiten anführen, die als Standardwerke bezeichnet werden können oder denen auf Grund ihrer Aktualität besondere Bedeutung zugemessen werden kann, wie bspw. Judith E. Doneson: *The Holocaust in American Film.* Philadelphia: Jewish Publication Society 1987; Sven Kramer: *Auschwitz im Widerstreit. Zur Darstellung der Shoah in Film, Philosophie und Literatur.* Wiesbaden: Deutscher Universitäts-Verlag 1999; Annette Insdorf: *Indelible Shadows. Film and the Holocaust.* Cambridge: Cambridge UP 2003; Peter Reichel: *Erfundene Erinnerung. Weltkrieg und Judenmord in Film und Theater.* München: Hanser 2004; Waltraud Wende (Hrsg.): *Der Holocaust im Film. Mediale Inszenierungen und kulturelles Gedächtnis.* Heidelberg: Synchron 2007; Catrin Corell: *Der Holocaust als Herausforderung für den Film. Formen des filmischen Umgangs mit der Shoah seit 1945. Eine Wirkungstypologie.* Bielefeld: Transcript 2009; Tobias Ebbrecht: *Geschichtsbilder im medialen Gedächtnis. Filmische Narrationen des Holocaust.* Bielefeld: Transcript 2011.

88 Beispielhaft zu nennen wären hier: Daniel Wildmann: Über die Liebe zu Juden oder Jüdisches im deutschen TV-Krimi. In: Heikaus (Hrsg.): *Das war spitze!*, S. 109–113; Fritz Wefelmeyer: Die Ästhetik sich schließender Systeme. Judendarstellungen bei Rainer Werner Fassbinder. In: Pól O'Dochartaigh (Hrsg.): *Jews in German Literature since 1945. German-Jewish Literature?* Amsterdam: Rodopi 2000, S. 549–565; Tobias Ebbrecht: Das Judentum als Fernsehkulisse. In: *Phase 2. Zeitschrift gegen die Realität* 11 (2004). http://phase2.nadir.org/rechts.php?artikel=204&print= (Zugriff am 11.10.2010).

Konstruktionen des Judentums Die Einstellung eines Films enthalte eine Menge intentionaler Handlungen, die letztlich auf *Einstellungen zu etwas* schließen ließen:

> Die technische Einstellung ist eine intentionale Einstellung, Ergebnis einer Kette von Detailentscheidungen: Die Einstellung ist die Einstellung. Die Einstellung von etwas und zu etwas. Die Einstellung zum Judentum, die Einstellung des Judentums zum Bild, die komplexen Beziehungen zwischen Selbst- und Fremdbild schlagen sich in den Einstellungen der Filme, Fotographien, Bildästhetiken nieder.[89]

Mittels einer solchen doppelten ‚Einstellungsanalyse' befasst Koch sich mit dem Bilderverbot, filmischen Holocaustdarstellungen, dem jiddischen Kino, aber auch dem deutschen Nachkriegsfilm. Dietmar Pertsch interessiert sich in seiner ebenfalls 1992 erschienenen Arbeit *Jüdische Lebenswelten in Spielfilmen und Fernsehspielen* explizit für die Darstellung jüdischer Figuren und jüdischen Lebens. Ähnlich wie die vorliegende Arbeit nimmt Pertsch letztlich ein Desiderat als Ausgangspunkt,[90] wählt von dort aus aber die zeitlich entgegengesetzte Richtung: Er untersucht Filme, die sich mit jüdischen Lebenswelten bis zur jüdischen Emanzipation, d. h. bis 1871, beschäftigen, und konzentriert sich dabei nicht allein auf deutschsprachige Produktionen, sondern schließt alle im deutschsprachigen Raum aufgeführten oder ausgestrahlten Spielfilme und Fernsehspiele in seine Untersuchung mit ein. Gemeinsam sind seinem Ansatz und der vorliegenden Arbeit, den Schwerpunkt nicht auf das omnipräsente Thema der Shoah zu legen, sondern einen anderen Zeitraum zu fokussieren sowie die Frage danach, welche Themen es über die Shoah hinaus gibt, die mit Judentum filmisch in Verbindung gebracht werden. Der Band *Die Vergangenheit in der Gegenwart. Konfrontationen mit den Folgen des Holocaust im deutschen Nachkriegsfilm*, der 2001 zur gleichnamigen Jahrestagung des Projekts *Cinematographie des Holocaust* am Deutschen Filmmuseum Frankfurt erschien, untersucht auch einige der Filme, die Gegenstand der vorliegenden Arbeit sind, wie *Der Ruf* oder *Zeugin aus der Hölle*. Knut Hickethier gibt in seinem Text „Jüdisches im deutschen Unterhaltungsfernsehen", erschienen im Katalog zur Ausstellung *Das war spitze! Jüdisches in der deutschen Fernsehunterhaltung*, die 2011 im jüdischen Museum München gezeigt wurde, einen kurzen Überblick und benennt schlaglichtartig unterschiedliche Schwierigkeiten und Aspekte, wie das problematische ‚Outing' oder die Identifizierung jüdischer Fernsehakteure.

In der englischsprachigen Forschungsliteratur sind die Studien zu jüdischen Figuren und Lebenswelten im Film deutlich stärker vertreten. Lester D. Friedmans *Hollywood's Image of the Jew* (1982) und Patricia Erens *The Jew in American Cinema* (1984)

89 Gertrud Koch: *Die Einstellung ist die Einstellung. Visuelle Konstruktionen des Judentums*. Frankfurt am Main: Suhrkamp 1992, S. 9.

90 So heißt es in seiner Einleitung: „In den 47 Jahren seit dem Ende des zweiten Weltkrieges wurden auf dem Territorium der heutigen Bundesrepublik Deutschland ca. 27000 Spielfilme und seit 1951 etwa 10.000 Fernsehspiele ausländischer und inländischer Produktionen öffentlich vorgeführt oder ausgestrahlt. Aber nur knapp 500 dieser 37000 fiktionalen Produktionen, die in allen Epochen der Geschichte spielen, enthalten nach unseren quantitativen und qualitativen Analysen jüdische Figuren. Die meisten von ihnen behandeln die Shoah [...]." (Dietmar Pertsch: *Jüdische Lebenswelten in Spielfilmen und Fernsehspielen. Filme zur Geschichte der Juden von ihren Anfängen bis zur Emanzipation 1871*. Tübingen: Niemeyer 1992, S. 1.)

beschäftigen sich mit filmischen Bildern des Jüdischen im amerikanischen Kino. Dabei beziehen sie sich auf Beispiele vom Stummfilm bis zu Filmen der frühen 1980er Jahre. Joel Rosenberg ordnet diese beiden Arbeiten einem älteren Trend in der Filmwissenschaft zu, der „das Bild von …" und dabei die Richtigkeit oder Stereotyphaftigkeit der Darstellung untersuche.[91] Rosenbergs ausführlicher Artikel „Jewish Experience on Film. An American Overview" (1996) gibt einen guten Überblick über verschiedene Versuche und Möglichkeiten, (historische) Phasen der Darstellung jüdischer Figuren und Themen zu unterscheiden,[92] und gleichzeitig auch einen Überblick über die Mitte der 1990er Jahre vorliegende Forschungsliteratur im amerikanischen Kontext. Lawrence Barons 2011 erschienene Anthologie *The Modern Jewish Experience in World Cinema* ist deshalb erwähnenswert, weil sie über den englischsprachigen Raum hinausgeht und jüdische Erfahrung tatsächlich als global versteht.[93]
Neuere Monografien sind die 2005 von Omer Bartov veröffentlichte Arbeit *The "Jew" in Cinema: From The Golem to Don't Touch My Holocaust* und das 2011 erschienene und darauf bezugnehmende *The New Jew in Film: Exploring Jewishness and Judaism in Contemporary Cinema* von Nathan Abrams. Bartov diagnostiziert in seiner Arbeit vier Rollenbilder jüdischer Figuren im Film: Juden als Täter, als Opfer, als Helden und Anti-Helden. Diese vier Rollen folgen aufeinander und auseinander. Während antisemitische Filmbilder, besonders die der Nationalsozialisten, Juden als Täter inszenieren, werden sie danach zu Opfern des Antisemitismus (und der Shoah). Die (durchaus gewaltsame) Entstehung des Staates Israel ließ auch das filmische Bild des Juden als Held entstehen. Der Nahostkonflikt und die Rolle, die Israel darin spielt, eine zunehmende Kritik am Zionismus und gleichzeitig ein Wiederaufleben antisemitischer Bilder und Rhetoriken haben schließlich zum filmischen Bild des Juden als Anti-Helden geführt.[94] Dabei geht es Bartov nicht ausschließlich um eine chronologische Entwicklung, sondern um einen Prozess, in welchem Filmbilder einander unablässig prägen und ein Bilderschatz von Repräsentationen entsteht, der unabhängig von der ideologischen oder künstlerischen Ausrichtung der Filmemacher_innen sowie vom

91 Joel Rosenberg: Jewish Experience on Film. An American Overview. In: *American Jewish Year Book* 96 (1996), S. 3–50, hier S. 8.

92 Dort heißt es: „Friedman divides his discussion into the following chapters with, it turns out, obligatorily alliterative names: 'The Silent Stereotypes', 'The Timid Thirties', 'The Fashionable Forties', 'The Frightened Fifties', 'The Self-Conscious Sixties', 'The Self-Centered Seventies', and (appropriately tentative for two years into the decade) 'The Emerging Eighties'. Erens' periodization is a bit soberer and more articulated, but in other respects similar: 'The Primitive Years (1903–1919)', 'The Silent Era (1920–1929)', 'The Early Sound Years (1930–1940)', 'The War and Postwar Era (1941–1949)', 'The Fifties (1950–1960)', 'The Sixties (1961–1969)', 'The Seventies (1970–1979)', and 'Recent Films (1980–1983)'" (ebd., S. 7). Außerdem verweist Rosenberg auf die Phaseneinteilung, die Stuart Samuel in seinem Text „The Evolutionary Image of the Jew in American Film" vornimmt und die sich an Phasen der amerikanisch-jüdischen Geschichte orientiert: alienation, acculturation, assimilation und acceptance (ebd., S. 8).

93 Lawrence Baron: *The Modern Jewish Experience in World Cinema*. Waltham, MA: Brandeis UP 2011; siehe außerdem Nathan Abrams / Nir Cohen: Introduction. In: *Jewish Film & New Media: An International Journal* 1,1 (2013), S. 1–19, hier S. 2.

94 Omer Bartov: *The "Jew" in Cinema. From The Golem to Don't Touch My Holocaust*. Bloomington: Indiana UP 2005, S. X ff.

sozialen, politischen oder kulturellen Kontext, in dem der Film entsteht, zum Einsatz komme.

Während Bartov mit den Anfängen des Kinos beginnt, fokussiert Abrams auf fiktionale Mainstreamfilme seit 1990. Diese untersucht er weniger auf antisemitische Motive, sondern auf Stereotype des Jüdischen und jüdische Selbstbilder. Bemerkenswert bei Abrams ist zum einen, dass er sich nicht ausschließlich auf amerikanische oder zumindest englischsprachige Filme konzentriert, sondern Filme unterschiedlicher Produktionsländer erwähnt. Zum anderen geht er in seinem thematischen Aufbau[95] dezidiert auf filmische Bilder von *Jüdinnen* ein und problematisiert damit auch, dass Jüdinnen deutlich seltener auf der Leinwand sichtbar sind als Juden und durchaus spezifisch dargestellt werden. Abrams Überlegungen dazu werden bei der Untersuchung von Geschlechterkonstruktionen von Jüdinnen und Juden aufgegriffen werden (Kap. III.6). Der Soziologe David L. Reznik geht in seinem Buch *New Jews? Race and American Jewish Identity in 21st-Century Film* (2012) ausschließlich auf den US-amerikanischen Zusammenhang ein, wobei er Filme untersucht, die zwischen 2000 und 2009 in die amerikanischen Kinos kamen; gleiches gilt für die Anthologie *Hollywood's Chosen People. The Jewish Experience in American Cinema.*[96] Die vielbeachtete jüdische Präsenz in Hollywood wird in *The Chosen Image* von Jonathan und Judith Pearl (1999) durch den Fokus auf jüdische Themen[97] im amerikanischen Fernsehen ergänzt, wobei sie zahlreiche Beispiele aus der zweiten Hälfte des 20. Jahrhunderts anführen, wie Episoden der Fernsehserien *The Partridge Family* (USA, ABC 1970–74), *Cagney and Lacey* (USA, CBS 1982–88) oder *Chicken Soup* (USA, ABC 1989). Sie gliedern ihre Analyse ebenfalls in thematische Kapitel, wobei sie sechs Hauptzusammenhänge unterscheiden. Von diesen ist lediglich einer, „Encountering America", spezifisch auf den amerikanischen Kontext zugeschnitten, alle anderen thematischen Bezüge, wie ‚Ritual und Tradition', ‚Antisemitismus', ‚Holocaust', ‚Israel' und ‚Mischehen' reichen letztlich über den nationalstaatlichen Kontext hinaus. Andere Arbeiten zum amerikanischen Fernsehen sind beispielsweise – um nur eine kleine Auswahl zu nennen – *The Jews of Prime Time* von David Zurawik oder *Something Ain't Kosher Here: The Rise of the 'Jewish' Sitcom* von Vincent Brook. Daneben gibt es Arbeiten zu einzelnen Sendungen wie beispielsweise *Seinfeld.*[98] Seit 2013 geben Nathan Abrams

95 Er gruppiert die Filme in acht thematischen Kapiteln: "The Jew", "The Jewess", "Sex", "Passivity", "Agency", "Religion", "Food" and "Bathrooms", vgl. Nathan Abrams: *The New Jew in Film. Exploring Jewishness and Judaism in Contemporary Cinema*. New York / London: Tauris 2012.

96 David L. Reznik: *New Jews? Race and American Jewish Identity in 21st-Century Film*. Boulder: Paradigm 2012. Daniel Bernardi / Pomerance Murray / Hava Tirosh-Samuelson (Hrsg.): *Hollywood's Chosen People. The Jewish Experience in American Cinema*. Detroit: Wayne State UP 2013.

97 Dabei definieren sie jüdische Themen folgendermaßen: „By 'Jewish themes' we mean the explicit portrayal of issues relating to Jewish life, Jewish culture and traditions, and post-Biblical Jewish history. Our focus is on popular shows that prominently feature these issues as their primary story line or one of their central story lines." (Jonathan Pearl / Judith Pearl: *The Chosen Image. Television's Portrayal of Jewish Themes and Characters*. Jefferson: McFarland 1999, S. 1.)

98 Rosalin Krieger: 'Does He Actually Say the Word Jewish?' – Jewish Representations in Seinfeld. In: *Journal for Cultural Research* 7,4 (2003), S. 387–404.

und Nir Cohen die zweimal jährlich erscheinende internationale Zeitschrift *Jewish Film and New Media* heraus, mit der nun eine Publikationsplattform besteht, die beide großen Teilbereiche des ‚jüdischen Films' – die Darstellung der Shoah im Film und die filmische Auseinandersetzung mit jüdischer Erfahrung und jüdischem Leben und Jewishness – gleichermaßen betrachtet und daneben Forschungsliteratur und -projekte vorstellt.

Die Geschichte jüdischer Figuren und Themen im US-amerikanischen Film ist für diese Arbeit nicht nur im Hinblick auf Gemeinsamkeiten und Unterschiede relevant, sondern auch insofern, als amerikanische Produktionen im deutschen Kino und auch Fernsehen gezeigt wurden und werden und somit angenommen werden kann, dass sie nicht ohne Einfluss auf Darstellung und Perzeption jüdischer Figuren in deutschen Filmen geblieben sind. Es wird davon ausgegangen, dass diese Bilder des Jüdischen über Kino und Fernsehen zumindest in Teilen Eingang in die Gesellschaft gefunden haben. Auch Nathan Abrams bezeichnet die Entwicklung der filmischen Darstellung von Jüdinnen und Juden, Judentum und Jewishness seit den 1990er Jahren als eine globale Entwicklung, weshalb seine Überlegungen auch an einigen Stellen herangezogen werden.[99]

Zum Aufbau des Buches

Das Buch gliedert sich in vier Teile: Der Erste befasst sich mit jüdischen Filmfiguren und nähert sich diesem Themenfeld über die Frage, was eigentlich eine Figur ist, sowie über die Rolle, die Stereotype für die Figurengestaltung spielen. Neben dieser theoretischen Beschreibung von Filmfiguren und ihren Potentialen wie Funktionen geht es um konkrete Stereotype des Jüdischen und filmische Vorbilder für die in dieser Arbeit analysierten jüdischen Spielfilmfiguren. Dabei spielen Forschungen zur Figurentheorie und -analyse[100] ebenso eine Rolle wie die Stereotypenforschung[101].

Der zweite Teil kontextualisiert die jüdischen Filmfiguren und erläutert damit die angenommenen Wechselwirkungen zwischen filmischen Darstellungen und gesellschaftlichen Entwicklungen. Zunächst werden die jüdischen Spielfilmfiguren allgemeiner bezüglich ihrer historischen Situiertheit und ihrer Verortung im kollektiven Gedächtnis kontextualisiert, dann konkreter, wenn es um das ‚deutsch-jüdische Verhältnis' nach 1945 geht, in welchem die Figuren entstehen und rezipiert werden. Außerdem werden Antisemitismus, Philosemitismus und Normalität diskutiert. Das sind einerseits die Aspekte, die in der gesellschaftlichen Auseinandersetzung um filmische Darstellungen jüdischer Lebenswelten oder jüdischer Figuren wiederholt auftauchen, andererseits sind es zentrale Kategorien des ‚deutsch-jüdischen Verhältnisses' nach 1945, die es zu konkretisieren, aber auch zu problematisieren gilt.

99 Abrams: *The New Jew in Film*, S. 9–10.

100 Jens Eder: *Die Figur im Film. Grundlagen der Figurenanalyse.* Marburg: Schüren 2008.

101 Jörg Schweinitz: *Film und Stereotyp. Eine Herausforderung für das Kino und die Filmtheorie.* Berlin: Akademie 2006; Hans Henning Hahn / Elena Mannová (Hrsg.): *Nationale Wahrnehmung und ihre Stereotypisierung. Beiträge zur historischen Stereotypenforschung.* Frankfurt am Main: Lang 2007.

Im dritten Teil der Arbeit werden Kodierungen[102] von ‚Jewishness' diskutiert. Dabei geht es um Kodierungen, die (besonders häufig) verwendet werden, um Figuren und Lebenswelten als jüdisch zu kennzeichnen, wie Figurennamen, Musik oder ‚jüdischer Humor', und die damit Einblick in tradierte Vorstellungsbilder von Jüdinnen und Juden geben. Diese übergreifenden Beobachtungen werden vorangestellt, so dass auf sie Bezug genommen werden kann, wenn im vierten Teil in sieben inhaltlich gegliederten Kapiteln eine Typologie jüdischer Figuren entwickelt wird. In diesen thematisch orientierten Filmkapiteln stehen häufig einzelne exemplarische Filme im Zentrum, weitere werden vergleichend herangezogen. Dabei tauchen insofern Doppelungen auf, als bestimmte Filme und Figuren in unterschiedlichen inhaltlichen Zusammenhängen und thematischen Konstellationen relevant sein können.

Die Gruppierung der jüdischen Filmfiguren folgt der Prämisse ihrer Intertextualität. In der (west-)deutschen Gesellschaft, in der für breite Teile der Bevölkerung Jüdinnen und Juden vor allem als symbolische Größe und weniger als reale Menschen präsent waren (und sind), basieren die Wissens- und Erfahrungsbestände maßgeblich auf medialen Vermittlungen und fiktiven Bildern – beispielsweise aus Literatur und Spielfilm. Insofern ist davon auszugehen, dass sie sich aufeinander beziehen und sich gegenseitig prägen und dass die Figurentypen, die sich durch Wiederholung und Konventionalisierung zu Stereotypen ausprägen, gleichermaßen auf diesen Wissensbeständen fußen, diese wiederum stärken und reaktualisieren.

Das Vorgehen, neben der Herausarbeitung allgemeiner Kodierungen von Jewishness (Kap. III) die Ergebnisse der Analysen in Gruppen von ähnlichen Figuren(-typen) zu präsentieren (Kap. IV), gründet sich maßgeblich auf der Annahme der produktions- wie rezeptionsseitigen Wirksamkeit von Intertextualität. Diese Prämisse sowie die Deutung der jüdischen Spielfilmfiguren als Symptome gesellschaftlicher Zustände und Verhältnisse machen aber auch die Notwendigkeit der Kontextualisierung der jüdischen Figuren deutlich, die im zweiten Teil der Arbeit erfolgt.

Abschließend werden die Analyseergebnisse des dritten und vierten Teils nochmals auf die zuvor erarbeiteten theoretischen Fragestellungen aus Teil I bezogen und mit den gesellschaftlichen Kontexten aus Teil II zusammengebracht. Diese zusammenfassende Deutung der Ergebnisse eröffnet einen Ausblick auf Anschlussfähigkeiten an andere Forschungsfelder und -fragen. Im Anhang finden sich eine Filmografie mit kurzen Synopsen, eine standardisierte Auflistung der auftauchenden jüdischen Figuren mit Figurennamen, ein für die systematisierte Filmsichtung erstellter Fragenkatalog sowie die Abbildungen.

102 Der Kodierungsbegriff wird hier an Stuart Hall angelehnt. Vgl. Stuart Hall: *Encoding and Decoding in the Television Discourse*. Birmingham: Center for Contemporary Cultural Studies 1973, sowie Kap. III „Kodierungen von Jewishness" der vorliegenden Arbeit.

I.
Jüdische Filmfiguren

Figuren, nicht nur in den fiktiven Welten von Spielfilmen, sondern auch in Romanen, Comics, Märchen oder Computerspielen und weiteren medialen Formen, in denen fiktional erzählt wird, haben eine große kulturelle Bedeutung:[1]

> Figuren dienen der individuellen und kollektiven Selbstverständigung, der Vermittlung von Menschenbildern, Identitäts- und Rollenkonzepten, sie dienen dem imaginären Probehandeln, der Vergegenwärtigung alternativer Seinsweisen, der Entwicklung empathischer Fähigkeiten, der Unterhaltung und emotionalen Anregung. [...] Sie bilden Zentren der Identifikation und Kristallisationspunkte der Gefühle, fungieren als Vorbilder und abschreckende Beispiele, vermitteln neue Perspektiven und bestätigen alte Vorurteile.[2]

Figuren sind häufig der zentrale Bezugspunkt sowohl für die Rezeption von Spielfilmen als auch für die Auseinandersetzung mit ihnen.[3] Ihnen gilt die emotionale Anteilnahme der Zuschauer_innen. Dabei ist sowohl eine Außenperspektive auf die Figuren als auch eine empathische Annäherung an ihr Innenleben möglich.[4]

Analytisch können Filmfiguren auf unterschiedlichen Ebenen erschlossen werden. Nach Jens Eders Modell der „Uhr der Figur" werden vier grundlegende Figurenkonzepte unterschieden: Figuren können „als fiktive Wesen innerhalb der dargestellten Welt, als Symbole mit indirekten Bedeutungen; als Symptome mit soziokulturellen Ursachen und Wirkungen sowie als Artefakte mit einer bestimmten Gestaltungsweise" verstanden und analysiert werden.[5]

In den über 130 analysierten Filmen, die zwischen 1947 und 2015 entstanden sind, treten jüdische Figuren in Haupt- und Nebenrollen auf; es sind Frauen, Männer und Kinder, alt und jung, sie sind sympathisch und unsympathisch, sie verlieben sich, erzählen ihre (Lebens-)Geschichten und geraten in Konflikte. Sie haben Zweifel, Wünsche

1 Eder: *Die Figur im Film*, S. 12.

2 Ebd., S. 12–13.

3 Ebd., vgl. auch Schweinitz: *Film und Stereotyp*, S. 44.

4 Eder: *Die Figur im Film*, S. 647.

5 Ebd., S. 135 ff., 322.

und Sorgen, sie sind klug, witzig oder verschlossen. Sie sind Teil komischer Konstellationen und Verwechslungen, machen schwierige Erfahrungen, erleben dramatische Ereignisse oder geraten in spannungsgeladene Verwicklungen. Sie sind typenhaft, karikierend überzeichnet, stereotyp oder mehrdimensional, vieldeutig und voller Brüche. Dabei kann ihr Judentum von großer Bedeutung für sie und andere sein oder auch nur am Rande erwähnt werden. Sie bewohnen die fiktiven Welten der Spielfilme, die fast immer durch Bezüge zu Orten, Ereignissen und Personen als mit unserer Welt verwandt verstanden werden können.

Die jüdischen Spielfilmfiguren werden primär – ohne ihren symbolischen Gehalt oder ihren Artefakt-Charakter gänzlich außer Acht zu lassen – als fiktive Wesen und als Symptome betrachtet. Das Haupterkenntnisinteresse liegt auf ihrem (menschenähnlichen) Potential als fiktive Wesen, in der Annahme, dass sie die in der bundesrepublikanischen Gesellschaft vorhandenen Bilder und Vorstellungen von Jüdinnen und Juden prägen, und auf ihrer *symptomatischen Bedeutung*, die auf die gesellschaftlichen Ursachen ihrer Gestaltung verweist.

Die jüdischen Figuren als fiktive Wesen zu betrachten, gründet sich auf die Annahme, dass Figuren *ähnlich* wie reale Personen erlebt werden, auch wenn es sich nicht um solche handelt.[6] Die empirische Rezeption der jüdischen Figuren in den hier untersuchten westdeutschen Spielfilmen ist dabei nicht Gegenstand, sondern vielmehr eine angenommene Rezeption, die von den Lesarten ausgeht, die der filmische Text anbietet. Dabei ist eine grundlegende These dieser Arbeit, dass die Rezeption von Filmen mit Darstellungen jüdischer Figuren vielen Rezipient_innen eine ‚Begegnung' mit Jüdinnen und Juden ermöglicht. Solche medialen Begegnungen haben insofern besondere Bedeutung oder Wirkung, als sie für das deutsche nichtjüdische Publikum häufig nicht durch die Primärerfahrung eines realen sozialen Kontakts mit Jüdinnen und Juden begleitet sind. Damit können sie als ‚Erfahrungen' verstanden werden, wenn auch als mediale oder sekundäre.[7] Der medialen Erfahrung kommt auf Grund ihrer Reproduzierbarkeit[8] ein kollektiver Charakter zu, während die primäre Erfahrung individuell ist.[9] Auch wenn diese Erfahrungen unterschieden werden können, müssen Medien und damit Spielfilme als Teil unserer Wirklichkeit und nicht lediglich als deren bloße Repräsentationen verstanden werden. Daraus folgend erscheint unser Wirklichkeitsverständnis als ein weithin medial konstruiertes.[10]

6 Vgl. Jens Eder: Imaginative Nähe zu Figuren. In: *montage/av* 15,2 (2006), S. 135–160, hier S. 137.

7 Vgl. dazu Benkel: *Inszenierte Wirklichkeiten*, S. 22, 44–45. Zur filmischen Erfahrung vgl. Morsch: Filmische Erfahrung, S. 55–77.

8 Siehe Walter Benjamin: *Das Kunstwerk im Zeitalter seiner technischen Reproduzierbarkeit*. Frankfurt am Main: Suhrkamp 2003.

9 Benkel: *Inszenierte Wirklichkeiten*, S. 45.

10 Jean Baudrillard spricht im Zusammenhang seiner Theorie der Simulation von der Entstehung des ‚Hyperrealen', das realer sei als die Realität selbst. Die Realität ist nach Baudrillard verschwunden, womit nicht die physische Realität gemeint ist, sondern die Idee einer geordneten, wahrnehmbaren Wirklichkeit. Hier setzen die Medien (der Mediengesellschaft) an und ‚füllen' diesen Mangel. Vgl. ; Samuel Strehle: *Zur Aktualität von Jean Baudrillard. Einleitung in sein Werk*. Wiesbaden: VS 2012, S. 109–111; Jean Baudrillard: *Der symbolische Tausch und der Tod*, aus d. Frz. v. Gerd Bergfleth. München: Matthes & Seitz 1982; ders.: *Agonie des Realen*, aus d. Frz. v. Lothar Kurzawa / Volker Schaefer. Berlin: Merve 1978.

Ausgehend von der Wahrnehmug der audiovisuellen Darstellung von Filmfiguren werden in Wechselwirkung mit dem vorhandenen Kontextwissen Figurenmodelle entwickelt. In diesen sind die jüdischen Figuren „wiedererkennbare fiktive Wesen mit einem Innenleben [...,] mit der Fähigkeit zur Intentionalität“[11]. Sie sind wie Personen mit vielfältigen Eigenschaften oder Merkmalen ausgestattet, die in physische, psychische und soziale unterschieden werden können. Eder fügt als vierte Kategorie der Figurenmerkmale das Verhalten der Figuren an, das zu den drei erstgenannten quer stehe, weil Physis, Psyche und Sozialität der Figuren sich im Verhalten verschränken.[12] Im Kontext der vorliegenden Fragestellung soll außerdem die Figurenbiografie hervorgehoben werden, die sich dem Bereich der Figurensozialität zuordnen lässt und die für das Verständnis und die Entwicklung der jüdischen Figuren häufig von großer Bedeutung ist. Das kann über die individuelle Biografie hinausreichen, wenn beispielsweise die Motivation oder die psychischen Eigenschaften einer Figur mit ihrer Familiengeschichte begründet werden. Über ihre Figurenbiografien werden die Figuren in eine zeitliche Dimension, also in Vergangenheit, Gegenwart und Zukunft, eingebunden.[13]

Um die Begegnung der Zuschauer_innen mit den jüdischen Figuren genauer beschreibbar zu machen, kann ihre Anteilnahme an Figuren nach Eder als *Nähe* beschrieben werden, wobei er verschiedene Arten der Nähe zu Figuren unterscheidet, die jeweils einem Typus von Nähe zu realen Personen entsprächen:

1. Wahrgenommene Verhältnisse in Raum und Zeit –
   raumzeitliche Nähe und Para-Proxemik
2. Kognitive Verhältnisse zu Körper und Bewusstsein –
   Verstehen und Perspektivübernahme
3. Wahrgenommene Sozialverhältnisse –
   Ähnlichkeit, Vertrautheit und soziale Parteilichkeit
4. Imaginierte Interaktion –
   parasoziale Interaktion (PSI) und parasoziale Beziehungen (PBS)
5. Emotionale Reaktionen – affektive Anteilnahme[14]

Besonders der zweite und dritte Punkt sollen als für die jüdischen Figuren relevant hervorgehoben werden: Das Verstehen hängt einerseits mit der Kenntnis allgemeiner Figureneigenschaften zusammen, andererseits mit dem Verstehen mentaler Erlebnisse. Die Ähnlichkeit und Vertrautheit wird über den Vergleich („mit sich selbst, Bekannten, Ingroup/Outgroup, anderen Figuren“[15]) hergestellt. Die affektive Anteilnahme kann entweder die Form von Empathie oder von Sympathie annehmen, was einen Unterschied in der Positionierung zu der Figur ausmacht. Die Figurengestaltung kann es

11 Eder: *Die Figur im Film*, S. 173.

12 Ebd., S. 177.

13 Vgl. ebd., S. 177–179.

14 Eder: Imaginative Nähe zu Figuren, S. 140.

15 Ebd., S. 141.

also ermöglichen, die Figur zu verstehen und darüber Nähe zu ihr entstehen zu lassen. Vertrautheit wiederum wird dann erzeugt, wenn die Figur entweder Ähnlichkeiten mit sich selbst offeriert oder aber Ähnlichkeiten zu anderen Jüdinnen und Juden. Das können reale Jüdinnen und Juden sein, aber auch andere *jüdische Figuren*.

Die Nähe, die die Zuschauer_innen zu den jüdischen Filmfiguren herstellen, ist deshalb besonders wirkmächtig bezüglich ihrer Vorstellungen von Jüdinnen und Juden, weil sie – wie bereits erwähnt – häufig nicht von der Nähe zu realen Jüdinnen und Juden begleitet wird. Gleichzeitig muss diese Begegnung nicht von Schwierigkeiten begleitet sein, wie sie einen realen Kontakt begleiten können, da es nicht zu einer tatsächlichen Interaktion kommt. Denn auch wenn das Fiktionsbewusstsein häufig zu weniger intensiven emotionalen Reaktionen führt als das in vergleichbaren Situationen in der Realität der Fall wäre, so müssen sie doch weniger kontrolliert werden. Die fiktionale Rahmung macht ungehemmtere emotionale Reaktionen und „ein stellvertretendes Ausleben tabuisierter, unterdrückter Wünsche“[16] möglich.

Den Symptombegriff fasst Eder zunächst sehr allgemein: „Figuren können [...] *charakteristische Anzeichen* für Gegenstände oder Vorgänge sein, mit denen sie *kausal verknüpft* sind.“[17] Mit der Konzeptualisierung als Symptom könne die wechselseitige kausale Einbettung zum Ausdruck gebracht werden, die die Filmfiguren gleichzeitig als reaktiven Ausdruck von gesellschaftlichen Verhältnissen wie als Wirkfaktor auf eben diese versteht.[18] Die wechselwirksame Beziehung wird im Zusammenhang mit der Funktion von Stereotypen für die Figurengestaltung noch zu diskutieren sein.[19] Als Symptom resultiert die Figur sowohl aus ihrem individuellen wie gesellschaftlichen Entstehungszusammenhang, trägt diesen kausal in sich und zeigt ihn somit an.

Auch wenn an einigen Stellen die beteiligten Filmschaffenden berücksichtigt werden,[20] sollen die jüdischen Figuren im Sinne Siegfried Kracauers primär als Symptome *kollektiver* Ursachen verstanden werden, wobei diese soziologisch, historisch und psychologisch gedeutet werden.[21] Die Ursachen dafür, die Figurengestaltung in breiten soziokulturellen, gesellschaftlichen sowie kollektiven Zusammenhängen und weniger in den individuellen Biografien der Filmemacher_innen zu sehen, liegen auf mehreren Ebenen:

Erstens können Filme als kollektive Produktionen verstanden werden, die nicht künstlerischer Ausdruck einer einzigen Person sind.[22] Zweitens würde eine individuellbiografische Interpretation der Figurengestaltung nahezu unweigerlich zu der Frage

16 Eder: *Die Figur im Film*, S. 657.

17 Ebd., S. 541.

18 Ebd.

19 Siehe hierzu Kap. I.1, I.3 sowie II.

20 So beispielsweise wird, wenn auffallend häufig jüdische Überlebende von Konzentrations- oder Vernichtungslagern an der Darstellung von Überlebenden-Figuren (mit einem Fokus auf ihr Innenleben) als Regisseur_innen, Autor_innen oder Produzent_innen beteiligt sind, von einem biographisch motivierten Interesse, Überlebendengeschichten zu erzählen, ausgegangen (vgl. Kap. IV.2).

21 Vgl. Kracauer: *Von Caligari zu Hitler,* S. 14.

22 Vgl. ebd., S. 11.

führen, ob der Film auf jüdische oder nichtjüdische Filmemacher_innen zurückgeht. Hieran schließt sich die Schwierigkeit einer Definition an, wer jüdisch ist und wer nicht, die bereits aufgezeigt wurde. Darüber hinaus ist die Recherche nach vermeintlich jüdischen Familienhintergründen in der deutschen Geschichte belastet und stellt kein angemessenes Vorgehen dar. Nicht zuletzt stellt sich die Frage, welche Implikationen sich aus der Unterscheidung zwischen jüdischen und nichtjüdischen Filmemacher_innen ergeben würden: Gestalten jüdische Filmemacher_innen automatisch authentischere (oder positivere) jüdische Figuren? Können diese keine antisemitischen Anschlussmöglichkeiten aufweisen wie die jüdischen Figuren nichtjüdischer Filmemacher_innen? Die jüdischen Figuren als Selbstbilder jüdischer Filmschaffender zu deuten, evoziert weiterhin die Frage, ob nicht auch die nichtjüdischen Figuren in Teilen Selbstbilder sein können, die Aspekte ihres (deutschen/nicht primär jüdischen) Selbstverständnisses verhandeln.

In diesen Fragen ist ein Essentialismus angelegt, mit welchem ein homogenes Judentum vorausgesetzt würde, von dem angenommen wird, dass es alle Jüdinnen und Juden gleichermaßen präge und sich damit aus dem jüdischen Hintergrund der Filmschaffenden prinzipielle Unterschiede in der Darstellung jüdischer Figuren und deren Bewertung ableiten ließen. Stattdessen wird hier der Hintergrund der Filmschaffenden nur dann berücksichtigt, wenn sie sich *selbst* und *öffentlich* beispielsweise in Interviews oder Autobiografien als jüdisch positionieren[23] und damit die Rezeption der dargestellten Figuren und Lebenswelten rahmen und potentiell prädispositionieren.[24]

Drittens wird nicht davon ausgegangen, dass die Figurengestaltung ausschließlich Ausdruck *bewusster* Entscheidungen der beteiligten Filmschaffenden ist. Das zeigt sich beispielsweise daran, dass die Intention der Darstellung (ausgedrückt in der Handlung) und die verwendeten Bilder gegenläufig sein können (vgl. Kap. II.3). Um dieses Auseinanderfallen von sich auf der Handlungsebene ausdrückenden Intentionen (wie der kritischen Thematisierung von Antisemitismus) und der Bildebene (auf der gleichzeitig stereotype bis antisemitische Darstellungen jüdischer Figuren reproduziert werden können) zu erklären, ist nach den gesellschaftlich vorhandenen Bildern, nach einem kollektiven Bildgedächtnis, zu fragen, was zu einer kollektiv-gesellschaftlichen Ursachenforschung der Figuren als Symptome zurückführt.

Im Zusammenhang mit der Darstellung von jüdischen Figuren in Spielfilmen stößt man trotz deren oben beschriebener Heterogenität schnell auf eine Problematik, die für alle Spielfilme gilt: Wie kann man Jüdinnen und Juden so darstellen, dass sie – und das gilt besonders im Falle des bundesrepublikanischen Spielfilms – für ein nichtjüdisches

23 Beispielhaft sei hier auf Jeanine Meerapfel, Artur Brauner oder Dani Levy verwiesen, die dezidiert als jüdische Regisseur_innen auftreten, auf die Schauspieler_innen Michael Degen und Adriana Altaras, die jeweils im Rahmen ihrer Autobiografien (*Nicht alle waren Mörder* und *Titos Brille: Die Geschichte meiner strapaziösen Familie*) ihren jüdischen Hintergrund veröffentlicht, diesen damit zum Teil ihrer öffentlichen Persona gemacht haben.

24 Die Bedeutung der Rollenbesetzung und der möglichen Prädispositionierung der Figurenwahrnehmung durch die Rollenbiografie oder den privaten Hintergrund des/der Schauspieler_in wird in Kapitel III.2 ausführlicher dargelegt.

Publikum als solche *lesbar* werden? Diese Frage, die sowohl Aspekte der Zugehörigkeit wie auch der Identifizierbarkeit berührt, wird im Zusammenhang mit den Kontexten, in denen die jüdischen Spielfilmfiguren stehen, grundlegend sein. Hier wird sie zunächst in Hinblick auf die sichtbaren Kodierungen gestellt, die bei der Gestaltung jüdischer Figuren Verwendung finden und so bekannt sind, dass sie als solche lesbar und verständlich sind.

1. Realistische jüdische Figuren

Die Nähe, die Rezipient_innen zu Figuren entwickeln, hängt auch vom Grad des wahrgenommenen Realismus der Darstellung ab.[25] Wenn die Rezeption jüdischer Figuren in Fernseh- und Kinospielfilmen als bedeutsame mediale Begegnung mit Jüdinnen und Juden (als fiktiven Wesen) angenommen wird, kann der wahrgenommene Realismus der Figurengestaltung bestimmend sein für die Übertragbarkeit des Gesehenen auf die außerfilmische Welt und für die Prägung der Weltsicht der Rezipient_innen.

Häufig wird Filmbildern *grundsätzlich* ein großes realistisches Potential zugesprochen, welches das des fotografischen Bildes aufgrund ihrer Bewegtheit noch übertrifft.[26] Dieser rein phänomenale Realitätseindruck steht in keinem Zusammenhang mit allen „Glaubens- und Wissensfragen", er ist präreflexiv und wird insofern nicht von dem Wissen um die Fiktionalität filmischer Darstellungen berührt.[27] Neben diesem realistischen Potential von Filmbildern an sich soll es jedoch nicht um das gehen, was realistisch *ist*, sondern um das, was als realistisch wahrgenommen wird. Realismus verstanden im Sinne eines Effekts[28] ist kulturabhängig und historisch konditioniert.[29] Die kulturelle Bedingtheit zeigt sich besonders in Zusammenhang mit Verweisen auf alltagsweltliches Wissen, das Roland Barthes als zentral für den Wirklichkeitseffekt erachtet,[30] auf Historie und historische Personen, sowie in Zusammenhang mit dem, was Menschen für wahrscheinlich halten. Ganz im aristotelischen Sinne ist mit ‚wahrscheinlich' das gemeint, was nach den Regeln der Notwendigkeit und Möglichkeit passieren könnte.[31] Daraus folgt für realistische Figuren:

25 Vgl. Eder: Imaginative Nähe zu Figuren, hier S. 139.

26 Vgl. Christian Metz: *Semiologie des Films.* München: Fink 1972, S. 21.

27 Guido Kirsten: *Filmischer Realismus.* Marburg: Schüren 2013, S. 62. Kirsten schreibt, „dass der Realitätseindruck nicht nur von der realistischen oder fantastischen Art der Diegese unabhängig ist, sondern auch vom fiktionalen oder dokumentarischen Status der Bilder." (Ebd., S. 64.)

28 Der Begriff Wirklichkeits-Effekt (L'effet de réel) geht zurück auf Roland Barthes, der 1968 im gleichnamigen Artikel in der Zeitschrift *Communications* davon schrieb. Roland Barthes: Der Wirklichkeitseffekt. In: Ders.: *Das Rauschen der Sprache*, aus d. Franz. v. Dieter Hornig. Frankfurt am Main: Suhrkamp 2012, S. 149–163.

29 Robert Stam: The Question of Realism. Introduction. In: Ders. / Toby Miller (Hrsg.): *Film and Theory. An Anthology.* Malden: Blackwell 2002, S. 223–228, hier S. 224; Eder: *Die Figur im Film*, S. 382 ff.

30 Barthes: Der Wirklichkeitseffekt, S. 169–171.

31 Vgl. Aristoteles: *Werke in deutscher Übersetzung*, Bd. 5: Poetik, aus d. Altgriech. übers. u. erl. v. Arbogast Schmitt. Berlin: Akademie 2008, S. 13–15.

> Realismus ist also immer empfundener Realismus. Ein fiktionaler Text muss vor allem plausibel sein, um realistisch zu wirken, er muss mit einer Menge von Meinungen über die Realität übereinstimmen, nicht mit der Realität selbst. Eine realistische Figur entspricht in ihrem System körperlicher, mentaler und sozialer Eigenschaften verbreiteten Menschenbildern, Alltagstheorien und Vorstellungen, die die relevante Zuschauergruppe von ‚so einer Art Mensch' haben [...].[32]

Diese Normen, Werte und Meinungen können jedoch für verschiedene Filmgenres unterschiedlich ausfallen und damit auch unterschiedliche Plausibilitäten produzieren.

Auf einer grundlegenden Ebene bedeutet die Übereinstimmung mit ‚Meinungen über die Realität', wie allgemein auf alltagsweltliches Wissen (z. B. Naturwissenschaft, Technik, Medizin) verwiesen wird und ob dessen Regeln in der filmischen Welt, der Diegese, gelten.[33] Die Rezipient_innen entwickeln „eine mehr oder weniger detaillierte und möglichst schlüssige Vorstellung von der erzählten Welt",[34] wobei diese eben nicht unabhängig von der außerfilmischen Realität entsteht, sondern in Abgleichung mit ihr. Damit ist die fiktive Welt des Films zunächst grundsätzlich wahrscheinlich und auf einer basalen Ebene der außerfilmischen Realität ähnlich. Auf einer narrativen Ebene umfasst sie die Verwendung konkreter Verweise auf die außerfilmische Realität, wie auf historische Ereignisse oder Personen. Derartige Verweise binden, in Kombination mit den entsprechenden stilistischen Mitteln, die Welt der Filmhandlung enger an die außerfilmische Realität, besonders, so hier die These, je näher diese Ereignisse an der Gegenwart liegen und je dichter sie mit Darstellungen realer Personen gespickt sind. Das begründet sich m. E. darin, dass die Rezipient_innen die Bezüge zur außerfilmischen Welt dann aus ihrer eigenen Lebenszeit kennen und sich weniger von diesen als Historie distanzieren können. Eine große Fülle realer (historischer) Personen, die als Figuren im Film auftauchen oder auf die verwiesen wird (beispielsweise mittels Nachrichten oder Zeitungen, die im Film zu sehen sind), erhöhen die empfundene Nähe zur außerfilmischen Realität. Und möglicherweise auch zu den Figuren, die ja offensichtlich eine Welt bewohnen, die derjenigen der Rezipient_innen ähnlich ist bzw. in der die Rezipient_innen ihre eigene wiederkennen.

Diese Ähnlichkeit ist nicht nur wichtig für die raum-zeitliche und soziale Nähe zu Figuren,[35] sondern das Wiedererkennen „von selbst Erlebtem, Beobachtetem und Empfundenem"[36] ist auch für die Wahrnehmung als realistisch zentral. Das Wiedererkennen in den Figuren oder in der filmischen Welt bezieht sich aber nicht nur auf

32 Eder: *Die Figur im Film*, S. 383.

33 Die möglichen Welten oder Spielwelten, die im fiktionalen Erzählen erschaffen werden, sowie deren spezifische Regeln und Beziehungen zur Wirklichkeit sind Gegenstand von Diegesetheorien und Fiktionstheorien. Siehe weiterführend bspw. *montage/av* 16,2 (2007): Diegese; Remigius Bunia: *Faltungen. Fiktion, Erzählen, Medien*. Berlin: Schmidt 2007; Elena Esposito: *Die Fiktion der wahrscheinlichen Realität*. Frankfurt am Main: Suhrkamp 2007; Gertrud Koch / Christiane Voss: *„Es ist, als ob". Fiktionalität in Philosophie, Film und Medienwissenschaft*. Paderborn: Fink 2009.

34 Anton Fuxjäger: Diegese, Diegesis, diegetisch. Versuch einer Begriffsentwirrung. In: *montage/av* 16,2 (2007), S. 17–37, hier S. 18.

35 Vgl. Eder: Imaginative Nähe zu Figuren, S. 140 ff.

36 Eder: *Die Figur im Film*, S. 383.

tatsächlich unmittelbar Selbsterlebtes, sondern auch auf Gesehenes und – so hier eine weitere These – medial Vermitteltes bzw. medial Erlebtes. Das heißt, jüdische Filmfiguren erscheinen dann realistisch, wenn ihre Darstellung dem entspricht, was das Publikum an Jüdinnen und Juden kennt, erlebt, gesehen oder über sie gelernt hat. Da sowohl das Erleben von als auch das Wissen über Jüdinnen und Juden nach 1945 stark durch mediale Darstellungen geprägt ist, kommt hier Begegnungen mit fiktiven jüdischen Filmfiguren besondere Bedeutung zu. Der Realismus einer filmischen Darstellung wird letztlich an der graduellen Ähnlichkeit zu anderen medialen Darstellungen von Jüdinnen und Juden gemessen.

Die konkrete Bezugnahme in der filmischen Darstellung auf die gesellschaftliche Wirklichkeit in Deutschland zum Zeitpunkt der Entstehung des Films rückt die Welt des Films in die Nähe der zeitgenössischen gesellschaftlichen Realität und kann unterschiedliche Formen annehmen: Es kann sich sowohl um Verweise auf aktuelle politische, kulturelle oder gesellschaftliche Ereignisse handeln als auch um zeitlich-räumlich konkrete Verortungen, die beispielsweise über das Auftauchen von Zeitungen oder Nachrichtensendungen im Rahmen der Diegese vorgenommen werden können. Wird auf konkrete Ereignisse verwiesen, wie beispielsweise in *Mord in Frankfurt* (1968) auf den Frankfurter Auschwitzprozess und Peter Weiss' Theaterstück *Die Ermittlung*, müssen diese nicht zwangsläufig namentlich benannt werden. Entscheidend ist, ob die Verweise für die Zuschauer_innen konkret genug sind, um aus der spezifischen historischen Rezeptionssituation heraus verstanden zu werden. Gleichzeitig entstehen (mit dem schwindenden Verständnis für diese Bezüge) unterschiedliche mögliche Lesarten zu unterschiedlichen Zeiten (vgl. Kap. II.1.1). Eine zentrale Frage für die Analyse der Filme ist deswegen, ob und wie durch die filmstilistischen Mittel und die Narration ein Zusammenhang, eine Beziehung oder eine Nähe zur außerfilmischen Wirklichkeit hergestellt wird und wie konkret diese ist. Die Einbettung in bzw. die Anbindung an die außerfilmische Realität hat nicht nur das Potential, die jüdische Filmfigur realistischer wirken zu lassen, sondern verortet die Begegnung mit einer/einem (fiktiven) Jüdin/Juden auch in konkreten gesellschaftlichen Zusammenhängen. Damit wird die mediale Begegnung in der Rezeptionssituation potentiell umso mehr zum Substitut der in der Realität nicht stattfindenden.

Zwei weitere Aspekte nennt Eder als zentral für eine realistische Figurenzeichnung: Verständlichkeit und Informationsfülle.[37] Es ist die umfassende Beschreibung von Figuren und deren gleichzeitige Verständlichkeit, die sie für die Zuschauenden realistisch wirken lassen. Zu Verständlichkeit führen neben verschiedenen Verfahren, wie der Charakterisierung auf verschiedenen Zeichenebenen (Bild, Schrift, gesprochene Sprache, Geräusch, Musik), eine „psychologische, figurenzentrierte Kausalität“[38], was bedeutet, dass die Figuren absichtsvoll und mit nachvollziehbaren Motiven handeln, eine vermeintlich objektive, nichtkommentierende Darstellung, die „Desambiguierung

37 Eder: *Die Figur im Film*, S. 385 ff.

38 Ebd., S. 386.

der Geschichte und der Figur"[39], sowie die oben bereits besprochene „Einbettung der Fiktion in reale Kontexte [...], die den Anschein der Faktizität von der Realität auf die fiktive Welt"[40] überträgt.

Verständlichkeit resultiert aber auch aus der Einhaltung filmischer Konventionen, die ebenso kulturell und historisch bedingt sind. Was als (ausreichend) plausibel, genau und kohärent genug gilt, um als realistisch wahrgenommen zu werden, hängt nicht nur davon ab, wie es mit eigenen Erfahrungen und Weltwissen übereinstimmt, sondern auch mit den aktuellen Konventionen filmischen Erzählens. Dabei gibt es durchaus unterschiedliche und voneinander abweichende Darstellungskonventionen des Realismus. Für das Hollywoodkino oder den Mainstreamfilm gelten hier andere Darstellungsschemata, die zu einer als realistisch wahrgenommenen Inszenierung führen, als für Fernsehspielfilme, -serien oder für das Independentkino.[41] Diese unterschiedlichen Darstellungskonventionen des Realismus gehen u.a. auf Unterschiede in den zugrunde liegenden Menschenbildern zurück, die berücksichtigt werden müssen, wenn es um den Grad an Realismus fiktiver Figuren geht. Unterschieden werden können zwei Menschenbilder, die dem Mainstream- und dem Independent-Realismus eingeschrieben sind. Zum Menschenbild des „Mainstream-Realismus" heißt es bei Eder:

> Mainstreamfilme vermitteln also ein Bild vom Menschen, das diesen als aktiv, zielbewusst, weitgehend rational, emotional intensiv, moralisch eindeutig beurteilbar, einfach verständlich, kohärent, lern- und entwicklungsfähig, autonom und nur wenig durch äußere Umstände determiniert darstellt; mit begrenzten Einschränkungen rekonstruierbarer und erklärbarer biografischer Prägungen. Es handelt sich um ein Menschenbild, das schon in seinen ganz allgemeinen Grundstrukturen und vor jeder Ausgestaltung der konkreten Figur als positiv, hoffnungsvoll und beruhigend empfunden werden kann. Im Zusammenhang damit vermittelt sich auch ein Modell der Geschichte und des sozialen Fortschritts, das in seinen Erklärungen eher auf individuelles Bewusstsein und Fähigkeiten zurückgreift als auf kollektive oder strukturelle Aspekte des Soziallebens. Dabei maskiert die Individualität der Figur ihre ideologische Rolle [...].[42]

Die Verdeckung von Macht und Ideologie als auf die Figuren wirkende Strukturen in diesem Menschenbild macht es einerseits notwendig, diese in der Analyse herauszuarbeiten, d.h. zu überlegen, in welchen nicht näher gezeigten Machtstrukturen sich die jeweilige Figur befindet und welche ideologischen Funktionen sie inne hat, also welche Werte und Normen sie transportiert und welche Machtgefüge sie damit stützt. Nach Douglas Kellner müssen Filme und ihre Figuren in einem soziopolitischen wie auch

39 Ebd., S. 387.

40 Ebd.

41 Eder spricht von unterschiedlichen Figurenkonzeptionen, spezifische Konstellationen von Artefakteigenschaften, die mit Menschenbildern und Gestaltungskonventionen verbunden seien, und unterscheidet dabei Mainstream-Realismus, Independent-Realismus, Postmoderne und Stilisierung/Verfremdung (ebd., S. 399ff.). Zum Mainstream-Realismus heißt es bei ihm: „Neben Subjektautonomie und Vulgärfreudianismus gehört eine Dramatisierung der Figur zu den zentralen Merkmalen des Mainstream-Realismus. Eines der dramaturgischen Ziele des Mainstream-Films besteht in einer Maximierung des Konflikts. Dazu sind zum einen die konkreten, konfligierenden Handlungsziele der Figur notwendig, zum anderen aber auch eine Maximierung der emotionalen Ansprache [...]" (ebd., S. 404).

42 Ebd., S. 405.

ökonomischen Kontext gelesen werden[43] und können als Träger impliziter Ideologien verstanden werden. Implizit meint in diesem Zusammenhang, dass die transportierten Ideologien in der Darstellung naturalisiert und als ‚die Art und Weise wie Dinge eben sind' wahrgenommen werden.[44] Andererseits ist es wichtig, dieses zugrundeliegende Menschenbild auch als begrenzenden Aspekt der Darstellung zu berücksichtigen und die Darstellung als in diesem konventionellen Rahmen befindlich zu betrachten. Dieser Rahmen oder diese grundlegenden Menschenbilder markieren die Grenzen dessen, was die Figurendarstellung zu leisten im Stande ist.

Der „Independent-Realismus"[45] zeichnet sich durch ein Menschenbild aus, das diesen als „prinzipiell unfassbar, moralisch nicht eindeutig beurteilbar, emotional diffus, von Unbewusstem bestimmt, äußeren und inneren Zwängen ausgeliefert, komplex und inkohärent"[46] versteht. Eder hebt hervor, dass die Beurteilung der Figuren gerade wegen ihrer Widersprüchlichkeit und Unfassbarkeit stark von individuellen Vorstellungen und Erfahrungen abhänge sowie davon, inwieweit sich die Zuschauer_innen vom Menschenbild des Mainstream-Realismus gelöst haben.[47] Dieses widersprüchlichere Menschenbild bietet sowohl der Gestaltung der jüdischen Figuren als auch unterschiedlichen Lesarten deutlich mehr Interpretationsspielraum.

Neben der Berücksichtigung der den Realismuskonzepten zugrunde liegenden Menschenbilder[48] sowie der (mehr oder weniger konkreten) Verweise auf die außerfilmische Realität soll bei der Analyse der Darstellungen auch die Verwendung dokumentarischer Verfahren berücksichtigt werden. Diese sind zwar insofern anders einzuordnen, als sie eine Darstellung nicht vermeintlich *realistischer*, im Sinne von plausibler, erscheinen lassen. Aber sie authentisieren die fiktionale filmische Darstellung dadurch, dass sie einen dichten Bezug zum Dokumentarischen herstellen, das wiederum mit einer großen Nähe zur außerfilmischen Realität assoziiert oder mit diesem gar gleichgesetzt wird, und ermöglichen der filmischen Darstellung dadurch, etwas über ‚die Wahrheit' auszusagen, was Fiktion nicht als zentrale Eigenschaft zugeschrieben wird. Letztlich führt auch das dazu, dass filmische Darstellungen näher an die Lebensrealität der Zuschauer_innen herangerückt werden und Wechselwirkungen mit dieser eingehen.

43 Kellner: *Media Culture*, S. 56.

44 Ebd., S. 59. Kellner zeigt das anhand einer exemplarischen Analyse der *Rambo*-Filme auf, vgl. ebd., S. 62–75.

45 Eder: *Die Figur im Film*, S. 405.

46 Ebd., S. 409.

47 Ebd., S. 408–409.

48 Die interdisziplinäre Forschung zu Menschenbildern in Medien, Künsten und Wissenschaften bildet ein aktuelles Forschungsfeld: Jens Eder / Joseph Imorde / Maike Sarah Reinerth (Hrsg.): *Medialität und Menschenbild*. Berlin: de Gruyter 2012; Jens Eder / Joseph Imorde / Stefan Zahlmann: Menschenbilder in der Populärkultur. Kunst-, Bild-, Medienwissenschaften. Editorial. In: *Kritische Berichte* 41,1 (2013), S. 3–4. http://www.menschenbild.org (Zugriff am 03.07.2013).

2. Stereotype und die Darstellung jüdischer Filmfiguren

Stereotype, zunächst lediglich verstanden als eine Form der Vereinfachung und Reduktion, die gängig, bekannt oder konventionalisiert ist, sind im Zusammenhang mit der Gestaltung jüdischer Filmfiguren relevant, da *bekannte* Bilder des Jüdischen verwendet werden müssen, um die Figur für ein nichtjüdisches Publikum *erkennbar* als jüdisch darzustellen. Spielfilme verwenden hier Bilder, die als bereits verbreitet angenommen werden können und verstärken dadurch wiederum deren gesellschaftliche Verbreitung und Wirkmacht. Dennoch lassen sich Stereotype im Kontext des Films nicht in diesem alltagssprachlichen Verständnis verorten: In verschiedenen Disziplinen werden mit dem Begriff *Stereotyp* unterschiedliche Phänomene und Funktionen bezeichnet, weshalb Stereotype in unterschiedlichen Zusammenhängen von Interesse sind.[49]

Das alltagssprachliche Verständnis vom Stereotypbegriff ist häufig synonym zum Klischee oder dem Vorurteil. Das sozialwissenschaftliche Konzept, das auf Walter Lippmanns Verwendung in *Public Opinion* (1922) zurückgeht und unter Stereotyp in erster Linie das „Bild vom Anderen"[50] versteht, ist damit nahe am umgangssprachlichen Verständnis, definiert und theoretisiert es jedoch klarer. Ihm kommt im Denkzusammenhang dieser Arbeit vorrangige Bedeutung zu. Im Kontext des Films sind Stereotype jedoch nicht deckungsgleich mit dieser sozialwissenschaftlichen Konzeptualisierung als *Bilder von Anderen*, sie berühren dort unterschiedliche Ebenen, beispielsweise im größeren Zusammenhang die Bildung von Genres,[51] im kleineren die Konstruktion von Figuren, Handlung und Handlungssegmenten sowie ästhetische Aspekte wie Bild- und Tonkompositionen und das Schauspiel.[52] Für die Analyse der Gestaltung der jüdischen Filmfiguren muss also einerseits allgemein nach Form und Funktion von Figurenstereotypen gefragt werden und andererseits nach Form und Funktion von Stereotypen als *Bilder des Anderen* und daran anknüpfend nach konkreten Stereotypen des Jüdischen.

2.1 Figurenstereotype

Stereotype entfalten auch bei der Gestaltung von Filmfiguren ihre orientierungsgebende Kraft, weshalb ihnen eine zentrale Funktion für die Figurenrezeption zukommt. Stereotype *können* dabei als Bilder von Anderen zum Einsatz kommen, aber die Figurengestaltung entlang ethnischer, kultureller, nationaler, religiöser oder geschlechtlicher Stereotype ist dabei nur *eine* Möglichkeit. Die Figurengestaltung kann wie beispielsweise im Falle von Superhelden-Figuren auch Stereotype entwickeln, die nicht analog zu realen Menschengruppen funktionieren.

49 Schweinitz: *Film und Stereotyp*, S. 3 ff.

50 Ebd., S. 44.

51 Siehe zum Zusammenhang von Stereotyp und Genre Knut Hickethier: Genretheorie und Genreanalyse. In: Jürgen Felix (Hrsg.): *Moderne Film Theorie*. Mainz: Bender 2002, S. 62–103, hier S. 78–80. Dort beschreibt Hickethier die ständige Wiederholung von Stereotypen ebenso wie deren ständige Variation als Kennzeichen von Genres (ebd., S. 80).

52 Vgl. Schweinitz: *Film und Stereotyp*, S. 43.

Somit stellt sich zunächst die Frage nach dem Unterschied zwischen einer stereotypen und einer nicht stereotypen Filmfigur. Diese führt zur Differenzierung zwischen Charakter und Typ: „Als Charaktere gelten Figuren, die erst im Zuge der Handlung sukzessive erkennbar werden, im Wechselspiel mit der Handlung Entwicklungen erleben und ein individuelles und vielschichtiges geistig-psychologisches Profil besitzen."[53] Dem gegenüber stehen die Typen, die sich durch eine gewisse Konstanz auszeichnen und im Laufe der Handlung keine Entwicklung ‚durchleben'. Jörg Schweinitz weist in seinen Ausführungen, in Anlehnung an Umberto Eco und Richard Dyer, auf zwei wichtige Aspekte von Typen hin: Zum einen darauf, dass Typen eine wichtige Funktion für die Handlung haben. Durch ihre spezifischen Eigenheiten, die sich im Laufe der Handlung nicht ändern, ermöglichen es Figurentypen, immer wieder bestimmte Handlungsabläufe und Ereignisse anzustoßen. Sie haben eine klare Handlungsrolle inne. Zum anderen darauf, dass Typ und Figurenstereotyp nicht identisch sind. Ein in der filmischen Narration entwickelter Figurentyp wird erst durch seine Konventionalisierung zum Figurenstereotyp, d. h. erst wenn die Typenkonstruktion intertextuell wiederholt und dadurch bekannt und konventionell wird, kann von einem Figurenstereotyp gesprochen werden. „Die *Stereotypisierung* des ursprünglich in einem Text aufgebauten Typs ist also ein möglicher zweiter Schritt: die *intertextuelle Phase der Typenbildung*"[54].

Sind jüdische Figuren als Typen gestaltet, stellt sich somit zunächst die Frage nach ihrer Funktion für die Handlung und möglicherweise für ihre Mit- oder Gegenspieler sowie nach einer möglichen Konventionalisierung durch Wiederholung, womit der Typ als Figurenstereotyp etabliert wäre.

Wenn es sich bei Figurenstereotypen nicht „lediglich um bloße Übersetzungen oder erzählerisch-visuelle Konkretisierungen jener ‚Bilder vom Anderen' handelt, für die sich die Sozialpsychologie unter dem Schlagwort ‚Stereotyp' interessiert"[55], dann stellt sich andersherum die Frage, ob Figuren, die entlang solcher stereotypen Bilder des Anderen entwickelt werden, gleichzeitig typenhafte Figuren sein müssen. Dies ist insofern zu verneinen, als die Menschengruppen betreffenden Stereotype nicht immer offen und auf den ersten Blick erkennbar umgesetzt werden, sondern die Figuren zum Teil durchaus individualisiert gezeichnet sein können. Dennoch können sie auf einem stereotypen ‚Bild vom Anderen' beruhen und dieses „re-individualisieren"[56]. Durch diese Re-Individualisierung entsteht ein individueller, mitunter psychologischer Charakter, der sich aber nur vor dem Hintergrund und im begrenzten Rahmen der jeweiligen Stereotypen (es sind ja einer Menschengruppe jeweils ein ganzes Netzwerk an Stereotypen und Eigenschaften zugeordnet) entwickelt und seine (vermeintliche) Individualität entfaltet.

53 Schweinitz: *Film und Stereotyp*, S. 45.

54 Ebd., S. 47.

55 Ebd., S. 49.

56 Ebd., S. 51.

Da mit der Konventionalisierung eines Musters eine „Tendenz zur *Derealisierung*"[57] einhergeht, wird die Funktion der Reindividualisierung deutlich: Die Konventionalisierung einer schematischen Darstellung einer jüdischen Figur würde sie nicht nur zunehmend weniger realistisch erscheinen lassen, sondern auch zeigen, dass es sich um eine ‚Spielwelt'[58] handelt. Das Stereotyp würde als solches sichtbar werden – als ein Stereotyp von Jüdinnen und Juden. Die Darstellung würde damit Gefahr laufen, in der (west-)deutschen Gesellschaft in den kontaminierten Denkzusammenhang von stereotyper Darstellung, ipso facto Antisemitismus zu geraten.[59] Diesen Überlegungen folgend, werden in der vorliegenden Arbeit Stereotype in zwei Richtungen untersucht:

Zum einen finden sich in den betrachteten Filmen solche individuell gestalteten Figuren, die Stereotype über Jüdinnen und Juden re-individualisieren. Sie müssen, da sie gerade vor dem Hintergrund eines öffentlich tabuisierten Antisemitismus eher verdeckt auftreten, dekodiert werden. Zum anderen tauchen jüdische Figuren immer wieder in bestimmten Figurenkonstellationen und thematischen Kontexten auf und werden in diesen zum Teil auch sehr ähnlich dargestellt. Deswegen werden in Teil IV Gruppen jüdischer Figuren erarbeitet und zugeordnet.

Unabhängig davon, ob in der Gestaltung jüdischer Figuren Stereotype über Jüdinnen und Juden mehr oder weniger verdeckt aufgegriffen werden, können die Figuren gleichzeitig auch anderen Figurenstereotypen entsprechen. Hier entstehen Wechselwirkungen zwischen den Bildern des Jüdischen und den Aufladungen anderer, ‚nicht-jüdischer' Figurenstereotype. Ob dabei die jüdischen Figuren mit anderen Figurenstereotypen, wie beispielsweise dem des weltentrückten, verschrobenen Professors in *Der Ruf*, korrelieren, Figurenstereotype oder Kombinationen von Figurenstereotypen mit Stereotypen des Jüdischen etabliert werden, wird zu untersuchen sein.

Diese zwei aufgezeigten Formen von Stereotypisierungen von Figuren zeichnen sich auch durch unterschiedliche Bezüge zu den Lebenswelten der Rezipient_innen aus: Ein Teil der Figurenstereotype hat einen relativ direkten und offenen Bezug zur Lebensrealität der Zuschauer_innen. In diesem Fall gehören die ‚Bilder von Anderen', die filmisch repräsentiert werden, zur sozialen Lebensrealität des Publikums. Es handelt sich um stereotype Darstellungen von Nationen, Religionen, Geschlechtern, gesellschaftlichen Minderheiten etc., also „Vorstellungen, die – wie fragwürdig sie auch sein mögen – für sich selbst dennoch eine gewisse Gültigkeit in der Lebenswelt beanspruchen."[60] Sie haben Einfluss auf die gesellschaftlich vorhandenen Stereotype, die Kommunikation in der Gesellschaft sowie das Handeln und werden damit bedeutsam in einer Perspektive, die unter Stereotypen in erster Linie reduzierte,

57 Ebd., S. 50.

58 Die ‚zweite Realität' dieser ‚Spielwelten', die Diegese, ist nicht mit der erzählten Geschichte zu verwechseln, sondern ist vielmehr die Welt, in der diese sich zuträgt.

59 Siehe im Kapitel II.3 die Ausführungen zur Kommunikationslatenz als einer Besonderheit des sekundären Antisemitismus.

60 Schweinitz: *Film und Stereotyp*, S. 49.

vereinfachte, stabile, wertende und emotional aufgeladene Vorstellungen über Menschen versteht, die einer bestimmten Gruppe angehören. Der andere Teil der Figurenstereotype, der nicht trennscharf unterschieden werden kann, hat wenig oder keinen Bezug zur Lebensrealität der Zuschauer_innen. So beispielsweise Superhelden-Figuren, die bewusst und offensichtlich imaginär sind, aber trotzdem konventionalisiertes Wissen über die Figur abrufen.[61]

Auch Handlungsabläufe und Handlungssituationen können – ähnlich wie die Filmfiguren – schematisch und reduziert dargestellt werden. Dies geschieht, so Schweinitz, besonders in filmischen Darstellungen, die eher mit Figuren(stereo)typen arbeiten als mit differenzierten Charakteren, weil sie häufig mit festen Handlungsprogrammen oder Handlungsrollen[62] verbunden sind. Bestimmte Figurentypen ziehen häufig ebenso schematisierte und konventionalisierte Handlungsabläufe nach sich. Auch wenn sie mit der anthropologisch begründbaren „Lust an der Wiederholung“[63] zusammenhängen, sind sie nicht universell, sondern ebenso wie die Figurenstereotype in ihrer jeweiligen Zeit, Kultur und Gesellschaft verankert und somit kontextgebunden:

> So reflektieren narrative Stereotype zum Beispiel kulturelle Wissensbestände, Wunschbilder sowie ästhetische Affinitäten und stehen mit dem Vorrat an konventionellen Imaginationen innerhalb der jeweiligen Kultur in enger Wechselwirkung. Gerade Handlungsstereotype reflektieren aber auch gefundene und erprobte Lösungen von emotionalen Effekten, die in der Filmrezeption gesucht werden.[64]

Einerseits sind die konventionalisierten Handlungsmuster also auf die Wirkung auf die Zuschauer_innen ausgerichtet. Andererseits können Handlungsstereotype auch Aufschluss über die jeweilige Kultur geben, in der sie entstanden sind. Bestimmte wiederkehrende Handlungsstereotype können in Zusammenhang mit der deutschen Gesellschaft und ihren jeweiligen aktuellen Themen interpretiert werden. Dabei handelt es sich oft um Wunschbilder, so beispielsweise, wenn die deutsche Kommissar_innen-Figur in Fernsehkrimis wiederholt die/den jüdische_n Verdächtige_n von dem unrechtmäßigen, antisemitisch motivierten Verdacht befreit (Kap. IV.4), oder auch im Falle der Liebesbeziehung zwischen jüdischen und nichtjüdischen Figuren als Inszenierung einer ‚deutsch-jüdischen‘ Versöhnung (Kap. IV.6). Insofern ist neben Figurenstereotypen in der Filmanalyse auf wiederkehrende Handlungsmuster zu achten, die zum einen mit Figurenstereotypen verbunden sind und zum anderen Aufschluss über kulturelle und gesellschaftliche Aspekte geben können. Doch auch das Potential von Stereotypen für filmische Darstellungen muss berücksichtigt werden: So bilden sie auch den Hintergrund für Differenz. Das Bekannte und Konventionelle ist notwendig um Abweichungen verdeutlichen zu können. Somit stellen sie mit ihrer Bekanntheit,

61 Dass diese Figurenstereotype partiell doch eine enge Verbindung mit der Lebensrealität eingehen, weil sie übertragbare Vorstellungen/Konstruktionen von bspw. Geschlechterverhältnissen beinhalten, kann an dieser Stelle nicht ausführlich diskutiert werden.

62 Schweinitz: *Film und Stereotyp*, S. 46.

63 Ebd., S. 54.

64 Ebd., S. 58.

ihrer Verbreitung und ihrer zähen Langlebigkeit auch die Möglichkeit einer Differenzsetzung dar, die vor dem Hintergrund des Stereotyps auch als solche erkannt und wahrgenommen wird.[65]

2.2 Stereotype als Bilder des Anderen

Stereotype als Bilder des Anderen verbinden die fiktive Figur mit der Alltagswelt und dem Weltwissen der Zuschauer_innen, ansonsten könnten sie diese nicht bzw. weniger leicht erkennen.[66] Die stereotyp gezeichneten Filmfiguren stehen somit in einem Wechselverhältnis mit dem Weltwissen der Zuschauer_innen: Einerseits setzen sie sich aus gesellschaftlich vorhandenen Stereotypen zusammen, um verständlich und lesbar zu sein und eine Nähe zu den Lebenswelten der Rezipient_innen herstellen zu können. Andererseits wirken sie auf die gesellschaftlich vorhandenen Vorstellungen zurück und prägen diese, auch insofern „sie umlaufende Schemata des Denkens visuell überformen und konkretisieren, also ein Repertoire anschaulicher Muster bereitstellen“[67] .

Stereotype reduzieren Komplexität, weshalb sie prägnant sind und gut erinnert werden. Gleichzeitig sind sie mit Verzerrungen und Verlusten verbunden.[68] Wie Kommunikation im Allgemeinen sind auch Filme nicht ohne Stereotype zu denken, nicht ohne wiederkehrende, formelhafte Muster, die bekannt und (zumindest im Kern) gleichbleibend sind. Sie helfen dabei, sich innerhalb einer Umgebung zu orientieren und zurechtzufinden.[69] Im Film ermöglichen sie Orientierung innerhalb der Diegese. Verallgemeinerungen und Stereotype haben also einerseits eine wichtige Funktion für Kommunikation und Orientierung in einer Gesellschaft – sie werden weitergegeben und ihre Kenntnis verortet einen in der jeweiligen Gesellschaft –, anderseits wohnt ihnen ein (hoch) problematisches Potential der Differenzziehung, Ausgrenzung und Diskriminierung inne. Darin zeigt sich die Ambivalenz von Stereotypen.

Stereotype entstehen durch die Konventionalisierung von Mustern. Sie werden sowohl intrasubjektiv als auch intersubjektiv durch Wiederholung konstituiert und sind ganz maßgeblich von dieser allmählichen Etablierung bestimmt. Dieser Konventionalisierung wohnen „(sozio-)integrative Effekte“[70] inne: Sie dienen der Identitätsbildung bzw. -bestimmung. Durch die Reduktion von Komplexitäten helfen sie, sich in der unübersichtlichen sozialen Umwelt zu verorten.

> Stereotypen [...] dienen unserer Verortung in der sozialen Umwelt. Sie tun dies, indem sie eine klare Grenze ziehen zwischen ‚ihnen‘ und ‚uns‘ bzw. ‚mir‘. Daraus folgt, dass jedes Heterostereotyp ein Autostereotyp impliziert und umgekehrt. [...] Durch Benutzung eines Stereotyps werden die

65 Vgl. ebd., S. 41–42.

66 Vgl. ebd., S. 44.

67 Ebd.

68 Ebd., S. 30.

69 Eva Hahn / Hans Henning Hahn: Nationale Stereotypen. Plädoyer für eine historische Stereotypenforschung. In: Hans Henning Hahn / Stephan Scholz (Hrsg.): *Stereotyp, Identität und Geschichte. Die Funktion von Stereotypen in gesellschaftlichen Diskursen.* Frankfurt am Main: Lang 2002, S. 17–56, hier S. 22.

70 Schweinitz: *Film und Stereotyp*, S. 35.

> Beziehungen zwischen der Wir- und der Sie-Gruppe asymmetrisch gestaltet: Die eine Seite wird auf-, die andere abgewertet; in der Regel erfährt die eigene Seite die Aufwertung. Nicht immer handelt es sich dabei umso eindeutige Gegensatzpaare, und nicht immer ist dem Benutzer die eigene Position bewusst.[71]

Mit dieser Funktion könnte sich die enorme Langlebigkeit von Stereotypen erklären und auch, dass sie in einer globalisierten Welt nicht ab-, sondern sogar zuzunehmen scheinen.[72]

Desweiteren sind sie nicht neutral, sondern emotional aufgeladen und erlernt.[73] „Wertzuschreibung und emotionale Konnotation machen aus kollektiven Bezeichnungen erst ein Stereotyp"[74]. Dass sie gelernt werden, verweist darauf, dass nicht nur nach ihrer überindividuellen, historischen, sondern auch ihrer individuellen, sozialen Genese zu fragen ist.[75]

Darüber hinaus sind sie gleichzeitig beständig und flexibel, d.h. sie zeichnen sich einerseits durch ihre große Stabilität und ihr Beharrungsvermögen aus, sind aber andererseits lebendig und passen sich als „in einem gesteigerten Sinne Instanzen des Rekurses auf Bekanntes"[76], wenn auch sehr verzögert, gesellschaftlichen Entwicklungen an. „Als Wahrnehmung zeichnet es [das Stereotyp] sich durch zähe Langlebigkeit aus [...]. Die Form aber, die sprachliche Umsetzung, hat sich verändert: sie ist dem jeweiligen historischen Kontext angepaßt."[77] Der Kern eines Stereotyps bleibt häufig bestehen, seine Form und auch seine Bewertung können sich mit den jeweiligen Verhältnissen jedoch verändern. Gleichzeitig sind Stereotype resistent gegenüber rationalen Argumenten und Widerlegungsversuchen. Gegenbeispiele, sogar individuelle Erfahrungen werden als Ausnahmen der weiterhin gültigen Norm verstanden.[78]

Stereotype sind sowohl mit rationalem als auch mit emotionalem Wissen vernetzt. Sie sind untereinander verbunden, was bedeutet, dass ein Stereotyp nicht allein auftritt, sondern in Clustern; es werden andere Stereotype mitaktiviert. Dabei sind ‚positiv' und ‚negativ' besetzte Stereotype nicht getrennt, sondern häufig assoziativ verbunden, mit dem artikulierten positiven wird ein negatives mitabgerufen.[79]

Wichtig ist, dass Stereotype häufig nicht als solche benannt oder ausgesprochen werden, weshalb sie in ihrer verschlüsselten Form (entweder als gültige Norm vorgetragen oder in einer vermeintlich individuellen Darstellung verborgen) in der Analyse erschlossen werden müssen. Denn der Begriff ist – auch unabhängig vom Antisemitismus, der

71 Berit Pleitner: Von Wölfen, Kunst und Leidenschaft. Zur Funktion von Stereotypen über Polen und Franzosen im deutschen nationalen Diskurs 1850 bis 1871. In: Hahn / Scholz (Hrsg.): *Stereotyp, Identität und Geschichte*, S. 273–292, hier S. 276.

72 Hans Henning Hahn: 12 Thesen zur Stereotypenforschung. In: Ders. / Elena Mannová (Hrsg.): *Nationale Wahrnehmung und ihre Stereotypisierung*, S. 15–24, hier S. 18–20.

73 Schweinitz: *Film und Stereotyp*, S. 32; Hahn: 12 Thesen zur Stereotypenforschung, S. 16, 19.

74 Ebd., S. 16.

75 Ebd., S. 18–19; vgl. außerdem Kap. I.2.3.

76 Schweinitz: *Film und Stereotyp*, S. 32.

77 Pleitner: Von Wölfen, Kunst und Leidenschaft, S. 274–275.

78 Hahn / Hahn: Nationale Stereotypen, S. 22; Hahn: 12 Thesen zur Stereotypenforschung, S. 19–20.

79 Ebd.

ihm assoziativ häufig nahe ist – weithin negativ besetzt, weshalb in der Regel niemand die eigenen Äußerungen als stereotyp verstanden wissen will. Wird *über* Stereotype gesprochen, dann in distanzierender Weise.[80]

2.3 Stereotype des Jüdischen

Stereotype über Jüdinnen und Juden sind weder homogen noch widerspruchsfrei und sie erstrecken sich auf die unterschiedlichsten Gebiete: Sie beziehen sich häufig auf die Physiognomie, die Religion, charakterliche und kulturelle Eigenarten sowie den Bereich Geld und Arbeit. Sie aktivieren andere Stereotype mit und müssen deshalb im Verbund verstanden werden.[81]

Die Widersprüchlichkeit jüdischer Stereotype wird besonders deutlich in dem Paradoxon, dass ein besonderer Topos antisemitischer Ideologie die Unsichtbarkeit ‚des Juden' ist, die sich in seiner angeblichen Fähigkeit zur Mimikry und Anpassung begründet, und dass sich gleichzeitig ein kohärentes Bild des jüdischen Körpers entwickelt hat.[82] Hier wird deutlich, wie die vermeintliche Unsichtbarkeit ‚der Juden' durch die zunehmende Assimilation im 19. Jahrhundert zur Konstruktion eines klar erkennbaren Judenbildes geführt hat, d. h. dass im Stereotyp der Wunsch nach Differenzierbarkeit enthalten ist und erhalten wird. Damit verweist dieses Beispiel der Sichtbarkeit/Unsichtbarkeit auf die erste von drei Fragen, die hier im Folgenden lediglich angerissen werden können: Wann und in welchem Kontext sind die Stereotype des Jüdischen entstanden und was lässt sich daraus über ihre Funktion erfahren? Was sind die häufigsten Stereotype des Jüdischen? Und warum sind stereotype, meist antisemitische Bilder des Jüdischen heute noch so verbreitet und können nach wie vor funktionieren?

Erstens: Die Stereotype des Jüdischen, die in den hier analysierten Filmen erkennbar sind, stehen in zwei Traditionslinien: Sie beruhen zum einen auf antijüdischen Stereotypen, welche ihre Ursprünge im christlichen Antijudaismus[83] haben. In diesen Zusammenhang gehören Motive wie die des Juden als Gottesmörder und Christenfeind, das Trinken von Blut christlicher Knaben und weitere Ritualmordlegenden.[84]

Der Vorwurf des Ritualmordes als auch der des Gottesmordes tauchen in filmischen Darstellungen auf unterschiedliche Weise auf: In dem Fernsehkriminalfilm *Der Schächter* (BRD 2003, R: Jobst Oetzmann) der Reihe *Tatort* wird der Staatsanwalt als antisemitisch beschrieben, er sieht den Schnitt an der Kehle eines ermordeten kleinen

80 Vgl. Schweinitz: *Film und Stereotyp*, S. 37.

81 Pleitner: Von Wölfen, Kunst und Leidenschaft, S. 276.

82 Vgl. Sander L. Gilman: Zwölftes Bild. Der „jüdische Körper". Gedanken zum physischen Anderssein der Juden In: Joachim Schlör / Julius H. Schoeps (Hrsg.): *Bilder der Judenfeindschaft. Antisemitismus. Vorurteile und Mythen*. Augsburg: Bechtermünz 1999, S. 167–179.

83 Zur Genese und Entwicklung des christlichen Antijudaismus vgl. Wolfgang Gerlach: Auf daß sie Christen werden. Siebzehnhundert Jahre christlicher Antijudaismus. In: Ludger Heid / Christina von Braun (Hrsg.): *Der ewige Judenhaß. Christlicher Antijudaismus, deutschnationale Judenfeindlichkeit, rassistischer Antisemitismus*. Berlin / Wien: Philo 2000, S. 11–69.

84 Ausführlicher zur Ritualmordlegende: Wolfgang Benz: *Was ist Antisemitismus?* München: Beck 2004, S. 70 ff; Rainer Erb: Ritualmordbeschuldigung. In: Wolfgang Benz (Hrsg.): *Handbuch des Antisemitismus. Judenfeindschaft in Geschichte und Gegenwart*, Bd. 3: Begriffe, Theorien, Ideologien. Berlin: de Gruyter 2010, S. 293–294.

Jungen als rituellen jüdischen Schächtschnitt und stellt einen Zusammenhang mit rituellen Opferungen her. Weniger explizit, aber ästhetisch wird der Tod der Protagonistin Veronika Voss im Spielfilm *Die Sehnsucht der Veronika Voss* (BRD 1982) von Rainer Werner Fassbinder in den Zusammenhang einer Opferung gestellt. Sie stirbt, von der jüdischen Ärztin Dr. Katz in den Tod getrieben, an Ostern (vgl. Kap. IV.2.3).
Der zweite wichtige Entstehungszusammenhang von Stereotypen des Jüdischen liegt in der zunehmenden Assimilation von Jüdinnen und Juden im 18. und 19. Jahrhundert zur Zeit der jüdischen Aufklärung, der Haskala. Durch die Assimilation legten Juden ihr auffallendes, religiöses Äußeres ab und waren somit optisch nicht mehr von Nichtjuden zu unterscheiden. Das brachte die vermeintliche Notwendigkeit auf, visuelle Stereotype des Jüdischen bzw. Bilder des Jüdischen zu entwickeln, die eine Erkennbarkeit wiederherstellten. In diesem Kontext entstehen die Vorstellungen des jüdischen Körpers,[85] des spezifischen, anderen jüdischen Idioms,[86] des jüdischen Humors[87] etc. Das bedeutet, dass dem Versuch der Assimilation, der den Wunsch nach gesellschaftlicher Partizipation und Integration ausdrückt,[88] mit der verstärkten Konstruktion ‚des Juden' als Anderem begegnet wurde. Im Nationalsozialismus erwies sich der Versuch der Assimilation von Jüdinnen und Juden als gescheitert, gestützt durch den bürgerlichen Antisemitismus folgte auf die schrittweise Entrechtung und Ausgrenzung die Vernichtung. Auch die sichtbare Markierung des jüdischen Körpers wurde wieder aufgenommen: zunächst über den gelben Stern an der Kleidung, dann mit der Einschreibung der tätowierten Häftlingsnummer in den Körper, die die Vernichtung vorbereitete.[89]
Die Verbreitung von Stereotypen des Jüdischen wird durch die zunehmende Gegenwart von Bildern in den populären Bildmedien des 19. Jahrhunderts, wie Bilderbogen, Witzblättern und illustrierte Zeitschriften, und die zunehmende Relevanz, die Bilder für die Presse hatten, verstärkt. Auch durch die neuen graphischen Reproduktionstechniken entsteht in der zweiten Hälfte des 19. Jahrhunderts ein erhöhter Bedarf an Bildern.[90]
Die bisher typenhaften Judenbilder verfestigten sich im Laufe der zweiten Hälfte des 19. Jahrhunderts zu einem stabilen und antijüdischen Stereotypenrepertoire, das sich zwischen Historismus und Exotismus bewegte. Das Judenstereotyp wird zum Beginn des 20. Jahrhunderts nicht neu erfunden, sondern beinhaltet Teilaspekte

85 Sander L. Gilman: „Die Rasse ist nicht schön" – „Nein, wir Juden sind keine hübsche Rasse!" Der schöne und der häßliche Jude. In: Ders. / Robert Jütte / Gabriele Kohlbauer-Fritz (Hrsg.): *„Der schejne Jid": Das Bild des „jüdischen Körpers" in Mythos und Ritual.* Wien: Picus 1998, S. 57–74; ders.: Zwölftes Bild. Der „jüdische Körper", S. 167–179.

86 Matthias Richter: *Die Sprache jüdischer Figuren in der deutschen Literatur (1750–1933). Studien zu Form und Funktion*. Göttingen: Wallstein 1995.

87 Dan Ben-Amos: The "Myth" of Jewish Humor. In: *Western Folklore* 32,2 (1973), S. 112–131.

88 Ludger Heid: Wir sind und wollen nur Deutsche sein! Jüdische Emanzipation und Judenfeindlichkeit 1750–1880. In: Ders. / Christina von Braun (Hrsg.): *Der ewige Judenhass*, S. 70–109, hier S. 85 ff.

89 Vgl. Gilman: „Die Rasse ist nicht schön", S. 64.

90 Michaela Haibl: *Zerrbild als Stereotyp. Visuelle Darstellungen von Juden zwischen 1850 und 1900.* Berlin: Metropol 2000, S. 349.

mittelalterlicher Judenbilder und verbindet alte Bildvorstellungen mit aktuellen Aspekten der Realität.[91] Michaela Haibl macht deutlich, wie abhängig diese Bilder von ihren Betrachter_innen waren, die sie erkennen und verstehen mussten: „Auch deshalb schöpfen alle Zeichner aus dem immer gleichen Repertoire, aus einem Bildfundus von Typen und Vorstellungen. Diese werden variiert, vereinfacht oder konkretisiert."[92]
Dieser Zeit, der zweiten Hälfte und vor allem dem Ende des 19. Jahrhunderts mit seiner zunehmenden Relevanz von Bildern in Zeitungen und Zeitschriften, ist der Prozess der Konventionalisierung bis heute fortwirkender Judenbilder zuzuschreiben. In diesem Zeitraum wurden aus den zu Beginn des 19. Jahrhunderts noch zahlreichen, unterschiedlichen jüdischen Typen feste Stereotype antisemitischer Färbung, die sich vor allem durch die „Allgemeingültigkeit, die es [das Stereotyp] in der formalen Reduzierung beansprucht"[93] auszeichnet. Diese Stereotype fanden Verbreitung durch Bilder, die massenhaft gedruckt und damit zu bekannten Stereotypen wurden. Obwohl noch zwischen ‚Ostjuden' und ‚bürgerlichen, akkulturierten Juden' unterschieden wird, werden für beide dieselben physiognomischen und gestischen Zuschreibungen verwendet: Es entsteht das Bild des „jüdischen Profils", welches sich durch die krumme Nase auszeichnet, des „jüdischen Körpers" mit krummen Beinen und dunklem Haar, sowie das Bild einer auffallenden Gestik und Körperhaltung.[94]
Ähnliches beschreibt Martin Gubser, der sich in *Literarischer Antisemitismus* mit bürgerlichen Schriftstellern des 19. Jahrhunderts befasst. Bis zum Ende des 18. Jahrhunderts sei ein kleines Arsenal idealisierter jüdischer Figuren auf der deutschen Bühne zu finden, wie ‚die schöne Jüdin' und ‚der edle Jude'. Um die Jahrhundertwende werden solche (vermeintlich) positiven Figuren deutlich seltener, wobei auch Gubser diese Entwicklung im Zusammenhang mit der zunehmenden Assimilation der Juden in Deutschland sieht:

> Nun sehen sich das Theaterpublikum und seine Autoren der Schwierigkeit gegenüber, daß ein Jude auf der Bühne nicht mehr zwingend über sein Äußeres, seine Tätigkeit oder die Tugendhaftigkeit bzw. Lasterhaftigkeit erkannt werden kann; die bisher gültige Bühnenkonvention des positiv wie negativ gezeichneten Juden bedarf einer Korrektur.[95]

Diese Korrektur erfolgte aber weniger entlang der (tatsächlichen) gesellschaftlichen Veränderung, sondern sie orientierte sich vielmehr an der antisemitischen Stimmung in der Gesellschaft dieser Zeit. Gubser merkt an, dass zwei neue antisemitische Merkmale den tradierten hinzugefügt wurden: die „jiddelnde Sprache" und die „typisch jüdischen Berufe".[96] Auch hier wird deutlich, wie stark die Stereotype in ihrem Ursprung und ihrem Wandel mit der Geschichte des Antisemitismus verbunden sind.

91 Ebd.
92 Ebd., S. 349–350.
93 Ebd., S. 352.
94 Ebd., S. 351–353.
95 Martin Gubser: *Literarischer Antisemitismus. Untersuchungen zu Gustav Freytag und anderen bürgerlichen Schriftstellern des 19. Jahrhunderts*. Göttingen: Wallstein 1998, S. 103.
96 Ebd., S. 103–104.

Zweitens: Stereotype über Jüdinnen und Juden betreffen, wie schon deutlich wurde, völlig unterschiedliche Bereiche, die nicht trennscharf abgegrenzt werden können. Äußerliche und charakterliche Zuschreibungen sind nicht klar zu trennen, da erstere vermeintlich zweitere widerspiegeln. Die Unmöglichkeit einer Trennung von äußeren Attributen und charakterlichen oder kulturellen Zuschreibungen wird durch die Notwendigkeit, beide in der visuellen Darstellung zusammenzubringen, verschärft.
Bezogen auf das Äußere gibt es physiognomische Merkmale, die ‚den Juden' zugeschrieben werden (s. o.) und sie eher als hässlich beschreiben.[97] Gleichzeitig gibt es aber auch das Stereotyp der *belle juive*, der schönen Jüdin (vgl. Kap. III.6.1). Festzuhalten ist, dass Jüdinnen und Juden häufig ein *anderes* Aussehen zugeschrieben wird, sei es nun schön (häufig kombiniert mit der Zuschreibung von Gesundheit) oder hässlich (kombiniert mit der Zuschreibung von Krankheit), das andere Aussehen wird meist als ein exotisches Aussehen beschrieben, das als orientalisch oder auch schwarz verstanden werden kann.[98]
Als religiöse Stereotype können neben den antisemitischen Zuschreibungen des Gottesmordes, der Ritualmordlegenden und der Feindlichkeit gegenüber Christen auch Bilder des frommen Juden eingeordnet werden, der optisch erkennbar ist und häufig mit geheimnisvollen oder mystischen Praktiken in Zusammenhang gebracht wird.[99] Bezogen auf den Sektor des Geschäftlichen und Finanziellen finden sich die Stereotype, dass Juden reich seien, geldgierig und geizig. Diese Attribute verweisen, ebenso wie die häufig als ‚typisch jüdisch' beschriebenen Berufe, auf eine jüdische Affinität zu Geld. Filmisch setzt sich das oftmals in der Figur des Immobilienhändlers um, in welcher sich die Motive des Handels und der Spekulation vereinen.[100] Die Affinität zu Geld wird auch im Wohlstand sichtbar, der sich filmisch in den Räumen übersetzt, die den jüdischen Figuren zugeschrieben werden.[101]
Eine weitere spezifische Eigenschaft, die Juden häufig zugeschrieben wird, ist Bildung, Intellektualität und eine überdurchschnittlich hohe Intelligenz.[102] Dieses (positive) Stereotyp wird deutlich häufiger nach 1945 reproduziert als andere. Es findet sich zahlreich in amerikanischen Filmen, in denen die Klugheit der jüdischen Kinder häufig an

97 Vgl. Gilman: „Die Rasse ist nicht schön"; Haibl: *Zerrbild als Stereotyp*, S. 351–353.

98 Vgl. Gilman: „Die Rasse ist nicht schön".

99 Das Bild des frommen Juden mit Kippa, schwarzer Kleidung, Schläfenlocken, nimmt das ‚Unsichtbarwerden' der Juden während der Emanzipation zurück, worin seine Beliebtheit begründet sein mag. Seine Steigerung erfährt es im Bild des Rabbiners. Ausführlich dazu bei Richard I. Cohen: *Jewish Icons. Art and Society in Modern Europe*. Berkeley: University of California Press 1998, S. 114–153.

100 Immobilienhändler sind beispielsweise die jüdischen Figuren in *In einem Jahr mit 13 Monden*, *Tod im Jaguar* oder *So ein Schlamassel*.

101 Großbürgerlich wohnt Jakob Leeb in *Der Schächter*, ebenso wie Familie Silberschatz in *So ein Schlamassel* und David Prestin in *Tod im Jaguar*. Um Geld und Erbe geht es in *Alles auf Zucker!* sowie in *Liebe unter Verdacht*. Auch die Autos als Statussymbole der jüdischen Figuren zeigen ihren Wohlstand an: Daniel Kahana in *Liebe unter Verdacht* fährt einen Sportwagen und auch Max Breslauer fährt in *SuperTex* – zum Unwillen einiger orthodoxer Juden – einen Porsche.

102 Sander L. Gilman: *Die schlauen Juden. Über ein dummes Vorurteil*. Hildesheim: Claassen 1998; Ingeborg Nordmann: Neunzehntes Bild. „Der Intellektuelle". Ein Phantasma. In: Schlör / Schoeps (Hrsg.): *Bilder der Judenfeindschaft*, S. 252–259.

ihrer Brille erkennbar wird, wie auch in dem deutschen Jugendfilm *Max Minsky und ich*. Als sehr gebildet tauchen jüdische Figuren in (west-)deutschen Spielfilmen auf: Symbolisiert durch die Bücherwand, wie man sie in *So ein Schlamassel* oder *Ein ganz gewöhnlicher Jude* (BRD 2004/05, R: Oliver Hirschbiegel) sieht, ausgedrückt in Berufen wie antiquarischer Buchhändler in *Das Urteil* (BRD 1997, R: Oliver Hirschbiegel) oder Professor in *Der Ruf*, *Alma Mater*, *Love Comes Lately* (BRD 2006/07, R: Jan Schütte) oder *Bella Block* oder durch ihre bürgerlichen Vorlieben für Literatur und Kunst wie in *Welcome in Vienna* und *Die Wölfe* (BRD 2009, R: Friedemann Fromm).

Im Bereich des Kulturellen sind die Stereotype anzusiedeln, die Juden als wurzel- und heimatlos charakterisieren und sie urbanen, modernen, industrialisierten Großstadtwelten zuordnen.[103] Hinzu kommt die sprachliche Differenz, die sich im fehlerhaften Gebrauch der deutschen Sprache, der Verwendung jiddischer Begriffe, dem ‚Jiddeln' und ausgeprägtem Gestikulieren ausdrückt. Sie taucht, wie Gubser aufzeigt, erst im Zuge der zunehmenden Assimilation, d. h. im Laufe des 19. Jahrhunderts, als zusätzliches Diskriminierungsmerkmal auf[104] und wird in Filmen häufig eingesetzt, um Figuren als jüdisch zu kennzeichnen (siehe Kap. III.8).

Im Bereich des Sexuellen und der Geschlechterverhältnisse wird erneut deutlich, dass Hetero-Stereotype mit Auto-Stereotypen einhergehen und somit viel über das Bild der Wir-Gruppe aussagen. So sind die ‚jüdischen' Geschlechterverhältnisse gegensätzlich zu denen in der deutschen Gesellschaft: Die jüdischen Männer werden häufig als unterwürfig (ihren) Frauen gegenüber gezeigt. In diesem Zusammenhang werden sie als unmännlich und effeminiert dargestellt.[105] Gleichzeitig wird ihnen zugeschrieben, sie seien übersexualisierte Lüstlinge, die gerne ein Verhältnis mit nichtjüdischen Frauen eingingen. Die jüdischen Frauen werden einerseits als hässlich und dominant gezeigt und somit ‚unweiblich' konnotiert und gleichzeitig als schöne und für nichtjüdische Männer gefährliche Verführerinnen inszeniert.[106] Die Darstellungen von Jüdinnen und Juden und die Geschlechterverhältnisse, die die Gestaltung der jüdischen Figuren als Frauen oder Männer nahelegt, wird in Kapitel III.6 ausführlicher thematisiert.

Drittens: Auffällig ist, dass visuelle Stereotype über Jüdinnen und Juden – wenn auch anders verbreitet, gedruckt, gezeichnet und als offen antisemitische Darstellung tabuisiert – immer noch bekannt zu sein scheinen.[107] Hier stellt sich die Frage nach der *sozialen* Genese der antijüdischen Stereotype. Ingo Loose führt die große Bekanntheit antisemitischer Bilder des Jüdischen auf populäre Geschichtsdokumentationen, wie

103 Vgl. Joachim Schlör: Siebzehntes Bild. „Der Urbantyp". Stadtbewohner par excellence. In: Ders. / Schoeps (Hrsg.): *Bilder der Judenfeindschaft*, S. 229–240.

104 Gubser: *Literarischer Antisemitismus*, S. 103–104, außerdem zur stereotypen Figurensprache S. 137 ff., S. 309.

105 Weiterführend dazu Daniel Boyarin: *Unheroic Conduct. The Rise of Heterosexuality and the Invention of the Jewish Man*. Berkeley: University of California Press 1997.

106 Jeanette Jakubowski: Vierzehntes Bild. „Die Jüdin". In: Schlör / Schoeps (Hrsg.): *Bilder der Judenfeindschaft*, S. 196–209, hier S. 203.

107 Vgl. Haibl: *Zerrbild als Stereotyp*; Ingo Loose: Die Ambivalenz des Authentischen. Juden, Holocaust und Antisemitismus im deutschen Film nach 1945. In: *Medaon – Magazin für jüdisches Leben in Forschung und Bildung* 4 (2009). www.medaon.de/pdf/A_Loose-4-2009.pdf (Zugriff am 05.06.2013).

jenen von Guido Knopp für das ZDF,[108] zurück, welche (unreflektiert) nationalsozialistisches Archivmaterial und damit antisemitische Bilder zeigen, ohne deren mögliche ideologische Anschlussfähigkeit zu berücksichtigen. Dadurch würden die Bilder perpetuiert.[109]

Betrachtet man Stereotype als kulturell gelerntes Wissen, dann ist neben der sorglosen Verwendung antisemitischen Bildmaterials aus der NS-Zeit sicherlich auch der schnelle und ‚verordnete' Wechsel von Anti- zu Philosemitismus nach dem Ende des Nationalsozialismus ein wichtiges Moment: Die Stereotype blieben bestehen, wurden jetzt aber häufig positiv umgedeutet. Auch der nun latent weiterbestehende und öffentlich tabuisierte Antisemitismus wird als Quelle des Lernens von Stereotypen über Jüdinnen und Juden zu deren heutiger Bekanntheit seinen Teil beigetragen haben.

Auch wenn Stereotype des Jüdischen in enger Beziehung zum Antisemitismus entstanden sind, ist es gleichzeitig problematisch, dass Stereotype über Jüdinnen und Juden heute häufig ausschließlich vor dem Hintergrund der Shoah gesehen werden. Alles zeitlich davor liegende scheint in einer solchen Perspektive direkt zur Vernichtung des europäischen Judentums zu führen: „Bilder, Objekte und Geschichten, die vermutlich als harmloser oder schlechter Witz empfunden wurden, erscheinen heute vielen als Ausdruck einer Haltung, die den Völkermord vorwegnimmt"[110]. Dass ein erstarkender Antisemitismus, der gesellschaftlich breite Akzeptanz fand, eine wichtige Voraussetzung für die NS-Herrschaft und die Shoah war, soll hier nicht nivelliert werden. Gleichzeitig muss jedoch, und das gilt für das folgende Kapitel, wenn es um Vorbilder und Traditionslinien der Darstellung jüdischer Figuren geht, eine zeitgeschichtliche Einordnung versucht werden, die die (Post-Shoah-)Perspektive der Gegenwart nicht dem historischen Kontext überordnet.

Auch wenn viele Stereotype von Jüdinnen und Juden aus heutiger Perspektive ausnehmend erschreckend wirken, muss nicht nur der jeweilige zeitgeschichtliche Kontext berücksichtigt werden, sondern auch die Möglichkeiten, die das Spiel mit dem und die Abweichung von dem Stereotyp ermöglicht, da erst das Wissen um sie die Möglichkeiten zur Abweichung eröffnet. Seit Mitte der 1960er Jahre gewinnt ein selbstreflexiver Umgang mit Stereotypen in Teilen des populären Kinos an Bedeutung, nachdem sich ein ambivalentes Erleben im Umgang mit Populärkultur und besonders im Zusammenhang mit der Blütezeit der Pop-Art verbreitete.[111] Auch wenn es im deutschen Kontext kaum Spielfilme gibt, die Stereotype über Jüdinnen und Juden mit ihren Darstellungen derartig offen bedienen, dass sie zu „offen imaginären Größen" werden,[112] so schreibt

108 Vgl. außerdem Wulf Kansteiner: Die Radikalisierung des deutschen Gedächtnisses im Zeitalter seiner kommerziellen Reproduktion. Hitler und das ‚Dritte Reich' in den Fernsehdokumentationen von Guido Knopp. In: *ZfG* 51,7 (2003), S. 626–648.

109 Loose: Die Ambivalenz des Authentischen, S. 11; vgl. außerdem Kap. II.3.

110 Felicitas Heimann-Jelinek / Hannes Sulzenbacher: Einleitung. In: Cilly Kugelmann (Hrsg.): *typisch! Klischees von Juden und Anderen*. Berlin: Nicolai 2008, S. 9–14, hier S. 11.

111 Schweinitz: *Film und Stereotyp*, S. 242–244.

112 Als US-amerikanisches Beispiel kann *The Hebrew Hammer* (USA 2003, R: Jonathan Kesselman) genannt werden, der Stereotype über Juden, aber auch über andere gesellschaftliche Gruppen komisch bis

Schweinitz dem reflexiven Umgang mit Stereotypen zwei Funktionen zu, die auch im Zusammenhang mit der Darstellung jüdischer Figuren möglich sind: Für reflektierende Rezipient_innen ermögliche es „die doppelte Tonlage des Uneigentlichen, die zwischen Ironie und Verklärung des Spielmusters schwebt", trotz des Wissens um das Stereotyp eine Art Echo des naiven Genusses zu empfinden. Außerdem kann neben diesem kritischen Publikum gleichzeitig eines angesprochen werden, das Stereotype naiv-direkt rezipiere.[113]

Denn zeitgenössische Filme wie Dani Levys *Alles auf Zucker!* und die auf ihn folgenden Komödien, wie *Zores* und *So ein Schlamassel*, gründen ihren Witz auch auf das Spiel mit Stereotypen des Jüdischen. Sie ermöglichen ein „Echo der Lust" am naiven Stereotyp, wie es in wenigen anderen Zusammenhängen deutscher Massenkultur möglich wird. Es ist davon auszugehen, dass diese (zumindest im ersten Fall äußerst erfolgreichen Komödien) Zuschauer_innen ansprechen, die die eigenen Stereotype über Jüdinnen und Juden in sehr unterschiedlichem Maß reflektiert haben. Dass hingegen bewusst und absichtsvoll ein antisemitisches Publikum angesprochen wird, scheint eher abwegig (vgl. Kap. II.3.1).

3. Filmische Vor-Bilder und Traditionen in der Darstellung jüdischer Figuren

Nicht nur die gesellschaftlich vorhandenen Stereotype stellen Traditionslinien für die analysierten jüdischen Filmfiguren dar, sondern sie stehen mit ihrer Gestaltung auch in einer Darstellungstradition fiktiver Jüdinnen und Juden und jüdischer Themen. Auch wenn diese nicht losgelöst von den beschriebenen Stereotypen zu verstehen sind, so bilden sie doch konkretere Vorbilder oder Bezugspunkte für die Gestaltung der jüdischen Filmfiguren.

Dabei stellt sich nicht nur die Frage nach *bewussten* Vorbildern, auf die sich Filmschaffende beziehen, sondern auch nach nicht oder weniger bewussten ‚Bilderlieferanten', die bei der Gestaltung der jüdischen Filmfiguren Pate standen. Omer Bartov sieht in der langanhaltenden Wirksamkeit von antisemitischen Bildern und Stereotypen Einflussfaktoren für die filmische Gestaltung jüdischer Figuren (siehe Kap. I.2). Doch auch die filmischen Bilder stehen untereinander in Wechselwirkung und beeinflussen die jeweiligen Filmschaffenden bewusst und unbewusst:

> [...] a process whereby certain cinematic types and images are constantly informed by each other, creating a kind of treasure house or arsenal of representations that can be drawn upon irrespective of the ideological or artistic predilections of the filmmaker and the social, political, or cultural context in which the film is made.[114]

grotesk kumuliert. Dass es für diese alberne Freude an der Stereotypik, die sich über diese lustig macht, im Zusammenhang mit Stereotypen über Jüdinnen und Juden in Deutschland kein nennenswertes Publikum gibt, zeigt sich möglicherweise auch daran, dass der Film nicht in die deutschen Kinos kam. Ob die ebenfalls US-amerikanische Produktion *You Don't Mess with the Zohan* (USA 2008, R: Dennis Duan), die auch in deutschen Kinos unter dem Titel *Leg Dich nicht mit Zohan an* zu sehen war, stärker auf israelische denn auf jüdische Stereotype abzielt, wäre zu überprüfen.

113 Ebd., S. 243–244.

114 Bartov: *The "Jew" in Cinema*, S. X.

Obwohl sich die Darstellung ‚des Juden' im Film wandelt, stehe sie in Beziehung zu einer begrenzten Anzahl an Stereotypen.[115] Bartov widerspricht damit der Vorstellung, dass die filmischen Darstellungen von jüdischen Figuren sich von eindimensionalen, stereotypen zu vielschichtigeren, diverseren Darstellungen entwickeln, die Lester Friedman vor allem an den Genres, in denen jüdische Figuren (beispielsweise in den 1970er Jahren) auftauchen, festmacht,[116] die aber auch Nathan Abrams für die Filme nach 1990 konstatiert.[117]
In Filmen tauchen jüdische Figuren fast seit Beginn des Mediums auf,[118] doch auch diese gründen auf Vorläuferdarstellungen jüdischer Figuren. Um die Vielzahl möglicher Vorbilder aufzuzeigen, die in Wechselwirkung mit den hier untersuchten Filmen stehen, sollen Darstellungstraditionen aus drei Bereichen, die außerhalb der Korpusgrenzen dieser Arbeit liegen, genannt werden:
Erstens, im Hinblick auf Filme, die vor 1945 produziert wurden, sowie auf zeitgenössische Produktionen, deren Handlung vor 1945 angesiedelt ist. Zwar finden ihre jüdischen Figuren in den folgenden Kapiteln (vor allem Teil III und IV) keine Berücksichtigung, als Einflüsse auf die Figurengestaltung spielen sie dennoch eine Rolle. Zweitens müssten auch nichtdeutsche Produktionen berücksichtigt werden, da sie durch ihre Aufführung in deutschen Kinos und Ausstrahlung im deutschen Fernsehen sowohl die Produktion als auch die Rezeption beeinflussen. Drittens muss mitgedacht werden, dass die jüdischen Spielfilmfiguren nicht nur von anderen fiktiven jüdischen Figuren – beispielsweise aus Literatur, Theater oder Kabarett – geprägt werden, sondern auch von Judenbildern anderer Medien und nichtfiktionaler Formate (wie wird über Jüdinnen und Juden in Dokumentarfilm, Internet, Radio, Fernsehnachrichten, Presse etc. gesprochen).
Hier wird eine Mischform gewählt, um den vielschichtigen Kontexten der Filme gerecht zu werden: Zunächst werden in anderen Studien entwickelte Figurentypologien berücksichtigt. Anschließend werden im zweiten Teil, der die jüdischen Filmfiguren in den historischen und gesellschaftlichen Kontexten verortet, in denen sie entstanden sind, reale Jüdinnen und Juden, die öffentlich wirkten, sowie nonfiktionale Darstellungen von Jüdinnen und Juden mit einbezogen. Darüber hinaus wird dort die historische Bedingtheit der Figuren, die sich im häufig chronologischen Aufbau von Untersuchungen der Darstellung jüdischer Figuren ausdrückt, berücksichtigt.
In der Literatur des 19. Jahrhunderts haben sich, wie Martin Gubser in seiner Studie zum literarischen Antisemitismus zeigt, die einzelnen stereotypen Merkmale zu einer Figurentypologie verdichtet, wobei der ‚edle Jude', der ‚lächerliche Jude', der ‚gefährliche Jude' und die ‚schöne Jüdin' unterschieden werden können.[119]

115 Vgl. Bartov: *The "Jew" in Cinema*.

116 Vgl. Lester D. Friedman: *Hollywood's Image of the Jew*. New York: Ungar 1982, S. 219.

117 Abrams: *The New Jew in Film*, S. 8 ff.

118 Ebd., S. 2 ff.

119 Gubser: *Literarischer Antisemitismus*, S. 103.

Die aus der Literatur der Aufklärung stammende Figur des ‚edlen Juden', der in Gotthold Ephraim Lessings *Nathan der Weise* beispielhaft dargestellt ist, ist ebenso wie andere stereotype Figuren dadurch gekennzeichnet, dass sie nicht realistisch, im Sinne einer psychologischen Motivierung, oder als in einer Entwicklung begriffen dargestellt wird, sondern sich durch ‚typisch jüdische' Eigenschaften auszeichnet. Allerdings sind diese hier hauptsächlich positiv besetzt: „So wie jene nur schlecht sind, vereinigen diese in sich lediglich die menschenfreundlichen und gütigen Züge des aufklärerischen Idealmenschen"[120]. Daneben ist die Figur des ‚lächerlichen Juden' durch seinen starken Ehrgeiz bezüglich gesellschaftlicher Reputation und Assimilation geprägt. Aus dem Missverhältnis zwischen diesem gesellschaftlichen Ehrgeiz und dem Unvermögen, diesem zu genügen, ergibt sich seine Lächerlichkeit.[121]

> Es ist nicht unbedingt falscher Schein, der dadurch entsteht – ihr eifriges Bemühen nach gesellschaftlich Höherem drückt sich vielmehr in Geschmacklosigkeit aus, in einem Übermaß an ästhetischem oder kulturellem Anspruch, wo gelassene Ausgewogenheit richtig wäre, mit einem Wort: in unangemessenem Verhalten.[122]

Diese Unangemessenheit erzeugt aus Sicht der gesellschaftlichen Majorität, die weiß, was angemessen ist und was nicht, ein Gefühl von Komik. Im vermeintlich harmlosen Lachen drückt sich Aus- und Abgrenzung durch die gesellschaftlich Überlegenen aus.

Der ‚gefährliche Jude' wird als bedrohlicher gezeichnet, seine Absichten sind negativ, weshalb er eine Gefahr für den nichtjüdischen Protagonisten darstellt. Die ‚gefährlichen Juden' „[...] stehen als warnende Beispiele für den sich (in der Vorstellungswelt der Autoren) auf den verschiedensten Ebenen manifestierenden jüdischen Macht- und Zerstörungswillen."[123] Das kann sich auf das Geschäftliche, das Gesellschaftliche oder auch das Sexuelle beziehen. Gubser sieht in der Gruppe der ‚gefährlichen Juden' drei Typen: Den ‚Schacherjuden', dem alle Mittel Recht sind in seinem Streben nach Geld, die ‚schöne Jüdin', deren Gefährlichkeit in ihrem verführerischen Exotismus liegt und die damit eine Bedrohung für den Protagonisten darstellt, und den ‚jüdischen Intellektuellen', der als heimatlos, zynisch, gottlos und gefühlskalt beschrieben werde.[124] Im ‚gefährlichen Juden' tritt das Böse in gebündelter Form auf, alle seine Merkmale sind seiner Funktion unterworfen.[125]

Die ‚schöne Jüdin' weist eine „doppelte Klischierung als Jüdin und als Frau"[126] auf. Während sie zunächst eine eher positive Deutung erfuhr, subsumiert Gubser sie für das 19. Jahrhundert unter die ‚gefährlichen Juden', da sie häufig eine Gefahr für die nichtjüdischen männlichen Protagonisten darstellte.[127] Diese Entwicklung verstärkt

120 Ebd., S. 119.
121 Ebd., S. 120.
122 Ebd.
123 Ebd., S. 123.
124 Ebd., S. 123 ff.
125 Ebd., S. 125.
126 Ebd., S. 110.
127 Ebd., S. 126.

sich zum Ende des 19. Jahrhunderts noch einmal: Während die Schönheit der Jüdin im 18. und frühen 19. Jahrhundert noch positiver akzentuiert wurde, bezieht sie Ende des 19. und im 20. Jahrhundert „[...] eine verstärkt sexuelle Komponente, in der oft sadomasochistische Konnotationen mitschwingen".[128]

Auch Omer Bartov arbeitet vier Figurenstereotype oder Figurengruppen ‚des Juden' im Film heraus, wobei seine Studie nach dem Ersten Weltkrieg beginnt: Jüdische Figuren als Täter, was besonders in antisemitischen Darstellungen Verwendung findet; als Opfer (des Antisemitismus), was nach der Shoah stark wird; im Zusammenhang mit Israel und dem Zionismus als Held und mit der zunehmenden Kritik an Israel und dem Zionismus, aber auch einem erstarkenden Antisemitismus als Antiheld, der sich der Figur des Täters wieder annähert.[129] Einerseits betrachtet er diese Figurengruppen als chronologische und historische Entwicklung, gleichzeitig macht er deutlich, dass sie nicht ausschließlich in diesem chronologischen Sinne zu lesen sind, sondern auch Beziehungen untereinander eingehen.[130]

Für den Stummfilm, den Patricia Erens und Lester D. Friedman mit Fokus auf den amerikanischen Film ausführlicher diskutieren,[131] sollen hier exemplarisch Bartovs Überlegungen zu *Der Golem, wie er in die Welt kam* (DE 1920, R: Paul Wegener) angeführt werden, den Bartov als eine der frühsten und einflussreichsten filmischen Darstellungen von Juden beschreibt und der viele Bilder von Juden als Täter und Opfer, die im 20. Jahrhundert wieder auftauchen, vorwegnehme.[132] Bartov diskutiert diesen Film neben den im Nationalsozialismus entstandenen *Der ewige Jude* (DE 1940, R: Fritz Hippler) und *Jud Süss* (DE 1940, R: Veit Harlan) als Beispiele für ‚den Juden' als Täter. Er trennt zwar die nationalsozialistischen Propagandafilme klar von Paul Wegeners Golem-Verfilmung, weist aber gleichzeitig auf die Nähe der filmischen Bilder hin und resümiert die Gemeinsamkeiten der drei Filme folgendermaßen:

> But all three films contain the same fundamental elements: the ghetto as the source of the filth, disease, and pollution (depicted most memorably in a close-up of rats in The Eternal Jew); the "Jew" as the agent of destruction through metamorphosis, either transforming clay into a monster, or transforming himself into a gentile (depicted in the most gruesome manner by Hippler, who shot faces of Jews before and after their beards were cut); and the synagogue as the heart of Jewish occultism and evil.[133]

Er betont, dass *Der Golem, wie er in die Welt kam* existierende Begriffe oder Vorstellungen von Juden aufgreift, sie einem größeren Publikum zugänglich macht und damit

128 Gabriele Kohlbauer-Fritz: „La belle juive" und die „schöne Schickse". In: Dies./Gilman/Jütte (Hrsg.): *„Der schejne Jid"*, S. 109–121, hier S. 110. Auf die Darstellung der Jüdin und die enthaltenen Geschlechter- und Sexualbilder wird im Zusammenhang mit den Kodierungen von Jewishness in Kapitel 3.5 noch detaillierter eingegangen werden. Es wird zu prüfen sein, ob sich dieses jüdische Figurenarsenal im hier untersuchten Filmkorpus reaktualisiert.

129 Bartov: *The "Jew" in Cinema*, S. X.

130 Ebd.

131 Vgl. Patricia Erens: *The Jew in American Cinema*. Bloomington: Indiana UP 1984, S. 29–124; Friedman: *Hollywood's Image of the Jew*, S. 1–53.

132 Bartov: *The "Jew" in Cinema*, S. 3.

133 Ebd., S. 8–9.

popularisiert. Der Film stellt Bilder und Modelle bereit, die Generationen von Filmemachern mit unterschiedlichsten Zielen und Absichten benutzt oder zu meiden versucht haben.[134] Seine Wirkung resultiert wohl auch daraus, dass er sich immer noch einer großen Popularität erfreut und von Zeit zu Zeit in deutschen Kinos gezeigt wird.[135]

Bartov macht drei Hauptmotive in dem Film aus: erstens, der Jude als bösartiger Außenseiter, zweitens, das Insistieren auf einer unveränderlichen jüdischen Essenz und, drittens, die Obsession mit sexuellen Beziehungen zwischen Juden und Nichtjuden sowie die rassistischen und kulturellen Implikationen, die sich aus diesen Verhältnissen ergeben. Das ist zum einen der Verweis auf die Versuchung, die jüdische Frauen für nichtjüdische Männer darstellen bzw. die Promiskuität jüdischer Männer im umgekehrten Fall; zum anderen die Überschreitung der Trennung zwischen Juden und Nicht-Juden durch solche Beziehungen.[136]

Die deutsch-jüdische Erfahrung fand vor 1933 in der deutschen Kulturlandschaft vielfältigen Ausdruck, nicht nur im Film, den Ofer Ashkenazi in *Weimar Film and Modern Jewish Identity* untersucht,[137] sondern beispielsweise auch im Kabarett, wie dem von Max Reinhardt gegründeten *Schall und Rauch* in Berlin.[138] Jüdische Figuren und Themen seien dort durchaus präsent gewesen, häufig auch in karikierter, komischer Darstellung. Frank Stern weist darauf hin, dass die Ambivalenz dieser karikiert dargestellten jüdischen Figuren nicht unerheblich vom jeweiligen Publikum abhing. Der nationalsozialistische Film habe auf diese älteren Bilder zurückgegriffen:

> Der NS-Film erfindet kaum neue Bilder, er baut die vorhandenen aus dem Film der Weimarer Republik, nun negativ besetzt und rassistisch definiert, in den künstlerischen und antihumanistischen Zusammenhang des neuen gesellschaftlichen Konsenses ein, kann mithin Wiedererkennen beim Publikum voraussetzen und so effektiv ältere Bilder überlagern.[139]

So mag es darüber hinaus auch nicht verwundern, dass eben diese stereotypen Bilder im Zusammenhang der untersuchten bundesrepublikanischen Filme wieder eine Rolle spielen. Es gilt jedoch zu fragen, welche Wendung sie erfahren, wie sie sich reaktualisieren und ob sie von neuen Bildentwürfen begleitet werden.

Ein weiteres Bild, das Bartov in *Der Golem, wie er in die Welt kam* ausmacht, soll hier noch genannt werden: die magischen und dunklen Aspekte des Judentums und seine Verbindung zum Übernatürlichen, die sich in den Darstellungen der betenden Juden zeigen, die sich verzweifelt auf die Brust schlagen, die Hände flehend ausstrecken oder die Arme zum Himmel recken, sowie in der filmischen Inszenierung der Synagoge: „The synagogue, in other words, reveals itself as the heart of darkness, the very center of all that is weird and ominous about the Jews."[140] Es wird zu prüfen sein, inwiefern sich

134 Ebd., S. 3.

135 Vgl. Pertsch: *Jüdische Lebenswelten in Spielfilmen und Fernsehspielen*, S. 48.

136 Bartov: *The "Jew" in Cinema*, S..3

137 Ofer Ashkenazi: *Weimar Film and Modern Jewish Identity*. New York: Palgrave Macmillan 2012.

138 Stern: *Dann bin ich um den Schlaf gebracht*, S. 141–142.

139 Ebd., S. 149.

140 Bartov: *The "Jew" in Cinema*, S. 4.

diese Vorstellungen und (filmischen) Bilder von Fremdheit, unveränderlicher jüdischer Essenz, jüdisch-nichtjüdischer Beziehung und mystischem Judentum in den hier diskutierten Filmen reaktualisieren.

Ofer Ashkenazi konzentriert sich in *Weimar Film and Modern Jewish Identity* nicht auf die Analyse explizit jüdischer Charaktere, sondern sieht in spezifischen, wiederholt auftauchenden, populären Motiven des Weimarer Kinos eine deutsch-jüdische Erfahrung manifestiert. Drei Motive deutet er in besonderer Weise als Kommentar auf jüdische Bestrebungen, Ängste und Selbstwahrnehmungen: erstens, die komplexen Zusammenhänge zwischen Identität und Performanz; zweitens, die metaphorische Visualisierung vielschichtiger Identitäten über die Gegensätze zwischen privatem und öffentlichem Raum und drittens, den Unterschied zwischen der Hauptfigur und ihrer sozialen Umwelt, der Anderssein und Widersprüche innerhalb der Gesellschaft deutlich werden lässt.[141] Auch wenn Ashkenazis Fokus auf den eher impliziten filmischen Ausdruck jüdischer Erfahrung gerichtet ist, wohingegen hier explizit jüdische Filmfiguren untersucht werden, die zunächst in einem engeren Zusammenhang mit Fremdbildern zu stehen scheinen, denn mit Selbstentwürfen, können diese Motive einen Nebenfokus der Analyse bilden.

Als weitere Einflüsse sollen neben dem frühen Kino vier weitere genannt werden, wobei die unterschiedlichen Kategorien deutlich machen, wie schwierig ihre Unterscheidung ist: erstens, das jiddische Kino der 1920er bis 1940er Jahre, das zwar kein ein Massenpublikum erreichendes Mainstreamkino war, dessen Bilder folkloristischen, osteuropäisch geprägten jüdischen Lebens aber den folkloristischen jüdischen Lebenswelten, die ab den späten 1980er Jahren in Filmen sichtbar wurden, durchaus ähneln – kein heutiger Film über Juden ohne Hochzeit, Klezmermusik und Tanz. [142] Zweitens, der nationalsozialistische Film, der einerseits als prägend angenommen werden kann, da Antisemitismus im Kino des Dritten Reichs deutlich weniger vordergründig funktionierte als man annehmen könnte, weshalb der Bruch in der Darstellung jüdischer Figuren nach seinem Ende nicht zwangsläufig so groß sein muss und dessen Judenbilder andererseits nicht nur bewusst verwendet werden, sondern auch unbewusst fortwirken bzw. mangels anderer Bilder wieder zum Einsatz kommen können. Drittens, das amerikanische Kino und besonders der Hollywoodfilm, der das westdeutsche Publikum nach 1945 erreichte,[143] sowie amerikanische Fernsehproduktionen und Sitcoms mit jüdischen Figuren wie *Holocaust*, *Seinfeld* (1989–98, NBC), *Friends* (1994–2004, NBC) oder *The Nanny* (1993–99, CBS), die ab den späten 1970er Jahren

141 Ashkenazi: *Weimar Film and Modern Jewish Identity*, S. XIV–XV.

142 Zum Jiddischen Kino siehe Pertsch: *Jüdische Lebenswelten in Spielfilmen und Fernsehspielen*, S. 196–235; Micha Brumlik / Ronny Loewy (Hrsg.): *Das Jiddische Kino / דאס יידישע קינו*. Frankfurt am Main: Deutsches Filmmuseum 1982; J. Hoberman: *Bridge of Light. Yiddish Film between Two Worlds.* New York: Museum of Modern Art / Schocken Books 1991; Judith N. Goldberg: *Laughter through Tears. The Yiddish Cinema.* Rutherford: Fairleigh Dickinson UP 1993; Eric A. Goldman: *Visions, Images, and Dreams. Yiddish Film Past and Present.* Ann Arbor: UMI Research Press 1983.

143 Zu jüdischen Figuren und Lebenswelten im amerikanischen Film siehe Rosenberg: Jewish Experience on Film.

im westdeutschen Fernsehen zu sehen waren, wobei dabei im Einzelnen zu untersuchen wäre, ob diese in Deutschland auch als jüdisch rezipiert wurden. Zuletzt eine Kategorie, die sich auf das filmische Sujet bezieht und damit nochmals eine andere Akzentuierung setzt: Der Holocaustfilm unterschiedlicher nationaler Produktionshintergründe, der in Spiel- und Dokumentarfilmen ein spezifisches Repertoire von Darstellungen von Jüdinnen und Juden als Opfer und Überlebende zu den möglichen Vorbildern hinzugefügt hat. Die Dominanz des Bildes von ‚den Juden' als (passiven) Opfern des Genozids ist auch diesen Spielfilmen zuzuschreiben,[144] die inzwischen einen ganzen Forschungszweig ausmachen.[145]

4. Das Potential jüdischer Filmfiguren

Die jüdischen Spielfilmfiguren werden in einem gesellschaftlichen Zusammenhang produziert und rezipiert, dem sowohl Figurenstereotype als auch Stereotype des Jüdischen und fiktive jüdische Figuren zuzurechnen sind. Die Bedeutung der medialen ‚Begegnung' zwischen den Rezipient_innen und den jüdischen Filmfiguren als fiktiven Wesen liegt einerseits in der beschriebenen ‚Erfahrung', die häufig nicht von einer Primärerfahrung begleitet ist, und andererseits in der *aktiven* Rezeption durch die Rezipient_innen. Bezüglich letzterer werden die Spielfilme als offene Texte verstanden, die eine Vielzahl unterschiedlicher Publika ansprechen müssen und es ihnen ermöglichen, dass diese aus dem Text Bedeutungen generieren, die ihren *eigenen* Erfahrungen und Identitäten entsprechen.[146] Zuschauer_innen entwickeln also entsprechend ihrer unterschiedlichen sozialen Verortungen unterschiedliche Lesarten. Damit kann die tatsächliche Lesart individueller Rezipient_innen, hier als empirische Rezeption bezeichnet, nicht vorhergesagt werden, es können aber Textmerkmale festgestellt werden, die bestimmte Lesarten nahelegen.

Widersprüche in den Texten bieten besondere Anknüpfungspunkte einerseits für die Rezipient_innen, um gegenläufige Lesarten zu entwickeln, und andererseits, um in der Analyse gesellschaftliche Widersprüche aufzudecken. Bezogen auf die jüdischen Filmfiguren stellt sich die Frage, welche Widersprüche in ihrer Darstellung angelegt sind bzw. aufzuheben versucht wurden, ebenso wie danach, welche

144 Vgl. Pertsch: *Jüdische Lebenswelten in Spielfilmen und Fernsehspielen,* S. 1–2.

145 Exemplarisch werden hier einige Publikationen genannt: Judith E. Doneson: *The Holocaust in American Film.* Philadelphia: Jewish Publication Society 1987; Annette Insdorf: *Indelible Shadows. Film and the Holocaust.* Cambridge: Cambridge UP 2003; Sven Kramer: *Auschwitz im Widerstreit. Zur Darstellung der Shoah in Film, Philosophie und Literatur.* Wiesbaden: Deutscher Universitäts-Verlag 1999; Frölich / Loewy / Steinert: *Lachen über Hitler – Auschwitz-Gelächter?*; Peter Reichel: *Erfundene Erinnerung. Weltkrieg und Judenmord in Film und Theater.* München: Hanser 2004; Lawrence Baron: *Projecting the Holocaust into the Present. The Changing Focus of Contemporary Holocaust Cinema.* Lanham: Rowman & Littlefield 2005; Waltraud Wende: *Der Holocaust im Film. Mediale Inszenierungen und kulturelles Gedächtnis.* Heidelberg: Synchron 2007; Corell: *Der Holocaust als Herausforderung für den Film*; Tobias Ebbrecht: *Geschichtsbilder im medialen Gedächtnis. Filmische Narrationen des Holocaust.* Bielefeld: Transcript 2011.

146 Vgl. Mikos / Winter (Hrsg.): *Die Fabrikation des Populären*, S. 86–87.

unterschiedlichen – möglicherweise auch widerständigen, der intendierten Lesart entgegenlaufenden – Lesarten die Darstellungen ermöglichen.
Zwei grundlegende Widersprüche, mit denen die Darstellungen jüdischer Figuren konfrontiert sind, erscheinen für den westdeutschen Produktions- und Rezeptionsraum nach 1945 augenfällig: erstens, der Widerspruch zwischen dem gesellschaftlich latent vorhandenen Antisemitismus und dessen offiziell verordneter Ächtung (vgl. Kap. II.3.2). Im Film findet sich dieser Widerspruch im Einsatz von Stereotypen von Jüdinnen und Juden aufgehoben, der unterschiedliche Anschlussmöglichkeiten oder Lesarten bietet. Zudem kommt es als Folge dieses Widerspruchs zu einander widersprechenden Aussagen auf Bild- und Handlungsebene. Zweitens, der Widerspruch zwischen dem Auftauchen jüdischer Figuren in den Spielfilmwelten und den außerfilmischen, eigenen Erfahrungen der Rezipient_innen, die oft keine Begegnung mit Jüdinnen und Juden beinhalten. Filmische Darstellungen müssen daher ihre jüdischen Figuren für diese Zuschauer_innen verständlich gestalten und auf deren spezifisches Wissen und ihre ‚Judenbilder' rekurrieren.

Die Lesarten, die Rezipient_innen von Spielfilmen entwickeln, sind durch deren Intertextualität geprägt. Doch Intertextualität wird nicht nur auf der Seite der Rezeption bei deren Verständnis wirksam, sondern auch auf der Produktionsseite bei der Gestaltung der jüdischen Figuren. Dabei spielen intentionale Verweise eine weitaus geringere Rolle als eine (ontologische) Intertextualität, nach der filmische Texte in einem Netz von Verweiszusammenhängen verstanden werden müssen.[147] Gerade für die symptomatische Bedeutung der jüdischen Filmfiguren sind diese Referenzketten, in denen Stereotype des Jüdischen ebenso einen Platz haben wie andere Spielfilme, Romane, nonfiktive mediale Repräsentationen von Jüdinnen und Juden, die Themenfelder Israel, Shoah und Neonazismus u. v. m. bedeutsam.
Es ist das Wissen darum, was Jüdischsein eigentlich meint und was damit an Verweiszusammenhängen assoziiert ist, das für die Gestaltung und das Verständnis der jüdischen Filmfiguren von großer Bedeutung ist. Da dies aber speziell im bundesrepublikanischen Kontext häufig kein Wissen ist, das auf eigenen Erfahrungen fußt, sondern auf medial Vermitteltem, ist von einer großen Relevanz medialer Referenzketten auszugehen.
Die Markierung eines ganzen Films oder einer Figur als jüdisch findet auch über die Beziehung zu anderen Texten statt. Das können filmische Paratexte sein wie Kritiken, Ankündigungen, Interviews, Gespräche von Zuschauer_innen und Leserbriefe, aber auch andere Texte (Filme, Literatur, Mythen). Auch die Bezugnahme auf jüdische Schauspieler_innen und Filmemacher_innen ist beispielsweise ein wirksames Mittel, einen jüdischen Zusammenhang zu anzuzeigen. So werden Dani Levys Filme, über die innerfilmischen Bezüge hinaus, in Paratexten wie Rezensionen und Interviews in einen Zusammenhang mit Filmen anderer jüdischer Regisseure wie Woody Allen und Ernst

147 Vgl. Intertextualität und Intertextualitätstheorien. In: *Metzler-Lexikon Literatur- und Kulturtheorie. Ansätze – Personen – Grundbegriffe*, hrsg. v. Ansgar Nünning. Stuttgart: Metzler 2008, S. 330.

Lubitsch gestellt, was eine Markierung von Levys Filmschaffen als jüdisch vornimmt und damit eine entsprechende Wahrnehmung durch das Publikum prädispositioniert. Als weiteres Beispiel kann gelten, dass die Biografie Iris Berbens die Wahrnehmung der von ihr in der gleichnamigen Serie gespielten Figur Rosa Roth beeinflussen kann (vgl. Kap. III.3 und IV.4.2). Der Verweis auf andere Filme prägt die Wahrnehmung von filmischen Texten ebenfalls. Paratextuell wird dies deutlich, wenn beispielsweise auf Filmplakaten darauf hingewiesen wird, der Film sei von denselben Macher_innen wie eine andere Produktion, auf die namentlich verwiesen wird. Schließlich kann im Falle von Fassbinders *In einem Jahr mit 13 Monden* und *Die Sehnsucht der Veronika Voss* davon ausgegangen werden, dass die jüdischen Figuren im Kontext der zuvor stattgefundenen öffentlichen Debatte um seine Figurendarstellung des „reichen Juden" im Theaterstück *Der Müll, die Stadt und der Tod* (1975) rezipiert werden.
Filme stehen aber auch im Kontext anderer zeitnah veröffentlichter Filme oder kultureller und politischer Ereignisse. Sie nehmen innerhalb des Textes (explizit oder implizit) darauf Bezug oder werden auch ohne intentionalen Bezug in einem solchen Kontext wahrgenommen und gedeutet.[148]

148 So sieht beispielsweise Matthias N. Lorenz vor dem Hintergrund der Filme *Aimée und Jaguar* (1999) und *Nichts als die Wahrheit* (1999), die sich auch mit der Shoah bzw. ihrem Nachwirken befassen, den Film *Meschugge* (1998) und vor allem dessen Ende als Plädoyer für einen Schlussstrich, der unter die Vergangenheit gezogen werden müsse. Matthias N. Lorenz: Der Holocaust als Zitat. Tendenzen im Holocaust-Spielfilm seit *Schindler's List*. In: Sven Kramer (Hrsg.): *Die Shoah im Bild*. München: Edition text + kritik 2003, S. 267–296, hier S. 281. Im Zusammenhang mit den zeitnah entstandenen Filmen, die (ähnliche) Versöhnungsgeschichten erzählen, scheint diese Lesart nachvollziehbar, die Darstellungen in *Meschugge* für sich genommen lassen eine solche Lesart offensichtlich zu, machen sie aber nicht zur einzig möglichen (vgl. Kapitel IV.5).

II.
Jüdische Filmfiguren im Kontext

Die Gestaltung jüdischer Spielfilmfiguren ist, wie auch ihre Rezeption durch die Zuschauer_innen, von zahlreichen Kontexten geprägt. Gesellschaftliche Diskurse spielen dabei ebenso eine Rolle wie politische oder kulturelle Ereignisse. Die Erinnerung an die Shoah bildet in diesem Zusammenhang einen wichtigen Referenzrahmen – sei es erinnerungskulturell beispielsweise in Filmen, Theater oder Literatur, oder erinnerungspolitisch wie in Gedenkveranstaltungen, Mahnmalen oder politischen Stellungnahmen und den darum entstehenden gesellschaftlichen Auseinandersetzungen. Die Sichtbarkeit von Repräsentant_innen jüdischer Institutionen wie dem Zentralrat der Juden in Deutschland und jüdischer öffentlicher Persönlichkeiten wie Fritz Kortner als Schauspieler in der Nachkriegszeit oder Artur Brauner als Filmproduzent bis in die Gegenwart spielen ebenfalls eine Rolle für die Gestaltung und Wahrnehmung jüdischer Filmfiguren. Schließlich sind es auch innerjüdische Fragen, Veränderungen in den jüdischen Gemeinden und Generationenwechsel, die von jüdischen Autor_innen und Filmschaffenden adressiert werden und so Eingang in die Gestaltung der jüdischen Filmfiguren finden. Beispiele hierfür sind generationelle Abgrenzungen wie die der *second generation* gegenüber ihrer Elterngeneration der Shoah-Überlebenden oder die Auseinandersetzung mit jüdischen Zuwander_innen aus der ehemaligen Sowjetunion seit den 1980er Jahren.

Nicht nur die Produktion, auch die Rezeption, die von Fernsehauswertung, Wiederholungen und Retrospektiven über einen längeren Zeitraum geprägt ist, ist den jeweiligen gesellschaftlichen und historischen Gegebenheiten unterworfen. So kritisiert beispielsweise Lothar Mikos die mangelnde Einbeziehung der Rezeption bei der Filmgeschichtsschreibung: Ausgeklammert werde, dass der Film erst durch das Gesehenwerden seinen Sinn entfalte und damit dem Publikum eine entscheidende Rolle für die Reichweite und historische Bedeutung von Filmen zukomme.[1] Zu unterschiedlichen Zeiten entfalten die untersuchten Filme also unterschiedliche Bedeutungen.

1 Lothar Mikos: Der erinnerte Film. Perspektiven einer Filmgeschichte als Rezeptionsgeschichte. In: Knut Hickethier / Eggo Müller / Rainer Rother (Hrsg.): *Der Film in der Geschichte. Dokumentation der GFF-Tagung*. Berlin: Edition Sigma 1997, S. 143–153.

Nicht nur wenn die jüdischen Figuren als *Symptome* soziokultureller Zustände gedeutet werden sollen (vgl. Kap. I), sind diese Kontexte also von großer Wichtigkeit, sondern sie bilden auch den Bezugsrahmen für die Rezipient_innen: Sie prägen das Weltwissen, das diese an die Filme herantragen und in der Rezeptionssituation zur Generierung von Bedeutung heranziehen. Gleichzeitig stellen sie die soziokulturelle und politische Kommunikationssituation dar, deren Spezifik sich die Rezipient_innen durchaus bewusst sind, während sie den Film sehen. Die Bandbreite und Reichweite dieses umfassenden Netzwerks von Kontexten wird exemplarisch aufgezeigt, wenn außerfilmische Kontexte entweder in augenfälligem Zusammenhang mit den analysierten Filmen stehen – sei es, dass sie explizit thematisiert werden oder auffällig unsichtbar bleiben – oder wenn sich gesellschaftliche Stimmungen und Veränderungen in bundesrepublikanischen Selbstbildern und damit in den untersuchten Filmen ausdrücken.

1. Jüdische Figuren in Geschichte und kollektivem Gedächtnis

Eine historische Kontextualisierung der jüdischen Filmfiguren begründet sich in der Annahme, dass diese nicht nur in vielfältiger Weise historisch situiert sind, sondern sich ihre ‚Wirkung' und damit Bedeutung auch im Zusammenhang des kulturellen Gedächtnisses entfaltet oder ausprägt.

1.1 Historische Situiertheit von Filmen und ihren (jüdischen) Figuren

Die Filme setzen ihre jüdischen Filmfiguren in eine doppelte Beziehung zur Geschichte: Sie erzählen mit ihren Handlungen etwas über eine spezifische Zeit und sind gleichzeitig von ihrem historischen Entstehungszeitpunkt her durch die zeitgenössischen technischen, soziokulturellen und ästhetischen Standards bedingt.

Zwei unterschiedliche Verständnisse können bezüglich der historischen Situiertheit von Filmen festgestellt werden: Filme können entweder als Dokumentation historischer Vorgänge verstanden werden[2] (dementsprechend werden sie nach wie vor häufig im schulischen Geschichtsunterricht eingesetzt) oder – und dieser These folgt das vorliegende Buch unter Bezug auf Siegfried Kracauer – als Dokumentation von Mentalitäten. Dabei zeigen sich weniger explizite Überzeugungen als „psychologische Dispositionen"[3], also Nichtbewusstes. Kracauer geht nicht von einem feststehenden Nationalcharakter aus, sondern von geteilten Tendenzen oder Dispositionen zu einer spezifischen Zeit. Er betont, der Film könne sogar nur solche Fragen begrenzter

2 So heißt es bei Günter Riederer: „Die vermeintlich besondere Authentizität und die Anschaulichkeit des Mediums haben seit jeher dazu verleitet, die in den Filmen vollzogene Rekonstruktion der Wirklichkeit mit ihrem getreuen Abbild zu verwechseln. […] Die Vorstellung, daß der Film für die Geschichtswissenschaft nur dokumentarischen Wert besitzt und sich demzufolge auf die Konservierung historischer Vorgänge zu beschränken hat, scheint heute überwunden." (Günter Riederer: Den Bilderschatz heben. Vom schwierigen Verhältnis zwischen Geschichtswissenschaft und Film. In: Moshe Zuckermann (Hrsg.): *Medien – Politk – Geschichte* (= *Tel Aviver Jahrbuch für deutsche Geschichte* 31). Göttingen: Wallstein 2003, S. 15–39, hier S. 17.)

3 Kracauer: *Von Caligari zu Hitler,* S. 12.

Reichweite beantworten.[4] Bei der Hervorhebung des spezifischen Zeitpunktes oder -raumes geht es ihm darum, dass die geistige Haltung, die er im Film zu finden glaubt, von einer Reihe konkreter, äußerer (historischer) Faktoren abhängt.[5] Film mache das Unaufdringliche, das häufig übersehen oder vernachlässigt werde, sichtbar und sei damit Schlüssel zu geistigen Prozessen. Er erfasse auch ungeplante Aspekte oder Eindrücke der gesellschaftlichen Realität und zeige über für die Handlung eigentlich Nebensächliches Aufschlussreiches über den Entstehungszeitpunkt.[6]

Das Kino nötigt die Zuschauenden darüber hinaus, die realen Ereignisse, die der Film abbildet, mit den Bildern und Ideen zu konfrontieren, die sie sich von ihnen gemacht haben. Er zwingt also im besten Falle zu einer Auseinandersetzung. Dabei unterscheidet Kracauer zwischen ‚bestätigenden Bildern' und ‚Entlarvungen'. Während erstere die Zuschauer_innen zu einer affirmativen Haltung bringen, machen enthüllende oder entlarvende Bilder (zumindest scheinbar) die tatsächliche Realität im Gegensatz zu den vorherrschenden Ideen sichtbar. Kracauer betont, dass dabei die ganze Beweislast den Bildern zufalle. Gleichzeitig räumt er ein, dass viele der scheinbaren Enthüllungen letztlich von ‚Propagandaabsichten' geprägt seien. Doch das Rohmaterial des Films, das „dokumentarische Film-Material", könne nicht unbegrenzt manipuliert werden, sodass trotz propagandistischer Intention häufig Gegenteiliges oder „Wahres" sichtbar werde.[7] In Bezug auf die Nazi-Propagandafilme schreibt er:

> Wer immer manipuliert, bleibt abhängig von den Eigenschaften, die seinem Material innewohnen; selbst die offiziellen Nazi-Kriegsfilme spiegelten noch als reine Propagandawerke bestimmte nationale Merkmale, die nicht erst künstlich zu erschaffen waren.[8]

Auch wenn es hier nicht um Propagandafilme oder propagandistische Darstellungen geht, ist der Befund Kracauers relevant für die hier zu analysierenden Filme: Wenn die filmischen Bilder von der durch die Handlung oder auch durch filmische Paratexte formulierten Aussageintention abweichen, entsteht eine Dissonanz. Die narrative Handlungsebene eines Spielfilms kann auch hier nichts ‚beweisen', dem die Filmbilder widersprechen, da ihre Wirkung, wenn auch nicht immer bewusst, direkt und affektiv ist. So kann ein Film beispielsweise auf der Handlungsebene versuchen, Antisemitismus zu problematisieren und anzuprangern, er bleibt letztlich mit diesem Ziel aber wenig wirksam, wenn die filmischen Bilder dieser Intention widersprechen und stattdessen antisemitische Stereotype reproduzieren und bestätigen. Im Folgenden wird noch zu diskutieren sein, welche Ebene stärker und bewusster wirkt, inwiefern also eine Kommunikationslatenz und ein tabuisierter Antisemitismus damit bedient

4 Ebd., S. 14.

5 Ebd., S. 15.

6 Vgl. ebd.

7 Siegfried Kracauer: *Theorie des Films. Die Errettung der äusseren Wirklichkeit.* Frankfurt am Main: Suhrkamp 1985, S. 398.

8 Kracauer: *Von Caligari zu Hitler,* S. 12.

werden, und ob dieser Dissens zwischen der Bildebene und der Handlungsebene als intendiert oder nicht-intendiert verstanden werden kann.
Kracauer betont, dass wichtiger als die erfassbare Beliebtheit von Filmen, die Popularität, im Sinne einer Häufigkeit, bildlicher und narrativer Motive sei. Die Dominanz von Motiven kennzeichne diese „als äußere Projektionen innerer Bedürfnisse“[9]. Deshalb werden die hier diskutierten Filme auf sich wiederholende Figurendarstellungen und -konstellationen untersucht, wie die verwendeten Kodierungen von Jewishness (vgl. Kap. III) oder häufige Konfliktkonstellationen der jüdischen Figuren.
Anders als bei Kracauer werden hier nicht alle Filme oder eine repräsentative Auswahl eines bestimmten Zeitraums berücksichtigt, um etwas über die generelle geistige Haltung zu einem konkreten Zeitpunkt zu erfahren. Stattdessen werden Filme, deren Plot nach 1945 angesiedelt ist und die jüdische Figuren beinhalten, vergleichend untersucht, als Quelle für die Haltung gegenüber den jüdischen Figuren und den mit ihnen assoziierten Themen. Dabei werden verschiedene zeitliche Ebenen mit jeweils unterschiedlichen Kontexten berücksichtigt. Erstens, der Entstehungszeitpunkt bzw. -raum des Films: Dieser ist von maßgeblicher Bedeutung für die Form der Darstellung der jüdischen Figuren und Lebenswelten, die mit der ästhetischen Gesamtgestaltung an technische Entwicklungen, an ästhetische Traditionen, Stile und Bewegungen, aber auch an gesellschaftliche und politische Spezifika zu diesem Zeitpunkt geknüpft sind. Form und Inhalt sind also in einem Kontext von gesellschaftlicher und politischer Umwelt, anderen filmischen Einflüssen, Zitaten und Verweisen zu interpretieren.
Zweitens, die erzählte Zeit: Das historische und gesellschaftliche Umfeld, in dem die Filmhandlung angesiedelt ist, wirft die Frage auf, wie Ereignisse zu einem spezifischen Zeitpunkt erinnert und gedeutet werden und daran anschließend, warum Sujets zu bestimmten Zeitpunkten stärker erinnert, also häufiger filmisch dargestellt werden als zu anderen. Welche Verbindungen gibt es zu den jeweilig aktuellen gesellschaftlichen Situationen, die die vergangenen Ereignisse (für die jeweilige Gegenwart) bedeutsam werden lassen?
Eine dritte zeitliche Ebene bildet die historische Dimension der Rezeption: So ist es gerade bezüglich der Wirkung bedeutsam, ob und in welchem Ausmaß die Filme tatsächlich gesehen wurden. Daran anknüpfend stellt sich die Frage, wie Filme auf unterschiedliche Weise in spezifischen historischen Rezeptionssituationen Bedeutung entfalten. Dies geschieht in Wechselwirkung mit der Umwelt der Zuschauer_innen, was erklärt, weshalb die Bedeutung eines Films in Abhängigkeit vom Rezeptionszeitpunkt und von der spezifischen historischen, politischen und gesellschaftlichen Umwelt variieren kann.

1.2 Jüdische Figuren im kollektiven Gedächtnis

Es ist weniger das individuelle und das soziale Gedächtnis von Interesse, sondern das kollektive als ein größeres, geteiltes und langfristigeres Gedächtnis, das das kulturelle

9 Kracauer: *Von Caligari zu Hitler*, S. 14.

und das kommunikative Gedächtnis umfasst.[10] Medien wie Film und Fernsehen kommunizieren Erinnerungen. Sie reflektieren dadurch sich selbst.[11] Institutionen, Körperschaften und soziale Gruppen *haben* kein Gedächtnis, sondern *machen* ihr Gedächtnis, das Identität stiftet.[12]

Jene identitätsstiftende Funktion des kollektiven Gedächtnisses erscheint besonders bedeutsam: Film ist ein Medium, mit dem und in dem kommuniziert wird, was erinnert wird und was Gegenstand des Gedächtnisses ist. Damit kommt Spielfilmen eine Funktion für die Konstruktion von (Gruppen-)Identitäten zu.[13] Zentraler Ausgangspunkt dieser Überlegungen ist, dass das Gedächtnis viel stärker in der Gegenwart verhaftet ist als in der Vergangenheit und somit nur bezüglich dieser aussagekräftig ist. Es geht nicht um die Vergangenheit, sondern vielmehr darum, wie sie aus der Perspektive der Gegenwart gesehen, interpretiert und erinnert wird. Es sind „gegenwärtige Bedürfnisse, Belange und Herausforderungen von sozialen Gruppen und Gesellschaften",[14] die die Inhalte des kollektiven Gedächtnisses prägen. Die Frage, warum spezifische Ereignisse der Vergangenheit zu spezifischen Zeitpunkten auf eine bestimmte Weise erinnert werden, kann also nur aus der jeweiligen Gegenwart und unter Berücksichtigung aktueller Zustände, Ereignisse etc. der jeweiligen Gesellschaft oder Gruppe heraus beantwortet werden. Nach Elena Esposito ist das Gedächtnis eine Art Selbstbeobachtung

10 Vgl. Astrid Erll: *Kollektives Gedächtnis und Erinnerungskulturen*. Stuttgart / Weimar: Metzler 2005, S. 27 ff.

11 Bei Aleida Assmann heißt es zum kulturellen Gedächtnis: „Die Symbole, die die Träger des kulturellen Gedächtnisses darstellen, sind erstens externalisiert und objektiviert. Sie repräsentieren eine ‚entkörperte' Erfahrung, die von anderen wahrgenommen und angeeignet werden kann, die diese Erfahrung nicht selbst gemacht haben. Das bedeutet zweitens, dass ihre zeitliche Reichweite nicht auf die menschliche Lebensspanne beschränkt ist, sondern potentiell unendlich gestreckt werden kann. Die zeitliche Reichweite des kulturellen Gedächtnisses ist nicht die der sterblichen Menschen, sondern der materiell fixierten und institutionell stabilisierten Zeichen. Die entkörperten und zeitlich entfristeten Inhalte des kulturellen Gedächtnisses müssen drittens immer wieder neu mit lebendigen Gedächtnissen verkoppelt und von diesen angeeignet werden. Mit der Übernahme dieser Inhalte, die in einer freien Identifikation mit ihnen geschieht, gewinnt das Individuum neben personaler und sozialer seine kulturelle Identität." (Aleida Assmann: *Der lange Schatten der Vergangenheit. Erinnerungskultur und Geschichtspolitik*. München: Beck 2006, S. 34.)

12 Ebd., S. 35; vgl. außerdem Erll: *Kollektives Gedächtnis und Erinnerungskulturen*, S. 28–29; dies.: Medium des kollektiven Gedächtnisses – ein (erinnerungs-)kulturwissenschaftlicher Kompaktbegriff. In: Dies. / Ansgar Nünning (Hrsg.): *Medien des kollektiven Gedächtnisses. Konstruktivität – Historizität – Kulturspezifität*. Berlin: de Gruyter 2004, S. 3–22, hier S. 4–5. Systemtheoretisch beschreibt Elena Esposito, dass die Konstitution des kollektiven – sie spricht von einem gesellschaftlichen – Gedächtnisses mit den jeweiligen Kommunikationstechnologien einerseits und den jeweiligen gesellschaftlichen Strukturen andererseits zusammenhänge. Ergebnis dieser Wechselwirkung zwischen Differenzierungsformen der Gesellschaft und Kommunikationstechnologien oder Medien sei das Gedächtnis der Gesellschaft (Elena Esposito: *Soziales Vergessen. Formen und Medien des Gedächtnisses der Gesellschaft*. Frankfurt am Main: Suhrkamp 2002, S. 36–38).

13 Assmann beschreibt das Verhältnis zwischen Erinnerungen und Identität insofern als zirkulär, als die Erinnerungen, die ausgewählt werden, die Identität der Gruppe stärken und die Identität der Gruppe wiederum die geteilten Erinnerungen stärkt. Aleida Assmann: Soziales und kollektives Gedächtnis. Bundeszentrale für politische Bildung, S. 2. http://www.bpb.de/files/0FW1JZ.pdf (Zugriff am 06.11.2013).

14 Erll: Medium des kollektiven Gedächtnisses, S. 4.

über den Umweg des Umgangs mit Zeit.[15] Es handelt sich also in erster Linie um eine Art Selbstreflexion über die Gegenwart, die die zeitliche Komponente als Möglichkeit der Distanzierung nutzt. Das zeigt sich auch daran, dass die Wissensbestände des kollektiven Gedächtnisses instabil und flexibel sind.[16] Das kollektive Gedächtnis hat somit konstruktiven Charakter.[17] Es rekonstruiert nicht, sondern entwirft vielmehr Selbstbilder und Identitätsentwürfe mittels Vergangenheit. Spielfilme können hierbei nicht nur die Funktion haben, Selbstbilder zu entwerfen, sondern auch vorhandene Selbstverständnisse anzugreifen und kritische Gegenentwürfe zu liefern.

Kollektives Gedächtnis und Erinnerung sind nicht deckungsgleich. Gedächtnis erschöpft sich nicht in der Ansammlung von Erinnerungen oder der Speicherung von Wissensbeständen, sondern organisiert vor allem die Auswahl und das Vergessen.[18] Das kollektive Gedächtnis organisiert die Auswahl der Wissensbestände also nach ihrer Relevanz (beispielsweise für die Gruppenidentität), sorgt für die Möglichkeit, ‚Unnötiges' zu vergessen, und dafür, dass man den Informationsmengen der Umwelt nicht ‚hilflos' ausgeliefert ist.[19] Durch die Auswahl bestimmter Informationen und deren unterschiedliche Akzentuierung oder Interpretation ermöglicht das kollektive Gedächtnis auch erst die Abgrenzung unterschiedlicher Gruppenidentitäten. Vergessen ist damit nicht als Fehlleistung oder Mangel des Gedächtnisses zu verstehen, sondern vielmehr als eine seiner zentralen Funktionen.[20]

Im Zusammenhang der Darstellung jüdischer Figuren stellt sich deswegen nicht nur die Frage nach den Inhalten, die für das kollektive Gedächtnis ausgewählt werden und die mittels des Spielfilms kommunikativ zirkulieren, sondern auch nach den Aspekten, die, beabsichtigt oder unbeabsichtigt, vergessen werden und damit keinen Anteil an der filmischen Konstruktion von jüdischem Leben haben (sollen).[21]

15 Esposito: *Soziales Vergessen*, S. 12.

16 Vgl. Aleida Assmann: *Geschichte im Gedächtnis. Von der individuellen Erfahrung zur öffentlichen Inszenierung*. München: Beck 2007, S. 10–11.

17 Erll: Medium des kollektiven Gedächtnisses, S. 4.

18 „Letztlich ist das Gedächtnis eher für den Verlust von Inhalten denn für deren Aufbewahrung zuständig, eher für das Vergessen denn für ihre Erinnerung. Die Form des Gedächtnisses besteht nicht in der Identität der Erinnerung, sondern in der Differenz Erinnern/ Vergessen" (Esposito: *Soziales Vergessen*, S. 27).

19 Ebd., S. 25.

20 Ebd., S. 22–25.

21 Weiterführend bezüglich des Vergessens ist Aleida Assmanns Unterscheidung des kulturellen Gedächtnisses in Speichergedächtnis und Funktionsgedächtnis: Während das Speichergedächtnis das Konservieren, Ordnen und Archivieren beinhaltet, ist der Modus des Funktionsgedächtnisses die Auswahl und Vermittlung. Das Speichergedächtnis, das Assmann auch als *unbewusstes* Gedächtnis bezeichnet, speichert erst einmal Informationen, ob diese aber auch zirkulieren und damit das kulturelle Gedächtnis prägen, hängt davon ab, ob sie Teil des Funktionsgedächtnisses werden (Aleida Assmann: Zur Mediengeschichte des kulturellen Gedächtnisses. In: Astrid Erll / Ansgar Nünning (Hrsg.): *Medien des kollektiven Gedächtnisses*, S. 45–60, hier S. 47–48). Diese Unterscheidung erklärt auch, weshalb es möglich ist, dass bestimmte Informationen vergessen werden bzw. unzugänglich oder verdrängt sind und später wieder verfügbar und wichtiger Teil des kulturellen Gedächtnisses werden können.

2. Das ‚deutsch-jüdische Verhältnis'

Bis heute stark geprägt von der Shoah, lässt sich die Situation zwischen nichtjüdischen Deutschen und Jüdinnen und Juden in der Bundesrepublik als ein *Spannungsfeld* verstehen, aus dem keine_r der Beteiligten heraustreten kann. Die Shoah ist hierbei eine Art Fluchtpunkt.[22] Die unterschiedliche Perspektive auf die Shoah trennt Jüdinnen/Juden und nichtjüdische Deutsche. Die jüdische und die nichtjüdische Perspektive fallen in großen Teilen, aber nicht vollständig mit der der Opfer und ihrer Nachkommen sowie mit derjenigen der Täter bzw. Mitläufer und deren Nachkommen zusammen. Auch wenn einer simplen Gegenüberstellung zweier Perspektiven widerspricht, dass sie in sich äußerst heterogen und nicht deckungsgleich mit einer Opfer- und einer Täter- bzw. Mitläuferperspektive sind und viele sehr unterschiedliche Erfahrungen vereinen und sich diese Gruppen zudem nicht klar voneinander trennen lassen,[23] kann dennoch von differierenden Perspektiven ausgegangen werden, die sich auf fortdauerndes unterschiedliches Erleben (nicht zuletzt des Umgangs mit Shoah und Nationalsozialismus) und differierende Erinnerungen gründen. Die (unfreiwillige) Verstrickung – vor allem der Nachgeborenen – in den durch die Geschichte ‚belasteten' Zusammenhang ist aber auch das, was jüdische und nichtjüdische Menschen in Deutschland verbindet und gleichzeitig an die spezifisch deutsche Situation bindet.

Schon bei der Suche nach einem adäquaten Begriff für das *deutsch-jüdische Verhältnis* zeigen sich die Komplexität und die Schwierigkeiten, die das Spannungsfeld charakterisieren: Ausgrenzende Sprechweisen, wie die Unterscheidung von ‚Deutschen' und ‚Juden' oder das Sprechen von ‚jüdischen Mitbürgern', verdeutlichen eine Sprecherposition, die annimmt, dass Jüdinnen und Juden immer noch nicht *wirklich* zur deutschen Gesellschaft gehören. Sie stoßen auf heterogene Selbstverständnisse, die auf jüdischer Seite zu unterschiedlichen Selbstbezeichnungen führen. Die Heterogenität und Pluralität jüdischer Selbstverständnisse wiederum findet kaum Eingang in die öffentlich produzierten Bilder von jüdischem Leben. So ist die Hilflosigkeit angesichts der Bezeichnungen symptomatisch für das ‚deutsch-jüdische Verhältnis' nach 1945.[24] Wenn im Folgenden vom ‚deutsch-jüdischen Verhältnis' gesprochen wird, dann mit dem Wissen um die Schwierigkeit einer begrifflichen Fassung, die den unterschiedlichen Facetten, möglichen Kommunikationskonstellationen und Selbstverständnissen gerecht wird.[25]

22 Im Sinne Dan Diners bekannter Formulierung der negativen ‚deutsch-jüdischen Symbiose'. Danach seien Juden und Deutsche neu aufeinander bezogen worden, die negative Symbiose bestimme das jeweilige Verhältnis zu sich selbst, vor allem aber zueinander. Dan Diner: Negative Symbiose. Deutsche und Juden nach Auschwitz. In: Ders. (Hrsg.): *Ist der Nationalsozialismus Geschichte? Zu Historisierung und Historikerstreit.* Frankfurt am Main: Fischer 1987, S. 185–197, hier S. 185 ff.

23 Die Unmöglichkeit dieser Trennung ergibt sich daraus, dass es auch nichtjüdische Deutsche gab, die während dem NS verfolgt wurden. Somit können auch andere Verfolgtengruppen eine Opferperspektive einnehmen.

24 Katharina Ochse: "What could be more fruitful, more healing, more purifying?" Representations of Jews in the German Media after 1989. In: Sander L. Gilman / Karen Remmler (Hrsg.): *Reemerging Jewish Culture in Germany. Life and Literature since 1989.* New York: NYU Press 1994, S. 113–129, hier S. 114–115.

25 ‚Deutsch-jüdisch' soll hier nicht als ein Gegensatzpaar gesetzt werden, im Sinne eines Verhältnisses zwischen ‚den Deutschen' und ‚den Juden'. Vielmehr kann das schwierige Verhältnis zwischen ‚Deutschem'

Frank Stern beschreibt, dass bereits wenige Wochen nach der Kapitulation der deutschen Wehrmacht Juden eine vielschichtige gesellschaftliche Bedeutung zugekommen sei, „sei es als handelnde Individuen und Gruppen im Chaos der unmittelbaren Nachkriegszeit, sei es als Faktor im gesellschaftlichen Bewußtsein."[26] Bei Y. Michal Bodemann heißt es zur gesellschaftlichen Bedeutung von Jüdinnen und Juden:

> Bereits nach dem ursprünglichen Beschweigen der Juden in den Nachkriegsjahren stellen diese Themen ab Anfang der fünfziger Jahre im nationalen deutschen Narrativ eine zentrale Trope dar. Wir können noch weiter gehen: Die nationale deutsche Narration benötigt die jüdische Trope als zentrales Element zu Deutung der eigenen nationalen Identität.[27]

Diese große symbolische Bedeutung, die Jüdinnen und Juden für das deutsche (nichtjüdische) Selbstbild zukommt, steht in keinem Verhältnis zu der – trotz des Zuwachses nach 1989 – kleinen jüdischen Minderheit in der Bundesrepublik. Die Bedeutung und das Interesse, die jüdischen Themen und Kultur zugemessen werden, stehen wiederum in einem Missverhältnis zu der geringen Offenheit, die der Vielfalt und den jeweils aktuellen Belangen jüdischen Lebens (häufig) entgegengebracht werden. Dadurch kann die Beziehung eine einseitige Form annehmen, in der es nicht darauf ankommt, *wie* jüdisches Leben in Deutschland tatsächlich aussieht, und Judentum auf seine symbolische Bedeutung als *Opferkollektiv* reduziert wird. In dieser Konstellation stehen reale Jüdinnen und Juden schnell unter einem „Zwang der Repräsentation"[28]; sie werden stellvertretend für ‚die Juden' wahrgenommen. Heterogenität jüdischer Erfahrungen wird hier verdeckt, jüdische Identität (auf eine Vorstellung von jüdischer Identität) festgeschrieben.
Auf die oben beschriebene Situation des Nicht-Heraustreten-Können mit ihren diskursiven Ausformungen *muss* von Filmschaffenden wie Rezipient_innen reagiert werden, weil auch der Versuch, sich nicht zu positionieren und sich zu entziehen, eine Positionierung bedeutet. Die Involviertheit, die alle an der Kommunikation über jüdische Themen beteiligten Akteur_innen betrifft, das Wissen um sie, samt des Wunsches, sie zu überwinden, muss als prägender Kontext der Produktion und Rezeption der jüdischen Filmfiguren verstanden werden.

und ‚Jüdischem' auch innerhalb einer Person zu Ambivalenzen und konflikthaften Widersprüchen führen, wie es beispielsweise von der nachgeborenen Generation jüdischer Schriftsteller_innen häufig formuliert wird (vgl. Caspar Battegay: *Judentum und Popkultur. Ein Essay*. Bielefeld: Transcript 2012, S. 133-134). Es kommt aber auch zum Tragen, wenn es um das Verhältnis von nichtjüdischen Deutschen zu jüdischen Themen und Judentum geht. Dabei müssen reale Jüdinnen und Juden wiederum keine Rolle spielen. Das Gegensatzpaar Juden/Jüdinnen und Nichtjuden/Nichtjüdinnen wird verwendet, obwohl es Nichtjuden/Nichtjüdinnen auf ein Defizit, auf das, was sie *nicht* sind, reduziert, weil es die offenste Formulierung ist: Jüdinnen/Juden und Deutsche gegenüberzustellen bedeutet, den Jüdinnen und Juden ihr Deutschsein abzusprechen. Jüdinnen/Juden und Christ_innen gegenüberzustellen, setzt einerseits einen starken Akzent auf den religiösen Aspekt und klammert andererseits nichtreligiöse Nichtjuden/Nichtjüdinnen sowie andersgläubige (nichtjüdische) Deutsche aus.

26 Stern: *Im Anfang war Auschwitz*, S. 66.

27 Y. Michal Bodemann: „Öffentliche Körperschaft" und Authentizität. Zur jüdischen Ikonographie in Deutschland. In: *Mittelweg 36* 5,5 (1996), S. 45–56, hier S. 45.

28 Battegay: *Judentum und Popkultur*, S. 132.

2.1 Unterschiedliche Kommunikationsräume und Akteur_innen

Eine Möglichkeit, das ‚deutsch-jüdische Verhältnis' zu verstehen, liegt in dem Versuch, verschiedene Kommunikationsräume mit ihren Akteur_innen, Regeln und Funktionen auszudifferenzieren. Denn das ‚deutsch-jüdische Verhältnis' wird immer dann ablesbar, wenn über jüdische Themen und Belange in einem deutschen Kontext öffentlich kommuniziert wird und in diesen Auseinandersetzungen unterschiedliche Positionen sichtbar werden. Einerseits sind die filmischen Verhandlungen jüdischer Themen in den hier diskutierten Spielfilmen genau solche Auseinandersetzungen, die in einem spezifischen öffentlichen Raum mit Regeln und Funktionen stattfinden, und damit Teil dessen, was Diana Pinto „Jewish Spaces"[29] nennt. Andererseits bilden die Spielfilme die unterschiedlichen Kommunikationsräume oder Sphären jüdischen Lebens ab und machen sie zu Handlungsorten. Überlegungen bezüglich der unterschiedlichen Räume anzustellen, kann somit einerseits helfen, die Spielfilme als Teil der Verhandlung jüdischer Themen in der bundesrepublikanischen Gesellschaft sowie andererseits die abgebildeten Auseinandersetzungen zu verstehen.

Pinto unterscheidet sechs verschiedene ‚identity boxes', Kommunikationsräume oder Teilöffentlichkeiten, die zusammen einen ‚jüdischen Raum' ergeben:

Vergleichsweise geschlossene jüdische Räume, wie, erstens, die innerjüdische, religiöse Sphäre (Synagogen, Orte religiöser Bildung) oder zweitens, jene Orte des innerjüdischen Gemeindelebens. Es sind weitgehend Jüdinnen und Juden vorbehaltene Sphären, in welche die fiktiven Spielfilmwelten Einblick verschaffen können. Dies geschieht einerseits in Filmen, die über ein großes Arsenal jüdischer (Haupt-)Figuren verfügen und dadurch eine – auch religiöse – jüdische Lebenswelt zeigen, wie *So ein Schlamassel* oder *Schalom meine Liebe*, andererseits in Filmen, in denen eine nichtjüdische Figur Einblick in diese ‚geschlossenen' jüdischen Räume erhält, wie die Ermittler_innen-Figuren in einigen Fernsehkrimis, etwa in *Liebe unter Verdacht* oder dem Schimanski-Krimi *Das Geheimnis des Golem*. In diesen Fällen wird diese ‚einblickende' Perspektive der Zuschauer_innen in der Figur gedoppelt.

Auch die dritte Sphäre, deren Rahmen und Themen jüdisch geprägt sind, die aber gleichzeitig offen ist für nichtjüdische Teilnehmer_innen und deren Perspektiven (beispielsweise interkulturelle und interreligiöse Veranstaltungen und Debatten, jüdische Schulen, die staatlich finanziert und für nichtjüdische Schüler_innen geöffnet sind), ist primär in Form *dargestellter* jüdischer Räume in den Spielfilmen von Bedeutung. Die gesamtgesellschaftliche Öffentlichkeitswirkung dieser Sphäre ist begrenzt, sodass die in ihr stattfindenden Auseinandersetzungen individuell prägend sein mögen, aber eher geringe Bedeutung für das haben, was hier als ‚deutsch-jüdisches Verhältnis' bezeichnet wird. Es sind die stärker nichtjüdisch geprägten Sphären, Pinto unterscheidet diese vierte und fünfte Sphäre in einen „Jewish-friendly neutral Space" – dazu zählen beispielsweise Gedenkstätten, jüdische Museen oder Institute für Jüdische Studien an Universitäten – und eine eher neutrale nichtjüdische öffentliche Sphäre, wozu pluralistische Kommunikationsräume gehören, die nicht jüdisch ‚vorgeprägt' sind, wie sonstige Museen oder Fachbereiche von Universitäten, die nicht primär zu jüdischen

29 Pinto: The Challenges of Progressive Jews.

Themen arbeiten. Hier ist eine jüdische Stimme nach Pinto eine unter vielen, die Gehör findet.[30]

In diesen beiden Sphären sind die Spielfilme als kulturelle Texte mit ihren Darstellungen Teil der Kommunikation über jüdische Themen. Erstere hängt eng zusammen mit und gewann an Bedeutung im Kontext des seit den späten 1980er Jahren und vor allem im Laufe der 1990er Jahre erstarkenden Interesses an jüdischen Themen (vgl. Kap. II.2). Die Entstehung dieser Sphäre sowie die Sphäre an sich sind ein wichtiger Aspekt einer Phase der Zentralität jüdischer Themen, die Pinto nach der Shoah ausmacht und die in den letzten Jahren zu einem Ende komme. Die Sphäre existiere so außerhalb von Europa nicht. Im Gegensatz zu den USA sind zentrale Rollen der Institutionen dieser Sphäre mit Nichtjüdinnen und Nichtjuden besetzt. Sie sind keine Gäste, sondern gleichberechtigt Teilnehmende. Zweitere ist von der breiteren Gesellschaft geprägt und somit ein pluralistischer Kommunikationsraum innerhalb einer Demokratie. Jüdinnen und Juden sind hier eine Gruppe unter vielen verschiedenen Gruppierungen, ihr Jüdischsein spielt nicht in jedem Zusammenhang eine Rolle, sondern nur wenn er inhaltlich motiviert ist. Es ist eine Sphäre, die nicht explizit positiv gegenüber jüdischen Themen gestimmt ist, die aber einer ‚jüdischen Stimme' im Rahmen (pluralistischer) öffentlicher Meinungen zuhört. Somit werden (Für-)Sprecher_innen der jüdischen Gemeinden oder jüdischer Themen gehört, doch ihre Stimme hat nicht mehr Gewicht als andere Stimmen. Beispiele hierfür wären universitäre Bereiche, die nicht direkt zu den Jüdischen Studien gehören, sowie Museen, die keine Jüdischen Museen sind.

Gerade diese beiden Sphären (eher projüdisch und eher neutral) erscheinen für die Spezifik des ‚deutsch-jüdische Verhältnisses' wohl am bedeutendsten, obschon sie nicht klar voneinander abzugrenzen sind. Zumindest während der Bonner Republik war die offizielle projüdische Haltung so dominant, dass die öffentliche Sphäre in der Bundesrepublik diesem „Jewish-friendly neutral Space"[31] ähnlich war. Gleichzeitig gab es diese letztgenannte Sphäre insofern nicht – und möglicherweise gibt es sie auch weiterhin noch nicht –, als das Jüdischsein von Akteur_innen nur in seltenen Fällen in öffentlichen Kommunikationen tatsächlich keine Rolle spielte und spielt.[32] Die Verwischung dieser Sphären, wobei einerseits das Wahrgenommenwerden jenseits des eigenen Jüdischseins für Jüdinnen und Juden häufig schwierig bis unmöglich war und ist

30 Dazu heißt es bei Pinto: „This is a crucial space which attests to the vitality and openness of truly pluralist democracies. This space encompasses activities with Jewish 'themes' which take place outside the Jewish orbit. It is a relatively new space which has taken on ever greater significance since the decades of Jewish commemoration. The three principal institutions in this space are Holocaust memorials, Jewish Museums that do not belong to communities, and universities with their Jewish Studies programs." (Pinto: The Challenges of Progressive Jews.)

31 Ebd.

32 Als sich 2013 Marina Weisband in einer Talkshow bei Markus Lanz (ZDF, 19.03.2013) über den Fernsehmehrteiler *Unsere Mütter, unsere Väter* (BRD 2013, R: Philipp Kadelbach) weigerte, über ihr Jüdischsein und die Familiengeschichte ihrer jüdischen Familie zu sprechen, erntete sie von mehreren der anderen Gäste der Talkrunde Unverständnis und der Moderator fragte mehrfach nach, warum sie nicht über ihre Familie und die Shoah sprechen wolle. Dass sie als Politikerin über einen möglichen oder wünschenswerten Umgang mit der NS-Vergangenheit in Deutschland sprechen möchte und dies nicht als Jüdin, sondern als Politikerin scheint hier unmöglich bzw. unvorstellbar.

und gleichzeitig der besondere ‚Schutz' jüdischer Themen und Belange – trotz deren besonderer Bedeutung – nicht immer gegeben war, führte und führt bis heute – so hier die These – zu Konfliktlinien.

Diese Sphären, so soll hier argumentiert werden, bestanden in Deutschland lange nicht wirklich nebeneinander, sondern lösten sich eher zeitlich nacheinander ab. Dass sie sich auszudifferenzieren beginnen, ist ein Novum, das einem Paradigmenwechsel gleichkommt und ebenfalls mit Konflikten verbunden ist. Diese entstehen sowohl aus Missverständnissen bezüglich der Sprecher_innenposition als auch der Inanspruchnahme einer Sphäre als Aushandlungsort, um letztlich antisemitische Haltungen zu kommunizieren.[33]

Die von Pinto als letzte genannte universelle Sphäre, die keinen geschlossenen oder kontrollierten Raum darstellt, sondern die offen für alle – auch für Antisemiten – und nicht geregelt ist (wie beispielsweise viele Bereiche des Internets), spielt für die Produktion der jüdischen Filmfiguren zunächst keine Rolle, wohl aber als Handlungsort und für ihre Rezeption. Sie wird relevant, wenn die hier analysierten Filme beispielsweise im Internet diskutiert werden. Die Diskussionen in Internetforen oder die anonymen Kommentare von z. B. Artikeln über jüdische Themen prägen aber natürlich die Rezipient_innen: sowohl ihre Vorstellungen von ‚den Juden' als auch vom Verhältnis zwischen ‚den Deutschen' und ‚den Juden'.

Besonders interessant erscheinen Pintos Überlegungen (aber auch) deshalb, weil sie darauf verweisen, dass einem filmischen Text, ebenso wie auch einem Satz oder einer Position, in den unterschiedlichen Räumen nicht die gleiche Bedeutung zukommt.[34] Deshalb ist es für die Analyse jüdischer Filmfiguren wichtig, sowohl die Kommunikationsräume, in denen jüdische Themen verhandelt werden, differenziert zu beschreiben als auch zu berücksichtigen, wer als Publikum angenommen werden kann und wer die Akteur_innen des ‚deutsch-jüdischen Verhältnisses' sind.

2.2 Ein zeitlicher Abriss

Das skizzierte Verständnis des ‚deutsch-jüdischen Verhältnisses' beinhaltet auch, welche identitären Fragen Jüdinnen und Juden nach 1945 an ihre Beziehung zu Deutschland und ihr eigenes Deutschsein stellen. Deshalb sind nicht nur die kursierenden *Judenbilder* von Bedeutung. ‚Juden' spielen nicht ausschließlich als Kategorie oder symbolische Größe eine Rolle, sondern auch das *reale jüdische Leben* in der BRD soll insofern berücksichtigt werden, als jüdische Rezipient_innen die jüdischen Filmfiguren sehen,

33 So tritt häufig ein Missverhältnis zwischen der Wahrnehmung der Regeln der öffentlichen Sphäre und ihren tatsächlichen Regeln auf: Die (vermeintliche) Ächtung von Antisemitismus (und Rassismus), die bestimmte Aussagen zu verbieten scheint, steht im Missverhältnis zu den immer wieder auftauchenden antisemitischen Äußerungen und Positionen.

34 Ruth Ellen Gruber zeigt das an einem ganz anderen Gegenstand als an Spielfilmen, nämlich an ‚jüdischen' Souvenirs – wie geschnitzten jüdischen Figuren. Obwohl es dort auch auf den/die Produzent_in ankommt, hängt es maßgeblich von dem oder der Betrachter_in, Käufer_in/Konsument_in ab, ob es sich um selbstironischen Kitsch oder antisemitisch kontaminierte Nostalgie handelt. Ruth Ellen Gruber: "Non-Jewish, Non Kosher, Yet Also Recommended." Beyond "Virtually Jewish" in Postmillenium Central Europe. In: Jonathan Karp / Adam Sutcliffe (Hrsg.): *Philosemitism in History*. New York: Cambridge UP 2011, S. 314–335, hier S. 324–326.

sie vor allem aber in ihrem Alltagsleben mit den auch aus den filmischen Darstellungen resultierenden Vorstellungen über Jüdinnen und Juden konfrontiert sind und sich zu diesen verhalten müssen. Genauso wie das ‚deutsch-jüdische Verhältnis' *in* nichtjüdischen Deutschen stattfindet, ohne dass reale Jüdinnen und Juden anwesend sein müssen, manifestiert es sich auch innerhalb der jüdischen Gemeinschaft und deren Selbstverortungen in der bundesrepublikanischen Gesellschaft.[35] Dementsprechend soll jüdisches Leben in der Bundesrepublik als Kontext der Produktion und Rezeption der jüdischen Figuren hier nicht als Folie verwendet werden, um die filmischen Darstellungen jüdischer Figuren und Lebenswelten als ‚richtig' oder ‚falsch', ‚authentisch' oder ‚realistisch' abzugleichen. Vielmehr sollen den jüdischen Filmfiguren die realen Jüdinnen und Juden der Bundesrepublik entgegengestellt werden. D. h. die filmischen Darstellungen jüdischen Lebens werden in Verbindung gebracht mit dem Kontext jüdischen Lebens außerhalb der Filme, um danach zu fragen, welche Aspekte jüdischen Lebens, welche Veränderungen in Selbstverständnissen und welche innerjüdischen Fragen in den filmischen Darstellungen auftauchen und welche nicht. Wenn hier nun eine kursorische Skizze des ‚deutsch-jüdischen Verhältnisses' nach 1945 mit Blick auf die beteiligten Akteur_innen und das jüdische Leben in der BRD versucht wird, dann in zwei argumentativen Stoßrichtungen: erstens, als relevanter Kontext von Produktion und Rezeption der jüdischen Filmfiguren. Zweitens, als Teil der Konstruktion der jüdischen Minderheit, die wie alle gesellschaftlichen Minoritäten mit spezifischen Funktionen ausgestattet ist und diese in Teilen mitträgt.[36]
Die in dieser Arbeit untersuchten filmischen Darstellungen können als Teil eines solchen Konstruktionsprozesses verstanden werden. Wenn die Funktionalisierungen der jüdischen Figuren für die Filme im vierten Teil der Arbeit häufig im Mittelpunkt stehen, dann kann an dieser Stelle anhand von Ereignissen, die *nicht* filmisch dargestellt wurden, überlegt werden, ob diese die der jüdischen Minderheit zugewiesene(n) Funktion(en) möglicherweise störten.

Direkte Nachkriegszeit
Die deutsche Kapitulation bedeutete Gegensätzliches für nichtjüdische Deutsche und Jüdinnen und Juden: Befreiung aus den Konzentrations- und Vernichtungslagern und von der nationalsozialistischen Herrschaft auf der einen, Niederlage, Besatzung durch die Alliierten und der Zwang, ein anderes Selbstbild zu entwickeln, auf der anderen Seite. Das Jahr 1945 markiert zudem den Beginn der späteren ‚Teilung' Deutschlands.[37] Die Bedeutung der extrem unterschiedlichen Erfahrungen direkt nach der Befreiung

35 Selbstverständlich wird das jüdische Leben in der Bundesrepublik nicht als bruchlos oder als kontinuierlich verstanden. Der folgenschwere Bruch 1989 mit der deutschen Wiedervereinigung muss darin unbedingt berücksichtigt werden, weshalb im Folgenden auch noch darauf eingegangen wird, vgl. Kap. II.2.2.

36 Y. Michal Bodemann: Staat und Minorität. Antisemitismus und die gesellschaftliche Rolle der Juden in der Nachkriegszeit. In: Werner Bergmann / Rainer Erb (Hrsg.): *Antisemitismus in der politischen Kultur nach 1945*. Opladen: Westdeutscher Verlag 1990, S. 320–331, hier S. 323.

37 Peter Steinbach: Die publizistischen Kontroversen – eine Vergangenheit, die nie vergeht. In: Ders. / Peter Reichel / Harald Schmid (Hrsg.): *Der Nationalsozialismus, die zweite Geschichte. Überwindung, Deutung, Erinnerung*. München: Beck 2009, S. 127–174, hier S. 129.

und die unterschiedlichen Erinnerungen an diese Zeit beschreibt Frank Stern als antagonistisch.[38] Die Bilder und Berichte über die Konzentrations- und Vernichtungslager seien wie ein Schock in das Leben der Besiegten eingebrochen, wobei unmittelbare Reaktionen häufig Scham und Entsetzen gewesen seien.[39] Auf die Begegnung mit Jüdinnen und Juden hätten viele nichtjüdische Deutsche mit Erstaunen reagiert, dass überhaupt noch Juden am Leben seien.[40]

Das ‚deutsch-jüdische Verhältnis' nach 1945 beginnt also mit gegensätzlichem Erleben, das zunächst noch durch die Maßnahmen der Alliierten eine gewisse Brücke erfährt. In den ersten Jahren nach Kriegsende gibt es eine zunächst vergleichsweise intensive Auseinandersetzung mit der gerade zurückliegenden nationalsozialistischen Vergangenheit, die sich sowohl in der Kontroverse über die Würdigung des politischen Exils zeigt, die auch die Frage nach einer Würdigung des Widerstandes berührte,[41] wie auch in der stärkeren filmischen Auseinandersetzung.[42]

Zwischen 1945 bis 1950 lebten zunächst bis zu 200.000 Juden zeitweilig in Deutschland. Ein großer Teil davon waren Flüchtlinge und Displaced Persons (DPs), die in sogenannten DP-Camps hauptsächlich in Süddeutschland lebten. Sie kamen aus den befreiten Konzentrationslagern oder flohen vor antisemitischen Ausschreitungen aus Polen und anderen osteuropäischen Ländern, um Schutz in der amerikanischen Besatzungszone zu suchen.[43] Die meisten von ihnen migrierten allerdings von dort aus in die USA oder nach Israel und verstanden Deutschland lediglich als Ort des Transits. Doch in diesen direkten Nachkriegsjahren entstand zwar in und um die DP-Camps

38 Stern: *Im Anfang war Auschwitz*, S. 66.

39 Ebd., S. 69–70; weiterführend außerdem Ulrike Weckel: *Beschämende Bilder. Deutsche Reaktionen auf alliierte Dokumentarfilme über befreite Konzentrationslager*. Stuttgart: Steiner 2012.

40 Stern: *Im Anfang war Auschwitz*, S. 67.

41 Vgl. Steinbach: Die publizistischen Kontroversen, S. 138–142.

42 Sven Kramer: Wiederkehr und Verwandlung der Vergangenheit im deutschen Film. In: Reichel / Schmid / Steinbach (Hrsg.): *Der Nationalsozialismus, die zweite Geschichte*, S. 283–299, hier S. 283–288; siehe außerdem Tim Gallwitz: Unterhaltung – Erziehung – Mahnung. Die Darstellung von Antisemitismus und Judenverfolgung im deutschen Nachkriegsfilm 1946 bis 1949. In: Fritz Bauer Institut (Hrsg.): *„Beseitigung des jüdischen Einflusses…". Antisemitische Forschung, Eliten und Karrieren im Nationalsozialismus* (= *Jahrbuch 1998/99 zur Geschichte und Wirkung des Holocaust*). Frankfurt am Main: Campus 1999, S. 275–304; ders.: „Was vergangen ist, muss vorbei sein!" Zur Gegenwärtigkeit des Holocaust im frühen deutschen Nachkriegsfilm 1945–1950. In: Claudia Dillmann / Ronny Loewy (Hrsg.): *Die Vergangenheit in der Gegenwart. Konfrontationen mit den Folgen des Holocaust im deutschen Nachkriegsfilm*. München: Edition text + kritik 2001, S. 10–19.

43 Der Antisemitismus der ersten Nachkriegsjahre konzentrierte sich auf die DPs und entlud sich in Beschwerden und Anzeigen bei Polizei und zuständigen Behörden sowie realen Spannungen zwischen DPs und nichtjüdischen deutschen Anwohnern. Der Vorwurf lautete meist Kriminalität und Schwarzhandel. Später spiegelte sich der gegen jüdische DPs gerichtete Antisemitismus auch in der Presse wieder. Nach Abdruck eines antisemitischen Leserbriefs unter dem Pseudonym Adolf Bleibtreu in der *Süddeutschen Zeitung* (09.08.1949) gab es am Tag darauf eine Demonstration von mehr als 1.000 jüdischen DPs, in deren Zuge es zu Zusammenstößen zwischen deutscher Polizei und jüdischen Demonstrant_innen kam und die von der amerikanischen Militärpolizei beendet wurde. Angelika Königseder: Displaced Persons. In: Benz (Hrsg.): *Handbuch des Antisemitismus*, Bd. 3, S. 57–58; Werner Bergmann: Bleibtreu-Affäre (1949). In: Wolfgang Benz (Hrsg.): *Handbuch des Antisemitismus*, Bd. 4: Ereignisse, Dekrete, Kontroversen. Berlin: de Gruyter 2011, S. 53–55.

ein zeitweiliges reges jüdisches Kulturleben mit jiddischen Zeitungen,[44] Schulen und Theateraufführungen, dieses nahm jedoch mit der Gründung des Staates Israel wieder ab. Insgesamt herrschte in der jüdischen Bevölkerung der Bundesrepublik bis in die 1980er Jahre eine Haltung vor, die häufig als „auf gepackten Koffern sitzen[d]“ beschrieben wurde.[45]

Neben den DPs gab es die Überlebenden der Konzentrationslager auf deutschem Boden, Jüdinnen und Juden, die in Verstecken und als Ehepartner von Nichtjüdinnen/Nichtjuden überlebt hatten, sowie Juden, die als Soldaten in Uniform nach Deutschland zurückkehrten, und einige wenige Remigrant_innen.[46]

Die jüdische Gemeinschaft in Deutschland, die zunächst von den meisten Jüdinnen und Juden in Deutschland, aber auch im Ausland nur als Provisorium und Passage verstanden wurde, war nach der Gründung Israels mit der Verurteilung und Verachtung durch Jüdinnen und Juden anderer Teile der Welt und vor allem Israels konfrontiert:

> Es galt den Juden in aller Welt als selbstverständlich, daß Deutschland nach dem Holocaust ein gebanntes Land für Juden sein werde, ähnlich wie Spanien nach der Vertreibung der Juden im Jahre 1492. Es galt also als selbstverständlich, daß die spärlichen Reste deutschen Judentums so rasch wie möglich verschwinden würden. Und 1948, im Jahr der Gründung Israels, erklärte der Jüdische Weltkongreß, daß künftig kein Jude mehr deutschen Boden betreten würde. In der innerjüdischen Auseinandersetzung kam diese Haltung am schärfsten darin zum Ausdruck, daß auf zionistischen Kongressen lange Zeit keine Vertreter der in der Bundesrepublik lebenden Juden zugelassen waren.[47]

Für die deutsche Bevölkerung stand die direkte Nachkriegszeit im Zeichen großer Armut und eines immensen politischen Paradigmenwechsels, der sich unter der Oberhoheit der Alliierten vollzog. Trotz des formulierten gemeinsamen Nenners der Demokratisierung, Demilitarisierung, Dekartellisierung und Denazifizierung[48] war er stark durch die Besatzungsbehörden der jeweiligen Zone bestimmt,[49] was sich auch in den unterschiedlichen Maßnahmen zur Reeducation spiegelte.

Die Bonner Republik

Ab 1950 pendelte sich der Anteil der jüdischen Bevölkerung in der BRD bis 1989 auf ungefähr 30.000 ein. Mit dem Rückzug der internationalen jüdischen Organisation (wie beispielsweise der Jewish Agency) etablierten sich zunehmend bundesweit jüdische Institutionen. 1950 wurde der *Zentralrat der Juden in Deutschland* gegründet,[50]

44 Weiterführend dazu bspw. Anne-Katrin Henkel (Hrsg.): *Publizistik in jüdischen Displaced-Persons-Camps im Nachkriegsdeutschland. Charakteristika, Medientypen und bibliothekarische Überlieferung.* Frankfurt am Main: Vittorio Klostermann 2014.

45 Michael Brenner / Norbert Frei: Zweiter Teil: 1950–1967. Konsolidierung. In: Ders.: (Hrsg.): *Geschichte der Juden in Deutschland*, S. 153–293, hier S. 160.

46 Vgl. Stern: *Im Anfang war Auschwitz*, S. 72.

47 Wolfgang Benz: Der schwierige Status der jüdischen Minderheit in Deutschland nach 1945. In: Ders. (Hrsg.): *Zwischen Antisemitismus und Philosemitismus. Juden in der Bundesrepublik.* Berlin: Metropol 1991, S. 9–21, hier S. 17.

48 Vgl. Angela Borgstedt: Die kompromittierte Gesellschaft. Entnazifizierung und Integration. In: Reichel / Schmid / Steinbach (Hrsg.): *Der Nationalsozialismus, die zweite Geschichte*, S. 85–104, hier S. 85 ff.

49 Vgl. Stern: *Im Anfang war Auschwitz*, S. 69.

50 Brenner / Frei: Zweiter Teil: 1950–1967, hier S. 153.

welcher bis heute existiert und die größte Dachorganisation der jüdischen Gemeinden in Deutschland ist.

Nachdem klar geworden war, dass nicht alle Jüdinnen und Juden Deutschland verlassen würden, war die Gründung des Zentralrats der Juden in Deutschland „die Voraussetzung für eine demokratisch legitimierte jüdische Gesamtvertretung, die die Belange der jüdischen Gemeinschaft Westdeutschlands nach außen vertreten und sich um die dringendsten Angelegenheiten im Innern kümmern konnte".[51]

Die jüdische Gemeinschaft war sehr heterogen, was die Gemeinden auf Jahre hin prägte und Konfliktlinien setzte.[52] Gleichzeitig sahen sich die in Deutschland lebenden Jüdinnen und Juden mit durchaus feindlichen jüdischen Positionen aus dem Ausland konfrontiert, die davon ausgingen, dass in Deutschland künftig keine Jüdinnen und Juden mehr leben sollten.[53] Als sich abzeichnete, dass doch einige Juden (aus sehr unterschiedlichen Gründen) in Deutschland blieben, waren die jüdischen Reaktionen darauf zum Teil sehr harsch:

> 1950 schloss die Jewish Agency, die in Deutschland für die Auswanderung von Juden nach Israel zuständig war, ihr Büro, verbunden mit heftigen Drohungen gegenüber den in Deutschland Zurückgebliebenen. So verkündete sie Anfang August 1950, wer sich innerhalb der nächsten sechs Wochen noch in Deutschland aufhalte, wäre für sie künftig nicht als Jude zu betrachten und könne nicht mehr mit Unterstützung im Falle einer späteren Immigration nach Israel rechnen.[54]

Diese von Ablehnung und von Unverständnis geprägte Haltung gegenüber den in Deutschland lebenden Jüdinnen und Juden sollte noch lange vorhalten und diese in eine schwierige Position bringen: Einerseits hatten viele von ihnen sich nicht aus freien Stücken und völlig bewusst für ein Leben in Deutschland entschieden, sondern aus einem Provisorium war aus unterschiedlichen Gründen ein Dauerzustand geworden. Viele hatten bezüglich ihres Lebens in Deutschland selbst Bedenken und Ängste. Andererseits lebten sie nun einmal in Deutschland und mussten einen Weg finden, mit den Vorwürfen umzugehen und sich zu rechtfertigen. Diese Problematik findet sich in Filmen, die jüdische Remigrant_innen-Figuren zeigen, wie *Der Ruf* oder der Fernsehfilm *Welcome in Vienna*, aufgegriffen. Sie setzen sich damit auseinander, ihren Rückkehrwunsch bzw. ihre Rückkehr zu verteidigen und zu begründen, häufig aber auch vor sich selbst zu legitimieren (vgl. Kap. IV.1).

Hatten die späten 1940er Jahre durchaus eine filmische Auseinandersetzung mit dem Nationalsozialismus hervorgebracht, in der die Shoah eine Rolle spielte, stand in den

51 Ebd.; zentrale Beteiligte bei der Gründung waren Philipp Auerbach, Heinz Galinski und Norbert Wollheim. Mit der Namensgebung fand eine Abgrenzung von der jüdischen Gemeinschaft in Deutschland vor 1933 statt, die die Bezeichnung „deutsche Staatsbürger jüdischen Glaubens" verwendet hatte. Vgl. ebd., S. 153, 155 ff.

52 Ausführlicher siehe ebd., S. 163 ff.

53 Die jüdischen Hilfsorganisationen, die bis in die späten 1940er Jahre in Deutschland angesiedelt waren, verstanden das jüdische Leben in Deutschland als ein Provisorium, notwendig bis alle Juden aus Deutschland ausgewandert seien. Die Vorstellung, dass es Juden geben könnte, die in Deutschland bleiben wollten, war nahezu undenkbar. Deutschland galt weithin als Friedhof, als verbrannte Erde, wo jüdisches Leben für immer unmöglich geworden sei. Benz: Der schwierige Status der jüdischen Minderheit in Deutschland nach 1945, S. 17.

54 Brenner: Epilog oder Neuanfang?, S. 35–44, hier S. 36.

Filmen der 1950er Jahre die nichtjüdische deutsche Erfahrung, die Wehrmacht, im Mittelpunkt.[55] Die sich darin ausdrückende geringe Rolle, die die Shoah in den Auseinandersetzungen mit dem Nationalsozialismus in den 1950er Jahren spielte, veränderte sich am Ende der Dekade, als die Synagogenschändung in Köln im Dezember 1959 eine „Schmierwelle"[56] nach sich zog und Antisemitismus plötzlich gesellschaftlich wahrgenommen wurde. Die daraus resultierende Debatte löste verstärkte Aktivitäten zur historisch-politischen Aufklärung aus und kann als „Drehpunkt" in der gesellschaftlichen Debatte über die nationalsozialistische Vergangenheit verstanden werden.[57] Gleichzeitig ist dieser plötzlich und mit Erschrecken wahrgenommene sowie öffentlich diskutierte Antisemitismus der Hintergrund, vor dem sich 1961 die Kontroverse über Helmut Käutners Darstellung von gesellschaftlichem Antisemitismus in *Schwarzer Kies* entzündete.

Ein Paradigmenwechsel vollzog sich auch mit den Prozessen gegen NS-Verbrecher, dem Eichmann-Prozess in Jerusalem (1961) und den Auschwitz-Prozessen in Frankfurt am Main (1963–65), die von großer öffentlicher Aufmerksamkeit begleitet wurden. Die weltweite Berichterstattung in Funk und Fernsehen, Hannah Arendts Prozessbericht *Eichmann in Jerusalem. Ein Bericht von der Banalität des Bösen* (1963, auf Deutsch erschienen 1964), die Theaterstücke *Die Ermittlung* (Peter Weiss, 1965) und *Prozeß in Nürnberg* (Rolf Schneider, 1967, Ostberlin), die die Dramaturgie des Gerichtsprozesses aufgriffen,[58] aber auch das Fernsehspiel *Mord in Frankfurt* (1968), das in der Reihe *Tatort* lief, oder der später entstandene *Der Rosengarten* (BRD/NL 1989, R: Fons Rademakers) trugen zu ihrer Bedeutung für die Repräsentation und Reflexion der nationalsozialistischen Verbrechen bei. Mit der Einladung von Schriftsteller_innen und Philosoph_innen, den Prozess zu beobachten, war der didaktische Auftrag verbunden, das Prozessgeschehen öffentlich darzustellen. Den Texten, die in Folge entstanden,

55 Kramer: Wiederkehr und Verwandlung der Vergangenheit im deutschen Film, S. 288–289.

56 Am 24.12.1959 beschmierten zwei Mitglieder der Deutschen Reichspartei (DRP) den Gedenkstein für die Opfer des Nationalsozialismus in Köln und die Synagoge in der Roonstraße. Die Tat, die „in einer seit 1958 anhaltenden Kette antisemitischer Skandale (die Fälle Zind, Nieland, Eisele)" (Werner Bergmann: Schmierwelle (1959–1960). In: Benz (Hrsg.): *Handbuch des Antisemitismus*, Bd. 4, S. 373–377, hier S. 375) stand, löste Hunderte von Nachahmungstaten und gleichzeitig eine Welle der Empörung im In- und Ausland aus. „Die große internationale Resonanz brachte die Bundesrepublik in außenpolitische Schwierigkeiten und erzwang innenpolitisch eine Auseinandersetzung mit dem Fortwirken der NS-Vergangenheit" (ebd., S. 374). Sie muss im Zusammenhang mit der Auseinandersetzung um ehemalige Nationalsozialisten in hohen politischen Ämtern gesehen werden (vgl. ebd.). Dass aber gerade dieses Ereignis eine solche Empörung auslöste, erklärt Werner Bergmann folgendermaßen: „Schließlich hat die Wahl einer Synagoge kombiniert mit der Tatzeit am Heiligen Abend für die große Resonanz und Empörung gesorgt. Verstärkend wirkte neben der Erinnerung an die Zerstörungen in den Novemberpogromen 1938, dass die Synagoge erst wenige Monate zuvor im Beisein von Bundeskanzler Adenauer eingeweiht worden war, sodass die Schmiererei sowohl als Angriff auf die jüdische Gemeinde als auch auf die projüdische Haltung des westdeutschen Staates gesehen werden konnte" (ebd., S. 375). Weiterführend: Werner Bergmann: Antisemitismus als politisches Ereignis. Die antisemitische Schmierwelle im Winter 1959/1960. In: Ders. / Rainer Erb (Hrsg.): *Antisemitismus in der politischen Kultur nach 1945*, S. 253–275.

57 Brenner / Frei: Zweiter Teil: 1950–1967, S. 278.

58 Vgl. Mirjam Wenzel: *Gericht und Gedächtnis. Der deutschsprachige Holocaust-Diskurs der sechziger Jahre.* Göttingen: Wallstein 2009.

wohnt sowohl eine Form des Abstandnehmens, als auch die Tendenz inne, das historische Ereignis mit einer allgemeinverbindlichen Lehre verbinden zu wollen. Es ist diese Perspektive, die als entscheidendes Merkmal des kollektiven Gedächtnisses verstanden werden muss, das [...] in einem bestimmten Zeitraum, den sechziger Jahren, an einem bestimmten Ort, dem Gerichtssaal, entstand.[59]

Die Bedeutung der Prozesse mit ihrer spezifischen Dramaturgie, Inszenierung und Perspektive für das kollektive Bild von der nationalsozialistischen Vergangenheit kann somit kaum hoch genug eingeschätzt werden. In den 1960er Jahren ist es jedoch vor allem das Fernsehen, das sich mit der Shoah auseinandersetzt und die Themen ‚Zweiter Weltkrieg' und ‚Judenverfolgung' zusammenbringt.[60] Nachdem die zweite Hälfte der 1950er Jahre davon geprägt war, dass sich nahezu alle Fernsehbeiträge vom Nationalsozialismus distanzierten und den „anti-nationalsozialistischen Gründungskonsens der Bundesrepublik"[61] pflegten – was jedoch in der Regel nicht über eine oberflächliche Verurteilung hinaus ging und ein Geschichtsbild konstruierte, in dem die deutsche Bevölkerung hauptleidtragend war –, lockerten sich in den 1960er Jahren gesellschaftliche Tabus; eine gesellschaftliche Mitverantwortung konnte zumindest in Teilen anerkannt werden und die Judenverfolgung und -vernichtung wurde Gegenstand von Fernsehbeiträgen.[62] Mit der Studentenbewegung Ende der 1960er Jahre wird auch linker Antisemitismus ein Thema, allerdings kaum ein filmisches, wenn man von dem Versuch der Parallelisierung von Studentenbewegungen und nationalsozialistischer, faschistischer Jugend in *Alma Mater* absieht (vgl. Kap. IV.1.1).

In den 1970er und 1980er Jahren vollzog sich eine Veränderung in den jüdischen Gemeinden, die mit einem Generationenwechsel und -konflikt einherging, für den Frankfurt am Main eine besondere Rolle spielte. In diesem standen das Selbstverständnis und die Rolle der jüdischen Gemeinschaft innerhalb der Bundesrepublik in Frage. Für die junge, nachgeborene Generation waren vor allem Demokratie, das Verhältnis zu Israel und ‚Mischehen', also die Problematik jüdisch-nichtjüdischer Ehen, zentrale Themen.[63] Besonders der letztgenannte Punkt kann als symptomatisch für das sich verändernde Verhältnis zur Bundesrepublik und die sich verändernde Verortung in Deutschland gelesen werden. Die „Mischehenfrage" wurde in den 1970er und 1980er Jahren immer drängender, wobei die mangelnde Integration nichtjüdischer Ehepartner und die fehlende Möglichkeit für Kinder mit nur einem jüdischen Elternteil, Gemeindemitglieder zu werden, beklagt wurde.[64] Erst 1998 wird die Problematik und die fehlende Toleranz ‚gemischten' Beziehungen gegenüber in dem zweiteiligen Fernsehfilm *Schalom meine Liebe*, der auf einem Drehbuch Rafael Seligmanns (geb. 1947) basiert, thematisiert. Dieser spielt ebenfalls in Frankfurt (vgl. Kap. IV.6).

59 Wenzel: *Gericht und Gedächtnis*, S. 10.

60 Kramer: Wiederkehr und Verwandlung der Vergangenheit im deutschen Film, S. 293–294; Knut Hickethier: Nur Histotainment? Das Dritte Reich im bundesdeutschen Fernsehen. In: Reichel / Schmid / Steinbach (Hrsg.): *Der Nationalsozialismus, die zweite Geschichte*, S. 300–317, hier S. 303.

61 Christoph Classen: *Bilder der Vergangenheit. Die Zeit des Nationalsozialismus im Fernsehen der Bundesrepublik Deutschland 1955–1965*. Köln: Böhlau 1999, S. 186.

62 Ebd., S. 186–188.

63 Constantin Goschler / Anthony Kauders: Dritter Teil: 1968–1989. Positionierungen. In: Brenner (Hrsg.): *Geschichte der Juden in Deutschland*, S. 295–378, hier S. 304.

64 Ebd., S. 317–319.

Die sich zu Wort meldende nachgeborene Generation, im Folgenden als *second generation* bezeichnet, war davon geprägt, mit Eltern aufgewachsen zu sein, die die Shoah überlebt hatten (vgl. Kap. IV.3). Sie suchte nach einem neuen, eigenen Verhältnis zu Deutschland.[65]
Außerdem nahm antisemitische Gewalt Anfang der 1970er Jahre eine neue Qualität an, vor allem, da auch die aktuellen Täter einer nachgeborenen Generation angehörten und ebenfalls von links kamen,[66] was das Bedrohungsgefühl steigerte. Herausragend sind hier der Bombenanschlag auf das jüdische Gemeindehaus in Berlin am 9. November 1969,[67] der Brandanschlag auf ein jüdisches Altersheim in München im Februar 1970, der sieben Todesopfer forderte, und das terroristische Attentat auf die israelischen Sportler bei den Olympischen Spielen 1972 in München sowie die Selektion jüdischer Passagiere bei der Flugzeugentführung ins ugandische Entebbe 1976.[68] Der Brandanschlag in München wird in dem Fernsehfilm *Rosenzweigs Freiheit* explizit thematisiert (vgl. Kap. IV.3). In Folge des Terrorismus der 1970er Jahre wurde der Schutz jüdischer Einrichtungen zur staatlichen Aufgabe. Diese Sicherheitsmaßnahmen prägen das Bild jüdischer Institutionen bis heute.
In den 1970er Jahren fand in der nichtjüdisch geprägten deutschen Öffentlichkeit eine Fokussierung auf Hitler statt, die auch als ‚Hitlerwelle' bezeichnet wurde.[69] Verstärkt wurde sie sicherlich von Joachim Fests 1973 erschienener Hitler-Biografie[70] und findet in Filmen wie *Hitler – Eine Karriere* (BRD 1977, R: Joachim Fest, Christian Herrendoerfer) oder *Hitler – Ein Film aus Deutschland* (BRD 1977, R: Hans-Jürgen Syberberg) Ausdruck. Insgesamt fächerten sich die in Zusammenhang mit der NS-Zeit filmisch behandelten Themen weiter aus, neben Kriegsfilmen wurden Täter- und Mitläuferbiografien thematisiert, mit Euthanasie und Zwangsarbeiter_innen wurden zumindest vereinzelt auch andere Opfergruppen Gegenstand filmischer Darstellungen.[71]
Eine Zäsur im Verhältnis zur nationalsozialistischen Vergangenheit stellte die Ausstrahlung der amerikanischen Miniserie *Holocaust* im Januar 1979 sowohl „innerhalb der Fernsehproduktion als auch im Bewusstsein der Zuschauer und der Politik"[72] dar.

65 Ende der 1970er Jahre brachen in Frankfurt Micha Brumlik und Dan Diner mit der politischen Linken und wandten sich dezidiert jüdischen Themen zu. Hier kamen sicherlich die antisemitischen Tendenzen der Linken zum Tragen. Lea Fleischmanns und Henryk M. Broders (zeitweise) Auswanderung nach Israel gründete sich auch auf der empfundenen Unmöglichkeit, in Deutschland ihren Platz zu finden, und sorgte für öffentliche Aufmerksamkeit (vgl. ebd., S. 328–330).

66 Ebd., S. 340.

67 Weiterführend dazu Wolfgang Kraushaar: *Die Bombe im Jüdischen Gemeindehaus*. Hamburg: Hamburger Edition 2005.

68 Vgl. Goschler / Kauders: Dritter Teil: 1968–1989, S. 341.

69 „Mitte der siebziger Jahre sprechen Filmkritiker gar von einer „Hitler-Welle" und meinen damit den Trend, die Protagonisten des Nationalsozialismus in den Mittelpunkt eines Films zu stellen. Zu dieser Gruppe von Filmen gehören Theodor Kotullas *Aus einem deutschen Leben* (1977), Hans Jürgen Syberbergs *Hitler – ein Film aus Deutschland* und Joachim C. Fests Kompilationsfilm *Hitler – eine Karriere* (1977). Thiele: *Publizistische Kontroversen*, S. 109.

70 Joachim C. Fest: *Hitler. Eine Biographie*. Frankfurt am Main: Ullstein 1973.

71 Kramer: Wiederkehr und Verwandlung der Vergangenheit im deutschen Film, S. 295–296.

72 Hickethier: Nur Histotainment?, S. 308.

Ein Massenpublikum schien nun gewillter, sich mit der Judenverfolgung auseinanderzusetzen. Die Shoah wurde zunehmend zur angenommenen Negativfolie eines (öffentlichen) deutschen Selbstverständnisses. Knut Hickethier weist darauf hin, dass dahinter aber nicht der klar artikulierte Wunsch des Publikums nach mehr Thematisierung der NS-Zeit stand, sondern dass es die Medienschaffenden waren, die das Potential des Themas erkannten.[73] So entstanden in den 1980er Jahren mehr Filme, die die Judenverfolgung thematisieren. Dan Diner schreibt von einem erst in den späten 1970er Jahren zu einem Ende gekommenen „Gedächtnisschwund des gerade Gewesenen"[74]. Danach sei der Holocaust zur „negative[n] Ikone der Epoche"[75] geworden. Unabhängig davon, dass es in den Dekaden zuvor einzelne Momente gab, in denen Nationalsozialismus und Shoah erinnert und thematisiert wurden,[76] fällt aus vergleichender Perspektive die Diskrepanz zwischen der „Zeit des Erinnerungsschwundes"[77] und der Zeit, in der die Shoah zum Ausgangspunkt des deutschen wie jüdischen Selbstverständnisses wurde, auf.

Die 1980er Jahre können als Jahrzehnt der Kontroversen beschrieben werden: nach dem Regierungswechsel 1982 und der damit verbundenen „geistig-moralischen Wende"[78], der von Helmut Kohl 1984 auf einer Israelreise formulierten „Gnade der späten Geburt" und der Bitburg-Affäre[79] fanden 1984 und 1985 die Kontroversen um die Aufführung von Rainer Werner Fassbinders Theaterstück *Der Müll, die Stadt und der Tod* statt,[80] Richard Weizsäcker hielt am 8. Mai 1985 seine viel beachtete Rede zum 40. Jahrestag des nun als Befreiung gedeuteten alliierten Sieges über Deutschland und 1986 fand der Historikerstreit statt.[81] All diese Ereignisse waren bzw. führten zu Auseinandersetzungen um die Deutung der nationalsozialistischen Vergangenheit und der Shoah und ihrer Bedeutung für die jeweilige Gegenwart.

73 Ebd., S. 309.

74 Dan Diner: *Gegenläufige Gedächtnisse. Über Geltung und Wirkung des Holocaust.* Göttingen: Vandenhoeck & Ruprecht 2007, S. 7.

75 Ebd.

76 Diner beschreibt hier genau wie Kramer, dass vor dem Ende der 1970er Jahren in der Auseinandersetzung mit dem NS ein Fokus auf die Kriegsereignisse vorgeherrscht habe (ebd., S. 8).

77 Ebd., S. 8.

78 Fischer / Lorenz (Hrsg.): *Lexikon der „Vergangenheitsbewältigung" in Deutschland*, S. 226.

79 Ausführlicher zur Bitburg-Affäre: Christian Mentel: Bitburg-Affäre (1985). In: Benz (Hrsg.): *Handbuch des Antisemitismus*, Bd. 4, S. 51–53.

80 Auseinandersetzungen mit dem Theaterstück *Die Stadt, der Müll und der Tod* und den Kontroversen finden sich ausführlich und zeitnah bei: Elisabeth Kiderlen: *Fassbinders Sprengsätze. Deutsch-jüdische Normalität.* Frankfurt am Main: Pflasterstrand 1985; Janusz Bodek: *Die Fassbinder-Kontroversen. Entstehung und Wirkung eines literarischen Textes. Zu Kontinuität und Wandel einiger Erscheinungsformen des Alltagsantisemitismus in Deutschland nach 1945, seinen künstlerischen Weihen und seiner öffentlichen Inszenierung.* Frankfurt am Main: Lang 1991; sowie aktueller bei Wanja Hargens: *Der Müll, die Stadt und der Tod. R. W. Faßbinders Skandalstück und die deutsche Nachkriegsgeschichte.* Berlin: Metropol 2008. Eine aktuelle und m. E. lange ausstehende Auseinandersetzung mit der Darstellung von Minderheiten bei R. W. Fassbinder findet sich in dem Tagungsband Nicole Colin / Franziska Schößler / Nike Thurn (Hrsg.): *Prekäre Obsession. Minoritäten im Werk von Rainer Werner Fassbinder.* Bielefeld: Transcript 2012.

81 Ausführlicher Diner / Benz (Hrsg.): *Ist der Nationalsozialismus Geschichte?*

Die Wiedervereinigung und die Berliner Republik

Auch die Wiedervereinigung kann als Ereignis verstanden werden, das die Unterschiedlichkeit jüdischer und nichtjüdischer Perspektiven (re)aktualisiert: Der Beitritt der DDR zur BRD brachte auch für das jüdische Leben in Deutschland eine Vielzahl an Veränderungen mit sich – wie beispielsweise die Zuwanderung von Jüdinnen und Juden aus der ehemaligen Sowjetunion, aber auch neue revisionistische Tendenzen –[82] und machte die Schwierigkeiten von gleichzeitig deutschen und jüdischen Selbstverständnissen nicht geringer.[83] So wurde schon der Tag des Mauerfalls mit einiger Skepsis betrachtet. Zum einen fiel er auf den 9. November und brachte damit den Gedenktag der Reichspogromnacht mit dem positiven Gedenken des Mauerfalls zusammen.[84] Zum anderen bedeutete das geteilte Deutschland ein geschwächtes Deutschland. Die Wiedervereinigung bedeutete auch die Aufhebung der letzten sichtbaren Folgen des Zweiten Weltkriegs und des Nationalsozialismus. Während für viele nichtjüdische Deutsche die Wiedervereinigung ein Schritt auf dem Weg zur ‚Normalisierung' war, verschwand mit der Mauer für Jüdinnen und Juden in Deutschland eine sichtbare Konsequenz der Shoah und brachte die Angst auf, Deutschland könne die Shoah (und das Gedenken daran) nun zunehmend oder gänzlich verdrängen.[85]

Gleichzeitig beginnt mit der Wiedervereinigung die bereits von der letzten DDR-Regierung auf den Weg gebrachte Einwanderung russischsprachiger Jüdinnen und Juden nach (Ost-)Deutschland. Ende der 1980er Jahre lebten ungefähr 30.000 Jüdinnen und Juden in Westdeutschland und in der DDR lediglich 380 (großteils hoch betagte) Gemeindemitglieder. In den folgenden Jahren wanderten ca. 200.000 Jüdinnen und Juden aus der ehemaligen Sowjetunion als „jüdische Kontingentflüchtlinge"[86] nach Deutschland ein. Etwa die Hälfte davon trat in jüdische Gemeinden ein, an vielen Orten wurden nach langen Jahren neue Gemeinden gegründet. Somit wurde Deutschland wieder zum Einwanderungsland für Jüdinnen und Juden und die jüdische Minderheit wurde in den Folgejahren sowohl ethnisch als auch religiös und kulturell heterogener.[87]

82 Axel Schildt: *Annäherungen an die Westdeutschen. Sozial- und kulturgeschichtliche Perspektiven auf die Bundesrepublik*. Göttingen: Wallstein 2011, S. 16.

83 Ochse: "What could be more fruitful, more healing, more purifying?", S. 123–124.

84 Zu Bedeutung von politischen Gedenktagen und auch dem unterschiedlichen Umgang mit dem 9. November als Gedenktag in der BRD und der DDR sowie innerhalb der jüdischen Gemeinden, siehe Harald Schmid: Deutungsmacht und kalendarisches Gedächtnis – die politischen Gedenktage. In: Reichel / Schmid / Steinbach (Hrsg.): *Der Nationalsozialismus, die zweite Geschichte*, S. 175–216. Auf die mitunter grotesk anmutende Gleichzeitigkeit von Gedenken an die Pogromnacht und den Mauerfall geht beispielsweise Oliver Polak in seinem Programm *Jud süß-sauer* ein.

85 Ochse: "What could be more fruitful, more healing, more purifying?", S. 124.

86 Ausführlicher zu der Entscheidung im Bundestag und der gesetzlichen Regelung siehe Lena Gorelik / Yfaat Weiss: Die russisch-jüdische Zuwanderung. In: Brenner (Hrsg.): *Geschichte der Juden in Deutschland*, S. 379–418, hier S. 390–397.

87 Vgl. Karen Körber: Puschkin oder Thora? Der Wandel der jüdischen Gemeinden in Deutschland. In: José Brunner / Shai Levi (Hrsg.): *Juden und Muslime in Deutschland. Recht, Religion, Identität*. Göttingen: Wallstein 2009, S. 233–254, hier S. 234. Angemerkt werden muss jedoch an dieser Stelle, dass die Einwanderung sowjetischer Jüdinnen und Juden nach Deutschland bereits 1967 begann und nicht erst 1989, auch wenn sie dann zweifelsohne eine neue Qualität erhielt.

Die jüdischen Gemeinden zählen heute ungefähr 106.000 Mitglieder; der Zentralrat bezeichnet die Integration der osteuropäischen Zuwander_innen als eine schwierige Aufgabe, der man sich mit Nachdruck stellen müsse.[88] Karen Körber resümiert, „[...] dass die neue Vielstimmigkeit innerhalb der jüdischen Minorität vor allem als Bedrohung erlebt wird: Nicht von Pluralität ist die Rede, sondern von Spaltung und Zerrissenheit."[89] Körber weist nach, dass die Aufnahme der russischsprachigen Jüdinnen und Juden in Deutschland zum einen als Angehörige der Opfergemeinschaft in Erinnerung an die deutsche Geschichte geschieht, zum anderen in Anknüpfung an die Illusion einer ‚deutsch-jüdischen Symbiose' mit der Hoffnung auf eine Revitalisierung des kulturellen und geistigen jüdischen Lebens in Deutschland.

Die Heterogenität der in Deutschland lebenden Jüdinnen und Juden und die damit einhergehenden Differenzen und Schwierigkeiten kennzeichneten und prägten zwar seit dem Ende des Zweiten Weltkriegs das Leben der Jüdischen Gemeinden, da bereits direkt nach dem Ende des Zweiten Weltkriegs jüdische Flüchtlinge aus Osteuropa nach Deutschland einwanderten, sie werden jetzt aber noch ‚auffälliger' und sichtbarer.

Gleichzeitig berührt das Aufflammen von Rechtsextremismus und rechter Gewalt in den Jahren nach der Wiedervereinigung die jüdische Minorität in Deutschland auf besondere Weise. Sie wird auch in einigen Fällen filmisch bearbeitet, etwa in *Rosenzweigs Freiheit* und dem Kurzfilm *Ohne mich*. Michael Wolffsohn betonte 1990/91, dass sich trotz aller Schwierigkeiten die Lage der Juden in Deutschland langsam entspanne:

> Trotz der verständlichen historisch-ideologischen Verkrampfungen entkrampfte sich im Alltag das deutsch-jüdische Leben. Indikatoren hierfür sind z B. die hohe Zahl der sogenannten Mischehen zwischen Juden und Nichtjuden (rd. zwei Drittel aller Eheschließungen, bei denen ein Partner jüdisch ist), die zunehmende Einwanderungsbereitschaft von Juden nach Deutschland und zunehmendes Engagement in Kommunalpolitik (Frankfurt am Main z. B.) und Kultur.[90]

Doch es gibt auch andere Beurteilungen. Hanna Rheinz stellt nahezu zeitgleich mit Michael Wolffsohn fest: „Die neue Generation in Deutschland lebender Juden sieht sich hier aufkeimendem Rechtsradikalismus und Fremdenfeindlichkeit gegenüber, die das Omen der ewigen Wiederkehr des Vergangenen zu bestätigen scheinen."[91] Auch darin scheint sich die zunehmende Pluralität jüdischer Positionen auszudrücken.

Die Situation nach 1989 im ‚wiedervereinigten' Deutschland ist gekennzeichnet durch die wachsende öffentliche Aufmerksamkeit für jüdische Themen auf der einen und den

88 Gesetzliche Regelungen: http://www.zentralratdjuden.de/de/topic/62.html (Zugriff am 15.04.2010). Schon Anfang der 1990er Jahre schrieb Wolfgang Benz: „Heute sind die jüdischen Gemeinden in der Bundesrepublik weitgehend Einwanderungsgemeinden für ausländische Juden. Kulturell, sprachlich und auch in der Religiosität sind die jüdischen Gemeinden sehr heterogen." (Benz: Der schwierige Status der jüdischen Minderheit in Deutschland nach 1945, S. 12.)

89 Körber: Puschkin oder Thora?, S. 234.

90 Michael Wolffsohn: Auf dem Weg in die Normalität? Zur Situation der Juden in Deutschland heute. In: Michael Wuliger (Hrsg.): *Deutsche Juden – Juden in Deutschland*. Bonn: Bundeszentrale für politische Bildung 1991, S. 12–15.

91 Hanna Rheintz: Generationenkonflikte prägen den jüdischen Alltag. In: Michael Wuliger (Hrsg.): *Deutsche Juden – Juden in Deutschland*, S. 16–21, hier S. 16.

Anstieg von offen antisemitischen Äußerungen auf der anderen Seite.[92] Gleichzeitig vollzieht sich – spätestens im beginnenden 21. Jahrhundert – in der wissenschaftlichen Auseinandersetzung eine Verschiebung der Zugänge, die neben den Perspektiven, die stark von der Shoah ausgehen,[93] die Bundesrepublik als moderne Einwanderungsgesellschaft betrachten und Fragen nach zeitgenössischem jüdischen Leben vor dem Hintergrund von Migration in vergleichende Fragestellungen einbinden, die die spezifische Geschichte der jüdischen Gemeinschaft in Deutschland zwar nicht negieren, gleichzeitig aber auch Ähnlichkeiten und Parallelen zu anderen Minoritäten in den Blick nehmen.[94]

3. Antisemitismus, Philosemitismus und Film

Antisemitismus prägt die deutsch-jüdische Beziehungsgeschichte nach 1945 maßgeblich und auf vielfältige Weise: Einerseits, weil Antisemitismus in Deutschland im 20. Jahrhundert ein derart unvergleichliches mörderisches Ausmaß annahm. Andererseits aber auch, weil das antisemitische Ressentiment nach 1945 fortbesteht und aufgrund seiner Rolle in der nationalsozialistischen Ideologie ein Politikum spezieller Ausformung geworden ist: Es wird tabuisiert und ist deshalb häufig *latent* vorhanden, es nimmt in der Kommunikation zahlreiche Formen und Verkleidungen an, um als Ressentiment verborgen zu bleiben und damit seine_n Träger_in nicht zu diffamieren. Politisch geächtet und häufiger Auslöser von Empörung wird es, wenn es sich in unübersehbarer Form öffentlich äußert. Antisemitismus ist also nicht nur als existentes Phänomen relevant, sondern auch als Diskursgegenstand.

Einige wenige der filmischen Darstellungen jüdischer Figuren sind dezidiert als antisemitisch einzuordnen, während der weit größere Teil – möglicherweise fahrlässig – Stereotype verwendet, die antisemitische Anschlussmöglichkeiten bieten und damit das Potential hat, bereits vorhandene antisemitische Ressentiments zu bestätigen und zu festigen. Die Mehrdeutigkeit der filmischen Darstellungen spricht jedoch nicht dafür, in eine Spirale von Anschuldigungen und Rechtfertigungen einzusteigen. Vielmehr soll in Anlehnung an Ilka Quindeaus Überlegungen davon ausgegangen werden, dass *alle* Diskursteilnehmer_innen an den in Deutschland kulturell verwurzelten antisemitischen Vorurteilsstrukturen beteiligt sind und auch die Empörung über antisemitische Äußerungen eine Art des Umgangs mit der eigenen Involviertheit ist. Quindeau führt aus, dass die meisten Konflikte um Antisemitismus sich an antisemitischen

92 Vgl. Ochse: "What could be more fruitful, more healing, more purifying?", S. 113 ff.

93 In einer solchen steht beispielsweise der von Michael Brenner herausgegebene Sammelband *Geschichte der Juden in Deutschland. Von 1945 bis zur Gegenwart.*

94 In einer solchen neueren Perspektive steht die erst zehn Jahre nach der Museumsgründung hinzugekommene Akademie des Jüdischen Museums Berlin. Zu ihren Zielen heißt es auf der Homepage des Museums: „Die Akademie des Jüdischen Museums Berlin lädt zu Forschung, Diskussion und Gedankenaustausch über jüdische Geschichte und Gegenwart sowie gesellschaftliche Vielfalt ein. […] Die Akademie erweitert das Spektrum der bisherigen Museumsaktivitäten um Programme zu Migration und Diversität, die eine Plattform für die Auseinandersetzung mit Deutschland als Einwanderungsland und der damit verbundenen Pluralisierung von Gesellschaft bieten." (http://www.jmberlin.de/main/DE/03b-Akademie/00-akademie.php (Zugriff am 09.10.2013).)

Äußerungen entzünden, die eher latent und dem Betreffenden nicht bewusst seien. Diese Äußerungen, auf die in der Regel mit großer Empörung reagiert werde, führen zu spannungsgeladenen Konflikten, welche „in ihrem Kern Schamkonflikte“[95] seien. Unter Bezugnahme auf Freuds Überlegungen zur Entstehung des Fremden geht sie davon aus, dass nicht nur die häufig rechtfertigende oder angreifende Reaktion auf den Antisemitismusvorwurf dem Bekämpfen unerträglicher und unerwünschter eigener Tendenzen dient, sondern auch die Empörung, die die antisemitische Äußerung auslöst, letztlich der Projektion und Bekämpfung eigener Tendenzen gilt. Die hohe Emotionalität solcher Konflikte führt sie darauf zurück, dass eigene unterdrückte Anteile aktiviert würden. Letztlich würde die Angespanntheit und Aggressivität der Konflikte aber nur zu einer Spaltung zwischen dem moralisch Überlegenen und dem moralisch Unterlegenen führen, was Antisemitismus zu einem „Problem der Anderen“[96] mache. Sie betont „die Ubiquität des Antisemitismus als einer in unserer Kultur tief verwurzelten Vorurteilsstruktur, an der wir alle unausweichlich partizipieren.“[97] Das bedeutet, Antisemitismus ist kein Problem der Anderen, welches es in Anderen zu identifizieren gilt, sondern der deutschen bzw. europäischen Kultur immanent und damit auch uns als deren Bewohner_innen. Für eine „[...] Sensibilisierung gegenüber antisemitischen Vorurteilen ist eine entspannte, vertrauensvolle Atmosphäre unabdingbar“[98]. Als einzige Möglichkeit nennt Quindeau das Erkennen und Anerkennen des eigenen Verhaftetseins und der eigenen Partizipation. Die Polarisierung in moralisch Überlegene und Unterlegene werde damit durchbrochen, was Kommunikation und Verständigung wieder möglich mache.

3.1 Antisemitismus und Film

Ein Wirt ermahnt einen älteren Gast, der auf der Musicbox Marschmusik auflegt, dass sich „die Amis“ schon beschweren würden. Der Gast erwidert, die Amis könnten ihn mal, woraufhin der Wirt den Stecker der Musicbox zieht. Der Barbesucher schimpft: „Saujud!“ In der Bar herrscht plötzlich Stille. Der Wirt schaut mit entsetztem Gesichtsausdruck direkt in die Kamera. Das kommt einem Bruch filmischer Konventionen gleich, die Figur schaut aus der Illusion heraus.[99] Das Bild zeigt den Arm des Wirts mit der tätowierten Häftlingsnummer, in der Musicbox spiegelt sich sein immer noch entsetztes Gesicht. (Abb. 1)

Die beschriebene Szene stammt aus dem am 13. April 1961 in Stuttgart uraufgeführten Film *Schwarzer Kies* von Helmut Käutner. Der stilistisch an den *film noir* angelehnte Film, der eine Geschichte vom Miteinander von Deutschen und Amerikanern

95 Ilka Quindeau: Schuldabwehr und nationale Identität. Psychologische Funktionen des Antisemitismus. In: Matthias Brosch / Michael Elm / Norman Geißler / Brigitta Elisa Simbürger / Oliver von Wrochem (Hrsg.): *Exklusive Solidarität. Linker Antisemitismus in Deutschland*. Berlin: Metropol 2007, S. 157–164, hier S. 161.

96 Quindeau: Schuldabwehr und nationale Identität, S. 160.

97 Ebd.

98 Ebd., S. 161.

99 Ronny Loewy: *Schwarzer Kies*. In: Christoph Fuchs / Michael Töteberg (Hrsg.): *Fredy Bockbein trifft Mister Dynamit. Filme auf den zweiten Blick*. München: Edition text + kritik 2007, S. 171–175, hier S. 173.

Abb. 1
Wirt Loeb (Max Buchsbaum) in *Schwarzer Kies*.
Sein Gesicht und sein Unterarm spiegeln sich in einer Musicbox.

in den Nachkriegsjahren und von schwarz gehandeltem Kies in einem kleinen Dorf im Hunsrück erzählt, löste vor allem, aber sicher nicht nur auf Grund dieser Szene, in der der jüdische Barbesitzer Herr Loeb (Max Buchsbaum) von einem Gast antisemitisch beschimpft wird, eine öffentliche Auseinandersetzung aus. Der Generalsekretär des Zentralrats der Juden Henrik Van Dam erstattete Strafanzeige gegen den Regisseur Helmut Käutner, den Produzenten Walter Ulbrich (der ebenfalls für das Drehbuch mitverantwortlich war) und den Ufa-Chef Theo Osterwind wegen Beleidigung. Es begann eine öffentliche Auseinandersetzung um *Schwarzer Kies*, die letztlich durch eine neue Schnittfassung des Films außergerichtlich gelöst wurde, aus der besagte Szene, aber auch Teile anderer Szenen, in denen die Figur Loeb auftritt, entfernt wurden. Neben der 117 Minuten langen Premierenfassung liegen zwei kürzere Schnittfassungen vor, die in unterschiedlichem Maße um die jüdische Thematik gekürzt sind. In beiden ist die Figur des Bordellwirts Loeb kaum mehr als jüdisch zu erkennen, wie auch die ebenfalls jüdische Figur des Ermittlers Eric Moeller (Heinrich Trimbur) als solche völlig unkenntlich gemacht ist.

Während zeitgenössische Kritiken die schockierende Wirkung und die Betroffenheit im Publikum ob der Szene beschreiben,[100] kommt Frank Stern zu dem Ergebnis:

> His [Käutner's] transgression was to shred cinematically one of the formative taboos of German culture. He had subversively shown German society a mirror that depicted the shallowness of the officially ordained philosemitism with its iron command: never say or represent anything anti-Jewish in public because this contradicts Germany's official self-image.[101]

Das Beispiel der Debatte um *Schwarzer Kies* verdeutlicht die Komplexität des Zusammenhangs von Film und Antisemitismus: Trotz des häufigen Sprechens von

100 Eine Scheibe Leben. In: *Der Spiegel*, 26.04.1961. http://www.spiegel.de/spiegel/print/d-43160996.html (Zugriff am 19.11.2013).

101 Frank Stern: Films in the 1950s. Passing Images of Guilt and Responsibility. In: Hanna Schissler (Hrsg.): *The Miracle Years. A Cultural History of West Germany, 1949–1968*. Princeton: Princeton UP 2001, S. 266–280, hier S. 277.

‚antisemitischen Filmen' ist es hier nicht der Film, der antisemitisch ist.[102] Man kann ihm eine antisemitische Wirkweise zuschreiben oder in den Filmbildern antisemitische Vorstellungen manifestiert sehen, möglicherweise auch eine antisemitische Haltung der Filmschaffenden vermuten.[103] Doch häufig verhält es sich nicht ganz so einfach.[104] Um die Perspektive auf das Phänomen zu verengen, soll im Folgenden zunächst von ‚Antisemitismus im Film' gesprochen werden. Das klammert die (vermuteten) Intentionen der Filmschaffenden aus und beinhaltet neben Reproduktionen und Thematisierungen antisemitischer Vorstellungsbilder noch die möglichen Lesarten, die ein Film anbietet, und dessen potentielle (antisemitische) Anschlussfähigkeiten.

Für den Zusammenhang ‚Antisemitismus im Film' zeigen sich zwei Fragenkomplexe: erstens, die Frage nach dem Unterschied zwischen der *Darstellung von Antisemitismus* und einer *antisemitischen Darstellung*. Die Abgrenzung von Darstellung auf der einen Seite und Reproduktion oder Reaktualisierung antisemitischer Ressentiments auf der anderen ist besonders im Raum der Kunst, dem eine besondere Freiheit zugesprochen wird, schwierig. Zweitens, die Frage, welche filmischen Darstellungen (zu welchem Zeitpunkt und von wem) als antisemitisch betrachtet werden und *wie* die öffentlichen Debatten darüber ablaufen. Deshalb werden die Filme, die öffentlich als antisemitisch wahrgenommen wurden und eine entsprechende Debatte ausgelöst haben, und diejenigen, die m. E. problematische Darstellungen enthalten, zunächst getrennt diskutiert.

Affirmative Reproduktion oder kritisches Aufzeigen des antisemitischen Ressentiments?

Eine grundlegende wissenschaftliche Auseinandersetzung mit ‚Antisemitismus und Film', die mit der literaturwissenschaftlichen um literarischen Antisemitismus zu vergleichen wäre, hat bis jetzt nicht stattgefunden. Es fällt auf, dass es über Arbeiten hinaus, die entweder die nationalsozialistische Filmpropaganda zum Gegenstand haben oder einzelne Filme in den Mittelpunkt stellen, kaum Untersuchungen gibt, die sich dem Phänomen theoretisch oder auch methodisch nähern.[105] Auf diese

102 Ernst Seidel: Was ist ein antisemitischer Film? Über eine umstrittene Kategorie. In: Haus der Geschichte Baden-Württemberg (Hrsg.): *Antisemitismus im Film*, S. 19–32, hier S. 21.

103 Vgl. ebd., S. 21 ff.

104 Das scheint sich noch nicht einmal bei den vermeintlich eindeutigen nationalsozialistischen Propagandafilmen wie *Jud Süss* (DE 1940, R: Veit Harlan) so zu verhalten. Vgl. Harro Segeberg: Intermedialität im Antisemitismus. Zur Mediengeschichte des Jud Süss-Komplexes. In: Haus der Geschichte Baden-Württemberg (Hrsg.): *Antisemitismus im Film*, S. 93–124; Anke Marie Lohmeier: Propaganda als Alibi. Rezeptionsgeschichtliche Thesen zu Veit Harlans Film Jud Süss (1940). In: Alexandra Przyrembel / Jörg Schönert (Hrsg.): *Jud Süß. Hofjude, literarische Figur, antisemitisches Zerrbild*. Frankfurt am Main: Campus 2006, S. 201–220.

105 Zu nennen wären der Tagungsband der Laupheimer Gespräche 2008 *Antisemitismus im Film* sowie die entstehende Dissertation von Antonia Schmid zum *Antisemitismus der Anderen – Nation und Alterität im deutschen Film seit 1989*. Zu literarischem Antisemitismus sind u. a. zu nennen Martin Gubser: *Literarischer Antisemitismus*; Klaus-Michael Bogdal / Klaus Holz / Matthias N. Lorenz (Hrsg.): *Literarischer Antisemitismus nach Auschwitz*. Stuttgart: Metzler 2007; Torben Fischer: Judenbilder und literarischer Antisemitismus. Bemerkungen zur Forschungsgeschichte. In: Arnold / Lorenz (Hrsg.): *Juden.Bilder*, S. 115–124.

lückenhafte Forschungslage reagierend werden einige Ansätze aus der Forschung zu literarischem Antisemitismus herangezogen und auf den Film übertragen. Zudem werden eigene methodische Ansätze entwickelt, die darauf abzielen, eine differenzierte Analyse des spezifischen Zusammenhangs ‚Film und Antisemitismus' zwischen filmischem Text, möglichen Lesarten und ausgelösten gesellschaftlichen Auseinandersetzungen zu ermöglichen.

Zunächst stellt sich auch für den Spielfilm die Frage, ob und wie fiktionale Kunstwerke Gegenstand der Antisemitismusforschung sein können.[106] Der filmische Text als Kunstwerk ist allenfalls an ästhetische Regeln gebunden und es ist schwer festzumachen, wer der ‚Sprechende' ist und was dessen Intentionen sind. Textaussage und Autor_in bzw. Regisseur_in können nicht gleichgesetzt werden,[107] was es erschwert den antisemitischen Gebrauch von Stereotypen zu bestimmen und (gesellschaftlich) zu thematisieren. Nach Klaus-Michael Bogdal kommen der Kunst als öffentlichem Kommunikationsraum, der vor Zensur und Verfolgung geschützt sein müsse, besondere Freiheiten zu. Gleichzeitig müsse literarischer Antisemitismus als solcher benannt werden, um diesen besonderen Raum ernst zu nehmen: „Wer heute die öffentliche Kritik zum Beispiel an antisemitischen Stereotypen in der Literatur zur Gesinnungsprüfung und Verfolgung umdeutet, wirkt an der Zerstörung dieses Raums mit. [...] Analyse ist nicht Verbot."[108]

Die Einschätzung des Forschungsfeldes des literarischen Antisemitismus bewegt sich zwischen der Anerkennung von Relevanz und Berechtigung auf der einen Seite und der völligen Ablehnung und dem Verständnis, dass Fiktionalität und Poetizität literarischer Texte „immanenter Schutz vor ideologischer Verbrämung" seien, auf der anderen.[109]

Hier wird deutlich, wie schwierig es ist, bei der Untersuchung von Bildern des Jüdischen (seien es sprachliche oder visuelle) zu einer adäquaten Beurteilung und Einschätzung zu kommen. Dies verhält sich für den Film ähnlich wie für die Literatur.

Martin Gubsers unterscheidet für die Kategorisierung von literarischem Antisemitismus, ob ein Text antisemitische Stereotype *aufweise* oder *aufzeige*. Damit differenziert er den affirmativen und den subversiven Umgang mit antisemitischen Stereotypen,

106 Matthias N. Lorenz: Juden.Bilder in Literatur und Film seit 1945. In: Arnold / Lorenz (Hrsg.): *Juden. Bilder*, S. 3–5.

107 Vgl. ebd.

108 Klaus-Michael Bogdal: Literarischer Antisemitismus nach Auschwitz. Perspektiven der Forschung. In: Ders. / Holz / Lorenz (Hrsg.): *Literarischer Antisemitismus nach Auschwitz*, S. 1–12, hier S. 6.

109 Fischer beschreibt die widerstreitenden Positionen, die jeweils ihre Berechtigung hätten und zu einem sinnvollen Ganzen zu integrieren seien: „Das methodisch oft nicht unproblematische Bestreben, zu klaren Bewertungen zu gelangen und literarische Texte auf ihren Beitrag zum antisemitischen Diskurs hin zu befragen, steht der Fiktionalität der literarischen Texte und ihrem unbestreitbaren Vermögen, Zuschreibungen zu konterkarieren [...] potenziell entgegen. Weder sollte sich die literaturwissenschaftliche Forschung auf die oben skizzierte Position eines Irrglaubens an die unbeschränkte Immunität ästhetischer Formationen zurückziehen (und so gleichzeitig einen Beitrag der Literaturwissenschaft zu einer kritischen Antisemitismusforschung negieren) noch sollten die Poetizität und Fiktionalität literarischer Texte im bloßen Nachweis stereotyper Zuschreibungen vorschnell vernachlässigt werden." (Fischer: Judenbilder und literarischer Antisemitismus, S. 119.)

das bloße (Re)Produzieren und das Sichtbar- und damit Kritisierbar-Machen dieser Stereotype:

> Will ein Autor mit einem fiktionalen Text literarischen Antisemitismus *aufzeigen*, so muß er durch geeignete Distanzierungsmittel den Unterschied zum *Aufweisen* hinreichend deutlich machen. Fehlen diese Hinweise, muß der Autor damit rechnen, daß der Text als antisemitisch interpretiert und ihm die Verantwortung dafür angelastet wird.[110]

Um diese Unterscheidung zwischen *Aufweisen* und *Aufzeigen* für Spielfilme zu treffen, werden sinnvolle Kriterien für diese Unterscheidung benötigt und es muss geklärt werden, wie solche Distanzierungsmittel, die das antisemitische Stereotyp als solches kenntlich machen, einer spezifischen Filmfigur zuschreiben oder ironisch brechen, in einer filmischen Darstellung aussehen können. Die dem Text, sei es ein filmischer oder ein literarischer, auf der Macher_innenseite zugrundeliegende Intention oder Einstellung aufspüren zu wollen, ist schwierig und problematisch, wenn es sich nicht gerade um einen Aufklärungsfilm über Antisemitismus oder einen antisemitischen Propagandafilm handelt. Um die Intention hinter dem Text klären zu können, muss nämlich zunächst der ‚Sprecher' ermittelt werden: Wer vermittelt die antisemitischen Bilder oder Ressentiments: der/die Autor_in, der/die Erzähler_in oder eine Filmfigur? Aufgrund dieser Schwierigkeit, die sich für den Film, verstanden als kollektives Produkt, noch verschärfter als bei Literatur zeigt, soll die Frage nach der Intention zurückgestellt werden. Bei den Filmen, die nach 1945 in der Bundesrepublik produziert wurden, kann aufgrund des politischen Kurses der öffentlichen Distanzierung von offenem oder explizitem Antisemitismus nicht von einer offenen antisemitischen Positionierung ausgegangen werden. Jedoch können die vorhandenen antisemitischen Stereotype als Symptome von impliziten Ideologien[111] gedeutet werden. Dies betont ebenfalls die Nachrangigkeit individueller Aussageintentionen.

Ein Kriterium kann sein, ob antisemitische Ressentiments im Film als solche benannt und problematisiert werden. Berücksichtigt man die politische und soziokulturelle Situation in Deutschland nach der Shoah, so kann man davon ausgehen, dass Filme, die Antisemitismus als solchen benennen, diesen problematisieren. Doch es gilt hier, eine mögliche Differenz der sprachlichen und der visuellen Ebene zu berücksichtigen: So kann auf sprachlicher Ebene Antisemitismus kritisch problematisiert werden, während er auf der Bildebene reproduziert wird – oder andersherum. In vielen Fällen wird Antisemitismus jedoch gar nicht erst als solcher benannt oder in eindeutiger Weise gezeigt.

Ein weiteres Unterscheidungsmerkmal kann sein, ob die antisemitischen Ressentiments einer oder mehreren Figuren zugeordnet werden können, d.h. ob sie sich in Sprech- oder Handlungsakten vollziehen, oder ob sie sich rein visuell in Bildkompositionen oder der Zeichnung der jüdischen Figuren zeigen. Wenn sich die antisemitische Tendenz einer Figur oder mehreren Figuren zuordnen lässt, kann es sich um die

110 Gubser: *Literarischer Antisemitismus,* S. 310.

111 Vgl. Kellner: *Media Culture,* S. 56–59.

Darstellung vorhandener Einstellungen und Vorurteile handeln. Um dies zu beurteilen, macht es Sinn, sich die Einbettung dieser als antisemitisch gezeichneten Figuren in die Filmhandlung und ihre Beziehung zur Umwelt anzuschauen.

Sind die antisemitischen Ressentiments nicht spezifischen Figuren zuzuordnen, sondern vollziehen sie sich in der Darstellung der jüdischen Figur oder in komponierten Filmbildern, wird es noch etwas schwieriger. In diesem Fall kann man sich über eine Reihe von Fragen annähern, die das Feld weiter ausdifferenzieren: Wird die jüdische Figur stereotyp oder antisemitisch dargestellt? Ist die Darstellung satirisch oder ironisch angelegt? Wird die Perspektive der jüdischen Figur (empathisch) berücksichtigt? Werden die Motive, Gefühle und inneren Vorgänge der jüdischen Figur nachvollziehbar? Wie wird ihr Verhältnis zu ihrer (nicht-jüdischen) Umwelt beschrieben? Finden sich Motive der Täter-Opfer-Umkehr unter Bezugnahme auf die Shoah in der Konstruktion der Filmhandlung? Sind Einstellungen, Musik, Kamerafahrten, Montage und andere filmische Mittel, wie beispielsweise Beleuchtung, so eingesetzt, dass die jüdischen Figuren oder Lebenswelten stereotyp oder negativ dargestellt werden? Werden die jüdischen Figuren als homogene Gruppe gestaltet, in der sich die einzelnen Mitglieder alle ähneln oder mit ähnlichen Eigenschaften ausgestattet sind, oder stattdessen als individuell und heterogen?

Weiterhin kann gefragt werden, ob anhand von Ironie, dem spielerischen Umgang mit Stereotypen, der diese sichtbar macht, oder dem Bruch zwischen sprachlicher bzw. Handlungsebene und Bildebene der Unterschied zwischen *Aufzeigen* und *Aufweisen* festgemacht werden kann.

Die Darstellung der jüdischen Figuren betreffend kann auch gefragt werden, ob es sich um Bilder des Fremden, des ‚Anderen' oder des ‚Dritten' handelt. *Bilder des Fremden* gründen auf Distanz und verändern sich somit durch Nähe oder lösen sich sogar auf, während *Bilder des Anderen* auf Differenz beruhen und durch größere Nähe an Bedrohlichkeit zunehmen.[112] Darstellungen, die jüdische Figuren als Dritte konstruieren, d. h. als ‚weder-noch' zwischen ‚Eigenem' und ‚Fremden', das in dieser binären Identitätskonstruktion zum Nicht-identischen wird (vgl. Kap. II.3.2), können als antisemitisch eingeschätzt werden.[113]

Die an den filmischen Text zu richtenden Fragen verdeutlichen, dass nur am konkreten Beispiel anhand einer detaillierten Analyse untersucht und nachgewiesen werden kann, ob ein Film Antisemitismus *aufweist* oder *aufzeigt*.

Um die Analyse des Gesamtzusammenhangs ‚Film und Antisemitismus' auszudifferenzieren, wird als methodisches Vorgehen vorgeschlagen, drei Ebenen, auf denen Antisemitismus eine Rolle spielen kann, zu unterscheiden: erstens, die Handlungsebene, auf der Antisemitismus zum expliziten Thema gemacht werden kann und in der Regel kritisiert wird. Zweitens, die formale Ebene der Bilder, die von ersterer unabhängig ist und sowohl antisemitische Bilder reproduzieren als auch Gegen-Bilder produzieren kann. Drittens, eine Diskursebene, auf der in Paratexten über ‚antisemitische

112 Bogdal: Literarischer Antisemitismus nach Auschwitz, S. 8.

113 Ebd., S. 9.

Filme' und ,antisemitische Darstellungen' diskutiert wird. Diese gesellschaftliche Auseinandersetzung geschieht ebenfalls unabhängig von den beiden anderen Ebenen insofern als antisemitische Filme nicht als solche erkannt werden müssen und nicht antisemitische Filme vor dem Hintergrund aktueller gesellschaftlicher Codes und Tabuisierungen als antisemitisch und provozierend wahrgenommen werden können.[114]

Antisemitische Anschlussfähigkeiten und gesellschaftliche Debatten

Die graduellen Ausformungen antisemitischer Ressentiments im Film müssen differenziert unterschieden werden. Für die Literatur unterscheidet Bogdal drei Formen:

- ein manifester, auch subjektiv intendierter Antisemitismus;
- ein ,fahrlässiger' (unbewusster oder bewusster) Gebrauch von Stereotypen;
- das bewusste, dekonstruierende (riskante) Spiel mit dem antisemitischen Sprach- und Wissensrepertoire.[115]

Für Filme ist festzustellen, dass es einen manifesten, subjektiv intendierten und offen ausgestellten Antisemitismus im (west-)deutschen Spielfilm nach 1945 nicht gibt. Filmprojekte, die sich offen antisemitisch positionieren, würden auch nicht die für die Produktion notwendige finanzielle Förderung erhalten. Der fahrlässige Gebrauch von Stereotypen, die auch eine antisemitische Lesart bzw. eine Perpetuierung vorhandener Ressentiments ermöglichen, ist sicherlich am häufigsten festzustellen. Hier gilt es zu unterscheiden, ob es sich um antisemitische Stereotype handelt oder um Stereotype, die Jüdinnen und Juden eher als fremd (und beispielsweise exotisch) darstellen denn als *anders*.

Der bewusste Einsatz von Stereotypen kann sehr unterschiedliche Ergebnisse hervorbringen: Filme wie Rainer Werner Fassbinders *In einem Jahr mit 13 Monden* und *Die Sehnsucht der Veronika Voss* setzen die Stereotype von Kapitalismus, Geldgier, Kälte, Macht und Skrupellosigkeit nicht etwa versehentlich ein. So wurde auch zur Verteidigung von *Der Müll, die Stadt und der Tod* wiederholt vorgebracht, Fassbinder habe den Zusammenhang von westdeutscher Gesellschaft und Antisemitismus zeigen wollen.[116] Trotzdem können die jüdischen Figuren in den hier analysierten Filmen Fassbinders aufgrund der motivischen Verdichtungen, der Ermangelung an (ironischen oder distanzschaffenden) Brechungen sowie der Figuren- und Konfliktkonstellationen, in denen sie den nichtjüdischen Protagonist_innen *gegenüber* stehen, als antisemitische Darstellungen eingestuft werden – auch wenn die Frage nach der *Intentionalität* damit nicht geklärt ist.

114 Lisa Schoß / Lea Wohl von Haselberg: Antisemitismus im deutschen Spielfilm nach 1945. In: *Deutschunterricht* 2 (2015), S. 81–85.

115 Bogdal: Literarischer Antisemitismus nach Auschwitz,, S. 7.

116 Beispielsweise schreibt Wanja Hargens, dass Fassbinder mit Erwartungshaltungen spiele und diese ins „Groteske" kippen lasse (Hargens: Der *Müll, die Stadt und der Tod*, S. 39.). Er verweist außerdem darauf, dass zwar über das Stück viel diskutiert und geschrieben worden sei, es allerdings wenig gelesen wurde (ebd., S. 107).

Es fällt besonders auf, dass eine Auseinandersetzung um die möglicherweise antisemitischen Aspekte von *In einem Jahr mit 13 Monden* ausblieb. In der wissenschaftlichen Auseinandersetzung werden die problematischen Aspekte der Gestaltung der jüdischen Figur Anton Saitz z. T. benannt, in Rezensionen oder Ankündigungen wird die jüdische Figur hingegen häufig entweder gar nicht erwähnt oder nicht als solche benannt.[117] So heißt es in einer Kritik im *film-dienst*:

> Der Bürgerschreck macht ihm [R. W. Fassbinder] immer noch soviel Spaß, daß er seiner Geschichte eine Vielzahl von Szenen aufsetzt, die in ihrer penetranten, filmisch längst abgenutzten Doppeldeutigkeit der Sensibilität der zentralen Passagen ins Gesicht schlagen. Mag sein, daß Fassbinder durchaus beabsichtigt hat, der Zuschauer solle sich in seinem Film nicht einfach zurechtfinden, solle immer wieder erschreckt, verstört, herausgefordert sein. Doch Verstörung um ihrer selbst willen, ohne gebändigt und eingebunden zu sein in ein konsequentes künstlerisches Konzept provoziert das Gegenteil von Einsicht und Verständnis.[118]

Diese Verstörung und Herausforderung kann auch in der Darstellung der jüdischen Figur Anton Saitz liegen, letztlich wird hier aber, ähnlich wie in der Kritik Wolfgang Schüttes in der *Frankfurter Rundschau*,[119] auf die Darstellung von Sexualität abgehoben. Möglicherweise war die explizite Thematisierung von Transsexualität so schockierend und fremd, dass die jüdische Figur und die Frage nach Antisemitismus im Zusammenhang mit dem Film in den Hintergrund gerieten. Ähnliches lässt sich für Fassbinders *Die Sehnsucht der Veronika Voss* feststellen – auch hier werden die jüdischen Figuren und ihre Darstellungen kaum wahrgenommen und thematisiert.[120]

Die Darstellungen jüdischer Figuren und Lebenswelten in der *Tatort*-Reihe,[121] mit Ausnahme von *Ein ganz normaler Fall*, weisen ebenfalls durchaus problematische Aspekte auf, die z. T. auch entsprechend diskutiert wurden. Während dies für *Tod im Jaguar* (BRD 1996, R: Jens Becker) einen Wiederausstrahlungsstopp zur Folge hatte, folgte auf die vor allem von wissenschaftlicher Seite geäußerte Kritik[122] an

117 So taucht weder in der zeitgenössischen Rezension im *film-dienst* (Franz Everschor: In einem Jahr mit 13 Monden. In: *film-dienst* 26 (1978). http://www.filmportal.de/node/30945/material/727003 (Zugriff am 15.07.2013)) noch in der *Frankfurter Rundschau* (Wolfram Schütte: Liebe – ein Wahnsinn. „In einem Jahr mit 13 Monden": R. W. Faßbinders jüngster Film. In: *Frankfurter Rundschau*, 17.11.1978. http://www.filmportal.de/node/30945/material/727001 (Zugriff am 07.10.2013)) das Wort jüdisch auf. Gleiches gilt für die Ankündigung der Wiederausstrahlung von *In einem Jahr mit 13 Monden* 2012 auf Arte zum 30. Todestag Rainer Werner Fassbinders (In einem Jahr mit 13 Monden. http://www.arte.tv/de/in-einem-jahr-mit-13-monden/6632280,CmC=6632246.html (Zugriff am 15.07.2013)). Der Film wurde auch für Theaterbühnen adaptiert, beispielsweise in Bremen (2011) und Hamburg (2008). Auch in den Ankündigungen der Inszenierungen taucht die jüdische Figur nicht als solche auf (In einem Jahr mit 13 Monden. http://www.schauspielhaus.de/de_DE/archiv/in_einem_jahr_mit_13_monden.283916 (Zugriff am 15.07.2013)).

118 Everschor: In einem Jahr mit 13 Monden.

119 Schütte: Liebe – ein Wahnsinn.

120 Vgl. Hubert Haslberger: Die Sehnsucht der Veronika Voss. In: *film-dienst* 5 (1982). http://www.filmportal.de/node/39715/material/617734 (Zugriff am 15.07.2013).

121 *Tod im Jaguar* (BRD 1996, R: Jens Becker), *Das Geheimnis des Golem* (BRD 2004, R: Andreas Kleinert), *Der Schächter* (BRD 2004, R: Jobst Oetzmann).

122 Vgl. Ebbrecht: Das Judentum als Fernsehkulisse; Matthias N. Lorenz: Im Zwielicht. Filmische Inszenierung des Antisemitismus. Schimanski und *Das Geheimnis des Golem*. In: Arnold / Lorenz (Hrsg.): *Juden.Bilder*, S. 89–102; Wildmann: Über die Liebe zu Juden oder Jüdisches im deutschen TV-Krimi.

Der Schächter und *Das Geheimnis des Golem* keine weiterreichende gesellschaftliche Auseinandersetzung.
Als völlig anders geartetes Beispiel kann der Film *Alles auf Zucker!* von Dani Levy gelten, der ebenfalls mit Stereotypen spielt, diese aber vor allem durch den komödiantischen Grundton des Films, die Fokussierung auf jüdische Hauptfiguren sowie die auffällige Akkumulation von Stereotypen[123] zumindest potentiell markiert und sichtbar macht. Doch gerade dieses Beispiel eines äußerst erfolgreichen Films verdeutlicht das Risiko, dass dieses Spiel mit Stereotypen anschlussfähig für andere, (tendenziell oder latent) antisemitische Lesarten ist und sich insofern an der Einübung und Erhaltung eben dieser Stereotype beteiligt.

3.2 Antisemitismus nach Auschwitz: Sekundärer Antisemitismus

Vernachlässigt man die antike Judenfeindschaft,[124] so gehört der christliche Antijudaismus zu den ersten Formen des Antisemitismus, dessen Motive bis heute aktuell sind. Grundlegender als einzelne antijüdische Motive sind aber *Grundmuster* des rassischen Antisemitismus[125], die sich auch im sekundären Antisemitismus, also dem Antisemitismus *nach* der Shoah, wiederfinden. Berücksichtigend, dass antisemitische Judenbilder stets von Selbstbildern begleitet werden, beschreibt Klaus Holz drei antisemitische Grundmuster als Gegensatzpaare: erstens, die (notwendige) *Konstruktion von Täter und Opfer,*[126] in der ,die Juden' gegen ,uns' handeln und ein Antagonismus aufgemacht

123 Oliver Lubrich sieht Stereotype wie das Verhältnis zu Geld, Sex, Körper, Psychopathologie, Intellektualität, Sprache, Internationalität, Spiel, Religion und Selbsthass verwirklicht (vgl. Oliver Lubrich: Sind hundert Klischees ergreifend? Dani Levys *Alles auf Zucker!*. In: Arnold / Lorenz (Hrsg.): *Juden.Bilder*, S. 74–88).

124 Ausführlich geht Zvi Yavetz in seinen Vorlesungen auf Entstehung und Ausprägung der Judenfeindschaft in der Antike ein und beschreibt, dass diese weder rassisch noch ökonomisch begründet war, sondern dass es wahrscheinlich eine Mischung aus religiösen und sozialen Faktoren war, die den antiken Judenhass schürte. Zvi Yavetz: *Judenfeindschaft in der Antike*. München: Beck 1997, S. 23ff.

125 Er basiert auf dieser veränderten Wahrnehmung von Juden, nach welcher Juden als Rasse verstanden werden. Die Judenfeindschaft nimmt eine „nationalistisch-xenophobe Form an, die dann rassentheoretisch begründet und zu einer ,Weltfrage' zugespitzt werden konnte" (Werner Bergmann: *Geschichte des Antisemitismus*. München: Beck 2002, S. 39). So wird ,die Judenfrage' zu einem dringlichen gesellschaftlichen Problem hochstilisiert und zum Topos der europäischen Massenpolitik. So wie der Begriff Antisemitismus sich in Deutschland entwickelte, war das Deutsche Reich zwar das Zentrum dieser neuen antisemitischen Bewegung, doch weitete diese sich fast auf ganz Europa aus (ebd., S. 40). Einen ersten Höhepunkt in Deutschland erlebte der Antisemitismus in der Gründerkrise des Deutschen Reiches (1873–1879). Als Höhepunkt unvorstellbaren Ausmaßes muss natürlich die Shoah (1941–1945) mit dem Vernichtungs-Antisemitismus der Nationalsozialisten gelten. Die zentralen Elemente des Antisemitismus in seiner rassischen Form sind „Vorwürfe von wirtschaftlicher Ausbeutung, weltweiter Herrschaft und schlechten Rassenmerkmalen, verbunden mit dem Aufruf zur Revision der Emanzipation und Eingrenzung des Handlungsspielraums für Juden" (ebd., S. 41).

126 „Ohne die Behauptung, die Juden würden gegen ,uns' handeln, wäre der Antisemitismus sinnlos. Die Feindschaft gegen die Juden ergibt nur Sinn, wenn man annimmt, dass die Juden bedrohlich sind. Damit rechtfertigt sich zugleich der Antisemitismus als legitime Gegenwehr. [...] Die Unterscheidung zwischen Täter und Opfer begründet eine Anklage und formiert eine moralische Dichotomie, die den Täter als Schuldigen diskreditiert und das unschuldige Opfer zu Gegenwehr ermächtigt." (Klaus Holz: Die Paradoxie der Normalisierung. Drei Gegensatzpaare des Antisemitismus vor und nach Auschwitz. In: Bogdal / Holz / Lorenz (Hrsg.): *Literarischer Antisemitismus nach Auschwitz*, S. 37–57, hier S. 39.

wird; zweitens, die *Dichotomie von Gemeinschaft und Gesellschaft*;[127] drittens, ‚*Identität versus nicht-identische Identität*', womit die Konstruktion ‚des Juden' als Figur des Dritten gemeint ist.[128]

Sekundärer Antisemitismus als der Antisemitismus nach der Shoah weist einerseits Kontinuitäten zu vorherigen Formen auf, prägt aber gleichzeitig auch eigene spezifische Muster aus. Die Veränderungen nach der Shoah lassen sich in vier Aspekten zusammenfassen: Erstens muss der Antisemitismus auf den Völkermord reagieren, was durch Leugnung oder die Projektion der Schuld auf ‚die Juden' geschieht. Zweitens ist sekundärer Antisemitismus in vielen europäischen Ländern nahezu ein Antisemitismus ohne Juden und bezieht sich daher noch mehr auf die Shoah, da er sich nicht auf die tatsächliche Beziehung zu den Jüdinnen und Juden im eigenen Land beziehen kann. Drittens ist der Antisemitismus nach 1945 wieder weniger rassisch geprägt und nimmt viertens seit 1948 häufig die Form des Antizionismus an, bei dem Juden kollektiv für die israelische Politik haftbar gemacht werden.[129]

a) Abwehr von Schuld

Die Abwehr von Schuld stellt ein Kernmotiv des sekundären Antisemitismus dar. Werner Bergmann nennt vier zentrale Muster der antisemitischen Schuldabwehr: erstens, die *Leugnung des Holocaust* und die *Abspaltung der Verantwortung*. Holocaustleugnung ist im Kontext dieser Arbeit nicht zentral, da diese den legalen Rahmen verlässt und damit in deutschen Kino- und Fernsehspielfilmen nicht anzutreffen ist.[130] Die Abspaltung der Verantwortung scheint hingegen bis heute ‚salonfähig'. Verantwortung

127 Holz bezeichnet den Antisemitismus als Gemeinschaftssemantik, welche die Vorstellung einer gemeinschaftlichen Lebensweise beinhalte, in welcher Gemeinnutz vor Eigennutz gehe. Dabei werde Gemeinschaft „als modernes, seinem Sinn nach antimodernes Gegenbild zur modernen Gesellschaft" (ebd., S. 40–41) verstanden. Ebenso werden auch hier beiden Seiten Personengruppen zugeordnet und damit personifiziert. Damit würden die modernen Sozialverhältnisse fassbar und zuordenbar gemacht (ebd., S. 41). Antisemitische Stereotype, die in diesem Zusammenhang vom Gegensatz zwischen Gemeinschaft und Gesellschaft auftauchen, sind beispielsweise die jüdisch dominierte Börse, die Presse, welche in jüdischer Hand sei, oder auch der jüdisch-großstädtische Intellektualismus. Diese Stereotype, die auf den ersten Blick scheinbar kaum etwas gemeinsam haben, weisen einen Zusammenhang in dem Muster ‚Gemeinschaft versus Gesellschaft' auf.

128 Die Konstruktion des Juden als *Dritten*, als sich nicht einer spezifischen Nation zugehörig fühlend, welcher damit in der binären Unterscheidung von ‚wir' und ‚Fremde' keinen Platz findet und weder-noch ist. Diese binäre Unterscheidung konstruiere Identität und vermittle, dass alles klar zuordenbar sei. Das daraus resultierende vermeintliche Wissen um Identität wird von der Figur des Dritten verunsichert oder zerstört. „Im Dritten wird die Möglichkeit personifiziert, dass die nationale Ordnung der Welt, mithin die eigene Identität nicht gewiss ist" (Holz: Die Paradoxie der Normalisierung, S. 46). Da in dieser Binarität dem Dritten keine Identität zugeordnet werden kann, liegt das Spezifische der jüdischen Identität darin, nicht-identisch zu sein, „die Negation von Identität" (ebd.).

129 Bergmann: *Geschichte des Antisemitismus*, S. 117–118.

130 Hier gilt es zu bedenken, dass die Leugnung des Holocaust heute zwar nur noch in der extremen Rechten, also im Neonazismus anzutreffen ist, dass sich das aber in den direkten Nachkriegsjahren deutlich anders verhielt. So schreibt Bergmann: „1954 hielten 37 % aller Befragten die Zahl von 5 Millionen Holocaust-Opfern für ‚stark', 26 % für ‚etwas übertrieben'." (Werner Bergmann: Störenfriede der Erinnerung. Zum Schuldabwehr-Antisemitismus in Deutschland. In: Bogdal / Holz / Lorenz (Hrsg.): *Literarischer Antisemitismus nach Auschwitz*, S. 13–35, hier S. 17.

für den Holocaust auf eine sehr kleine Tätergruppe zu begrenzen, ist ein häufiges Phänomen und geht nicht selten mit antisemitischen Reaktionen einher:
Wurden oder werden Schuldvorwürfe über den engen Kreis der führenden Nationalsozialisten hinaus erhoben, wie in der ‚Bitburg-Affäre', der ‚Wehrmachtsausstellung' oder in der Diskussion über ‚Arisierung', sind bis heute heftige, zum Teil antisemitisch gefärbte Reaktionen zu erwarten.[131]
Eine solche Unterscheidung zwischen einer kleinen Gruppe ‚schuldiger Täter' und einer großen Gruppe vergleichsweise unschuldiger Mitläufer wird beispielsweise in *Nichts als die Wahrheit* (BRD 1998/99, R: Roland Suso Richter) gezeigt.[132]
Als zweites Muster nennt Bergmann *Formen der Aufrechnung* (der Schuld). Eine Variante ist es, eine Mitschuld der Opfer zu konstruieren, etwa indem ‚den Juden' eine Mitschuld an ihrer Verfolgung bzw. Vernichtung gegeben wird. Eine weitere ist die Konstruktion eines „übergreifenden Opferkollektivs"[133], in welchem die Leiden ‚der Deutschen' besonders hervorgehoben bzw. gegen die Leiden der jüdischen Opfer aufgerechnet werden. Die Vorzugsbehandlung jüdischer Verfolgter wurde als ungerecht empfunden, gerecht schien es, alle ‚Kriegsopfer' gleich zu behandeln. Das Gefühl der Opferkonkurrenz finde sich, so Bergmann, bis heute.[134] Außerdem sei charakteristisch für diese Opferkonkurrenz, dass häufig so getan werde, als handle es sich um ein endlich zu brechendes Tabu, auch über die deutschen Opfer sprechen zu dürfen.
Unausgesprochen wird damit suggeriert, dass anderen Opfergruppen, insbesondere den Juden, zuviel Aufmerksamkeit zuteil würde bzw. dass diese das Reden über die Leiden der Opfer des Bombenkrieges und der Vertriebenen unter „Aufrechnungsverdacht" stellten und damit boykottierten.[135]
Eine weitere, indirekte Form der Aufrechnung ist die Konstruktion ‚der Juden' als ‚Tätervolk'. Dies wird versucht über historische Vergleiche und mittels vermeintlicher, zum Teil biblischer kollektiver Gewaltverbrechen, die ‚den Juden' zugeschrieben werden. Beliebt sei in diesem Zusammenhang besonders die jüdische Beteiligung an der bolschewistischen Revolution, ein Topos, den schon der NS-Antisemitismus benutzte.[136] Auch die israelische Politik wird für eine Konstruktion ‚der Juden' als Täter instrumentalisiert.

131 Bergmann: Störenfriede der Erinnerung, S. 19.

132 „Nichts als die Wahrheit präsentiert ein ebenso obsoletes wie untaugliches Modell von Schuld- und Traumabewältigung: 1. Schuldabwälzung vom einfachen Deutschen auf die politische Führung. 2. Die Relativierung tatsächlicher Schuld des kleinen Mannes durch die implizite Frage an die Nachgeborenen: Wisst ihr denn, wie ihr gehandelt hättet? Damit wird die Verpflichtung einer kollektiven Verantwortung der Deutschen für ihre Geschichte ebenso zurückgewiesen, wie den nachfolgenden Generationen das Recht zur Beurteilung der politischen Haltungen und Taten der Tätergeneration abgesprochen wird." (Lorenz: Der Holocaust als Zitat, S. 279.)

133 Bergmann: Störenfriede der Erinnerung, S. 22.

134 Ebd., S. 26–27.

135 Ebd., S. 27.

136 Ebd., S. 28 ff.

Das dritte Muster der Schuldabwehr ist die *Thematisierungsverweigerung*. Bergmann hebt hervor, dass die Erinnerungsabwehr bzw. der geforderte Schlussstrich in sich nicht antisemitisch seien, aber eine Vorlage lieferten, den ‚Störern' dieser Ruhe, ‚den Juden', mit Ärger zu begegnen. Wird ein Vorwurf gegen Antisemitismus laut, werde dieser als ungerechtfertigt und übertrieben abgelehnt und häufig als ‚Antisemitismus-Keule' bezeichnet.[137]
Die Thematisierungsverweigerung findet sich auch in (west)deutschen Spielfilmen, beispielsweise in den Filmen, die es vermögen über den Nationalsozialismus (und dessen Fortwirken in die Gegenwart) ohne eine Thematisierung der Shoah, die Erwähnung von Jüdinnen und Juden bzw. die Verwendung jüdischer Figuren zu erzählen (vgl. Kap. IV.8).
Das vierte Muster, die *moralische Disqualifizierung*, funktioniert über die Suche nach bzw. Zuschreibung von unmoralischen Motiven. Dabei wird häufig unterstellt, dass das Erinnern an den Holocaust aus Geldgier geschehe oder zumindest zum Verschaffen eines Vorteils. Auch dies ist letztlich eine Form der Täter-Opfer-Umkehr, einem der zentralen Motive des sekundären Antisemitismus. Die Debatten um die sogenannte ‚Holocaust-Industrie' gehen in eine ähnliche Richtung.[138] Die Filme *Alles auf Zucker!* und *Zores* spielen mit diesem Vorurteil, wenn die Protagonisten Jaeckie Zucker und Leo Rosen versuchen, sich durch einen imaginierten Antisemitismusvorwurf einen Vorteil zu sichern. Hier wird die Vorstellung, Jüdinnen und Juden würden versuchen aus der Verfolgung Vorteile zu ziehen, die häufig in Filmen implizit perpetuiert wird, humorvoll und spielerisch als eine Art Kommentar auf das ‚deutsch-jüdische Verhältnis' umgesetzt.

b) Kommunikationslatenz

Ein wichtiger Aspekt für das Verständnis des sekundären Antisemitismus ist dessen *Kommunikationslatenz*. Damit wird die Verlagerung antisemitischer Stereotype und Ressentiments in den latenten Kommunikationsgehalt bezeichnet, welche sich durch die Vorurteilsrepression in der öffentlichen Kommunikation nach 1945 vollzog.[139] Holz bezeichnet den sekundären Antisemitismus als den „demokratischen Antisemitismus nach der Shoah", damit sei jener Antisemitismus gemeint, der „in der demokratischen Öffentlichkeit geäußert wird".[140] Durch Tabuisierung der offenen Äußerung antisemitischer Haltungen und die Kommunikationslatenz nehmen antisemitische Äußerungen eine spezielle Form an. Werner Bergmann und Rainer Erb zeigen auf, dass Kommunikationslatenzen die Funktion eines Strukturschutzes haben. In diesem Fall bedeutet das, dass die Kommunikationslatenz des Antisemitismus die internen und

137 Bergmann: Störenfriede der Erinnerung, S. 32.

138 Ebd., S. 33–34.

139 Werner Bergmann / Rainer Erb: Kommunikationslatenz, Moral und öffentliche Meinung. Theoretische Überlegungen zum Antisemitismus in der Bundesrepublik Deutschland. In: *Kölner Zeitschrift für Soziologie und Sozialpsychologie* 36 (1986), S. 223–246.

140 Klaus Holz: *Die Gegenwart des Antisemitismus. Islamistische, demokratische und antizionistische Judenfeindschaft*. Hamburg: Hamburger Edition 2005, S. 13.

externen Integrationserfordernisse der Nachfolgestaaten des Deutschen Reichs gewährleisten soll. Die externen Integrationserfordernisse wären dabei die Dokumentation einer ‚Besserung', was durch einen radikalen Themenwechsel der öffentlichen Kommunikation und beispielsweise die sogenannte Wiedergutmachung funktioniert. Intern werde die Integration aufgrund der personellen Kontinuität schon deutlich schwieriger, weshalb eine Diskontinuitätsfiktion die Kontinuitäten verdecken soll. Diese Diskontinuitätsfiktion funktioniert vor allem mittels des Kommunikationsverbots bzw. der Kommunikationslatenz und einer pauschalen ‚Bewältigung' der Vergangenheit.[141] Sie weisen aber auch darauf hin, dass die Kommunikationslatenz lediglich antisemitische Äußerungen, nicht aber antisemitische Einstellungen bekämpft:

> Diese Latenz hatte jedoch unausweichlich zur Folge, daß Einstellungen auf der personalen Ebene nicht thematisiert und damit auch nicht unter Änderungsdruck gesetzt werden konnten. Die Nichtkommunikation führt wohl zu einer Abwertung von Themen und zu einer faktischen Latenz im Bewußtsein, jedoch nicht zu einer Veränderung der Einstellung an sich.[142]

Es wird deutlich, dass eine Koexistenz von Antisemitismus auf der persönlichen Ebene und gleichzeitiger Einhaltung der Kommunikationslatenz möglich ist. Die „Kommunikationssperre" habe wahrscheinlich auch deshalb besonders gut funktioniert, da dadurch die gesamten Verstrickungen der NS-Vergangenheit latent gehalten werden konnten. Für die Nachgeborenen, für die das Latenthalten der NS-Vergangenheit von nicht mehr so großer Bedeutung ist, da sie nicht persönlich verstrickt sind, sei dieser Zusammenhang nicht wirksam, weshalb mit einer häufigeren Durchbrechung der Kommunikationslatenz zu rechnen sei.[143]
Für den filmischen Zusammenhang ist dementsprechend von Bedeutung, dass es eine Kommunikationslatenz gibt, die bestimmte Strukturen des sozialen Systems schützt, aber keine Auskunft über antisemitische Einstellungen auf der personellen Ebene gibt. Darüber hinaus bezieht sich die Kommunikationslatenz primär auf sprachliche Äußerungen, weshalb es bei filmischen Darstellungen zur Einhaltung der Kommunikationslatenz auf der sprachlichen Ebene kommen kann und gleichzeitig zu antisemitischen Tendenzen, die inhaltlich der Durchbrechung der Kommunikationslatenz nahekommen, auf der Bildebene des Films. Ein Beispiel hierfür ist der Fernsehfilm *Der Schächter* aus der Krimireihe *Tatort*: Jakob Leeb, ein jüdischer Freund der Kommissarin Klara Blum, wird des Kindsmordes verdächtigt. Der Figur des Staatsanwaltes Bux wird dabei – ohne es namentlich zu benennen – ein antisemitischer Beweggrund zugeschrieben. Seine antisemitischen Ressentiments sind kaum verborgen und stark überzeichnet. Mit Ritualmordanschuldigung, Geldgier und der Vorteilsziehung aus der Verfolgung tauchen hier viele bekannte Topoi auf. Klara Blum wird als Gegenfigur zu dem Staatsanwalt konzipiert, die ihren jüdischen Freund schützt und am Ende seine Unschuld beweist. Dabei geht sie in die offene Konfrontation mit dem Staatsanwalt.

141 Vgl. Bergmann / Erb: Kommunikationslatenz, Moral und öffentliche Meinung, S. 228.
142 Ebd., S. 229.
143 Vgl. ebd.

Die Bilder von *Der Schächter* erzählen aber eine Geschichte, die der von den überkommenen, antisemitischen Vorstellungen, die klar dem Staatsanwalt zuzuordnen sind, entgegenläuft: Einerseits knüpft die Figur Leeb als eines gebückten, hageren, verhuschten Mannes, der immer sorgenvoll nach unten schaut, an das Stereotyp einer jüdischen Physiognomie an. Andererseits erzählt die filmische Gestaltung mit der Verwendung von Handkamera und subjektiver Perspektive, dass Leeb langsam paranoid wird. Die reale, antisemitisch motivierte Verfolgung (er befindet sich zwischendurch in Untersuchungshaft) wird visuell als subjektive und letztlich ungerechtfertigte Vorstellung Leebs dargestellt.[144]
Da die Kommunikationslatenz eine Auseinandersetzung häufig nicht ermöglicht, erschwert sie eine tatsächliche Einstellungsänderung. Sie geht mit einer Moralisierung einher:

> Die Moralisierung stellt also die ‚Kommunikation über Juden' unter verschärfte Achtungs-/Mißachtungsbedingungen. Das hat zwei Konsequenzen: entweder sie motiviert zur Konformität durch die Wahl der ‚guten Meinung' über die Juden, um sich persönliche und kollektive (!) Achtung zu sichern, oder sie führt zum Schweigen, zur Vermeidung des Themas, um so der absehbaren Mißachtung vorzubeugen.[145]

Es wird deutlich, dass die Kommunikationslatenz zur Folge hat, dass es vier Verhaltensmöglichkeiten gibt: erstens, die partielle Durchbrechung mit anschließender Rücknahme und Entschuldigung (Retabuisierung), zweitens, die vollständige Durchbrechung der Kommunikationslatenz, was entweder in einer Konsensgruppe geschieht, in welcher dies nicht sanktioniert wird, oder zur gesellschaftlichen Ächtung und Ausgrenzung führt, sowie drittens die Äußerung der „guten Meinung" über Juden oder viertens und letztens die Verweigerung bzw. Vermeidung von Kommunikation über Jüdinnen und Juden, die die Notwendigkeit einer Stellungnahme verhindert. Die Vermeidung, über Jüdinnen und Juden zu sprechen, kann sowohl antisemitisch motiviert sein, da bei Äußerungen die Kommunikationslatenz durchbrochen würde, aber auch Zeichen der Verstrickung und der Verweigerung der Auseinandersetzung sein, die auch mit einer Bewusstseinslatenz zusammenhängen kann. Innerhalb dieser Matrix von Vorurteilsrepression, Kommunikationslatenz und Verhaltensmöglichkeiten muss auch die Thematisierung bzw. Nicht-Thematisierung, die Darstellung bzw. Nicht-Darstellung jüdischer Figuren verstanden werden. Somit steht die filmische Nicht-Darstellung von jüdischen Figuren und Themen in diesem Zusammenhang.

c) Antizionismus / ‚Israelkritik'

Ein ‚Ersatzthema', in dem sich antisemitische Tendenzen aufgrund der Kommunikationslatenz äußern (können), ist der Antizionismus, der sich vor allem in der deutschen Linken ausdrückt(e): Zunächst herrschte in der bundesdeutschen Linken zwar eine proisraelische Haltung vor, mit dem Sechstagekrieg (1967) rückten allerdings weite Teile der bundesdeutschen neuen Linken von ihrem philosemitischen Israelbild ab und warfen dem Staat Imperialismus, z. T. auch Faschismus vor.

144 Vgl. Ebbrecht: Das Judentum als Fernsehkulisse.

145 Bergmann / Erb: Kommunikationslatenz, Moral und öffentliche Meinung, S. 234.

Die Identifikation mit der unterdrückten palästinensischen Bevölkerung erfüllt, laut Ingolf Seidel, den Zweck der Kompensation bzw. Projektion: „Kann das Individuum sich nicht mit dem eigenen nationalen Kollektiv identifizieren und daraus seine psychischen Gratifikationen beziehen, so dienen andere ‚Völker' als Projektionsfläche des eigenen Verdrängten."[146]
Hier gibt es Überschneidungen zwischen den Formen von Antisemitismus in der DDR[147] und der bundesdeutschen Linken. Filmische Formen von Antizionismus müssten jedoch anhand eines anderen Filmkorpus untersucht werden – mit Blick auf das Israelbild im deutschen Spielfilm, da der Nahe Osten und der Nahost-Konflikt u. a. im linken Antisemitismus als Projektionsfläche dienen, die wenig oder nichts mit den komplexen Realitäten und Auseinandersetzungen vor Ort zu tun hat, sondern vornehmlich mit eigenen Bedürfnissen, nach denen die Juden zu den Tätern von heute gemacht werden sollen.[148]

d) Muslimisch geprägter Antisemitismus
Eine weitere aktuelle Form des Antisemitismus ist der *muslimisch geprägte Antisemitismus*. Nach Holz beginnt die Geschichte des Antisemitismus in der arabischen Welt in einem nennenswerten Umfang erst im 20. Jahrhundert. „Der Antisemitismus, der in der arabischen bzw. muslimischen Welt vertreten wird, ist in allen wesentlichen Aspekten ein Import aus Europa."[149] Es handele sich dabei letztlich um den Import einer Weltanschauung, welche grundsätzlich modern, aber antimodern in ihrer Stoßrichtung sei. Für diese „Welterklärung" sei durch die diversen Modernisierungsprozesse in der arabischen Welt ein Bedarf entstanden. Das bedeutet, dass es sich bei dem Antisemitismus mit muslimischem Hintergrund in Deutschland eigentlich um einen ‚Rückimport' handelt: Dieser Antisemitismus ist kein gänzlich anderer, sondern lediglich an andere, arabische bzw. muslimische Semantiken angepasst. Holz nennt drei Phasen des Antisemitismus im arabischen Raum: Die am Nationalismus und dem Nationalsozialismus orientierte Phase der 1930er und 40er Jahre, die Phase, die sich am sowjetischen Sozialismus und Antizionismus orientierte und die in den 1950er Jahren begann, sowie die islamistische Phase, beginnend in den 1980er Jahren.[150]

146 Ingolf Seidel: Antisemitismus aus kritisch-theoretischer Sicht. Möglichkeiten und Grenzen politischer Bildungsarbeit in einem gesellschaftlichen Problemfeld. Besonderheiten sekundär antisemitischer Muster. 5.3.1. Sekundär antisemitisch motivierter Antizionismus in der BRD. http://www.hagalil.com/antisemitismus/kritische-theorie/0531.htm (Zugriff am 16.01.2010).

147 Werner Bergmann / Rainer Erb / Albert Lichtblau: *Schwieriges Erbe. Der Umgang mit Nationalsozialismus und Antisemitismus in Österreich, der DDR und der Bundesrepublik Deutschland*. Frankfurt am Main: Campus 1995; Thomas Haury: *Antisemitismus von Links. Kommunistische Ideologie, Nationalismus und Antizionismus in der frühen DDR*. Hamburg: Hamburger Edition 2002; Moshe Zuckermann: *Zwischen Politik und Kultur. Juden in der DDR*. Göttingen: Wallstein 2002.

148 Lars Rensmann: Zwischen Kosmopolitismus und Ressentiment. Zum Problem des sekundären Antisemitismus in der deutschen Linken. In: Brosch / Elm / Geißler / Simbürger / Wrochem (Hrsg.): *Exklusive Solidarität*, S. 165–189, hier S. 175.

149 Holz: *Die Gegenwart des Antisemitismus*, S. 15.

150 Ebd., S. 16–19. Zu den 1930er und 40er Jahren heißt es bei Holz: „Für die Ausbreitung und Vertiefung des arabischen Antisemitismus hatte diese Entwicklung in den 1930er und 40er Jahren weitreichende

Muslimisch geprägter Antisemitismus findet sich kaum in den untersuchten westdeutschen Spielfilmen. Ausnahmen stellen *Kaddisch für einen Freund* und *Das Leben ist zu lang* dar, die diesen (am Rande) thematisieren.

e) Antisemitismus als Bedrohung eines positiven deutschen Selbstbildes?
Antisemitismus, der – insbesondere in der deutschen Nationaltradition – der Förderung und Festigung nationaler Identität dient, indem er jüdische Bevölkerungsanteile zu Fremden erklärt und ausgrenzt, bedroht heute, nach Ilka Quindeau, die nationale Identifizierung im deutschen Kontext: Die gesellschaftliche Anerkennung der Schuld der Deutschen an der Shoah, die heute nicht mehr die Anerkennung realer, konkreter Schuld sei, sondern die Anerkennung einer gesellschaftlichen Schuld, der Schuld der Großelterngeneration, fordere psychologisch gesehen Entlastung.[151] Diese Forderung folge der Schuldanerkennung auf dem Fuße, in Form des sekundären Antisemitismus. Somit gründet sich *dieser* sekundäre Antisemitismus aber nicht mehr wie noch vor 20 Jahren auf die Abwehr der Schuld, sondern auf deren Anerkennung. Dieser Antisemitismus zerstöre nun wiederum die einzige Möglichkeit, die es jenseits rechtsextremer und offen antisemitischer Kreise gäbe, sich mit Deutschland zu identifizieren, nämlich die Möglichkeit, sich mit dem selbstkritischen, seine Vergangenheit reflektierenden Deutschland zu identifizieren.[152]
In diesen Zusammenhang kann auch die öffentliche Empörung über muslimischen Antisemitismus gerückt werden: In der Bezugnahme auf ein selbstkritisches Deutschland, das seinen erinnerungspolitischen Pflichten nachkommt, stören antisemitische Tendenzen einerseits die Ruhe, bieten aber auch gleichzeitig die Möglichkeit, den eigenen Antisemitismus respektive den Antisemitismus der nicht-muslimischen, deutschen Wir-Gruppe, auf *die Anderen*, in diesem Fall ‚die Muslime', zu projizieren.[153]
Hier wird eine ganz aktuelle Facette und Entwicklung im Antisemitismus nach Auschwitz formuliert: Der Gedanke, dass nicht nur die Abwehr von Schuld zu sekundärem Antisemitismus führen kann, sondern auch deren Annahme, die psychologisch nur schwer zu verarbeiten ist. Hier zeigt sich einmal mehr, dass der sekundäre Antisemitismus nach Auschwitz nicht homogen und nicht statisch ist, sondern sich verändert und durch generationelle Wechsel und gesellschaftliche wie politische Veränderungen unterschiedliche Formen annimmt.

3.3 Überlegungen zum Philosemitismus
Philosemitismus als die positive Äußerung oder Bezugnahme auf Jüdinnen und Juden ist ein zentraler Begriff im Kontext des ‚deutsch-jüdischen Verhältnisses' nach 1945. Zeitgleich mit dem Begriff des Antisemitismus im letzten Drittel des 19. Jahrhunderts

Folgen. Statt dem sich allmählich entfaltenden jüdisch-arabischen Konflikt eine eigenständige politische Deutung zu geben, erlaubte der europäische Antisemitismus eine ideologische Deutung des Konfliktes als übergeordnete und existentielle Konfrontation mit den Juden." Ebd., S. 18.

151 Quindeau: Schuldabwehr und nationale Identität, S. 163.

152 Ebd.

153 Vgl. ebd.

entstanden, findet er im wissenschaftlichen Gebrauch erst nach 1945 vermehrt Verwendung:[154] Die positive Äußerung über Juden steht besonders in Deutschland nach der Shoah schnell unter dem Verdacht, einen unlauteren, opportunistischen Beweggrund zu haben oder letztlich eine neukodierte Form von Antisemitismus zu sein.

Ungeachtet der Tatsache, dass es Philosemitismus gibt, handelt es sich aber *auch* um einen ‚Kampfbegriff', der projüdische Haltungen zu disqualifizieren sucht. Gleichzeitig steht philosemitisches Verhalten sowohl in seiner Anlage als auch seiner Konsequenz für Jüdinnen und Juden dem antisemitischen nahe, nämlich in der exkludierenden Wahrnehmung von ‚den Juden'. So weist Moshe Zuckermann darauf hin, dass sowohl Antisemitismus als auch Philosemitismus ‚die Juden' als Andere, die jenseits des Normalen stehen, wahrnehme. Jüdinnen und Juden würden damit abstrahiert und ihrer Individualität beraubt. Dadurch werde ‚der Jude' zur perfekten Folie für die Projektionen des Anti- wie auch des Philosemiten.[155] Philosemitismus steht damit auch in seinen Auswirkungen dem Antisemitismus nahe: Jüdinnen und Juden werden zu Anderen ausgegrenzt.

Wolfram Kinzig versteht unter Philosemitismus „[...]ein Interesse am Judentum in Verbindung mit einem intellektuellen und/oder praktischen Eintreten für das Judentum"[156]. Er unterscheidet zwischen primärem und sekundärem Philosemitismus, wobei *primärer Philosemitismus* das Schätzen des Judentums um seiner selbst willen meint, *sekundärer Philosemitismus* hingegen „das Eintreten für das Judentum als Folge gewisser anderer Prämissen"[157].

Frank Stern geht davon aus, dass der Philosemitismus als eine Reaktion auf den Antisemitismus in gewisser Hinsicht eine Form dessen sei bzw. diesen in sich trage. Philosemitische Stereotype haben viel mit antisemitischen gemein.[158] Stern zeigt auf, dass philosemitische Einstellungen vormals antisemitische ersetzten oder lediglich ergänzten. Dabei betont er den Wertewechsel vom staatlich angeordneten Antisemitismus zum staatlich verordneten Philosemitismus, der es den Bürger_innen in Deutschland ermöglichte, Distanz zur Vergangenheit zu schaffen und sich demokratisch zu positionieren. So schreibt er:

> [Der Philosemitismus] war eine mögliche Form, auf den vor sich gehenden Wertewandel zu reagieren, an ihm vermeintlich oder echt teilzuhaben und diese Teilhabe auf einen einfachen und unmissverständlichen Nenner zu bringen. Mit seiner Hilfe konnte das Individuum stets der demokratischen Form Genüge tun und in relevanten politischen Fragen einverständig Distanz zur Vergangenheit herstellen.[159]

154 Wolfram Kinzig: Philosemitismus – Was ist das? Eine kritische Begriffsanalyse. In: Irene A. Diekmann / Julius H. Schoeps (Hrsg.): *Geliebter Feind – gehasster Freund. Antisemitismus und Philosemitismus in Geschichte und Gegenwart*. Berlin: vbb 2009, S. 25–60, hier 27 ff.

155 Moshe Zuckermann: Aspekte des Philosemitismus. In: Diekmann / Schoeps (Hrsg.): *Geliebter Feind – gehasster Freund*, S. 61–71, hier S. 61.

156 Kinzig: Philosemitismus – Was ist das?, S. 37.

157 Ebd.

158 Frank Stern: Philosemitismus statt Antisemitismus. Entstehung und Funktion einer neuen Ideologie in Westdeutschland. In: Benz (Hrsg.): *Zwischen Antisemitismus und Philosemitismus*, S. 47–62, hier S. 52.

159 Stern: *Im Anfang war Auschwitz*, S. 349.

Philosemitismus als Habitus oder Verhaltensweise werde sowohl eingesetzt, um die eigene Distanz zu antisemitischen Haltungen zu betonen, als auch, um bedingt antisemitische Haltungen anzudeuten.
Kinzig bezeichnet diesen von Stern beobachteten Philosemitismus als *demonstrativen Philosemitismus*, da er sich in betont projüdischen Haltungen und Gesten zeige.[160] Das Verständnis von Philosemitismus als eine Art ‚positives' Stereotyp, also als eine Art Umwertung des Antisemitismus habe nachgewirkt, so Kinzig, und sich als Folge von Sterns Studie verbreitet. Kinzigs Analyse der Verständnisse des Philosemitismus-Begriffs zeigt, wie offen diese Diskussion nach wie vor ist und wie wenig es zu einer klaren, scharfen Begriffsbestimmung gekommen ist, die im wissenschaftlichen Feld mehrheitsfähig wäre.
Philosemitismus ist (jedoch) kein ausschließlich deutsches Phänomen, sondern findet sich auch in anderen Ländern, weshalb eine Reduktion auf Schuldabwehr und Reaktion auf den Holocaust unzulässig erscheint. Dafür spricht auch, dass es sich beim Philosemitismus nicht um ein modernes Phänomen handelt und er nicht statisch ist, sich also ähnlich wie der Antisemitismus von einer religiösen Erscheinung zu einer säkularen wandelt.[161] Somit ist eine Reduktion des Philosemitismusbegriffs auf das, was Kinzig unter sekundärem Philosemitismus versteht, unzulässig. Versteht man Philosemitismus ausschließlich als Reaktion auf die Diskriminierung von Jüdinnen und Juden und führt ihn auf ‚unehrenhafte' Motive zurück, so ist man häufig auf Spekulationen angewiesen und muss Motive unterstellen, die man letztlich kaum kennen kann. Des Weiteren darf durchaus, auch wenn man versucht, keine Vermutungen über die Motive anzustellen, danach gefragt werden, was philosemitische Haltungen und Handlungen mit den Betroffenen – also mit Jüdinnen und Juden – machen. Unabhängig von den lauteren oder unlauteren Motiven hinter der philosemitischen Handlung oder Haltung kann sie negative Gefühle auslösen, wie es beispielsweise der Schriftsteller Manès Sperber in einem Brief beschreibt:

> Ihr Philosemitismus bedrückt mich, erniedrigt mich wie ein Kompliment, das auf einem absurden Missverständnis beruht und das man überdies weder verdient hat noch verdienen möchte. Sie überschätzen uns Juden in gefährlicher Weise und bestehen darauf, unser ganzes Volk zu lieben. Ich verlange nicht, ich will nicht, daß man uns oder irgendein anderes Volk in dieser Weise liebe ....[162]

Die Unterscheidung zwischen primärem und sekundärem Philosemitismus muss berücksichtigt werden, soweit diese Formen unterschieden werden können. Ohne (vorschnell) Motive zu unterstellen, soll der von Frank Stern beobachtete *demonstrative Philosemitismus* mitgedacht werden, da anzunehmen ist, dass er im Zusammenhang mit zwischen 1945 und 2015 entstandenen deutschen Filmen eine zentrale Rolle spielt. Ohne Philosemitismus als ausschließlich reaktiv zu verstehen, kann für den zu untersuchenden Zeitraum davon ausgegangen werden, dass es kaum philosemitische

160 Kinzig: Philosemitismus – Was ist das?, S. 40.

161 Ebd., S. 44 ff.

162 Manès Sperber. In: Hans Jürgen Schultz (Hrsg.): *Mein Judentum*. Stuttgart / Berlin: Kreuz 1979, S. 178–194, hier S. 193.

Haltungen in Deutschland nach 1945 geben kann, die nicht auf den Holocaust reagieren und sich irgendwie zu diesem verhalten. Auch die Möglichkeit, dass Philosemitismus ein Deckmantel für oder verwandt mit Antisemitismus sein kann, soll berücksichtigt werden, ebenso wie das Auftreten philosemitischer Stereotype, wie beispielsweise das vom ‚schlauen Juden'. Die besondere Verwandtschaft oder Nähe von Philosemitismus und Antisemitismus im deutschen Raum ergibt sich aus ähnlichen Faktoren wie die Besonderheiten des sekundären Antisemitismus:

> Resultiert der sekundäre Antisemitismus aus Schuldabwehr und einer infantilen Fixierung auf die Opfer von Auschwitz, so werden diese nicht nur zur gefürchteten moralischen Instanz, sondern auch zu einer moralisch positiv überhöhten. Deren Ausdrucksform als Philosemitismus hat jahrzehntelang die offizielle Darstellung der Haltung der westdeutschen Demokratie gegenüber allem Jüdischen bestimmt.[163]

Auch Bergmann und Erb weisen auf Philosemitismus im Zusammenhang von ‚Schuld' und ‚den Juden' als überhöhte moralische Instanz hin, verstehen ihn aber explizit nicht als speziellen Antisemitismus:

> Andererseits kann die Moralkommunikation auch zum Philosemitismus führen – wie er in Deutschland häufig anzutreffen ist –, den man nicht als verkappten Antisemitismus mißverstehen darf. Er ist vielmehr der Versuch, die beständige Schuldzumutung zu akzeptieren, indem man den Kommunikationspartner idealisiert. Denn die Schuld ist nur dann auf Dauer akzeptabel, wenn der andere ‚besser' ist als man selbst.[164]

Die moralische Überhöhung der Opfer ist eine problematische Idealisierung, da sie bei vermeintlichen Verfehlungen in ihr Gegenteil kippen kann, wie wenn beispielsweise die Politik Israels in einer unzulässigen Gleichsetzung als Verfehlung ‚der Juden' gedeutet wird. Neben dieser potentiellen Nähe von Antisemitismus und Philosemitismus ist zu berücksichtigen, dass philosemitische Haltungen und Handlungen, gerade von Deutschen nach 1945, bei Jüdinnen und Juden häufig Misstrauen auslösen und als (positive) Diskriminierung erlebt werden.

Hinwendung zu jüdischer Kultur nach 1989 – Auch Philosemitismus?

Ein weiteres Phänomen, das erst in den letzten 20 Jahren seit der deutschen Wiedervereinigung diskutiert wird, ist das seit den 1980er Jahren erstarkende deutsche Interesse an jüdischer Kultur und jüdischem Leben.[165] Ohne dieses Phänomen vorschnell bewerten zu wollen, kann eine gewisse Nähe zum (sekundären) Philosemitismus nicht geleugnet werden.

Seit den späten 1980er Jahren ist in Deutschland, aber auch in anderen europäischen Ländern, ein deutlicher Anstieg des Interesses an jüdischen Themen festzustellen, so dass der Umgang mit jüdischen Themen und das Holocaust-Gedenken längst gesellschaftliche Routine geworden sind. Diese werde von einer inzwischen beträchtlichen

163 Seidel: Antisemitismus aus kritisch-theoretischer Sicht.

164 Bergmann / Erb: Kommunikationslatenz, Moral und öffentliche Meinung, S. 236.

165 Bodemann: *In den Wogen der Erinnerung*, S. 7.

Zahl an Institutionen sowie jüdischen und nicht-jüdischen Spezialisten gestaltet.[166] Diese Zuwendung hin zu jüdischen Themen, die sich u. a. eben in jüdischen Kulturfestivals, Musik- und Literaturabenden, Museen etc. ausdrückt, spricht nicht notwendigerweise für ein Aufblühen des jüdischen Lebens in Deutschland, sondern in erster Linie für den Wunsch nach jüdischem Leben und jüdischer Kultur in Deutschland.[167] Katharina Ochse merkt an, dass Juden – entgegen dem Bild, welches durch die öffentliche Aufmerksamkeit, die jüdischen Themen zuteilwird, entsteht – nach wie vor eine sehr kleine Minderheit in der deutschen Bevölkerung seien.[168] Das gleiche Phänomen beschreibt Ruth Ellen Gruber, wenn sie von der großen Sichtbarkeit und der gleichzeitigen Unsichtbarkeit von Juden spricht.[169] Nach einer langen Zeit, in der Erinnerungen an jüdische Geschichte und Kultur in den Ländern, in denen der Holocaust stattgefunden hat, marginalisiert, unterdrückt oder vergessen wurden, würde nun vermeintlich jüdischer Kultur eine große Aufmerksamkeit zuteil. Jüdische Kultur oder das, was als solche verstanden werde, sei hochgradig sichtbar, gerade in diesen Ländern, in denen die jüdische Bevölkerung nahezu unsichtbar sei.[170] Dort sei die ‚virtuelle jüdische Kultur' trotz einiger jüdischer Akteur_innen letztlich Kultur von Nicht-Juden für Nicht-Juden.[171] Trotz unklarer Motive des Phänomens würden diese häufig vorschnell abgewertet. Es handele sich stark um ein Phänomen der ‚dritten Generation' nach dem Holocaust, welche die eigene Identität in Abgrenzung zur Eltern- und Großelterngeneration suche.[172] Für die Erklärung dieses Phänomens können daneben auch unterschiedliche Formen von Philosemitismus, verbunden mit Unbehagen wegen der Shoah oder dem Reiz eines gewissen Exotismus, eine Rolle spielen.[173]

Festzuhalten ist, dass die Zuwendung zu jüdischen Themen reaktiv ist: Sie reagiert auf die Shoah und die Leerstelle, die sie hinterlassen hat, und ersetzt die Unsichtbarkeit der kaum existenten jüdischen Bevölkerung durch große Sichtbarkeit. Das spiegelt auch das Filmkorpus dieser Arbeit wieder, das zu über drei Vierteln aus Produktionen,

166 Bodemann: *In den Wogen der Erinnerung*, S. 7.

167 Angemerkt werden muss natürlich, dass dieses Erstarken des Interesses an Judentum und jüdischer Kultur zeitlich zusammenfällt mit der Zuwanderung jüdischer Migrant_innen aus der ehemaligen Sowjetunion. Gleichzeitig ist auch das nicht vollkommen zufälliger Natur, war doch diese Zuwanderungspolitik eine politische Entscheidung, die jüdischen Migrant_innen einen klaren Vorzug vor anderen Migrant_innengruppen gab und damit das Verständnis nahelegt, dass diese jüdischen Zuwander_innen in Deutschland lieber gesehen wurden als andere Migrant_innen bzw. in gewisser Hinsicht sogar gebraucht wurden. Y. Michael Bodemann schreibt den Jüdinnen und Juden in Deutschland eine ideologische Arbeit zu, da sie im nationalen Narrativ nach wie vor eine Sonderrolle innehätten. Sie übernehmen also eine öffentliche Rolle, die für die deutsche Identität bedeutsam ist. Vgl. Bodemann: In *den Wogen der Erinnerung*, S. 17 ff.

168 Ochse: "What could be more fruitful, more healing, more purifying?", S. 113.

169 Gruber: *Virtually Jewish*, S. 5.

170 Ebd.

171 Ebd., S. 8.

172 „Memory – memory of Jews – is employed as a vehicle for self-discovery and self-exploration. The recovery of Jewish history and culture as well as Holocaust memory is used, consciously or not, as a means of rethinking and redefining personal identity and national histories." (Gruber: *Virtually Jewish*, S. 8–9.)

173 Ebd.

die nach 1989 entstanden sind, besteht. Der Wunsch nach einem sichtbaren jüdischen Leben in Deutschland verdeutlicht, dass Juden eine wichtige öffentliche Rolle für das deutsche Selbstverständnis und die Auseinandersetzung und Positionierung zur Vergangenheit spielen. Dass es dabei ebenso wenig wie im Philosemitismus *tatsächlich* um die reale jüdische Bevölkerung, eine Offenheit oder tatsächliche Zugewandtheit Jüdinnen und Juden gegenüber geht, scheint offensichtlich. Meines Erachtens ließe sich das beschriebene Phänomen eher als eine Form des sekundären Philosemitismus verstehen, nicht aber zwangsläufig als demonstrativer Philosemitismus. Wie Demonstration des eigenen Anti-Antisemitismus, der Wunsch nach ‚Normalisierung', ‚Wiedergutmachung' oder Ungeschehenmachen der Shoah hier zusammenspielen, kann kaum pauschal beurteilt werden (vgl. Kap. II.4).

4. „Es ist nicht normal. Normal ist nicht, wenn man immer noch über Normalität extra reden muss."[174] – ‚Normalität' als problematische Kategorie

Ein Begriff, der im Zusammenhang mit dem ‚deutsch-jüdischen Verhältnis' häufig auftaucht, ist ‚Normalität'. Sei es, dass die Unmöglichkeit von ‚Normalität' im Verhältnis von nichtjüdischen Deutschen und Jüdinnen und Juden betont wird, sie eingefordert oder als ein anzustrebendes Ziel formuliert wird. 2003 schreibt Salomon Korn, er glaube, Normalität im deutsch-jüdischen Verhältnis setze voraus, Unterschiede anzuerkennen. Er erkennt im Verhältnis zwischen jüdischen und nichtjüdischen US-Amerikaner_innen eine Normalität, die es in der deutsch-jüdischen Vergangenheit nie gegeben habe. Diese beruhe sowohl auf der Eingliederung der Jüdinnen und Juden als auch auf der Akzeptanz ihres Andersseins.[175] 2007 bezeichnet er in einem Vortrag die Überwindung von trennenden Differenzen und das Erreichen von Normalität als eine seiner Lebensaufgaben.[176]

Charlotte Knobloch wurde 2006 in ihrer Funktion als Zentralratspräsidentin und Präsidentin der Israelitischen Kultusgemeinde München in einem Interview mit der *Jüdischen Allgemeinen* gefragt, ob die Eröffnung des neuen Jüdischen Gemeindezentrums in München „ein Schritt auf dem Weg in die vielbeschworene deutsch-jüdische Normalität"[177] sei. Sie antwortete darauf, es sei eher ein Schritt von einem Nebeneinander zu einem Miteinander. „Die Normalität wird wahrscheinlich in der nächsten Generation Fuß fassen. Aber noch ist sie nicht vorhanden."[178] Ein ebenfalls 2007 in *Die Zeit* erschienener Essay über die Ignatz Bubis-Ausstellung im Jüdischen Museum

174 Franz Leitmayr in dem Tatort *Ein ganz normaler Fall* (2011, R: Torsten C. Fischer).

175 Salomon Korn: Wie deutsch solls denn sein? In: *Die Zeit*, 05.06.2003. http://www.zeit.de/2003/24/Essay_Korn (Zugriff am 18.11.2013).

176 Nikolaos Karatsioras: Schwarze Löcher des Schweigens. Salomon Korn über deutsch-jüdische Normalität. http://www.uni-stuttgart.de/uni-kurier/uk101/spektrum/salomon_korn.html (Zugriff am 14.07.2010).

177 Christian Böhme / Detlef David Kauschke / Charlotte Knobloch: „Die Herzen der Menschen erreichen". In: *Jüdische Allgemeine*, 09.11.2006. http://www.juedische-allgemeine.de/article/view/id/6729 (Zugriff am 19.11.2013).

178 Ebd.

Frankfurt trug den Titel „Die verfehlte Normalität".[179] Thematisiert werden Bubis enttäuschte Wünsche oder Hoffnungen, als deutscher Jude in Deutschland zu leben, und auch seine Hoffnung auf ein Stück ‚Normalität'. Etwas ganz anderes als Bubis meinte wohl Martin Walser, als er in der Paulskirche von der „deutschen Normalität"[180] sprach, damit Bubis in seinem Bestreben um ein ‚normales' deutsch-jüdisches Miteinander enttäuschte und ihm das Gefühl vermittelte, er habe mit seiner Haltung und seinem Engagement nichts erreicht, und so den Auftakt zur Walser-Bubis-Debatte lieferte.[181]
Auch im Zusammenhang mit den hier untersuchten Filmen taucht ‚Normalität' auf: Von der Filmkritik wird *Alles auf Zucker!* als Schritt in Richtung ‚Normalität' wahrgenommen.[182] Der Film *Ein ganz normaler Fall* aus der *Tatort*-Reihe trägt sie im Titel wie auch der Spielfilm *Ein ganz gewöhnlicher Jude* mit seinem Titel auf eben diesen Bedeutungszusammenhang verweist. Während der *Tatort*-Film versucht deutlich zu machen, dass es sich um einen Mordfall ‚wie andere auch' handelt, der von den Kommissaren dementsprechend behandelt werden sollte, auch wenn ihnen während ihrer Ermittlungen ein beklommenes und angespanntes Verhalten jüdischen Themen gegenüber implizit und explizit begegnet, erteilt *Ein ganz gewöhnlicher Jude* dem vom Protagonisten artikulierten Wunsch *ganz gewöhnlich* zu sein, nicht aufzufallen, tendenziell eine Absage.
In seinem Aufsatz „Schweigend ins Gespräch vertieft: Anmerkungen zu Geschichte und Gegenwart des jüdisch-nichtjüdischen Verhältnisses in den Täterländern" negiert der österreichische Schriftsteller Robert Schindel die Möglichkeit von ‚Normalität' im ‚deutsch-jüdischen Verhältnis':

> Daher kann es keine Normalität geben. Bis ins siebte Glied noch nicht. Wenn wir dies erschweigen, also als Faktum akzeptieren, dass Normalität obszön ist zwischen Juden und Nichtjuden hierorts, dann ist der Dialog jenseits der Plappersuppen möglich.[183]

Statt einer solch definitiven Absage benennt die Journalistin Katharina Ochse ‚Normalität' oder ‚Normalisierung' als etwas, das seit 1989 im deutsch-jüdischen Verhältnis fortschreite, merkt aber darüber hinaus an, dass fast nie expliziert wurde, was darunter zu verstehen sei:

> Most of the non-Jewish Germans interpreted the fall of the Wall as a beginning of a new stage in German history, as a step on the way to a normalization of the relationship between West and East Germans, but also between Germans and German Jews, though there has rarely been any explicit consideration of what is to be understood by 'normalization'.[184]

179 Maximilian Probst: Die verfehlte Normalität. In: *Die Zeit*, 24.05.2007, S. 50. http://www.zeit.de/2007/22/Die_verfehlte_Normalitaet (Zugriff am 19.11.2013).

180 *Martin Walser. Ansprachen aus Anlaß der Verleihung [des Friedenspreises des Deutschen Buchhandels an Martin Walser in der Paulskirche zu Frankfurt am Main]*. Frankfurt am Main: Verlag der Buchhändler-Vereinigung 1998.

181 Probst: Die verfehlte Normalität.

182 Angekommen, aber noch nicht begrüßt. http://www.dw.de/angekommen-aber-noch-nicht-begrüßt/a-1465589 (Zugriff am 07.11.2013).

183 Robert Schindel: Schweigend ins Gespräch vertieft. In: Bogdal / Holz / Lorenz (Hrsg.): *Literarischer Antisemitismus nach Auschwitz*, S. 331–336, hier S. 336.

184 Ochse: "What could be more fruitful, more healing, more purifying?", S. 123–124.

Deutlich wird bei den angeführten Beispielen auf der einen Seite, dass es sehr unterschiedliche Positionen zur Möglichkeit und Bedeutung von ‚Normalität' im ‚deutsch-jüdischen Verhältnis' gibt, ebenso wie dazu, ob diese wünschenswert sei oder nicht. Der Begriff polarisiert und bedeutet in unterschiedlichen Kontexten und für die verschiedenen Akteur_innen nicht das Gleiche. Auf der anderen Seite machen die angeführten Beispiele auch deutlich, dass die Begriffe ‚Normalität' oder ‚Normalisierung' trotz häufiger Verwendung unpräzise sind und dringend einer Eingrenzung und Definition bedürfen.

Normalität: Eine soziokulturelle Kategorie

Normalität ist eine *sozio-kulturelle Kategorie*, die nicht biologisch begründet ist und erst mit der zunehmenden Verdatung und statistischen Erfassung westlicher Gesellschaften im 18. Jahrhundert entstand. Normalität ist als Ergebnis von Normalisierungsprozessen zu verstehen. Jürgen Link nähert sich einer Definition von Normalität und Normalismus zunächst über sechs Ungleichungen an, die ein präziseres Verständnis des unscharfen Begriffs erleichtern: So sei Normalität nicht deckungsgleich mit Normativität, was bedeutet, dass Normalisierung nicht gleichzusetzen sei mit der Sanktionierung eines Normbruchs. Normalität meine aber auch nicht Alltäglichkeit oder eine Alltagsroutine, somit sei Normalisierung auch keine Veralltäglichung. Sie sei auch keine Bio-Homöostase, ebenso wie sie keine generelle Technokratie sei, d. h. dass Normalisierung nicht mit industrieller Normung oder sozialer Normierung gleichzusetzen sei. Letztens sei Normalität weder ästhetische Banalität noch eine konstruierte soziale Wirklichkeit.[185] Die als Prozess mit Normalität verbundene Normalisierung versteht Jürgen Link als eine Art der „Ver-Sicherung", der die Denormalisierung gegenüberstehe, welche Angst und Unsicherheit auslöse. Normalitätsgrenzen seien heute flexibel und dynamisch, letztlich soziale Grenzen, die gesellschaftliche Inklusion und Exklusion regelten. Normalität, als modernes Phänomen, werde in die Geschichte und Vorgeschichte projiziert, wodurch sie (erst) ahistorisch wirke.

Normalität als etwas Gemachtes wird damit zur zentralen Orientierungskategorie „moderner okzidentaler Subjekte im Alltag"[186]. Diese funktioniere über das *normalistische Gewissen*: Werde ein Sachverhalt als normal konstituiert, werde ihm damit Akzeptanz verliehen und der Druck auf das betreffende Subjekt, sich zu verändern, nehme ab. „Mit der Produktion von Akzeptanz durch Normalität konstituiert der Normalismus gleichzeitig einen vom Kontinent der Normativität unabhängigen, transnormativen, transjuridischen und transethischen Typ von Gewissen."[187] Im Gegensatz zum normativen Gewissen unterscheidet das normalistische nicht in Ja und Nein, sondern graduell, es beziehe sich nicht auf den Einzelfall, sondern auf Massendaten.

185 Jürgen Link: *Versuch über den Normalismus. Wie Normalität produziert wird.* Göttingen: Vandenhoeck & Ruprecht 2006, S. 33–40.

186 Ebd., S. 20.

187 Ebd., S. 453.

Das wiederholte Auftauchen und die Zentralität von Normalität im (aktuellen) Diskurs über das ‚deutsch-jüdische Verhältnis' begründet sich auf ihrer Funktion als Orientierungs- und Kompensationsverfahren sowie ihrer versichernden Wirkung. In der Auseinandersetzung um deutsch-jüdische Themen zu wissen, was ‚normal' ist, und sich daran orientieren wie auch Abweichungen feststellen zu können, würde Sicherheit geben.
Dieses differenzierte Verständnis von Normalität berücksichtigend, ergeben sich für diese Arbeit zwei zentrale Fragerichtungen: Die erste richtet sich auf die Vergangenheit als Vergleichsfolie für die Gegenwart, die zweite auf die Gegenwart und deren Hoffnungen und Vorstellungen für die Zukunft.

Projizierte Normalität: Die Illusion einer deutsch-jüdischen Symbiose

Versteht man die Zeit des Nationalsozialismus als Denormalisierung oder als Bruch mit der Normalität, lädt das zunächst zu der Schlussfolgerung ein, die Zeit vor 1933 sei normal gewesen. In Anbetracht der graduellen Unterscheidungen, die das ‚normalistische Gewissen' vornehme, lässt sich festhalten, dass die Zeit der Weimarer Republik deutlich ‚normaler' erscheint als die Zeit des Nationalsozialismus.
Von der Annahme ausgehend, dass mit Normalität im hiesigen Kontext eine von größeren Problembelastungen freie Unbeschwertheit assoziiert wird, zeigt sich, dass die Zeit vor 1933 für das ‚deutsch-jüdische Verhältnis' nach 1945 keine ‚Normalität' anbietet, an die angeknüpft werden kann: So fiele zwar die Shoah-Vergangenheit und damit die Frage nach Opfer- und Täterschaft weg, von ‚Unbeschwertheit' könnte jedoch aufgrund des immensen Antisemitismus und der Ausgrenzung von Jüdinnen und Juden nicht zu reden sein. Insofern scheint es keine jüngere deutsche Vergangenheit zu geben, die sich anbietet, um an ihre ‚Normalität' im Verhältnis von Jüdinnen und Juden und nichtjüdischen Deutschen anzuknüpfen. Normalität wird hier also reprojiziert und im Vergleich mit der Zeit des Nationalsozialismus konstruiert. ‚Normal', im Sinne der Gaußschen Normalverteilung, war ein Verhältnis zwischen Jüdinnen und Juden und nichtjüdischen Deutschen, das strukturell antisemitisch war. So stellt Wolfgang Benz bezugnehmend auf das 19. und frühe 20. Jahrhundert fest: „Die Tatsache der kulturellen Assimilation verleitete aber auch zum Trugschluß, es habe eine deutsch-jüdische Symbiose gegeben, die im Rückblick gar zunehmend verklärt wird."[188] Unter Berücksichtigung der Karrieren und Laufbahnen, die Juden sogar trotz Taufe verschlossen blieben, seien „Zweifel an der Vollkommenheit der Emanzipation"[189] durchaus berechtigt. Als „gravierendste[s] Argument gegen die These von der deutsch-jüdischen Symbiose"[190] nennt er den bürgerlichen Antisemitismus.[191]

188 Wolfgang Benz: *Bilder vom Juden. Studien zum alltäglichen Antisemitismus*. München: Beck 2001, S. 47.

189 Ebd.

190 Ebd., S. 48.

191 So heißt es weiter bei Benz: „Der bürgerliche – religiös, sozial, ökonomisch motivierte – Antisemitismus, der im Umkreis der Diskussion um die ‚*Judenfrage*' begann und im schweigenden Zusehen bei ihrer ‚*Lösung*' unter dem nationalsozialistischen Regime endete, wuchs parallel zum Aufblühen jüdischer Freiheit in Deutschland Ende des 19. und zu Beginn des 20. Jahrhunderts" (ebd., S. 48).

Damit wird deutlich, dass die in der Zeit vor 1933 angenommene Normalität eher durch die Abwesenheit von Schuld geprägt ist, denn durch eine *tatsächliche* Gleichberechtigung und die Absenz antisemitischer Ressentiments, worin sich möglicherweise prioritäre Wünsche bezüglich der erstrebten ‚Normalisierung' ausdrücken.
Für das Normalitätsempfinden der Zeit des Nationalsozialismus spielen ‚sektorielle Normalitäten' eine zentrale Rolle:

> Die Rede von der ‚Normalität' Eichmanns und anderer Massenmörder zielt auf das Phänomen des Fortbestehens sektorieller Normalitäten in einem Kontext durchgedrehter Notstandsschläge. So koexistierte Auschwitz scheinbar mit ‚Normal-Familien' der Henker und mit ‚normal' funktionierendem Eisenbahnverkehr. Dabei geht es also um das Verhältnis zwischen sektorieller und genereller, interdiskursiver Normalität.[192]

So kann die Zeit des Nationalsozialismus auf einer generellen Ebene nicht als ‚normal' verstanden werden, auch wenn sektorielle Normalitäten bestehen blieben. Beim Nationalsozialismus geraten die Normalisierungsbestrebungen an ihre Grenzen. Problematisch wirkt hier, dass viele nichtjüdische und nichtverfolgte Deutsche diese sektorielle Normalität stark wahrnahmen, weil sie ihren Alltag prägte und sie die Zeit des Nationalsozialismus erst retrospektiv als eine Denormalisierung wahrzunehmen *lernten*, während für jüdische oder anderweitig Verfolgte, die sich auf der Flucht oder in Konzentrations- oder Vernichtungslagern befanden, keine sektoriellen Normalitäten bestehen blieben. Für sie stellte die Verfolgung den absoluten Bruch mit Normalität dar – für ihre Nachkommen gilt das z. T. bis heute.
Einerseits wird hier der Unterschied zwischen Normalität und Normativität deutlich und andererseits die Differenz im Empfinden, die der kollektiven Setzung, der Nationalsozialismus sei eine Zeit der Denormalisierung gewesen, durchaus zu trotzen im Stande ist.

Unbefangenheit oder Schlussstrich? Gegenwärtige Assoziationen mit Normalität
In den meisten Fällen wird mit ‚Normalität' im ‚deutsch-jüdischen Verhältnis' – so soll hier angenommen werden – eine Unbefangenheit und Abwesenheit von Schuld assoziiert. Warum aber wird dieses von den unterschiedlichen Akteur_innen so gegenteilig bewertet? Die abweichenden Bewertungen und Bedeutungen, die dieser Form von ‚Normalisierung' zugeschrieben werden, sind zumindest teilweise in den angenommenen Motivationen zu finden. So kann der Wunsch nach Unbeschwertheit im Umgang mit Jüdinnen und Juden ebenso durch den Wunsch nach einem positiven, offenen, pluralistischen Gesellschaftskonzept motiviert sein wie durch den Wunsch nach einem Schlussstrich oder durch den antisemitischen Gedanken, in so einem unbefangeneren Verhältnis würden jüdische Themen weniger Aufmerksamkeit und antisemitische Äußerungen mehr Toleranz erfahren. Motivation kann auch sekundärer Antisemitismus mit seinen Ausformungen von Schuldabwehr und Thematisierungsverweigerung sein. Darüber hinaus kann der Wunsch nach ‚Normalität' von dem Bedürfnis nach einem vereinfachten, weniger ambivalenten Verhältnis zur eigenen Identität motiviert

192 Link: *Versuch über den Normalismus*, S. 318.

sein: Während es für Jüdinnen und Juden in Deutschland nicht einfach ist (bzw. war), ‚jüdische' und ‚deutsche' Teile ihres Selbstverständnisses zusammenzubringen, so ist für nichtjüdische Deutsche eine positive Bezugnahme auf deutsche Identität bei großer Präsenz der Shoah und des Nationalsozialismus schwierig. Entzieht sich schon die Zeit des Nationalsozialismus den Normalisierungsbestrebungen, was eine Verunsicherung bedeutet, so soll wenigstens das komplexe ‚deutsch-jüdische Verhältnis' nach 1945, als eines der sichtbarsten Zeichen der Shoah, normalisiert werden.

Versteht man nach Link Normalitätsgrenzen als soziale Grenzen, die gesellschaftliche Inklusion und Exklusion regeln,[193] so lässt sich vermuten, dass ‚Normalisierung' – auch wenn die Motive für den Wunsch nach Normalität mitunter problematisch sein mögen und Normalisierung von jüdischer Seite z. T. gefürchtet oder abgelehnt wird[194] – zumindest eine neue Integration von Jüdinnen und Juden in die mehrheitlich nichtjüdische deutsche Gesellschaft bedeuten *könnte.*

Auch wenn das Sprechen über Normalität im Kontext des ‚deutsch-jüdischen Verhältnisses' nach 1945 Anschlussfähigkeiten und Überschneidungen mit antisemitischen wie philosemitischen Äußerungen aufweisen kann, ist eine Reduktion auf ausschließlich diesen Zusammenhang problematisch.

4.1 Normalität als Paradigmenwechsel: Von der Shoah zu Anderen unter anderen Anderen

Mit der Einwanderung von Jüdinnen und Juden aus der ehemaligen Sowjetunion,[195] dem veränderten Erinnern und Gedenken der Shoah seit der Wiedervereinigung und einem weiteren generationellen Wechsel, der die NS-Vergangenheit für Jüdinnen und Juden wie für nichtjüdische Deutsche weiter in die Vergangenheit rücken lässt, treten neben die Shoah als dem Ereignis, welches das ‚deutsch-jüdische Verhältnis' lange Zeit hauptsächlich ausrichtete, neue Fragen und Perspektiven.

Pinto geht davon aus, dass die Phase, in der jüdische Themen eine große Zentralität in Europa genossen haben, vorüber sei und dass Jüdinnen und Juden zunehmend zu einer Gruppe ‚Anderer' unter vielen ‚anderen Anderen' würden.[196] Die Herausforderung für Jüdinnen und Juden in diesem Zusammenhang sei es, sich an eine Welt anzupassen und auf diese einzustellen, die zunehmend ‚asemitisch' („asemitic") sei. Damit meint sie weder philo- noch antisemitisch, sondern vielmehr neutral oder indifferent im Sinne von ‚keinen Unterschied machend'.

> We have thus entered a new qualitatively different 'asemitic' epoch, one which treats ‚the Jews' in a far calmer and more detached manner, as a group which definitely 'belongs' on the continent and in each individual state, but which is to be considered on equal terms with everybody else. Jews and their community leaders are not used to such a neutral context, one which does not, either in positive or negative terms, attribute innate 'differences', whether as special virtues or as unique 'faults' […] to the Jews qua Jews.[197]

193 Link: *Versuch über den Normalismus*, S. 40.
194 Vgl. bspw. Schindel: Schweigend ins Gespräch vertieft, S. 336.
195 Ausführlicher: Gorelik / Weiss: Die russisch-jüdische Zuwanderung.
196 Pinto: The Challenges of Progressive Jews.
197 Ebd.

Sie betont, dass die Einzigartigkeit, die Jüdinnen und Juden zugeschrieben wurde, im christlichen Kontext eine lange Tradition habe, es jetzt aber an der Zeit sei, sich an ‚Indifferenz' als neue (kommende) Norm zu gewöhnen. In einem neuen pluralistischen Setting seien Jüdinnen und Juden nicht länger einzigartig. Der Andere, der Sorge oder auch Feindseligkeit hervorrufe, wäre nicht mehr ‚der Jude', sondern ‚der Muslim'. Das Interesse an jüdischen Themen sei damit nicht verschwunden, aber die Sichtbarkeit und Zentralität ändere sich: „Interest in 'things Jewish', and even individual passions for them will remain but on an 'on and off' basis, since Jews will have to 'time share' with other cultural identities and their own legitimate demands for recognition."[198]
Auch wenn die Situation in Deutschland nur schwerlich mit anderen europäischen Ländern vergleichbar sein mag, scheinen sich doch bezüglich des jüdischen Lebens in Deutschland als Einwanderungsland neue Perspektiven zu eröffnen, und eine „Diskurswende"[199] scheint sich abzuzeichnen, die mit der Veränderung des jüdischen „Sonderstatus" einhergeht.[200] Aktuelle Forschungen spiegeln diese Entwicklung. Sie befassen sich mit russischen Jüdinnen und Juden und thematisieren diese als im doppelten Sinne fremd, als jüdisch und als Migrant_innen.[201] Arbeiten, die sich mit jüdischem Leben in Berlin befassen, sehen sich als den beiden größten Gruppen mit jungen Israelis und russischen Jüdinnen und Juden konfrontiert, die ihr Verhältnis zum Judentum zunehmend neu und jenseits jüdischer Institutionen bestimmen. Daran anschließend stellen sich zunehmend *vergleichende* Fragen, die sich auch aus dem Vergleich mit (anderen) Migrant_innengruppen ergeben, wie nach gemischt religiösen oder kulturellen Familienkonstellationen und identitären Entwürfen. Gleichzeitig wird die Shoah als zentraler Bezugspunkt zunehmend abgelehnt und neue Zugänge werden eingefordert.[202] In öffentlichen Debatten wie der ‚Beschneidungsdebatte' von 2012 steht die jüdische Gemeinschaft neben der muslimischen als fremd in der Kritik. Die vielfach beschworene „christlich-jüdische Leitkultur", die eine Abgrenzung zwischen ‚den Juden' mit einem positiv konnotierten, ambivalenten Status des Andersseins und ‚den Muslimen' als nichtintegrierbaren Fremden vollzog, scheint hier weit entfernt.[203]
Eine entsprechende Pluralisierung in (internationalen) filmischen Darstellungen jüdischen Lebens stellt auch Nathan Abrams fest.[204] Beispielhaft lassen sich diese

198 Ebd.

199 Alfred Bodenheimer: *Haut ab! Die Juden in der Beschneidungsdebatte.* Göttingen: Wallstein 2012, S. 21–22.

200 Dieser „Sonderstatus", den Y. Michal Bodemann als ambivalent beschreibt (Bodemann: *In den Wogen der Erinnerung*, S. 172–173), ist nicht nur positiv zu beurteilen, sondern birgt immer das Risiko der Vereinnahmung und politischen Instrumentalisierung (vgl. Bodenheimer: *Haut ab!*, S. 15) und war lange Zeit mit einem „Gabentausch" verbunden – der auch innerhalb der jüdischen Gemeinschaft durchaus auch negativ bewertet wurde (Goschler / Kauders: Dritter Teil: 1968–1989, S. 353 ff.).

201 Vgl. Julia Bernstein: *Food for Thought. Transnational Contested Identities and Food Practices of Russian-speaking Jewish Migrants in Israel and Germany.* Frankfurt am Main: Campus 2010; Julius H. Schoeps / Willi Jasper / Bernhard Vogt (Hrsg.): *Ein neues Judentum in Deutschland? Fremd- und Eigenbilder der russisch-jüdischen Einwanderer.* Potsdam: vbb 1999.

202 Vgl. Battegay: *Judentum und Popkultur.*

203 Zur ‚Beschneidungsdebatte' und ihrer Bewertung siehe ausführlicher Bodenheimer: *Haut ab!*

204 Abrams: *The New Jew in Film*, S. 21.

Tendenzen an den Spielfilmen des Filmkorpus dieser Untersuchung nachvollziehen: So findet sich der Bezug zu muslimischen Figuren in zeitgenössischen Produktionen wieder, wie in *Kaddisch für einen Freund*, aber auch in *Joshua* (BRD 2008, R: Dani Levy) oder *Das Leben ist zu lang* sowie dem geplanten, aber nicht realisierten Spielfilm-Projekt *Kebap, Latkes und Sauerkraut*, außerdem in dem *Tatort*-Film *Hydra*. In *Joshua* und das *Leben ist zu lang* spielen muslimische Figuren nur am Rande eine Rolle, es wird *über* sie gesprochen – in *Joshua* sieht man arabische Männer in einem Park eine Bombe bauen, in *Das Leben ist zu lang* will der jüdische Protagonist einen Film über die Mohammed-Karikaturen drehen. Diese Narrationen stehen eher in jener Tradition, die christlich-jüdische Gemeinsamkeit betont und eine Abgrenzung der jüdischen Figuren von den – im ersten Fall humoristisch als Terroristen und im zweiten als humorlos, aber ebenfalls fanatisch gezeigten – muslimischen Figuren vollzieht. In *Kaddisch für einen Freund* hingegen begegnen sich der russisch-jüdische Einwanderer Alexander und der libanesische Flüchtling Ali in Berlin (vgl. Kap. IV.1.3). Die jüdische und die muslimische Figur stehen sich hier als Hauptfiguren gegenüber. Damit ist nicht nur neu, dass jüdische Figuren als Migrant_innen gezeigt werden, sondern auch, dass sie in einer Figurenkonstellation mit anderen Anderen stehen. In *Hydra* wird die deutsch-türkische Ermittlerin Nora Dalay von Neonazis überfallen, wie auch der Mann der Israelin Jedida Steinmann in der Vorgeschichte der Handlung überfallen und dabei erschlagen wurde. Türk_innen sind hier wie Jüdinnen und Juden Opfer rechter Gewalt.

Es entsteht aber auch dadurch eine Parallele zu anderen Minoritäten, dass es zunehmend Komödien gibt, die jüdische Lebenswelten folkloristisch darstellen, Stereotype einsetzen und unterschiedlich mit diesen spielen, ohne zwangsläufig problematische Aspekte zu thematisieren, und damit über das (mitunter schwierige) Miteinander verschiedener Gruppen in Deutschland erzählen. Darin ähneln sie ‚ethnischen' Komödien, die große Teile ihrer Komik aus der (stereotypen) Darstellung der Besonderheiten von Minoritäten ziehen. Filme wie *Alles auf Zucker!*, *Zores*, aber auch *So ein Schlamassel*, *Schalom meine Liebe* oder *Im Angesicht des Verbrechens* (BRD 2008–10, R: Dominik Graf) lehnen mit ihren Darstellungen eine primäre oder dominante Definition zeitgenössischen jüdischen Lebens in Deutschland über die Shoah ab und bieten damit neue Perspektiven an.

III.
Kodierungen von *Jewishness*

Audiovisuelle Erfahrbarkeit oder Erkennbarkeit ist für den Film eine grundlegende Notwendigkeit. Er muss das, was erzählt werden soll, *sichtbar* und *hörbar* machen und zwar auf für die Zuschauer_innen verständliche Art und Weise. Während es im vierten Teil der Arbeit um die Typologie jüdischer Figuren geht, die in bestimmten Aspekten der Figurengestaltung Ähnlichkeiten oder Parallelen aufweisen und in spezifischen thematischen Kontexten gezeigt werden (beispielsweise als Überlebende, als Remigrant_innen oder Liebhaber_innen), also um Rollenmuster, wird hier zunächst dargelegt, wie die jüdischen Figuren in den diskutierten Filmen *so* gestaltet sind, dass sie für das hauptsächlich deutsch-nichtjüdische Publikum als jüdisch erkennbar sind. Die Frage ist also, wie Jewishness in den filmischen Texten kodiert ist.

Der Kodierungsbegriff wird in Anlehnung an Stuart Halls Encoding-Decoding-Modell verwendet, nach dem mediale Texte bei ihrer Herstellung kodiert und bei ihrer Rezeption decodiert werden. Diese Kodierungen sind erlernt, sie sind Teil einer Kultur und Gesellschaft und sie sind Teil des Kampfes um Meinungen und Deutungshoheiten, den Hall im Bereich der Kultur und in den Medien ausgetragen sieht. Sowohl die produktionsseitige Kodierung als auch die rezeptionsseitige Dekodierung verlaufen entlang gesellschaftlicher Machtverhältnisse und sind geprägt von gesellschaftlichem Wissen.[1]

Der Begriff *Jewishness* wird verwendet, weil es nicht nur um das Judentum der Figuren im Sinne ihrer Religion, nicht nur um ihre jüdische Identität im Sinne eines individuellen, psychologisch perspektivierten Selbstverständnisses geht, sondern um ein umfassenderes Konzept von ‚Jüdischkeit' als *Eigenschaft* der Figuren. Diese Eigenschaft kann religiös akzentuiert sein, als individuelle-psychologisierende Innenansicht von Figuren gezeigt oder als kulturelle oder primär historisch bedingte Zugehörigkeit sowie als eine Zuschreibung von außen dargestellt sein. Das englische *Jewishness*, wird dem deutschen Äquivalent ‚Jüdischkeit' vorgezogen, da es im Gegensatz zum deutschen Begriff

1 Vgl. Stuart Hall: *Encoding and Decoding in the Television Discourse.* Birmingham: Center for Contemporary Cultural Studies 1973.

verwendet wird und somit an einen wissenschaftlichen Diskurs angeschlossen werden kann.[2] Da die Filmfiguren keine Personen sind, ist ihre Jewishness eine Zuschreibung, eine Konstruktion, die in der Figurengestaltung geschieht und immer die vorhandenen Vorstellungen dessen spiegelt, was erstens als jüdisch angenommen und zweitens als bekannt jüdisch vorausgesetzt wird.

Den Prämissen folgend, dass a) populäre Texte offen gestaltet sind, b) die Lesart abhängig ist vom sozialen Hintergrund der Rezipient_innen und c) populäre Texte intertextuell gelesen werden und damit vom Wissen abhängen, dass die Rezipient_innen an den Text herantragen, kann nicht davon ausgegangen werden, dass die Figuren immer an einer einzelnen bestimmten Stelle des filmischen Texts für alle Rezipient_innen *eindeutig* als jüdisch erkennbar gestaltet sind. Vielmehr ist zu beobachten, dass solche Kodierungen häufig als *Reihungen* auftreten, in denen eine einzige Kodierung ein bestimmtes Publikum eine Figur bereits als jüdisch rezipieren lässt, während andere Rezipient_innen diese Figur erst später oder auch gar nicht als jüdisch wahrnehmen.

Jon Stratton entwickelt aus Alexander Dotys Überlegungen zu ‚queer moments' ein Konzept der „Jewish moments"[3]. Doty notiert, dass auch heterozentrierte Texte ‚queere' Elemente beinhalten können und auch heterosexuelle Menschen, die sich als nicht-queer verstehen, queere Momente bei der Rezeption erleben können.[4] Stratton geht davon aus, dass besonders in der amerikanischen Kultur viele Figuren lediglich als ambivalent jüdisch gezeigt werden, weshalb ‚jüdische Momente' zu hilfreichen Analysewerkzeugen dieser Uneindeutigkeiten werden. Er nimmt an, dass jüdische Momente ähnlich funktionieren wie queere: Jewishness ist, wenn es nicht explizit um jüdische Themen geht, weniger eine textuelle Eigenschaft als vielmehr Ergebnis von Produktions- und Rezeptionsprozessen, also ein *variables* Attribut, das nicht notwendigerweise an als jüdisch charakterisierte Figuren gebunden ist. Somit könne prinzipiell jede_r Rezipient_in, ob jüdisch oder nichtjüdisch, mit unterschiedlichem Wissen über Judentum ‚jüdische Momente' erleben.[5]

Der maßgebliche Unterschied zwischen dem US-amerikanischen Publikum und dem deutschen, welches die hier analysierten Filme sieht, ist, dass es sich in Deutschland um ein fast ausschließlich deutsch-nichtjüdisches Publikum handelt, während in den USA ein größerer Teil der Zuschauer_innen jüdisch ist. Insofern adressieren die deutschen Produktionen kein jüdisch-nichtjüdisches Publikum, bei dem es für den jüdischen Teil auch darum gehen könnte, sich selbst in einer Figur wiederzuerkennen und sie daher als jüdisch wahrzunehmen. Deshalb sind die Kodierungen, die dem kulturellen Wissen des nichtjüdischen deutschen Publikums entsprechen und von diesem entsprechend dekodiert werden können, schwerlich mit denen amerikanischer Darstellungen

2 Abrams: *The New Jew in Film*, S. 134–135.

3 Jon Stratton: *Coming Out Jewish*. London / New York: Routledge 2000, S. 300.

4 Vgl. Alexander Doty: *Making Things Perfectly Queer. Interpreting Mass Culture*. Minneapolis: University of Minnesota Press 1993, S. 3.

5 Stratton: *Coming Out Jewish*, S. 300.

zu vergleichen, auch wenn es durch die Distribution amerikanischer Filme in Deutschland durchaus dazu kommt, dass deutsche Rezipient_innen mit diesen ambivalenteren oder weniger eindeutigen Kodierungen konfrontiert werden. Da das spezifische intertextuelle Wissen, das die Rezipient_innen an die filmischen Darstellungen herantragen, keine Berücksichtigung finden kann, soll hier davon ausgegangen werden, dass lediglich die explizite, verbale Beschreibung einer Figur als jüdisch, durch eine vertrauenswürdige Instanz,[6] als eine *eindeutige* Kodierung verstanden werden kann, die wahrscheinlich selten übersehen oder missverstanden wird. Alle anderen Kodierungen, wie beispielsweise Judaica (allen voran Menora[7] und Mesusa[8]), jüdisch klingende Namen oder auch die Verwendung jiddischer Begriffe, führen in Abhängigkeit vom Wissen der Rezipient_innen zu ‚jüdischen Momenten' oder, zu einem nicht eindeutig bestimmbaren Zeitpunkt der Rezeption, zu der Einschätzung, es handele sich um eine jüdische Figur. Eine Häufung der Kodierungen erhöht dabei die Wahrscheinlichkeit, dass Figuren als jüdisch wahrgenommen werden. In den meisten Fällen unterstützen die beschriebenen Kodierungen eine bereits erfolgte verbale Markierung der Figur als jüdisch.

Wenn sich dieses Kapitel mit den Motiven und Merkmalen befasst, mit denen jüdische Figuren gehäuft dargestellt werden, wie den Orten und Gegenständen, die ihnen zugeschrieben werden, ihren Namen, den Geschlechterkonstruktionen, in denen sie als jüdische Männer oder Frauen gezeigt werden, dem vermeintlich jüdischen Witz und Humor, der ihnen zugeschrieben wird, ihrer häufig durch das Jiddische geprägten Figurensprache und der Musik, von der ihre Auftritte begleitet werden, dann wird die zeitliche Gebundenheit solcher Kodierungen von Jewishness deutlich: Traditionelles Essen, ‚jüdischer' Humor, Klezmermusik, Jiddisch oder einzelne jiddische Begriffe und jüdisch klingende Namen tauchen vor allem in der Auseinandersetzung um die symbolische Bedeutung jüdischen Lebens in der Berliner Republik auf. Seit mit dem Ende der 1980er Jahre und dem Beginn der 1990er Jahre im öffentlichen und kulturellen Leben in Deutschland ein erstarkendes Interesse an jüdischen Themen festgestellt wurde, wird dessen Ursprung, seine Motivation sowie gesellschaftliche Funktion

6 Wenn beispielsweise die exzentrische Mutter des Protagonisten Robert Freytag in *Die Quellen des Lebens* (BRD 2013, R: Oskar Röhler) ihrem Sohn beim ersten Wiedersehen nach ihrer jahrelangen Abwesenheit hinterherruft: „Dein Vater war übrigens Jude", dann ist dieser gespenstische Einwurf auf einer metaphorischen Ebene zwar möglicherweise symptomatisch dafür, wie jüdische Wurzeln und Familiengeschichten durch den westdeutschen Spielfilm ‚geistern', es ist aber keine ‚zuverlässige' Aussage über den Familienhintergrund des Protagonisten. Robert Freytag wird dadurch nicht zu einer jüdischen Filmfigur.

7 Die Menora ist ein siebenarmiger Leuchter, der bereits in der Antike zum häufigsten jüdischen Symbol wurde und seit 1948 offizielles Emblem des Staates Israel ist, vgl. Hannelore Künzl: Menora. In: Schoeps (Hrsg.): *Neues Lexikon des Judentums*, S. 562–563.

8 Mesusa bedeutet auf Hebräisch ‚Türpfosten'. Es handelt sich um eine Kapsel mit einer Pergamentrolle, auf die Thoraabschnitte geschrieben sind. Sie wird am rechten Türpfosten von Häusern und Wohnungen mit jüdischen Bewohner_innen angebracht und traditionell beim Betreten des Hauses oder der Wohnung berührt. Vgl. Harry Pross: Mesusa. In: Ebd., S. 564–565.

Abb. 2: Vorspann von *Ein ganz normaler Fall.*

diskutiert und dabei sehr unterschiedlich bewertet.[9] In dieser Debatte, die sich letztlich „um die wechselseitige Verhandlung von Identität, um Definitionsansprüche und die Auseinandersetzung zwischen Eigenem, Fremden und eigenem Fremden“[10] dreht, werden eben diese Zuschreibungen von Jewishness wiederholt thematisiert. An dem, was als Konstruktionen des Jüdischen oder als ‚virtuelle' jüdische Kultur verstanden wird, scheinen sie stark beteiligt zu sein.

Für die Zeit *vor* der Wiedervereinigung, also die westdeutschen Filme des Filmkorpus, ist festzustellen, dass die sprachliche Markierung der Figuren als jüdisch weit häufiger vorkommt: So werden jüdische Figuren in den Filmen der 1950er, 1960er und 1970er Jahre primär verbal als eindeutig jüdisch gekennzeichnet. Einerseits zeigt sich daran, dass ein folkloristisches Bild von Judentum weniger verbreitet gewesen zu sein scheint als heute. Andererseits zeigt sich auch, dass diese früheren jüdischen Figuren weniger als jüdisch beschrieben wurden, indem dieses Jüdischsein mit Religion, Tradition, Kultur u. Ä. ‚gefüllt' wurde, sondern es war primär mit Geschichte, d. h. der NS-Vergangenheit assoziiert. Beispiele hierfür wären *Wir Wunderkinder* (1958), *Zeugin aus der Hölle* (1965–1967), *Mord in Frankfurt* (1968) oder *Alma Mater* (1969). Die Funktion dieser Figuren war häufig, als Juden die bundesrepublikanischen Gesellschaftszustände zu spiegeln, und weniger, einen Einblick in jüdisches Leben zu ermöglichen.

9 Vgl. dazu Sander L. Gilman / Karen Remmler (Hrsg.): *Reemerging Jewish Culture in Germany*; Bodemann: In *den Wogen der Erinnerung*; Gruber: *Virtually Jewish*; Hödl: Der „virtuelle Jude“, S. 53–70.

10 Stefan Krankenhagen: Humor als Rolle. Zur Kunst von Ana Adam. In: Hödl (Hrsg.): *Der „virtuelle Jude“*, S. 145–154, hier S. 146.

1. Die Einführung einer Figur als jüdisch

Die Etablierung oder Einführung von Filmfiguren als jüdisch funktioniert sehr unterschiedlich. In einigen Filmen, allen voran denen, die nicht eine einzelne jüdische Figur, sondern jüdische Lebenswelten (also größere Zusammenhänge jüdischen Lebens in Deutschland) zeigen, wird bereits im Vorspann das Setting des Films deutlich. So geben bereits die Buchstaben des Vorspanns in *Ein ganz normaler Fall*, die an hebräische Lettern erinnern, einen Verweis auf die jüdische Gemeinde, die in dem Kriminalfall eine Rolle spielen wird. (Abb. 2) Auch in *So ein Schlamassel* wird schon beim Tischdecken, das während des Vorspanns zu sehen ist, das jüdische Setting deutlich. Ähnlich funktionieren auch *Zores* oder *Schalom meine Liebe*. In diesen Filmen kumulieren die Kodierungen von Jewishness bereits in den ersten Filmminuten, so dass die jüdische Lebenswelt zu einem der ersten Eindrücke der Zuschauer_innen wird. Auch wenn nicht jede einzelne Kodierung als solche von ihnen wahrgenommen wird, wie beispielsweise die Fußballtrikots mit dem Davidsstern und der ‚Makabi'-Aufschrift in *Zores*, ist hier das jüdische Thema durch die Summe der Kodierungen von Anfang an (relativ) eindeutig gesetzt.

In anderen Filmen, wie *Im Angesicht des Verbrechens*, aber auch häufig in Filmen mit jüdischen Nebenfiguren, wie beispielsweise der Figur Samantha in *Rot und Blau*, wird die Figur erst im Laufe der Handlung als jüdisch markiert. Der sprachlichen Markierung gehen dabei schon weniger eindeutige und unterschiedlich prominente Hinweise auf die Jüdischkeit der Figur voraus. So ist in *Im Angesicht des Verbrechens* in einer Rückblende ein Kerzenleuchter mit hebräischen Schriftzeichen zu sehen. Eindeutig ist die Markierung der Figur Marek Gorsky dann erst in der Sequenz, die ihn mit seiner Familie zeigt (vgl. Kap. IV.4.2.1).

Die meisten Filme, außer denjenigen mit dezidiert uneindeutigen, ambiguen Figuren, beschreiben die jüdische Figur zu irgendeinem Zeitpunkt der Handlung sprachlich und eindeutig als jüdisch. Die Filme unterscheiden sich jedoch darin, wie viele Hinweise es bereits in den Sequenzen zuvor gegeben hat bzw. wie die Figur jenseits dieser sprachlichen Markierung als jüdisch kodiert ist. Hier lässt sich feststellen, dass viele der Filme vor den 1980er Jahren wenige der hier aufgeführten Markierungen von Jewishness verwenden. Die Figur wird im thematischen Zusammenhang des Films als jüdische Figur beschrieben. So wird Lea Weiss in *Zeugin aus der Hölle* als Shoah-Überlebende gezeigt, mit den spezifischen Kodierungen von Überlebenden-Figuren (vgl. Kap. IV.2). Außerdem kann der Figurenname als Verweis darauf gelten, dass es sich um eine jüdische Figur handelt. Darüber hinaus werden aber keine folkloristischen oder religiösen Kodierungen eingesetzt, um die Figur über den thematischen Zusammenhang hinaus als jüdisch zu gestalten. In *Alma Mater* gibt ebenfalls der Figurenname (Prof. Freudenberg) einen Hinweis auf die jüdische Figur, sowie das erwähnte Exil während dem Nationalsozialismus als solcher gelesen werden kann. Ausgesprochen wird es aber erst vergleichsweise spät in der Handlung, wenn Freudenberg im Gespräch mit einem Studenten sagt: „Warum? Weil ich Jude bin?" An diesem Beispiel wird auch deutlich, dass gerade den jüdisch klingenden Figurennamen offensichtlich eine wichtige Funktion zukommt: So wenig eindeutig sie als Markierung einer Figur als jüdisch in

einem zeitgenössischen Film wirken mögen, da die jüdisch klingenden Figurennamen dort häufig von einem ganzen Arsenal anderer Kodierungen, wie religiösen Symbolen, Essen, jiddischer Sprache oder jüdischen Erzählwitzen begleitet werden, so darf die Wirkmacht dieser Markierung doch nicht unterschätzt werden.
Festzuhalten ist, dass eine sprachliche Markierung der Figuren, die von keiner oder kaum einer anderen Kodierung von Jewishness begleitet wird, wie beispielsweise auch die Figur der Anita G. in *Abschied von gestern* (1966), bei den früheren Filmen deutlich häufiger ist. Seit den 1980er Jahren nimmt die sprachliche Beschreibung von Figuren als jüdisch in den Dialogen der Filme zwar nicht ab, doch wird sie zunehmend durch die im Folgenden beschriebenen Kodierungen ergänzt.

2. Reflexionen von Kodierungen von Jewishness

In einigen Filmen des Filmkorpus finden sich Sequenzen, in denen durch die Art der Verwendung von Stereotypen des Jüdischen zum Teil dezidiert über mediale Kodierungen von Jewishness reflektiert wird. Sie spielen mit Erwartungen oder sprechen einzelne Aspekte, wie Rollenbesetzung, Annahmen über vermeintlich ‚jüdisches Aussehen' und jüdische Namen, die in den folgenden Kapiteln ausgeführt werden, konkret an. Damit machen sie sie sichtbar und setzen sie einer kritischen Wahrnehmung aus.
Am häufigsten geschieht das über Film-im-Film-Konstruktionen, wie in *Bronsteins Kinder* (BRD 1990/91, R: Jerzy Kawalerowicz), *Der Passagier – Welcome to Germany* (BRD 1987/88, R: Thomas Brasch) oder *Gebürtig* (AT/BRD/PL 2001/02, R: Lukas Stepanik / Robert Schindel), die zur Reflexion über das Filmemachen einladen. In diesen Filmen wird vor allem die Frage der Rollenbesetzung reflektiert: So muss sich die junge jüdische Schauspielerin Martha in *Bronsteins Kinder* das blonde Haar dunkel färben, um in einem Film über den Nationalsozialismus eine Jüdin zu spielen. Ihr Freund Hans Bronstein fragt daraufhin, warum eigentlich die Nazis nicht von echten Nazis gespielt würden, wenn doch die Juden mit echten Juden besetzt seien. Einerseits geht es hier um den Zusammenhang zwischen der (jüdischen) Identität der Schauspieler_innen und den (jüdischen) Rollen (vgl. Kap. III.3), andererseits darum, dass die jüdischen Figuren einem vermeintlich jüdischen Aussehen gerecht werden müssen, dem reale Jüdinnen und Juden nicht unbedingt entsprechen.
Die Sequenz in *Der Passagier*, in der es um die Frage der Rollenbesetzung geht, ist deutlich länger und kann als Kommentar auf die Szene in *Bronsteins Kinder* gelesen werden, schrieb doch Jurek Becker an dem Drehbuch für *Der Passagier* mit, nachdem der Roman *Bronsteins Kinder*, der die Grundlage für den gleichnamigen Film bildete, bereits 1986 erschienen war. Auch in *Der Passagier* geht es einerseits um die Frage, ob jüdische Figuren am besten mit jüdischen Schauspieler_innen zu besetzen seien,[11] andererseits

11 *Der Passagier* thematisiert die Rollenbesetzung nicht nur in der (beschriebenen) Castingszene, sondern auch auf der Ebene der tatsächlichen Rollenbesetzung: So wird der jüdische Schauspieler, der dann die Rolle des Rabbis bekommt, weil er den jüdischen Witz am besten erzählen konnte, von George Tabori gespielt und der jüdische Regisseur Cornfield wird vom jüdischen Tony Curtis gespielt, was Thomas Brasch im Interview (Bonusmaterial der DVD) folgendermaßen erklärt: „[…] und dann kommen noch ein paar

darum, was Schauspieler_innen können müssen, um ,authentisch' – darum scheint es zu gehen – eine jüdische Figur zu spielen. Hier müssen die Schauspieler_innen ,jüdische' Witze erzählen können (vgl. Kap. III.7).

Auch *Gebürtig* zeigt eine Castingszene. In dieser spricht ein Schauspieler vor, der daraufhin mit der Begründung abgelehnt wird, er sehe nicht jüdisch genug aus. Er erwidert, dem Hitler sei er jüdisch genug gewesen. Dieser jüdische Schauspieler wird von dem jüdisch-österreichischen Schauspieler Otto Tausig gespielt. Auch hier wird also die Rollenbesetzung reflektiert und die Frage, wie eigentlich Schauspieler_innen für jüdische Rollen ausgewählt werden.

In *Alles auf Zucker!*, *So ein Schlamassel* und *Russendisko* (BRD 2011/12, R: Oliver Ziegenbalg / Oliver Schmitz) findet über das Vortäuschen einzelner Figuren jüdisch zu sein eine Reflexion darüber statt, was jüdisch sein ausmacht und was Nichtjüdinnen/Nichtjuden und Jüdinnen/Juden voneinander unterscheidet (vgl. Kap. IV.5). In allen drei Fällen geht es um Grundwissen über jüdische Religion und Tradition (*Russendisko*), wie den Kiddusch am Schabbat (*So ein Schlamassel*), das Schiwa sitzen nach einem Todesfall in der Familie oder koscheres Essen (*Alles auf Zucker!*), aber auch um die körperliche Markierung der Beschneidung.[12]

In *Liebe unter Verdacht*, *Zores* und *Ein ganz normaler Fall* wird in einzelnen Szenen mit den Erwartungen und Vorstellungen gespielt, die in Deutschland an Jüdinnen und Juden adressiert werden (können), und damit, was als jüdisch wahrgenommen wird: So fragt Eva Bartok (Natalia Wörner) den jüdischen Daniel Kahana (Max Tidof) in *Liebe unter Verdacht*, nachdem er zu ihr gesagt hat, dass Gott die Tränen der Frauen zähle, ob das im Talmud stünde, woraufhin er antwortet, nein, das sei aus einem Spielfilm. In *Zores* spielt bei einem Empfang im jüdischen Gemeindezentrum eine Klezmerband. Leo (René Ifrah), der Protagonist, fragt seinen Freund Max, ob das „Gedudel" nicht etwas leiser ginge. Dieser antwortet mit einem Kopfnicken in Richtung der Delegation aus dem Rathaus, „die" stünden doch drauf. Die Kamera schwenkt zu „denen". Einer sagt: „Ganz schön nervig das Gefiedel", woraufhin sein Gegenüber antwortet: „Du weißt doch, wie viel denen diese Musik bedeutet!" Er wendet sich Leo und Max zu und sagt: „Wissen Sie, diese Musik, die sagt mehr aus über das Leid, dass ihrem Volk widerfahren ist, als tausend Worte." Letztlich wird diese ironische Darstellung der gegenseitigen (irrtümlichen) Zuschreibungen aber konterkariert, wenn Leo mit Mascha später im Auto eine Kassette mit traditionellen jüdischen Liedern („Mein Städtele belz") hört und sagt, er habe diese Lieder quasi mit der Muttermilch eingesogen. Mascha bekam sie von ihrer Mutter zum Einschlafen vorgesungen.

Sachen dazu: Er ist jüdisch, ich bin jüdisch und da es kein sentimentaler, sondern ein harter, selbstkritischer, realistischer Film werden wird und wir darüber sofort sprechen konnten." Die Reflexion über die Frage, wie jüdische Rollen authentisch zu besetzen seien, die auf der Film-im-Film-Ebene stattfindet, beantwortet *Der Passagier* damit, dass jüdische Figuren gut von jüdischen Schauspieler_innen zu besetzen sind, insbesondere wenn die tatsächliche Rollenbesetzung hinzugenommen wird. Dadurch, dass dies aber nicht durchgängig geschieht (Bsp. Birol Ünel), findet eine Brechung statt.

12 Mischa, die Figur aus *Russendisko*, die sich als jüdisch ausgeben möchte, lässt sich dafür beschneiden. Marcs Maskerade als jüdischer Jonathan in *So ein Schlamassel* fliegt auf, weil auf der Herrentoilette entdeckt wird, dass sein Vater nicht beschnitten ist.

Gleich zweimal wird in *Ein ganz normaler Fall* thematisiert, was als jüdisch wahrgenommen wird, wobei beide Male (auch) auf jüdische Namen (vgl. Kap. III.5) verwiesen wird. In einer Sequenz zeigt Kommissar Franz Leitmayr (Udo Wachtveitl) dem Staatsanwalt gegenüber auf seine Nase und fragt, ob dieser wisse, wie seine Großmutter mütterlicherseits mit Mädchennamen geheißen habe, ihr Vorname habe mit R begonnen und auf a geendet. In einem anderen Zusammenhang sagt der Verdächtige Michael Grossmann: „Ich heiße zwar Grossmann, bin aber kein Jude." Leitmayr macht sich in der ersten Sequenz die stereotypen Vorstellungen seines Gegenübers, die er lediglich annimmt, zunutze, um diesen Glauben zu machen, er habe einen jüdischen Familienhintergrund. Auch die Assoziationen mit seinem Namen, die Grossmann ausspricht, sind Annahmen seinerseits über das Wissen seines Gegenübers.
Diese filmische Thematisierung vorhandener Annahmen darüber, was Jüdischsein ausmache und wie es sichtbar werde, ist deshalb erwähnenswert, weil es der im Großteil der Filme des Filmkorpus feststellbaren unkommentierten und häufig ungebrochenen Reproduktion ebendieser Vorstellungen entgegenläuft und diese somit erkennbar macht. Mehr noch, als es möglicherweise das ironische Spiel mit Stereotypen kann, zeigt sich in solchen ‚Reflexions-Sequenzen' das problematische Potential solcher Annahmen oder Stereotype: sei es, dass gezeigt wird, wie vorhandene Ressentiments oder Stereotype nur angedeutet werden müssen und das Wissen um sie beim Gegenüber vorausgesetzt werden kann, sei es, dass der Wunsch nach authentischer Darstellung jüdischer Figuren oder Themen weitergedacht und so in seiner Absurdität sichtbar gemacht wird.

3. Rollenbesetzung und paratextuelle Kodierungen

Die Markierung eines Films oder eine Figur als jüdisch kann auch außerhalb des filmischen Textes geschehen, beispielsweise auf paratextueller Ebene oder durch die Rollenbesetzung. Bezugnahmen auf Jüdisches (Personen, Figuren, Texte) geschehen auf der paratextuellen Ebene sehr unterschiedlich: Zum einen durch intertextuelle Bezüge – die natürlich auch innerhalb des filmischen Texts vorhanden sein können, wie beispielsweise Dani Levys Bezugnahmen auf Woody Allen und seine Filme. Doch in den Paratexten kann auch auf andere (filmische) Texte verwiesen werden, die durch ihr Thema oder ihre_n Autor_in jüdisch assoziiert sind. So erwähnt das Filmplakat ebenso wie das Cover der DVD von *SuperTex – Eine Stunde im Paradies* (BRD/NL 2002/03, R: Jan Schütte) den Autor der Romanvorlage („nach dem Bestseller von Leon de Winter") und verweist damit auf einen bekannten jüdischen niederländischen Schriftsteller.
Die am Film beteiligten Personen, wie Schauspieler_innen, Autor_innen oder Regisseur_innen, können durch ihre reale Identität, die beispielsweise durch Aussagen in Interviews zum Vorschein kommt, Filme als jüdisch kodieren. Doch in Interviews sind es nicht nur die Antworten der Filmschaffenden, die einen Bezug zu jüdischen Themen herstellen, sondern auch in den Fragen der Journalist_innen ebenso wie in Rezensionen und Kritiken werden solche Verweise hergestellt. Dani Levys

Abb. 3: Pinkas Braun (2.v.l.) als Siegfried Stein in *Wir Wunderkinder.*

Bezugnahme auf jüdischen Humor in Interviews wurde bereits erwähnt. Doch auch ohne sein Zutun wird er häufig in eine Reihe mit anderen jüdischen Filmschaffenden gestellt, beispielsweise über jüdischen Humor, der ihn mit anderen jüdischen Filmschaffenden verbinde:

> Vor allem in Bezug auf intelligenten Humor hält Levi ein Schubladendenken für unangepasst, denn Komödie und Tragödie sind im Film ebenso vereinbar, wie im Leben. Mit dieser Grundüberzeugung steht der Regisseur natürlich nicht alleine da. Sie ist der Kernpunkt einer Tradition, die von Ernst Lubitsch, den Marx Brothers, über Ephraim Kishon bis zu Mel Brooks und Woody Allen reicht. Sie sind glänzende Beispiel dafür, wie der jüdische Witz seine reiche, poetische Kraft direkt aus dem Leben hervorzubringen vermag.[13]

Doch auch Filmtitel verweisen auf andere Filme mit jüdischem Bezug und stellen sich so mit diesen in eine Reihe. Beispielhaft können hierfür die Fernsehkomödien *Zores*, *So ein Schlamassel* und der deutsche Titel der britischen Komödie *Alles Koscher!* genannt werden, die sich durch die jiddischen Begriffe im Titel, sowie bei letzterem durch das Ausrufezeichen, in eine lose Reihe mit der Erfolgskomödie *Alles auf Zucker!* stellen.[14]

Filme von Regisseur_innen oder Produzent_innen, die als jüdisch wahrgenommen werden, sei es weil ihre Biografie öffentlich bekannt ist oder weil sie bereits zu jüdischen Themen gearbeitet haben (beispielsweise Dani Levy, Jeanine Meerapfel, Fritz Kortner, Artur Brauner oder Thomas Brasch) *können* durchaus deswegen als jüdisch wahrgenommen werden. Solche paratextuelle Kodierungen von Filmen oder einzelnen Filmfiguren als jüdisch überschreiten jedoch in zweifacher Hinsicht den gesetzten Rahmen dieser Arbeit: erstens, weil sie nicht am filmischen Text untersucht werden können, zweitens, weil sie gerade bezüglich der Wahrnehmung von beteiligten

13 Constantin Lieb: Die Notwendigkeit, böse zu sein. Dani Levy und Humor. In: *Cine-fils. Cinephile Interview Magazine*. http://www.cine-fils.com/essays/dani-levy.html (Zugriff am 02.11.2013).

14 Auch in *Let's go!*, *Auf das Leben!* und *Chuzpe – Klops braucht der Mensch!* kann in den Ausrufezeichen ein Verweis auf den Erfolgsfilm *Alles auf Zucker!* gesehen werden.

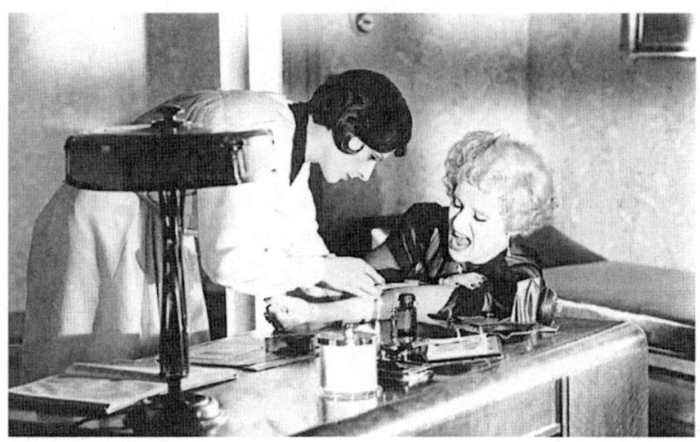

Abb. 4: Annemarie Düringer als Dr. Katz (links) und Rosel Zech als Veronika Voss (rechts) in *Die Sehnsucht der Veronika Voss.*

Filmschaffenden durch die Zuschauer_innen als jüdisch nicht ohne eine konkrete, empirische Auseinandersetzung mit dem Publikum analysiert werden können.

Bezüglich der Rollenbesetzung geraten zwei Aspekte in den Blick: erstens, die Besetzung jüdischer Figuren mit jüdischen Schauspieler_innen, wie sie in *Der Passagier* und *Bronsteins Kinder* thematisiert und problematisiert wird (vgl. Kap. III). Zweitens, die Besetzung jüdischer Figuren mit Schauspieler_innen, die den stereotypen Vorstellungen ‚jüdischen Aussehens' entsprechen.
Ersteres ist bezüglich seiner Wirkung auf die Zuschauer_innen schwer einzuschätzen, da – wenn es sich nicht um offen als jüdisch auftretende Schauspieler_innen und Filmemacher_innen handelt – unklar ist, ob diese als solche wahrgenommen werden. So mag zwar vielen Zuschauer_innen bekannt sein, dass es sich bei Otto Tausig[15] (*Gebürtig, Love Comes Lately, SuperTex*) um einen jüdischen Schauspieler handelt, August Zirner[16] hingegen, der in *Gebürtig* als jüdischer Protagonist und in *So ein Schlamassel* als nichtjüdischer Vater der männlichen Hauptfigur auftritt, wird möglicherweise von weit weniger Zuschauer_innen als jüdischer Schauspieler wahrgenommen, da er sich selbst nicht öffentlich als jüdisch präsentiert, auch wenn er gelegentlich über seinen jüdischen Familienhintergrund spricht. Zusätzlich zur Frage nach der Wahrnehmung jüdischer Filmschaffender durch das Publikum würde eine Behandlung des Themas im Rahmen dieser Arbeit eine Recherche der Familienhintergründe der Schauspieler_innen bedeuten, auf deren Problematik bereits verwiesen wurde.

15 Otto Heinz Tausig wurde 1922 in Wien geboren, wo er im Oktober 2011 verstarb. Seine Eltern, die später nach Shanghai flohen, retteten ihn mit einem Kindertransport nach Großbritannien, von wo er 1946 nach Wien zurückkehrte.

16 August Zirner wurde 1956 in den USA als Sohn österreichischer Emigranten geboren und lebt seit 1973 in Europa. Er ist Sohn eines jüdischen Vaters und einer nichtjüdischen Mutter.

Abb. 5: Die Brüder Boy (Elliot Levey) (links) und Max (Steven Mangan) (rechts) in *SuperTex*.

Festzuhalten ist, dass der religiöse, ethnische und kulturelle Hintergrund von Schauspieler_innen für die Figurenrezeption in Deutschland eine weit geringere Rolle spielt als in den USA, wo ein_e jüdische_r Schauspieler_in einer nichtjüdischen Filmfigur quasi eine jüdische Facette verleihen kann.[17]

Die Besetzung jüdischer Figuren mit Schauspieler_innen, die stereotypen Vorstellungen von ‚jüdischem Aussehen' entsprechen, lässt sich hingegen allein am filmischen Text überprüfen und ist für das Filmkorpus so häufig, dass gegenläufige Rollenbesetzungen, wie beispielsweise in *Ein ganz gewöhnlicher Jude*, *Abschied von gestern* oder *Im Angesicht des Verbrechens*, Ausnahmen darstellen. In den meisten Fällen werden jüdische Figuren von dunkelhaarigen Schauspieler_innen gespielt, wie Pinkas Braun in *Wir Wunderkinder* (Abb. 3), Annemarie Düringer in *Die Sehnsucht der Veronika Voss* (Abb. 4), Steven Mangan und Elliot Levey in *SuperTex* (Abb. 5) oder René Ifrah und Soraya Gomaa in *Zores* (Abb. 6). Ebenfalls häufig sind Locken und dunkle Augen. Allerdings wird die Rollenbesetzung erst in den Figurenkonstellationen eindeutiger: So stellt sich zum einen die Frage, ob alle jüdischen Figuren – wenn mehrere auftreten – gleichermaßen schematisch besetzt sind, sodass eine gewisse Homogenität im Aussehen der jüdischen Figuren entsteht, wie das beispielsweise in *So ein Schlamassel* der Fall ist. Hier sind die Geschwister, Cousins/Cousinen und Enkel einer Familie, die als zentrale Figuren auftauchen, alle mit dunkelhaarigen Schauspieler_innen besetzt (Natalia Avelon, Gedeon Burkhardt, Dieter Landuris, Mariella Ahrens und David und Ben Orthen) (Abb. 8), ähnliches gilt für *Schalom meine Liebe* (Abb. 7).

Zum anderen ist die Gegenüberstellung oder der Vergleich mit den nichtjüdischen Figuren aufschlussreich: So kann eine jüdische Figur eher stereotyp besetzt sein, wie Samantha, die jüdische Freundin der Protagonistin in *Rot und Blau*, die von Adriana Altaras

17 Vgl. Roberta Mock: *Jewish Women on Stage, Film, and Television*. New York: Palgrave Macmillan 2007; Henry Bial: *Acting Jewish. Negotiating Ethnicity on the American Stage & Screen*. Ann Arbor: University of Michigan Press 2005.

Abb. 6: Leo Rosen (René Ifrah) und Mascha Kaminer (Soraya Gomaa) in *Zores*.

gespielt wird, jedoch entsteht neben ihrer nichtjüdischen Freundin Barbara (Hannelore Elsner) keine eindeutige Kontrastierung der jüdischen und nichtjüdischen Figur (vgl. Abb. 9), wie sie in *Die Sehnsucht der Veronika Voss* (siehe auch Abb. 4), *Die Wölfe* (Abb. 10) oder *Der deutsche Freund* (Abb. 11) und zahlreichen weiteren Filmen zu sehen ist.

Insgesamt ist festzustellen, dass die stereotype Besetzung jüdischer Figuren im Sinne einer Besetzung mit Schauspieler_innen, die häufig (auch) dunkle Locken und dunkle Augen haben, in früheren Filmen eine geringere Rolle zu spielen scheint: Zwar werden in *Der Ruf*, *Wir Wunderkinder*, *Schwarzer Kies*, *Alma Mater*, *Anfrage*, *Abschied von*

Abb. 7
Benni (Yehuda Seligmann), Ron (Dominique Horwitz) und Yael (Hana Azoulay-Hasfari) in Israel in *Schalom meine Liebe*.

Abb. 8: Die jüdischen Familien Silberschatz und Grüngras in *So ein Schlamassel.*

gestern oder dem österreichischen Film *Der Bockerer* (AT/BRD 1980/81, R: Franz Antel) jüdische Rollen durchaus *auch* mit jüdischen Schauspieler_innen besetzt,[18] die Rollenbesetzung ist jedoch bezüglich der äußeren Erscheinung weniger stereotyp als in den aktuelleren Produktionen ab den späten 1980er Jahren, in denen die jüdischen Figuren häufig visuell kontrastierend nichtjüdischen gegenübergestellt werden.

4. Orte und Dinge

Auch Orte und Dinge[19] können als Kodierungen für die Jewishness von Filmfiguren fungieren. Synagogen oder Friedhöfe, seltener auch Gemeindezentren oder jüdische Schulen, machen ebenso wie religiöse Rituale in hebräischer Sprache oder auch (geschriebene) hebräische Lettern Figuren als jüdisch erkennbar.

Synagogen tauchen als Handlungsräume unter anderem in *Schalom meine Liebe, Lindenstraße, Liebe unter Verdacht, Alles auf Zucker!, Die Gärten des Rabbiners* (BRD 2008, R: Wolfgang F. Herschel), *Russendisko, Das Geheimnis des Golem* und

18 Fritz Kortner als Professor Mauthner in *Der Ruf*, Pinkas Braun als Siegfried Stein in *Wir Wunderkinder* oder Max Buchsbaum als Wirt Loeb in *Schwarzer Kies.*

19 Der Begriff der Dinge wird im Zusammenhang der zunehmenden kulturwissenschaftlichen Forschung, die sich mit einer materiellen Kultur beschäftigt, verwendet. Dinge werden hier „als Handlungsträger und Akteure […] als Vermittler und Übersetzer zwischen ‚fremden' und ‚eigenen' Räumen, materiellen und immateriellen Welten sowie sozialen und physischen Bereichen" verstanden. „Dinge werden (wieder) als Produzenten von Bedeutungen, von sozialen Beziehungen und Praktiken, von Identitäten, Wertvorstellungen und Erinnerungen betrachtet, die mit einer zunehmenden Multifunktionalität und Polysemie das Feld eindeutiger Zuordnungen verlassen haben." (Claudia Hirschberger / Karoline Noack / Jane Redlin / Elisabeth Tietmeyer: Vorwort. In: Dies. (Hrsg.): *Die Sprache der Dinge. Kulturwissenschaftliche Perspektiven auf die materielle Kultur.* Münster: Waxmann 2010, S. 7–8, hier S. 7.)

Abb. 9: Barbara (Hannelore Elsner) und Samantha (Adriana Altaras) in *Rot und Blau*.

Abb. 10: Bernd (Vincent Redetzki) und Jakob (Neel Fehler) in *Die Wölfe*.

Abb. 11: Sulamit (Celeste Cid) und Friedrich (Max Riemelt) in *Der deutsche Freund*.

Max Minsky und ich auf. In *Die Gärten des Rabbiners* und *Liebe unter Verdacht* werden die Sequenzen in den Synagogen mit christlichen Gottesdiensten kontrastiert. Dadurch werden sie als religiöser Aspekt jüdischen Lebens hervorgehoben. Sie erhalten damit eine betont religiöse, im Gegensatz zu einer eher kulturell-traditionellen, Konnotation (vgl. Kap. IV.4.1.1).

Daneben taucht das Heim der Familie als Ort auf, der Jüdischsein charakterisiert. Die Familie und das familiäre Heim sind jedoch keine Kodierungen, die Figuren als jüdisch markieren – da Familienleben nicht ausschließlich jüdisch ist –, vielmehr legt die Häufung des Topos eine Deutung nahe, was Jüdischsein ausmacht. In diesem Sinne ist Familie, besonders charakterisiert durch das Zuhause, wo man sich trifft, ein auffallend häufiges Motiv in den Spielfilmen, beispielsweise in *Schalom meine Liebe, So ein Schlamassel* oder *Im Angesicht des Verbrechens*. Daneben wird Jewishness auch durch die assoziierten Räume, nämlich urbane Räume von Großstädten, vor allem Berlin und New York, etwas seltener Frankfurt am Main, charakterisiert. So spielen u. a. *Der Ruf, Malou* (BRD 1980, R: Jeanine Meerapfel), *Der Passagier, Bronsteins Kinder, Max Minsky und ich, Alles auf Zucker!, Liebe unter Verdacht, Kaddisch für einen Freund, Joshua* und *Die Wölfe* sowohl visuell erkennbar als auch explizit ausgesprochen in Berlin. In *Das Urteil, Meschugge* (BRD/CH 1997/98, R: Dani Levy), *Ein ganz normaler Fall, Max Minsky und ich, Gebürtig, Zores* und weiteren taucht New York als ein Ort auf, an dem die jüdischen Figuren leben oder gelebt haben, an dem Familienangehörige wohnen oder zu dem anderweitige Bezüge bestehen. Frankfurt am Main als Ort jüdischen Lebens taucht in *Mord in Frankfurt, In einem Jahr mit 13 Monden, Der Rosengarten, Schalom meine Liebe, Alles auf Zucker!* und *Der deutsche Freund* (BRD/ARG 2011/12, R: Jeanine Meerapfel) auf. Diese doppelte räumliche Beschreibung – Großstadt und Heim der Familie – entwirft ein Bild von Jüdischsein, das gleichermaßen von Internationalität und der Urbanität der Großstadt geprägt ist wie von Familienleben und familiärem Zusammenhalt im individuellen Zuhause.

4.1 Friedhöfe und Beerdigungen

Ein besonders häufig in den Filmen sichtbares Ritual ist die jüdische Beerdigung, verbunden mit dem Kaddisch und dem Ort des Friedhofs. So beginnt *Bronsteins Kinder* mit der Beerdigung von Arno Bronstein und erzählt dann in Rückblenden von den vorangegangenen Ereignissen, und der Fernsehkrimi *Ein ganz normaler Fall* beginnt mit der Beerdigung von Leah Berger, die Selbstmord beging, und zeigt wenige Szenen später die Beerdigung ihres Vaters. In beiden Filmen wird mit dieser ersten Sequenz gleich das jüdische Setting der Filme markiert, wobei es in *Bronsteins Kinder*, indem es um die säkulare Familie Bronstein geht, in der Jüdischsein keine vordergründige Rolle spielt, eine der einzigen Kodierungen bleibt, während in *Ein ganz normaler Fall* gleich weitere Kodierungen folgen, wie die hebraisierten Buchstaben des Vorspanns.

Der Ruf endet mit der Beerdigung der jüdischen Hauptfigur Professor Mauthner, und auch in *Die Himmelsleiter. Sehnsucht nach Morgen* wird der ansonsten über seine Verfolgung als Jude hinaus nicht als jüdisch kodierte Adam Roth (Ernst Stötzner) jüdisch beerdigt. *Kaddisch für einen Freund* endet damit, dass der muslimische Junge Ali das

Abb. 12: In *Zores* besucht Rebecca Rosen (Petra Kelling) das Grab ihres Mannes Hans Rosen auf dem jüdischen Friedhof.

Kaddisch für den russisch-jüdischen Alexander spricht, dessen Sohn bereits gestorben ist. Für jemanden Kaddisch zu sagen, was in der religiösen Tradition eigentlich vom Sohn bzw. der Tochter übernommen wird, steht hier für die Freundschaft der Figuren, die über Grenzen hinweg so nah wurde, dass Ali für Alexander das letzte Gebet spricht. In *Im Labyrinth des Schweigens* fährt der nichtjüdische Protagonist Johann Radmann (Alexander Fehling) nach Auschwitz, um für die ermordeten Töchter des Überlebenden Simon Kirsch (Johannes Krisch) das Kaddisch zu sprechen. Auch hier ist das Sprechen des Kaddisch eine Szene der Versöhnung und eine Inszenierung der Nähe zwischen jüdischer und nichtjüdischer Figur: Kirsch beweist Vertrauen in Radmanns moralische Integrität, Radmann nimmt Kirschs Geschichte an und setzt sich mit ihr auseinander. Die Szene bringt die filmische Handlung weg vom primären Handlungsort Frankfurt und bindet den Ort Auschwitz mit seiner Ikonografie ein. Auch wenn die Funktion dieser Szene innerhalb der filmischen Erzählung klar ist, fällt sie doch aus der restlichen Filmhandlung heraus und wirkt hölzern. In *Im Angesicht des Verbrechens* sehen wir zwar keine Beerdigung, doch eine Szene, die die jüdische (Groß-)Familie zum Anlass des zehnjährigen Todestages von Marek Gorskys Bruder zeigt, beginnt damit, dass sein Vater das Kaddisch spricht. Später sieht man Marek und seine Schwester Stella Steine auf die Stelle legen, an der ihr Bruder Grischa erschossen wurde.
Der Brauch, (Kiesel-)Steine auf Grabsteine zu legen, taucht in mehreren Filmen auf, wie u.a. *Jerusalem oder die Reise in den Tod* (BRD 1998, R: Carlo Rola), *Liebe unter Verdacht*, *Die Gärten des Rabbiners* oder *Im Angesicht des Verbrechens*, und bleibt häufig unerklärt. In *Das Geheimnis des Golem* sieht man die jüdische Figur David Rosenfeldt (Nikolaus Paryla) auf den Friedhof gehen, und in *Alles auf Zucker!* geht es ganz zentral um die Schiwa, die Trauerzeit, und die Beerdigung der Mutter des Protagonisten, wobei letztere eher komisch dargestellt ist. Rebecca Rosen in *Zores* besucht ihren bereits verstorbenen Mann Hans Rosen regelmäßig auf dem Friedhof und führt dort

Abb. 13
Kerzenständer in der Villa des jüdischen Geschäftsmannes David Prestin (Ivan Desny) in dem *Tatort*-Film *Tod im Jaguar*.

Abb. 14
Die Wohnung des Ehepaars Fränkel in dem *Schimanski*-Film *Das Geheimnis des Golem*, bei denen Horst Schimanski zum Essen eingeladen ist.

Zwiegespräche mit ihm. Auch hier wird der Grabstein mit den hebräischen Lettern sichtbar, auf dem außerdem kleine Steine liegen. (Abb. 12)

4.2 Judaica

Drei religiöse Gegenstände tauchen so häufig auf, dass sie als einflussreiche Kodierungen nennenswert sind: Erstens die Kippa als Kopfbedeckung der Männer, die die Figuren explizit als jüdisch markiert: Sie wird gleich zu Anfang in *Zores* sichtbar, als Sascha, eines der Kinder, eine Kippa beim Fußballspielen trägt, und wird wiederholt und explizit in *Ein ganz normaler Fall* thematisiert. In den meisten Filmen wird sie nur im Zusammenhang mit Gottesdiensten und religiösen Anlässen gezeigt, d.h. zu Zeitpunkten, an denen die Figuren oder das Setting bereits als jüdisch markiert sind.

Zweitens die Menora (siebenarmiger Leuchter), die in vielen Filmen die Wohnungen oder Häuser der jüdischen Figuren als *jüdische Räume* markiert: So fliegen im Krimi *Tod im Jaguar* durch die Druckwelle der Explosion, die den jüdischen Geschäftsmann David Prestin vermeintlich vor seiner Villa tötet, die Kerzen aus einer Menora. (Abb. 13) Eine Sequenz, in der Schimanski bei seinem jüdischen Bekannten Fränkel zu Abend isst, beginnt mit einem Schwenk, der gleich zwei Menorot – im Vorder- und Hintergrund – sichtbar werden lässt. (Abb. 14) In der Epsiode *Lolle und der Traumprinz* aus der Serie *Berlin, Berlin* sind in Moshes koscherem Restaurant zum Teil drei Menorot auf einmal zu sehen, und als Moshe und Lolle sich näher kommen und nach Feierabend noch im Restaurant gemeinsam Wein trinken, steht eine Menora mit brennenden Kerzen auf dem Tisch. (Abb. 15)

Abb. 15: Lolle (Felicitas Woll) und Moshe (David Steffen) kommen sich in der Episode *Lolle und der Traumprinz* der Serie *Berlin, Berlin* in seinem koscheren Restaurant näher.

Drittens die Mesusa, die Schrifthülle, die einen Auszug aus der Thora enthält und traditioneller Weise am Türrahmen eines jüdischbewohnten Hauses befestigt ist. Mit ihren hebräischen Lettern markiert sie ebenfalls eindeutig ein jüdisches Zuhause und stellt durch das Küssen beim Betreten und Verlassen der Wohnung eine Beziehung zu den jüdischen Figuren her. Rebecca Rosen küsst sie beim Betreten ihrer Wohnung in *Zores*. Die Requisiten fungieren hier als optische Markierungen der jüdischen Diegese.

4.3 Essen

Bestimmte Speisen, Essensgewohnheiten oder Speisegesetze sind für das Verständnis von Kultur und kollektiven Identitäten, seien es nationale oder kulturelle, von großer Bedeutung.[20] In der filmischen Darstellung wird Essen und Trinken häufig verwendet, um kulturelle oder ethnische Gruppen entsprechend zu markieren. Nathan Abrams hat bereits bezüglich internationaler Produktionen darauf hingewiesen, dass Essen im Zusammenhang mit der filmischen Darstellung von Judentum und Jüdischkeit eine nicht unbedeutende Rolle spielt.[21] Auch in den hier analysierten Filmen taucht Essen in unterschiedlichen Zusammenhängen auf. Es lassen sich drei Beobachtungen festhalten:

20 So heißt es bei J. Seipel im Zusammenhang mit Gender und Ethnizität im australischen Kino: „Essen und Trinken sind in Diskursen um Migration und Multikulturalität häufig aufgegriffene Momente der ‚ethnischen' Markierung. Bevorzugte Nahrungsmittel und Getränke, Tischsitten, Nahrungstabus, der Umgang mit Alkohol etc. werden als kulturelle Äußerungen und damit auch als Zeichen von Kultur gewertet." (J. Seipel: *Film und Multikulturalismus. Repräsentationen von Gender und Ethnizität im australischen Kino*. Bielefeld: Transcript 2009, S. 221.)

21 Vgl. Nathan Abrams: 'I'll have whatever she's having.' Jewish Food on Film. In: Anne Bowers (Hrsg.): *Reel Food. Essays on Food and Film*. New York / London: Routledge 2004, S. 87–100; Abrams: *The New Jew in Film*, S. 160–182.

Erstens, Familienmahlzeiten werden als charakteristisch für jüdisches Leben, in dem Familie eine wichtige Rolle zu spielen scheint, gezeigt. Sie tauchen beispielsweise in *So ein Schlamassel*, *SuperTex*, *Liebe unter Verdacht* und *Im Angesicht des Verbrechens* auf. Die Mahlzeiten sind dabei häufig so üppig, wie die Anzahl von Familienmitgliedern am Tisch groß ist.

Der Fernsehfilm *So ein Schlamassel* beginnt bereits während des Vorspanns damit, das Decken eines Tisches zu zeigen, und die Miniserie *Im Angesicht des Verbrechens* charakterisiert ihren Protagonisten Marek Gorsky in der ersten Folge anhand einer gemeinsamen Mahlzeit mit seiner Familie anlässlich des zehnten Todestages seines Bruders als jüdisch. In beiden ist die gemeinsame Mahlzeit der Familien nicht nur ein Treffpunkt, sondern die Speisen werden in Großaufnahmen gezeigt, wodurch ihnen besondere Bedeutung zugemessen wird. (Abb. 16a, b, c)

Zweitens, in einigen Filmen wird die *Kaschrut*, die jüdischen Speisevorschriften, thematisiert. Häufig geschieht das in Abgrenzung zu nicht koscherem Essen und funktioniert damit als Differenzmarkierung zwischen den jüdischen und den nichtjüdischen Figuren. Besonders im Vordergrund stehen zumeist das Verbot von Schweinefleisch und die Trennung von Milchigem und Fleischigem.

In *Liebe unter Verdacht* fragt Eva Bartok Daniel Kahana, was eigentlich koscheres Essen sei. Eine Großaufnahme zeigt den Cheeseburger, den er gerade isst (Abb. 17), er sagt: „ Das hier ist so ziemlich genau das Gegenteil davon." In *Das Geheimnis des Golem* werden in einer Sequenz sowohl der von Schimanski vorgebrachte Vorbehalt thematisiert, dass koscheres Essen nicht schmecke (Schimanski: „So schlecht schmeckt doch die Suppe gar nicht!" – Fränkel: „Warum denken immer nur alle, die Juden essen Dreck?" – Schimanski: „Ja, aber bei Currywurst, da ist der Ofen aus, ich meine, das ist Tabu für sie …"), als auch der flexible jüdische Umgang mit den religiösen Speisevorschriften anhand eines Witzes (vgl. Kap. III.7). In *Berlin, Berlin* lernt die Protagonistin Lolle, die in einem koscheren Restaurant in Berlin in der Küche arbeitet, dass die Trennung von Milchigem und Fleischigem eine der wichtigsten Regeln sei, während das Bestehen auf koscherem Wein nur von „sehr strengen Juden" befolgt werde. In der Episode *Die Gärten des Rabbiners* der Serie *Pfarrer Braun* konkurrieren die Haushälterin von Pfarrer Braun und die Frau des Rabbiners darum, wer von ihnen besser kochen kann. Die koschere Küche mit ihren zwei Kühlschränken für Milchiges und Fleischiges wird dabei ebenso gezeigt (und wiederholt thematisiert) wie Pfarrer Braun betont, dass das Essen von Frau Seelig[22] wunderbar schmecke. In *Alles auf Zucker!* müssen Marlene und Jaeckie Zucker zuerst lernen, was koscheres Essen ausmacht.

Drittens gibt es jüdisch kodierte Speisen, die als eindeutige Markierungen (wiederholt) auftauchen, wie *gefilte Fisch* und *Bagels*. So besitzt Zippi in *So ein Schlamassel* ein kleines Café – *Zippis koschere Delicatessen* – in dem Bagels prominent zu sehen sind (Abb. 18), und Jakobs *gefilte Fisch* werden in *Der Schächter* mehrmals erwähnt. Am Ende kocht er sie für Klara, die sie „köstlich" findet. In *Zores* muss Leo für einen Empfang im Rathaus

22 Der Rabbiner und seine Frau sind hier mit dem sprechenden Figurennamen Seelig ausgestattet worden.

Abb. 16 a, b, c: Essen bei einer Familienfeier anlässlich des 10. Todestags des Bruders von Marek Gorsky in *Im Angesicht des Verbrechens*.

Abb. 17
In *Liebe unter Verdacht* isst Daniel Kahana einen Cheeseburger und erklärt Eva Bartoc daran, was nicht koscher ist.

Abb. 18
Zippis Café *Zippis koschere Delicatessen* in *So ein Schlamassel*.

600 *gefilte Fisch* und 1.000 *Latkes* zubereiten.[23] Die *Challah*, das Brot, das an Shabbat gegessen wird, wird beispielsweise in *So ein Schlamassel* ausführlich erwähnt.

Die Hühnersuppe (*chicken soup*), die in amerikanischen Filmen eine eindeutige Markierung der Jewishness (einer Figur oder eines Umfelds) ist,[24] findet sich in den bundesrepublikanischen Filmen hingegen kaum und würde vermutlich auch nicht als spezifisch jüdische Speise verstanden. Lediglich in *Berlin, Berlin* taucht Hühnersuppe

23 Latkes tauchen auch im Arbeitstitel des unverwirklicht gebliebenen Filmprojektes *Kebab, Latkes und Sauerkraut* auf, der die kulturellen Zugehörigkeiten seiner drei Protagonist_innen bereits im Titel über Speisen markiert. Das Drehbuch von Daniel Wolf wurde 2009 von der Filmförderung Bayern mit 20.000 Euro gefördert. Die Produktionsfirma CCC-Television sollte den Film produzieren. Aus der Verfasserin unbekannten Gründen blieb das Projekt unverwirklicht. Die Dreiecksgeschichte zwischen einem ehemals miteinander befreundeten jüdischen jungen Mann, einem muslimischen Mann und einer ‚deutschen' Frau wird im Titel durch die drei national-typischen Speisen symbolisiert. Siehe FilmFernsehFonds Bayern: http://www.fff-bayern.de/foerderung/gefoerderte-projekte/project/kebab-latkes-sauerkraut/ (Zugriff am 19.11.2013).

24 Vgl. Abrams: *The New Jew in Film*, S. 161–162.

als *goldene Joich* auf. Der jiddische Begriff wird aber nicht erklärt, obgleich er dreimal erwähnt wird.

Damit wird Essen als bedeutsam für die jüdische kulturelle und religiöse Praxis und Traditionspflege gezeigt. In einigen Filmen, wie *Zores*,[25] *Berlin, Berlin* oder *Chuzpe – Klops braucht der Mensch!* ist Essen – speziell jüdisches Essen – sogar zentraler Bestandteil der Handlung.

5. Jüdische Namen

Die Figurennamen haben für die Charakterisierung von Filmfiguren große Bedeutung. Häufig handelt es sich um sprechende Namen. So heißt beispielsweise die (jüdische) Gärtnerfamilie in *Pfarrer Braun: Die Gärten des Rabbiners* Grün und die Familie des Rabbiners Seeliger. Die als loyal und moralisch integer gezeigte Anwältin in *Der Rosengarten* heißt Gabriele Freund. In *Kaddisch für einen Freund*, der eine Versöhnungsgeschichte zwischen einem russischen Juden und einem palästinensischen (libanesischen) Flüchtlingsjungen in Berlin-Kreuzberg erzählt, heißen die Protagonisten Ali und Alexander, wobei Alexander von seinen Freunden ebenfalls Ali genannt wird. Die Nähe ihrer (Spitz-)Namen, trotz unterschiedlicher kultureller und religiöser Hintergründe, steht für ihr Gleichsein als Menschen.

Doch nicht nur innerhalb des konkreten Handlungszusammenhangs sind die Figurennamen von großer Aussagekraft, sondern für die Markierung und Charakterisierung der jüdischen Figuren sind sie – implizit und explizit – ebenfalls bedeutsam. Manuela Günter beschreibt anhand zweier Beispiele, wie (reale) Personen lediglich über ihren vermeintlich jüdisch klingenden Namen von ihrer nichtjüdischen Umwelt zu Juden ‚gemacht' werden. [26] Das zeigt, dass Namen häufig als Merkmal von Jewishness wahrgenommen werden und Wissen um vermeintlich ‚jüdische' Namen als bekannt vorausgesetzt wird. Von einem jüdisch anmutenden Namen kann man, so die Annahme, darauf schließen, dass sein_e Träger_in jüdisch sei. In welchem Ausmaß vermeintlich jüdische Namen ein Stigma sind, erklärt sich aus der (langen) Geschichte antisemitischer Praxen. So ist die Stigmatisierung durch jüdische Namen bis heute eng mit einem Alltagsantisemitismus verbunden.[27] Doch auch vor dem Nationalsozialismus waren Namenspolemiken oder -witze, die auf jüdische Namen abhoben, verbreitet,

25 In *Zores* macht sich der – bis dato beruflich erfolglose – Leo Rosen mit einem jüdischen Cateringservice selbstständig (in dem seine Mutter kocht; hier verbindet sich das Motiv des Essens mit dem Stereotyp der jüdischen Mutter), der aufgrund des demonstrativen Philosemitismus in Deutschland und dem Interesse an jüdischer Folklore gern für offizielle Veranstaltungen gebucht wird. Leo stellt den österreichischen Koch Beppi ein, dessen kommunistischer Vater im KZ die traditionellen jüdischen Rezepte von einem deportierten jüdischen Koch gelernt und zu dessen Andenken an seinen Sohn weitergegeben hat.

26 Manuela Günter: Identität und Identifizierung. Einige Überlegungen zur Konstruktion des „Juden" nach dem Holocaust. In: Pól O'Dochartaigh (Hrsg.): *Jews in German Literature since 1945*, S. 435–446, hier S. 435–436.

27 Dietz Bering: *Der Name als Stigma. Antisemitismus im deutschen Alltag 1812–1833*. Stuttgart: Klett-Cotta 1992, S. 153 ff.

sodass dergestalte Attacken keiner großen Erläuterungen bedurften, um verstanden zu werden, auch wenn es sich lediglich um Andeutungen handelte.[28]
Jüdische Namen und die daraus resultierenden Zuschreibungen und Möglichkeiten von Anspielungen finden sich auch vielfach in den filmischen Darstellungen. Sie ermöglichen es innerhalb der Handlung einzelnen Figuren, antisemitische Anspielungen zu machen, ohne explizit zu werden, wie in *Rosenzweigs Freiheit*, oder die Ressentiments einer anderen Figur zu entlarven, wie in *Ein ganz normaler Fall*. Außerdem kann beispielsweise die Angst angedeutet werden, als Jude erkannt zu werden, wie in *Ohne mich*. In all diesen Beispielen werden das Vorhandensein von Ressentiments und das Wissen um Namensstereotype zum Gegenstand. Expliziter thematisiert werden jüdische Namen auch in *Ein ganz gewöhnlicher Jude*, wenn der jüdische Protagonist Emanuel Goldfarb erzählt, dass Jüdinnen und Juden ihren Nachnamen nicht haben frei wählen können und damit der Willkür und Korruption antisemitischer Beamter ausgeliefert gewesen seien. Damit wird darauf rekurriert, dass Jüdinnen und Juden lange Zeit keine Kombination aus Vor- und Familiennamen benötigten, da es sich um eine vergleichsweise kleine Minderheit handelte, die zudem für die nichtjüdische Mehrheitsgesellschaft ohnehin im Kollektiv haftete, und dass ihnen erst Anfang des 19. Jahrhunderts im Zuge ihrer Emanzipation das doppelte Namenssystem aufgezwungen wurde. Wie Dietz Bering betont, ist es aber nicht richtig, dass sie ihre Nachnamen nicht frei wählen durften, dabei handele es sich eher um eine antisemitisch motivierte Geschichtsfälschung:

> Und das Verdunkeln des Gedächtnisses, wie die Juden tatsächlich zu ihren Familiennamen gekommen waren, ist nichts anderes als eine judenfeindliche Geschichtsfälschung. Es entsprach antisemitischen Bedürfnissen, eine bestimmte Gruppe von Menschen, genau bei jenem Akt, der Neuankömmlinge in die Gemeinschaft integriert (Taufen), so dastehen zu sehen wie Tiere bei der Körung, die ja auch die Plakette mit dem Namen einfach umgehängt bekommen, ehe sie als pures Betrachtungs- und Abtaxierobjekt vorgeführt werden.[29]

Während in der ersten Hälfte des 19. Jahrhunderts Namenwitze keine Rolle spielten, wurden sie erst durch die optische Nichtunterscheidbarkeit, die im Laufe der Emanzipation Jüdinnen und Juden unsichtbar werden ließ, relevant für Antisemit_innen, die Erkennungsmöglichkeiten suchten.[30] Bering weist darüber hinaus darauf hin, dass die vermeintlich jüdischen Namen keine Eindeutigkeit besaßen und antisemitische Namenswitze dadurch auch immer nichtjüdische Bürger_innen trafen, was von Antisemit_innen in Kauf genommen wurde und dazu führte, dass Juden wie Nichtjuden versuchten, solche belasteten Namen ändern zu lassen.[31] Das als bekannt vorausgesetzte Wissen um jüdisch klingende Namen, dass bei fast allen der hier analysierten jüdischen Filmfiguren zum Zweck der Markierung zum Einsatz kommt (vgl. Anhang, 2. Figurennamen), steht somit in der Tradition antisemitischer Markierung von Jüdinnen und Juden.

28 Ebd., S. 153–154.
29 Ebd., S. 156.
30 Ebd., S. 157.
31 Ebd., S. 158.

Die Vornamen hingegen, die in jeder Generation wieder frei wählbar sind, orientieren sich an Moden und spiegeln den elterlichen Wunsch, wie das Kind sein möge. Gerade eine betont deutsche Vornamensgebung, die dem Wunsch Ausdruck verlieh, das Kind möge ganz dazu gehören, nicht in einer antisemitischen Gesellschaft offensichtlich mit Judentum assoziiert werden und diese Auseinandersetzung möge ihm erspart bleiben,[32] führte zu antisemitischen Attacken, die darin tückische Tarnungsversuche von jüdischer Seite sahen.[33] Diese betont deutsche Vornamengebung wird mit den Figurennamen in *Wir Wunderkinder* und *Das Urteil*, in denen die jüdischen Figuren mit Vornamen Siegfried (in ersterem Siegfried Stein und in zweiterem Siegfried Rabinovicz) heißen, oder in *Gebürtig* mit der jüdischen Figur Hermann Gebirtig aufgegriffen.

Auch in der Fernsehkomödie *So ein Schlamassel* fallen die stark generationsabhängigen Figurennamen auf: Der Großvater heißt Mosche, der Vater der 30-jährigen Protagonistin Benno Grüngras, ihre Tante und ihr Onkel Sarah und David Silberschatz. Die ältere Generation trägt traditionelle und eindeutig jüdische Vornamen, die in Kombination mit den Nachnamen stereotyp klingen. Die jüngere Generation, der die Protagonistin Jil, ihre Cousine Netty mit ihrem Mann Micky, sowie Jils Cousin Patrick angehören, ist durch modernere, nicht eindeutig jüdische und eher amerikanisch anmutende Namen gekennzeichnet. Der Sohn von Netty und Micky, der 13-jährige Ruven steht – so könnte man interpretieren – für eine Generation, die einen selbstbewussteren Umgang mit ihrem Jüdischsein pflegt und dieses Zugehörigkeitsgefühl in den Namen ihrer Kinder ausdrückt. Die Nachnamen, die keine weltanschaulichen, sozialen oder politischen Positionen ausdrücken, klingen jüdisch (Grüngras, Silberschatz und Rosenberg). Dass sich jüdische Familien in *So ein Schlamassel* eindeutig an ihrem jüdischen Familiennamen identifizieren lassen, wird deutlich, als Jil versucht, ihren nichtjüdischen Freund Marc Norderstedt vor ihrer Familie als Juden auszugeben: Sie stellt ihn als Jonathan Rosenzweig vor, woraufhin ihre Tante sofort zu überlegen beginnt, zu welchen Rosenzweigs er wohl gehöre und woher sie seine Familie möglicherweise kenne. Daran zeigt sich, welch zentrale Bedeutung hier jüdischen Namen für jüdische Identität beigemessen wird, und gleichzeitig entsteht ein Bild von Jüdinnen und Juden in Deutschland als einer kleinen, eng verbundenen Gemeinschaft, in der man sich kennt.

Am Rande, aber doch fortlaufend werden Vornamen in *Alles auf Zucker!* thematisiert: Jaeckie und Marlene Zuckers nichtjüdische Kinder heißen Jana und Thomas und tragen damit nichtjüdische Namen, die die Einstellung ihrer Eltern spiegeln. Jaeckie ist nicht religiös, lebte in der DDR und hat alle Kontakte zum Judentum abgebrochen, seine Frau Marlene ist nichtjüdisch. Jana wiederum nennt ihre Tochter Sarah. Wiederholt

32 Michael Wolffsohn: Identität, Identifizierung, Integration – Auflösung, „Endlösung", Auferstehung. Zehn Thesen jenseits der Geschichte, diesseits der Gesellschaft. In: Y. Michal Bodemann / Micha Brumlik (Hrsg.): *Juden in Deutschland – Deutschland in den Juden*. Göttingen: Wallstein 2010, S. 225–244, hier S. 226.

33 Vgl. Michael Wolffsohn / Thomas Brechenmacher: *Die Deutschen und ihre Vornamen. 200 Jahre Politik und öffentliche Meinung*. München: Diana 1999.

nennt Jaeckie im Laufe der Handlung seine Enkelin Sandra, worin sich zum einen seine Distanz zum Judentum ausdrückt (Sarah oder Sandra, das macht keinen Unterschied für ihn) und zum anderen, dass er nicht sieht, dass seiner Tochter der Bezug zum Judentum etwas bedeutet.

In Zusammenhang mit den hier analysierten Filmen fallen drei Aspekte bezüglich der jüdischen Figurennamen auf:

Erstens zeigt sich an den Figurennamen, dass jüdisch anmutende Namen in der Gegenwart und den letzten 20 bis 30 Jahren deutlich häufiger verwendet werden als in den früheren Filmen des Filmkorpus, also Filmen der 1950er, 1960er oder 1970er Jahre (vgl. Anhang, 2. Figurennamen). Zweierlei Erklärungsansätze bieten sich hierfür an, die sich nicht gegenseitig ausschließen müssen, sondern sich vielmehr ergänzen könnten: Möglicherweise war die Namenspolemik oder die Markierung von Jüdinnen und Juden mittels jüdisch anmutender Namen nach dem Ende des Nationalsozialismus noch stark negativ besetzt[34] bzw. fiel in den tabuisierten Bereich dessen, was zwar latent weiterhin vorhanden war, aber nicht offen ausgesprochen wurde. Die Figur des Professor Mauthner (Fritz Kortner) 1947 in *Der Ruf* über einen eindeutig assoziierten Figurennamen zu markieren, hätte seine Darstellung möglicherweise in die Nähe einer Stürmer-Karikatur gerückt. Besonders im Falle Fritz Kortners, der von den Nazis schon vor 1933 heftig angegriffen und von Joseph Goebbels in antisemitischen Namenspolemiken als „Cohn“ bezeichnet wurde, wäre eine derartige (ungewollte) assoziative Nähe zur nationalsozialistischen antisemitischen Rhetorik problematisch gewesen. Allerdings weckt der Figurenname Professor Mauthner Assoziationen mit dem jüdischen Sprachphilosophen Fritz Mauthner (1849–1923). Über den Vornamen, der im Falle der Filmfigur nicht genannten wird, den jedoch der reale Philosoph und der Schauspieler der Rolle teilen, wird eine Verbindung oder Brücke zu Fritz Kortner hergestellt. Auch in Alexander Kluges *Abschied von gestern* scheint eine Markierung der jüdischen Protagonistin Anja K. über den Namen unangemessen zu sein, sie wird rein *verbal* als Jüdin beschrieben. So sagt der Richter zu ihr: „Sie behaupten nach Aktenlage, ihre Großeltern seien 1938 geschädigt worden?“ Als sie dies bejaht, fragt er, ob sie Jüdin sei, was sie ebenfalls bestätigt. Außerdem kann angenommen werden, dass viele überlebende Jüdinnen und Juden, die in Deutschland vor der Shoah geboren wurden und damit in der Nachkriegszeit als Erwachsene in gewisser Hinsicht Vorbilder für jüdische Filmfiguren gewesen sein *könnten*, tatsächlich wenig jüdisch klingende Namen trugen, da ihre Elterngeneration möglicherweise noch an eine gelingende Assimilation und Gleichstellung geglaubt hatte oder ihre Kinder vor den antisemitischen Tendenzen der Weimarer Zeit schützen wollte, indem sie ihnen Namen gaben, die eine Stigmatisierung vermeiden sollten.

34 Während des Nationalsozialismus führte die Stigmatisierung durch jüdische Namen zur erzwungenen Eintragung eines zweiten ‚eindeutig‘ jüdischen Vornamens, der einerseits jegliche Unklarheiten ausräumte und letztlich ‚Jude‘ bedeutete und andererseits auch die Individualität aufhob, die Vornamen bedeuten, bis in den Konzentrationslagern Namen, die Individualität und Menschlichkeit markieren, nicht mehr ‚nötig‘ waren und durch die gänzlich entmenschlichenden Häftlingsnummern ersetzt wurden (vgl. auch Kap. IV.2).

Doch schon bei Rainer Werner Fassbinders jüdischen Figuren sind die Figurennamen anders gewählt: Auch wenn explizit jüdische Figuren wie Anton Saitz in *In einem Jahr mit 13 Monden* oder das jüdischen Ehepaar Treibel in *Die Sehnsucht der Veronika Voss* keine eindeutig jüdischen Namen tragen und anderweitig als jüdisch gekennzeichnet werden, heißt die Ärztin in *Die Sehnsucht der Veronika Voss*, die interessanterweise nicht mittels anderer Kodierungen als jüdisch markiert ist und auch häufig nicht entsprechend rezipiert wurde, Katz. Ausgenommen Gertrud Koch, die über die Figur der Ärztin schreibt: „Die jüdische Ärztin trägt alle Züge kalter Überlegenheit"[35]. Der Nachname Katz taucht beispielsweise auch in Dani Levys *Meschugge* auf. Bei dem Namen Katz handelt es sich um ein Akronym aus den hebräischen Buchstaben K und Tz, das für Kohen Tzadik steht und als jüdischer Name gewertet werden kann.[36] Doch auch Anton Saitz aus *In einem Jahr mit 13 Monden* scheint auf nahezu groteske Weise mit seinem Namen verbunden zu sein, immer wieder wird durch ihn und andere Figuren bemerkt, dass man Saitz mit ai schreibe, wodurch der Figurenname und die Beziehung, die die Figur zu diesem hat, zentral werden. Durch die wiederholt betonte, ‚exotische' Schreibweise, die nicht nur Saitz selbst wichtig ist, sondern auch von anderen Figuren wie Erwin/Elvira und seinem Angestellten mehrfach hervorgehoben wird, erfährt sein Name eine starke Betonung. Trotz seines nicht eindeutig jüdisch klingenden Namens ist er über seinen Namen als ‚anders' oder ‚fremd' markiert.

Zweitens werden jüdische Namen als *Stigma* in Zusammenhang mit der Thematisierung von Antisemitismus eingesetzt. So kommt die Stigmatisierung durch andere und das Erleben der jüdischen Hauptfigur in *Rosenzweigs Freiheit* zweimal vor: Zunächst ist Jakob Rosenzweigs Nachname Thema in der ersten Begegnung mit Oberstaatsanwalt Keil. Jakob Rosenzweig ist dort, weil er Details zur Anklage gegen seinen Bruder erfahren möchte, den er zu verteidigen plant. Über seinen Nachnamen wird er vor Keil als Jude stigmatisiert, d.h. sichtbar; über Keils Reaktion auf den Namen wird dessen von Ressentiments geprägtes Verhältnis zum Judentum deutlich (vgl. Kap. IV.3). In *Neues Deutschland: Ohne mich* gibt sich Simon Rosenthal als Simon Krause aus, um sein Jüdischsein vor seinem Nachbarn, einem Neonazi, zu verbergen (vgl. Kap. IV.3).

Drittens treten in Filmen der 1990er Jahre und der ersten Dekade des neuen Jahrtausends zunehmend Figuren auf, die jüdisch anmutende Namen tragen, aber darüber hinaus nicht durch weitere der hier beschriebenen Kodierungen eindeutig als jüdische Figuren gekennzeichnet sind. Bezüglich dieser Figuren ist einerseits Behutsamkeit bzgl. ihrer Deutung geboten, um nicht in die Untiefen problematischer Identifizierung von Jüdinnen und Juden anhand ihrer Namen zu geraten. Andererseits handelt es sich um fiktive Figuren, bei denen es nicht darum gehen kann, ob sie real jüdisch sind und das verstecken oder nicht. Der antisemitische Impetus, sie als ‚in Wahrheit jüdisch' zu entlarven, greift hier also nicht, vielmehr geht es darum, wie sie als Figuren gestaltet sind und wie diese Darstellung und die Verwendung jüdisch klingender Figurennamen gedeutet werden kann. Bei Hauptfiguren, wie beispielsweise Rosa Roth,

35 Koch: *Die Einstellung ist die Einstellung*, S. 252.

36 Mordecai Schreiber: *The Shengold Jewish Encyclopedia*. Rockville: Shengold 1998, S. 159.

Lea Sommer oder Bella Block, kann überprüft werden, ob noch weitere textuelle und paratextuelle Hinweise gefunden werden können, die eine Lesart der Figur als jüdisch stützen (vgl. Kap. IV.4.2). Bei Nebenfiguren, die deutlich weniger komplex dargestellt werden, nicht so häufig auftauchen und – wie beispielsweise der Privatdetektiv Samuel Eisenstein in *Rot und Blau* – nicht mit einer ausführlichen (Lebens-)Geschichte ausgestattet sind, muss es vielmehr darum gehen, über die Funktionen solcher Figuren im Zusammenhang mit ihren Namen nachzudenken.

Diese Figuren füllen implizit, also unbewusst und assoziativ, die Leerstelle, die die in der Shoah ermordeten Jüdinnen und Juden in der deutschen Gesellschaft hinterlassen haben, allerdings ohne durch eine explizite Thematisierung alle schwierigen, negativ besetzten Aspekte der nationalsozialistischen Vergangenheit mit abzurufen. Gleichzeitig bilden sie eine Art Brücke zwischen den jüdischen und den nichtjüdischen Figuren und verwischen die sonst oft als trennscharf inszenierte Grenze zwischen ihnen (vgl. Kap. IV.4.2.2).

6. Von Jüdinnen und Juden: Geschlechterkonstruktionen

> Given that the history of Jews in cinema is almost synonymous with the representation of the Jewish man, often conflated into the overarching term 'the Jew' [...][37]

Die diskursive Verhandlung von Jewishness ist eng an mit der Kategorie Geschlecht verknüpft. So wurde die jüdische Differenz im 19. und frühen 20. Jahrhundert ebenso in der Kategorie ‚Geschlecht' gesehen wie in derjenigen der ‚Rasse'.[38] Im Kontext der Markierung von Filmfiguren als jüdisch wird ihre geschlechtliche Zuordnung und Konstruktion einerseits relevant, weil Stereotypisierungen geschlechtsspezifisch variieren, und andererseits, weil – wie die Analyse des Filmkorpus zeigt – männliche jüdische Figuren auffallend häufiger sind als weibliche, sodass fast von einer *Unsichtbarkeit* von Jüdinnen in den deutschen Spielfilmen gesprochen werden kann. Einerseits werden jüdische Themen fast immer (Ausnahmen werden im folgenden Unterkapitel vorgestellt) anhand des jüdischen Mannes diskutiert und andererseits wird dieser – in antisemitischer Tradition – häufig als weiblich oder effeminiert beschrieben. Die antisemitische Identifizierung des jüdischen Mannes mit Weiblichkeit[39] wirft – auch wenn die Bilder von Juden und von Jüdinnen immer zusammengehören – die Frage auf, welche Bilder es von Jüdinnen gibt und wie sie funktionieren.

37 Abrams: *The New Jew in Film*, S. 19.

38 Ann Pellegrini: Whiteface Performances. "Race", Gender, and Jewish Bodies. In: Jonathan Boyarin (Hrsg.): *Jews and Other Differences. The New Jewish Cultural Studies*. Minneapolis: University of Minnesota Press 1997, S. 108–150, hier S. 108.

39 Pellegrini: Whiteface Performances, S. 109.

6.1 Jüdinnen: Mütter, Schwestern, Nebenrollen

Bezüglich der Darstellung weiblicher jüdischer Figuren in den hier analysierten Filmen stellen sich zwei Fragen, deren kurzer Beantwortung sich dieses Kapitel widmet. Erstens, die Frage nach Gründen für die Unterrepräsentanz von Jüdinnen im Figurenpersonal deutscher Spielfilme. Zweitens, wie die Jüdinnen, die in diesen Filmen sichtbar werden, dargestellt sind.

Als Ausgangsüberlegung soll Joyce Antlers Bestandsaufnahme des amerikanischen Kontexts fungieren, nach der die dominantesten Charakteristika der Jüdin im amerikanischen Film und Fernsehen ‚Löschung' (*erasure*) und ‚Übertreibung' (*exaggeration*) seien.[40] Dieser Beobachtung folgend, geht es zunächst um die *Leerstelle* und dann um Stereotypisierungen und eine Beschreibung der weiblichen jüdischen Filmfiguren.

Nathan Abrams schreibt zur weitgehenden Abwesenheit weiblicher jüdischer Figuren, dass sie im Film bis 1990 weit seltener auftauchen als Juden und in der Regel aus der Perspektive des jüdischen Mannes gezeigt werden, definiert über ihre Beziehung zu ihm.[41] Für die Zeit danach stellt er eine größere Präsenz weiblicher jüdischer Figuren fest, sowohl auf der Seite der Filmproduktion als auch in den Filminhalten,[42] die Rollen und Bilder von Jüdinnen werden zunehmend diverser, nuancierter und subtiler. Auch wenn das zeitgenössische amerikanische Fernsehen einige prominenten Ausnahmen, wie *Roseanne* (USA 1988–1997, ABC) oder *The Nanny* (USA 1993–1999, CBS), vorweisen kann, stellt Antler hier ähnliches bezüglich der Unsichtbarkeit von Jüdinnen fest.[43]

Für deutsche Produktionen muss ebenfalls festgehalten werden, dass jüdische Themen und jüdisches Leben in Film und Fernsehen weitgehend anhand von jüdischen Männern thematisiert werden. Weiblichen jüdischen Figuren werden häufig lediglich Nebenrollen mit der Funktion zuteil, die männlich-jüdischen Protagonisten in Familie oder Liebesbeziehung zu verorten und zu beschreiben. Dieser Umstand ist jedoch nicht ausschließlich dem Jüdischsein der Filmfiguren geschuldet, sondern kann in ähnlicher Weise auch für nichtjüdische Figuren beobachtet werden. Insofern müssen in erster Linie sexistische – und nicht antisemitische – Gründe für die Unsichtbarkeit von Jüdinnen angenommen werden. Spezifische Gründe sieht Abrams darin, dass sie schwieriger darzustellen seien, fehle ihnen doch die Markierung der Beschneidung, die Juden zentral – wenn auch nur symbolisch, da im Film nicht sichtbar – auszeichne.[44] Roberta Mock hingegen argumentiert, dass die Opposition männlich/weiblich die Opposition christlich/andere ersetze oder verdränge. Während die Performance jüdischer Männer primär als die eines Juden rezipiert wird, werde die jüdische

40 Joyce Antler: Epilogue. Jewish Women on Television. Too Jewish or Not Jewish Enough? In: Dies. (Hrsg.): *Talking Back. Images of Jewish Women in American Popular Culture.* Hanover: UP of New England 1997, S. 242–252, hier S. 243.

41 Abrams: *The New Jew in Film*, S. 43.

42 Ebd., S. 51.

43 Antler: Epilogue. Jewish Women on Television, S. 243 ff.

44 Abrams: *The New Jew in Film*, S. 43. Auch wenn die Beschneidung jüdischer Männer in den Spielfilmen nicht sichtbar ist, so wird sie in Filmen und Serien wie *Berlin, Berlin*, *So ein Schlamassel* oder *Russendisko* doch als genau das, als unhintergehbare Markierung des jüdischen Mannes, thematisiert.

Schauspielerin häufig primär als *Frau* wahrgenommen. Stehe doch ihre Jewishness im Vordergrund, verschwinde dahinter ihr Frausein.[45]

Auch hierin kann ein Grund für die Absenz von weiblichen jüdischen Figuren liegen. Für eine solche Deutung spricht, dass von den als nicht *eindeutig* jüdisch eingestuften Figuren auffällig viele weiblich sind. Welche Rolle es spielt, dass es sich bei den Kommissarinnen Bella Block, Rosa Roth und Lea Sommer um Frauen handelt und ob möglicherweise ihre Jewishness hinter ihr Frausein zurücktritt, wird in Kapitel IV.4 zu diskutieren sein.

An den Stereotypisierungen jüdischer Frauen fällt auf, dass sie nicht nur anders funktionieren als jene, die den jüdischen Mann betreffen, sondern auch, dass selbst negative Stereotype über Juden weit positiver sind als die über Jüdinnen.[46] Paula Hyman argumentiert diesbezüglich, dass (auch) jüdische Männer dieses negative Jüdinnenbild konstruierten. Ihre eigenen Ängste übertragend, wurden Jüdinnen innerhalb der jüdischen Gemeinschaft zu ‚den Anderen' gemacht (die Rolle, die Juden in der Gesamtgesellschaft zugewiesen wurde), von denen sich jüdische Männer abgrenzten.[47]

Darüber hinaus ist für den Kontext der antisemitischen Jüdinnenbilder bedeutsam, dass die Verfassung antisemitischer Literatur und öffentlichkeitswirksamer Positionen lange eine Männerdomäne war, da Männer Zugang zur notwendigen formalen Bildung hatten und an den (öffentlichen und politischen) Diskursen der patriarchalischen Gesellschaft partizipieren konnten. Daher ist die Darstellung von Jüdinnen bis in die Gegenwart von „[m]ännlich-christliche[n] Wunsch- und Angstvorstellungen"[48] geprägt. Jeanette Jakubowski stellt fest, dass die Darstellung jüdischer Frauen Teil der Darstellung jüdischer Männer gewesen sei, die über die negative Darstellung jüdischer Frauen, vor allem als aus ihrer bereits in der Genesis zugewiesenen Rolle ausbrechend, weiter diffamiert wurden. So seien „frauenfeindliche Äußerungen ein permanenter Teil des über Jahrhunderte weitergegeben judenfeindlichen Codes"[49] gewesen. Den (antisemitischen) Darstellungen jüdischer Frauen lägen in der Regel christliche Sündenmetaphern zugrunde, wie

> Die weibliche Umkehr der Geschlechterrollen, d. h. das Erstreben der männlichen, überlegenen Rolle durch die Frau, die sexuelle Hemmungslosigkeit, die traditionell besonders Frauen zugeschrieben wurde und für sie den Verlust ihrer Ehre zur Folge hatte, und die Geldgier – paradigmatisch im Bild der Prostituierten.[50]

45 Mock: *Jewish Women on Stage, Film, and Television*, S. 4.

46 Jon Stratton: *Jewish Identity in Western Pop Culture. The Holocaust and Trauma through Modernity.* New York: Palgrave Macmillan 2008, S. 232.

47 Paula Hyman: *Gender and Assimilation in Modern Jewish History. The Roles and Representation of Women.* Seattle: University of Washington Press 1995, S. 134–135.

48 Jakubowski: Vierzehntes Bild. „Die Jüdin", S. 196.

49 Ebd.

50 Ebd.

Antisemitische Texte entwerfen häufig ein Gegenbild zu christlicher Ehe und Häuslichkeit, die das Bild ‚der Jüdin' prägen, wohingegen das antisemitische Bild des jüdischen Mannes besonders auf seiner Beziehung zur Außenwelt fußt.[51]

Sowohl die innerjüdische Formierung von Bildern oder Vorstellungen von jüdischen Frauen als auch antisemitische Konstruktionen ‚der Jüdin' liefern Erklärungen dafür ab, weshalb weibliche jüdische Figuren zumeist als Mütter, Ehefrauen und Freundinnen oder auch Schwestern und Töchter auftauchen, die als Nebenfiguren über ihre Beziehung zur männlichen jüdischen Hauptfigur charakterisiert sind. Sie sind in familiäre Beziehungen eingebunden, weshalb ihnen das Haus als Raum zugeordnet wird. Ihr Handeln ist selten autonom, sie haben häufig keine Berufe, sondern werden als Hausfrauen, Ehefrauen, Mütter beschrieben, d.h. in Beziehung zu und aus der Perspektive von den männlichen jüdischen Protagonisten.

Das zeigt sich auch an den wohl bekanntesten Stereotypen der amerikanischen Populärkultur: So kann als Gegen- oder Spiegelbild des *jüdischen Schlemihl* die *Jewish American Princess* (JAP) gelten.[52] Sie ist ebenso neurotisch wie er – vor allem in sexueller Hinsicht –, ein entscheidender Unterschied ist aber, dass der Schlemihl vor allem durch Gedanken und Innenansichten charakterisiert wird, die JAP jedoch zumeist nur durch Außenperspektiven.[53] Ebenso sind die Mütter, Schwestern und Ehefrauen – so sie denn jüdisch sind – in den hier analysierten Filmen auch häufig nur aus der Außenperspektive ohne eigene Gedanken, Gefühle und Positionen gezeigt. Häufig bleiben die Mütter namenlos, wie in *Russendisko*, *Im Angesicht des Verbrechens*, *Ohne mich*, und werden als im häuslichen Bereich engagierte Frauen gezeigt, die ihre Männer mit gutem Essen und einem schönen Haus und Garten unterstützen, wie Ruth Seeliger, die Frau des Rabbiners in *Pfarrer Braun: Die Gärten des Rabbiners*, oder Dora Breslauer in *SuperTex*.

In Filmen wie *Bronsteins Kinder*, *Das Urteil*, *Liebe unter Verdacht* oder *SuperTex* werden Geschichten von Vätern und Söhnen und ihren Differenzen und Auseinandersetzungen erzählt, wobei die Mütter absent und unbedeutend bleiben. Auch Moshe, der jüdische Liebhaber der Protagonistin Lolle aus der Fernsehserie *Berlin, Berlin*, hat eine jüdische Frau, die sich um Kinder und Haushalt kümmert: Die dunkelhaarige Sarah taucht einige Male auf, verkörpert aber nicht mehr als die Gebundenheit und die Nichtverfügbarkeit Moshes für Lolle. Die Beziehung zu den Partnerinnen der jüdischen Protagonisten wird kaum tiefergehend beschrieben, häufig handelt es sich bei

51 Jakubowski: Vierzehntes Bild. „Die Jüdin", S. 197.

52 Zum Bild des Schlehmihls siehe bspw. Stratton: *Coming Out Jewish*, S. 271 ff; Abrams: *The New Jew in Film*, S. 20; Ivan Kalmar: *The Trotskys, Freuds and Woody Allens. Portrait of a Culture*. Toronto: Viking 1993, S. 229–247. Zur Jewish American Princess heißt es bei Gabriele Kohlbauer-Fritz: „Ab den siebziger Jahren wurde in Amerika das Bild der ‚JAP' populär, der ‚Jewish American Princess', die gewissermaßen eine innerjüdische Variation des Bildes von der ‚belle juive' darstellt, allerdings ohne deren wesentlichstes Merkmal ‚Lust auf Sex'. Die ‚JAP' ist zwar schön und begehrenswert, aber passiv und frigid, und sie verweigert ihrem jüdischen Mann die Sexualität. Sie ist ein anspruchsvolles Luxusweibchen, beutet ihren Mann finanziell aus und läßt ihn sich abrackern. Somit ist sie die komplementäre Ergänzung zur ‚Jewish mother', die ihren Sohn kontrolliert und mit ihrer mütterlichen Fürsorge erstickt." (Kohlbauer-Fritz: „La belle juive" und die „schöne Schickse", S. 119–120.)

53 Abrams: *The New Jew in Film*, S. 52.

ihnen auch um Nichtjüdinnen (vgl. Kap. IV.6). In einigen Fällen entspricht die jüdische Partnerin dagegen dem negativen Stereotyp der bereits erwähnten oberflächlichen und neurotischen JAP, wie beispielsweise Boys Verlobte Lea in Jan Schüttes *SuperTex*.
In dem Fernsehfilm *Zores* verliebt sich Leo zwar in die jüdische, offensichtlich aus Russland stammende Mascha, letztlich bleibt ihre (Lebens-)Geschichte aber doch eher eindimensional: verwaist, sich wie eine Mutter um den jüngeren Bruder kümmernd, von einer Musikerinnenkarriere träumend, bietet die hübsche Mascha die perfekte Vorlage für den Protagonisten Leo, endlich erwachsen zu werden, Verantwortung zu übernehmen und sie von ihrem geplanten Umzug nach New York abzuhalten. Dorthin will sie zu einem Onkel gehen, der ihr Arbeit beschaffen und ihr Hilfe anbieten kann. Sie bleibt schließlich doch in Deutschland, als Leo ihr Arbeit organisiert und sie sich ineinander verlieben. Die emotionale Verantwortung und die ‚mütterlichen Pflichten' ihrem jüngeren Bruder gegenüber kann sie übernehmen, für die finanzielle Verantwortung braucht sie männliche Hilfe.
Im Rahmen der hier analysierten Filme und der wenigen weiblichen jüdischen Figuren, die darin eine Rolle spielen, tauchen zwei Stereotype häufiger auf:
Erstens das Stereotyp der *belle juive*, der ‚schönen Jüdin' (vgl. Kap. I.2.3). Es hebt erotisierend auf die Exotik der jüdischen Frau ab und kann als eine männliche Zuschreibung von außen verstanden werden.[54] So ist die Figur der Lea Kaminski (Lea Kunzendorf), die in der Schimanski-Folge *Das Geheimnis des Golem* auftaucht, als ‚schöne Jüdin' inszeniert: In der ersten Szene, in der sie auftritt, wird sie dem nichtjüdischen Protagonisten in doppelter Hinsicht gefährlich. Zum einen, weil sie bewaffnet ist und in die geheimnisvollen Verwicklungen um den Mordfall involviert ist, zum anderen aufgrund ihrer Schönheit, die Schimanski in Versuchung führt. In einer späteren Sequenz verfolgt Schimanski sie. Auch hier wird deutlich, dass seine Faszination nicht lediglich dem Fall gehört, sondern auch ihr. Es kommt wiederholt zu erotischen Momenten zwischen den beiden, wobei ihre Gefährlichkeit spürbar bleibt. Wenn Schimanski sie nach Waffen abtastet, geschieht das mit einer Mischung aus Gewalt und Erotik, die an Jean Pauls Sartres Ausführungen zur ‚schönen Jüdin' erinnern:

> In den Worten „eine schöne Jüdin" liegt eine ganz besondere sexuelle Bedeutung, die sich stark unterscheidet von der einer „schönen Rumänin", „schönen Griechin" oder „schönen Amerikanerin". Sie strömen so etwas wie einen Geruch von Vergewaltigung und Massaker aus.[55]

Auch wenn die Konnotation in *Das Geheimnis des Golem* nicht dermaßen stark sein mag, ist die Andeutung von gewalttätig konnotierter Erotik zwischen Schimanski und Lea vorhanden. Sie wird ihm auch in einer Szene gefährlich, in der sie ausgelassen in einer Bar zusammen tanzen und sich küssen: Seine Lebensgefährtin Marie-Claire sieht sie dabei und verlässt eifersüchtig die Bar. Die ‚schöne Jüdin' Lea führt

54 Weiterführend: Elvira Grözinger: *Die schöne Jüdin. Klischees, Mythen und Vorurteile über Juden in der Literatur*. Berlin: Philo 2003; Florian Krobb: *Die schöne Jüdin. Jüdische Frauengestalten in der deutschsprachigen Erzählliteratur vom 17. Jahrhundert bis zum Ersten Weltkrieg*. Tübingen: Niemeyer 1993.

55 Jean-Paul Sartre: *Überlegungen zur Judenfrage*, aus d. Franz. v. Vincent von Wroblewsky. Reinbek: Rowohlt 2010, S. 33.

Abb. 19 a & b: Lea Kaminski tanzt in der Schimanski-Folge *Das Geheimnis des Golem* ausgelassen im koscheren Deli in Antwerpen.

Schimanski in Versuchung und gefährdet damit seine Beziehung. Doch sie wird nicht nur als gefährlich gezeigt, sondern gerade in der Tanzszene auch als exotisch: Sie tanzt ausgelassen und orientalisch anmutend, wobei ihr Kopftuch ihre Fremdheit betont. (Abb. 19 a & b)

Auch in dem *Tatort*-Film *Ein ganz normaler Fall* wird die junge orthodoxe Jüdin Miriam Fränkel (Annika Blendl) als ‚schöne Jüdin' dargestellt: In ihrer hochgeschlossenen Kleidung mit dem spitzenbesetzen Kopftuch wirkt sie unschuldig und rein, geradezu marienhaft. (Abb. 20) Doch Hauptkommissar Ivo Batic (Miroslav Nemec) erfährt, dass sie früher, bevor sie zu ihrem Glauben (zurück)fand, anders gewesen sei, sie habe Nächte durchgetanzt, ein bisschen gemodelt und Spaß gehabt. Hier erfährt das Bild der orthodoxen Jüdin, die sehr jung bereits drei Kinder hat und observant lebt, durch die Facette von Schönheit und Erotik eine Brechung.

Lily aus *Alles auf Zucker!* kann als ironisch übersteigerte Variation der ‚schönen Jüdin' verstanden werden: Nymphoman, dunkelhaarig, schön, verführerisch, aber durch ihre Promiskuität auch bedrohlich, scheut sie auch vor erweitertem Inzest nicht zurück und verführt ihren Cousin.

Das zweite ist ein eher innerjüdisch geprägtes Bild, taucht es doch sehr häufig in Romanen oder Filmen jüdischer Autor_innen bzw. Regisseur_innen auf und ist auch sehr präsent in der US-amerikanischen Populärkultur, das Bild der *jüdischen Mutter*, das im Deutschen oft als *jiddische Mamme* auftaucht[56]: Die jüdische Mutter als überbesorgt, was das Wohlergehen des eigenen Sohnes betrifft, und vor allem in den Bereichen Sicherheit, Ernährung und Partnerschaft den erwachsenen Kindern – in der Regel Söhnen – gegenüber übergriffig taucht in *Ohne mich*, *Rosenzweigs Freiheit*, *Zores*, *SuperTex*, *So ein Schlamassel*, *Meschugge*, *Das Leben ist zu lang* und *Ein ganz gewöhnlicher Jude* auf.

56 Weiterführend: Joyce Antler: *You Never Call! You Never Write! A History of the Jewish Mother*. Oxford: Oxford UP 2007. Außerdem beschäftigt sich der Dokumentarfilm *Mamadrama. The Jewish Mother in Cinema* (Australien 2001, R: Monique Schwarz) dezidiert mit jüdischen Mutterfiguren im Kino.

Abb. 20
Die junge orthodoxe Jüdin Miriam Fränkel (Annika Blendl) in dem *Tatort*-Film *Ein ganz normaler Fall.*

Wenn Roberta Mock feststellt, dass es sich bei den Jüdinnen, die im amerikanischen Film, Fernsehen und Theater auftauchen, nicht um Repräsentationen individueller Subjekte handelt, sondern um Bilder ‚der Jüdin' als einer kulturellen Konstruktion, die durch Projektionen der Angst vor der jüdischen Assimilation einerseits und vor der weiblichen Emanzipation andererseits entstand,[57] so kann das auch für weite Teile der westdeutschen Film- und Fernsehlandschaft festgehalten werden. Jüdinnen werden zumeist aus der Perspektive von Männern dargestellt, die in unterschiedlichen Beziehungen zu ihnen stehen, sie sind selten Protagonistinnen und es werden kaum Innenansichten von ihnen dargestellt.

Einige Figuren, die diesbezüglich Ausnahmen darstellen, müssen jedoch erwähnt werden: Lea Weiss, die Protagonistin aus *Zeugin aus der Hölle* (vgl. Kap. IV.2), die sich zwar hauptsächlich zwischen männlichen Figuren bewegt, deren Geschichte aber doch vollständig erzählt und deren Gefühls- und Gedankenleben im Film zentrales Thema sind. Ebenfalls eine Shoah-überlebende Jüdin steht in *Rosenfeld und Birkenau* im Mittelpunkt. Sie wird gänzlich autonom und nicht über ihre Beziehung zu Männern charakterisiert. Die Kamera folgt ihrer Rückkehr nach Auschwitz, an den Ort, an dem sie als Mädchen gefangen war. Daneben sind die Filme Jeanine Meerapfels zu nennen, die sowohl in *Malou* als auch in *Annas Sommer* (BRD/GR/ES 2000/01) und *Der deutsche Freund* weibliche jüdische Figuren in den Mittelpunkt stellt und ihre Geschichten erzählt. In *Malou* und *Annas Sommer* spielen neben den Protagonistinnen Hannah und Anna auch die Lebensgeschichten ihrer Mütter bzw. Großmütter einer Rolle. In *Max Minsky und ich* steht die 13-jährige Nelly Sue Edelmeister und die Frage, ob sie dem Wunsch ihrer Mutter folgen und Bat Mitzwa machen soll oder nicht, im Zentrum. Sie wird in enger Beziehung zu ihrer Mutter und Großtante gezeigt, womit neben ihr noch weitere autonome Jüdinnen-Figuren auftreten.

57 Mock: *Jewish Women on Stage, Film, and Television*, S. 10.

6.2 Der jüdische Mann: Schlemihl und Objekt der Begierde nichtjüdischer Frauen

Während Jüdinnen also vor allem in ihrer Absenz präsent sind oder als Nebenfiguren, die das Umfeld des jüdischen Mannes beschreiben, sind die meisten jüdischen Hauptfiguren der hier analysierten Filme männlich, was es zunächst schwer macht, *spezifisch männlich-jüdische* Kodierungen von allgemein jüdischen zu differenzieren. Es fallen jedoch einige Aspekte auf, die häufig in enger Verbindung mit der Sexualität stehen, die den Figuren zugeschrieben wird: So ist die besonders häufige Beziehung zu nichtjüdischen Frauen auffällig, auf welche die männlich-jüdischen Figuren besonders anziehend zu wirken scheinen (vgl. Kap. IV.6). Dabei scheinen sowohl die jüdischen Männer eine besondere Attraktivität für die nichtjüdischen deutschen Frauen zu haben als auch die nichtjüdischen Frauen einen spezifischen Reiz auf die jüdischen Männer auszuüben. Dies kann im Einzelfall aus der jeweiligen Figurenperspektive erklärt werden, die Häufigkeit dieser Figurenkonstellation hat aber darüber hinaus großes symbolisches Potential.

Als besonders sexuell aktiv oder mit einer Betonung ihres Sexuallebens werden die jüdischen Figuren in *In einem Jahr mit 13 Monden*, *Schalom meine Liebe*, *Gebürtig*, *Berlin, Berlin*, *Liebe unter Verdacht* oder *Love Comes Lately* gezeigt. Außerdem kann in einigen Darstellungen – allen voran in der Fernsehserie *Der ganz normale Wahnsinn*, aber in der Folge auch in aktuelleren Filmen wie *Ohne mich*, *Joshua*, *Zores*, *Love Comes Lately* oder *Das Leben ist zu lang* – eine Bezugnahme auf das stark amerikanisch geprägte und filmisch von Woody Allen verbreitete Bild des *neurotischen* jüdischen Mannes festgestellt werden. Dieses Bild des neurotischen – und das bezieht sich auch auf seine Sexualität und sein Begehren nichtjüdischer Frauen[58] – jüdischen Mannes korreliert mit dem des Schlemihls. Ivan Kalmar spricht von *eji*, dem „embarassed Jewish individual", das dem – im Übrigen in deutschen Spielfilmen nahezu unsichtbaren – orthodoxen Juden gegenüberstehe:

> They may, for example, be hypersensitive to any suggestion of anti-Semitism in their environment, or to the irreligion of the "assimilated" Jews. But what they are edgy about is not their own Jewishness. It is how other people relate to Judaism and the Jews. What makes a Jew an eji, on the other hand, is personal embarrassment. The eji may or may not mind being Jews in private. But they have problems with being labeled as Jews in public. The traditionalists, on the other hand, make constant public displays of their Jewishness (of which the men's yarmulkes are normally the most obvious).[59]

Im Zusammenhang mit dieser Darstellung des jüdischen Mannes ist die Fernsehserie *Der ganz normale Wahnsinn* beispielhaft, die 1979/80 in zwölf Episoden in der ARD ausgestrahlt wurde. Der Protagonist Maximilian Glanz, gespielt vom jüdischen Schauspieler Towje Kleiner, wird zwar nicht explizit sprachlich als jüdische Figur markiert, doch die ganze Serie wirkt wie eine Münchner Variante von Woody-Allen-Filmen, wie auch die Figur des Maximilian wie eine deutsche Ausgabe der filmischen Alter Egos der von Woody Allen gespielten Figuren erscheint, wie Allen sie beispielsweise in *Annie Hall* (USA 1977, R: Woody Allen) verkörpert. Maximilian Glanz ist hypochondrisch,

58 Vgl. Abrams: *The New Jew in Film*, S. 19.

59 Kalmar: *The Trotskys, Freuds and Woody Allens*, S. 13–14.

Abb. 21
Maximilian Glanz (Towje Kleiner) und Gloria Schimpf (Monika Schwarz) in *Der ganz normale Wahnsinn*.

Abb. 22
Alvy Singer (Woody Allen) und Annie Hall (Diane Keaton) in *Annie Hall*.

wie in der ersten Episode gezeigt wird, wenn er Gloria im Restaurant mit Hinweis auf die Gesundheit eigentlich von allen Gerichten der Karte abrät. Außerdem ist er ungeschickt und scheint vom Pech verfolgt. So beginnt die erste Episode damit, dass er das Haus nicht pünktlich zu seinem Scheidungstermin verlassen kann, weil immer wieder das Telefon klingelt, und vor dem Gerichtsgebäude hat er einen Autounfall. Der finanzielle Verlust der Figur wiederholt sich im Laufe der Episoden, und mehrmals stehen Maximilian und Gloria vor der Frage, wo sie ein Dach über dem Kopf finden. Maximilian begehrt die (nichtjüdische) Gloria Schimpf (Monika Schwarz), die ihn zwar auch liebt, doch sie scheinen einfach nicht zusammen zu passen. Körpersprache und Mimik erinnern an Woody Allen (vgl. Abb. 21 und 22) und der Titel des Buches, das Maximilian schreiben möchte – *Woran es liegt, dass der einzelne sich nicht wohl fühlt, obwohl es uns allen so gut geht* – könnte der Titel eines Films von Woody Allen sein.[60] Die einzige Kodierung der Figur als jüdisch, die nicht über eine ästhetische Nähe zu Woody Allen und seinen Filmen entsteht, ist in der ersten Episode zu finden und auch nur als Andeutung. Hier sagt Maximilian Glanz: „Man könnt leben, aber man lässt nicht." Auf Rückfrage von Gloria sagt er, dass sei „ein jü ... ein ausländisches Sprichwort".

In *Ohne mich* und *Zores* wird die Unselbstständigkeit und – bezugnehmend auf das Stereotyp der *jüdischen Mutter* – die Abhängigkeit von der anspruchsvollen,

60 Sprachlich ähnlich ist beispielsweise *Everything You Always Wanted to Know About Sex, But Were Afraid to Ask* (USA 1972, R: Woody Allen), der in den deutschen Kinos unter dem Titel *Was Sie schon immer über Sex wissen wollten, aber bisher nicht zu fragen wagten* gezeigt wurde.

dominanten Mutter hervorgehoben. *Zores* und *Das Leben ist zu lang* haben vor allem die humoristisch gezeigte berufliche Erfolglosigkeit der Protagonisten gemein. In *Joshua* und *Das Leben ist zu lang* wird das Neurotische der Protagonisten durch die Konsultation eines Psychoanalytikers inszeniert und in *Love Comes Lately* können vor allem die erotischen Begierden des Protagonisten, die sich (z. T.) im Bereich des Imaginären bewegen, in diesem Kontext verstanden werden.

7. ‚Jüdischer' Witz und Humor

Er ist ein Mann mit Humor, wir haben alle sehr gelacht![61]

Jüdische Erzählwitze und die Charakterisierung als witzig und humorvoll sind auffallend häufig Mittel der Gestaltung jüdischer Filmfiguren in den deutschen Spielfilmen. Jüdinnen und Juden werden in Filmen wie *Max Minsky und ich* als witzig beschrieben, wenn die Mutter der Protagonistin die Vorzüge einer Bat Mitzwa damit betont, dass es bestimmt lustig werde: „Zwei Juden an einem Tisch und schon lachst du dich kaputt."

Am häufigsten erfolgt die Darstellung als witzig oder humorvoll jedoch anhand von Erzählwitzen, die von jüdischen Figuren erzählt und durch ihr jüdisches Sujet als ‚jüdische Witze' gekennzeichnet werden. So werden in *Der Passagier*, *Das Urteil*, *Das Geheimnis des Golem*, *Ein ganz gewöhnlicher Jude*, *Zores*, *Der Schächter*, *So ein Schlamassel* und *Ein ganz normaler Fall* ‚jüdische Witze' erzählt. *Alles auf Zucker!*, *Love Comes Lately*, *Auf Wiedersehen Amerika* (BRD/PL 1994, R: Jan Schütte), *SuperTex – Eine Stunde im Paradies* und *Das Leben ist zu lang* können als Komödien und wegen der maßgeblichen Beteiligung jüdischer Autor_innen oder Regisseur_innen als Ausdruck ‚jüdischen Humors' oder ‚jüdischen Witzes' diskutiert werden.

Jüdischer Humor wird gesellschaftlich offensichtlich als zentrales Merkmal von Jewishness wahrgenommen. Er wird zum Symbol und Kennzeichen von Jewishness, vielleicht sogar zu dessen zentralstem und bekanntestem Charakteristikum.[62] Die vielfältige und häufige Verwendung jüdischer Erzählwitze im deutschsprachigen Film rekurriert auf diese populäre Vorstellung ‚jüdischen Humors', deren Erfolg sicherlich mit Salcia Landmanns Sammlung jüdischer Witze (1960)[63] zusammenhängt, und schreibt die Dominanz dieser Kodierung gleichzeitig fort. Anhand des Filmkorpus fällt auf, dass ‚jüdischer Witz' erst ab der zweiten Hälfte der 1980er Jahre Teil der Figurengestaltung wird. Damit kann die Kodierung von Jewishness als witzig oder humorvoll als Teil einer umfassenderen Folklorisierung in der Darstellung des Judentums gesehen werden, die

61 Moshe in der Episode *Träume* aus *Berlin, Berlin* über den Rabbi.

62 „Those who for millennia were characterized as 'The People of the Book' may now be characterized without excessive exaggeration as 'The People of the Joke'." (Elliot Oring: The People of the Joke. On the Conceptualization of a Jewish Humor. In: *Western Folklore* 42,4 (1983), S. 261–271, hier S. 261.)

63 Salcia Landmann hat sicherlich die zahlreichsten Bücher im deutschsprachigen Raum zum jüdischen Witz publiziert. Bereits 1960 veröffentlichte sie *Der Jüdische Witz. Soziologie und Sammlung* und später weitere Ausgaben verschiedener Sammlungen jüdischer Witze, die in hohen Auflagen verkauft wurden.

mit den 1980er Jahren einsetzt und sich beispielsweise auch im „Klezmerboom"[64] ausdrückt.[65] Zu dem zuvor dominanten thematischen Konnex von Opferschaft, indem die jüdischen Figuren zumeist auf unterschiedliche Weise standen, kommt das Bild eines folkloristischen Judentums hinzu, dass durch koscheres Essen, Familie, Musik, Witz und jiddische Sprache charakterisiert ist.
Grundlegend für die Einordnung und Deutung des jüdischen Humors oder Witzes als Kodierung von Jüdischkeit ist die Frage, ob es sich dabei um ein *Phänomen* (mit spezifischen Charakteristika) oder um eine *Vorstellung*, Konzeption oder Zuschreibung handelt. Darüber hinaus stellt sich die Frage, welche *sozialen Funktionen* dem jüdischen Witz über diejenigen hinaus zukommen, die dem Witz allgemein zugerechnet werden können. Dabei geht es nicht nur darum zu klären, wer *mit* wem und *über* wen lacht, sondern auch wie die – vermutlich komplexe und problematische – Distinktion von antisemitisch diffamierendem Judenwitz und dem ‚jüdischen Witz' funktioniert und ob sie wichtig ist.

7.1 Jüdischer Witz als Zuschreibung und Phänomen

> Zumeist assoziiert mit Chuzpe, Selbstironie und einem besonderen Akt von Widerstand, der mit dem Sprichwort ‚In traurigen Zeiten blüht der Witz' beschrieben werden kann, ist jüdischer Humor fester Bestandteil der Alltagssprache und wird gleichwohl zu einer problematischen Kategorie, wenn mit ihr nicht eine bestimmte und prinzipiell erlernbare Schule des Humors bezeichnet wird, sondern eine Wesensart.[66]

Als *Phänomen* kann jüdischer Witz, wie er sich nicht nur in Erzählwitzen, sondern generell in verbalem Humor, in Anekdoten oder ‚professionellem' Humor von beispielsweise Comedians, Schriftsteller_innen und Filmemacher_innen findet, zunächst weitgefasst als „humor created by Jews, reflecting special aspects of Jewish life"[67] definiert werden. Doch es deutet sich bereits hier die Notwendigkeit an, das Grundverständnis dessen, was ‚jüdischer' Witz ist und wie er entsteht, genauer zu konturieren. Geht man von Jüdinnen und Juden als alleinig möglichen Urheber_innen aus, so muss geklärt werden, was sie in ihrer ‚jüdischen Erfahrung' eint, so dass angenommen werden kann, sie würden einen gemeinsamen Humor ausbilden. Anders formuliert resultiert aus dieser Definition die Frage, wer jüdisch ist und was Jüdischsein ausmacht, wobei essentialistische Argumentationsstrukturen vermieden werden müssen. Im Folgenden

64 Albert Lichtblau: Unter Philosemitismusverdacht. Der Klezmerboom – Für nichtjüdische Musizierende erlaubt? In: Irene A. Diekmann / Elke-Vera Kotowski (Hrsg.): *Geliebter Feind – gehasster Freund. Antisemitismus und Philosemitismus in Geschichte und Gegenwart.* Berlin: vbb 2009, S. 623–651.

65 Vgl. Kap. II.2.2 Das ‚deutsch-jüdische Verhältnis. Ein zeitlicher Abriss.

66 Jan Distelmeyer: Übergänge, Kontinuitäten, Brüche. In: Hans-Michael Bock / Jan Distelmeyer / Wolfgang Jacobsen / Jörg Schöning (Hrsg.): *Spaß beiseite, Film ab. Jüdischer Humor und verdrängendes Lachen in der Filmkomödie bis 1945.* München: Edition text + kritik 2006, S. 9–12, hier S. 9.

67 Avner Ziv: Introduction. In: *Humor – International Journal of Humor Research* 4,2 (1991), S. 145–148, hier S. 145.

wird deshalb davon ausgegangen, dass jüdischer Witz oder Humor als Phänomen *oder* Konzept verstanden werden kann.

Als Phänomen wird der ‚jüdische Witz' einerseits durch seinen spezifischen Entstehungszusammenhang, nämlich der jüdischen Erfahrungswelt im Osteuropa des 19. Jahrhunderts, und andererseits durch besondere Merkmale, wie seine selbstkritische und selbstironische Art, charakterisiert, kann aber, so soll hier argumentiert werden, auch von Nichtjuden und Nichtjüdinnen vertreten werden.[68]

Versteht man jüdischen Humor als Konzept, wie beispielsweise Elliott Oring oder Dan Ben-Amos in ihren Arbeiten zum jüdischen Humor,[69] stellt sich die Frage, wie dieses Konzept entstand und welche Funktionen und (Aus-)Wirkungen ihm zugeschrieben werden können. Daraus resultiert eine andere Definition, die Oring beispielsweise folgendermaßen ausdrückt: „Jewish humor is simply that humor which has been conceptualized as uniquely, distinctly or characteristically reflective of, evocative of, or conditioned by the Jewish people and their circumstances."[70] Die hier in Anlehnung an Oring und Ben-Amos eingenommene Perspektive fokussiert also nicht auf die Frage, ob es einen spezifisch jüdischen Humor gibt, wie dieser aussieht und entstanden ist, sondern vielmehr darauf, wer das Konzept von jüdischem Humor geprägt hat, wann und wo es entstanden ist, auf welches Material es angewendet wird und was seine Charakteristika sind.[71]

‚Jüdischer Humor' scheint, unabhängig davon, ob man ihn als Phänomen oder Vorstellung versteht, im 19. Jahrhundert entstanden zu sein,[72] ist also noch vergleichsweise jung. Der Entstehungszeitpunkt kann damit in Zusammenhang gebracht werden, dass am Ende des 19. Jahrhunderts Humor als Zeichen einer zivilisierten Menschheit empfunden wurde, weshalb Juden aus dem Willen zur Partizipation heraus und als Zeichen ihrer Teilhabe daran den Beweis antraten, humorvoll zu sein.[73] Dabei betonten sie die Bedeutung des Humors seit den Anfängen des Judentums, d. h. das Konzept des jüdischen Humors wurde nachträglich auf älteres Material – wie zum Beispiel den Talmud – angewendet. Diese Ausstattung der Vorstellung vom jüdischen Humor

68 Vgl. Distelmeyer: Übergänge, Kontinuitäten, Brüche; Ronny Loewy: Ist ein jüdischer Komiker jüdisch-komisch oder, wie ein exzellenter Geiger, schier ein exzellenter Komiker? In: Bock / Distelmeyer / Jacobsen / Schöning (Hrsg.): *Spaß beiseite, Film ab*, S. 13–20.

69 Ben-Amos: The "Myth" of Jewish Humor, S. 112–131; Oring: The People of the Joke.

70 Oring: The People of the Joke, S. 262.

71 Ebd., S. 263.

72 Vgl. Ziv: Introduction, S. 145.

73 Bei Jefferson S. Chase heißt es dazu: „This idea of a special type of 'Jewish humor' written in German but antithetical to the values of mainstream German-language society was the product of its originating alongside the gradual legal emancipation and social integration of German-Speaking Jews and the rise of freelance, oppositional journalism via the industrial press." (Jefferson S. Chase: *Inciting Laughter. The Development of "Jewish Humor" in 19th Century German Culture*. Berlin / New York: de Gruyter 2000, S. 1.) Neben dem bei Chase anklingenden Zusammenhang mit einer Entwicklung von Presse und Journalismus sollen die drei Protagonisten genannt werden, die in der Auseinandersetzung mit (literarischem) Judenwitz, hier verstanden sowohl als antisemitische, negativ-diffamierende Zuschreibung als auch als literarische Strategie, im Zentrum der wissenschaftlichen Auseinandersetzung stehen: Heinrich Heine, Ludwig Börne und Moritz Saphir.

mit ‚Geschichte' sollte dessen essentielle ‚Jüdischkeit' beweisen. Sander L. Gilman sieht auch die selbstkritische Spezifik des jüdischen Humors in diesem Entstehungszusammenhang begründet, da über sich selbst lachen zu können im 19. Jahrhundert quasi ein gesellschaftliches Eintrittsbillet gewesen sei.[74] Ende des 19. Jahrhunderts war die Idee vom Judenwitz dann in literarischen und kulturellen Zusammenhängen verbreitet und wirkte bis zum Nationalsozialismus in ihrer negativen Konnotation fort.[75]

Interessant ist, dass diese junge Idee vom jüdischen Humor gleichermaßen von Juden wie von Nichtjuden gestützt und perpetuiert wird. Hieraus erklärt sich auch, wie der ‚jüdische' Witz oder Humor gleichsam zum Phänomen wie auch zur Zuschreibung werden konnte. Die Vorstellung vom jüdischen Witz verbreitete sich unter Jüdinnen/Juden und Nichtjüdinnen/Nichtjuden und wurde von beiden Gruppen verfestigt, so dass sich daraus ein tatsächlich existierendes Phänomen mit spezifischen Merkmalen entwickelte, dessen Ausdrucksformen wiederum den „Mythos" vom jüdischen Witz[76] stützten. Insofern entwickelte sich der jüdische Witz tatsächlich aus der jüdischen Erfahrung heraus, allerdings aus der Erfahrung, Teil einer Gesellschaft sein zu wollen, die Jüdinnen und Juden den Zutritt oder die gleichberechtigte Partizipation verweigerte und deren Regeln und Anforderungen anerkannt werden mussten, um diese zu erlangen.

Diese Genese des Phänomens jüdischen Humors erklärt, warum es – wenn auch unterschiedlich akzentuiert – sowohl bei jüdischen als auch nichtjüdischen Filmemacher_innen auftaucht. Denn nicht nur das Zitieren jüdischen Humors in Form von Erzählwitzen oder die Charakterisierung jüdischer Figuren als besonders humorvoll findet sich bei jüdischen wie nichtjüdischen Filmemacher_innen, sondern auch jüdischer Humor, der sich auf den Grundton oder die Gesamtgestaltung des filmischen Texts bezieht, kann von jüdischen wie nichtjüdischen Regisseur_innen umgesetzt werden. Jüdischer Humor der beschriebenen Genese ist mit spezifischen Merkmalen ausgestattet, in deren Tradition sich auch nichtjüdische Filmemacher_innen stellen können, es ist eine Vorstellung von Jewishness, die sich sowohl in der nichtjüdischen deutschen Mehrheitsgesellschaft wie auch in einem jüdischen Selbstverständnis durchgesetzt hat.

7.2 Filme jüdischen Humors: Dani Levy und Jan Schütte

Jüdischer Witz kann nicht nur Teile des filmischen Texts betreffen, auch ein gesamter filmischer Text kann als Ausdruck jüdischen Humors verstanden werden. Hierfür kommen nicht nur Filme jüdischer Autor_innen in Frage. Es wird von der Herausbildung eines Humors ausgegangen, der in einer spezifischen historischen Situation entstand, Merkmale ausbildete und nicht ausschließlich jüdische Filmemacher_innen

74 Sander L. Gilman in seinem Vortrag „When Did the Jews become funny?" Auf der Konferenz *Der Jüdische Witz. Zur unabgegoltenen Problematik einer alten Kategorie*, 9.–11. Mai 2013, Freie Universität Berlin.

75 Vgl. Chase: *Inciting Laughter*, S. 2.

76 Ben-Amos: The "Myth" of Jewish Humor.

dazu einlädt, sich in diese Tradition zu stellen. Jan Distelmeyer bezeichnet ihn als „eine bestimmte und prinzipiell erlernbare Schule des Humors“[77], und Ronny Loewy lässt für die frühe deutsche Filmkomödie nur Ernst Lubitsch und Sigi Arno als „jüdisch-komische Filmkomiker“[78] gelten, da sie jüdische Rollen verkörpern und in ihren Filmen jüdische Lebenswelten sichtbar werden. Nach seinem Verständnis ist das spezifisch Jüdisch-Komische (um es vom Komischen zu unterscheiden) an das *Sujet* gebunden.[79]

Dieser Überlegung folgend lassen sich fünf Filme nennen, die als Ausdruck jüdischen Humors gedeutet werden können, wobei zwei von einem jüdischen und drei von einem nichtjüdischen Regisseur stammen: Die unter der Regie von Dani Levy entstandenen Komödien *Alles auf Zucker!* und *Das Leben ist zu lang* sowie Jan Schüttes *Auf Wiedersehen Amerika*, *Love Comes Lately* und *SuperTex*. Es fällt auf, dass zwei von Jan Schüttes Filmen auf (Buch-)Vorlagen jüdischer Autoren basieren: *SuperTex* basiert auf dem gleichnamigen Roman von Leon de Winter und *Love Comes Lately* auf einer Kurzgeschichte von Isaac Bashevis Singer.

Alle diese Beispiele weisen einen jüdischen Bezug auf der Ebene des Sujets sowie einen ironischen Umgang mit Stereotypen und den Schwächen der Protagonisten auf, die in gewisser Hinsicht als Anti-Helden verstanden werden können. Gleichzeitig machen vor allem die Filme Dani Levys deutlich, wie Paratexte die Wahrnehmung von Filmen als spezifisch jüdisch-komisch prädispositionieren. So bezieht er sich in Interviews explizit auf Humor und das, was jüdischer Humor sei, wenn er beispielsweise sagt, Humor habe für ihn mit Einsicht, Erkenntnis und Widersprüchlichkeit zu tun. Er könne verstörend, provozierend, gemein oder subversiv sein, weshalb er ein guter Weg sei, Ambivalenzen erfahrbar zu machen.[80] Levy bezeichnet Humor als ein Licht, das man in einem tabuisierten Raum entzünde.[81] Auffällig ist, dass die Idee jüdischen Humors als Zuschreibung von außen an ihn herangetragen wird, wenn er nach den Besonderheiten des jüdischen Humors gefragt wird und direkt auf diese eingeht und ihre zentralen Charakteristika nennt:

> Der jüdische Humor ist immer ein Aufruf zur Subversivität, deswegen ist er so beliebt, weil er von unten kommt und nicht von oben. Es ist kein Herrscherhumor, sondern es ist ein Humor von Leuten, die sich wehren müssen. Ich glaube, wir Juden haben schon auch so eine Art Loser-Humor.[82]

Aufgrund dieser expliziten Thematisierung erklärt sich möglicherweise, dass Levys Filme stärker als solche jüdischen Humors wahrgenommen werden als beispielsweise

77 Distelmeyer: Übergänge, Kontinuitäten, Brüche, S. 9.

78 Ebd., S. 8.

79 Ebd., S. 9; Loewy: Ist ein jüdischer Komiker jüdisch-komisch, S. 18, 19.

80 Interview mit Dani Levy. In: *Cine-fils. Cinephile Interview Magazine*. http://www.cine-fils.com/interviews/dani-levy.html (Zugriff am 07.11.2013).

81 Louis Lewitan: „Komödien gehören in den Bereich der Erlösung“. Der Schweizer Regisseur und Schauspieler Dani Levy erzählt, warum Humor am interessantesten ist, wenn er dunkel ist. In: *Die Zeit*, 01.10.2010. http://www.zeit.de/2010/14/Rettung-Dani-Levy (Zugriff am 06.11.2013).

82 Ebd.

die Filme Jan Schüttes, aber auch, dass es sich dabei sowohl um eine Fremdzuschreibung als auch um ein Selbstbild handelt.[83]

7.3 *Jüdischer Witz und Humor als defensiv und selbstkritisch*

Als Hauptcharakteristika des jüdischen Humors werden seine Defensivität und Selbstkritik beschrieben. Das Defensive des jüdischen Humors bezeichnet Oring als eine der zentralen Vorstellungen und begründet dies damit, dass das Konzept von jüdischem Humor immer vor dem Hintergrund jüdischer Erfahrung und Geschichte konstruiert und verstanden worden sei. Es wird deutlich, warum die Beziehung zwischen Jüdinnen und Juden und ihrem Humor so spezifisch und eng verstanden wird: „The conception of a Jewish humor derives from a conceptualization of Jewish history as a history of suffering, rejection, and despair.“[84] Dass Juden trotz dieser Geschichte lachten, beweise ihre besondere Beziehung zum Humor und mache gleichzeitig das Leiden zum Hintergrund ihres Humors, was nur drei Erklärungsmöglichkeiten zulasse: Der jüdische Humor sei transzendent, defensiv oder pathologisch. Humor sei transzendent, „[...] when it reflects the unwillingness of the individual to surrender to the impossible conditions of existence and attempts to achieve a measure of liberation from the social, political, economic, and even cosmic forces that remain beyond one's control.“[85]

Die Vorstellung vom defensiven Charakter des jüdischen Humors kann als auf Sigmund Freuds Arbeit *Der Witz und seine Beziehung zum Unbewussten* zurückgehend verstanden werden.[86] So argumentiert Freud, dass das Ich sich mit dem Humor dem Leiden an den realen Verhältnissen verweigere und diese stattdessen zum Lustgewinn ummünze: „Er [der Humor] will sagen: Sieh' her, das ist nun die Welt, die so gefährlich aussieht. Ein Kinderspiel, gerade gut, einen Scherz darüber zu machen!“[87] Es sei hier das Über-Ich, das im Humor tröstend zum eingeschüchterten Ich spräche.[88] Der defensive Charakter des Humors, den Freud hier betont, taucht auch bei Salcia Landmann auf. Bei ihr heißt es, der jüdische Witz sei die Waffe, mit der die Leiden des Exils aushaltbar gemacht werden sollten. In ihrer Argumentation ist der jüdische Humor

83 In Filmkritiken wird der Humor in Jan Schüttes Filmen nicht als jüdisch beschrieben. In einer Besprechung von Schüttes Film *Auf Wiedersehen Amerika* in *Der Spiegel* wird der Film als „Exilantenkomödie“ charakterisiert, es heißt dort lediglich: „Seine melancholische Komödie schildert ‚auch unseren Verlust' an jüdischer Alltagskultur, an jüdischem Witz und an Chuzpe.“ (Rentner on the Road. In: *Der Spiegel*, 25.04.1994, S. 197–199. http://wissen.spiegel.de/wissen/image/show.html?did=13683878&aref=image017/SP1994/017/SP199401701970199.pdf&thumb=false (Zugriff am 16.02.2014)). Auf dem Jüdischen Filmfest in Wien wurden 2008 zwar Filme Schüttes gezeigt, jedoch im Otto Tausig Schwerpunkt.

84 Oring: The People of the Joke, S. 266.

85 Ebd., S. 268.

86 Bei Oring heißt es: „Freud's observations provided a ready-made framework for a conceptualization of Jewish humor as a set of defensive, even retaliatory, measures undertaken in the context of an oppressive environment.“ (Oring: The People of the Joke, S. 269.) Siehe außerdem Ben-Amos: The "Myth" of Jewish Humor.

87 Sigmund Freud: Der Humor. In: Ders.: *Der Witz und seine Beziehung zum Unbewussten. Der Humor.* Frankfurt am Main: Fischer 1992, S. 251–258, hier S. 258.

88 Ebd.

untrennbar mit der leidvollen Erfahrung von Exil, Verfolgung und Ausgrenzung verbunden. Sie argumentiert:

> Wie sehr der Judenwitz aber mit der totalen Wehrlosigkeit steht und fällt, kann man am nunmehr wehrhaften Staat Israel erkennen: Die gebürtigen Israelis sind ziemlich witzlos. Sie brauchen den Witz nicht mehr zum Überleben, und also haben sie ihn eingebüßt – bis auf die bedeutungslose gegenseitige Verspottung zwischen den verschiedenen Einwanderergruppen.[89]

Sie beschreibt jüdischen Humor also als einen defensiven, der (u. a.) aus der Verfolgungsgeschichte der Diaspora entstehe. In diesen Zusammenhang werden die Erzählwitze beispielsweise in *Ein ganz gewöhnlicher Jude* und *Der Schächter* gestellt. Die Einbettung des jüdischen Witzes in Verfolgung und Diskriminierung geschieht in beiden Filmen auf *doppelte* Weise: Die Witze erzählen inhaltlich davon und sie werden zu einem Zeitpunkt der Handlung von den jüdischen Figuren erzählt, an dem sie gerade von den Folgen der Shoah sprechen (*Ein ganz gewöhnlicher Jude*) oder selbst von antisemitischer Verfolgung bedroht sind (*Der Schächter*).

Als weiteres zentrales Merkmal jüdischen Humors wird in fast allen Zusammenhängen Selbstkritik genannt: „The primary cause for 'self-mockery' in Jewish humor was sought in two conditions: the allegedly unique nature of the Jewish psyche itself, and the social environment in which the Jewish people lived."[90] Die Erklärung des jüdischen Humors als pathologisch ist mit seiner Charakterisierung als selbstkritisch oder selbstironisch sowie mit dem problematischen Konzept des jüdischen Selbsthasses[91] verknüpft.[92] Christie Davis argumentiert, dass Juden, ähnlich den Mitgliedern anderer Minoritäten, auch Witze über die eigene Gruppe machten. Damit sei dieser Aspekt jüdischen Humors Teil des größeren Phänomens der Asymmetrie zwischen dem Humor von (kulturell dominanten) Gruppen und dem von (untergeordneten) Minoritäten. Angehörige von Minoritäten erzählten, im Gegensatz zu den Mitgliedern der Majorität, sowohl Witze über die Majorität als auch über die eigene Gruppe. Das funktioniere allerdings so, dass die Witze sie niemals persönlich inkludierten.[93]

In Anschluss daran lässt sich argumentieren, dass – nicht nur in solchen vermeintlich ‚selbstkritischen' Witzen – die eigene, minoritäre Gruppe um einiges differenzierter wahrgenommen wird als durch die gesellschaftliche Mehrheit. D.h. es werden innerhalb der eigenen Gruppe, in diesem Fall innerjüdisch, Differenzierungen und Abgrenzungen vorgenommen, die es ermöglichen, Stereotype auf die eigene Gruppe anzuwenden, ohne sich selbst zu treffen. Eine ähnliche Dynamik führt auch Sander L. Gilman zum jüdischen Selbsthass aus: Der Andere akzeptiere die Stereotypisierung durch die definierende Gruppe, in der Regel die kulturell dominante Mehrheit, wobei

89 Salcia Landmann: *Als sie noch lachten. Das war der jüdische Witz.* München: Herbig 1997, S. 21.

90 Ben-Amos: The "Myth" of Jewish Humor, S. 115.

91 Sander L. Gilman: *Jüdischer Selbsthass. Antisemitismus und die verborgene Sprache der Juden.* Frankfurt am Main: Jüdischer Verlag 1993.

92 Oring: The People of the Joke, S. 269–270.

93 Christie Davies: Exploring the Thesis of the Self-Deprecating Jewish Sense of Humor. In: *Humor – International Journal of Humour Research* 4,3 (1991), S. 189–209, hier S. 192.

er die vermeintlich positiven Aspekte der Stereotypisierung auf sich beziehe und die negativen einer Untergruppe seiner eigenen Gruppe zuschreibe.[94]
Oring, der letztlich den jüdischen Humor in seiner Gemachtheit als Konzept betrachtet und damit auch seinen mythischen Charakter hervorhebt, sieht diese drei Konzeptualisierungen jüdischen Humors (transzendent, defensiv, pathologisch) als die zentralen Erklärungszusammenhänge, die aber häufig miteinander verbunden und nicht mehr klar zu trennen seien. Jüdischer Humor sei – und das ist im Zusammenhang dieser Arbeit eine zentrale These – eine Kristallisation von Konzeptionen jüdischer Geschichte und Identität,[95] d.h. Konzepte von jüdischem Humor sind letztlich Ausdruck der vorherrschenden oder zugrunde liegenden Vorstellungen dessen, was Jüdischsein bedeutet. Damit wird jüdischer Humor zu einer Facette von (Selbst-) Bildern des Jüdischen, zu einer Vorstellung, die sowohl von Jüdinnen/Juden als auch von Nichtjüdinnen/Nichtjuden gestützt wird.

7.4 Die soziale Funktion von Witzen und Lachen

Auch die sozialen Funktionen von Witzen, die sowohl für die Figurenkonstellationen in den Filmen (also zwischen den Figuren) als auch in der Rezeptionssituation zwischen Film und Publikum wirksam werden, sind bedeutsam für das Verständnis der Rolle, die jüdischer Humor in den filmischen Darstellungen einnimmt. So markiert geteilter Humor Ähnlichkeit, woraus Nähe entsteht. Umgekehrt zeigt dessen Abwesenheit kaum überbrückbare soziale und persönliche Distanz. Damit ist Humor ein wirksames Mittel, symbolische Grenzen zu ziehen.[96] Und so wird auch in filmischen Darstellungen der Erzählwitz verwendet, um sowohl Gemeinsamkeiten als auch Differenzen zu markieren.
In der Fernsehkomödie *Zores* besucht der Koch Beppi (Dietrich Siegl) seine Chefin Rebecca Rosen (Petra Kelling) nach einem Herzinfarkt im Krankenhaus. Die beiden haben ein schwieriges Verhältnis und hatten sich vor Rebeccas Zusammenbruch gestritten. Ihre Versöhnung geschieht dann, als Beppi schon gehen will, mittels eines Witzes, den Rebecca als Versöhnungsangebot erzählt. Der Witz ist durch den auftauchenden Rabbiner als jüdisch gekennzeichnet und im gemeinsamen Lachen versöhnen sich nicht nur Rebecca und Beppi, sondern auch die fiktive jüdische Lebenswelt des Films und das nichtjüdische Publikum werden im gemeinsamen Lachen vereint. Das gemeinsame Lachen stellt Nähe und Einverständnis her.
In der Schimanski-Episode *Das Geheimnis des Golem* wird keine Nähe über gemeinsames Lachen, sondern Distanz und Fremdheit über den gescheiterten Versuch gemeinsam zu lachen hergestellt. *Das Geheimnis des Golem* fand vergleichsweise viel Beachtung und wurde relativ einhellig als problematische Darstellung

94 Gilman: *Jüdischer Selbsthass*, S. 16–17.
95 Oring: The People of the Joke, S. 271.
96 Giselinde Kuipers: Humour Styles and Symbolic Boundaries. In: *Journal of Literary Theory* 3,2 (2009), S. 219–239, hier S. 219.

jüdischen Lebens diskutiert, die antisemitische Bilder aufgreife oder doch zumindest Anschlussfähigkeiten herstelle.[97] Interessanterweise fand diese Sequenz dabei wenig Erwähnung:

Auf den ersten Blick bietet sie eine kritische Perspektive auf den Protagonisten der Krimireihe Horst Schimanski an. Er ist nicht sensibel im Umgang mit seinen jüdischen Gastgebern, kann den feinen Unterschied zwischen Fränkels und seinem Erzählwitz scheinbar nicht wahrnehmen. Es wird gezeigt, dass es einen Unterschied zwischen jüdischem Witz als Mittel der (humoristischen) jüdischen Selbstverständigung und dem diffamierenden, antisemitischen Judenwitz gibt. Schon Freud beschreibt diesen Unterschied:

> Die Witze, die von Fremden über Juden gemacht werden, sind zu allermeist brutale Schwänke, in denen der Witz durch die Tatsache erspart wird, daß der Jude den Fremden als komische Figur gilt. Auch die Judenwitze, die von Juden herrühren, geben dies zu, aber sie kennen ihre wirklichen Fehler wie deren Zusammenhang mit ihren Vorzügen, und der Anteil der eigenen Person an dem zu Tadelnden schafft die sonst schwierig herzustellende subjektive Bedingung der Witzarbeit. Ich weiß übrigens nicht, ob es sonst noch häufig vorkommt, daß sich ein Volk in solchem Ausmaß über sein eigenes Wesen lustig macht.[98]

Während Fränkels Witz sich auf die Freizügigkeit des Juden in der Auslegung der Kaschrut (der jüdischen Speisegesetze) bezieht, zielt Schimanskis Witz auf die antisemitische Charakterisierung von Juden als geizig und die vermeintlich jüdische Physiognomie mit den darin zugeschriebenen großen Nasen. Auch wenn Schimanskis Witz hier gleich zwei antisemitische Stereotype adressiert und damit durchaus als ‚brutaler Schwank' einzuordnen ist und das von ihm eingefügte „Oj" die jiddelnde Sprechweise imitiert, die ein antisemitischer Diskurs Jüdinnen und Juden zuschreibt, wird die Grenze zwischen antisemitischer Zuschreibung und ‚tatsächlichen Schwächen' in dieser Szene doch als eher schmal gezeigt. Neben der Tendenz der Pointe scheint es *auch* die Instanz des Erzählenden zu sein, die den Unterschied zwischen jüdischem Witz und diffamierendem Judenwitz ausmacht. In dieser Szene wird vor allem auf diesen Aspekt abgehoben, so dass die Grenze zwischen Fremd- und Eigenzuschreibung, zwischen selbstironischem und antisemitischem Witz, nivelliert wird.

Betrachtet man die Figur Horst Schimanski[99] als ein fiktives Wesen genauer, fällt auf, dass er gerade durch seine mangelnde Sensibilität, durch seine proletarische Art, durch seine ‚Ecken und Kanten' charakterisiert wird.[100] Diese sind an der individualisierten Figurengestaltung beteiligt und machen ihn zu einer Figur, auf die sich die

97 Bspw. Ebbrecht: Das Judentum als Fernsehkulisse; Lorenz: Im Zwielicht.

98 Sigmund Freud: Der Witz und seine Beziehung zum Unbewussten. In: Ders.: *Der Witz und seine Beziehung zum Unbewussten. Der Humor*, S. 23–249, hier S. 126.

99 Der Ermittler Horst Schimanski wurde 1981 in die *Tatort*-Reihe eingeführt und ist seit 1997 die Hauptfigur der gleichnamigen Krimi-Reihe *Schimanski*.

100 Vgl. dazu Karl Prümm: Revolte gegen den ritualisierten Fernsehkrimi. Götz George und Horst Schimanski – Porträt einer Rolle und eines Schauspielers. In: Anne Bartsch / Ingrid Brück / Kathrin Fahlenbrach (Hrsg.): *Medienrituale. Rituelle Performanz in Film, Fernsehen und Neuen Medien*. Wiesbaden: VS 2008, S. 137–144.

Zuschauer_innen empathisch beziehen können. Der Filmkritiker Egon Netenjakob schreibt:

> Der Tatenmensch Schimanski macht vieles falsch und hat keine Angst davor etwas falsch zu machen. [...] Mit einer so konzipierten Figur das Publikum direkt anzusprechen, ja es aggressiv durch Provokation zu interessieren und vielleicht zu stärken, ist die Absicht.[101]

Für die Bewertung von Schimanskis Verhalten in der beschriebenen Sequenz ist das paradigmatisch und führt zu einer anderen Perspektive: Schimanski hat keine Angst, etwas falsch zu machen. Er geht authentisch und unbefangen mit Jüdinnen und Juden um. Er tritt zwar in ein Fettnäpfchen, letztlich entspricht es aber seinem individuellen Charakter, aggressiv und provokant zu sein. Er markiert einen Generationswechsel bei den *Tatort*-Kommissaren: Er hebt sich von den gradlinigeren, korrekteren „Väterkommissare[n]"[102] ab und stellt insofern einen Vertreter der 68er-Generation dar, als er Ausdruck einer „Neuorientierung im Gefolge der verebbten Studentenbewegung" vom Politischen, Gesellschaftlichen hin zu persönlichen Interessen ist.[103]

Vor diesem Hintergrund kann die Sequenz so verstanden werden, dass das gezeigte Verhalten Schimanskis zwar als problematisch, doch letztlich als individuelle Charaktereigenschaft gezeigt wird. Antisemitismus als gesellschaftliches Phänomen wird hier nicht verhandelt. Die Grenze zwischen antisemitischem und selbstkritischem jüdischem Witz ist hier als so fein dargestellt, dass man sie schon mal verfehlen kann. Nicht nur bietet die Szene neben dem erlaubten, legitimierten Lachen über Fränkels Witz auch das – lediglich *vermeintlich* – verbotene Lachen über Schimanskis Witz an, sondern entschuldigt sein Verhalten auch als ‚persönliche Eigenheit'.

In der Fernsehkomödie *So ein Schlamassel* werden in zwei parallel angeordneten Szenen Witze erzählt: Zunächst bei Jils Familie, als diese mit ihrem nichtjüdischen (aber an diesem Abend als jüdisch auftretenden) Freund Marc Norderstedt zu Besuch ist. Jils Vater Benno und ihr Onkel David erzählen sich Witze, übertrumpfen sich und bezeichnen die Witze des anderen als alt. Später ist Jil bei Marcs Familie zum Essen eingeladen. Auch hier sind nicht nur Marcs Eltern, sondern auch sein Onkel und seine Tante zu Gast. Der Onkel erzählt einen antisemitischen Witz, woraufhin es zum

101 Egon Netenjakob: Das Vergnügen, aggressiv zu sein. Zum Schimanski-Konzept innerhalb der Tatort-Reihe der ARD. In: Ders. / Thomas Koebner: *Tatort. Die Normalität als Abenteuer*. Marburg: Institut für Neuere Deutsche Literatur 1990, S. 32–39, hier S. 34.

102 Prümm: Revolte gegen den ritualisierten Fernsehkrimi, S. 139. Über diese Vätergeneration von Kommissaren, von denen sich Schimanski abhebt und zu denen er die Kommissare aus *Der Kommissar* oder *Derrick* zählt, schreibt Prümm: „Es waren streng patriarchalische Gestalten, die schwer zu tragen hatten an der Last, Ersatz schaffen zu müssen für die fehlenden Autoritäten einer vaterlosen Gesellschaft. Sie waren daher ein Muster an Verlässlichkeit und Disziplin, schwebten mit einer fast göttlichen Aura unberührbar über den Niederungen des Verbrechens, das sie mit eiserner Konsequenz aufklärten." (Ebd., S. 137.) Diese durch die deutsche Vergangenheit geprägten Rollenmuster schienen nun nicht mehr notwendig zu sein. Die Kommissaren-Figur Schimanski durfte fehlbar sein, authentisch, eine Figur auf Augenhöhe. Dennis Gräf beschreibt die Figur Schimanski als in einem Kontext von „Andersartigkeit" verortet und beschreibt ebenfalls einen Bruch mit den Narrations- und Figurenmustern der 1970er Jahre. Dennis Gräf: *Tatort. Ein populäres Medium als kultureller Speicher*. Marburg: Schüren 2010, S. 176–177.

103 Netenjakob: Das Vergnügen, aggressiv zu sein, S. 34.

offenen Konflikt kommt, als Jil seinen Witz als antisemitisch entlarvt und ihn in einen Zusammenhang mit dem mörderischen Antisemitismus stellt, der zur Shoah führte. Das Happy End bzw. die Überwindung des hier gezeigten Dissens oder Konflikts wird in *So ein Schlamassel* dadurch möglich, dass es sich nicht um ein enges Familienmitglied Marcs handelt, das den antisemitischen Witz erzählt.

Auch hier wird die Unterscheidung zwischen antisemitischem und jüdischem Witz betont und neben das verbotene, antisemitisch behaftete das legitime Lachen gestellt. Es stellt sich bezüglich dieser Sequenzen die Frage, ob diese Unterscheidung eigentlich anhand des Witzes zu treffen ist oder doch eher anhand des Erzählenden. Damit es erlaubt ist, über einen Witz mit jüdischem Sujet zu lachen, scheint es, muss ihn ein Jude oder eine Jüdin erzählen. Eine Überlegung oder Hypothese an dieser Stelle könnte also sein, dass es das Bedürfnis gibt, über Juden, über vermeintlich jüdische Eigenarten und Schwächen zu lachen, es aber einer Legitimationsstrategie bedarf, damit das geschehen kann. Gleichzeitig bietet der als antisemitisch markierte Witz die Möglichkeit des verbotenen Lachens, was aber dadurch abgesichert ist, dass es ‚die Anderen' sind, die über den bösen Witz lachen, während ‚wir' nur über den unproblematischen, den guten Witz lachen, welcher von einer jüdischen Figur erzählt wird.

7.5 Wer lacht mit wem? Die doppelte Anschlussfähigkeit jüdischer Witze

Im *gemeinsamen* Lachen über ‚jüdische Witze' scheint sich eine Spannung oder Angespanntheit des ‚deutsch-jüdischen Verhältnisses' nach der Shoah überwinden zu lassen, während sich gleichzeitig die Konstruktion ‚des Juden' als Anderem (erkennbar am differenten Humor) aufrechterhalten lässt. ‚Jüdische Witze' können also folgende Funktionen erfüllen:

Erstens ist der jüdische Witz eine machtvolle Idee, weshalb er eingesetzt wird, um jüdische Figuren als solche zu kodieren. Durch die Bekanntheit der Kodierung werden die Figuren so als jüdisch lesbar. Zweitens ermöglicht der hierfür zumeist verwendete Erzählwitz es den nichtjüdischen Figuren – wie auch dem Publikum –, legitimiert zu lachen. Das Bedürfnis, über oder mit Juden und Jüdinnen zu lachen, kann verschiedentlich begründet sein: Das Bedürfnis, *über* Juden zu lachen, braucht wegen der Tabuisierung von Antisemitismus nach 1945 Legitimationsstrategien, um erfüllt werden zu können. *Mit* Juden zu lachen, kann hingegen Nähe stiften und den Anschein von ‚Normalität' und Unbekümmertheit erwecken. Damit kann das Gefühl einer unbeschwerten ‚deutsch-jüdischen Beziehung' in Deutschland vermittelt werden, dass die letzten sichtbaren Konsequenzen der Shoah, namentlich die Absenz von jüdischem Leben, fiktiv aufhebt. Gleichzeitig bleiben ‚die Juden' in dem gemeinsamen Lachen über einen ‚jüdischen Witz' anders, fremd und exotisch, auch wenn sie in ihrer Andersartigkeit inzwischen möglicherweise begehrenswert sind. So ist der jüdische Erzählwitz, mag es auch die schwierig zu treffende Unterscheidung vom antisemitischen Judenwitz geben, durch sein selbstkritisches Spiel mit jüdischen Stereotypen oder Schwächen doppelt anschlussfähig: Er lässt sich antisemitisch lesen und bietet hier die Möglichkeit, einem latenten Antisemitismus im Lachen Ausdruck zu verleihen, bietet aber auf der anderen Seite auch die Möglichkeit eines versöhnenden Mitlachens, das Ausdruck eines präsenten, vitalen und vor allem folkloristischen jüdischen Lebens ist.

8. Auditive Kodierungen

Kodierungen von Jewishness finden auch auf der auditiven Ebene von Filmen auf vielfältige Weise statt. Dabei kommt dem Einsatz von Musik sowie der Sprache eine besondere Bedeutung zu: Während Erstere zum einen die emotionale Bedeutung der Bilder unterstreicht und gleichzeitig Verortungen in bestimmten kulturellen Kreisen oder folkloristische Bezüge herstellt, häufig durch Klezmer und Klarinettenmusik, ist Letztere durch den Einsatz jiddischer Begriffe für die Beschreibung von Figuren als jüdisch bedeutsam. Die jiddische Sprache, häufig in Form einzelner Begriffe oder einer ‚jiddelnden' Sprechweise, ist ein zentrales Merkmal von Jewishness in den hier untersuchten Filmen.

Der Text der gesprochenen Sprache wird im Zusammenhang mit der Narration untersucht, da er in erster Linie zu dieser beiträgt, ebenso intradiegetisch eingesetzte Musik, da sie auf sehr *direkte* Weise die Charakterisierung als jüdisch untermauert und Teil der Diegese ist.[104]

8.1 „Diese Musik, die sagt mehr aus über das Leid, das ihrem Volk widerfahren ist, als tausend Worte."[105] – Jiddische Musik

> Gut, dass wir früher gegangen sind, sonst hätte ich wieder die ganzen alten Lieder mitsingen müssen.
> (Daniel Kahana in *Liebe unter Verdacht*)

In den meisten Fällen handelt es sich bei spezifisch jüdisch konnotierter extradiegetischer Filmmusik um *jiddische Musik*. Darunter wird in Anlehnung an Aaron Eckstaedt „die vokale und instrumentale Volksmusik des osteuropäischen, jiddischsprachigen Judentums"[106] verstanden, die aber seit dem amerikanischen Klezmerrevival der 1970er Jahre auch in Deutschland zunehmend nivellierend unter *Klezmer*[107] subsumiert wird.[108] Klezmer steht für jüdische Musik schlechthin und ist damit im Film eine wirksame, weil bekannte, Kodierung von Jewishness.

In den 1960er Jahren begannen neben jüdischen auch nichtjüdische Künstler_innen in der Bundesrepublik jiddische Lieder zu singen.[109] In den frühen 1980er Jahren

104 Ein Beispiel für intradiegetisch eingesetzte, jüdisch assoziierte Musik ist Jil Grüngras' Handy, dass in *So ein Schlamassel* mit dem Klingelton des hebräischen Volksliedes *Hava Nagila* klingelt.

105 Zitat aus *Zores* (BRD 2006, R: Anja Jacobs).

106 Aaron Eckstaedt: *„Klaus mit der Fiedel, Heike mit dem Bass…". Jiddische Musik in Deutschland.* Berlin / Wien: Philo 2003, S. 14.

107 Klezmer bezeichnet im Jiddischen eigentlich den Musiker. „*Klesmermusik* meint in jiddischer Sprache die instrumentale Tanzmusik, welche auf Hochzeiten und Festen im osteuropäischen Judentum gespielt wurde. Erst durch Giora Feidman und das amerikanische Klesmerrevival wird *Klesmer* in den späten 70er Jahren auch als Begriff für die Musik eingeführt." (Eckstaedt: *„Klaus mit der Fiedel, Heike mit dem Bass…"*, S. 14.)

108 Ebd., vgl. außerdem Georg Winkler: *Klezmer. Merkmale, Strukturen und Tendenzen eines musikkulturellen Phänomens.* Bern: Lang 2003, S. 31 ff.

109 Beispielsweise treten Lea Lina Rodzynek und Siegfried Behrend als *Belina und Behrend* mit internationaler Folklore, darunter auch jiddische Lieder, auf. Das israelische Duo *Abi & Esther Ofarim* werden in den 1960er Jahren durch Konzerte, Fernseh- und Radioauftritte berühmt, bei denen sie auch immer wieder jiddische Lieder singen. Eckstaedt: *„Klaus mit der Fiedel, Heike mit dem Bass…"*, S. 16–17.

erlangten jiddische Lieder dann zunehmend größere Bedeutung.[110] In den 1990er Jahren wurde im wiedervereinigten Deutschland Klezmermusik populär, vor allem durch Gruppen und Künstler_innen des amerikanischen Klezmerrevivals, wie den *Klezmatics* oder Giora Feidman, die in Deutschland auftraten. Ab der zweiten Hälfte der 1990er Jahre wurde Klezmer zu einem Symbol für jüdische Kultur.[111]

Eckstaedt erklärt die Aufmerksamkeit, die jiddische Lieder bereits in den 1960er Jahren bekamen, damit, dass das deutsche Volkslied aufgrund der Inanspruchnahme durch die Nationalsozialist_innen keine positiven, identitätsstiftenden Anschlussmöglichkeiten bot und für eine jüngere Generation aus diesem Grunde tabuisiert war, weswegen man sich fremdsprachiger Folklore zuwendete, wie bulgarischen, israelischen und spanischen Liedern. Die jiddische Folklore entsprach aber in besonderer Weise den Bedürfnissen der Zeit:

> Sie ist durch ihre mittelalterliche deutsche Herkunft im Kern deutsch, durch die fremdsprachlichen Elemente des Jiddischen und die orientalische wie osteuropäische Färbung der Musik aber dennoch exotisch. Als Folklore eines durch den deutschen Nationalsozialismus gemordeten Volkes kann sie kaum faschistisch missbraucht gewesen sein und bietet darüber hinaus die Möglichkeit einer deutlichen Distanzierung von der Elterngeneration.[112]

Damit entspringt das Interesse an jiddischer Musik nach 1945 im Kern der Unmöglichkeit, sich auf deutsche (Musik-)Traditionen positiv zu beziehen, und der daraus resultierenden Suche nach Alternativen. Den Umgang der deutschen Musiker_innen mit den jiddischen Liedern sieht Eckstaedt zwischen „Sehnsucht nach Folklore und einer heilen Welt" auf der einen und politischer Aktion auf der anderen Seite.[113] Während es also zunächst um das deutsche Bedürfnis nach Folklore und ein deutsches Selbstbild geht, steht mit dem „Klezmerboom"[114] der 1990er Jahre jüdisches Leben stärker im Vordergrund.

Die vielen deutschen nichtjüdischen Klezmer-Anhänger_innen, sei es auf Seiten der Zuhörer_innen oder auf der der Musiker_innen, erfuhren recht große Aufmerksamkeit, sowohl kritisch gedeutet als auch anerkennend im Zusammenhang eines revitalisierten jüdischen Lebens. Daran, dass ihre Motivation häufig suspekt schien, zeigt sich, dass das kulturelle Phänomen Klezmer (oder „Klezmerboom") und die Debatten, die darum entstanden, nur vor dem Hintergrund der Shoah zu verstehen sind.[115]

110 Bedeutenden Anteil hatte daran das Duo *Zupfgeigenhansel*, das 1979 das Album *'ch hob gehert sogn – Jiddische Lieder* produzierte, das die bis dahin erfolgreichste jiddische Platte Westdeutschlands wurde, sowie die Gruppe *Hai & Topsy Frankl*. Eckstaedt: *„Klaus mit der Fiedel, Heike mit dem Bass…"*, S. 25–26.

111 Vgl. ebd., S. 13–14, 55.

112 Ebd., S. 19.

113 Ebd., S. 27–28.

114 Lichtblau: Unter Philosemitismusverdacht. Der Klezmerboom.

115 So geht Albert Lichtblau der Frage nach, warum bei Klezmermusik überhaupt nach der Herkunft der Musizierenden gefragt und diese so emotional diskutiert werde, wo doch jüdische Musizierende auch nichtjüdische Musik machten. Lichtblaus Schlüsselfrage geht in dieselbe Richtung, wie die Ronny Loewys in Bezug auf Humor und dessen jüdische Urheberschaft (Kap. 3.7.2) und verweist schon im Titel („Unter Philosemitismusverdacht? Der Klezmerboom – Für nichtjüdische Musiker erlaubt?") auf den aufkommenden Philosemtismusverdacht. Lichtblau: Unter Philosemitismusverdacht. Der Klezmerboom.

Abb. 23: Ruth Weintraub (Sharon Brauner) singt jiddische Lieder in *Auf das Leben!*.

Der Philosemitismusverdacht, der häufig dann aufkommt, wenn sich nichtjüdische Menschen in ehemaligen Täterländern des NS in den letzten Jahren zunehmend für jüdische Kultur und Themen interessieren und begeistern,[116] wird auch im Zusammenhang mit Klezmermusik immer wieder vorgebracht.[117] Nur in diesen Ländern fällt die nichtjüdische Begeisterung für das Musizieren und Hören von Klezmer als ‚verdächtig' auf. Doch liegt dies nicht nur an der starken Beteiligung nichtjüdischer Akteur_innen, sondern auch an der durch die Popularität von Klezmer entstandenen Dominanz der Vorstellung von jüdischer Kultur als ostjüdischer Kultur, gegen die sich deutsche Jüdinnen und Juden bereits seit Beginn der Aufklärung (vergeblich) wehren.[118]

Intradiegetisch taucht Klezmermusik vor allem in Form von Hochzeits- oder Bar Mitzwa-Bands auf, wie in *Schalom meine Liebe*, *Rosenzweigs Freiheit* oder *So ein Schlamassel*. Klezmer erscheint hier als Musik, die Jüdinnen und Juden in traditionellen Zusammenhängen hören. Als deutlich zentraleres Thema ist Klezmer in *Auf das Leben!* inszeniert, in dem die Protagonistin Ruth Weintraub in den frühen 1970er Jahren als Sängerin jiddischer Lieder auftrat (vgl. Abb. 23). Die junge Weintraub wird hier von Sharon Brauner gespielt, die nicht nur Schauspielerin ist, sondern auch Sängerin jiddischer Lieder und mit ihrer Band im Film zu sehen ist.

Ironisch thematisiert werden die unterschiedlichen Assoziationen und Zuschreibungen von Klezmermusik in *Zores*, wo diese in mehreren Sequenzen intradiegetisch auftaucht. Dadurch, dass aber neben die als stereotype Zuschreibung kenntlich gemachte

116 Vgl. dazu auch Gruber: *Virtually Jewish*.

117 Vgl. Lichtblau: Unter Philosemitismusverdacht. Der Klezmerboom.

118 Vgl. Eckstaedt: *„Klaus mit der Fiedel, Heike mit dem Bass …"*, S. 61.

Annahme, ‚den Juden' bedeute ihre traditionelle Musik viel, zum einen der Umstand tritt, dass das in *Zores* tatsächlich so ist, weil sie die Figuren Leo und Mascha an ihre Kindheit erinnert, zum anderen durch den extradiegetischen Einsatz von Klezmer bereits während des Vorspanns das jüdische Setting des Films markiert wird, wird dieses gegenläufige Potential der Darstellung aufgehoben und Klezmer als ‚authentische' Kodierung von Jewishness perpetuiert.

Wenn nun in Filmen Klezmermusik extradiegetisch eingesetzt wird, um einzelne Figuren oder ganze Lebenswelten als jüdisch zu beschreiben, dann ist das vor diesem Hintergrund zu interpretieren: Klezmer als leicht verständliches *Superzeichen* jüdischer Kultur, wobei diese dadurch (unbewusst) als folkloristisch, jiddisch-osteuropäisch konstituiert wird, aber auch als mit Trauer aufgeladenes Symbol einer in der Shoah vernichteten jüdischen Welt. Mit dieser Konnotation taucht Klezmermusik in *Jenseits der Stille* auf. Der Film kommt fast ohne jüdische Figur aus, doch die „traditionelle jüdische Musik", wie sie im Film genannt wird, steht für einen verlorenen und für die nichtjüdische Protagonistin in der Musik wiederauffindbaren Zugang zu ihren eigenen Gefühlen und wird als Möglichkeit von (vorher unmöglicher) Kommunikation inszeniert (vgl. Kap. 4.8). Der Bezug zur Shoah ist hier nicht direkt, sondern es geht vielmehr um die Unfähigkeit, mit der (nichtjüdischen) Elterngeneration zu sprechen, um das Schweigen und die Kälte in der Familie, die als Folge des NS gedeutet werden könnte. Auch in *Zores* werden die jiddischen Lieder dadurch, dass sie in Maschas Erinnerung mit ihren verstorbenen Eltern verbunden sind, mit der Konnotation von Trauer und Verlust versehen, wenn auch hier ohne Bezug auf die Shoah.

8.2 Jiddische Begriffe und ‚jiddelnde' Sprechweisen

Sprache ist ein zentrales Mittel der Figurengestaltung.[119] Gleichwie Menschen darüber wahrgenommen und eingeordnet werden, *wie* sie sprechen, werden Filmfiguren als fiktive Wesen über die Figurensprache charakterisiert. Für die jüdischen Figuren ist diesbezüglich in der Regel entweder ein unspezifisches *anders Sprechen* bezeichnend, das darauf verweist, dass Deutsch nicht ihre Muttersprache ist, und die Figuren als fremd markiert, wie beispielsweise in *Tod im Jaguar*, oder die Verwendung von Jiddisch, was vom Einsatz einzelner jiddischer Begriffe über eine ‚jiddelnde' Sprechweise der Figuren bis hin zu dem großteils jiddischsprachigen *Lang ist der Weg* reicht.

Im ersten Fall des *anders Sprechens* wird eine unspezifische Differenz markiert, die nicht weiter erklärt werden muss und der Figur innewohnt und sich folglich auch sprachlich ausdrückt. Dies ist vor allem dann auffällig, wenn diese sprachliche Besonderheit nicht durch die erzählte Figurenbiografie erklärt wird.

119 Vgl. Hickethier: *Film- und Fernsehanalyse*, S. 101. Jens Eder bezeichnet sprachliche Kommunikation als „vielleicht der wichtigste Hinweis auf Persönlichkeit und Sozialität", weshalb sie für die Charakterisierung von Figuren eine zentrale Rolle spiele. Er unterscheidet bei der sprachlichen Charakterisierung von Filmfiguren Inhalt, Sprecher und Form. Weiter heißt es bei Eder: „Dialoge eröffnen ein weites Feld indirekter Mitteilungen, in dem Vorwissen über Kontexte des Gesprächs, soziale Rollen, alltagsweltliche Zusammenhänge und kommunikative Regeln notwendig sind, um die Persönlichkeit des Sprechers und derjenigen, über die er spricht, zu erschließen." (Eder: *Die Figur im Film*, S. 262–263.)

Durch die Verwendung von jiddischen Begriffen wird hingegen ein spezifischeres Bild von Jewishness entworfen, das in einer Traditionslinie deutscher Literatur steht: Die Verwendung sprachlicher Differenz als ein Gestaltungsmittel zur Markierung jüdischer Figuren nimmt zeitgleich mit der abnehmenden Verwendung des jiddischen Idioms im Alltag zu, was mit der allgemeinen negativen Bewertung des ‚Jiddischen' zusammenhängt und damit eng mit der einsetzenden jüdischen Assimilation im 18. Jahrhundert verbunden ist.[120] D. h. es kommt auch hier zu einer verstärkten Markierung von Jüdinnen und Juden, je weniger sie tatsächlich als anders wahrnehmbar waren. Hinzu kommt, dass dieses Idiom (das Jiddische und im Fall der literarischen Figuren ihre ‚jiddelnde' Sprechweise) sowohl unter Nichtjuden als auch unter Juden in Deutschland kein großes Ansehen genoss. Jiddisch wurde bis in die zweite Hälfte des 19. Jahrhunderts zumeist nicht als selbstständige Sprache, sondern als falsches, minderwertiges Deutsch betrachtet.[121] Entsprechend dieser negativen Bewertung galt es als lächerlich und wurde in der Literatur eingesetzt, um komische Wirkungen zu erzielen, häufig in antisemitischer Tendenz; dies beförderte die Abkehr und Vermeidung in breiten Teilen des assimilierten jüdischen Bürgertums.[122] Die Markierung von Figuren als jüdisch mittels Jiddisch kann damit zumindest auf zweifache Weise problematisch (oder auch antisemitisch) sein: Erstens, weil sie in einer Tradition pejorativer Markierung stehen kann. Zweitens, weil sie Jüdinnen und Juden (nachhaltig) eine Sprechweise zuschreibt, die gerade deutsche Jüdinnen und Juden wegen antisemitischer Reaktionen abgelegt hatten. So kommt es auch hier in den filmischen Darstellungen auf die Plausibilität bezüglich der Figurenbiografie an: In *So ein Schlamassel* wird erzählt, dass die als bildungsbürgerlich gezeichnete Familie seit mehreren Generationen in Berlin lebe. Dennoch spricht vor allem die Generation der Eltern der Protagonistin Jil Grüngras (d. h. ihr Vater, ihre Tante und ihr Onkel) mit jiddischen Begriffen durchsetzt: So sagt ihre Tante „Oj vey", der Vater sagt zu ihr „Mein Mejdele". In *Bronsteins Kinder* hingegen wird ebenfalls eine Berliner Familie gezeigt. Vater Arno Bronstein war im Konzentrationslager Neuengamme, wovon Hans Bronstein, sein Sohn, lange nichts wusste. Keiner von beiden – noch Arnos Freunde Gordon Kwart und Rotstein – verwendet jiddische Begriffe.

Doch das Jiddische, jetzt verstanden als eigenständige (und fast vollständig untergegangene) Sprache, steht in Deutschland, spätestens ab den 1970er Jahren, wie beispielsweise die „Woche der Brüderlichkeit" im ZDF zeigt, auch im deutlich positiveren Bewertungszusammenhang eines folkloristischeren Bildes von Judentum und jüdischem Leben. So verwundert es nicht, dass im Zuge eines zunehmend folkloristischeren und am osteuropäischen Judentum orientierten Bildes von jüdischem Leben in Deutschland Jiddisch als Kodierung jüdischer Filmfiguren an Bedeutung gewinnt. Eine Ausnahme stellt der Fernsehzweiteiler *Die Himmelsleiter* dar, der die ansonsten wenig ausgestaltete Figur des jüdischen Überlebenden Adam Roth mit Kölner Dialekt ausstattet.

120 Richter: *Die Sprache jüdischer Figuren*, S. 8 ff.

121 Ebd., S. 8.

122 Ebd., S. 9.

9. Zusammenfassung: Jewishness im (west-)deutschen Spielfilm nach 1945

Die in der Gestaltung jüdischer Filmfiguren wiederholt verwendeten Kodierungen von Jüdischkeit – wie jüdische Namen, Humor und Witz, Essen, religiöse Rituale, Judaica, Klezmermusik oder Jiddisch – unterliegen einer historischen Veränderung: So ist bis in die 1970er Jahre in den deutschen Spielfilmen kaum eine der genannten Kodierungen zu finden. Eine Ausnahme stellt hierbei die Verwendung des Jiddischen in *Lang ist der Weg* (1947/48) dar, der sich aber auch an ein jüdisches Publikum richtete und sich darin von den anderen analysierten Filmen unterscheidet, die als an ein mehrheitlich nichtjüdisches Publikum adressiert verstanden werden können. Insofern ist das Jiddische hier nicht ‚Kodierung', sondern die Sprache des Films. Professor Mauthner in *Der Ruf* (1948/49) lässt nahezu alle kulturellen oder religiösen Kodierungen von Jüdischkeit missen. An der jüdischen Nebenfigur Siegfried Stein in *Wir Wunderkinder* (1958) fällt – aus heutiger Perspektive – am ehesten der betont nichtjüdische Vorname auf (explizit hingegen wird dies thematisiert in *Das Urteil*, dessen Protagonist ebenfalls Siegfried heißt). In *Schwarzer Kies* (1960/61) steht die Figur des Barbesitzers Loeb in einer thematischen Verbindung zur Shoah, die er überlebt hat und die sich visuell in der in seinen Unterarm tätowierten Häftlingsnummer zeigt, sowie zu Antisemitismus und amerikanisch-deutschen Beziehungen. Ähnliches gilt für die jüdischen Figuren in *Anfrage* (1962*), Abschied von gestern* (1965/66), *Mord in Frankfurt* (1968) oder *Alma Mater* (1969): Sie werden als jüdisch über ihre ‚abweichende' Beziehung zur nationalsozialistischen Vergangenheit charakterisiert, über ihr unterschiedlich ausgeprägtes Opfersein. Dabei bleibt ihr Jüdischsein in gewisser Hinsicht ‚hohl' oder abstrakt: Aus einer Außenperspektive gezeigt, wird es nur relevant, um die Beziehung zwischen nichtjüdischen Deutschen und ihnen zu charakterisieren, was letztendlich der Reflexion über das deutsche Selbstbild oder Selbstverständnis dient. Auch für sie selbst scheint ihr Jüdischsein nur in diesem Zusammenhang Relevanz zu besitzen: Wenn gegen Nazitäter vor Gericht ausgesagt werden muss (*Zeugin aus der Hölle, Mord in Frankfurt*) oder wenn sie mit Antisemitismus konfrontiert sind bzw. sich konfrontiert fühlen (*Der Ruf, Schwarzer Kies, Alma Mater*).

In den 1970er Jahren mischen sich in Rainer Werner Fassbinders Filmen *Schatten der Engel* (BRD/CH 1975/76, R: Daniel Schmid) und *In einem Jahr mit 13 Monden* (1978) stereotype Bilder von ‚den Juden' in die Gestaltung jüdischer Figuren, sei es nun, um virulenten Antisemitismus zu thematisieren oder aber doch in einer affirmativen Reproduktion antisemitischer Vorstellungsbilder zu gipfeln. Mit Berücksichtigung von Ausnahmen kann festgehalten werden, dass in den 1980er Jahren erste filmische Darstellungen entstehen, die (auch) eine Innenperspektive der jüdischen Figuren entwickeln und diese nicht mehr lediglich als Spiegelfiguren bundesdeutscher Zustände auftreten lassen, wie beispielsweise *Malou* (1980), *Ein Zug nach Manhattan* (1981), *Welcome in Vienna* (1982–1985), *Der Passagier* (1987/88) oder *Der Rosengarten* (1989). Doch auch in diesen Filmen steht die Jüdischkeit der Figuren in einem *primären* Zusammenhang mit der Shoah und mit Familiengeschichte(n) – eine Ausnahme bildet hier *Levin und Gutman* (1985), eine dreizehnteilige Serie, die von der liberalen Familie Gutman und den religiösen Levins und nicht nur dezidiert vom jüdischen

Leben in Berlin erzählt, sondern auch über die Binnendifferenzierung ein plurales Bild von jüdischen Lebenswelten entwirft. Dieses bis in die 1980er Jahre weitgehende Fehlen von Darstellungen jüdischer Kultur und Religion im Zusammenhang mit der Gestaltung der jüdischen Figuren, das sich dann langsam hin zu einer ‚folkloristischeren' Figurengestaltung zu verändern beginnt, mag zum einen mit ihrer Funktion als Spiegelfiguren zu tun haben, die lediglich das deutsche Selbstbild vervollständigen. Zum anderen wurde in diesen Darstellungen aber auch dem Bild von ‚den Juden' als anders und fremd kein Vorschub geleistet. Vielmehr wurde – Frank Stern bezeichnet dies als kulturellen Code der 1950er Jahre[123] – die jüdische (männliche) Figur zwar benötigt, doch es wurde die Gleichheit und Ähnlichkeit zu nichtjüdischen Deutschen zentral gemacht: Explizit passiert das in *Zeugin aus der Hölle*, wenn Lea Weiss betont, sie sei nicht jüdisch erzogen worden, abgesehen von den kleinen Liedchen zum Einschlafen, die ihr ihre Mutter vorsang. Auch in *Welcome in Vienna* wird deutlich, dass die beiden jüdischen Emigranten, die als amerikanische Soldaten nach Wien kommen, eher christlich bzw. assimiliert (bei Freddy wurde Weihnachten gefeiert) oder kommunistisch (Adler wurde von seinem kommunistischen Vater atheistisch erzogen) sozialisiert sind.

So sind es erst die Filme ungefähr ab 1990, die jüdisches Leben in Deutschland nach 1945 als ein (auch) kulturelles und religiöses darstellen und jüdische Figuren nicht ausschließlich isoliert in einem (rein) nichtjüdischen Umfeld situieren, sondern auch innerjüdische Kontakte und Gemeinschaften zeigen, wie *Bronsteins Kinder*.

In den späten 1990er Jahren erhält diese Entwicklung mit Filmen wie *Meschugge*, *Rosenzweigs Freiheit* oder *Schalom meine Liebe* weiteren Vorschub. Es tauchen auch zunehmend die beschriebenen Kodierungen von Jewishness auf. Damit entsteht ein Bild von jüdischem Leben in Deutschland, das kulturelle und religiöse Traditionen stärker betont und damit die Unterschiede zur nichtjüdischen Mehrheitsgesellschaft hervorhebt sowie gleichzeitig den Eindruck eines vitalen jüdischen Lebens vermittelt. Die jüdischen Figuren stehen nun häufig nicht mehr als Spiegelfiguren für eine dezidiert politische Gegenwartsbeschreibung der bundesrepublikanischen Gesellschaft, sondern charakterisieren diese in ihrer Vielfalt und Pluralität, wobei es sich hier (auch) um eine politisch gewollte und gesellschaftlich erwünschte Darstellung der Gegenwartsgesellschaft handelt. Das zeigt sich besonders an den jüdischen Nebenfiguren, die in Filmen wie *Obsession*, *Bella Block*, *Berlin, Berlin*, *Rot und Blau* oder *Rubbeldiekatz* wie selbstverständlich die urbanen Spielfilmwelten bevölkern und dabei die Funktion erfüllen, deren kulturelle Vielfalt zu illustrieren und gleichzeitig als Ausdruck des Wunsches nach einem vitalen jüdischen Leben zu deuten sind (vgl. Kap. IV.7).

123 Stern: Films in the 1950s, S. 277.

IV.
Eine Typologie jüdischer Filmfiguren

Die jüdischen Filmfiguren sind heterogen und weisen eine große Bandbreite auf. Bevor im vierten Teil nun eine Typologie dieser Figuren entwickelt wird, sollen einige Vorbemerkungen zum methodischen Vorgehen die Genese der vorliegenden Typologie transparent machen und gleichzeitig eine für künftige Untersuchungen jüdischer Filmfiguren übertragbare Methodologie vorschlagen.
Ausgehend von der ersten mittels analyseleitender Fragen systematisierten Sichtung[1] der Filme wurden basierend auf wiederkehrenden Topoi, Motiven und Figurenkonstella-tionen die sieben thematischen Figurenkapitel entwickelt: 1. Remigrant_innen und Rückkehrer_innen auf Zeit, 2. Überlebende, 3. Die *second generation*, 4. Ermittler_innen, 5. Kuckuckskinder, 6. Jüdische Lover, 7. Jüdische Nebenfiguren. In jedem Kapitel stehen einzelne Filme, die als besonders anschauliche Beispiele für das jeweilige Rollenmuster gelten können, im Zentrum der Analyse. Die Auswahl erfolgte hier in Anlehnung an genretheoretische Überlegungen: Geht es beim Genre im weitesten Sinne um Storyschema und erzählerische und visuelle Konventionen, werden für Genrebeschreibungen häufig besonders ‚typische' Filme herangezogen.[2] Ist der ‚Kern' eines Genres auch leicht definierbar und sind genretypische Filme dadurch eindeutig zuzuordnen, so tauchen an den ‚Rändern' und in Abgrenzung zu anderen Genres häufig Definitionsschwierigkeiten auf.[3] Dem folgend wurden in dieser Arbeit besonders typische Filme innerhalb der Kapitel ins Zentrum der Analyse gestellt. Überdies betont die Genretheorie erzählerische Konventionen und einzelne Filme übergreifende Muster und steht somit der Auteurtheorie gegenüber.[4] Darin liegt

1 Die analyseleitenden Fragen finden sich im Anhang.

2 Hickethier: Genretheorie und Genreanalyse, S. 62–103, hier S. 62.

3 Ebd., S. 80–81.

4 Wichtig für die Entstehung einer Genretheorie ist „der Wechsel von einer autororientierten und damit auch auf den biografischen Werkzusammenhang bezogenen Betrachtungsweise zu einer strukturellen Sicht. Dabei ging es stärker um Regeln und übergreifende Strukturen des Erzählens und Darstellens im Film, die sich als eigenmächtige ‚konventionelle Systeme', als ‚kulturelle Konzepte' verstehen ließen." (Ebd., S. 62–103, hier S. 66.) Weiterführend zur Genretheorie: Barry Keith Grant: *Film Genre Reader*. Austin: University of Texas Press 1997; Markus Kuhn / Irina Scheidgen / Nicola V. Weber: *Filmwissenschaftliche Genreanalyse*. Berlin: de Gruyter 2013.

eine Gemeinsamkeit mit der dieser Arbeit zugrunde liegenden Annahme erzählerischer Kontinuitäten, die eher auf gesellschaftliche Zusammenhänge zurückzuführen sind, denn auf individuelle und werkbiografische.

Die Motive, Rollenmuster und Figurenkonstellationen der Kapitel schließen sich nicht gegenseitig aus, sondern es können durchaus mehrere dieser Aspekte in einem Film auftauchen. Deshalb finden die einzelnen Filme oft in mehreren Kapiteln Erwähnung. In der Regel sind sie über ihr zentrales Thema oder die auftretende jüdische Figur – sei es die einzige jüdische Figur oder die jüdische Hauptfigur – einem Kapitel *primär* zugeordnet. Über Nebenaspekte werden sie aber auch für andere Kapitel relevant. Im Sinne des Erkenntnisinteresses dieser Arbeit weichen die Figurenkapitel trotz eines ähnlichen methodischen Vorgehens im Aufbau mitunter voneinander ab.

Die Kapitel beschreiben die Rollenmuster detailliert anhand einzelner Filme und überdies in ihrer Bedeutung anhand der Bandbreite der Filme, in denen sie – in Variationen – auftauchen. Die Figurenmuster mit ihren jeweils zentralen Aspekten werden jeweils gesellschaftlich und historisch rekontextualisiert. Die in Teil II angestellten Vorüberlegungen bezüglich des gesellschaftlichen Kontexts werden um notwendige Detailinformationen ergänzt. Basierend auf der in Teil I aufgezeigten Zentralität von Figuren im Filmerleben stehen hier ihre Analyse sowie die Bedeutungspotentiale der Figurenmuster im Zentrum.

Strukturierte Sichtung anhand analyseleitender Fragen

Die Sichtung der Filme wurde durch die im Anhang der Arbeit einzusehenden analyseleitenden Fragen strukturiert. Diese erlaubten die systematische Erschließung der Filme sowie eine gewisse Vergleichbarkeit untereinander. Dadurch wurde es möglich, wiederkehrende Motive und Topoi herauszuarbeiten, auf deren Grundlage die Konzeption der thematischen Kapitel sowie die Zuordnung der einzelnen Filme zu den jeweiligen thematischen Kapiteln erfolgte.

Die Fragen zielen, geleitet von der übergeordneten Fragestellung dieser Arbeit, darauf ab herauszustellen, wie Jüdischsein dargestellt und kenntlich gemacht und mit welchen Themen es verbunden wird, welchen Stellenwert es für die jüdische Filmfigur hat und ob es eine Diskrepanz zur Fremdwahrnehmung durch die nichtjüdische Umwelt innerhalb der Diegese gibt. Darüber hinaus wird gefragt, ob für die jüdische Figur Konflikte mit der nichtjüdischen Umwelt aufgrund der eigenen jüdischen Identität erwachsen und ob Unterschiede in der Darstellung zwischen den jüdischen und nichtjüdischen Figuren zu erkennen sind. Die analyseleitenden Fragen systematisierten die erste Sichtung des gesamten Filmkorpus, ermöglichten in der Breite eine Vergleichbarkeit und ergänzten die detaillierten Filmanalysen durch die Möglichkeit des Aufdeckens häufiger Merkmale von Jewishness oder relevanter Themen. Das bedeutet, dass die in Teil III „Kodierungen von Jewishness" dargestellten Ergebnisse über die Analyse in der Breite zustande kamen, während im vorliegenden Teil Einzelanalysen von spezifischen inhaltlichen Aspekten und den relevanten Filmen im Zentrum stehen.

Sprachliche Beschreibung

Die Analyse der Filme funktioniert über ihre Versprachlichung. Diese Versprachlichung, bei der es sich um einen Sekundärtext zum Primärtext Film handelt, ist einerseits eine Reduktion des audiovisuellen filmischen Texts,[5] andererseits macht die sprachliche Erfassung die Bewusstwerdung des Film- oder Fernseherlebnisses möglich, wie Knut Hickethier schreibt, „[...] indem sie das sinnlich überwältigende, Nicht-Rationale in seinen Strukturen begreifbar und in seiner filmischen und televisuellen Konstruiertheit durchschaubar zu machen versucht."[6] Diese Beschreibung des Nichtsprachlichen, der emotionalen Anteile und der Mehrdeutigkeiten ermöglicht den Betrachter_innen im Idealfall „einen Zugewinn an Souveränität gegenüber dem Film".[7] Ziel ist es, dass die Erschließung dieser nicht so offensichtlichen Bedeutungsebenen und Sinnpotentiale der Filme, gerade weil sie nicht eindeutig, sondern mehrdeutig sind, dem Anspruch von intersubjektiver Überprüfbarkeit der Beobachtungen und ausführlicher – und damit nachvollziehbarer – Erklärung der Interpretationen genügt.
Zugunsten des Leseflusses wurde auf eine Notierung der Analyseergebnisse in Protokollform, welche die Leser_innen im Anhang nachschlagen können, verzichtet und stattdessen die zentralen Szenen sprachlich ‚dicht' beschrieben und gedeutet.[8] Aus der Fragestellung der Arbeit resultiert die Zielrichtung der Analyse, weshalb eine Konzentration auf Handlung und Handlungsstruktur, Figurengestaltung und -konstellationen erfolgt. Ebenfalls Berücksichtigung fand die akustische Ebene, auf Montage und Mise-en-scène ist an relevanten Stellen Bezug genommen.

1. „Sie sind innerlich genauso fifty-fifty wie wir."[9] (Re-)Migrant_innen und Rückkehrer_innen auf Zeit

Die Darstellung als *fremd* ist nicht das Alleinstellungsmerkmal der jüdischen Filmfiguren, die in diesem Kapitel im Zentrum stehen. Gemeinsam haben sie vielmehr, dass ihr Fremdsein durch ein *von außen kommen* expliziert wird. In den hier untersuchten Filmen wird das aus einem anderen Land nach Deutschland bzw. in einzelnen Fällen auch Österreich (Zurück-)Kommen thematisiert. Fremd- oder Anderssein wird den jüdischen Figuren – nicht nur dieses Kapitels – ohnehin häufig über ihre Markierung als jüdisch zugeschrieben, wenn sie als different zu den nichtjüdischen Figuren gezeigt werden. Hier wird dies dadurch verstärkt, dass sie als Remigrant_innen, Rückkehrer_innen, Besucher_innen, Tourist_innen oder Migrant_innen gestaltet sind und ihr Deutschsein dadurch eine offensichtliche Einschränkung erfährt bzw. um

5 Hickethier: *Film- und Fernsehanalyse*, S. 26. Dort heißt es weiter: „Natürlich liegt in dieser ‚Versprachlichung' auch eine Dekonstruktion der sinnlichen Gesamtgestalt des Films, die gerade im Zusammenspiel der verschiedenen, gerade auch nichtsprachlichen Mitteilungsebenen des Films ihren besonderen ästhetischen Ausdruck findet."

6 Ebd., S. 26–27.

7 Ebd., S. 27.

8 Clifford Geertz: *Dichte Beschreibung. Beitrag zum Verstehen kultureller Systeme.* Frankfurt am Main: Suhrkamp 1983.

9 Zitat aus *Welcome in Vienna*.

einen anderen nationalstaatlichen, kulturellen oder sprachlichen Bezug ergänzt wird, der sie zusätzlich von den deutsch-nichtjüdischen Figuren unterscheidet.

Der doppelte Status des Fremdseins, der die Figuren dieses Kapitels auszeichnet, ihr doppeltes Anderssein drückt sich u.a. häufig in der Sprache aus, die in den Filmen unterschiedlich explizit und ausführlich thematisiert wird. Im Gegensatz zu anderen Filmen des Filmkorpus wird nicht das Jüdischsein der Figuren über die Verwendung von Jiddisch markiert (siehe Kap. III.8.2), sondern der zusätzliche Hintergrund des anderen Landes findet sich auf der sprachlichen Ebene wieder (konkret in den Sprachen Englisch oder Russisch).

Drei Gruppen von außen kommender jüdischer Figuren können unterschieden werden, die dieses Kapitel gliedern: Im ersten Teil geht es um die jüdischen Remigrant_innen, die nach 1945 aus dem Exil nach Deutschland zurückkehrten, um zu bleiben. Sie kamen zwar vermeintlich in ihre Heimat zurück, doch ihre Erfahrung der Kriegsjahre unterschied sich so wesentlich von der innerhalb Deutschlands gemachten Kriegserfahrung und Verfolgung und Exil hatten ihre Perspektive derart verändert, dass sie dennoch häufig als fremd wahrgenommen wurden und sich auch – trotz gegenteiliger Wünsche – so fühlten. Hier stehen die Filme *Der Ruf*, *Alma Mater* und *Welcome in Vienna* im Vordergrund.

Der zweite Teil fasst unter Rückkehrer_innen auf Zeit diejenigen jüdischen Figuren, die sich nicht für eine Remigration entschieden, sondern aus unterschiedlichen Anlässen temporär nach Deutschland zurückkehrten. Wie auch die Remigrant_innen haben sie bereits eine Beziehung zu Deutschland, anders als diese nehmen sie aber häufig eine kritischere und unversöhnlichere Haltung gegenüber Deutschland ein. Beispiele hierfür sind *Wir Wunderkinder*, *Der Passagier* und *Das Urteil*.

Im dritten Teil geht es um die jüdischen Einwander_innen, die ab den frühen 1990er Jahren als ‚Kontingentflüchtlinge'[10] nach Deutschland einwanderten und die demographische Situation jüdischen Lebens ebenso massiv veränderten wie das Leben in den jüdischen Gemeinden. Als Filmfiguren in deutschen Spielfilmen tauchen sie seit 2002 auf. Das verweist auf eine Latenzzeit von etwa 10 Jahren. Obwohl die ‚russischen Jüdinnen und Juden' das Gemeindeleben derart veränderten und prägen, haben sie an den öffentlich kursierenden Bildern von Jüdinnen und Juden zunächst nur wenig verändert. Im Zentrum der Überlegungen steht hier *Kaddisch für einen Freund*, während *Liebe unter Verdacht*, *Im Angesicht des Verbrechens* und *Russendisko* vergleichend herangezogen werden.

Es wird drei Analyseergebnissen nachgegangen: 1.) Jüdische Figuren, die als Außenstehende oder von außen Kommende konstruiert sind, haben im Falle der Remigration die Funktion, die nichtjüdischen Deutschen (Figuren und auch Zuschauer_innen) mit der politischen Situation in Deutschland zu konfrontieren. Sie fungieren häufig als ‚Lackmustest' für ein demokratisches, entnazifiziertes Westdeutschland. 2.) Als temporäre Rückkehrer_innen haben sie die Funktion, einer kritischeren (jüdischen)

10 Gorelik / Weiss: Die russisch-jüdische Zuwanderung, S. 379 ff., vgl. außerdem Kap. II.2.2.

Perspektive Raum zu geben, die mit einem stärkeren Fokus auf der (subjektiven) Sichtweise der jüdischen Rückkehrer_innen-auf-Zeit-Figuren häufig eher die Unmöglichkeit, in Deutschland zu leben, betont. 3.) Bei den Figuren jüdischer Emigrant_innen aus Osteuropa treten die Figureneigenschaften als ‚Ausländer_in' und jüdisch in Konkurrenz und überlagern sich.

1.1 Remigrant_innen

Die jüdische Remigration, aber auch allgemein die Rückkehr aus dem Exil nach Deutschland nach 1945, ist kein populäres Thema von Spielfilmen.[11] Perspektiven auf die Remigrationssituation und ihr individuelles Erleben, wie es *Der Ruf*, *Welcome in Vienna* oder *Landauer. Der Präsident* zeigen, sind selten; häufiger wird Remigration als zurückliegendes Ereignis in Zusammenhang mit dem Moment thematisiert, in dem für jüdische Figuren ein erneutes Verlassen Deutschlands zu Debatte steht, wie in dem Fernsehspiel *Alma Mater* oder dem Fernsehkrimi der *Tatort*-Reihe *Der Schächter*. Darüber hinaus wird die Rückkehr aus dem Exil lediglich als ein Aspekt der Figurenbiografie erwähnt und spielt keine tragende Rolle, oder aber es ist lediglich eine jüdische Nebenfigur, die zurückkehrt und das im Zentrum der Handlung stehende nichtjüdische Figurenrepertoire vervollständigt wie in dem Fernsehmehrteiler *Deutschlandlied. Schicksale der Nachkriegszeit*.

Im Zentrum dieser Überlegungen zu Remigrant_innen-Figuren steht der Film *Welcome in Vienna*, der nicht nur eine Bestandsaufnahme der österreichischen Nachkriegsgesellschaft sowie der Alliierten unternimmt, sondern seine zwei jüdischen Figuren sehr stark als psychologische Figuren konstruiert. Ihre Ansichten und Emotionen, Hoffnungen und Enttäuschungen werden in unterschiedlichen Figurenkonstellationen thematisiert. Er wird verglichen mit dem über dreißig Jahre früher entstandenen *Der Ruf*, der aber die gleiche Zeit thematisiert.

Jüdische Remigrant_innen-Figuren werden häufig zu Spiegelfiguren der jeweils aktuellen gesellschaftspolitischen Situation. Als von außen Kommende, zumal als Jüdinnen oder Juden, wird ihr Rückkehrwunsch, die Aufnahme, die sie in der Gesellschaft erfahren, und ihre Auseinandersetzung mit der postnazistischen bundesrepublikanischen Gesellschaft zur Bestandsaufnahme ebendieser.

11 Das weitgehende Fehlen jüdischer Remigration als Thema im Spielfilm erklärt sich u. a. angesischts der Rückkehrer_innenzahlen, die verdeutlichen, dass ohnehin wenige Flüchtlinge aus dem Exil nach Deutschland zurückkehrten, von den als jüdisch Verfolgten aber besonders wenige. Marita Krauss fasst dies unter die Faustformel: „Je ‚politischer' der Emigrationsgrund, desto größer der Rückkehrwunsch" (Marita Krauss: *Heimkehr in ein fremdes Land. Geschichte der Remigration nach 1945*. München: Beck 2001, S. 11). Die jüdischen Gemeinden in Westdeutschland setzten sich nach 1945 aus DPs und Überlebenden der Vernichtungslager zusammen; jüdische Rückkehrer_innen, die im Exil gewesen waren, stellten dabei eine kleine Minderheit dar. Darüber hinaus konfrontierte die Remigrant_innen-Figur mit der Möglichkeit, Deutschland zu verlassen, als alternativer Verhaltensweise. So tauchen Remigrant_innen als Figuren besonders in Filmen der relativ direkten Nachkriegszeit auf, beispielsweise in *Die Söhne des Herrn Gaspary* (DE West 1948, R: Rolf Meyer) oder *Zwischen Gestern und Morgen* (DE West 1947, R: Harald Braun), die sich beide mit dem Schweizer Exil befassen, aber keine jüdischen Remigrant_innen thematisieren.

Diese Spiegelfunktion kommt sehr unterschiedlichen jüdischen Figuren zu: In *Der Ruf* werden bezüglich der deutschen Nachkriegsgesellschaft versöhnliche Töne angeschlagen, auch wenn der Film eine (differenzierte) Kritik versucht. In *Alma Mater*[12] wird die jüdische Figur eingesetzt, um die aktuelle Situation (1969) mit der während des Nationalsozialismus zu vergleichen und damit die Studentenbewegung zu diskreditieren. Wie auch in *Alma Mater* geht es in dem *Tatort Der Schächter* um den Augenblick, in dem antisemitische Ressentiments die jüdische Figur veranlassen, einen erneuten Weggang aus Deutschland in Erwägung zu ziehen. Die aktuelle gesellschaftliche Situation wird im Spiegel einer jüdischen Reaktion auf sie betrachtet. Mit der auf unterschiedliche Weise thematisierten Frage, ob die Gesellschaft der Rückkehrer_innen-Figur als eine erscheint, in der sie leben möchte, wird nach dem Zustand der Gesellschaft und ihrer Distanz zum Nationalsozialismus sowie dem damit verbundenen Antisemitismus gefragt. Dabei ist es nicht selbstverständlich, dass die subjektive Perspektive der Remigrant_innen-Figur gezeigt und sie als eine Figur mit differenziertem Innenleben gestaltet wird: In *Alma Mater* werden die Informationen mit Erzählkonventionen der Reportage über Texteinblendungen mitgeteilt,[13] dabei erfahren die Zuschauer_innen in erster Linie die Eckdaten zum Exilaufenthalt und wichtige Stationen des wissenschaftlichen Werdegangs der Figur Professor Freudenberg (Karl Guttmann). Die wenigen privaten Aspekte erzählt die Ehefrau der Figur auf einer Party. Letztlich aber bleibt Professor Freudenberg in seinen Emotionen und inneren Vorgängen undurchsichtig.

Warum ist es dennoch wichtig, dass die Figur Freudenberg jüdisch ist? Sie tritt als Figur des Dritten[14] auf, um die Problematisierung der Studentenbewegung zu stützen. Politisch als ‚neutral' gestaltet, steht sie zwischen den zumeist konservativen Professoren und den Studierenden, dennoch wird sie von Seiten der Studierenden angegriffen. Dass die Figur für ihre ‚Schiedsrichterfunktion' jüdisch sein muss, verweist auf den staatlich verordneten, ‚demonstrativen' Philosemitismus, der für Westdeutschland die Abkehr

12 *Alma Mater* ist als Fernsehdokumentation inszeniert. In die als dokumentarisch inszenierten Szenen sind dokumentarische Aufnahmen integriert, wobei fiktionales und dokumentarisches Material so verzahnt werden, dass die Zuschauer_innen kaum dazwischen unterscheiden können, vgl. Hickethier: *Film- und Fernsehanalyse*, S. 188–189. Christian Hißnauer spricht von „dokumentarische[n]/journalistische[n] Ansätze[n] und Mischformen", die im Fernsehspiel Ende der 1960er, Anfang der 1970er Einzug hielten, wofür *Alma Mater* ein Beispiel sei, vgl. Christian Hißnauer: *Fernsehdokumentarismus. Theoretische Näherungen, pragmatische Abgrenzungen, begriffliche Klärungen*. Konstanz: UVK 2011, S. 289. Die fiktive Lebensgeschichte von Professor Freudenberg wird verwendet, um die Studentenbewegung als zeitgenössisches politisches Ereignis zu thematisieren. Der „Modus des Dokumentarischen" (ebd.), in dem die fiktive Geschichte erzählt wird, verleiht dabei hohe Authentizität, vgl. Gerhard Adam / Michael Schaaf / Alphons Silbermann (Hrsg.): *Filmanalyse. Grundlagen – Methoden – Didaktik*. München: Oldenbourg 1980, S. 94. Die Figur des Professors wird aber letztlich nur eingesetzt, um die Studentenbewegung zu bewerten: Die Ängste oder das Unbehagen der jüdischen Figur bestätigen die negative Bewertung der Ereignisse. Jegliche Ereignisse, die dazu führen, dass Jüdinnen und Juden sich in der Bundesrepublik bedroht fühlen und an Emigration denken, müssen in der bundesrepublikanischen Gesellschaft negativ bewertet werden, so die Logik des Films.

13 Hickethier: *Film- und Fernsehanalyse*, S. 189.

14 Vgl. dazu Klaus Holz: Der Jude. Dritter der Nationen. In: Eva Eßlinger / Tobias Schlechtriemen / Doris Schweitzer / Alexander Zons (Hrsg.): *Die Figur des Dritten. Ein kulturwissenschaftliches Paradigma*. Berlin: Suhrkamp 2010, S. 292–303.

von Faschismus und Antisemitismus anzeigte.[15] In Anbetracht dessen muss es verurteilt und abgelehnt werden, dass die Studierenden einen Juden öffentlich angehen. Die Studentenbewegung wird dadurch in die die Nähe der faschistischen Bewegung der frühen 1930er Jahre gerückt, ein Ende der 1960er Jahre in den Springer-Medien häufiger Topos.[16]

Das nüchterne Referieren von Freudenbergs Lebensdaten, das die Figur als jüdisch markiert ohne sie als eine mit Gefühlen, Privatleben und Innenansichten zu konstruieren, ist einerseits einem wenig psychologisierenden Stil geschuldet, zeigt aber auch, dass die „jüdische Trope"[17], als abstraktes Thema, zu diesem Zeitpunkt zwar bereits wichtig für ein deutsches Selbstbild war, jedoch in einer deutlich anderen Form als in der folkloristischen Ausprägung, die sich nach 1989 entwickelte. Darüber hinaus lebten einerseits so wenige Jüdinnen und Juden in Deutschland, dass es einen lebendigen Kontakt kaum gab, was auch eine Erklärung für das Schablonenhafte oder ‚hohle' Auftreten der Figur sein kann, andererseits hatte sich der Fokus in der Auseinandersetzung mit dem Nationalsozialismus in den späten 1960er Jahren noch nicht auf die Shoah und damit auf eine Opferperspektive verschoben. Das geschah – trotz einiger filmischer Vorläufer wie *Zeugin aus der Hölle* und den Auswirkungen des Eichmann-Prozesses und der Frankfurter Auschwitzprozesse – erst mit der Ausstrahlung der Miniserie *Holocaust* im Jahr 1979. So verfährt das Fernsehspiel *Mord in Frankfurt*, das ebenfalls unter der Regie von Rolf Hädrich entstand, ähnlich und lässt die Figur des jüdischen Zeugen weitgehend unerklärt. Im Gegensatz dazu geht *Zeugin aus der Hölle* in einem für die 1960er Jahre ungewöhnlichem Maß auf die psychischen Folgen des Holocaust für die überlebenden Opfer ein (vgl. Kap. IV.2).

Die Reduktion der jüdischen Figur Freudenberg auf ihre Funktion, eine Bewertung aktueller gesellschaftlicher Entwicklungen zu stützen, führt dazu, dass sie als fiktives Wesen zweidimensional bleibt und den Zuschauer_innen kaum die Möglichkeit einer ‚Begegnung' bietet (vgl. Kap. I). Jakob Leeb (Nikolaus Paryla) in dem *Tatort*-Film *Der Schächter* wird hingegen zunächst als Spiegelfigur eingeführt, die einen kritischen Blick auf die Gesellschaft erzwingt, dann aber zunehmend in der Inszenierung und der Figurenkonstellation als moralische Instanz dekonstruiert: Es findet eine Verschiebung dieser Funktion auf die nichtjüdische Protagonistin Klara Blum statt. Leeb kommt die auslösende Funktion zu: an ihm entzündet sich Antisemitismus und wird so sichtbar. Die antisemitische Weltsicht bleibt dabei jedoch unbenannt und wird überspitzt der Figur des Staatsanwalts zugeschrieben. Das ermöglicht einerseits die Gegenüberstellung der moralischen Kommissarinnen-Figur und des antisemitischen

15 Vgl. Stern: *Im Anfang war Auschwitz*, S. 17.

16 Schildt / Siegfried: *Deutsche Kulturgeschichte*, S. 526. Götz Aly greift diese Überlegung 2008 auf und lenkt den Blick auf die Schnittmenge zwischen der nationalsozialistischen Studentenrebellion, die sich auch Studentenbewegung nannte, und der Studentenbewegung der 1968er, ohne jedoch „Rot und Braun" gleichsetzen zu wollen: „Vielmehr geht es darum, die Ähnlichkeiten der Mobilisierungstechnik, des politischen Utopismus und des antibürgerlichen Impetus herauszuarbeiten. Das Ergebnis legt eine spezifische, über die Elterngeneration vermittelte deutsche Kontinuität nahe, derer sich die Kinder 1968 bedienten." (Götz Aly: *Unser Kampf. 1968 – Ein irritierter Blick zurück*. Frankfurt am Main: Fischer 2008, S. 170–171.)

17 Bodemann: In *den Wogen der Erinnerung*, S. 185.

Staatsanwaltes, in der er zu ihrem Gegenspieler in der Aufklärung des Mordfalls wird (vgl. Kap. IV.4.1.2). Andererseits wird damit die Frage obsolet, wie viele Vorurteile und Stereotype über Jüdinnen und Juden sowohl die anderen Figuren als auch die Zuschauer_innen in sich tragen. Die Disqualifizierung Leebs als moralische Instanz geschieht, wenn seine Ängste vor antisemitisch belasteter Strafverfolgung filmisch durch subjektive Kamera als paranoid inszeniert werden[18] und er die Hilfe der als positive Identifikationsfigur verbleibenden Klara zunächst ausschlägt. Ihr appellativer Satz zum Schluss, als Jakob nach bewiesener Unschuld nach Straßburg abreisen will, sie sei in ihrem Leben nie weggelaufen, deklariert den Antisemitismus als eine Herausforderung für ihn, der es sich zu stellen gelte. Der jüdischen Figur wird hier eine auslösende Funktion zugeschrieben, während die (moralische) Bewertung der gesellschaftlichen Situation der nichtjüdischen Kommissarinnen-Figur obliegt. Auch in *Die Himmelsleiter* erfüllt die jüdische Figur Adam Roth in erster Linie die Funktion, die binäre Unterscheidung zwischen der guten Deutschen Anna Roth und dem bösen Nazi Armin Zeidler zu stützen und zu legitimieren. Während Adam Roth dem Antisemiten und Altnazi Zeidler nichts entgegenzusetzen hat, wird die Figur der Anna Roth durch die gesamte Handlungszeit des Fernsehzweiteilers hinweg als aufrechte Gegenspielerin Zeidlers gezeigt. Eine Figurenkonstellation in der der jüdische Dritte notwendig ist.

1.1.1 Welcome in Vienna *und* Der Ruf

Welcome in Vienna ist der dritte Teil der Trilogie *Wohin und Zurück* (1982–86), bei der Axel Corti Regie führte und die auf dem autobiographisch geprägten Drehbuch von Georg Stefan Troller beruht.[19] Während die ersten beiden Teile, *An uns glaubt Gott nicht mehr* (1982) und *Santa Fe* (1984), von der Flucht aus Deutschland und dem amerikanischen Exil handeln und im Fernsehen ausgestrahlt wurden, erzählt der dritte Teil von der Rückkehr des Protagonisten Freddy nach Wien und lief 1986 in österreichischen Kinos. Doch erst nach der Vorführung auf dem Filmfest in Cannes und der erfolgreichen Kinoauswertung in Frankreich, wo er 18 Monate in den Kinos lief, fand er auch in Österreich breitere Beachtung.[20]

In *Welcome in Vienna* tauchen zwei jüdische Figuren auf, die als amerikanische Soldaten 1945 nach Österreich kommen. Doch während sich der Protagonist Freddy Wolf (Gabriel Barylli) überlegt, wieder österreichischer Staatsbürger zu werden, bleibt der aus Berlin stammende Sergeant Adler (Nicolas Brieger) lieber Angehöriger der amerikanischen Armee. Ebenso wie in *Der Ruf* wird in *Welcome in Vienna* ein Panorama unterschiedlicher Verhaltensweisen und Positionen unter den Emigrant_innen gezeigt. Im Zentrum stehen in beiden Fällen Figuren, die, obwohl sich ihre diesbezügliche Haltung im Laufe der Handlung verändert, von einer großen Zuneigung zu und Sehnsucht

18 Vgl. Ebbrecht: Das Judentum als Fernsehkulisse.

19 Insdorf: *Indelible Shadows*, S. 193–194.

20 Ebd., S. 185.

nach ihrer Heimat charakterisiert sind und dort leben und angenommen werden möchten.

Das zentrale Thema der jüdischen Remigrant_innen-Figuren ist ihre Position zwischen zwei Welten. Das drückt sich auch sprachlich aus und ist in ihren Liebesbeziehungen ebenso Thema wie in Begegnungen mit anderen Figuren, die entweder Deutschland oder dem Exilland zugerechnet werden können. *Der Ruf*, der das Exil in Kalifornien zu Anfang der Filmhandlung noch zeigt, kennzeichnet die zwei Welten auch visuell: Die Szenen in Kalifornien sind deutlich heller und freundlich, während der in Deutschland spielende Teil überwiegend atmosphärisch dunkel ist.[21] In *Welcome in Vienna* wird das amerikanische Exil, Amerika als Handlungsort, nicht gezeigt. Doch auch hier fungiert das Exilland – wie für die meisten Remigrant_innen-Figuren – als alternative Lebensentscheidung oder Lebenswelt, zumindest aber als präsente Vergleichsfolie.

Figurenkonstellation

Das Innenleben der Remigrant_innen-Figuren und ihre Position zwischen den Welten werden vor allem in der Interaktion mit anderen Figuren sichtbar. Deshalb kommt den Figurenkonstellationen große Bedeutung zu. Sie ermöglichen, durch Spiegelung, Parallelisierung und Kontrastierungen die Veränderung der Remigrant_innen-Figur zu verdeutlichen und gleichzeitig unterschiedliche Einstellungen und Verhaltensweisen aufzuzeigen.

Im Zentrum des Figurenensembles von *Welcome in Vienna* stehen die bereits erwähnten jüdischen Figuren Freddy Wolf und Sergeant Adler, die sich kontrastieren und unterschiedliche, fast gegenläufige Entwicklungen durchleben: Während Freddy aus einer religiösen Wiener Familie stammt und sich dem Bildungsbürgertum zugehörig fühlt, kommt Adler, der zusammen mit seinem kommunistischen Vater in die USA ins Exil ging, aus Berlin. Zu Anfang werden die schöngeistige, verträumte, romantische Figur Freddy mit bürgerlicher Bildung und die idealistischere, proletarische Figur Adler mit politischen Idealen und Zielen als deutlicher Gegensatz zueinander eingeführt. Doch während Freddy zunehmend kritischer wird und vermehrt daran zweifelt, dass ein Leben in Wien wieder möglich sein kann, wo doch kein tatsächlicher (weltanschaulicher) Neuanfang geschieht, entwickelt sich Adler zum Opportunisten.

Adlers Entwicklung beginnt mit seinem anhaltenden Konflikt mit Leutnant Binder (Joachim Kemmer), ebenfalls ein deutscher Emigrant, der Deutschland aber bereits in den 1920er Jahren verließ und sich als „one hundred percent American" versteht.[22] Binder sieht vor allem den beginnenden (kalten) Krieg gegen die Russen und ordnet

21 Tim Gallwitz: „Was vergangen ist, muss vorbei sein!" Zur Gegenwärtigkeit des Holocaust im frühen deutschen Nachkriegsfilm 1945–1950. In: Dillmann / Loewy (Hrsg.): *Die Vergangenheit in der Gegenwart*, S. 10–19, hier S. 13.

22 Die Freiwilligkeit ist für die Remigrant_innen-Figuren ein wichtiges Moment: Sie wird durch das Treffen der Entscheidung für oder gegen eine Rückkehr, die Zweifel, die damit verbunden sind und die Möglichkeit der Aufhebung der Entscheidung gezeigt. Die Freiwilligkeit ist es auch, die die Emigration und die Remigration unterscheidet. Der nichtjüdische Binder ist *freiwillig* in die USA migriert, weshalb er sich als Amerikaner versteht und seine deutsche Herkunft am liebsten leugnen möchte.

diesem die Entnazifizierung unter. Binders als pragmatisch bis latent antisemitisch gezeigte Haltung führt immer wieder zu Konfliktsituationen zwischen Adler und ihm. Adler erkennt, dass Binder den Krieg gegen Hitlerdeutschland weniger aus weltanschaulichen denn aus machtpolitischen Motiven unterstützte und wird zunehmend desillusioniert. Um zurück nach Berlin gehen zu können, das er als Zuhause bezeichnet, und seine politischen Vorstellungen besser vertreten zu sehen, versucht er zu den Russen überzulaufen. Als die russische Agentin ihm davon abrät und lediglich anbietet, für sie zu spionieren, ist er auch bezüglich des Kommunismus desillusioniert. Diese Sequenz, die zeitlich in der Mitte der Handlung angeordnet ist, stellt einen Wendepunkt dar: Überzeugt, dass es auf allen Seiten lediglich um Machtinteressen geht, wird Adler danach zum Schwarzhandel treibenden Lebemann, der eine Affäre mit Freddys Freundin Claudia (Claudia Messner) beginnt und hauptsächlich im Wiener Nachtleben gezeigt wird. Zu Freddy sagt er, dass er *jetzt* leben wolle. Seine Hoffnungen habe niemand gewollt, weshalb er sich jetzt neue suche. Ohne Skrupel arbeitet er mit ehemaligen Nazis zusammen, was er Binder einst vorwarf. Der teure französische Cognac, den er jetzt als Frucht seiner Schwarzmarktgeschäfte genießt, steht ebenso symbolisch für seine Annäherung an Binders Abgeklärtheit, wie die Kamera, die er dem opportunistischen Österreicher Treschensky (Karlheinz Hackl) zu Anfang während eines Verhörs abnahm, zum Symbol seiner Veränderung wird: Er gibt sie ihm zurück und tauscht sie gegen einen Pelzmantel für Claudia. Der Tausch steht für seinen Wertewechsel. Adler bleibt, obwohl er die Möglichkeit hat, in die USA zurückzukehren, zieht es aber nicht in Erwägung, sich von der amerikanischen Uniform zu trennen und wieder Österreicher zu werden – hier stehen nicht identitäre Fragen von Zugehörigkeit und Heimat im Vordergrund, sondern Opportunismus und Machtinteressen.

Freddys wachsende Zweifel hingegen nähren sich stärker aus dem privaten Bereich als aus politischen Erfahrungen: Seine Beziehung zu Claudia, deren Vater ein hochrangiger Nazi war und die für die (daheimgebliebene) Wiener Gesellschaft steht, ist ambivalent. Es wird lange sowohl für ihn als auch für die Zuschauer_innen nicht deutlich, ob sie ihm aufrichtige Gefühle entgegenbringt oder lediglich von der Beziehung zu einem amerikanischen Soldaten profitiert. Der Umstand, dass er Amerikaner ist, bleibt in ihrer Beziehung wichtiges und wiederkehrendes Thema. So sagt Claudia zu ihm, die Frauen liebten doch die Sieger, und bezeichnet ihn als „meinen Ami". Die daraus resultierende Unsicherheit bezüglich ihrer Gefühle artikuliert sich in seiner Frage, was passieren würde, wenn er kein Amerikaner mehr wäre. Freddy entfernt sich von Claudia und die Spannungen zwischen den beiden nehmen zu, zumal sie weiterhin Kontakt zu ihrem Vater pflegt, der inzwischen in den USA lebt und ihr vom Umgang mit dem Juden abrät, auch wenn dieser ihr, wie sie ihm schreibt, beruflich nützlich sein könne.

In der zweiten Hälfte des Films ist es Freddy, der formuliert, dass er etwas tun möchte, und darüber nachdenkt, wieder Österreicher zu werden. In zwei Szenen wird die Rückkehr an den Ort, wo er mit seinen Eltern gelebt hat, gezeigt. Sie machen deutlich, dass fast nichts vom Besitz der Eltern geblieben ist und die wenigen Reste nun ehemaligen Nachbarn gehören, die ihm misstrauisch und ablehnend begegnen. Doch es ist nicht allein diese Erfahrung, die ihn angesichts der Frage von Bleiben oder Gehen hadern lässt, sondern vielmehr die Erkenntnis, dass seine Chancen und Privilegien im Österreich der Nachkriegszeit nur auf seiner amerikanischen Uniform beruhen. Bei allen Zweifeln geht es für Freddy, im Gegensatz zu Adler, um die Frage einer endgültigen Remigration, d. h. um die Wiederannahme der österreichischen Staatsbürgerschaft.

Für die daheimgebliebene Wiener Gesellschaft steht, neben der Figur Claudia, Treschensky. Er ist der Mann, den Freddy und Adler in der Anfangssequenz mitnehmen. Treschensky ist in erster Linie Opportunist: Früher in der kommunistischen Jugend, dann in der NSDAP und nach Kriegsende einen florierenden Schwarzmarkthandel betreibend. Er scheint sich jeder politischen Situation anzupassen und immer eine Möglichkeit zu finden, mit der machthabenden Seite Geschäfte zu machen. Dennoch handelt es sich um eine Figur mit Ambivalenzen. So kennt Freddy ihn von früher aus der Schule und weiß deshalb, dass er Nazi war, wurde aber gleichzeitig von ihm beschützt. Die Figurenentwicklung von Freddy und Adler zeigt sich in ihrem Verhältnis zu Treschensky, welches die Veränderungen in ihrem Verhältnis zur österreichischen bzw. deutschen Heimat sowie zu ihren anti-nazistischen Idealen wiederspiegelt.

Im Gegensatz zu *Welcome in Vienna* ist *Der Ruf* auch deshalb versöhnlicher im Ton, weil hier nicht nur Professor Mauthner eine Wandlung seiner Einstellung durchlebt, sondern Walter, sein Sohn, ebenfalls: Von einem mit antisemitischen Positionen sympathisierenden jungen Mann, wird er zu jemandem, der sich bei Mauthner aus freien Stücken für sein Verhalten entschuldigt, *bevor* er erfährt, dass dieser sein Vater ist. Das lässt seine Entschuldigung aufrecht und mit einer echten Veränderung verbunden erscheinen. Für das zeitgenössische deutsche (nichtjüdische) Publikum ist Walter eine wichtige Figur: „Walter wird hier als Identifikationsfigur präsentiert, eine Figur, die symbolisch für die Entwicklung steht, die sich die Filmemacher vom Publikum, von der deutschen Bevölkerung erhofften.“[23]

In *Welcome in Vienna* steht der Enttäuschung Freddys und Adlers keine positive, idealtypische Entwicklung einer anderen Figur gegenüber: Treschensky arrangiert sich profitabel mit jedem politischen System und Claudia wendet sich dem karrieremachenden Adler zu. Damit wird die Frage nach Kontinuitäten nach 1945 in *Der Ruf* deutlich optimistischer beantwortet als in *Welcome in Vienna*. Auch wenn diese Kontinuitäten im studentischen Antisemitismus deutlich gezeigt werden, gibt es in *Der Ruf* auch einen Wandel, der Grund zur Hoffnung erlaubt.

Für den versöhnlichen Ton und die Umsicht, mit welcher die Kritik an der jeweiligen Gesellschaft inszeniert wird, spielt sicher die zeitliche Distanz zur dargestellten Zeit eine bedeutende Rolle: *Welcome in Vienna* genießt mit größerem zeitlichen Abstand mehr Freiheit zur Kritik, da der Film ein zumindest teilweise dem NS nachgeborenes Publikum anspricht, während *Der Ruf* durch das adressierte Publikum zu einer verhalteneren Form der Kritik gedrängt ist.

23 Gallwitz: „Was vergangen ist, muss vorbei sein!“, S. 14.

Sprache

Sowohl *Welcome in Vienna* als auch *Der Ruf* sind zweisprachige Filme. Für die Thematisierung des Verlorenseins der Remigrant_innen-Figuren zwischen zwei Welten ist Sprache von großer Bedeutung.

Welcome in Vienna inszeniert diese zwei durchaus konfligierenden, widersprüchlichen Welten, die sich vielschichtig überlappen, bereits in der ersten Sequenz: Zwei Soldaten (Freddy und Adler) fahren in einem Jeep über ein teilweise verschneites Feld und singen das von Hans Baumann komponierte und geschriebene Lied *Es zittern die morschen Knochen*, wobei der fahrenden Jeep abwechselnd von der Seite und von vorne zu sehen ist. Auch der Beschuss kann sie nur kurz unterbrechen und nicht vom lauten Gesang abbringen. Es wird eingeblendet „23. Dezember 1944, Elsass". Als sie an einem „I surrender" rufenden Mann vorbeifahren, der einen anderen Menschen trägt, und Freddy ihm eine Konservendose zuwirft, fragt Adler: „Are you crazy?" Freddy antwortet auf Englisch, die beiden fahren langsam zurück. Adler fragt den Mann, der eine tote Frau mit kurzem Haar in gestreifter KZ-Uniform trägt, auf Deutsch, wer die Frau sei. Dieser wiederum antwortet in einem Gemisch aus Englisch und Deutsch mit österreichischer Färbung, bis er dann fragt: „You speak German?" Sie nehmen ihn mit und lassen die Tote zurück. Sobald der Jeep fährt, sagt der Mann: „Sie sprechen aber gut Deutsch. Darf man auf Berlin tippen?" Freddy und Wolf schauen sich an und schweigen.

Das Sprachengemisch macht es zunächst schwierig, die beiden Soldaten zuzuordnen. Ihr akzentfreies Deutsch und auch das von den Nazis im Refrain umgedichtete Lied – sie singen es auch in dieser bekannteren Version – verweisen zunächst darauf, dass es sich möglicherweise um Deutsche (Soldaten) handelt. Als sie dann miteinander selbstverständlich Englisch reden und der Österreicher ersucht, sie so anzusprechen, wird deutlich, dass es sich doch um alliierte Soldaten handelt. Seine Frage nach ihrem Deutsch und nach Berlin verweist auf die Möglichkeit, dass es sich um (ehemals) Deutsche handelt, die als alliierte Soldaten gegen Deutschland kämpfen. Das Sprachgemisch, das bereits im Titel angedeutet ist, bleibt in *Welcome in Vienna* in der weiteren Filmhandlung bestehen.

Auch *Der Ruf* ist zweisprachig: Seine deutsch-englische Konzeption sollte nach Fritz Kortner zeigen, dass es sich um einen „Sprachheimatfilm"[24] handelt, der vor allem die Sehnsucht nach der Muttersprache thematisieren sollte. Für die Figur Mauthner ist die Heimkehr nach Deutschland eng mit der Heimkehr in seine Muttersprache verbunden. Wer, wann und in welcher Situationen mit wem deutsch bzw. englisch spricht, gibt, wie auch in *Welcome in Vienna*, Auskunft über die Identifizierungen der Figuren in den konkreten Szenen.[25]

24 Fritz Kortner: *Letzten Endes. Fragmente.* München: Kindler 1971, S. 28.

25 Kortner stellte sich darüber hinaus vor, dass die Zweisprachigkeit eine Auswertung des Films im englischsprachigen Ausland ermöglichen würde, wo *Der Ruf* ebenfalls zur Verständigung beitragen könne. Das kam aber letztlich nicht zustande.

Differenz im Erleben der Exiljahre

Die Rückkehr der Remigrant_innen-Figuren wird durch die Differenz im Erleben der Exiljahre, d. h. durch die differierenden Erfahrungen während der Kriegsjahre erschwert. In *Welcome in Vienna* wird das anhand verschiedener Szenen gezeigt, beispielsweise wenn Freddy Claudia erklärt, dass er im Exil nicht nur von der Heimat, sondern auch von seinen Gefühlen abgeschnitten gewesen sei. Sie kann das nicht in ihre Vorstellung vom „aufregenden Amerika" integrieren. Und so wird in *Welcome in Vienna* wie auch in *Der Ruf* wiederholt die Position artikuliert, dass die Emigrant_innen nicht wüssten, wie schwierig die Jahre in Deutschland bzw. Österreich gewesen seien, in denen sie im (vermeintlich) luxuriösen Exil waren.

Auch in *Der Ruf* wird diese Differenz zwischen Gebliebenen und Geflohenen im Rahmen einer (früheren) Liebesbeziehung ausgehandelt. So wird im Gespräch zwischen Professor Mauthner und seiner früheren Ehefrau Lina anhand des gemeinsamen Sohnes Walter die Unterschiedlichkeit ihrer Perspektiven deutlich. Er ist gekränkt, dass sie Walter nicht gesagt hat, dass er sein Vater ist. Sie wiederum nimmt in Anspruch, keine Wahl gehabt zu haben: Walter als „Halbjuden" zu erziehen, hätte geheißen, ihn Ausgrenzung und Verfolgung auszusetzen. Wenn Mauthner daraufhin überlegt, wie es verlaufen wäre, wenn er sich um Walter gekümmert und ihn mit ins Exil genommen hätte, ist die Vorstellung für Lina eine schreckliche, ihr Sohn wäre in den USA Soldat geworden und hätte geholfen, „unsere Städte" zu zerstören.

Doch nicht nur die Jahre des Nationalsozialismus, sondern auch die aktuelle Situation der direkten Nachkriegszeit gestaltet sich für die ‚Gebliebenen' und die, im Fall von *Welcome in Vienna*, als ‚Sieger' zurückkehrenden Emigrant_innen unterschiedlich. So erleben die Deutschen bzw. Österreicher_innen die Armut und Entbehrungen der direkten Nachkriegszeit stärker als die von den Alliierten besser versorgten Remigrant_innen. So wirft Claudia Freddy vor, dass er sich nicht klar mache, dass sie irgendwie die Miete bezahlen und heizen müsse.

Es ist diese Differenz der Erfahrung, des Erlebens, die für die Remigrant_innen-Figuren verdeutlicht, dass sie sich zwischen zwei Welten befinden, denen sie beiden nicht vollständig angehören *können*. Diesen Akzent der Unmöglichkeit setzen *Welcome in Vienna* und *Der Ruf* unterschiedlich: Professor Mauthner *kann* aufgrund seines Heimwehs, das sich vor allem auf die Kultur und Sprache bezieht, nicht in den USA bleiben. Es ist ihm nicht möglich, diese Sehnsucht zu unterdrücken. Er beschreibt seine Beziehung zu Deutschland als eine Liebesgeschichte. Freddy und Adler sind in *Welcome in Vienna* mit konkreteren Hindernissen konfrontiert, die einen Verbleib im Exil als ebenfalls nicht unproblematisch zeigen. Zum einen wird in den Konflikten mit Binder, aber auch in den Briefen von Claudias Vater deutlich, dass es in den USA ebenfalls Antisemitismus gibt – auch wenn er in dieser Figurenkonstellation von deutschen Figuren (mit-)getragen wird. Zum anderen stehen sie in den USA vor der Herausforderung, sich einen neuen Lebensunterhalt aufbauen zu müssen. In *Alma Mater* spielt diese kritische Perspektive auf die Lebensbedingungen im Exilland keine Rolle, ähnlich wie in *Der Ruf*. Die Remigrant_innen-Figur ist hier einzig funktionalisiert, um die deutschen Verhältnisse zu werten. Es ist anzunehmen, dass diese, in *Der Ruf* lediglich

angedeutete und in *Welcome in Vienna* klar formulierte, kritische Perspektive sowohl auf die Exilzeit in den USA als auch auf ein künftiges Leben dort Produktionszeitpunkt und -situation geschuldet ist. Durch den zeitlichen Abstand spricht der in den 1980er Jahren entstandene *Welcome in Vienna* eher eine jüngere bzw. nachgeborene Generation an und ist auch in einem anderen gesellschaftlichen Umgang mit der nationalsozialistischen Vergangenheit verortet; *Der Ruf* wurde 1948/49 in unmittelbarer zeitlicher Nähe zum Krieg unter Aufsicht der amerikanischen Militärbehörde produziert und musste sowohl einer alliierten Position als auch dem deutsch-nichtjüdischen Kinopublikum entgegenkommen.
So thematisiert *Welcome in Vienna* im Gegensatz zu *Der Ruf* mit der Figur Binder auch eine doppelte Ausgrenzung der jüdischen Remigrant_innen-Figuren. Diese filmisch aufgegriffene doppelte Ausgrenzung, sowohl bei alten als auch bei neuen Landsleuten auf Misstrauen zu stoßen, traf besonders Juden, die als britische oder amerikanische Soldaten nach Deutschland zurückkehrten.[26] In *Welcome in Vienna* wird sie als prägend für die Figuren Freddy und Adler gezeigt.

Der unterschiedliche Zeitpunkt, zu dem die jeweilige Handlung einsetzt, akzentuiert die Erfahrungen der Remigrant_innen unterschiedlich: Die Handlung von *Welcome in Vienna* setzt bereits kurz vor Kriegsende ein. Ein Text-Insert am Anfang des Films nennt den 23. Dezember 1944 im Elsass. *Der Ruf* hingegen spielt 1947, zeigt jedoch die ersten 20 Minuten noch das amerikanische Exil sowie Mauthners Entscheidungsprozess, nach Deutschland zurückzukehren, und die Auseinandersetzung mit den anderen Exilant_innen. Während Freddy Wolf die Entscheidung für sein Bleiben in Wien vor Ort in der Situation trifft, entscheidet Professor Mauthner im kalifornischen Exil, dass er dem Ruf seiner früheren Universität folgen wird. Beide Filmhandlungen sind also in der direkten Nachkriegszeit angesiedelt.
Alma Mater spielt ebenfalls im universitären Milieu, aber in den späten 1960er Jahren und thematisiert mit der Studentenbewegung die zum Produktionszeitpunkt *aktuellen* politischen Ereignisse. Gemein haben diese drei Filme, dass in allen dreien die Remigration von Juden zum Spiegel der postnazistischen deutschen bzw. österreichischen Gesellschaft wird. Dies ist mit unterschiedlichen Intentionen verbunden: *Der Ruf* als die früheste Produktion nimmt eine versöhnliche Haltung ein, die Nachkriegsantisemitismus kritisch zeigt, aber auch positive Identifikationsangebote macht (Walter) und eine Kollektivschuld explizit ablehnt. Die Exilerfahrung und die Sichtweise des Remigranten werden nachvollziehbar, aber auch die in Deutschland gebliebenen Figuren, wie Lina, werden so dargestellt, dass ihr Handeln für die Zuschauer_innen nachvollziehbar werden kann. *Alma Mater* verwendet die jüdische Figur Professor Freudenberg für eine Bewertung bzw. Diffamierung der Studentenbewegung. Freudenbergs Exilerfahrung spielt dabei ebenso wenig eine Rolle wie seine Entscheidung, nach Deutschland zurückzukehren oder Ende der 1960er Jahre

26 Grossmann / Lewinsky: Erster Teil: 1945–1949, S. 137.

abermals in die USA zu emigrieren. *Welcome in Vienna* gibt der Innenperspektive der jüdischen Remigrant_innen-Figuren den meisten Raum und organisiert sie in einer Figurenkonstellation, die sowohl Alliierte als auch Österreicher_innen kritisch und differenziert – also nicht als Träger einer homogenen Einstellung – zeigt.

1.2 Rückkehrer_innen auf Zeit

Die Rückkehrer_in auf Zeit ist eine Figur, die *temporär* nach Deutschland zurückkehrt. Häufig ist ihre Darstellung mit einer kritischen Perspektive auf Deutschland und einem Einblick in ihr Innenleben verbunden. Sie kann aber auch eine Spiegelfunktion erfüllen.

Trotz dieser Unterschiede weisen die jüdischen Rückkehrer_innen-Figuren einige Gemeinsamkeiten auf: Erstens geht es all diesen Figuren von vornherein nicht um eine *dauerhafte* Rückkehr. Zweitens haben sie meistens einen Bezug zu dem Ort ihrer Rückkehr (Deutschland oder Österreich). Entweder sie haben dort früher gelebt oder es handelt sich um Rückkehrer_innen-Figuren der *second generation*. Dann kommen ihre Eltern aus Deutschland. Drittens hat ihre Rückkehr zudem meist einen konkreten Anlass: Die Figuren haben hier eine Aufgabe zu erledigen, sei es eine, die von außen an sie herangetragen wird, wie die Aussage in einem Prozess, oder aber sie besteht in der Auseinandersetzung mit der Vergangenheit. Die Reise nach Deutschland in Verbindung mit der ‚Aufgabe' führt zu einer Entwicklung der Figur und verändert sie. Viertens werden die Rückkehrer_innen-Figuren zumeist sowohl vor dem Hintergrund ihrer aktuellen Lebenssituation charakterisiert als auch durch ihre Vergangenheit in Deutschland und ihre Flucht oder Verfolgung. Die genauen Umstände ihrer Flucht werden, wenn sie erzählt werden, retrospektiv eingefügt. Fünftens kommen diese Figuren auffällig häufig aus den USA.[27]

Die Gemeinsamkeiten der Rückkehrer_innen-Figuren liegen also eher in der Auseinandersetzung mit Deutschland und damit mit NS-Vergangenheit und Shoah, als dass es sich um eine homogene Gruppe von Figuren handeln würde, die einer Generation angehören oder ähnliche Erlebnisse haben. In allen Fällen jedoch ist es ihre Verfolgungsgeschichte oder die ihrer Eltern, die sie über Umwege nach Deutschland zurückbringt oder ihren Bezugspunkt zu Deutschland darstellt. Die Figuren stehen damit trotz der Handlungszeit nach 1945 in einem direkten Zusammenhang mit der Shoah.

1.2.1 Das Urteil

Bei dem Film *Das Urteil* (1997) handelt es sich um einen Fernsehthriller, der unter der Regie von Oliver Hirschbiegel nach einem Drehbuch von Paul Hengge entstand.

27 So kommt Siegfried Rabinovicz (Klaus Löwitsch) in *Das Urteil*, der in den folgenden Überlegungen im Zentrum stehen wird, ebenso wie Hermann Gebirtig (Peter Simonischek) in *Gebürtig*, Isaak Aufrichtig (Otto Tausig) in *Auf Wiedersehen Amerika* und David Fish (Dani Levy) in *Meschugge* aus New York, wo sie als Antiquitätenhändler, Komponist und Immobilienmakler arbeiten. Die Figur des Filmemachers Cornfield (Tony Curtis) in *Der Passagier* kommt aus Los Angeles nach Deutschland, wobei sein privater Lebensmittelpunkt nicht spezifiziert wird.

Abb. 24: Siegfried Rabinovicz (Klaus Loewitsch) und Markus Schlüter (Matthias Habich) in *Das Urteil.*

Er erzählt kammerspielgleich die Geschichte Siegfried Rabinoviczs, der aus New York nach Deutschland reist, um dort als Zeuge in einem Mordfall auszusagen. *Das Urteil* beginnt mit der Landung eines Flugzeugs bei Dunkelheit, zeigt dann die Stewardess vom Avia-Service, die zu einem Gate geht und mit einem Schild auf einen „S. Rabinovicz" wartet, ihn anspricht, ihm Ticket und Haggada mit der Botschaft überbringt, er dürfe sie behalten, wenn er einen späteren Flug nehme, und wieder verschwindet, bevor dieser weiß, wie ihm geschieht. Diese erste Sequenz des Films führt bereits zwei wichtige Koordinaten ein, die in diesem figurenarmen und sprechlastigen Film eine wichtige Rolle spielen: Der Ort der Handlung und die Haggada[28] als zentralen symbolischen Gegenstand, der die kammerspielartige Situation erst ermöglicht.
Beim Umsteigen in Hamburg wird er von einer mysteriösen Stewardess gebeten, einen späteren Flug zu nehmen, um einem anderen Passagier die Reise zu ermöglichen. Dafür bekommt er ein kostbares Buch mit der Pessacherzählung, eine Haggada, die – wie die Zuschauer_innen später erfahren – persönliche Bedeutung für ihn besitzt. In der Flughafenlounge entspinnt sich ein langes Gespräch zwischen Rabinovicz und einem Fremden (Matthias Habich), bei dem es um den Mordfall geht, in dessen Prozess Rabinovicz aussagen soll. (Abb. 24) Als Hauptzeuge ist er der einzige, der den Mörder beim Verlassen des Tatorts gesehen hat. Der Fremde scheint sich gut mit dem Fall auszukennen, der in der deutschen Presse breit diskutiert wurde. In dem Gespräch, das letztlich symbolisch für das deutsch-jüdische Verhältnis nach 1945 steht, geht es um

28 Zur Bedeutung der Pessach-Haggada für das Pessachfest und den Seder vgl. Heinz-Martin Döpp: Pessach. In: Schoeps (Hrsg.): *Neues Lexikon des Judentums*, S. 648–649.

die Vertrauenswürdigkeit und Belastbarkeit von Rabinoviczs Erinnerung und Zeugenschaft. Nach und nach stellt sich heraus, dass der Fremde ebenfalls einen Bezug zum Mordfall hat: Er ist ein Freund des Angeklagten und möchte diesen entlasten, indem er Rabinovicz dazu bringt, seine Aussage zu überdenken. Der Film endet damit, dass die Zeitung, die in den Morgenstunden in die Flughafenlounge gebracht wird, titelt, der Angeklagte habe den Mord gestanden. In dem Verständnis, das Rabinovicz dem Fremden nun entgegenbringt, in der persönlichen Geschichte, die er ihm erzählt, wird deutlich, dass sich die beiden Männer in den langen Gesprächen näher gekommen sind. Der Fremde verspricht sich zu melden, wenn er bald in New York sein werde. Das letzte Bild zeigt Rabinovicz über die Haggada gebeugt.

Der Kriminalfall, der Anlass für Rabinovicz Reise war und um den es in seinem Gespräch mit dem Fremden geht, ist inhaltlich für den Film nicht wirklich bedeutsam: Aufgebaut wie ein klassischer *whodunit*, geht es letztlich nicht darum, wer den Mord tatsächlich beging, sondern um die Auseinandersetzung und Annäherung zwischen Rabinovicz und dem Fremden, bei der sich immer wieder die Frage stellt, wie sehr die beiden in ihren Positionen (bezüglich des Kriminalfalls) von ihren Erfahrungshintergründen beeinflusst sind. Der Fremde als Anfang der 1940er Jahre geborenes Kriegskind mit Nazivater und schwieriger Jugend in der Nachkriegszeit; Siegfried Rabinovicz als in Leipzig geborener Jude, der als Kind Theresienstadt überlebte und dessen Eltern beide in der Shoah ermordet wurden.

Die Figur des Siegfried Rabinovicz wird also charakterisiert durch, erstens, das Gespräch (mit dem Fremden), zweitens, den Ort der Handlung und, drittens, die Haggada als zentralem Objekt.

Die Bedeutung des Ortes

In *Das Urteil* ist weniger der Anlass der Reise nach Deutschland für die Figur Rabinovicz und die Entwicklung, die sie im Laufe der Filmhandlung erfährt, entscheidend, sondern von großer Bedeutung ist der Ort und die von ihm ausgelöste Auseinandersetzung. Geographischer Ort, als Zielort seiner Reise, ist Deutschland. Als Raum, in dem sich die Figur bewegt und sich die Handlung vollzieht, ist es jedoch der Flughafen als Transitraum und Nicht-Ort.[29]

Deutschland als geographischer Ort und gleichzeitig als Ort der Vergangenheit, mit welcher die Reise die Figuren konfrontiert, ist auch für die anderen Rückkehrer_innen-Figuren zentral. Dabei lassen sich Reisen, deren Anlässe keinen direkten Bezug zur Vergangenheit der Figur haben, von denen unterscheiden, deren Charakter (als Auseinandersetzung mit der eigenen Vergangenheit) von Anfang an klar ist, weil der Reisegrund bereits eindeutig besetzt ist.

So hat der Anlass von Isaak Aufrichtigs Reise nach Deutschland und Polen in *Auf Wiedersehen Amerika* – ebenso wie Rabinoviczs Reise in *Das Urteil* – nichts mit seiner Vergangenheit zu tun: Weil der illegale Sweatshop, in dem er arbeitet, in einer

29 Vgl. Marc Augé: *Orte und Nicht-Orte. Vorüberlegungen zu einer Ethnologie der Einsamkeit.* Frankfurt am Main: Fischer 1994.

Razzia aufgelöst wird, flieht er und besteigt das Schiff, auf dem sein Freund Moshe und dessen Frau Genovefa nach Polen reisen, um die frühere Heimat zu besuchen. Nach Polen will Aufrichtig nicht unbedingt, aber nach Deutschland noch viel weniger. Wenn das Schiff an Deutschland vorbeifahre, wolle er sich die Augen zuhalten, kündigt er an. Als das Schiff in Hamburg einen Motorschaden hat, will er zunächst „keinen Fuß auf deutschen Boden setzen" und das Schiff nicht verlassen, muss seine Reise nach Polen dann aber mit Moshe und Genovefa über Land fortsetzen. In Filmen wie *Gebürtig* oder *Der Passagier* ist, neben dem vor allem symbolisch für Shoah und Nazis stehenden Ort Deutschland, der Anlass der Reisen nach Deutschland bedeutend: Die Aussage gegen einen Nazitäter, wie Hermann Gebirtig sie machen soll, um zu helfen, den Aufseher eines Konzentrationslagers juristisch verurteilen zu können, ist eine sehr konkrete Konfrontation mit der eigenen Verfolgungsvergangenheit. In *Der Passagier* gibt sich Cornfield selbst die Aufgabe, sich filmisch mit der eigenen Geschichte auseinanderzusetzen, und setzt dabei seine Identität aufs Spiel.

Der Transitraum ist ein Raum des Dazwischen, zwischen Deutschland und den USA, weder noch, nicht die alte Heimat Rabinoviczs, die Deutschland jetzt, nach der Shoah, nicht mehr sein kann und nicht die neue. Dieser Raum des Dazwischen ist ein Ort, an dem Rabinovicz und der Fremde als durch unterschiedliche Erfahrungen voneinander getrennte Figuren ins Gespräch kommen können. Es ist der Raum, in dem die Figur Siegfried Rabinovicz sich bewegt und der für seine identitäre Verortung bzw. Nichtverortung, für seine Ortlosigkeit steht.

Auch in *Der Passagier* spielt der Flughafen eine zentrale Rolle. Dort beginnt und endet die Handlung. Neben dieser kreisförmigen Bewegung verdeutlicht der Filmtitel die Bedeutung dieses Ortes: Während *Der Passagier* auf das Unterwegssein, die Reise, den Transit hindeutet,[30] verweist der vorläufige Arbeitstitel *Last Call, Mister Cornfield*[31] auf die Aufgabe, den Aufruf, den Cornfield an sich selbst richtet, aber auch konkret auf die letzte Szene des Films, in der Mr. Cornfield, der die Dreharbeiten abgebrochen hat, am Flughafen in einem ‚Last Call' aufgerufen wird und darauf nicht reagiert. Ein kleines Mädchen, wie er ganz in Weiß gekleidet, mit einem kleinen weißen Koffer voller Geldscheine und einer Maske, fragt nach diesem letzten Aufruf: „Heißt Du so?" Doch ihre Frage bleibt unbeantwortet.

Cornfields Versuch, seine Geschichte durch die filmische Inszenierung zu bearbeiten und der Erinnerungen Herr zu werden, ist gescheitert, dass er im Transit ‚hängenbleibt', symptomatisch:

30 Karsten Witte nennt als intertextuellen Bezug auch noch die Hommage an den polnischen Regisseur Andrzej Munk, der bei der Arbeit an seinem letzten Filmprojekt *Pasazerka* (*Die Passagierin*, PL 1963) verstarb (Karsten Witte: *Der Passagier – das Passagere. Gedanken über Filmarbeit.* Frankfurt am Main: Frankfurter Bund für Volksbildung 1988, S. 47–48). In *Pasazerka* geht es um eine ehemalige KZ-Aufseherin, die eine Insassin auf einer Schiffsreise wiedertrifft. Auch hier ist der Ort ihrer Begegnung ein – im Sinne Marc Augés – Nicht-Ort, vgl. Augé: *Orte und Nicht-Orte.*

31 Witte: *Der Passagier*, S. 46.

Der Transitraum, als exterritoriales Niemandsland gleichsam genuines Sinnbild der Diaspora des Judentums, ist symbolischer Raum der verstetigten Zeit: der Passagier Cornfield, der aus der ‚Stadt der Engel' in die Hölle seiner (der) Vergangenheit nach Berlin geflogen ist, bleibt unerlöst im präsentischen Jetzt, dem ortlosen Exil der (seiner) Geschichte stecken – als Fremder, ohne Zukunft, da er seiner Vergangenheit nicht hat habhaft werden können.[32]

Auch für Rabinoviczs ‚Verortung' steht symbolisch der Transitraum: Die Ortlosigkeit, der Nichtort des Transits scheint für Siegfried Rabinovicz, der die Reise nach Deutschland am liebsten nicht angetreten hätte, aber als geladener Zeuge kommen musste, dem konkreten Ort Deutschland vorzuziehen. Ebenso würde Aufrichtig in *Auf Wiedersehen Amerika* lieber auf dem Schiff bleiben, als in Hamburg an Land zu gehen.
Einerseits steht das symptomatisch für ihr Verhältnis zu Deutschland. Andererseits charakterisiert sie der Transitraum als Raum, in dem sie sich bewegen: Alle drei leben in New York, das eigentlich Exil auf der Flucht vor den Nazis war oder neue Heimat nach dem Ende des Krieges werden sollte. Dabei prägt die durch die nationalsozialistische Verfolgung verlorene Heimat ihren Alltag in New York: Siegfried Rabinovicz hat, wie er erklärt, den deutschesten aller Vornamen. Ein Zeichen des deutschen Selbstverständnisses seines Vaters, das nach der Shoah für ihn zu einem makabren Scherz wird und ihn durch seinen amerikanischen Alltag begleitet. Hermann Gebirtig, der ebenfalls einen deutsch-bürgerlichen Vornamen trägt, hat austauschbare Affären mit polnischen Jüdinnen, mehr wegen ihrer Fähigkeit, Jiddisch mit ihm zu sprechen, denn wegen ihrer Sexualität. Isaak Aufrichtig spricht im Sprachgemisch von – aufgrund der vielen Einwander_innen aus Osteuropa ‚Little Odessa' genannten – Brighton Beach in Brooklyn ebenso viel Deutsch und Jiddisch wie Englisch. Dieses *Dazwischen* der Einwander_innen, zwischen einer alten Heimat, die abgelehnt wird, und einer neuen, die gleichzeitig von der alten geprägt wird und in welcher sie sich in einer Community mit ihresgleichen bewegen, scheint im Transitraum Ausdruck zu finden.
Während Cornfield sich selbst in seinem Versuch der filmischen Erinnerungsarbeit verloren zu haben scheint (sein Nicht-Antworten auf die Frage des Mädchens), steht der Transitraum des Flughafens in *Das Urteil* auch für einen Nichtort, ein exterritoriales, *neutrales* Gebiet, auf dem die Begegnung zwischen einem Juden und einem nichtjüdischen Deutschen möglich wird.

Die Haggada

Die Haggada, die Siegfried Rabinovicz angeboten bekommt und die ihn überzeugt, einen späteren Flug zu akzeptieren, ist von zentraler Bedeutung in *Das Urteil*: Die Zuschauer_innen erfahren in den ersten 15 Minuten des Films, dass Rabinoviczs Vater eine solche Haggada besaß und ihm in Theresienstadt daraus vorgelesen hat. Dabei handelt es sich um die letzten Erinnerungen gemeinsamer Momente, die er von seinem Vater hat, was die *persönliche* Bedeutung der Haggada für ihn erklärt. Darüber hinaus

32 Norbert Otto Eke: Wahrnehmung im Augen-Schein. Thomas Braschs (und Jurek Beckers) filmische Reflexion über die Kunst nach Auschwitz. „Der Passagier – Welcome to Germany". In: Hartmut Alo Allkemper / Norbert Otto Eke / Hartmut Steinecke (Hrsg.): *Literatur und Demokratie. Festschrift für Hartmut Steinecke zum 60. Geburtstag.* Berlin: Schmidt 2000, S. 285–300, hier S. 295.

bleibt die Haggada aber eine Art ‚MacGuffin': Ihre Bedeutung erklärt sich nur aus der Bedeutung, die sie für den Protagonisten hat. Es wird nicht erklärt, was eine Haggada eigentlich ist, noch wird ihre symbolische Bedeutung erläutert. Sie ist Objekt von Rabinoviczs Begehren, die Erinnerung an den verlorenen Vater zu materialisieren oder den ermordeten Vater nicht ganz zu verlieren, das aber nicht erfüllt werden kann.
Die metaphorische Bedeutung des Vorlesens aus der Haggada, die die Geschichte der jüdischen Gefangenschaft in Ägypten und des Auszugs in die Freiheit erzählt und die gleichzeitig Handlungsanweisung für den Sederabend (des Pessach-Festes) ist, an dem sie vorgelesen wird[33] – in Rabinoviczs Erinnerung an einem der letzten gemeinsamen Abende im Konzentrationslager –, bleibt damit verborgen.
Wie in Edgar Allan Poes *Der entwendete Brief*[34] der Briefinhalt unerzählt bleibt, wird der Inhalt der Haggada in *Das Urteil* nicht aufgelöst und damit über die Bedeutung gerade dieses Textes, neben der individuellen, persönlichen Bedeutung für Rabinovicz, nicht aufgeklärt. Auch wenn im Gegensatz zu einem MacGuffin oder auch dem Brief bei Poe, die Zuschauer_innen bezüglich der Haggada in der Lage scheinen, den verborgenen Inhalt zu kennen oder herauszufinden, kann dieser dennoch als unbekannt für die Rezeption durch hauptsächlich nichtjüdische, deutsche Zuschauer_innen angenommen werden.

Entwicklung und Ende

Die Reise, die in der Regel eher unfreiwillig, sei es durch extrinsische Gründe, wie ein Gerichtsverfahren oder Flucht, oder intrinsische Gründe, wie die Bearbeitung der eignen Vergangenheit oder Recherche der eigenen Familiengeschichte, initiiert wurde und von Abneigung gegen den Zielort geprägt ist, bringt unterschiedliche Entwicklungen für die Figuren und endet in den hier diskutierten Filmbeispielen unterschiedlich: Siegfried Rabinoviczs Reisegrund erledigt sich während des Aufenthalts in der Lounge, er muss nicht mehr in dem Prozess aussagen, da der Angeklagte geständig ist. Dennoch hat die Figur eine Veränderung durchgemacht: Er kann jetzt über seine Erlebnisse als Kind in Theresienstadt sprechen. Die Figur wird am Ende weicher und weniger verschlossen gezeigt.
Hermann Gebirtig tritt nach mehr als 40 Jahren (die Handlung von *Gebürtig* spielt 1987) dem ehemaligen Aufseher des Konzentrationslagers Pointner gegenüber und macht „präzise und ohne Angst" seine Aussage, wie es im Off-Kommentar des Films heißt.[35] Zunächst scheint die Konfrontation mit der Vergangenheit, die Gebirtig widerwillig einging, als er seine Zeugenaussage zusagte, eine befreiende Wirkung zu haben: Er beginnt eine Affäre mit Susanne. Nach der ersten gemeinsamen Nacht sagt er zu ihr: „Jetzt bin ich das erste Mal ganz da, wo ich bin. Vielleicht bin ich erst

33 Vgl. Döpp: Pessach.

34 Edgar Allan Poe: Der entwendete Brief. In: Ders.: *Die Maske des roten Todes. Phantastische Erzählungen*. Bremen: Dogma 2013, S. 109–132.

35 Wie auch in *Meschugge* die Enkelin Lena ihren Großvater durch ein Muttermal als den Nazi Max Weiss erkennt, identifiziert Gebirtig Pointner über ein Muttermal am Hals.

jetzt ganz aus dem Lager raus." Durch die Überwindung der Verdrängung (der Vergangenheit) scheint er sich selbst gefunden zu haben. So eindeutig positiv wird Gebirtigs Veränderung aber nicht stehen gelassen. Die Vergangenheit, so zeigt die filmische Darstellung, *kann* so leicht nicht überwunden werden – zumindest nicht durch den Einzelnen. Pointner wird freigesprochen, weil seine Identität nicht eindeutig bewiesen wurde. Daraufhin verlässt Gebirtig überstürzt Wien und fliegt nach New York zurück. *Gebürtig* endet damit, dass Susanne ihn anruft. Gebirtig liegt im Dunkeln neben dem Telefon und hebt nicht ab. Die Heimat Wien, die für ihn ein Ort kaum aushaltbarer Ambivalenz ist, einerseits assoziiert mit schönen Kindheitserinnerungen, andererseits mit Ablehnung, verstößt ihn durch Pointners Freispruch ein zweites Mal.

Am Ende von *Meschugge* weiß der Protagonist David Fish – Rückkehrer-Figur der nachgeborenen Generation – um das Schicksal seiner Mutter und deren Familie. Das ist jedoch nicht das einzige Ergebnis seiner Deutschlandreise: Er weiß nun auch, dass seine Freundin Lena Tochter eines hochrangigen Nazis ist, kann aber jetzt zu ihr stehen. Einzig die Figur des Regisseurs Cornfield in *Der Passagier* scheint durch die Reise nach Deutschland keine erlösende Veränderung zu erfahren: Er kann seines Traumas (und das wird für die Figuren Rabinovicz und Gebirtig ebenfalls in Teilen angedeutet) nicht habhaft werden, kann es nicht sinnstiftend oder konstruktiv bearbeiten und damit handhabbar machen. Er setzt sich seiner Vergangenheit und seiner Geschichte aus und verliert sich selbst dabei.

1.3 Migrant_innen

Das Kapitel Migrant_innen konzentriert sich auf jüdische Figuren, die als jüdische Zuwander_innen aus der ehemaligen Sowjetunion konzipiert sind. Jüdische Zuwander_innen aus der ehemaligen Sowjetunion spielen seit den 1990er Jahren für das jüdische Leben in Deutschland eine zunehmend wichtigere Rolle (siehe Kap. II.2.2), als Filmfiguren werden sie aber erst deutlich später sichtbar.

Daneben tauchen in filmischen Darstellungen jüdische Figuren auf, die aus Israel oder den USA kommen. Die Darstellung von Israelis nimmt jedoch eine Sonderrolle ein. So können m. E. für die Analyse von filmischen Darstellungen von Israelis im deutschen Spielfilm auf Basis des dieser Arbeit zugrunde liegenden Filmkorpus drei Konstellationen unterschieden werden: erstens, Spielfilme, in denen Israelis auftauchen, wie in *Schalom meine Liebe*, die aber hauptsächlich in Deutschland spielen. Zweitens, Spielfilme, in denen deutsche Figuren nach Israel reisen, wie in der Fernsehserie *Jerusalem, Jerusalem* (BRD 1979, R: Berengar Pfahl), *Das Jesus-Video* (BRD 2002, R: Sebastian Niemann), *Der Bibel-Code* (BRD/AT 2008, R: Christoph Schrewe) oder auch dem Rosa Roth Folge *Jerusalem oder die Reise in den Tod*. Daneben gibt es aber auch deutsch-israelische Ko-Produktionen, die gänzlich in Israel spielen und deren Handlung ausschließlich die israelische Gesellschaft zeigt, wie das in den Verfilmungen der Kriminalromane der israelischen Autorin Batya Gur der Fall ist. In den ZDF-Produktionen *Die Seele eines Mörders* (BRD 2009, R: Peter Keglevic) und *Mörderischer Besuch* (BRD 2010, R: Jorgo Papavassiliou) besteht die Besetzung aus israelischen und deutschen Schauspieler_innen; Heiner Lauterbach spielt den israelischen Kommissar

Michal Ochajon (vgl. Kap. IV.4.3). Ein anderes Beispiel wäre das Regiedebut von Maria Schrader *Liebesleben* (BRD/IL 2007, R: Maria Schrader), nach dem gleichnamigen Roman der israelischen Schriftstellerin Zeruya Shalev, indem die Rollen mit israelischen Schauspieler_innen wie Neta Garty oder Ishai Golan, aber auch amerikanischen Schauspieler_innen wie Tovah Feldshuh besetzt sind und der auf Englisch gedreht wurde. Die Darstellung israelischer Figuren ist damit ein gesondertes Thema, das – so eng es auch mit der Fragestellung und dem Erkenntnisinteresse dieser Arbeit verbunden sein mag – spezifische Kontexte hat und anhand eines anderen Filmkorpus untersucht werden müsste.

Amerikanische Jüdinnen und Juden tauchen im bundesrepublikanischen Spielfilmen auch auf, allerdings werden diese Figuren weniger als Migrant_innen konzeptualisiert, sondern entweder als Rückkehrer_innen (wenn auch der *second generation*), wie beispielsweise Lucy Bloom Edelmeister in *Max Minsky und ich* oder als Besucher oder Touristen wie David in *Rubbeldiekatz*, Simon Goldberg in der Folge *Terror* (BRD 1998, R: Werner Masten) aus *Die Straßen von Berlin* (1995–2000) oder Mr. Weismantel in *Anfrage*. Amerikanisches Judentum, wie in Zusammenhang mit den Kodierungen von Jewishness bereits diskutiert wurde, spielt aber weniger in personifizierter Form als Filmfiguren eine Rolle, sondern vielmehr in Form einer Prägung der Darstellung jüdischer Figuren und als (pop-)kultureller Referenzrahmen.

Jüdische Figuren, die aus den Staaten der ehemaligen Sowjetunion stammen, häufig dargestellt als ‚russische Jüdinnen und Juden', werden in nur wenigen der hier analysierten Spielfilme gezeigt. Die ersten deutschen Spielfilme, in denen sie eine Rolle spielen, entstanden ab 2002. Neben der Frage, wie die (wenigen) jüdischen Figuren dargestellt werden, denen eine Geschichte als Zuwander_innen aus Ländern der ehemaligen Sowjetunion zugeschrieben wird, werden in diesem Kapitel mögliche Gründe für eine weitgehende Unsichtbarkeit russischer Jüdinnen und Juden diskutiert. Obwohl diese Zuwander_innen sowohl quantitativ als auch qualitativ eine große Bedeutung für das jüdische Leben im wiedervereinigten Deutschland haben und die politische Entscheidung für vergleichsweise unkomplizierte Zuwanderungsregelungen ein Symbol des Selbstverständnisses des wiedervereinigten, neuen Deutschlands war,[36] haben sie die in deutschen Spielfilmen vorherrschenden Bilder von Jüdinnen und Juden (auf den ersten Blick) kaum verändert.

Die Doppelung des Andersseins, die sie als ‚Jüdinnen/Juden' und ‚Migrant_innen' mitbrachten, findet in den Filmen, selbst in denen, die russisch-jüdische Figuren aufweisen, keine Darstellung. Möglicherweise überfordert diese Doppelung die vorhandenen Bilder von Jüdinnen und Juden und führte dazu, dass sich die beiden Aspekte häufig gegenseitig verdecken.[37] Beispiele, wie einer der Aspekte primär wahrgenommen wird, lassen sich außerhalb des Spielfilmes finden, beispielsweise bei den Schriftsteller_innen

36 Gorelik / Weiss: Die russisch-jüdische Zuwanderung, S. 391.

37 Möglicherweise verhält sich das analog zu der in Kap. III.6.1 diskutierten Darstellung von Jüdinnen: Roberta Mocks Argument, dass sich die Dichotomien Mann/Frau und christlich/anders gegenseitig ausschließen würden und in der Regel nur eine der beiden Kategorien wahrgenommen würde, lässt sich u. U. auf jüdische Migrant_innen übertragen, da Jüdischsein ihr Migrant_insein überdeckt oder andersherum.

Wladimir Kaminer und Lena Gorelik: Kaminer, der zunächst über seine russische Herkunft schrieb (*Russendisko*, 2000; *Schönhauser Allee*, 2001), mit der von ihm in Berlin organisierten Veranstaltungsreihe *Russendisko* zunächst russische Kultur proklamierte und erst später sein Judentum stärker thematisierte, wird häufig als Russe wahrgenommen, während Gorelik als jüdische Schriftstellerin rezipiert und nur selten mit ihrem Geburtsort Russland in Verbindung gebracht wird. Dieses Entweder-Oder scheint ebenso für die Gestaltung von Filmfiguren zu gelten.

Gleichzeitig muss die Darstellung russisch-jüdischer Figuren vor dem Hintergrund der Hoffnungen betrachtet werden, die in Deutschland zunächst an die russisch-jüdische Zuwanderung geknüpft waren: Dass sie die jüdische Tradition und das jüdische Leben wiederaufleben lassen mögen und an die deutsch-jüdischen Gemeinden, die es vor der NS-Zeit gab, möglichst direkt anknüpfen. Unbeachtet blieb dabei, dass die Jüdinnen und Juden in der Sowjetunion lediglich eine „symbolische Gemeinschaft"[38] waren, deren Jüdischsein (sowohl matri- als auch patrilinear) über eine Passeintragung weitergegeben wurde und die nicht eine Sprache, religiöse Praxis und kulturelle Tradition teilten.[39] Das führte einerseits dazu, dass die Zuwander_innen den beschriebenen Hoffnungen und Vorstellungen der nichtjüdischen deutschen Bevölkerung nicht entsprachen, und andererseits dazu, dass sie in den jüdischen Gemeinden in Deutschland z. T. nicht als jüdisch anerkannt wurden und die dort herrschenden religiösen Werte nicht teilten, was zu Konflikten und Spannungen in den Gemeinden führte.[40]

Die Seltenheit russisch-jüdischer Figuren kann also möglicherweise auf der einen Seite mit den Konflikten innerhalb der jüdischen Community erklärt werden, die verhinderten, dass die russischen Zuwander_innen von jüdischer Seite thematisiert und zu Repräsentant_innen des Judentums in Deutschland wurden, etwa indem sie als Figuren in Romanen, Drehbüchern oder Filmen auftauchten. Auf der anderen Seite ‚störten' sie möglicherweise das Bild, das in der nichtjüdischen deutschen Bevölkerung von Jüdinnen und Juden herrschte. Y. Michal Bodemann argumentiert, dass „die deutsche Narration die jüdische Trope als zentrales Element zur Deutung der eigenen Identität"[41] brauche, wodurch ein „Phantombild des imaginären Judentums"[42] entstehe. Die Wichtigkeit dieses „Phantombildes" für das deutsche Selbstbild oder Selbstverständnis kann erklären, warum Veränderungen in diesem nicht oder nur sehr schwerfällig erfolgen.

In dieses Bild, das seit dem Wiedererstarken jüdischen Lebens und jüdischer Kultur in Deutschland in den 1980er/90er Jahren formuliert wird und folkloristisch geprägt ist, passt das Bild von Jüdinnen und Juden als Migrant_innen nicht. Nicht nur müsste die häufig negativ konnotierte Kategorie Migrant_in oder Flüchtling mit dem – zumindest offiziell – positiv besetzten Bild von Jüdinnen und Juden in Einklang gebracht werden,

38 Gorelik / Weiss: Die russisch-jüdische Zuwanderung, S. 387.

39 Ebd.

40 Vgl. ebd., S. 387–388.

41 Bodemann: *In den Wogen der Erinnerung*, S. 185.

42 Ebd., S. 186.

auch werden mit einer anderen Sprache und anders klingenden Namen zentrale Merkmale von Jewishness angegriffen (vgl. Kap. II). Gerade an diesen beiden Aspekten würde die Integration der Jüdinnen und Juden aus Osteuropa in das ‚Phantombild' einiges verändern: Die jüdischen Migrant_innen-Figuren aus Osteuropa sprechen – im Gegensatz zum Gros der jüdischen Figuren im zeitgenössischen deutschen Spielfilm – häufig kein jiddisch gefärbtes Deutsch, sondern wenn sie Deutsch sprechen, dann mit russischem Akzent oder sogar akzentfrei. So spricht Marek Gorsky, der aus Riga stammende Protagonist aus *Im Angesicht des Verbrechens* Deutsch mit Berliner Dialekt. Dass er auch Russisch spricht, wird schnell klar, als er in der Wohnung eines gesuchten Kleinkriminellen das russischsprachige Gespräch von dessen Eltern versteht. Seine ältere Schwester Stella hat einen leichten Akzent, doch sonst ist es die ältere Generation, die stark akzentgefärbtes Deutsch und z. T. auch Jiddisch spricht. Uri Schwarz in *Liebe unter Verdacht* spricht akzentfreies Deutsch und in *Russendisko* spielt Sprache seltsamerweise gar keine Rolle: Die drei jungen russischen Einwander_innen sprechen deutsch, was wohlmöglich den deutschen Schauspieler_innen geschuldet ist. Auch jüdisch klingende Namen haben die jüdischen Migrant_innen-Figuren nicht zwangsläufig: In den Filmen heißen sie Uri Schwarz, Waldimir Kaminer, Marek und Stella Gorsky, Sascha und Mascha oder Alexander Zamskoy.

Dennoch lässt sich eine Veränderung der filmischen Darstellung jüdischer Emigrant_innen seit Beginn der Einwanderung feststellen, die mit der realen gesellschaftlichen Situation in Zusammenhang zu stehen scheint: Während Anfang der 1990er Jahre mit der Zuwanderung von Jüdinnen und Juden aus Osteuropa die Hoffnung auf eine Wiederbelebung des jüdischen Lebens in Deutschland verbunden war und die Zuwander_innen in diesem Zusammenhang primär als jüdisch wahrgenommen wurden, machte diese Erwartungshaltung später der Enttäuschung Platz, dass sie, wie andere Zuwander_innen auch, Probleme hatten, sich sprachlich, sozial und auch wirtschaftlich zu integrieren. Sie werden, so hier die These, entweder zunehmend mit Russen gleichgesetzt[43] und damit auch mit russischen Stereotypen oder als jüdisch inszeniert, wobei das dominante Bild von Jüdinnen und Juden in Deutschland unangetastet bleibt.

Beispiel hierfür kann das Motiv der russischen Mafia sein. Die Nähe zur russischen Mafia macht nicht nur Dominik Grafs Fernsehserie *Im Angesicht des Verbrechens* auf, sondern auch Zeitungsartikel und andere mediale Berichterstattung, die sich mit der Frage nach Fälschung und Betrug bei der Einwanderung osteuropäischer Juden beschäftigen.[44] Und auch Uri Schwarz im Fernsehkrimi *Liebe unter Verdacht* kauft die Waffe, mit der er Daniel Kahana töten will, im Milieu des organisierten Verbrechens, mit dem er zumindest leicht in Kontakt treten zu können scheint.

Als anderes Beispiel kann die Unsichtbarkeit jüdischer Zuwander_innen in dem *Tatort Ein ganz normaler Fall* gelten, der am 27. November 2011 erstausgestrahlt wurde und

43 Vgl. Lena Gorelik: *„Sie können aber gut deutsch!" Warum ich nicht mehr dankbar sein will, dass ich hier leben darf, und Toleranz nicht weiterhilft*. München: Pantheon 2012, S. 66.

44 Gorelik / Weiss: Die russisch-jüdische Zuwanderung, S. 393–395.

(vermeintlich) die in der Münchner jüdischen Gemeinde herrschende Pluralität ausstellt. Dort tauchen keine russischen Jüdinnen und Juden auf. Es wird in der Gemeinde kein Russisch gesprochen, die Darstellung der Jewishness der Figuren überlagert sich nicht mit dem Bild von „Ausländer_innen". Die religiöse Pluralität, die auch explizit benannt wird, ist keine ethnische.

1.3.1 Kaddisch für einen Freund

Den Debütfilm des Regisseurs Leo Khasin *Kaddisch für einen Freund* (BRD 2011/12) in den Mittelpunkt dieses Kapitels zu stellen, ist in zweierlei Hinsicht erklärungsbedürftig: Erstens verlegt der Film den Nahostkonflikt nach Berlin-Kreuzberg, wo sich der 84-jährige Jude Alexander Zamskoy und der 14-jährige Palästinenser Ali in einem Wohnblock begegnen. Damit nimmt er eine thematische Setzung vor, die Juden in Deutschland mit Israel in Verbindung bringt. Diese mag häufig stattfinden, muss dem Selbstverständnis der damit konfrontierten Jüdinnen und Juden aber nicht entsprechen. Hier befremdet die Gleichsetzung mit Israel Alexander jedoch nicht, sondern es stellt sich heraus, dass er eine Weile in Israel gelebt hat, sein Sohn als Soldat bei einem Militäreinsatz im Libanonkrieg starb und er durchaus einen starken Bezug zu Israel hat. Er lebte in Atlit, einem kleinen Ort südlich von Haifa, aus dem Alis Großvater während des Unabhängigkeitskriegs flüchtete bzw. vertrieben wurde. Deutlich wird im Film nicht, dass das arabische Dorf und die 1903 gegründete jüdische Siedlung zwar nebeneinander lagen, es sich aber nicht um das gleiche Dorf handelt und das eine nicht an die Stelle des anderen gesetzt wurde. In *Kaddisch für einen Freund* begegnen sich nicht zwei Menschen, die der Nahostkonflikt eher in Form ideologischer Zuschreibungen betrifft – Ali hat den Hass auf Juden gelernt, er malt Bilder von Atlit, obwohl er im Flüchtlingslager im Libanon geboren wurde und den Ort nie selbst gesehen hat, und Alexander wird als Jude von den arabischen Nachbar_innen mit den „israelischen Besatzern" gleichgesetzt –, sondern die filmische Narration *unterstützt* diese Zuschreibung durch die Figurenbiografien und hinterfragt sie nicht, auch wenn die beiden Protagonisten ihre Vorurteile auf einer individuellen Ebene überwinden.

Zweitens steht Alexanders Biografie nicht nur nicht im Mittelpunkt, sondern ist auch äußerst vage: Er spricht zwar schlecht Deutsch und nimmt an den Veranstaltungen der russisch-jüdischen Community in Berlin teil, weshalb man annehmen könnte, er sei in den 1990er Jahren als sogenannter ‚Kontingentflüchtling' nach Deutschland gekommen. An anderer Stelle sagt er aber, dass er seit 30 Jahren in Deutschland lebe. Die Zeit, die er in Israel verbracht hat, wo sein Sohn offensichtlich aufwuchs, Militärdienst ableistete und als Soldat fiel, macht die Figur insofern noch undurchsichtiger, als eine Reihenfolge der Ereignisse nicht erkennbar wird und dadurch keine kohärente Figurenbiografie entsteht.

Doch genau dieses möglicherweise inkohärente, mehrfach geschichtete Bild eines ‚russischen Juden' soll hier näher untersucht werden und zusammen mit den anderen russisch-jüdischen Figuren Aufschluss darüber ermöglichen, inwiefern die Zuwanderung von fast einer Viertelmillion Jüdinnen und Juden aus Osteuropa in den 1990er Jahren das filmische Bild von jüdischem Leben in Deutschland verändert hat. Dabei orientiert sich die Analyse im Folgenden an zwei thematischen Komplexen, die die (identitäre) Konstruktion der Figur näher bestimmbar machen: erstens, an den Bezügen zu Deutschland und deutscher Geschichte und, zweitens, an den Bezügen zu Judentum auf der einen und Russland auf der anderen Seite und der Frage, in welchem Verhältnis diese beiden identitären Aspekte stehen.

Shoah und Beziehung zu Deutschland

Die Bedeutung der Shoah beschreibt Dan Diner als den maßgeblichen Unterschied zwischen jüdischen Zuwander_innen und ‚alteingesessenen' Jüdinnen und Juden in Deutschland: Während für zweitere die Shoah konstituierend sei, hätte sie für die Jüdinnen und Juden aus Osteuropa deutlich weniger Bedeutung. Ihr Zuzug würde, prognostiziert Diner, diesbezüglich zu einer künftigen Umgewichtung führen.[45]

In *Kaddisch für einen Freund* wird das daran deutlich, dass Alexander zu russischen Veteranentreffen des Zweiten Weltkriegs geht. Dort trägt er seine Uniform, die mit Orden behängt ist: Hier zeigt sich – wie bereits in Zusammenhang mit jüdischen Remigrant_innen diskutiert – eine Differenz der Erfahrung: Während in Deutschland der Zweite Weltkrieg zum einen mit der Shoah assoziiert wird und zum anderen mit der deutschen Niederlage, sowohl militärisch als auch moralisch, stehen die russisch-jüdischen Emigrant_innen emotional auf Seiten der Sieger des „Großen Vaterländischen Krieges". Dieser andere Bezug zur Shoah wird expliziter thematisiert, wenn Alexander, als Ali ihm erklärt, was *Nakba* bedeutet, lapidar sagt: „Eure Katastrophe, unsere Katastrophe". Die Shoah ist für diese Figur nicht konstituierend. Es ist nicht nur so, dass Alexanders Bezug zur Shoah nicht gezeigt wird, weil er im Handlungszusammenhang des Films keine Rolle spielt, sondern sein Nichtbezug wird thematisiert.

Auch in *Russendisko* werden keine Bezüge zur Shoah hergestellt, so wie in der Figurenkonstellation und Begegnung mit nichtjüdischen, deutschen Figuren NS-Vergangenheit und Antisemitismus für die jungen russisch-jüdischen Figuren kein Thema sind – thematisch wird ihnen das Leben als ‚Russen' in Deutschland zwischen russischer und deutscher Kultur zugeordnet, zeitlich die Gegenwart und vor ihnen liegende Zukunft und nicht die Vergangenheit.

Anders wird die Figur Uri Schwarz im Fernsehkrimi *Liebe unter Verdacht* gestaltet. So steht der ganze Kriminalfall im Schatten der NS-Vergangenheit: Baruch Kahana wird von Uri Schwarz erpresst, weil er während des Nationalsozialismus in Berlin Jüdinnen und Juden an die Gestapo verraten hat, unter ihnen das Ehepaar Kindermann, die Großeltern von Uri Schwarz. Baruch Kahana, der sein Vermögen gemeinnützigen Zwecken und dem Wiederaufbau des jüdischen Lebens in der Diaspora widmet, sieht sein Lebenswerk in Gefahr und begeht mit Hilfe seines Sohnes Selbstmord, um sich der Erpressung zu entziehen. Uri Schwarz wird in einer Showdown-Sequenz von

45 Dan Diner: Deutsch-jüdisch-russische Paradoxien oder Versuch eines Kommentars aus Sicht des Historikers. In: Dimitri Belkin / Raphael Gross (Hrsg.): *Ausgerechnet Deutschland! Jüdisch-russische Einwanderung in die Bundesrepublik*. Frankfurt am Main: Nicolai 2010, S. 18–20, hier S. 19–20.

der ermittelnden Polizistin erschossen. Hierbei fällt zum einen auf, dass Uri Schwarz deutsche Wurzeln hat: Sein Vater wurde als Kind von den Kindermanns der Familie Schwarz gegeben, die sich noch in die Sowjetunion retten konnte.[46] Auch die Bezeichnung als „jüdischer Spätaussiedler" durch den als latent antisemitisch gezeigten Polizisten Jonas Hartung legt nahe, dass es sich um einen zurückgekehrten deutschen Juden handelt. Gleichzeitig macht die Formulierung die empfundene Nähe zu den als ‚Spätaussiedlern' oder als ‚Russlanddeutschen' bezeichneten Migrant_innen deutlich und damit Hartungs Wahrnehmung von Schwarz' als Migrant. Darüber hinaus wird Uri Schwarz als von der Vergangenheit getriebene Rächerfigur dargestellt, die vor nichts zurückschreckt. Russisch-jüdische Migrant_innen tauchen in *Liebe unter Verdacht* aber auch noch an anderer Stelle auf: Ihnen gilt ein großer Teil von Baruch Kahanas gemeinnützigem Engagement. Es soll den heutigen Bedürftigen helfen, um seine damalige Schuld aufzuwiegen.

In *Im Angesicht des Verbrechens* taucht als Nebenfigur der Onkel des Protagonisten, Sascha, auf, der als Überlebender der Shoah gezeigt wird. Was die Geschichte seines Onkels für Marek bedeutet, wird nicht thematisiert. Nicht nur die Sprache markiert Mareks Zugehörigkeit zur deutschen Gesellschaft, sondern auch sein Beruf: Er ist Polizist und damit Vertreter des deutschen Gesetzes, obwohl seine Berufswahl in der russischen Community – wobei in *Im Angesicht des Verbrechens* die Grenzen zwischen russischer und russisch-jüdischer Gemeinschaft nicht ersichtlich werden – und auch in seiner Familie nicht geschätzt wird. Seine Berufswahl wird damit zu einer Entscheidung gegen das organisierte Verbrechen, dem seine Familie zumindest nahe steht, und in gewisser Hinsicht zu seiner Entscheidung für sein Deutschsein und gegen seine Zugehörigkeit zu einer russisch/jüdischen Community.

Russische Kultur und/oder Judentum

Die meisten Figuren werden entweder durch Kodierungen russischen Lebens, wie russisches Essen und Wodka – wie in *Im Angesicht des Verbrechens* oder *Russendisko* –, als russisch charakterisiert oder durch Hinweise auf jüdische Kultur. Nur selten sind beide Aspekte der Figur gleichermaßen sichtbar.

Für die Figur des Alexander Zamskoy in *Kaddisch für einen Freund* ist die Bezugnahme auf russische Kultur konstituierend: Er spricht Deutsch mit starkem Akzent und sagt zwischendurch immer wieder einzelne Sätze auf Russisch, bei denen es sich vornehmlich um Flüche handelt, die von seinem Gegenüber nicht verstanden werden sollen (und die entsprechend untertitelt sind). Er trinkt Wodka und hört russische Musik. Ersteres auch mit Ali, der noch nie Alkohol getrunken hat, zweiteres auf seinem alten Plattenspieler, den Ali für ihn repariert. Er singt die Texte des russischen Chansonsängers Peter Leschtschenko mit und tanzt dazu. In der Szene, in der der Vertreter des Sozialamtes bei ihm einen Hausbesuch macht, gibt dieser sich ebenfalls als

46 Der als antisemitisch gezeichnete Jonas Hartung, der rivalisierende Kollege der im Zentrum stehenden Polizistin Eva Bartok, bezeichnet Uri Schwarz als „jüdischen Spätaussiedler" und rückt ihn damit in die Nähe der als Spätaussiedler oder als Russlanddeutsche bezeichneten Migrant_innen.

Abb. 25
Marek Gorsky und seine Kolleg_innen von der Polizei ermitteln in der ersten Episode von *Im Angesicht des Verbrechens* in einer russischen Disko.

großer Fan von Leschtschenko zu erkennen. Er sei aus der ehemaligen DDR und dort begeistertes Mitglied des „Musikclub Sputnik" gewesen. Russische Kultur wird hier zu einem Bindeglied zwischen dem russisch-jüdischen Migranten und dem (ehemals) ostdeutschen Beamten. Außerdem geht Alexander zu Treffen russisch-jüdischer Veteranen (des Zweiten Weltkriegs) sowie zu Kulturveranstaltungen und wird als Teil einer russisch(-jüdischen) Community in Berlin gezeigt.

Auch in *Russendisko* spielen Musik und Alkohol sowie die russische Community in Berlin eine große Rolle: Der zunächst in beruflicher Hinsicht orientierungslose Wladimir beginnt, Veranstaltungen mit russischer Musik zu organisieren, die er ‚Russendisko' nennt. Und in eine russische Disko führen die Ermittlungen auch Marek Gorsky und seine Kolleg_innen von der Polizei in der ersten Episode von *Im Angesicht des Verbrechens*, bevor sie immer tiefer im (russischen) organisierten Verbrechen in Berlin ermitteln. Die Disko wird als Ort ausschweifenden Nachtlebens gezeigt, an dem exzessiv getanzt und getrunken wird. (Abb. 25) Gorskys Kollegin wird von einem jungen (russischen) Mann bedrängt, mit ihr zu tanzen. Marek erklärt ihm auf Russisch, dass sie heute mit ihm ausgehe und deswegen nur mit ihm tanzen werde, woraufhin der Mann mit seinen Freunden geht. Zu ihr sagt Marek danach: „Du musst aufpassen, was Du hier sagst." ‚Hier' scheinen andere Regeln zu gelten als an anderen Orten des Berliner Nachtlebens.

In Gorskys Familie, die ebenfalls in der ersten Episode zum zehnten Todestag seines Bruders zusammentrifft, wird auch viel gesungen, allerdings jiddisch. Getrunken wird auch Wodka. Mareks Mutter gibt ihm die Wodkaflaschen, er möge sie mit zu den Gästen nehmen. Mit starkem jiddischen Akzent fügt sie hinzu: „Und sie werden sein zufrieden und ruhig." Hier trifft Jüdisches auf Russisches, scheint es.

Judentum taucht bei Alexander Zamskoy in *Kaddisch für einen Freund* in zwei thematischen Zusammenhängen auf: Der erste Konnex ist Israel, wo er eine Weile gelebt hat und wo sein Sohn als israelischer Soldat im Libanon-Krieg Anfang der 1980er Jahre gefallen ist. Der zweite thematische Bezug ist an den Ort des jüdischen Friedhofs gebunden, wo er zweimal im Laufe der Handlung seine vor kurzem verstorbene Frau besucht und am Ende des Films selbst bestattet wird. Der Friedhof ist durch die Kippa tragenden Männer und die Grabsteine als jüdischer Friedhof gezeigt. Religiosität

taucht – mit Ausnahme des Kaddisch, das an seinem Grab von Ali gesprochen wird – in Zusammenhang mit der Figur Alexander Zamskoy nicht auf.
Den großen thematischen Referenzrahmen des Films stellt der Nahostkonflikt dar, der durch den Ort der Handlung, Kreuzberg, wo arabische Migrant_innen leben, nach Deutschland verlagert ist. Obwohl russische Kultur in Alexander Zamskoys Leben eine deutlich größere Rolle zu spielen scheint, tritt sie in der Begegnung mit Ali hinter sein Jüdischsein zurück und wird kaum explizit thematisiert – mit Ausnahme eines Veteranentreffens, das man Alexander besuchen sieht. Die beiden Hauptfiguren sprechen nie über Alexanders Bezug zu Russland, sondern nur über Israel und Alexanders Judentum. Während der Bezug der Figur Alexander zu Russland über seine Sprache, Musik und Soziales hergestellt wird, steht sein Jüdischsein im Zusammenhang mit Israel, Nahostkonflikt und (muslimischem) Antisemitismus.
Auch in der Fernsehkomödie *Zores* wird Religiöses eher am Rande gezeigt. So ist im Gegensatz zu seiner älteren Schwester Mascha der 11-jährige Sascha Kaminer religiös. Seine Religiosität verbindet sich mit seinen kindlichen Interessen und wird hier nicht als Resultat eines religiösen Familienlebens oder der Erziehung gezeigt, vielmehr scheint es Saschas Wahl oder seiner Suche nach Zugehörigkeit zu entsprechen.[47] Bei Mascha und Sascha Kaminer in *Zores* bleibt der den Figuren zugeschriebene russische Hintergrund eher vage: Ihre Namen deuten ebenso daraufhin wie auch Maschas Akzent. Von den verstorbenen Eltern wird nur mit einem vagen ‚früher' gesprochen. Die ökonomische Situation der Geschwister, Mascha findet in Deutschland keine Arbeit, mit der sie sich und ihren jüngeren Bruder durchbringen kann, verweist möglicherweise auf die schwierige finanzielle Situation vieler Jüdinnen und Juden aus der ehemaligen Sowjetunion in Deutschland. Ihre Entscheidung, zu einem Onkel (Mischa) nach New York zu ziehen und für diesen zu arbeiten, verweist jedoch eher auf die in unterschiedlichen Zusammenhängen festgestellte Internationalität der jüdischen Filmfiguren und die verstreute Diaspora (vgl. Kap. III).
Während in *Liebe unter Verdacht* das Jüdischsein von Uri Schwarz vor allem in Zusammenhang mit der Verfolgungsvergangenheit seiner Familie bedeutsam und handlungstreibend wurde, ist *Russendisko* eine Geschichte, in der Jüdischsein nur für die Figur eine Rolle spielt, die es *nicht* ist – und zwar aus pragmatischen Gründen: Von den drei jungen Männern, die in den letzten Tagen der DDR nach Berlin kommen, ist Mischa nicht jüdisch. Damit kann er im Gegensatz zu Wladimir und Andrej keine unbefristete Aufenthaltsgenehmigung bekommen. In einer Szene bereiten Wladimir und sein Vater Mischa darauf vor, sich vor dem Rabbiner als jüdisch auszugeben (vgl. Kap. IV.5.1). Er lässt sich beschneiden, lernt wann und was Shabbat ist, was an „Ostern" gegessen wird, und Wladimir und Andrej (die nicht im Zusammenhang mit jüdischen Traditionen oder Religion gezeigt werden) ermutigen ihn, er sei ihr „Premiumjude", ihr „Jahrhundertjude". Mit dem Rabbiner, der die Maskerade

47 Er hat Sammelkarten von Rabbinern und schreibt an den Fußballbund, dass es für ihn problematisch sei, dass die Fußballspiele immer samstags stattfänden, wo er als gläubiger Jude nichts bei sich tragen dürfe, also auch nicht die Eintrittskarten fürs Fußballstadion.

durchschaut und sich beschwert, dass ihn jeden Tag Russen besuchen würden, die „irgendeinen jüdischen Urgroßvater entdeckt haben" und deshalb ein Zeugnis von ihm für die Aufenthaltsgenehmigung in Deutschland wollten, findet er eine Einigung, da die Gemeinde einen Organisten sucht und Mischa Orgel spielen kann. Fortan geht der *nichtjüdische* Mischa in die jüdische Gemeinde, wo er Orgel spielt und Klavier unterrichtet, während Andrejs und Wladimirs Judentum nicht (in Handlungen) sichtbar wird.

Während also in *Russendisko* die russischen Figuren kaum als Juden sichtbar werden und in *Zores* die jüdischen Figuren nicht als russisch, wird in *Kaddisch für einen Freund* – und hierin ist der Film besonders – der jüdische Protagonist als doppelter Fremder, als Migrant sichtbar. Über Sprache, Kultur und Gemeinschaft wird er als ‚fremd' beschrieben. Sein Jüdischsein ist für die Geschichte essentiell, weil es den Grundkonflikt zwischen ihm und Ali, den es im Laufe der Handlung zu lösen gilt, erst möglich macht. Dieses für die Figur Alexander zentrale Fremdsein steht in merkwürdigem Kontrast zu seiner Aussage, dass er seit 30 Jahren in Deutschland lebe. Hier wird eine Nichtintegration gezeigt: Alexander ist in dem Wohnblock, in welchem er schon viele Jahre lebt, völlig isoliert und pflegt keinen Kontakt zu Nachbarn. Zu Deutschen hat er – wie auch Ali und seine Familie und Freunde – ebenfalls keinerlei Kontakte. In der Inkohärenz der Figurenbiografie wird auch ein intertextueller Bezug zu dem nur ein Jahr früher ausgestrahlten *Im Angesicht des Verbrechens* hergestellt: In einer Szene sagt Alexander zu seiner Pflegerin, dass er seit 30 Jahren Schuster hier in Berlin sei. Sie erwidert ihm, dass das doch nicht stimme, er sei doch Sportlehrer gewesen. Mit dem Hinweis auf den russisch-jüdischen Schuster in Berlin wird auf die Figur des Großonkels von Protagonist Marek Gorsky in *Im Angesicht des Verbrechens* verwiesen, der Schuster ist und Sascha heißt – eine Kurzform von Alexander. Onkel Sascha ist eine Autorität in der Welt des organisierten Verbrechens und die Figur wird – wie auch Alexander Zamskoy in *Kaddisch für einen Freund* – von dem polnischen Schauspieler Richard Ronczewski gespielt. Hier mag es sich lediglich um einen Hinweis auf die Rollenbiografie handeln, der jedoch den Eindruck verstärkt, die Figur Alexander Zamskoy bestehe eher aus einem ‚losen' Bündel von Assoziationen, die hilfreich sein können, will man von einer jüdischen Figur im migrantisch und muslimisch geprägten Kreuzberg erzählen, denn um eine Figur mit kohärenter Figurenbiografie.

2. „Es wird immer Teil ihrer Gegenwart bleiben"[48] – Überlebende

Überlebende der Shoah sind in den untersuchten Filmen die häufigsten Figuren. Darunter werden hier eng gefasst Jüdinnen und Juden verstanden, die die nationalsozialistische Verfolgung in Konzentrations- und Vernichtungslagern sowie in Verstecken überlebten.[49] Im deutschen Film stellen diese Figuren Bindeglieder zwischen der

48 Sagt der Journalist Georg Pässler (Jan Niklas) in *Der Rosengarten* zu der Anwältin Gabriele Freund (Liv Ullmann) über Überlebende von Konzentrationslagern.

49 In einem weiteren Sinne sind auch die geflohenen und ins Exil gegangenen Jüdinnen und Juden als Überlebende zu fassen. In der filmischen Konstruktion der Überlebenden-Figur ist jedoch das Trauma

nationalsozialistischen Vergangenheit und der jeweils erzählten Zeit dar. Sie machen die Shoah zum Thema und Problem der deutschen Nachkriegsgesellschaft. Gleichzeitig sind die Überlebenden-Figuren häufig determiniert durch ihre Erlebnisse als Häftlinge von Konzentrations- und Vernichtungslagern und werden auf diese als traumatisch dargestellte Vergangenheit reduziert.

Das Korpus der Filme, in denen Überlebenden-Figuren eine Rolle spielen, ist sehr heterogen: Der Produktionszeitraum der Kino- und Fernsehfilme, die hier diskutiert werden, reicht von 1947 bis 2015, die Überlebenden werden als Haupt- und Nebenfiguren gezeigt, tauchen in unterschiedlichen Genres auf und sind in sehr unterschiedlichen Diskursen situiert. Doch in den wiederkehrenden Motiven und Topoi zeigen sich Kontinuitäten und es kann die Entwicklung einer Bildsprache der Darstellung von Überlebenden-Figuren nachvollzogen werden. So kann die jüdische Überlebenden-Figur, die sich seit den 1960er Jahren zunehmend als Figurentyp etabliert hat, heute als bekannt vorausgesetzt werden.

Bei Filmen mit Überlebenden-Figuren ist eine große Beteiligung von Überlebenden der Shoah als Regisseur_innen, Autor_innen oder Produzent_innen festzustellen, deren Bedürfnis, Zeugnis abzulegen, ebenso mit den Filmen in Verbindung gebracht werden kann wie ihr Interesse an einer verstärkten gesellschaftlichen Auseinandersetzung mit Nationalsozialismus und Shoah – gleichzeitig lässt sich darin auch die moralische Autorität erkennen, die Überlebenden als Zeitzeug_innen zugemessen wird: *Zeugin aus der Hölle* und *Der Rosengarten* wurden von Artur Brauner (geb. 1918 in Łódź, Polen)[50] produziert, über dessen Überleben – wahrscheinlich in der Sowjetunion – unterschiedliche Versionen kursieren. Beide Filme rücken jüdische Überlebende mit ihren traumatischen Erfahrungen ins Zentrum der Handlung. *Zeugin aus der Hölle* bezeichnet Claudia Dillmann als „ein öffentliches Bekenntnis zu seiner [eigenen] Person“[51], ein Bekenntnis deshalb, weil es nach dem wenig erfolgreichen *Morituri* (DE West 1947, R: Eugen York) und dem gescheiterten *Mensch und Bestie* (BRD 1963, R: Edwin Zbonek) der erste vom Überlebenden Brauner produzierte Film war, der die Shoah thematisierte und sich kritisch mit der zeitgenössischen Bundesrepublik auseinandersetzte.[52] *Birkenau und Rosenfeld* (FR/BRD/PL 2002/03,

zentral, während Flucht und Exil sich vor allem in den Remigrant_innen-Figuren in Form einer Heimatlosigkeit und Entwurzelung wiederfindet.

50 Claudia Dillmann-Kühn: *Artur Brauner und die CCC. Filmgeschäft, Produktionsalltag, Studiogeschichte 1946–1990.* Frankfurt am Main: Schriftenreihe des Deutschen Filmmuseums 1990, S. 8.

51 Claudia Dillmann: Zu bittere Kräuter. *Zeugin aus der Hölle.* Die Produktion und Rezeption eines „riskanten“ Films. In: Dillmann / Loewy (Hrsg.): *Die Vergangenheit in der Gegenwart*, S. 29–35, hier S. 31.

52 Insgesamt hat Brauner an die 30 Filme produziert, die von der Shoah im engeren und weiteren Sinne erzählen und die er als ‚Filme gegen das Vergessen‘ bezeichnet. Kennzeichnend für sie ist, dass der Anspruch der Erinnerung an die Shoah sich mit dem Anspruch der Unterhaltung verbindet, was ein weiteres Alleinstellungsmerkmal Brauners filmischen Schaffens in der Bundesrepublik ist. Damit kann sein Beitrag zur filmischen Auseinandersetzung mit dem Holocaust in Deutschland kaum hoch genug eingeschätzt werden. Mit den Produktionsbedingungen und der Frage, ob sich in diesen Filmen Brauners eine typische Narration und Bildsprache ausmachen lässt, befasst sich eine noch in der Entstehung begriffene Dissertation, siehe Johannes Rein: *Artur Brauners „Filme gegen das Vergessen“: Produktion, Rezeption und Revision.* Institut für Theater-, Film und Medienwissenschaft der Goethe Universität Frankfurt.

R: Marceline Loridan-Ivens) entstand nach einem Drehbuch und unter Regie von Marceline Loridan-Ivens, einer französischen Shoah-Überlebenden, die wie die Hauptfigur ihres Films 1944 nach Auschwitz deportiert wurde.[53] *Bronsteins Kinder* wurde nach einem Drehbuch von Jurek Becker, basierend auf dessen gleichnamigem Roman (1987), realisiert. Geboren als Jerzy Bekker (1937 in Łódź, Polen, gest. 1997) war er mit seinen Eltern zunächst in das Ghetto Łódź, dann in die Konzentrationslager Ravensbrück und Sachsenhausen deportiert worden. Seine Mutter starb kurz nach der Befreiung an Unterernährung, sein Vater überlebte. Mit ihm zog er nach Ostberlin, wo Becker bis 1977 als Schriftsteller und Drehbuchautor lebte und arbeitete.[54] Becker war auch am Drehbuch von *Der Passagier* beteiligt, das er gemeinsam mit dem im Exil geborenen Regisseur Thomas Brasch[55] schrieb. *Gebürtig* wiederum ist die Verfilmung des gleichnamigen Romans von Robert Schindel, der auch an Drehbuch und Regie beteiligt war. Schindel (geb. 1944 in Bad Hall, Österreich) hatte unter dem Namen Robert Soel in einem Kinderheim überlebt, während sein Vater in Dachau ermordet wurde.[56] Seine Mutter überlebte Auschwitz und Ravensbrück und kehrte nach der Befreiung nach Wien zurück.[57]

Wie die Analyse des Filmkorpus zeigt, korreliert die filmische Darstellung von Überlebenden jedoch nicht nur mit dem Erzählen eigener Überlebensgeschichten, sondern nimmt auch parallel zu dem allgemeinen Anstieg in der Häufigkeit jüdischer Figuren im westdeutschen Film und Fernsehen in den 1980er und 1990er Jahren zu. Eine weitere Steigerung erfolgt im 21. Jahrhundert. Diese zunehmende Präsenz jüdischer Figuren hängt mit dem öffentlichkeitswirksamen Auftreten von Jüdinnen und Juden als Zeitzeug_innen und Überlebende in Folge der NS-Prozesse der 1960er Jahre und der daraus resultierenden allgemeinen Hinwendung zur Opferperspektive zusammen, die sich in den filmischen Darstellungen spätestens mit der Miniserie *Holocaust* als dominante Perspektive etabliert. Diese spiegelt unter anderem ein Bedürfnis der nachgeborenen nichtjüdischen deutschen Generation der 1968er wider, sich verstärkt mit den Opfern anstelle der Täter_innen und Mitläufer_innen zu identifizieren.[58] Auch

53 *Birkenau und Rosenfeld* ist der erste Spielfilm, der auf dem ehemaligen Lagergelände von Auschwitz-Birkenau gedreht werden durfte. Vgl. Weniger: *Zwischen Bühne und Baracke*, S. 229. Ulrich Kriest schreibt 2004 in seiner Kritik im *film-dienst* zu *Birkenau und Rosenfeld*, dass es das „Gewicht des Autobiographischen" sei, dass es schwierig mache, ein Unbehagen gegen den Film zu artikulieren. Ebenso wie die Figur der Holocaust-Überlebenden Myriam Auschwitz als ihr Zuhause bezeichnet und entsprechend die Freiheit für sich beansprucht, sich (heute) dort so zu verhalten, wie sie möchte, scheint Kriest eine Haltung der Filmemacherin Marceline Loridan-Ivens zu vermuten, die für sich als Überlebende jegliche Darstellung als legitim ansehe. Vgl. Ulrich Kriest: Birkenau und Rosenfeld. In: *film-dienst* 8 (2004). http://www.filmportal.de/node/10961/material/754250 (Zugriff am 15.04.2013).

54 Weniger: *Zwischen Bühne und Baracke*, S. 54–55.

55 Weiterführend Insa Wilke: *Ist das ein Leben. Der Dichter Thomas Brasch*. Berlin: Matthes & Seitz 2010.

56 Hierin ist eine Übereinstimmung zu der Figurenbiografie von Dany Demant in *Gebürtig* zu sehen, der ebenfalls in einem Kinderheim überlebte, dessen Vater aber ermordet wurde.

57 Siehe Helene Schruff: Robert Schindel. In: Andreas B. Kilcher (Hrsg.): *Metzler Lexikon der deutsch-jüdischen Literatur. Jüdische Autorinnen und Autoren deutscher Sprache von der Aufklärung bis zur Gegenwart*. Stuttgart / Weimar: Metzler 2000, S. 515–517.

58 Vgl. Ulrike Jureit / Christian Schneider: *Gefühlte Opfer. Illusionen der Vergangenheitsbewältigung*. Stuttgart: Klett-Cotta 2010, S. 27 ff.

das ansteigende Interesse an jüdischen Themen und jüdischer Kultur seit den 1980er Jahren[59] ist im Kontext dieser Hinwendung zur Opferperspektive zu verstehen.
Im Zusammenhang einer zunehmenden Opferorientierung bezeichnet Aleida Assmann die Opfererfahrung als zentral für das Bewusstsein und die Kultur im posttraumatischen Zeitalter, in welchem die Figur des (passiven) Opfers besondere Bedeutung gewinne:[60]

> Die Bedeutung der Figur des passiven Opfers, das vom Opfer des Märtyrers klar zu unterscheiden ist, liegt in seiner absoluten Passivität, die mit Unschuld und Reinheit konnotiert ist. Damit stellt sie eine Umkehrung der Figur des Helden und seiner unüberbietbaren Aktivität dar. In einer postreligiösen Zeit, in der der verletzliche Körper den höchsten Wert darstellt, verkörpert das traumatisierte Opfer diesen Wert in Reinkultur durch die ‚Stigmata' seiner physischen und psychischen Wunden. Die Aura des Opfers besteht darin, dass es unverschuldet in die Zone des Todes geriet und als Bote aus dieser anderen Welt zurückkehrte. Die Betonung des Leidens und der Narben erscheinen als Teil einer nachchristlichen Passionsgeschichte, die die Opfer mit einer absoluten moralischen Autorität ausstattet.[61]

In dieser Opfer-Figuration werden im deutschen Film seit 1989 zunehmend jüdische Überlebenden-Figuren gezeigt, die traumatisiert und gezeichnet von ihrer Vergangenheit sind. Als moralische Instanzen konfrontieren sie die anderen Figuren in unterschiedlicher Weise mit der Vergangenheit. Die jüdischen Opfer-Figuren tauchen zumeist im zeitlichen Zusammenhang des Nationalsozialismus auf, d.h. in Filmen, deren Handlung hauptsächlich zwischen 1933 und 1945 angesiedelt ist. Die häufig passiven jüdischen Figuren werden dabei nicht selten von aktiven, als Rettern auftretenden nichtjüdischen Figuren flankiert, wie in *Rosenstraße* (BRD/NL 2003, R: Margarethe von Trotta) oder auch dem Fernseh-Dokudrama *Ein blinder Held. Die Liebe des Otto Weidt* (BRD 2014, R: Kai Christiansen). Werden die jüdischen Figuren aktiv und zu Helden, durchleben sie zumeist vorher eine Transformation.[62] Das Nachkriegsdeutschland westdeutscher Spielfilme bevölkern als Opfer gezeigte jüdische Überlebenden-Figuren zwar weit seltener als das nationalsozialistische, doch ist auch hier der beschriebene Anstieg deutlich zu verzeichnen, wie sich auch die Figurenkonstellation von passiver jüdischer Überlebenden-Figur und aktiver nichtjüdischer Retterfigur wiederfindet. Die Passivität der jüdischen Überlebenden-Figuren, die meist keine politischen Subjekte mehr sind, ist die Kehrseite der Tatsache, dass ihre psychische Versehrtheit seit den 1960er Jahren sichtbarer wurde. Der in Kapitel 2.2 im Mittelpunkt stehende Film *Zeugin aus der Hölle* steht am Anfang dieser Entwicklung und ist damit gleichzeitig seiner Zeit voraus wie auch prototypisch für die sich durchsetzende Darstellung jüdischer Überlebenden-Figuren: Auf der einen Seite ist er innovativ in der Betonung der Bedeutung der psychischen Verletzungen, die die Überlebenden-Figur erlitten hat, sowie in der Darstellung des andauernden Antisemitismus. Auf

59 Vgl. Gilman (Hrsg.): *Reemerging Jewish Culture in Germany*; Bodemann: In *den Wogen der Erinnerung*, S.7ff.

60 Assmann: *Der lange Schatten der Vergangenheit*, S.79–80.

61 Ebd., S.80.

62 Vgl. Bartov: *The "Jew" in Cinema*, S.148.

der anderen Seite ist es genau dieser Antisemitismus, der die Figur nicht nur in der Vergangenheit, sondern auch in der Gegenwart zum Opfer werden lässt, das sich aus dieser Rolle nicht befreien kann und von den nichtjüdischen Figuren (Staatsanwalt und Journalist) auch nicht aus dieser entlassen wird, so dass der Protagonistin als einzige Handlungsmöglichkeit nur der Suizid bleibt.

Die filmische Darstellung von Überlebenden-Figuren schreitet schließlich auch mit dem Erwachsenwerden der (jüdischen) *second generation* fort, der Generation nachgeborener Jüdinnen und Juden, die mit Überlebenden-Eltern aufwuchs, die durch das Leben mit ihnen stark geprägt ist und von dieser Erfahrung (filmisch) erzählt. Für eine deutsche Erinnerungskultur, die stark an Opfern orientiert ist, sind Überlebende die zentralen Figuren für die Auseinandersetzung mit der NS-Vergangenheit. Für die jüdische *second generation* sind sie zentral im Erzählen von der eigenen Erfahrung. Gleichzeitig entwickelt sich daraus eine Fortschreibung der passiven, nicht durch ihr Handeln, sondern qua ihres Seins charakterisierten Opferfigur von den Überlebenden zu den Nachgeborenen, denen das Trauma ihrer Eltern transgenerationell eingeschrieben wurde und die sich dieser Ein- und Zuschreibung ebenso wenig entziehen konnten wie ihre Eltern (vgl. Kap. IV. 3).

Es lässt sich zusammenfassen, dass Überlebenden-Figuren als psychologisch komplex konstruierte Figuren im Zentrum von Filmen stehen, die auf der Ebene der Regie, des Drehbuchs oder der Produktion oft unter Beteiligung von Jüdinnen und Juden entstanden. Dabei handelt es sich um Überlebende, wie Artur Brauner, Jurek Becker oder Robert Schindel, oder auch Angehörige der *second generation* wie Liliane Targownik mit dem Fernsehfilm *Rosenzweigs Freiheit*.

Obwohl sich die erzählten Verfolgungsgeschichten stark unterscheiden, wie auch die Biografien der beteiligten Filmschaffenden, haben alle Traumatisches erlebt und teilen das Wissen, dass sie – in der Regel im Gegensatz zu ihren Familien – der Ermordung durch die Nationalsozialist_innen nur knapp entgangen sind. Sie haben den Verlust einer ganzen Lebenswelt erlitten. Zentral ist die Frage, wie die Shoah in die Gegenwart der hier diskutierten Filme hineinreicht: Das schließt mit ein, wie die Filme die Verfolgungsgeschichten der jeweiligen Überlebenden-Figuren erzählen und darüber die Gegenwart mit der Vergangenheit verknüpfen, aber auch, wie die Figuren selbst mit ihrer Verfolgungsvergangenheit umgehen und wie sie von den mit ihnen interagierenden Figuren auf die Rolle des hilflosen Opfers festgeschrieben werden. Neben diesen Aspekten der Charakterisierung als psychisch versehrt, als Erinnerungen verdrängend, schweigend oder über die Vergangenheit sprechend, die so weit gehen kann, dass den Figuren keine Autonomie zugestanden wird, wird auch nach dem Platz der Überlebenden-Figuren und ihrer Funktion in der Gesellschaft gefragt. Das ambivalente Verhältnis, das viele Jüdinnen und Juden nach der Shoah zu Deutschland hatten und haben und das im Alltag besonders sichtbar wird, wenn sie dort auch leben,[63] hat

63 Dass das Verhältnis zu Deutschland nicht nur dann relevant wird, wenn man auch dort lebt, zeigt sich in *Bei Thea*, in dem David bei seinen Großeltern in Israel aufwächst, die während des Nationalsozialismus nach Palästina flohen, dort aber immer noch – in der Gegenwart der 1980er Jahre – an die deutsche Sprache und Kultur gebunden sind.

für Überlebende der Shoah eine besondere Bedeutung. Dies spiegelt sich auch in den hier diskutierten Filmen wider.
Doch nicht in allen Filmen steht das Innenleben der Überlebenden-Figur im Fokus. In einigen wie *Mord in Frankfurt* besteht ihre Funktion vielmehr darin, nichtjüdische Figuren zu konfrontieren und Reflexionen sowie Konflikte auszulösen. Hier sind die Überlebenden-Figuren nicht primär traumatisierte Opfer, denen es gilt, als Zuschauer_in nah zu kommen, sondern im buchstäblichen Sinne Träger der Erinnerung, die sie in die Welt des Spielfilms und die Handlung hineintragen.

2.1 Überlebende und Displaced Persons-Camps

In den ersten Nachkriegsjahren lebten in Deutschland übergangsweise bis zu einer Viertelmillion Überlebende der Shoah. Die meisten von ihnen waren staatenlose Jüdinnen und Juden aus Osteuropa, sogenannte Displaced Persons, die in Displaced Persons-Lagern (DP-Camps) lebten und Deutschland großteils 1948/49 wieder verließen.[64] Bis Juli 1946, bevor ausgelöst durch das Pogrom von Kielce polnische Jüdinnen und Juden, die die Shoah in der Sowjetunion überlebt hatten, in einer großen Auswanderungswelle nach Deutschland kamen, handelte es sich bei diesen fast ausschließlich um Überlebende der deutschen Vernichtungslager.[65] Für kurze Zeit blühte in dieser „Übergangsgesellschaft"[66], die von Anfang an ein Provisorium war, eine osteuropäisch-jüdische Kultur nochmal auf, da ein Großteil der dort lebenden sogenannten Displaced Persons polnische Juden waren.[67] Bemerkenswerterweise finden sich in Spielfilmen jedoch kaum Hinweise auf diese historische Situation.
Dieser Umstand ist häufig allein durch die zeitliche Verortung der Handlung begründet: Wenn in *SuperTex* Simon Breslauer, im Fernsehfilm *Rosenzweigs Freiheit* Rosa Rosenzweig, in *Bronsteins Kinder* Arno Bronstein oder in der *Lindenstraße* Enrico Pavarotti in der jeweiligen Gegenwart der 1970er, 1980er und 1990er Jahre gezeigt werden, treten diese Überlebenden-Figuren nicht als DPs auf. Doch auch als lebensgeschichtliche Erinnerung der Figuren, sei es als erzählte Anekdote oder als Rückblende, werden DP-Camps in der jeweiligen Gegenwart nicht erwähnt. Selbst in Filmen wie *Welcome in Vienna*, *Die Wölfe*, *Lore* (BRD/AUS/GB 2011/12, R: Cate Shortland), *Das Zeugenhaus*, *Die Himmelsleiter* oder *Tannbach* (BRD Jahr, R: Alexander Dierbach), die in der direkten Nachkriegszeit spielen, wird das nicht erzählt. Zwei Ausnahmen können im Fernsehfilm festgestellt werden: In dem Fernsehdreiteiler *Deutschlandlied. Schicksale der Nachkriegszeit* wird im zweiten Teil ein DP-Camp thematisiert. Dabei spricht der deutsch-jüdische Lieutenant Stone (Francis Fulton-Smith) mit dem ehemals als Sozialist untergetauchten, neuen Bürgermeister Schuhbeck (Matthias Habich) der fiktiven Stadt Königsbruck über Möglichkeiten der vorübergehenden Unterbringung der

64 Vgl. Grossmann / Lewinsky: Erster Teil: 1945–1949.

65 Cilly Kugelmann: *Lang ist der Weg*. Eine jüdisch-deutsche Film-Kooperation. In: Fritz Bauer Institut (Hrsg.): *Auschwitz. Geschichte, Rezeption und Wirkung*, S. 353–370, hier S. 355.

66 Grossmann / Lewinsky: Erster Teil: 1945–1949, S. 67.

67 Vgl. ebd.

Abb. 26: Der „Schwarzmarktkönig" Jacob (Stefan Kurt) in *Drei Schwestern made in Germany*.

DPs, bis sie auswandern könnten, da die Zustände im jetzigen Lager unhaltbar seien. Stone bezeichnet sie als „Polen, Tschechen, Ungarn, ohne Wohnung, ohne Angehörige, ohne Heimat, Strandgut, Sklaven, die ihr in euer Land geschleppt habt". Außerdem taucht in *Deutschlandlied* der jüdische Schwarzmarkthändler Aljoscha (Andás Bálint) auf, der mit polnischem Akzent spricht und für den jungen Paulchen Sternke (Fabian Busch), dessen Vater als Nazi inhaftiert ist, zu einer Art Vaterfigur wird. Auch in *Drei Schwestern made in Germany* taucht mit Jacob eine jüdische Figur auf, die als ehemaliger Zwangsarbeiter und „Schwarzmarktkönig" beschrieben wird und im DP-Camp lebt. Jacob ist als moralisch aufrechte, aber im Zwielicht der Illegalität agierende Figur charakterisiert. (Abb. 26) Er ist ambivalent: Er hat Geld (Dollars) und die Macht, alles zu beschaffen, was für andere unerreichbar ist; gleichzeitig ist er „ein armer Hund, heimatlos, ohne Familie, ohne Beruf, überflüssig". Das Camp wird als Ort gezeigt, zu dem Deutsche eine Zutrittsgenehmigung brauchen, ein Ort des Schwarzhandels, wo vor allem Polnisch gesprochen wird und in der „Tahiti Bar" mit Dartpfeilen auf ein Hitlerporträt geworfen wird. (Abb. 27a & b) Allein Nora, die Jacob während seiner Zeit im Konzentrationslager und der Zwangsarbeit das Leben rettete und die eine unmögliche Liebe verbindet, kann das DP-Camp betreten und sich – wenn auch nicht problemlos – zwischen den Welten bewegen. Dabei wird eine Umkehrung in der Erzählung geschaffen: Während Nora Jacob in der Zeit der Zwangsarbeit mit Brot und Medikamenten versorgte, so dass er bei Kräften bleiben und überleben konnte, er also auf ihren Schutz und ihre Hilfe angewiesen war, ist sie nun auf seinen Schutz angewiesen. Er besorgt das für Freyas Trauung dringend benötigte Brautkleid und sorgt dafür, dass der Erpresser verschwindet. Wie sich in *Deutschlandlied* Aljoscha am Ende von Paulchen verabschiedet, endet *Drei Schwestern made in Germany* mit Jacobs Abreise nach Palästina und dem Abschied von Nora – die deutsch-nichtjüdischen Figuren werden von den jüdischen Figuren, die sie in gewisser Hinsicht durch die direkte Nachkriegszeit geleitet und mit ihren Privilegien protegiert haben, verlassen. Darüber hinaus ist vor allem *Lang ist der Weg* zu nennen, der jüdisches Leben in DP-Camps zeigt – und das nicht nur aus Perspektive der deutsch-nichtjüdischen Figuren.[68]

Die weitgehende Abwesenheit von DP-Camps im Film korrespondiert mit der wissenschaftlichen oder erinnerungskulturellen Auseinandersetzung, in der das jüdische Leben in den DP-Camps erst vergleichsweise spät verstärkte Aufmerksamkeit erfuhr. Interne Konflikte, die sich nach der Shoah in den Gemeinden zwischen deutschen und

68 Im Dokumentarfilm stellt sich die Situation durchaus anders dar. Als aktuelles Beispiel kann das TV-Dokudrama *Die Kinder von Blankenese* (BRD 2010, R: Raymond Ley) genannt werden, das das Heim für jüdische Kinder in der Warburg-Villa in Hamburg-Blankenese in der direkten Nachkriegszeit thematisiert. Dort fanden überlebende Kinder aus Konzentrationslagern Zuflucht, bevor die meisten von ihnen nach Israel auswanderten. Der Film zeigt dabei auch den weiterhin vorherrschenden Antisemitismus, der den jüdischen Kindern im Nachkriegs-Hamburg begegnete.

Abb. 27 a & b
Das DP-Camp in
Drei Schwestern made in Germany.

osteuropäischen Juden vollzogen, wobei erstere die Gemeinschaft nach außen repräsentierten, während zweitere die quantitativ größte Gruppe ausmachten, mögen dazu beigetragen haben, dass DP-Camps, deren filmische Darstellung das Bild der aus Polen stammenden Juden verstärkt hätte, nicht Thema filmischer und damit öffentlicher Darstellungen wurden.[69] Außerdem wäre zu fragen, ob die Zeit in den DP-Camps von Jüdinnen und Juden als so bedeutsam wahrgenommen wurde, dass sie Impulse gaben, diese filmisch zu erinnern (in Form von Drehbüchern, Romanen, die zu Drehbuchvorlagen wurden, oder der Beteiligung an Regie oder Produktion). Drittens war (und ist) das jüdische Leben in den DP-Camps nichtjüdischen Deutschen vergleichsweise unzugänglich, weshalb es sich möglicherweise für die filmische Darstellung (von nichtjüdischer deutscher Seite) nicht anbot. Zum einen hatten die nichtjüdischen Filmschaffenden kaum Vorstellungen davon, zum anderen ist der Begriff Displaced Persons-Camp dem nichtjüdischen Publikum nicht zwangsläufig bekannt. Schließlich kann man mutmaßen, dass es wenig Interesse von nichtjüdisch-deutscher Seite gab, jüdisches Leben in Deutschland nach 1945 als separiert von der nichtjüdisch-deutschen Gesellschaft zu beschreiben und mit Lagern in Zusammenhang zu bringen.

Der 1947 auf Polnisch, Jiddisch und Deutsch in Geiselgasteig gedrehte *Lang ist der Weg* stellt als „jüdisch-deutsche Filmkooperation“[70] eine Ausnahme dar. Obwohl die Handlung bereits 1939 einsetzt und die Geschichte der Familie Yellin erzählt, von deren Umsiedlung ins Warschauer Ghetto und der Deportation nach Auschwitz, spielen etwa zwei Drittel der Handlung nach Kriegsende. Der Ausschnitt der erzählten Zeit ist hier außergewöhnlich. Als erster westdeutscher Spielfilm[71] erzählte *Lang ist der Weg* aus jüdischer Perspektive von der Shoah,[72] zeigt aber gleichzeitig das Leben in den DP-Camps und die zionistische Ideologie. Der Film endet nicht mit der filmisch oft als Happy End gesetzten Befreiung der Vernichtungslager, sondern zeigt auch, was danach passierte: das Umherirren der Überlebenden in Europa nach dem direkten Kriegsende und das Leben im DP-Camp (Handlungsort ist das DP-Lager Landsberg) als Provisorium, wartend auf die Emigration.

Herausragend an *Lang ist der Weg* ist nicht nur die Zusammenarbeit von (polnischen) Juden und nichtjüdischen Deutschen, die zu diesem Zeitpunkt äußerst selten war

69 Vgl. Bodemann: *In den Wogen der Erinnerung*, S. 122.

70 Kugelmann: *Lang ist der Weg*, S. 353.

71 International sind natürlich *The Stranger* (USA 1946, R: Orson Welles) zu nennen, der als einer der ersten Filme Bildmaterial aus Konzentrationslagern verwendete, und *Ostatni Etap* (PL 1947, R: Wanda Jakubowska).

72 Catherine Portuges: Intergenerational Transmission. The Holocaust in Central European Cinema. In: Andrea Sabbadini (Hrsg.): *Projected Shadows. Psychoanalytic Reflections on the Representation of Loss in European Cinema*. London / New York: Routledge 2007, S. 73–91, hier S. 75, Sven Kramer nennt neben *Lang ist der Weg* auch *Morituri* (DE West 1947/48, R: Eugen York), der von Artur Brauners CCC Filmkunst GmbH produziert wurde und auch auf einem Drehbuchentwurf Brauners basiert, der sich zaghaft „um eine Perspektive der Verfolgten“ (Kramer: Wiederkehr und Verwandlung der Vergangenheit im deutschen Film, S. 287) bemühe. Durch seinen Handlungszeitraum während des Nationalsozialismus fällt er aus dem Korpus der vorliegenden Arbeit heraus.

Abb. 28: Dora (Bettina Moissi) und David Yellin (Israel Beker) in *Lang ist der Weg.*

und den gesamten Mitarbeiter_innenstab des Films betrifft, sondern auch, dass sich im Film beide (Erzähl-)Perspektiven finden lassen.[73] Da das Treatment Israel Bekers nicht erhalten ist, lassen sich anhand des Dreischritts Treatment – Drehbuch – Film nicht mehr alle Änderungen nachvollziehen, wie es beispielsweise im Fall von *Der Ruf* sehr aufschlussreich möglich ist.[74] Cilly Kugelmann, die die Produktionsgeschichte von *Lang ist der Weg* vor allem mit dem Fokus darauf, warum der Film gerade 1947 entstehen konnte und wie sich deutsch-nichtjüdische und jüdische Erzählperspektiven mischen, aufgearbeitet hat, beschreibt den Film gleichermaßen als Dokument seiner Zeit wie auch als seiner Zeit voraus.[75] Auf Schuldzuweisungen und eine klare Darstellung von Täter_innen wird verzichtet. Jüdisches Leiden wird vielfach universalisiert, auch das (nichtjüdische) deutsche Leid wird sichtbar bzw. als ähnlich dargestellt. Kugelmann liest die Figur der Dora (Bettina Moissi) sogar als „eher einer Vertriebenen aus den deutschen Ostgebieten nachempfunden als einer jüdischen Überlebenden. Sie ist mit ihrem blonden Haar, ordentlich in Mantel und Hut gekleidet, das deutsche Gegenbild zu den jüdisch aussehenden, schlecht gekleideten und jiddisch sprechenden Juden."[76] (Abb. 28) Die (anderen) jüdischen Figuren in *Lang ist der Weg* entsprechen einem zionistischen Bild des ‚neuen Juden': So ist der Protagonist David Yellin (Israel Beker) vor dem Krieg Mechaniker in Warschau gewesen, im DP-Camp arbeitet er dann in der Landwirtschaft. (Abb. 29) Sowohl die Dominanz einer jüdischen Perspektive betreffend als auch durch das zionistische Bild von Jüdinnen und Juden steht *Lang ist der Weg* unter westdeutschen Spielfilmen allein. Mit Ausnahme von *Lang ist der Weg*

73 Vgl. Kugelmann: *Lang ist der Weg*, S. 363 ff.

74 Gallwitz: „Was vergangen ist, muss vorbei sein!", S. 13.

75 Kugelmann: *Lang ist der Weg*.

76 Ebd.

Abb. 29
David Yellin (Israel Beker) in *Lang ist der Weg* bei der landwirtschaftlichen Arbeit.

sind die DP-Camps ein weißer Fleck in der filmischen Darstellung jüdischen Lebens und jüdischer Kultur in West-Deutschland nach 1945. Auch mit der zunehmenden Erinnerung an die Shoah und ihrer zentraleren Rolle ist diese Etappe jüdischen Lebens im Nachkriegsdeutschland nicht Teil des kollektiven Gedächtnisses geworden.

2.2 Kennzeichen von Überlebenden-Figuren am Beispiel von Zeugin aus der Hölle

Der 1965 von Artur Brauner zunächst mit dem Arbeitstitel *Bittere Kräuter* produzierte und unter der Regie von Zica Mitrovic entstandene Film *Zeugin aus der Hölle* erzählt die Geschichte der Jüdin Lea Weiss (Irene Papas), die 1941 in ihrem Versteck verhaftet und deportiert wurde und ein deutsches Vernichtungslager überlebte. Der Arbeitstitel verweist auf die bitteren Kräuter (Maror)[77], die am Sederabend[78] gegessen werden und an die Sklaverei der Jüdinnen und Juden in Ägypten erinnern sollen, hier jedoch mit Referenz auf die Shoah. Claudia Dillmann bezeichnet die Titeländerung als Konzession an den Publikumsgeschmack.[79] So ist er reißerischer als der Arbeitstitel und beinhaltet keinen Verweis mehr, den ein nichtjüdisches Publikum möglicherweise nicht verstehen würde. Die Titeländerung war aber auch notwendig, um den Film nach zwei erfolglosen Versuchen nochmals bei der Filmbewertungsstelle Wiesbaden einzureichen, um ein Prädikat zu erhalten. In neuer Schnittfassung und mit geändertem Titel erhielt der Film das Prädikat „wertvoll".[80] Deshalb startete *Zeugin aus der Hölle* erst

77 Siehe Harry Pross: Maror. In: Schoeps (Hrsg.): *Neues Lexikon des Judentums*, S. 548–549.

78 Pessach gilt als das Fest der Befreiung und ist mit dem Auszug der Israeliten aus Ägypten verbunden. Charakteristisch ist der Seder-Abend, zu dem das Lesen der Pessach-Haggada gehört, sowie das Verzehren symbolischer Speisen. Vgl. Döpp: Pessach.

79 Dillmann: Zu bittere Kräuter, S. 32.

80 In der Jurybegründung wird auf die in der ersten Begutachtung beanstandeten Aspekte eingegegangen: Unwahrscheinlichkeit auch in nebensächlichen Details könne die Glaubwürdigkeit des Films zerstören. Diese Handlungsaspekte werden ausgeführt, außerdem wird der Schnitt negativ angemerkt, der die Szenen überdehne und sie dadurch plump erscheinen lasse, siehe http://www.fbw-filmbewertung.com/film/die_zeugin_aus_der_hoelle (Zugriff am 28.09.2015).

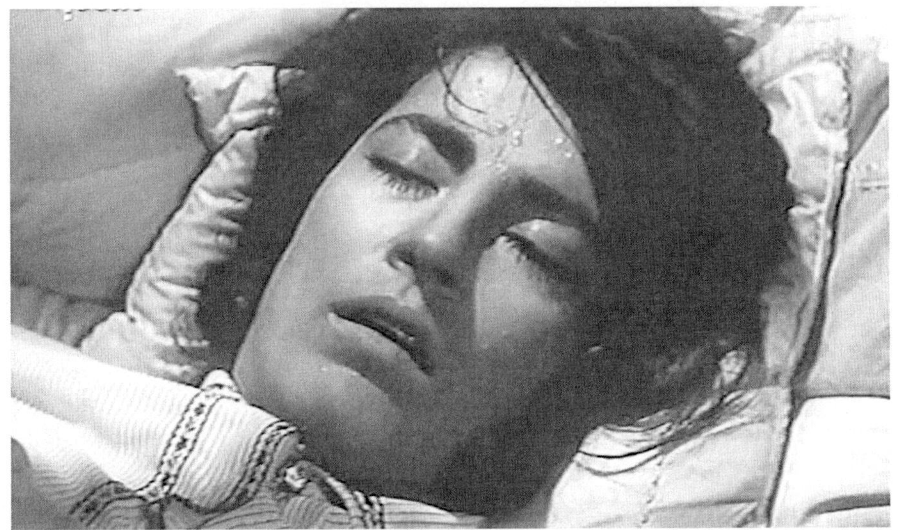

Abb. 30: Irene Papas als Lea Weiss in *Zeugin aus der Hölle.*

am 7. Juli 1967 in den deutschen Kinos, obwohl die Dreharbeiten bereits im Oktober 1965 abgeschlossen waren. Der Film entstand nach dem Roman *Gorke Trave* von Frida Filipović, der Frau von Zica Mitrovic, der allerdings nur auf Serbisch und nicht in deutscher Sprache vorlag.

Die Handlung beginnt damit, dass Staatsanwalt Hoffmann (Heinz Drache) den Journalisten Bora Petrović (Daniel Gélin) in Belgrad aufsucht, um ihn um Hilfe zu bitten. Um den ehemaligen KZ-Arzt Dr. Berger (Hans Zesch-Ballot) anzuklagen, braucht Hoffmann Lea Weiss als Hauptbelastungszeugin. Bora Petrović hatte direkt nach dem Krieg ein Buch über Lea Weiss' Erlebnisse im Konzentrationslager geschrieben, das sie ihm diktierte, um Zeugnis über das Erlebte abzulegen. Nun behauptet sie jedoch, das Buch sei unwahr und will nicht gegen Berger aussagen. Zunächst scheinen alle Bemühungen Petrovićs, sie zu einer Aussage zu überreden, vergeblich. Die Erinnerung an und das Sprechen über die Zeit im Konzentrationslager sind schambehaftet und lassen sie ihr Leid wiederholt durchleben. Außerdem wird sie von Bergers Handlangern bedroht und eingeschüchtert, der inzwischen ein wichtiger Funktionär der Pharmaindustrie ist. Kurzzeitig willigt sie ein, vor Gericht als Zeugin auszusagen, begeht dann aber in einem akuten Angstzustand Suizid.

Als jüdische Figur wird Lea Weiss, neben dem jüdischen Namen und der Besetzung mit der dunkelhaarigen Irene Papas (Abb. 30), vor allem durch eine Szene gekennzeichnet, in der sie explizit über ihr Jüdischsein spricht:

> In unserem Haus gab es kaum etwas, was mich darauf gebracht hätte, dass ich eine Jüdin bin. Vielleicht ein paar Kindheitserinnerungen. Solange ich klein war, sang mich meine Mutter mit einem komischen jüdischen Liedchen über Rosinen und Mandeln in den Schlaf. Die Festtage feierten wir nur bei Großvater, solange er lebte.

Es wird also erzählt, dass sie nicht in einem religiösen Elternhaus aufwuchs. Die religiöse Tradition bringt sie mit der Generation ihres Großvaters in Verbindung, um dessen Willen ihre Eltern die Feiertage einhielten. Jüdischsein wurde für Lea Weiss erst bedeutsam, als sie als Jüdin verfolgt und damit zur solchen gemacht wurde.[81]

Von der Kritik meist negativ besprochen und nur in wenigen Kinos gezeigt, ist *Zeugin aus der Hölle* dennoch in zweifacher Hinsicht bemerkenswert: Erstens ist es einer der wenigen bundesdeutschen Kinofilme, der sich zeitnah mit den NS-Prozessen der 1960er Jahre auseinandersetzt. Mit Produktionen wie *Der Prozeß wird vertagt* (DDR 1958, R: Herbert Ballmann), *Jetzt und in der Stunde meines Todes* (DDR 1963, R: Konrad Petzold) oder *Chronik eines Mordes* (DDR 1964/65, R: Joachim Hasler), *Die Bilder des Zeugen Schattmann* (DDR 1972, R: Kurt Jung-Alsen) und *Die Vorladung* (DDR 1979/80, R: Werner Röwekamp) ist das im DDR-Film und Fernsehen häufiger geschehen.[82] Zweitens fokussiert *Zeugin aus der Hölle* auf die Traumatisierung der Hauptfigur und bringt diese – ganz im Geiste der 1960er Jahre – mit Zeugenschaft (in einem Gerichtsprozess) zusammen. Eine Perspektivierung auf die jüdischen Opfer und ihrer Verfolgungsgeschichten setzt sich im Holocaustfilm[83] erst in den 1980er Jahren nach der Ausstrahlung der Miniserie *Holocaust* 1979 breiter durch. Die Besonderheit liegt nicht nur in der Benennung der „Judenvernichtung ohne Euphemismen"[84], sondern vor allem darin, dass *Zeugin aus der Hölle* den „Holocaust als ein Problem der deutschen Nachkriegsgesellschaft"[85] zeigt.

Obwohl der 1. Frankfurter Auschwitz-Prozess als historische Vorlage fungierte, dessen Ende mit dem Drehbeginn zusammenfiel, und die Geschichte der Figur Lea Weiss entlang der Zeugin Dunja Wasserström konstruiert wurde,[86] wird der Prozess nicht explizit genannt. Es geht in *Zeugin aus der Hölle* weniger um die Täter_innen, das juristische Verfahren oder die Gerichtsurteile, sondern um die psychische Versehrtheit der Zeugin, für die die Zeugenaussage ein erneutes Durchleben ihrer traumatischen Erlebnisse bedeutet. Die Handlung von *Zeugin aus der Hölle* ist in der Vorbereitung des Prozesses gegen den KZ-Arzt Berger angesiedelt,[87] von dem die Zuschauer_innen nicht erfahren, ob er nach dem Suizid der ‚Hauptbelastungszeugin' Lea Weiss noch

81 In der Schnittfassung, die seit 2013 auf DVD verfügbar ist, ist diese Szene länger bzw. um noch eine weitere ergänzt, in der detailliert der Sederabend beschrieben wird.

82 Viele der DEFA-Filme über die juristische Verfolgung von Nazi-Täter_innen fokussierten auf die unzureichende juristische Verfolgung in Westdeutschland und die dortigen politischen Kontinuitäten, vgl. weiterführend dazu Schoß: *‚Juden' im Film der DDR*. Für das bundesdeutsche Fernsehen ist das Fernsehspiel *Mord in Frankfurt* zu nennen.

83 Hier und im Folgenden als ein Terminus technicus verwendet, ansonsten wird der Begriff Shoah für die Judenvernichtung verwendet.

84 Kramer: Wiederkehr und Verwandlung der Vergangenheit im deutschen Film, S. 294.

85 Ronny Loewy: *Zeugin aus der Hölle* und die Wirklichkeit des Auschwitz-Prozesses. In: Dillmann / Loewy (Hrsg.): *Die Vergangenheit in der Gegenwart*, S. 26–29, hier S. 26.

86 Ebd., S. 27.

87 Auch die Handlung von *Im Labyrinth des Schweigens* ist im Vorfeld des ersten Frankfurter Auschwitz-Prozesses angesiedelt. Hier steht jedoch nicht die Zeugin, sondern der (fiktive) Anwalt als Hauptfigur im Mittelpunkt.

stattfinden wird. Die Zeugin Lea Weiss fungiert nicht als Nebenfigur, die für den Prozess notwendig ist, und *Zeugin aus der Hölle* ist im eigentlichen Sinne kein Prozess-Film (vgl. Kap. 2.1). Es wird deutlich, dass *Zeugin aus der Hölle* mit dieser Darstellung seiner Zeit voraus und maßgeblich daran beteiligt war, die Überlebenden-Figur zu entwerfen. Dass der Prozess der Entstehung und Etablierung der Überlebenden-Figur seinen Anfang Mitte der 1960er Jahre nimmt, mag nicht erstaunen, entsteht doch mit dem Eichmann-Prozess und dann fortgeführt durch die zentrale Rolle, die Zeug_innen auch wenige Jahre später in den Frankfurter Auschwitz-Prozessen hatten, der Zeuge als Figur in der öffentlichen Wahrnehmung. So stand die Perspektive der Opfer in diesen Prozessen im Zentrum der Wahrnehmung, in deren Folge entwickelte sich gesellschaftliche Nachfrage nach ihren Berichten und sie wurden zunehmend nicht mehr als Zeugen in juristischen Prozessen, sondern als „leibhaftige Träger der Erinnerung an eine entsetzliche Vergangenheit“[88] wahrgenommen. Aus den Opfern und ehemaligen Häftlingen wurden Überlebende. Katharina Stengel weist darauf hin, dass die politisch organisierten ehemaligen Häftlinge bis in die 1960er Jahre von den Opfern sprachen, nicht aber als Opfer, was auch nicht ihrem Selbstverständnis entsprach. Im Laufe der 1960er Jahre wurde aus den politisch handelnden ehemaligen Häftlingen, die dadurch charakterisiert wurden, was sie taten, die ‚Schicksalsgemeinschaft der Überlebenden‘, charakterisiert durch das, was sie waren.[89] Stengel spricht hier weiter von „Erinnerungs-Menschen“.[90] Damit vollzog sich letztlich eine Reduktion der politisch Handelnden auf ihren Opferstatus, für den ihr Handeln keine Rolle mehr spielte und der sie kaum mehr als politische Subjekte gelten ließ.

Wie Dillmann feststellt, sind es nicht die unkonventionellen Bilder oder die neuen filmischen Formen, die *Zeugin aus der Hölle* von zeitgenössischen Filmen abheben, sondern die explizite Benennung der nationalsozialistischen Verbrechen,[91] die neben den Gräueln der Konzentrationslager, wie medizinischen Experimenten, Vergasung, sexuellem Missbrauch und Zwangsprostitution, und dem Fortwirken dieser Vergangenheit für die Überlebenden auch das Fortleben des Antisemitismus und Nazismus in der bundesdeutschen Gegenwart beinhaltet. Wenn Lea Weiss am Telefon als „Judensau“ beschimpft und ihr gedroht wird, „jetzt machen wir dich fertig“, dann wird dem fortwährenden Antisemitismus und Nazismus jegliche euphemistische Vagheit verweigert. Die Direktheit der Dialoge wurde von der Filmbewertungsstelle Wiesbaden kritisiert, die dem Film kein Prädikat verlieh.[92] Das erinnert an Helmut Käutners *Schwarzer Kies*, gegen den der Zentralrat der Juden wegen einer Szene, in der der jüdische Wirt Loeb von einem älteren Kneipengast als „Saujud“ beschimpft wird, Anzeige wegen Antisemitismus erhob und der daraufhin erneut geschnitten wurde.

88 Katharina Stengel: *Hermann Langbein. Ein Auschwitz-Überlebender in den erinnerungspolitischen Konflikten der Nachkriegszeit*. Campus: Frankfurt am Main 2012, S. 550.

89 Ebd., S. 551–553.

90 Ebd., S. 552.

91 Dillmann: Zu bittere Kräuter, S. 32.

92 Ebd.

> What had Käutner done that seemed to offend so many? His transgression was to shred cinematically one of the formative taboos of German culture. He had subversively shown German society a mirror that depicted the shallowness of the officially ordained philosemitism with its iron command: never say or represent anything anti-Jewish in public because this contradicts Germany's official self-image.[93]

Doch es war sicherlich nicht ausschließlich die Sichtbarmachung des fortdauernden Antisemitismus, die in der Tabulosigkeit, die Käutner mit *Schwarzer Kies* versuchte, provozierend oder verstörend wirkte, sondern auch das Bild einer jüdischen Figur im Rotlichtmilieu. In *Zeugin aus der Hölle* beinhaltet der Angriff auf das deutsche Selbstbild noch eine weitere Ebene: Es ist nicht nur die Bedrohung durch Bergers ‚Handlanger' oder Gefolgsleute, die gezeigt wird, sondern die Kritik reicht deutlich tiefer in die Machtstrukturen der westdeutschen Gesellschaft, wenn Berger die Fernsehausstrahlung eines Dokumentarfilms über seine Verbrechen als SS-Arzt verhindern kann.

Die Fokussierung auf die psychologische Entwicklung der Figur Lea Weiss und ihre Traumatisierung sollten also nicht davon ablenken, dass es nicht nur ihre Angstträume und die immer noch gegenwärtigen KZ-Erlebnisse sind, die sie in den Suizid treiben. Bedeutsam hierfür sind ebenso die Drohungen und Einschüchterungsversuche von Nazis, die gesellschaftliche Macht ihres ehemaligen Peinigers Berger, der wieder eine hohe Position inne hat, und der Vertrauensverlust durch die Entdeckung, dass ihr Anwalt und Berater von Walden (Werner Peters) gleichzeitig Bergers Anwalt ist, der sich ihr Vertrauen erschlich mit dem Ziel, sie von einer Zeugenaussage abzuhalten.

Die frühe Produktion von *Zeugin aus der Hölle* ermöglicht es außerdem, eine Überlebende zu zeigen, die noch vergleichsweise jung ist. Das mag zunächst banal anmuten, die seltene Sichtbarkeit *junger* Shoah-Überlebender verdeutlicht aber, wie sehr *Zeugin aus der Hölle* seiner Zeit voraus ist und dass das Bild von Überlebenden erst in den 1990er Jahren zu einem häufigen Topos wurde – zu einem Zeitpunkt, als die Shoah Eingang in die Massenkultur erhielt und zugleich deutlich wurde, dass die Generation der Überlebenden als Zeitzeug_innen in Kürze verstorben sein würde. Und selbst in Filmen wie *Die Himmelsleiter*, *Im Labyrinth des Schweigens* und *Das Zeugenhaus*, die 1946, 1958 und 1947 spielen, werden die jüdischen Überlebenden-Figuren als sichtbar gealterte Männer gezeigt, womit von den etablierten Darstellungskonventionen der Überlebenden und Zeitzeugen nicht abgewichen wird.[94]

In vielen Darstellungen, wie in der Fernsehkomödie *So ein Schlamassel* oder der Krimiserie *Im Angesicht des Verbrechens*, tauchen Überlebende eher am Rande der Handlung als ältere Verwandte der Hauptfiguren auf. Diese Überlebenden-Figuren vervollständigen die zeitgenössische jüdische Welt: Die Shoah wird hier zum Teil der

93 Stern: Films in the 1950s, S. 277.

94 In *Das Zeugenhaus* wird der auf einem historischen Vorbild beruhenden französischen, nichtjüdischen Auschwitzüberlebenden Marie eine fiktive jüdische Überlebenden-Figur gegenübergestellt. Marie verfügt zwar über die Kodierung einer tätowierten Häftlingsnummer, weist aber sonst keine der typischen Kodierungen von Überlebenden-Figuren auf, mehr noch, an vielen Stellen ist sie auffällig widersprüchlich zu den hier beschriebenen jüdischen Überlebenden-Figuren konstruiert.

Familiengeschichte, die nicht lediglich abstrakt, sondern ganz konkret das Leben der nachfolgenden Generationen prägt, auch wenn es nicht zentrales Thema der Filmhandlung ist oder die psychologische Konstruktion der Figuren dominiert. Darin zeigt sich, in welchem hohen Ausmaß die Überlebenden zum zentralen Bestandteil einer jüdischen Lebenswelt wurden. In *Rosenzweigs Freiheit*, *Neues Deutschland: Ohne mich*, *Meschugge* oder auch *Let's go!* (BRD 2014, R: Michael Verhoeven) sind die Shoah und das Überleben der Elterngeneration für die nachgeborenen Hauptfiguren zentraler Bezugspunkt. Es wirkt in ihrem Erleben und Deuten aktueller politischer Ereignisse ebenso wie in ihrer psychologischen Konstruktion. In der *Lindenstraße*, *Am Ende kommen Touristen* oder *Im Labyrinth des Schweigens* ist der Überlebende eine Figur, die in erster Linie die Funktion hat, eine andere Figur mit der Shoah zu konfrontieren und so sowohl dieser als auch den Zuschauer_innen einen persönlichen emotionalen Zugang und Betroffenheit zu ermöglichen.

2.2.1 Weibliche Überlebenden-Figuren

Zeugin aus der Hölle unterscheidet sich von den meisten hier diskutierten Filmen mit Überlebenden-Figuren auch dadurch, dass es eine *weibliche* Figur ist, die im Mittelpunkt der filmischen Handlung steht. Außer in *Zeugin aus der Hölle* tauchen weibliche Überlebenden-Figuren nur in wenigen Filmen auf: die deutsche Jüdin und Lagerüberlebenden Dora in *Lang ist der Weg*, Rosa Rosenzweig in *Rosenzweigs Freiheit* – deren Lebensgeschichte als Nebenfigur nicht erzählt wird –, die Überlebende Hela in *Let's go!* – die Mutter der Protagonistin und ebenfalls eine Nebenfigur –, Myriam Rosenfeld in *Birkenau und Rosenfeld,* Hannah Silberstein/Levine in *Die verlorene Zeit*, Nelly Lenz in *Phoenix* (BRD 2014, R: Christian Petzold) und Marie-Claude Vaillant-Couturier in *Das Zeugenhaus*, wobei es sich bei letztgenannter nicht um eine jüdische Figur handelt.[95] Einen Ausnahmefall stellt die Fernsehserie *Ein Stück Himmel* dar, deren ersten acht Episoden 1982 ausgestrahlt wurden und das Überleben der Protagonistin Janina David (Dana Vávrová) zeigen. 1985 wurden, an den Erfolgen der ersten Teile anknüpfend, zwei weitere Folgen in doppelter Länge produziert, die sich mit Janinas Weiterleben nach dem Kriegsende bis November 1948 befassen.[96] Einerseits ist die im Mittelpunkt stehende weibliche Figur außergewöhnlich, andererseits fokussieren besonders die letzten beiden Episoden sehr auf die Emanzipationsgeschichte Janinas. Dabei werden ihre Gedanken und Gefühle wenig explizit beschrieben, sondern nur durch Bilder wie ihrem wiederholten Blick auf das Meer angedeutet. Ihre Innensicht bleibt somit vage und dadurch anschlussfähig für unterschiedliche Zuschauer_innenperspektiven.

95 Das gilt natürlich nur für den hier diskutierten Filmkorpus. Im internationalen Film ist die Figur der weiblichen Überlebenden sowie der weiblichen KZ-Gefangenen durchaus sichtbar.

96 Wie bereits die ersten acht Episoden basieren auch die letzten beiden in Spielfilmlänge auf der Autobiografie Janina Davids, die in deutscher Übersetzung erst zum Serienstart 1982 erschien. Vgl. dazu Rauch: Ein Stück Himmel.

In Ronny Loewys Untersuchung der Parallelen zwischen der fiktiven Zeugin Lea Weiss aus *Zeugin aus der Hölle* und der Zeugin Dunja Wasserström im 1. Frankfurter Auschwitz-Prozess fällt auf, dass Lea Weiss' Erlebnissen im Konzentrationslager eine sexualisierte Komponente hinzugefügt wurde.[97] Sie wurde nicht nur von Dr. Berger sterilisiert, sondern war auch erzwungenerweise seine „Geliebte" und eine Prostituierte im Lagerbordell. Es ist dieser Teil ihrer Geschichte, den sie ihrem Freund und Journalisten Bora Petrović (Daniel Gélin) nicht erzählt. Die sexuelle Komponente ihrer Erfahrungen im KZ verstärkt nicht nur ihre Scham, sondern thematisiert auch die Möglichkeit ihres Überlebens. Über diesen Teil ihrer Geschichte für das Buch nicht Zeugnis abgelegt zu haben, lässt Lea Weiss daran zweifeln, ob ihr vor Gericht Glauben geschenkt wird. Darüber hinaus erzählt sie, dass ihr plötzliches und scheinbar unbegründetes Verlassen Bora Petrovićs mit ihrer Zwangssterilisation zu tun hatte: Vermeintlich seinen Wunsch nach eigenen Kindern spürend verließ sie ihn, weil sie wusste, dass sie ihm diesen nicht erfüllen konnte. Lea Weiss' Leidensgeschichte erscheint somit als frauenspezifisch.

Die Seltenheit, in der weibliche Überlebenden-Figuren in den hier diskutierten Filmen auftauchen, verweist darauf, dass die Narrative der Erinnerung an die Shoah von Männern geprägt sind und sich somit „eine Erzählweise, die die männliche Stimme, die männliche Erfahrung, die männliche Erinnerung als normativ widerspiegelt"[98], durchgesetzt hat. Tauchen weibliche Überlebenden-Figuren auf, dann in der Regel in mindestens einem von drei thematischen Mustern: erstens, um von sexueller Gewalt, z. T. auch von Lagerbordellen, zu erzählen, was einen Tabubruch bedeutet.[99] Dieses Muster findet sich nicht nur in *Zeugin aus der Hölle*, sondern auch *Epsteins Nacht* (BRD/AT/CH 2002, R: Urs Egger) schreibt der einzigen weiblichen Figur, Hannah, Erfahrungen sexueller Gewalt zu. In *Lang ist der Weg* von 1947 kann die Andeutung, sie habe nicht *alles* aus dem Lager erzählt, die die Überlebende Dora macht, als David sie fragt, ob sie ihn heiraten wolle, als Ausdruck der Unmöglichkeit, über sexuelle Gewalt im KZ zu sprechen, interpretiert werden.

Das zweite Muster, das in Darstellungen von weiblichen Überlebenden Anwendung findet, ist das der *weiblichen Solidarität* von Frauen, die sich besonders fürsorglich umeinander kümmern. In *Birkenau und Rosenfeld* wird dieses Bild dadurch verstärkt, dass es bis in die Gegenwart verlängert wird: Die überlebenden Frauen sind auch heute noch gute Freundinnen, sehen sich bei Überlebendentreffen, telefonieren regelmäßig und ihr freundschaftliches Verhältnis ist eng, fast schwesterlich. Myriam (Anouk Aimée) weiß noch heute alle Namen der anderen Häftlinge und zeigt, wo sie geschlafen haben, als sie in einer Szene durch die Baracke in Birkenau geht. Die weiblichen Überlebenden werden hier mit klar gegenderten Eigenschaften und Werten besetzt.

97 Loewy: *Zeugin aus der Hölle* und die Wirklichkeit des Auschwitz-Prozesses, S. 28.

98 Sara R. Horowitz: Geschlechtsspezifische Erinnerungen an den Holocaust. In: Sigrid Jacobeit / Grit Philipp (Hrsg.): *Forschungsschwerpunkt Ravensbrück: Beiträge zur Geschichte des Frauenkonzentrationslagers*. Berlin: Edition Hentrich 1997, S. 131–135, hier S. 132.

99 Christl Wickert: Tabu Lagerbordell. Vom Umgang mit Zwangsprostituierten nach 1945. In: Insa Eschebach / Sigrid Jacobeit / Silke Wenk (Hrsg.): *Gedächtnis und Geschlecht. Deutungsmuster in Darstellungen des nationalsozialistischen Genozids*. Frankfurt am Main: Campus 2002, S. 41–58.

Das dritte Muster ist das der familiären Zusammenhänge, die weibliches Überleben prägen, allen voran die Mutterschaft. So wird beispielsweise das Verhalten der als extrem traumatisiert dargestellten Rachel (Monique Couturier) in *Birkenau und Rosenfeld* mit dem Verlust ihres neugeborenen Babys in Zusammenhang gebracht. Mutterschaft bietet als allgemeine Erfahrung einen Zugang zu den Ereignissen, baut eine Brücke zwischen den Figuren und den Zuschauer_innen. Das Motiv der Mutterschaft „verbindet das Außergewöhnliche mit dem Normalen, ‚zähmt' den Holocaust"[100]. Außerdem symbolisiert Mutterschaft im westlichen Denken das Gute. Mit ihrer Zerstörung – durch die Trennung von Mutter und Kind, indem verhindert wird, dass die Mutter ihrer mütterlichen Fürsorge nachkommen kann, oder durch die Ermordung des Kindes, vor der die Mutter es nicht schützen kann – wird das (absolut) Böse darstellbar.[101] So wie die Zerstörung der Mutter-Kind-Beziehung, beispielsweise für Rachel in *Birkenau und Rosenfeld*, die Zerstörung von Hoffnung und Zukunft bedeutet, die diese symbolisiert, ist für Lea Weiss Hoffnung und Zukunft aufgrund ihrer Zwangssterilisation in *Zeugin aus der Hölle* nur begrenzt möglich.[102] In *Let's go!* sind es auch die Erlebnisse im Konzentrationslager, die es für Hela unmöglich machen, mütterliche Liebe zu zeigen. Sie kann nicht wirklich Mutter sein, obwohl sie Kinder hat. Das traumatische Erlebnis, mit einem toten Säugling im Arm in einem Berg von Leichen zu liegen, macht es ihr unmöglich, ihre eigenen Töchter Laura und Friede zu berühren. Dass Dora und David in *Lang ist der Weg* im DP-Camp ein Kind bekommen, symbolisiert hingegen den Fortgang des Lebens und die Hoffnung auf ein zukünftiges Leben (in Israel).

Weibliche Überlebenden-Figuren dienen also vornehmlich dem Zweck, Geschichten oder Erfahrungen zu erzählen, die man anhand männlicher Figuren nicht erzählen kann.[103] D.h. spezifisch ‚weibliche' Erfahrung wird mittels weiblicher Überlebenden-Figuren erzählt, allgemeinere oder nicht auf den ersten Blick geschlechtsspezifische Erfahrungen anhand von männlichen Figuren. Die Reduktion auf diese Erzähl- und Erinnerungsmuster kann weibliche Shoah-Erfahrung respektive die Erfahrung weiblichen Überlebens nicht fassen. Genderspezifische Erfahrungen in der Shoah gehen über

100 Horowitz: Geschlechtsspezifische Erinnerungen an den Holocaust, S. 133.

101 Ebd.

102 Ronny Loewy nennt eine Erfahrung Dunja Wasserströms, der Zeugin aus dem ersten Frankfurter Auschwitzprozess, an die die Figur Lea Weiss angelehnt ist, die ihr Mutterschaft unmöglich machte: „Dunja Wasserström berichtete, dass Boger im November 1944 ein Kind, das einen Apfel in der Hand hatte, an einer Barackenwand erschlagen hatte. Sie musste das Blut von der Wand abwischen und wurde eine Stunde später zu einer Häftlingsvernehmung durch Boger gerufen. Als sie hereinkam, so heißt es im Urteil des Auschwitz-Prozesses, habe Boger den Apfel gerade gegessen. Die Zeugin erklärte, sie habe nach dem Krieg immer weinen müssen, wenn sie Kinder gesehen habe. Sie habe, als sie schwanger gewesen sei, ‚die Frucht beseitigen lassen, weil sie Angst gehabt habe, dass sie in Erinnerung an dieses schreckliche Erlebnis immer weinen müsse, wenn sie ihr eigenes Kind sähe'." (Loewy: *Zeugin aus der Hölle* und die Wirklichkeit des Auschwitz-Prozesses, S. 27.) In *Zeugin aus der Hölle* übersetzt sich diese Zukunfts- und Hoffnungslosigkeit in die Unmöglichkeit, Kinder zu bekommen und die Generationenfolge fortzusetzen.

103 Dies verweist auf den in der feministischen Filmtheorie formulierten Gegensatz, der sich im Kino reproduziere und nicht zwischen männlich und weiblich unterscheide, sondern zwischen männlich und nicht-männlich. Darin zeigt sich die Dominanz einer männlich geprägten Perspektive, die für weibliche Subjektivität im Kino eigentlich keinen Raum lässt. Vgl. bspw. Heike Klippel: Feministische Filmtheorie. In: Jürgen Felix (Hrsg.): *Moderne Film Theorie*. Mainz: Bender 2002, S. 168–190, hier S. 170–171.

sexuelle Gewalt und Familie/Mutterschaft hinaus. So plädiert Sara R. Horowitz dafür, sowohl auf männliche als auch weibliche Erfahrung und Erinnerung der Shoah neue Perspektiven einzunehmen:

> Denn wir dürfen nicht in die Gewohnheit verfallen, Frauen nur als Objekte einer besonderen Untermenge von Vernichtungspraktiken zu sehen, die mit ihren biologischen Funktionen, zum Beispiel Schwangerschaft und Mutterschaft, oder mit sexueller Gewalt verbunden sind. Diese Art der Aneignung ermöglicht es uns zwar, spezifisch weibliche Erfahrung zu diskutieren. Eine Begrenzung der Diskussion darauf würde aber – paradoxerweise – dazu führen, wieder männliche Erfahrungen als normativ in die kanonisierte Erzählweise einzuschreiben und Frauen in die Kategorie Mutter oder sexuell Mißbrauchte zu verweisen.[104]

Weibliche Erfahrung soll also nicht nur als *Abweichung* von männlicher verstanden werden. Vielmehr kann m.E. davon ausgegangen werden, dass es neben dem männlich geprägten Haupterinnerungsnarrativ auch spezifisch männliche Erfahrungen gibt, die darin keinen Raum finden bzw. nicht erzählbar sind, wie beispielsweise sexuelle Gewalt gegen Männer, die in keinem der hier diskutierten Filme thematisiert wird. Zunächst verweist das lediglich darauf, dass die Erfahrung sexueller Gewalt für männliche Opfer noch stärker tabuisiert ist, und nicht zwangsläufig darauf, dass sie nicht stattgefunden hat.

2.2.2 Psychische Eigenschaften: Trauma

Für Überlebenden-Figuren, die im Zentrum der Handlung stehen, ist die Konstruktion psychischer Figureneigenschaften sehr wichtig. Sie werden als Figuren mit einer komplexen, durch die Figurenvergangenheit versehrten oder traumatisierten Psyche dargestellt, die ihr Verhalten determiniert. Um das Verhalten der Überlebenden-Figuren verstehen zu können, müssen ihre inneren Vorgänge thematisiert werden.[105]

So steht Lea Weiss' Suizid in Zusammenhang mit ihrer Deportation: In der Sequenz vor ihrem Suizid sieht man lärmende junge Männer die Hoteltreppe heraufgehen, dazwischen sind Bilder ihrer Deportation montiert. Ihre Panik und der daraus resultierende Sprung aus dem Fenster können aber nur vor dem Hintergrund der Figurenvergangenheit verstanden werden, vor allem aber durch die psychische Charakterisierung der Figur. Schon einmal wollte Lea ihrem Leben durch den Sprung aus einem Fenster ein Ende setzen. Bora Petrović erzählt sie, wie dieser Versuch kurz vor ihrer Deportation an mangelndem Mut scheiterte. Das bereue sie heute. Um weiter nachvollziehbar zu machen, dass sie nach wiederholtem Durchleben der Deportationssituation, in

104 Horowitz: Geschlechtsspezifische Erinnerungen an den Holocaust, S. 134.

105 Tauchen Überlebende als Nebenfiguren auf und wird kein Einblick in ihre inneren Vorgänge gewährt, dann sind es oft ihr Schweigen und ihre nicht nachvollziehbare Handlungsmotivation, die aus Perspektive der (häufig nachgeborenen) Hauptpersonen gezeigt werden, wie in *Rosenzweigs Freiheit*, *Meschugge*, *SuperTex* oder *Ein ganz gewöhnlicher Jude*. In der Darstellung der Überlebenden, vor allem aber ihrer psychischen Versehrtheit, hat die schauspielerische Leistung großen Anteil daran, wenn die Überlebenden-Figuren – z.T. trotz unglaubwürdiger, plakativer oder überladener Handlungen – emotional eindrücklich und dicht wirken, wie sich besonders anhand von Irene Papas Spiel in *Zeugin aus der Hölle*, Maximilian Schells Darstellung des Überlebenden Aaron Reichenbach in *Der Rosengarten* und Jeff Goldblums Adam Stein in *Adam Resurrected* zeigt.

dem sie nicht zwischen Gegenwart und Vergangenheit unterscheiden kann, nun die Entscheidung von damals revidiert und sich das Leben nimmt, ist auch eine allgemeinere psychische Charakterisierung der Figur Lea Weiss notwendig. Sie weiß um ihre Traumatisierung, auch wenn sie sie nicht als solche benennt. So bezeichnet sie ihren Gesundheitszustand als mangelhaft. Sie habe nach ihrer Befreiung Rente beantragt, woraufhin Experten ihren ganzen Körper untersucht hätten, „nur eines haben sie vergessen: auch die Seele kann Schaden nehmen". Dieser Moment des expliziten Aussprechens zeigt die Figur autonom – es wird nicht *über* sie gesprochen.
Zentrales und sich wiederholendes Motiv sind ihre Albträume, in denen das Abgeholtwerden durch die Nazis als Rückblende wiederkehrt. Als Augenblick des Beginns ihres Leidens kommt diesem Motiv eine zentrale Bedeutung zu. Zu diesem Zeitpunkt wäre es Lea Weiss durch Suizid möglich gewesen, zu verhindern, dass sie das Vernichtungslager erleben musste. Dass ihr das retrospektiv als die bessere Wahl erscheint, verdeutlicht, dass ihr das jetzige Leben durch die Erfahrungen im KZ nicht mehr lebenswert erscheint. Das Motiv des Suizids findet sich auch in *Auf das Leben!*, in dem Ruth mehrfach versucht, sich das Leben zu nehmen, in *Phoenix*, in dem sich Lene, eine enge Freundin der Protagonistin Nelly Suizid begeht, weil sie sich mehr zu „unseren Toten" hingezogen fühle als zu den Lebenden, und in *Die Himmelsleiter*, in dem Adam Roth auf den Freispruch des Nazis Zettler hin Suizid begeht.
Die psychische Charakterisierung von Überlebenden-Figuren geschieht erstens häufig über erklärende Szenen. In diesen sprechen andere Figuren über die Überlebenden-Figuren und deren Erlebnisse oder beschreiben ihren psychischen Zustand. In *Zeugin aus der Hölle* erfüllt die Figur des Journalisten Bora Petrović diese Funktion. Er gibt dem Staatsanwalt Hoffmann (und damit auch dem Publikum) zusätzliche Informationen über Lea Weiss. In *Der Rosengarten* ist es der Journalist Pässler, der der Anwältin des Angeklagten Aaron Reichenbach biografische Informationen und Einblick in dessen Psyche verschafft. Auch in *Auf das Leben!* erfährt das Publikum durch die Figur des Psychiaters (Andreas Schmidt), dass Ruth im Schlaf von Albträumen heimgesucht wird, weshalb sie nie im Bett, sondern immer nur kurz in einem Sessel sitzend schläft. In *Zeugin aus der Hölle* und *Der Rosengarten* geht es jedoch nicht ausschließlich um die individuelle Figurengeschichte, sondern es werden dem Publikum zum Verständnis der Figuren auch allgemeinere Informationen über Überlebende der Shoah und ihre psychische Verfasstheit vermittelt. Das trägt zur Etablierung des Figurenstereotyps der/des Überlebenden bei.
Zweitens wird ein Einblick in die Figurenpsyche erreicht, indem innere Vorgänge über körperliche Symptome sichtbar gemacht werden. Die Überlebenden-Figur wird häufig als ‚Blackbox' konzipiert, die nicht über das Erlebte sprechen kann und will. Das wird, besonders wenn das Schweigen explizit thematisiert wird, zu einem zentralen Figurencharakteristikum. Sichtbare körperliche Reaktionen brechen diese Verschlossenheit auf und lassen auf die zugrunde liegenden inneren Vorgänge schließen. Dabei ist es vor allem Angst, die sich vielfältig ausdrückt, beispielsweise in Form von Albträumen, die durch Stöhnen oder Schreien im Schlaf sichtbar werden, wie in *Lang ist der Weg*, *Zeugin aus der Hölle*, *Der Rosengarten*, *Gebürtig* oder *Auf das Leben!*. Aber

auch Schwitzen oder Zittern illustrieren Angstreaktionen, so sieht man Lea Weiss und Aaron Reichenbach (*Der Rosengarten*) mehrmals schweißgebadet; Lea Weiss trocknet sich häufig nervös die Hände ab, den Zeugen in *Im Labyrinth des Schweigens* zittern die Hände.

Diese Darstellungen des Traumas der Überlebenden können unter Bezugnahme auf die psychoanalytische Traumatheorie verstanden werden. Sie sah sich aufgrund der Extremtraumatisierungen durch die Shoah, als mit intrusiven Phänomenen einhergehend, die die Wahrnehmung stören,[106] zu einer Neukonzeptualisierung des Begriffs gezwungen. Filme bieten sich für die Darstellung solcher Brüche in der zeitlichen Wahrnehmung, für das Einbrechen der Vergangenheit in die Gegenwart geradezu an – gleichzeitig geraten sie mit ihren Darstellungsmöglichkeiten an Grenzen. Bei Werner Bohleber heißt es, dass Überlebende gewissermaßen in zwei Realitäten lebten:

> Im Alltag verhalten sie sich realitätsgemäß. Von Zeit zu Zeit jedoch bricht die psychische Realität des Holocaust durch und sprengt ihr Leben. Das Trauma hat in einigen seelischen Regionen die Fähigkeit zerstört, zwischen Realität und Phantasie zu unterscheiden.[107]

Die Intrusion, sowohl im Schlaf- als auch im Wachzustand, kann ein Film entweder visualisieren, indem die inneren Bilder der Figur, die traumatischen Ereignisse gezeigt werden, oder er kann sie über Mimik und Verhalten der Figur verdeutlichen (z.B. Angst, Panik oder Verwirrung). Dabei wird die psychische Belastung, die die Erlebnisse in den deutschen Vernichtungslagern für die Überlebenden-Figuren bedeuten, sowohl in ihrer Schwere als auch in ihrer ästhetischen Umsetzung sehr unterschiedlich dargestellt:

In *Epsteins Nacht* werden drei Freunde gezeigt, die gemeinsam das Vernichtungslager Birkenau überlebt haben und die sehr unterschiedlich mit diesen Erlebnissen umzugehen vermögen. Während Karl Rose (Otto Tausig) und Jochen Epstein (Mario Adorf) ihr Leben zu meistern scheinen, ist der in sich gekehrte Adam Rose (Bruno Ganz) traumatisiert, was sich beispielsweise darin äußert, dass er Dunkelheit nicht ertragen kann. Die Zeit verläuft für ihn offensichtlich nicht kontinuierlich, er scheint Gegenwart und Vergangenheit partiell nicht auseinanderhalten zu können, wenn er die Tochter der Haushälterin Paula nach seiner vermeintlich ermordeten Jugendfreundin Hannah nennt.

Auch *Birkenau und Rosenfeld* zeigt mit dem Treffen der Auschwitzüberlebenden, allesamt Frauen, gleich zu Anfang ein Panorama unterschiedlicher Verarbeitungsweisen: Während Myriam und ihre Freundinnen auf den ersten Blick von ihren Erfahrungen nicht beeinträchtigt scheinen, miteinander scherzen und lachen, wird Rachel als extrem traumatisiert gezeigt. Sie lebt in einer Klinik, die sie nur anlässlich besonderer Ereignisse verlässt, und sie spricht nicht. Und Herr Gärtner in *Das Zeugenhaus* spricht nicht, hält sich fast nur im Freien auf und hackt Holz.

106 Werner Bohleber: Die Entwicklung der Traumatheorie in der Psychoanalyse. In: *Psyche* 54 (2000), S.797–839.

107 Ebd., S.814.

Abb. 31: Nelly (Nina Hoss) in *Phoenix*.

Solche Extremtraumatisierungen werden in der amerikanisch-deutsch-israelischen Koproduktion *Ein Leben für ein Leben – Adam Resurrected* (US/BRD/IL 2007/08, R: Paul Schrader), die auf dem Roman *Adam Hundesohn* des israelischen Schriftstellers Yoram Kaniuk beruht, ins Zentrum gerückt. Die Handlung ist in einer psychiatrischen Klinik für Holocaust-Überlebende in Israel angesiedelt und zeigt Überlebende, die nicht mehr in der Lage sind, ihr Leben in der Gesellschaft zu leben: Die charismatische Hauptfigur Adam Stein (Jeff Goldblum), der ehemals Clown war und als ‚Heiland' der Patient_innen im Seizling Sanatorium gezeigt wird, der nur sich selbst nicht helfen kann; Abe Wolfowitz (Joachim Król), der den Verlust seiner kleinen Tochter nicht verkraften kann, die sich monatelang in einem Erdloch versteckte und dann doch ermordet wurde; Arthur Fein (Idan Altermann), der ebenfalls in einer wiederholenden Handlung (diesmal des Feuermotivs und nicht des Sprungs aus dem Fenster wie in *Zeugin aus der Hölle*) das Haus anzündete, in dem er mit seiner Frau und seiner kleinen Tochter nach dem Holocaust lebte. Die Überlebenden-Figuren in *Ein Leben für ein Leben* werden primär über ihre psychische Versehrtheit und das daraus resultierende Verhalten charakterisiert.

Obwohl in *Zeugin aus der Hölle* und *Der Rosengarten* die Überlebenden-Figuren zunächst ein geregeltes Leben geführt zu haben scheinen – Lea Weiss heiratete und Aaron Reichenbach arbeitete in Argentinien als Zahntechniker –, werden auch sie als traumatisiert gezeigt: Konfrontiert mit den Nazi-Täter_innen bricht die Vergangenheit auf und die Verfolgung ist wieder so präsent, dass sie zu einer gegenwärtigen Bedrohung wird, die Angst und Verwirrung auslöst.

In *Phoenix* ist die innere Zerstörung der Protagonistin Nelly (Nina Hoss) durch die Zeit im Vernichtungslager äußerlich geworden. Sie wurde, nachdem ihr die Nazis ins Gesicht geschossen hatten, für tot gehalten und zurückgelassen. Der Film erzählt dies retrospektiv als Teil der Figurenbiografie ohne Rückblenden und setzt mit der Handlung ein, als Nelly von ihrer Freundin Lene (Nina Kunzendorf) nach Berlin zu einem

Chirurgen gebracht wird, der ihr Gesicht operieren soll. Zunächst erscheint Nelly als bandagierte ‚Mumie'. (Abb. 31) Sie ist zerstört worden und kehrt wie ein Geist nach Berlin zurück, wo sie ihr Gesicht und ihr Leben wiederfinden muss. Der Arzt, der ihr zu einem anderen, einem neuen Gesicht rät und darauf hinweist, dass das Vorteile haben könnte, versucht dann auf ihren Wunsch, ihr früheres Aussehen bestmöglich zu rekonstruieren. Nach dem chirurgischen Eingriff macht sie sich auf die Suche nach ihrem Mann Johnny (Ronald Zehrfeld), der sie nicht erkennt oder erkennen will, der aber so viel Ähnlichkeit in ihr zu Nelly sieht, dass er sie überredet, sich als Nelly auszugeben, um mit ihm gemeinsam an deren Erbe zu gelangen. In der Folge hilft er ihr bei der Verwandlung zu sich ‚selbst', zu einer Person, die sie nicht mehr ist – sie färbt ihr Haar, schminkt und kleidet sich wie Nelly und wird auf der Suche nach ihrem früheren Leben zu ihrer eigenen Doppelgängerin.

Ein weiterer wiederkehrender Topos ist das Skandalon des (eigenen) Überlebens. Selbst überlebt zu haben, während andere ermordet wurden, ist bei vielen der Überlebenden-Figuren Thema. Dieses ‚Überlebensschuldgefühl'[108] steht einerseits in Zusammenhang mit Sinnverlust und Ohnmachtserfahrung, wie er beispielsweise in *Ein Leben für ein Leben* anhand der Figur Abe Wolfowitz thematisiert wird: Er möchte sterben, um endlich die Auseinandersetzung mit Gott darüber führen zu können, wie er die Shoah und die Ermordung seiner kleinen Tochter zulassen konnte. Andererseits führt es zu der Frage, wie das *eigene* Überleben möglich war – während andere ermordet wurden. Die Beantwortung dieser Frage ist häufig Gegenstand der filmischen Darstellungen und wird zum Teil auch mit einem vagen Schuldigwerden zusammengebracht. In *Der Passagier*, *Epsteins Nacht*, *Ein Leben für ein Leben* oder *Liebe unter Verdacht* wird in unterschiedlichem Maße eine Schuld angedeutet, die die Überlebenden-Figur auf sich geladen habe.

Auch in *Zeugin aus der Hölle* ist das Überleben an tabuisierte Ereignisse geknüpft, die Lea Weiss Bora Petrović für das Buch zunächst verheimlicht. Sie kann ihm, dem Mann, Journalisten und Liebhaber, zu diesem Zeitpunkt nicht sagen, dass sie zur Prostitution im Lagerbordell gezwungen und auch von Berger sexuell missbraucht wurde. Es entsteht eine Dissonanz zwischen ihrem schambesetzten Schweigen und ihrer Äußerung, sie habe sich nichts vorzuwerfen. Dass Überlebende Teil des Lagersystems werden mussten, um zu überleben,[109] scheint für filmische Darstellungen eine große Herausforderung darzustellen. Die Opfer werden dadurch ihrer ‚Unschuld' und ‚Passivität' beraubt und werden zu komplexeren Figuren mit Brüchen, die nicht mehr in moralischer Eindeutigkeit dargestellt werden können. Gleichzeitig geht eine solche Darstellung von Komplexität, Brüchen und Widersprüchen mit dem Risiko einher, die Opfer zu Mittäter_innen, zu Mitschuldigen zu machen. Sie widerspricht dem Bild vom Opfer als moralischer Autorität.

108 Weiterführend Ilka Quindeau: *Trauma und Geschichte. Interpretationen autobiographischer Erzählungen von Überlebenden des Holocaust.* Frankfurt am Main: Brandes & Apsel 1995.

109 Loewy: *Zeugin aus der Hölle* und die Wirklichkeit des Auschwitz-Prozesses, S. 27.

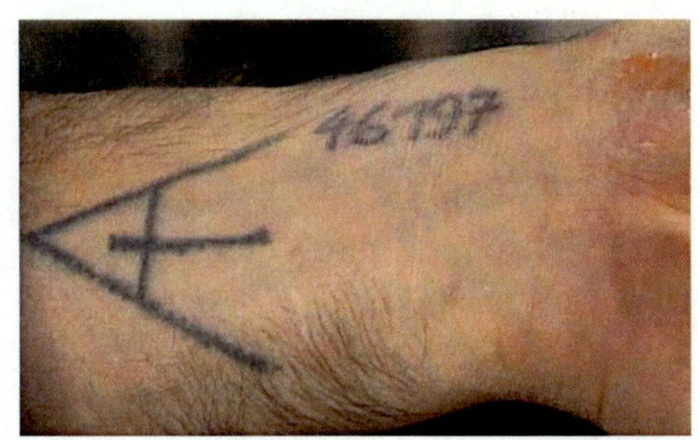

Abb. 32
Die tätowierte Häftlingsnummer von Enrico Pavarotti (Guido Gagliardo) in der *Lindenstraße*.

2.2.3 Sichtbare Kodierung: Häftlingsnummern

Während die Ikonen oder verdichteten ‚Superzeichen' des Holocaust Züge, Gleise, Stacheldraht, Wachtürme, Hunde und Schornsteine sind,[110] werden KZ-Häftlinge einerseits ganz zentral über Nacktheit dargestellt, wenn sie sich für ihre Ermordung ausziehen müssen,[111] und andererseits über die gestreifte Häftlingskleidung (Zebra-Kleidung).[112] In Filmen mit Überlebenden-Figuren, in denen Rückblenden auftauchen, wie *Zeugin aus der Hölle* oder *Die verlorene Zeit*, werden diese ‚Superzeichen' eingesetzt. Darüber hinaus ist die (tätowierte) Häftlingsnummer eine wichtige Ikone, wobei ihr besonders für die Darstellung der Holocaust-Überlebenden, also für Darstellungen nach 1945, immenses symbolisches Gewicht zukommt. Taucht sie auf, wird sie immer in Großaufnahme gezeigt. (Abb. 32)

Wie auch viele andere Überlebenden-Figuren wird Lea Weiss über die in den Unterarm tätowierte Häftlingsnummer visuell erkennbar gemacht. Obwohl die Häftlingsnummern ausschließlich im Vernichtungslager Auschwitz tätowiert wurden und sonst auf der Häftlingskleidung angebracht waren, ist die tätowierte Häftlingsnummer *die* Kodierung von Überlebenden. Sie ist einerseits Teil der Identität und Lebensgeschichte der Überlebenden, war sie doch Ersatz für den von den Nazis geraubten Namen.[113] Andererseits macht sie die Überlebenden für ihre Umwelt (und auch das Publikum) erkennbar und trennt sie gleichzeitig von dieser. Ruth Klüger schreibt in

110 Lorenz: Der Holocaust als Zitat, S. 267 ff.

111 Sven Kramer: Nacktheit in Holocaust-Fotos und -Filmen. In: Ders. (Hrsg.): *Die Shoah im Bild*, S. 225–248, hier S. 225 ff.

112 Weiterführend dazu siehe Bärbel Schmidt: *Geschichte und Symbolik der gestreiften KZ-Häftlingskleidung.* Dissertation Universität Oldenburg 2000. http://oops.uni-oldenburg.de/407/1/440.pdf (Zugriff am 02.04.2013).

113 Wobei bei Ruth Klüger deutlich wird, dass die Substitution des Namens durch die Nummer nicht unbedingt angenommen wurde und diese erst nach der Shoah ihre identitäre Bedeutung erlangte: „Auch anderen erging es so, daß sie sich keineswegs mit ihrer Nummer identifiziert haben, wie man sich mit seinem Namen identifiziert; ein Teil unseres Lebens wurde sie erst nachher, und dann eben als Andenken, ohne gegenwärtige Funktion. [...] Doch ganz ohne darüber zu sprechen, und fast als sei es eine Verpflichtung den Toten gegenüber, nahm man die Auschwitznummer mit in die Nachkriegswelt, die gerne heil sein oder werden wollte und die durch das ‚Merkt euch' unserer Markierungen löchriger wurde." (Ruth Klüger: *Unterwegs verloren.* Wien: Zsolnay 2008, S. 13–15.)

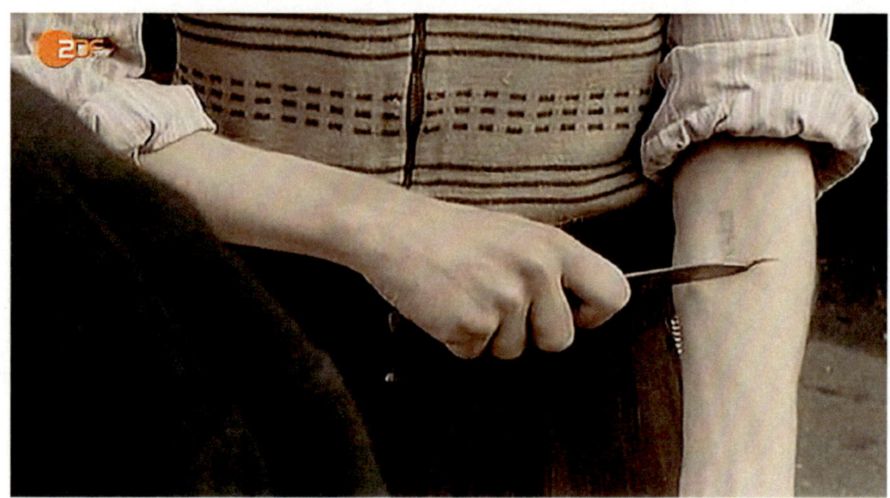

Abb. 33: Jakob (Neel Fehler) schließt mit Bernd (Vincent Redetzki) Blutsbrüderschaft in dem ZDF-Fernsehdreiteiler *Die Wölfe*.

unterwegs verloren, dass die Nummer erst nach der Shoah wichtig wurde als Andenken an die Toten.[114] Aber sie sei auch Anstoß und Entblößung gewesen[115] und Symbol einer Entfremdung, die sie wiederum auch verursacht habe.[116]

Die Figuren werden innerhalb der Filme als Überlebende erkennbar, wenn das Gegenüber die Häftlingsnummer als solche versteht; ist dies nicht der Fall, entstehen entblößende und entfremdende Situationen, in denen die Figur bloßgestellt, isoliert und verletzt wird. So erzählt Lea Weiss Bora Petrović in einer Szene, dass sie einmal gefragt wurde, ob es sich um ihre Telefonnummer handele. Dieses Ereignis, das die Ignoranz der Umwelt, aber eben auch die unüberbrückbare Distanz zur nichtjüdischen Umgebung verdeutlicht, wird auch in *Birkenau und Rosenfeld* aufgegriffen. Hier wird Myriam Rosenfelds Freundin Ginette (Claire Maurier) beim Tanzen von ihrem Tanzpartner nach der Nummer auf ihrem Arm gefragt. Die kränkende Bezeichnung als ‚Telefonnummer' wirkt im zeitlichen Kontext der 1950er und 1960er Jahre, also in einer Zeit, als die Shoah noch nicht das zentrale Ereignis in der Auseinandersetzung mit dem Nationalsozialismus war,[117] plausibel, während eine ähnliche Szene im zu Anfang des 21. Jahrhunderts spielenden *Birkenau und Rosenfeld* aufgrund ihrer Unglaubwürdigkeit wie ein klischeehafter Gemeinplatz wirkt.

Auch Valerie Zenker (Nadine Spruß), Walze genannt, erkennt in der Episode *Bilder der Vergangenheit* der *Lindenstraße* (Episode 248, 1990, ARD) die KZ-Nummer auf

114 Klüger: *Unterwegs verloren*, S. 13.

115 Ebd., S. 26–27.

116 Ebd., S. 24–25.

117 Kramer: Wiederkehr und Verwandlung der Vergangenheit im deutschen Film, S. 296.

Abb. 34: Nach dem Wechsel seiner Identität hat Jakob, nun Johann, in *Die Wölfe* seine Häftlingsnummer entfernen lassen.

Enrico Pavarottis Unterarm nicht direkt als solche, sondern fragt zunächst, ob er sich auch keine Nummern merken könne. Später beginnt sie, über den Holocaust zu recherchieren, und so wird auch hier die tätowierte Häftlingsnummer zum Erkennungsmoment. In der Premierenfassung von Helmut Käutners *Schwarzer Kies* können die Zuschauer_innen den Wirt Loeb (Max Buchsbaum) an der Nummer auf seinem Unterarm als Überlebenden und Juden erkennen (siehe auch Abb. 1, S. 92). Neben der bereits beschriebenen Szene, in der Loeb als „Saujud" beschimpft wird und die Nummer zu sehen ist, wird er zuvor in einer Prügelei von einer Flasche verletzt und sein blutender Unterarm mit der tätowierten Häftlingsnummer ist in Nahaufnahme zu sehen. Und in *Die Wölfe* wissen die Zuschauer bereits, dass Jakob (Neel Fehler) im Konzentrationslager war, wenn sie die Nummer auf seinem Unterarm als Bekräftigung sehen, während er mit Bernd (Vincent Redetzki) Blutsbrüderschaft schwört und den Schnitt neben der Nummer macht. (Abb. 33) Als er später von der Stasi eine neue Identität angeboten bekommt, ist die Entfernung der Häftlingsnummer – neben der Namensänderung – zentraler Teil seiner Veränderung. Wenn nun an seine Vergangenheit erinnert werden soll, wird die Narbe auf seinem Unterarm gezeigt. (Abb. 34) Das Entfernen der Häftlingsnummer taucht auch in Nellys Verwandlung zur eigenen Doppelgängerin in *Phoenix* auf. So will Johnny ihr einen Schnitt im Unterarm zufügen, damit sie, auf ihre Häftlingsnummer angesprochen, flüstern könne, sie habe sie sich rausgeschnitten. Da sie tatsächlich eine Häftlingsnummer hat, muss sie den letzten Schritt ihrer Verwandlung zu ‚Nelly' verweigern, um nicht erkannt zu werden. Als sie sich in der Schlussszene vor Johnny zu erkennen gibt, indem sie mit *Speak Low* ein Lied singt, das sie früher gemeinsam gesungen haben, trägt sie ein kurzärmeliges Kleid, das

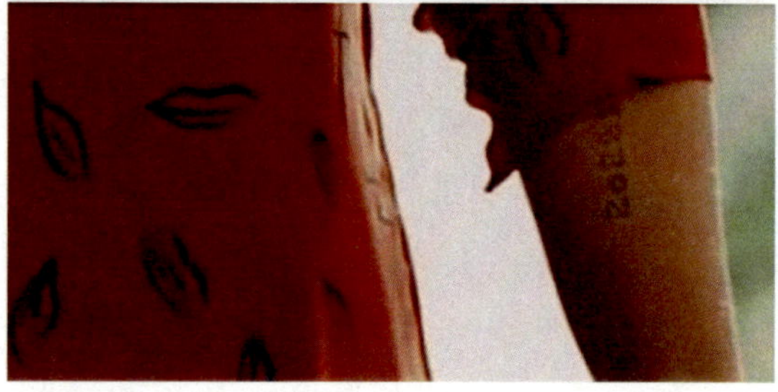

Abb. 35 a & b
Johnny (Ronald Zehrfeld) erkennt Nelly an der Nummer auf ihrem Unterarm in *Phoenix*.

den Blick auf ihre Häftlingsnummer frei gibt. Wir sehen erst Johnny, wie er auf ihren Unterarm schaut, und dann ihren Unterarm in Großaufnahme. (Abb. 35 a & b)
Durch die Häftlingsnummer als sichtbare Zeichnung der Überlebenden werden sie einerseits mit ihrer traumatischen Erfahrung entblößt, und so ist es nicht zufällig, dass Enrico Pavarotti in der *Lindenstraße* versucht, seine Nummer unter einer Ledermanschette zu verbergen und Aaron Reichenbach in *Der Rosengarten* wütend wird, wenn er sieht, dass jemand auf seine Nummer starrt. Andererseits bezeugen die Häftlingsnummern, dass der Holocaust in die Gegenwart hineinreicht und mit den Überlebenden noch präsent ist. In *Ein Leben für ein Leben* fordert Adam Stein die anderen Patienten des Seizling Sanatoriums auf, die Arme in den Himmel zu heben, ihre Nummern zu rufen und „ihm" zu zeigen, dass sie noch am Leben seien. Die Nummern, die die ehemaligen Häftlinge ihr Leben lang nicht mehr vergessen können, werden hier einerseits zum Symbol der Anklage und andererseits zum Beweis des eigenen Überlebens.
Die tätowierte Häftlingsnummer ist eine Ikone der Shoah geworden, wie das Lagertor, Zäune oder Krematorien, die für das Böse an sich steht und in anderen populären Medien zitiert wird.[118] Sie findet nicht nur in Filmen über die Shoah Verwendung, sondern auch in Genres wie dem Horror-, Action- oder Science-Fiction-Film, beispielsweise in *Terminator* (USA 1984, R: James Cameron)[119], Liebesfilmen wie *Harold and*

118 Lorenz: Der Holocaust als Zitat, S. 273.

119 Vgl. Florian Evers: *Vexierbilder des Holocaust. Ein Versuch zum historischen Trauma in der Populärkultur.* Berlin: Lit 2011, S. 5 ff.

Maude (USA 1971, R: Hal Ashby) oder Comicverfilmungen wie *X-Men* (USA 2000, R: Brian Singer)[120].

2.2.4 *Konfrontationen mit der Vergangenheit*

Obwohl die Vergangenheit für die Überlebenden (ohnehin) nicht abgeschlossen, sondern gegenwärtig ist, bedarf es für die filmische Darstellung *sichtbarer* Anlässe, um die Auseinandersetzung der Überlebenden-Figuren mit ihrer Verfolgungsvergangenheit zu begründen. Ein von den Überlebenden-Figuren selbst gewählter Anlass ist die Rückkehr an einen Ort, der für Verfolgung oder für das steht, was durch sie verloren wurde. Das kann allgemein die Rückkehr nach Deutschland sein wie in *Das Urteil*, in die Geburtsstadt wie in *Gebürtig*, oder auch in das Vernichtungslager, in das die Figur oder Familienangehörige der Figurengeschichte deportiert worden waren, wie in *Birkenau und Rosenfeld* und *Gebürtig*.

Konfrontiert werden:
Begegnungen mit Täter_innen, Mitläufer_innen oder ihren Nachkommen

Ein weiterer nachvollziehbarer Auslöser ist häufig die Begegnung mit nichtjüdischen Deutschen, die nachfragen (*Lindenstraße*), mit Nazi-Täter_innen (*Der Rosengarten* oder *Bronsteins Kinder*) oder deren Kindern (*Gebürtig* oder *Birkenau und Rosenfeld*). In diesen Figurenkonstellationen geht es nicht um die Konfrontation mit ihren persönlichen Peinigern, wie sie im nächsten Unterkapitel zu Überlebenden als Zeug_innen analysiert wird, sondern um die Begegnung mit nichtjüdischen Deutschen, die die Shoah als Nachkommen von Täter_innen oder Mitläufer_innen erlebt haben. Dieses Konfrontiertsein oder Umgehenmüssen mit tatsächlichen oder mutmaßlichen (ehemaligen) Nazis ist Teil des jüdischen Lebens in (West-)Deutschland nach 1945 und hält die Verfolgungserfahrung gegenwärtig.

Für Hermann Gebirtig (Peter Simonischek) in *Gebürtig* wird nicht nur die Konfrontation mit dem ehemaligen SS-Aufseher Pointner vor Gericht während seiner Reise nach Deutschland prägend, sondern vor allem die Begegnung mit Konrad Sachs, dem Sohn eines SS-Arztes in Auschwitz. Konrad Sachs' Familiengeschichte, die er offensichtlich lange verdrängt hatte, bricht zunächst in Albträumen hervor, die weniger tatsächliche Erlebnisse zeigen als vielmehr eine Mischung aus frühkindlichen Erinnerungen und imaginierten Bildern dessen, was er über seinen Vater weiß. Diese Bilder suchen ihn zunächst nur im Traum auf, doch symbolisiert durch seine immer wieder zu bluten beginnende Nase, brechen alte Wunden auf, und die Vergangenheit tritt zunehmend auch tagsüber hervor. Sachs kann sich der quälenden Ambivalenz zwischen kindlicher Liebe zum Vater und Abscheu vor ihm als Täter nicht länger erwehren. Hermann Gebirtig und auch der *child-survivor*[121] Danny Demant stehen mit Sachs

120 Vgl. Hanno Loewy: Der Überlebende als böser Held. X-Men, Comic-Culture und Auschwitz-Fantasy. In: Susanne Düwell / Matthias Schmidt (Hrsg.): *Narrative der Shoah. Repräsentationen der Vergangenheit in Historiographie, Kunst und Politik*. Paderborn: Schöningh 2002, S. 171–188.

121 Darunter werden überlebende Kinder der Shoah verstanden, siehe zu ihrem Selbstverständnis und ihrer Organisation in Deutschland: http://www.child-survivors-deutschland.de/.

einer Figur gegenüber, die der Vergangenheit und ihrer Familiengeschichte ebenfalls nicht entkommen kann und in einem ganz körperlichen Sinne von ihr heimgesucht wird. In *Gebürtig* erscheinen sowohl die Überlebenden (und ihre Nachgeborenen) als auch die Kinder von Täter_innen mit der Shoah und dem Nationalsozialismus unfreiwillig eng verbunden und können sich aus dieser biographischen Amalgamierung nicht befreien. Wenn Hermann Gebirtig sich um Konrad Sachs kümmert und ihm rät, sich mit der Geschichte seines Vaters – auch öffentlich – auseinanderzusetzen, um danach loslassen und freier durchatmen zu können, so markiert dieser Ratschlag (und die Entscheidung, vor Gericht gegen einen KZ-Aufseher auszusagen) den Moment, in dem er es selbst schafft, sich seiner Vergangenheit zu stellen und sie ein wenig mehr loszulassen. Die Begegnung mit dem – hier idealtypischen – Täterkind wird als hilfreich gezeigt, um die Vergangenheit abzuschließen; über die quälende Vergangenheit hinweg kann es etwas wie Versöhnung zwischen Gebirtig und Sachs geben.

Die Überlebenden-Figuren werden in den filmischen Darstellungen als ‚Expert_innen' der Trauma- oder Verlusterfahrung gezeigt, die ihrem Gegenüber Trost und Rat geben können (*Lindenstraße* und *Das Urteil*). Gleichzeitig brauchen sie in den Figurenkonstellationen eine reuige Figur, die der Täterseite zuzuordnen ist,[122] als Gegenüber, denn erst durch das Verzeihen und die Versöhnung kann die (quälende) Vergangenheit abgeschlossen werden (*Gebürtig*).

Generationsübergreifend funktioniert die Begegnung mit einem Täternachkommen in *Birkenau und Rosenfeld*: Die Hauptfigur Myriam Rosenfeld trifft in der Gedenkstätte Auschwitz-Birkenau auf Oskar, den jungen Enkel eines ehemaligen hochrangigen Nazis. Hier wird die Begegnung mit einer dritten Generation nichtjüdischer Deutscher gezeigt. Im Gegensatz zu Konrad Sachs Geschichte in *Gebürtig* bleibt die Biografie der Figur Oskar vage. Nachdem er auf dem Sterbebett des Vaters von der Nazi-Täterschaft seines Großvaters erfuhr, suchte er die Auseinandersetzung damit. Er begleitet Myriam zumeist schweigend und nickend auf ihren Gängen über das Lagergelände. Mit der Kamera versucht er, Spuren der (unsichtbaren) Vergangenheit sichtbar zu machen. Am Ende macht er jedoch – im Sinne einer Opferidentifizierung[123] – nur Myriam, das überlebende Opfer, auf seinen Fotos sichtbar und nicht die Täter-Spuren seiner Familie. Dennoch ist auch Oskar ein moralisch ‚idealtypischer' Täternachfahre, der sich mit der Täterschaft in der eigenen Familie auseinandersetzt und von dieser tief betroffen ist.[124] Valerie Zenker aus der *Lindenstraße* ist keine direkte Täter-Enkelin, doch sie setzt sich auch gar nicht mit der Vergangenheit ihrer Familie und möglichen Verstrickungen auseinander, sondern ausschließlich mit den Opfern des Holocaust. In

122 Unter einer Figur, die der Täter_innenseite zuzuordnen ist, wird in einem weiten Sinne eine deutsch-nichtjüdische Figur verstanden, die selbst oder aber als Nachgeborene_r über ihre/seine Familie mit Mitläuferschaft oder Täterschaft im Nationalsozialismus in Verbindung gebracht wird und sich – zumindest in den meisten Fällen – mit dieser auseinandersetzt.

123 Vgl. Jureit / Schneider: *Gefühlte Opfer*, S. 23 ff.

124 Die hier fehlende Perspektive der Auseinandersetzung mit Täterschaft in der eigenen Familie macht der Dokumentarfilm *2 oder 3 Dinge, die ich von ihm weiß* (BRD 2004/05, R: Malte Ludin) zum zentralen Gegenstand.

einem Akt der Solidarisierung mit dem Überlebenden Enrico lässt sie sich in Folge 254 *Begegnungen* die Haare abrasieren und vollzieht damit auch eine sichtbare Transformation, die ihre Identifikation mit den Opfern symbolisiert.
In beiden Beispielen zeigen sich die Abwendung der nachgeborenen Generation von den eigenen Täter- oder Mitläuferfamiliengeschichten und ihre Hinwendung zu einer Opferperspektive.

Sich konfrontieren: Rückkehr an den Ort des Geschehens
Wird die Auseinandersetzung der Figur durch den Ort (des vergangenen Geschehens) ausgelöst, so muss die filmische Darstellung es schaffen, zwei Zeitebenen sichtbar oder erfahrbar zu machen: Die Figur am Ort des Geschehens in Gegenwart und Vergangenheit, zum Zeitpunkt des Verbrechens. Das klassische Vorgehen, um in die Handlung vorgängige Ereignisse visuell einzubringen, sind Rückblenden, die häufig durch spezifische Stilmittel von der filmischen Gegenwart abgegrenzt werden.[125] Szenen, häufig schwarz-weiß gehalten, zeigen Momente aus der Vergangenheit der Figur, an die sie sich, ausgelöst durch den Ort, erinnert. Hermann Gebirtig erinnert sich in *Gebürtig* an Momente mit seinen Eltern, als er vor seinem Wiener Geburtshaus steht oder vor einem Café in der Straße, in der die Familie Gebirtig damals lebte. Filmsprachlich sind diese Szenen konventionell: Erinnerung und Vergangenheit einer Figur sind hier deckungsgleich.
Anders wird die Verbindung von Vergangenheit und Gegenwart anhand der Figur Danny Demant in *Gebürtig* gezeigt. Er fährt nach Auschwitz, um dort als Schauspieler am Dreh eines Holocaustfilms mitzuwirken. An dem Ort, wo sein Vater ermordet wurde, mischen sich Vergangenheit und Gegenwart und sind nicht mehr klar voneinander abgegrenzt: Dadurch, dass die Schauspieler_innen am Filmset (im Film) Häftlingskleidung und SS-Uniformen als Kostüme tragen, ist visuell die Grenze bereits verwischt, zusätzlich tauchen jedoch noch Figuren auf, die Demants Imagination entsprungen und vermeintlich ‚echte' Häftlinge aus der Vergangenheit zu sein scheinen. Sie sprechen und interagieren mit ihm. Mit diesen geisterhaften Figuren bricht die Vergangenheit in die Gegenwart ein, die Demant in Wien sorgsam voneinander abzugrenzen versucht. Die Erinnerung der Figur Danny Demant unternimmt keine Reise in die Vergangenheit, sondern seine Phantasie lässt die Vergangenheit in die Gegenwart einfallen, denn Demant war nicht in Auschwitz, sondern überlebte als Kind versteckt in einem Kinderheim.
Diese Vermischung unterschiedlicher Zeitebenen und Perspektiven wird in *Der Passagier* so weit geführt, dass die Frage nach Erinnerungen und Perspektiven Gegenstand des Films wird: Der Filmemacher Cornfield (Tony Curtis) geht an den Ort der Ereignisse zurück (ein Filmstudio in Potsdam Babelsberg), um sich dort (filmisch) mit seiner Vergangenheit auseinanderzusetzen. Thomas Brasch, der Regisseur von *Der Passagier,* erzählt eine Geschichte von der Erinnerung, indem er mit Spiegelungen

125 Hickethier: *Film- und Fernsehanalyse*, S. 131–134.

Abb. 36: Myriam (Anouk Aimée) begegnet auf dem Gelände der heutigen Gedenkstätte Auschwitz in *Birkenau und Rosenfeld* israelischen Jugendgruppen.

und Verdopplungen arbeitet, und liefert eine Reflexion über das Filmemachen über die Vergangenheit.[126] Ihren Ausgangspunkt nimmt die Auseinandersetzung mit der Vergangenheit auch hier mit der Rückkehr des Überlebenden Cornfield in das Filmstudio, wo er einst als KZ-Häftling an einem Nazi-Film mitwirken musste. Nun will er dort diese Geschichte, von der keiner weiß, dass es sich um *seine* handelt, verfilmen. Eingebettet in die Handlung des Films im Film mischen sich hier Spielszenen (sowie Spielszenen, die Spielszenen zeigen) und Cornfields Erinnerungen, wobei die Verwischungen durch Kostüme und Doppelbesetzungen noch verstärkt werden. Vergangenheit und Gegenwart sind hier ebenso wenig zu trennen wie das, was tatsächlich passiert ist, das, was Cornfield tatsächlich erinnert, und das, was er als erzählte Geschichte dreht, weil er es so erinnern möchte.

Auch *Der Rosengarten* und *Birkenau und Rosenfeld* lassen ihre Hauptfiguren an einen für sie zentralen Ort des Verbrechens reisen. *Der Rosengarten* beginnt damit, dass ein Mann sich mit dem Taxi zu einer Schule fahren lässt. Dort steigt er aus und sieht, dass die Feuerwehr gerade eine Katze von einem Fenstersims rettet. Er blickt sich kurz um, doch das Geschehen, das bereits Schaulustige angezogen hat, scheint ihn nicht zu

126 Vgl. Asal Dardan: „Zu jedem Bild ein Gegenbild". Regiearbeit als Historiografie in Thomas Braschs *Der Passagier – Welcome to Germany*. In: Claudia Bruns / Asal Dardan / Anette Dietrich (Hrsg.): *„Welchen Stein Du hebst". Filmische Erinnerung an den Holocaust*. Berlin: Bertz & Fischer 2012, S. 286–299; Doron Kiesel: Die Augen sind zwei Lügner. *Der Passagier – Welcome to Germany* von Thomas Brasch. In: Ernst Karpf / Doron Kiesel / Karsten Visarius (Hrsg.): *Once upon a time... Film und Gedächtnis*. Marburg: Schüren 1998, S. 139–147.

interessieren. Er steigt wieder in das Taxi und lässt sich zum Flughafen fahren. Diese Szene, mit der der Film die Figur Aaron Reichenbach (Maximilian Schell) einführt, ist zunächst unverständlich und lässt sich erst im Laufe der Handlung klären. Reichenbach besucht hier den Ort, an dem seine Schwester Rachel ermordet wurde.

Birkenau und Rosenfeld spielt hauptsächlich auf dem Gelände der Gedenkstätte Auschwitz-Birkenau. Darin erinnert er an *Am Ende kommen Touristen*, dessen zentraler Handlungsort ebenfalls Auschwitz-Birkenau ist und indem sich ebenfalls ein Überlebender und ein nachgeborener nichtjüdischer Deutscher der dritten Generation begegnen. Die Überlebenden-Figur ist in letzterem allerdings nicht jüdisch, wie überhaupt keine jüdischen Figuren auftauchen. Auch nicht als israelische Jugendgruppen, die die Wahrnehmung der heutigen Gedenkstätte Auschwitz prägen und die in *Birkenau und Rosenfeld* sichtbar werden, wenn Myriam ihnen wortlos, aber durchaus in gegenseitiger Wahrnehmung begegnet. (Abb. 36)

Myriam tauscht auf einem Überlebenden-Treffen in Paris das Fahrrad, das sie bei einer Tombola gewonnen hat, gegen ein Zugticket nach Krakau. Sie kehrt an den Ort zurück, an dem sie als junge Frau gefangen gehalten wurde, und bewegt sich tagelang entlang ihrer Erinnerungen durch das Lagergelände. Die Bilder bleiben dabei immer in der Gegenwart des völlig überwucherten Lagergeländes Birkenau, der Ton mit dem Voice-over Myriams bringt die Vergangenheit in Form ihrer Erinnerungen (als weitere Ebene) hinzu. Was von den Bildern an Dokumentarfilme wie Claude Lanzmanns *Shoah* (1985) erinnert, ist hier Spielhandlung. Das Vorgehen des Films, an einem Ort Spuren der Vergangenheit sichtbar zu machen, wird in der Figur Oskar gespiegelt, der Myriam begegnet: Er ist mit seiner Kamera ebenso auf der Suche danach wie der Film selbst. Diese Nähe zum dokumentarischen Film kombiniert *Birkenau und Rosenfeld* mit poetischen und verdichteten Bildern, die erst durch die Inszenierung der Spielhandlung möglich werden. Anstelle von Rückblenden schafft hier der Voice-over-Kommentar von Myriam die Brücke zwischen Vergangenheit und Gegenwart an diesem Ort. Über die Rolle des Ortes in Dokumentarfilmen wie *Shoah* geht *Birkenau und Rosenfeld* in seiner Darstellung insofern hinaus, als er die *aktive* Raumaneignung der Hauptfigur zum zentralen Thema macht. Myriam begreift das Lager, das ihr einst aufgezwungen wurde, nun als *ihren* Raum, den sie jetzt – im Gegensatz zu damals – selbstbestimmt nutzen kann.[127] Darin unterscheidet sich *Birkenau und Rosenfeld* auch von anderen Filmen wie *Der Rosengarten* oder *Gebürtig*, die ihre jüdischen Überlebenden-Figuren an den Ort des Verbrechens zurückkehren lassen: Der Ort ist hier nicht nur auslösendes Moment für die Handlung bzw. Erinnerung der Figur, sondern er wird zum Thema des Films. Mit der Aneignung des Ortes findet eine Auseinandersetzung mit der Vergangenheit statt.

127 Myriam bezeichnet das Lager als ihr Zuhause. Die Bindung eines Überlebenden an das Lagergelände wird auch in *Am Ende kommen Touristen* gezeigt, dort lebt Stanisław Krzemiński (Ryszard Ronczewski) aber tatsächlich seit seiner Befreiung nahe dem Vernichtungslager Auschwitz-Birkenau.

2.2.5 *Überlebenden-Figuren als Zeug_innen vor Gericht*

> Du sollst nicht nur für Dich allein sprechen, sondern auch für Millionen andere Menschen, die nicht mehr sprechen können.
> (Bora Petrović in *Zeugin aus der Hölle*)

Die juristische Verfolgung nationalsozialistischer Gewaltverbrechen ist für die deutsche Beschäftigung mit der NS-Vergangenheit sowohl formal als auch hinsichtlich des didaktischen Anspruchs paradigmatisch (vgl. Kap. II.2.2). Mit dem Eichmannprozess in Jerusalem (1961) und den Auschwitz-Prozessen in Frankfurt (1963–65, 1965/66 und 1967/68) wurden Jüdinnen und Juden als Zeug_innen wichtig.[128] Bezüglich der gesellschaftlichen Wirkung der NS-Prozesse in den 1960er Jahren kann man zu unterschiedlichen Einschätzungen kommen.[129] Hannah Arendt beispielsweise verwies in diesem Zusammenhang auf den Unterschied von veröffentlichter und öffentlicher Meinung.[130] Als veröffentlichte Meinung fanden die Prozesse der 1960er Jahre ein großes mediales Echo und wurden in unterschiedlichen Medien thematisiert. Wobei in der Bundesrepublik die Auseinandersetzung in erster Linie in Presse, Theater und Fernsehen (nicht so sehr im Kino) stattfand.[131]

Unabhängig davon, wie sehr die Prozesse tatsächlich die öffentliche Meinung, das gesellschaftliche Denken über den Holocaust veränderten, ist festzuhalten, dass „die zeitweilige Dominanz des Juristischen, des strafrechtlich-prozessualen Formats, wichtige Konsequenzen für die Vergegenwärtigung der NS-Vergangenheit in der Bundesrepublik insgesamt hatte – und wahrscheinlich bis heute hat“[132]. Die formale und dramaturgische Nähe zwischen gerichtlichem Prozess und Theater(-Aufführung) im Allgemeinen und die Prozesse der 1960er Jahre im Besonderen haben sicherlich dazu geführt, dass der strafrechtliche Prozess als Form der Bearbeitung der nationalsozialistischen Vergangenheit mit seiner spezifischen Performativität, den unterschiedlichen Narrationen, seinem Duktus der Sachlichkeit ein eigenes erinnerungskulturelles Medium generiert hat, das seinen filmischen Ausdruck im Justizfilm findet. Dieser greift die dramaturgischen Potentiale des Strafprozesses auf, verdichtet sie aber zusätzlich.[133] Gleichzeitig wurde durch die in den 1960er Jahren neue Fokussierung auf den

128 Bei den Nürnberger Prozessen (1945–1949) hatten Dokumente noch eine größere Rolle bei der Beweisführung gespielt. Vgl. Hanno Loewy: Zwischen *Judgment* und *Twilight*. Schulddiskurse, Holocaust und Courtroom Drama. In: Kramer (Hrsg.): *Die Shoah im Bild*, S. 133–169, hier S. 135.

129 Siehe dazu Werner Renz: Der 1. Frankfurter Auschwitz-Prozess 1963–65 und die deutsche Öffentlichkeit. Anmerkungen zur Entmythologisierung eines NSG-Verfahrens. In: Jörg Osterloh / Clemens Vollnhals (Hrsg.): *NS-Prozesse und deutsche Öffentlichkeit: Besatzungszeit, frühe Bundesrepublik und DDR*. Göttingen: Vandenhoeck & Ruprecht 2011, S. 349–362; Norbert Frei: Der Frankfurter Auschwitz-Prozeß und die deutsche Zeitgeschichtsforschung. In: Fritz Bauer Institut (Hrsg.): *Auschwitz. Geschichte, Rezeption und Wirkung*, S. 123–138.

130 Hannah Arendt: Der Auschwitz-Prozeß. In: Klaus Bittermann / Eike Geisel (Hrsg.): *Nach Auschwitz. Essays & Kommentare 1*. Berlin: Edition Tiamat 1989, S. 99–136, hier S. 100.

131 Vgl. Christoph Vatter: *Gedächtnismedium Film. Holocaust und Kollaboration in deutschen und französischen Spielfilmen*. Würzburg: Königshausen & Neumann 2008, S. 108.

132 Ebd., S. 13.

133 Ursula von Keitz: Die provozierte Erinnerung. „Szenen“ des Holocaust im Justizfilm. In: Dies. / Thomas Weber (Hrsg.): *Mediale Transformationen des Holocausts*. Berlin: Avinus 2013, S. 141–172, hier S. 142.

Zeugen die Wahrnehmung der ehemaligen KZ-Häftlingen tiefgreifend verändert, aus ihnen wurden Zeitzeugen oder Überlebende.

An die Prozesse über nationalsozialistische Gewaltverbrechen war die Hoffnung pädagogischer Wirkung geknüpft, da in der Aushandlung der Narration, die als ‚wahr' befunden wird, Bedeutung und Realität konstruiert werden. Auch in den filmischen Darstellungen der NS-Prozesse finden sich spezifische Lesarten sowohl der Vergangenheit als auch der Gegenwart. Hanno Loewy schreibt, das *Courtroom-Drama*[134] biete die Möglichkeit, ein Thema aufzugreifen und den Gerichtssaal als Ort einer (vermeintlich) offenen Diskussion zu inszenieren (im Film steht im Gegensatz zum tatsächlichen Gerichtssaal der Ausgang ja bereits fest), „indem gegen alle Widerstände, gesellschaftliche Voreingenommenheiten, die Wahrheit, die ‚story' im Widerstreit rekonstruiert werden"[135] könne. Er weist darauf hin, das sich gerade diese vermeintliche Offenheit des Ausgangs des Prozesses für Filme über NS-Prozesse als Problem erweise, da sie mit der moralischen Eindeutigkeit, mit der die nationalsozialistischen Gewaltverbrechen zu verurteilen sind, nur schwerlich vereinbar sei, und nennt fünf narrative Lösungen dafür:

> 1. Täter und Ankläger sind gar nicht so verschieden wie es scheint. Ein Geständnis stellt den moralischen Kosmos wieder her. 2. Der Gerichtssaal ist nur eine Fassade der Macht. Die wirklichen Entscheidungen fallen hinter den Kulissen. 3. Der Gerichtssaal ist nur eine Bühne der Politik. Die wirklichen Dramen finden in den Familien statt. 4. Die Identität des Beschuldigten ist unklar. 5. Der Beschuldigte ist ein früheres Opfer, das außerhalb des Rechts Gerechtigkeit sucht.[136]

In dieser ‚Rekonstruktion' vergangener Ereignisse treten jüdische Figuren als Zeug_innen auf. Überlebende der Shoah werden mit ihren Erlebnissen und deren Fortwirken Teil des Figurenarsenals filmischer oder televisueller Darstellungen. Mit ihren Aussagen teilen sie ihre Shoah-Erfahrungen mit den Zuschauer_innen (sowohl denen im Gerichtssaal als auch denen im Kino oder vor dem Fernseher) und vergegenwärtigen die Vergangenheit.

Mit diesem Fokus auf den jüdischen Zeug_innen-Figuren kann hier unterschieden werden zwischen Filmen, die auf den Täter[137] fokussieren und in denen die Opfer im weitesten Sinne als Zeug_innen auftreten, um die Schuld des Täters, seine Monstrosität etc. zu belegen. Außerhalb des Zeugenstands spielen diese Zeug_innen keine Rolle, wie z. B. in *Nichts als die Wahrheit*, in dem ein fiktiver Prozess gegen Josef Mengele geführt wird. Filme wie *Zeugin aus der Hölle*, *Der Rosengarten* oder *Gebürtig* hingegen fokalisieren die Perspektive der jüdischen Zeug_innen. Aus ihrer Sicht wird von den Täter_innen, dem bundesdeutschen Umgang mit der NS-Vergangenheit und der Schwierigkeit, Zeugnis abzulegen, erzählt.

134 Hanno Loewy spricht sowohl in Bezug auf deutsche als auch US-amerikanische Filme vom Courtroom-Drama. Während es sich beim amerikanischen als Courtroom-Drama bezeichneten Gerichtsfilm um ein etabliertes Genre handelt, kann davon im deutschen Film nicht gesprochen werden, weshalb hier dem Begriff des Justiz- oder Gerichtsfilms der Vorzug gegeben wird.

135 Loewy: Zwischen *Judgment* und *Twilight*, S. 143.

136 Ebd., S. 145.

137 Täterinnen tauchen in den hier diskutierten Filmen nicht auf.

Die hier diskutierten Filme sind keine Gerichtsfilme im engeren Sinne: In *Zeugin aus der Hölle* spielt das Sprechhandeln vor Gericht mit seiner spezifischen Rekonstruktion vergangener Ereignisse[138] keine Rolle. Die Handlung ist in der Prozessvorbereitung angesiedelt, wie auch *Im Labyrinth des Schweigens* die Vorgeschichte der Frankfurter Auschwitzprozesse erzählt. *Im Labyrinth des Schweigens* ist dabei in einer gewissen Fritz-Bauer-Renaissance zu verorten, in deren Zuge 2009 (Irmtrud Wojak: *Fritz Bauer 1903–1968. Eine Biographie*) und 2013 (Ronen Steinke: *Fritz Bauer. Oder Auschwitz vor Gericht*) zwei Biografien sowie 2010 der Dokumentarfilm *Fritz Bauer. Tod auf Raten* (BRD 2010, R: Ilona Ziok) erschienen sind. 2014/15 ist dann eine regelrechte ‚Welle' an Filmen über Fritz Bauer zu verzeichnen. Christian Petzold widmet seinen Film *Phoenix*, der von einer Auschwitzüberlebenden handelt, Fritz Bauer. Nach *Im Labyrinth des Schweigens* startete 2015 der Spielfilm *Der Staat gegen Fritz Bauer* (BRD 2015, R: Lars Kraume) und der von Nico Hoffmann produzierte Fernsehfilm *Der General* (R: Stephan Wagner) ist bereits angekündigt.
Im Fernsehspiel *Mord in Frankfurt* ist der Strafprozess, in dem Andrej Markowski (Vaclav Voska) als Zeuge aussagt, lediglich einer von drei Handlungssträngen, die Gerichtsverhandlung macht etwa 17 der insgesamt 112 Minuten aus. *Der Rosengarten* kann am ehesten als Gerichtsfilm gelten. Er beginnt mit dem Ereignis, das dann anschließend vor Gericht verhandelt wird, zeigt, wie die Verteidigerin dazu kommt, den Fall zu übernehmen, sowie ihre Ermittlungen und die tatsächliche Verhandlung. Auffällig ist, dass alle drei genannten Filme Strafprozesse gegen KZ-Ärzte thematisieren. KZ-Ärzte, die entgegen ihrem hippokratischen Eid quälen und töten, statt zu helfen und Menschenleben zu retten, erscheinen als Personifizierung des Bösen und Unmenschlichen. Deshalb tauchen sie möglicherweise so häufig in Filmen über NS-Prozesse als Angeklagte – aber auch in anderen Holocaustfilmen – auf. Die Fokussierung auf die Verbrechen der KZ-Ärzte trägt sicherlich dazu bei, Schuld und Verantwortung bei einigen wenigen ‚monströsen', ‚unmenschlichen' Nazi-Täter_innen zu suchen, anstatt in der breiten Masse von Täter_innen und Mitläufer_innen.
In *Gebürtig* nimmt die tatsächliche Gerichtsverhandlung gegen den KZ-Aufseher Pointner ebenfalls nur einen kleinen Teil der Filmhandlung ein. Die Entdeckung des Altnazis, der seit 40 Jahren unter einer Tarnexistenz lebte, durch den alten Widerstandskämpfer Ressel und die Überredung des Zeugen Hermann Gebirtig, eine Aussage zu machen, durch Ressels Tochter Susanne sind ebenso gewichtig.
Gemeinsam haben *Zeugin aus der Hölle, Mord in Frankfurt* und *Der Rosengarten*, dass sie auf realhistorische NS-Strafprozesse Bezug nehmen und sich zu diesen positionieren. Während sich die beiden Ersteren – ohne es explizit zu benennen – auf den Auschwitz-Prozess beziehen, spielt die fiktive Handlung von *Der Rosengarten* vor dem Hintergrund der verpassten Chancen der deutschen Justiz bezüglich der Verurteilung von Arnold Krenn.
Das in der Reihe *Tatort* gesendete Fernsehspiel *Mord in Frankfurt* funktioniert bezüglich der Rolle und Präsenz der jüdischen Zeugenfigur anders: Ohne das Gefühlsleben

138 Von Keitz: Die provozierte Erinnerung, S. 142.

der Figur Andrej Markowski explizit zu konstruieren und sichtbar zu machen, folgt die filmische Handlung Markowski bei seiner Ankunft in Frankfurt, dem Aufenthalt dort, der Aussage vor Gericht und der Abreise. Damit gibt sie der Figur deutlich mehr Raum als lediglich die Sequenzen im Zeugenstand. Durch die Parallelisierung dieses Handlungsstrangs mit einem Taxifahrermord, der von der Frankfurter Öffentlichkeit mit Aufmerksamkeit und Empörung verfolgt wird, wird ein kritischer Blick auf den gesellschaftlichen Umgang mit NS-Vergangenheit und deutscher Schuld entwickelt. Der Taxifahrermord fungiert hier also als moralische Kontrastfolie, die der diesbezüglichen gesellschaftlichen Empörung die Gleichgültigkeit angesichts des Prozesses gegenüberstellt. Durch den dritten Handlungsstrang, in dessen Mittelpunkt die junge Stewardess Franziska (Monika Lundi) steht, wird diese Verbindung unterstrichen: Sie läuft sowohl dem Mörder als auch dem Zeugen über den Weg, dazwischen besucht sie immer mal wieder ihren Freund Hans im Theater, wo gerade Peter Weiss' Stück *Die Ermittlung* geprobt wird. Weiss' Stück verweist auf den Auschwitz-Prozess. Die szenische Lesung (im Theater) macht es möglich, wesentlich mehr Zeugenaussagen zu Gehör zu bringen. Zugleich steht sie beispielhaft für die auch vorhandene (intellektuelle und künstlerische) Auseinandersetzung – neben der gesellschaftlichen Gleichgültigkeit – dem NS-Prozess gegenüber.

In *Der Rosengarten* geht es (mehr) um die Geschichte Aaron Reichenbachs, der angeklagt wurde, weil er den ehemaligen Nazi Krenn angegriffen hat, um seine Schwester Rachel (sie wurde in einem Nebenlager von Neuengamme unter Krenns Verantwortung ermordet) und schließlich Ruthi, die Aaron im Gerichtssaal nach über 30 Jahren wiedertreffen wird. Nach Hanno Loewy fällt Reichenbach in die Kategorie der früheren Opfer, die außerhalb des Rechts Gerechtigkeit suchen. In *Gebürtig* spielt zwar der Prozess eine nicht unwichtige Rolle, doch ist auch hier die Vorbereitung des Prozesses und die Überzeugungsarbeit, die geleistet werden muss, um den Überlebenden Hermann Gebirtig zu einer Aussage zu veranlassen, dominanter als der Prozess an sich. In *Gebürtig* und *Zeugin aus der Hölle* stehen die Überlebenden-Figuren den Nazi-Tätern (hilflos) gegenüber. Die Spannung entsteht daraus, dass offen ist, ob die Täter vor Gericht gestellt bzw. verurteilt werden oder nicht, sowie aus der Entwicklung der Überlebenden-Figur hinsichtlich ihres Umgangs mit der Vergangenheit.

Zeugin aus der Hölle und *Der Rosengarten* weisen einige Ähnlichkeiten auf, auch wenn zwischen ihrer Produktion und Veröffentlichung 20 Jahre liegen: In beiden Filmen steht eine jüdische Überlebenden-Figur im Mittelpunkt, deren psychische Traumatisierung ebenso gezeigt wird wie ihr Bedürfnis nach Gerechtigkeit. Die Überlebenden-Figuren stehen zwischen einem Anwalt bzw. einer Anwältin und einem Journalisten. Beide Filme beruhen auf realhistorischen Ereignissen, die aber in sehr unterschiedlicher Form in den Filmen verarbeitet wurden. *Zeugin aus der Hölle* nimmt, ohne ihn namentlich zu nennen, Bezug auf den Auschwitz-Prozess (1962–1965). In *Der Rosengarten* findet die fiktive Geschichte um Aaron Reichenbach, der auf dem Frankfurter Flughafen einen scheinbar fremden Mann angreift und daraufhin ins Gefängnis kommt, vor dem Hintergrund des realen Mordes an zwanzig Kindern in der Hamburger Schule am Bullenhuser Damm 92–94 im April 1945 statt. Die Figur Aaron

Reichenbach ist fiktiv, ebenso wie seine Schwester Rachel Reichenbach, die in der filmischen Erzählung eines dieser ermordeten Kinder war. Die Ereignisse im Keller der Schule werden aber sehr genau geschildert. Der Journalist, der in der Filmhandlung über die Geschichte der Schule recherchiert, scheint an Günther Schwarberg angelehnt, der über den Kindermord in der Schule am Bullenhuser Damm seit 1979 recherchierte und dessen Aufarbeitung initiierte.[139] Auch der titelgebende Rosengarten, der an die Ermordung der Kinder erinnern soll, existiert tatsächlich und wurde als Teil der Gedenkstätte Bullenhuser Damm 1980 angelegt. Wenn Aaron Reichenbach zu seiner Anwältin Gabriele Freund (Liv Ullmann) sagt, dass er ein Tribunal für Krenn wolle, dann verweist er damit auf jenes, das 1986 in der Schule am Bullenhuser Damm stattfand.[140] Die Textinserts vor dem Abspann benennen die Gleichzeitigkeit von Fiktionalität der erzählten Geschichte und realhistorischem Hintergrund.[141]

In *Gebürtig* tauchen Momente und Motive aus den genannten Filmen auf: Hermann Gebirtig möchte, wie Lea Weiss, nicht aussagen, ist aber als Hauptaugenzeuge für den Prozess unabdingbar. Er lebt nicht mehr in Österreich und muss für den Prozess aus New York anreisen. Obwohl er sich erinnert und präzise aussagt, wird der Angeklagte, an dessen Schuld der Film keinen Zweifel lässt, freigesprochen. Diese Betonung der (willentlich) nicht genutzten Chancen und damit Verfehlungen der deutschen Justiz findet sich in realhistorischen Prozessen ebenso wie in (ihren) filmischen Darstellungen *Der Rosengarten*, *Gebürtig*, *Mord in Frankfurt* und *Meschugge*. In *Gebürtig* wird auch deutlich, was der Freispruch Pointners für Gebirtig bedeutet: einen wiederholten Vertrauensverlust in das nach jahrzehntelanger Abwesenheit wiederentdeckte und heimwehbesetzte Wien bzw. Österreich. Er beendet die in Wien begonnene Liebesbeziehung und kehrt nach New York zurück. Mit Fokus auf die jüdischen Überlebenden-Figuren, die als Zeug_innen auftreten, geht es nicht darum eine psychologische Täterfigur zu entwickeln, die nachvollziehbar macht, wie die Verbrechen geschehen konnten. Stattdessen wird der gesellschaftliche und juristische Umgang

139 Er publizierte 1988 das Buch *Der SS-Arzt und die Kinder vom Bullenhuser Damm*, recherchierte die Angehörigen der ermordeten Kinder und gründete 1979 die Vereinigung *Kinder vom Bullenhuser Damm* (http://www.kinder-vom-bullenhuser-damm.de).

140 1986 fand ein internationales Tribunal in der Schule am Bullenhuser Damm statt, das zum Ziel hatte, über die Versäumnisse und Verzögerungen der Justiz aufzuklären. Anlass war die Nichtverurteilung Arnold Strippels, eines der Mittäter am Kindermord. Lea Rosh drehte darüber den Dokumentarfilm *Das Tribunal – Mord am Bullenhuser Damm* (1986), der 1987 auf der Berlinale gezeigt und bereits 1986 auf dem Sender Freies Berlin (SFB) ausgestrahlt wurde.

141 Die Textinserts am Ende von *Der Rosengarten* lauten:
„This story is fully fictious, but resemblance to persons dead or alive is no coincidence
The killing of the children at Bullenhuser Road actually took place
The commanding officer in charge of the camp on Bullenhuser road was declared permanently unfit to stand trial by a Hamburg court in 1985
The proceedings against him were therefore halted, proceedings that had already been halted once in 1967
The reasoning of the Hamburg prosecutor at the time went as follows ...
'The investigation has failed to provide sufficient evidence that undue pain was inflicted on the children before they died ...
Except for the termination of their lives, no further harm was done to them. They especially did not have to suffer physically and mentally for very long.“

mit den nationalsozialistischen Gewaltverbrechen mit den Überlebenden-Figuren in Bezug zueinander gebracht und die wechselseitige Wirkung sichtbar gemacht.

2.3 ,Täter_innen' und Rächer_innen

Die Opfer warten nur darauf, Täter werden zu können.
(Rosa Roth in *Jerusalem oder die Reise in den Tod*)

Hanno Loewy stellt in Zusammenhang mit amerikanischen Filmen der 1960er Jahre, wie *The Pawnbroker* (USA 1964, R: Sidney Lumet), fest, „[...] dass in der Figur des Überlebenden und seiner Handlungsweise, die zwar unsozial (wenn nicht Schlimmeres), aber zugleich moralisch nicht zu verurteilen ist, die Kategorien von Gut und Böse verschwimmen."[142] Überlebenden-Figuren tauchen in den Filmen also nicht nur im klar abgegrenzten Bereich des moralisch Guten, der unschuldigen Opfer auf. Es sind ihre Erlebnisse in den Konzentrationslagern, die sie „als undurchschaubare Traumatisierte, als sozial bedrohliche Wesen mit einem verstörenden, sie fremd machenden Hintergrund von unverarbeitetem Schrecken"[143] auftauchen und sie auch zu ,Täter_innen' werden lassen: ,Täter_innen', indem sie Rache an ehemaligen Nazis nehmen, denen sie als Opfer gegenüberstanden (etwa in *Bronsteins Kinder, Der Rosengarten*, *Epsteins Nacht* oder *Auf das Leben!*) und im Sinne eines Antagonismus wie bei Rainer Werner Fassbinder in *In einem Jahr mit 13 Monden* oder *Die Sehnsucht der Veronika Voss*, der sich eher generell gegen die deutsche Gesellschaft richtet.
Wie ambigue die Überlebenden-Figuren häufig sind, wie sie zwischen ,gut' und ,böse' changieren, zeigt sich beispielsweise auch an der Figur des charismatischen Adam Stein in *Ein Leben für ein Leben*, der, nachdem er als geheilt aus der Klinik entlassen wurde, grundlos versucht, seine Vermieterin zu erwürgen. Er ist in seinem Sozialverhalten (auch für Ärzte) offensichtlich nicht einschätzbar und wird wieder zurück in die Klinik für psychisch kranke Holocaustüberlebende in der Wüste Negev gebracht.[144]
In dem Fernsehkrimi *Liebe unter Verdacht* wird die ,Täterschaft' der jüdischen Figuren verdichtet, indem alle drei zentralen männlichen jüdischen Figuren zu ,Tätern' werden: In dem Kriminalfall, um den Mord an Baruch Kahana findet die Kommissarin Eva Bartok heraus, dass dieser erpresst wurde, weil er während des NS Jüdinnen und Juden an die Gestapo verriet. Der Erpresser Uri Schwarz ist der Enkel eines aufgrund dieses Verrats ermordeten Ehepaars, der in der ehemaligen Sowjetunion aufwuchs. Um der Erpressung zu entgehen und sein Vermögen nicht zu verlieren, das er ausschließlich gemeinnützigen Zwecken zukommen lässt, bittet der strenggläubige Baruch Kahana seinen nichtreligiösen Sohn, den Arzt Daniel Kahana, um Mithilfe bei dem ihm verbotenen Selbstmord. Baruch Kahana wurde also während des NS zum Täter, Uri Schwarz versucht sich zu rächen, will aber aus der Ermordung seiner Großeltern auch

142 Loewy: Der Überlebende als böser Held, hier S. 181.

143 Ebd., S. 179.

144 Der Ort des Sanatoriums in der Wüste, fernab der Gesellschaft, außerhalb ihres Blickfeldes, kann als Verweis auf den Umgang der israelischen Gesellschaft mit Shoah-Überlebenden zu dieser Zeit gelesen werden.

Abb. 37: Uri Schwarz (Zsolt Bács) in *Liebe unter Verdacht*.

Profit schlagen, und Daniel Kahana wiederum deckt seinen Vater und vollzieht – entgegen seines ärztlichen Berufsethos – letztlich die Tötung seines Vater.

Dabei werden aber Baruch und Daniel Kahana auf einer moralischen Ebene von ihrer Schuld freigesprochen: Baruch Kahana handelte bei seinem damaligen Verrat aus „Existenzangst", wie Kantor Wassermann sagt, und wusste gleichzeitig nicht, was mit den Jüdinnen und Juden passierte, die er an die Gestapo verriet. Sein restliches Leben stellte er in den Dienst des Wiederaufbaus des jüdischen Lebens in der Diaspora, um seine Schuld wiedergutzumachen. Am Ende stellt er sein Leben in den Dienst einer ‚größeren Sache', für die er es dann auch ‚opfert'. Auch Daniel Kahana kann seine Mithilfe am Selbstmord seines Vaters nicht wirklich zur Last gelegt werden und Eva Bartok, die Kommissarin, verhaftet ihn dementsprechend am Ende des Films auch nicht. Der Sohn handelte auf Wunsch seines Vaters, gänzlich uneigennützig. Der einzige, dessen Tat als unmoralisch vorgeführt wird, ist Uri Schwarz. Sein Handeln basiert auf Hass („Wer genug Hass hat, hat auch genug Entschlossenheit") und es geht ihm nicht wirklich um Vergeltung: Er erpresst erst Baruch Kahana und dann Daniel Kahana, deren Vermögen er fordert, mit der Drohung, Baruch Kahanas Verrat publik zu machen. Es geht ihm letztlich, bei aller Verletzung und dem familiären Verlust, um finanziellen Gewinn. (Abb. 37)

Potentiell problematisch bei solchen Figurenkonstruktionen von jüdischen ‚Täter_innen' ist, dass sie das für den sekundären Antisemitismus zentrale Motiv der Täter-Opfer-Umkehr bedienen. Aus der (partiellen) Umkehr kann eine Entlastungsfunktion für nichtjüdische Deutsche abgeleitet werden. Gleichzeitig bietet eine solche Figurenkonstruktion auch die Chance, das dominante Bild des moralisch überlegenen

Opfers zu konterkarieren.[145] Durch eine psychologisierende Figurenzeichnung kann das Verhalten der jüdischen ‚Täter_innen'-Figuren verständlich gemacht und so legitimiert werden. Die ‚Täter_innen' sind in diesem Fall keine wirklichen Täter_innen. Wie diese in den filmischen Darstellungen angebotene ‚Rechtfertigung' im Sinne einer moralischen Bewertung ausfällt, hängt eng mit der jeweiligen Tat zusammen sowie mit der Konstruktion der Figur als sympathisch. Wenn etwa Aaron Reichenbach den Nazi Krenn niederschlägt, wird seine Tat – eingedenk seiner Erlebnisse und seiner psychischen Verfassung (die der Film explizit macht) – letztlich nachvollziehbar, ebenso wie Ruth Weintraubs affektive Tat, den ehemaligen NS-Fotografen im Moment des Erkennens zu erstechen. Daniel Kahanas Verhalten wird als Beihilfe zum Selbstmord aus uneigennützigen Motiven ebenfalls legitimiert. Während in Uri Schwarz Verhalten vor allem die Motivation problematisch erscheint – hier geht es um Rache und Bereicherung –, ist es in *Bronsteins Kinder* und *Jerusalem oder die Reise in den Tod* vor allem die Grausamkeit und die Kälte, die sich im Verhalten jüdischer ‚Täter_innen'-Figuren andeutet, die sie zu ambiguen Figuren macht: Der nachgeborene Theo Wandres würde, wie er sagt, Nazis quälen oder gar töten und Arno Bronstein hält mit seinen Freunden einen KZ-Aufseher gefangen und foltert ihn. Obwohl es dabei vermeintlich um Gerechtigkeit geht – ihre Selbstjustiz resultiert aus einem mangelnden Vertrauen in die Justiz – machen die Grausamkeit und die Möglichkeit, dass sie ihren Gefangenen töten werden, die moralische Bewertung ihres Verhaltens hochgradig problematisch.[146]
Dem vom Opfer zum ‚Täter' gewordenen Arno Bronstein steht sein Sohn Hans gegenüber, der das Verhalten seines Vaters ablehnt und den Gefangenen frei lässt. Theo Wandres' Verhalten wird mit Rosa Roths kontrastiert, die Bannert und Leun ebenfalls verurteilt, aber nicht versucht, sie zu bestrafen oder Rache zu üben. Die moralische Bewertung der jüdischen ‚Täter_innen-Figuren' erfolgt also über die Figurenkonstellationen, in denen sie entweder neben anderen ‚Täter_innen' stehen, die ggf. als ‚böser' oder ebenfalls ambivalent gezeigt werden, oder neben als moralisch integer gezeigten Figuren. Adam Roth versucht in *Die Himmelsleiter*, Selbstjustiz zu üben, indem er plant, den zuvor von einer Spruchkammer freigesprochenen Nazi Zettler zu erschießen. Er bringt es dann aber doch nicht über sich und wählt stattdessen den Suizid.

2.3.1 Jüdische ‚Täterfiguren' bei Rainer Werner Fassbinder

Fassbinders Darstellungen jüdischer Figuren waren primär im Zusammenhang mit den Fassbinder-Kontroversen (1976, 1984, 1985/86, 1998 und 2009) um das Theaterstück *Der Müll, die Stadt und der Tod* (1975) öffentlich Thema. Die damalige Filmkritik thematisierte die hochproblematische Darstellung jüdischer Figuren in seinen Filmen nicht.[147] Gertud Koch schreibt, dass sich nicht nur die Filmkritik auffällig zurückhielt,

145 Vgl. dazu auch Sander L. Gilman: Jurek Becker, S. 164.

146 Aktuelle internationale Produktionen, die ‚jüdische Rache' thematisieren, sind *Inglourious Basterds* (USA/BRD 2009, R: Quentin Tarantino), *Defiance* (USA 2008, R: Edward Zwick) oder der Fernseh-Dokumentarfilm *Killing Nazis* (AT 2013, R: Andreas Kuba).

147 Bodek: Die *Fassbinder-Kontroversen*, S. 211–212; Koch: *Die Einstellung ist die Einstellung*, S. 247.

obwohl in seinen Filmen „eine Reihe bedenkenswerter, wenn nicht fragwürdiger jüdischer Figuren“[148] auftauchen, sondern auch in den Nachrufen auf Fassbinder der Antisemitismusvorwurf, wenn dieser erhoben wurde, nur mit seinem Theaterstück in Zusammenhang gebracht wurde.[149] Sie weist darauf hin, dass Fassbinder sich nicht dazu geäußert habe, weil die Kritik keinen Diskurs darüber mit ihm geführt habe.[150]
Während die Fassbinder-Kontroversen um das Theaterstück und seine verhinderte Uraufführung sowohl im publizistischen als auch im wissenschaftlichen Diskurs breit aufgearbeitet wurden,[151] steht die Diskussion der Rolle, die Fassbinders jüdische Figuren für die Etablierung einer filmischen Täter-Opfer-Umkehr spielen, noch aus.[152]
Wenig diskutiert wurde auch, dass Fassbinders umstrittenes Theaterstück aus dem Jahr 1975 im Jahr darauf von seinem Freund Daniel Schmid unter dem Titel *Schatten der Engel* verfilmt wurde und auf dem Filmfestival in Cannes im Wettbewerb lief. Fassbinder spielt, neben Ingrid Caven und Klaus Löwitsch (in der Rolle des „reichen Juden“), die Rolle des Zuhälters Raoul.
Es fällt auf, dass im Neuen Deutschen Film (mit wenigen Ausnahmen) jüdische Figuren und auch der Holocaust abwesend sind (wobei der Nationalsozialismus ab Mitte der 1970er Jahre von den Filmemacher_innen durchaus thematisierte wurde). Bei Thomas Elsaesser heißt es dazu:

> Und wo Juden im Neuen Deutschen Film vorkommen, sind es eigentlich nur peinliche Entgleisungen wie bei Fassbinder, lassen latentes Ressentiment aufklingen wie bei Syberberg oder haben Alibi-Funktion wie bei Reitz’ erster HEIMAT – so zumindest will es scheinen.[153]

Elsaesser argumentiert, dass die Abwesenheit der Shoah nirgendwo ‚lesbarer‘ gewesen sei als im Neuen Deutschen Film. Unter Verweis darauf, dass Juden in Deutschland nach 1945 eben nicht gegenwärtig gewesen seien, werde das Nicht-Gegenwärtige in den Filmen des Neuen Deutschen Films durch die allzu offensichtliche Leerstelle vergegenwärtigt.[154] Er spricht von einer „Präsenz des Holocaust als Absenz“[155]. Im Gegensatz zu einer Trauerarbeit als Fehlleistung, die in der bundesdeutschen Öffentlichkeit vorherrsche, macht er im Neuen Deutschen Film eine Fehlleistung als Trauerarbeit aus. D.h. während die Trauerarbeit der bundesdeutschen Öffentlichkeit letztlich eine Verkettung

148 Koch: Qualen des Fleisches, S. 47.

149 Ebd.

150 Ebd., S. 51.

151 Elisabeth Kiderlen (Hrsg.): *Fassbinders Sprengsätze*; Günther Rühle: *Fassbinder ohne Ende. Eine Dokumentation anlässlich der Uraufführung von Rainer Werner Fassbinders Theaterstück Der Müll, die Stadt und der Tod im Kammerspiel von Schauspiel Frankfurt am 31. Oktober 1985*. Frankfurt am Main: Schauspiel Frankfurt 1985; Janusz Bodek: *Die Fassbinder-Kontroversen*; Hargens: *Der Müll, die Stadt und der Tod*.

152 Eine neue Perspektive bietet der Tagungsband der Anfang 2010 an der Universität Trier stattgefundenen Tagung „Minoritäten bei Fassbinder“: Nicole Coli / Franziska Schößler / Nike Thurn (Hrsg.): *Prekäre Obsession. Minoritäten im Werk von Rainer Werner Fassbinder*. Bielefeld: Transcript 2012.

153 Thomas Elsaesser: Die Gegenwärtigkeit des Holocausts im Neuen Deutschen Film – am Beispiel Alexander Kluge. In: Dillmann / Loewy (Hrsg.): *Die Vergangenheit in der Gegenwart*, S. 54–67, hier S. 54.

154 Ebd., S. 55 ff.

155 Ebd., S. 58.

von Fehlleistungen sei, finde in der Fehlleistung der Nichtthematisierung des Holocaust im Neuen Deutschen Film aufgrund seiner präsenten Absenz Trauerarbeit statt. Mit dieser Argumentation deutet Elsaesser ein Symptom als Reflexion.

Neben den Filmen Fassbinders ist es im Neuen Deutschen Film Alexander Kluges *Abschied von gestern*, der nach 1945 spielt und in dem eine jüdische Figur auftritt. Anita G.s Jüdischsein wird allerdings nur in einem Moment des Films wichtig:

> In ihrer Geschichte wird die jüdische Identität doppelt negiert: der Film kommt darauf nicht zurück, und der Richter erwähnt sie nur, um ihr jegliche Relevanz für den ihm vorliegenden Rechtsfall abzusprechen.[156]

Die größte Zahl jüdischer Figuren im Neuen Deutschen Film findet sich bei Fassbinder, für dessen jüdische Figuren eine – letztlich antisemitische – Umkehrung von Opfer und Täter bezeichnend ist: Die jüdischen Figuren werden zu Täter_innen und zu zentralen Beteiligten am Niedergang der (nichtjüdischen) Protagonisten. Deren Abstieg steht korrelativ zum Aufstieg der jüdischen Täter_innen-Figuren.

Im Folgenden soll es um zwei Fassbinder-Filme gehen, in denen jüdische Figuren auftauchen und deren Plot nach 1945 spielt:[157] *In einem Jahr mit 13 Monden* und *Die Sehnsucht der Veronika Voss*. Zwischen beiden Filmen gibt es einige Parallelen: Beide Filme erzählen das Lebensende ihrer Protagonist_innen, Erwin/Elvira Weisshaupt bzw. Veronika Voss. Ihren Leidensgeschichten ist jeweils eine jüdische Täterfigur, Anton Saitz bzw. Dr. Katz, gegenübergestellt, die an ihrem Niedergang beteiligt ist bzw. ihn auslöst und daraus Profit schlägt. Zur Darstellung der Leidensgeschichte der nichtjüdischen Protagonist_innen wird auf christliche Symbolik und Motive zurückgegriffen, was die Differenz christlich – jüdisch hervorhebt. Anton Saitz und Dr. Katz werden beide mit Geld und Macht in Verbindung gebracht: Gierig beuten sie ihre ‚Opfer' aus, wobei sie keine Rücksicht auf deren Leben oder Würde nehmen. Dabei stehen sie in enger Beziehung zu den Inhaber_innen von Machtpositionen und werden von diesen protegiert. Sie sind von einem „Hofstaat"[158] von Handlangern und Bediensteten umgeben. Die Orte, an denen sie leben, symbolisieren ihren Reichtum, ihre Anonymität und ihre Taten, durch die sie zu Geld gekommen sind: Anton Saitz, der Immobilienspekulant, der wie „der reiche Jude" in *Der Müll, die Stadt und der Tod* (1975) in Frankfurt alte Häuser kauft, abreißen lässt und Hochhäuser baut, lebt im 16. Stockwerk eines solchen Hochhauses. Dr. Katz' Praxis, in der sie Patienten drogenabhängig macht, um sich an ihnen zu bereichern, ist ganz in Weiß gehalten, ebenso luxuriös wie klinisch steril. Beide Filme enden (wie auch *Der Müll, die Stadt und der Tod* bzw. *Schatten der Engel*) mit dem Tod des/ der (nichtjüdischen) Protagonist_in.

156 Ebd., S. 66.

157 Jüdische Figuren finden sich auch in anderen Filmen Fassbinders, wie *Berlin Alexanderplatz* (1979/80, TV-Mehrteiler) und *Lili Marleen* (1980), die aber nicht in den hier diskutierten Filmkorpus fallen, da sie vor 1945 spielen.

158 Bodek: *Die Fassbinder-Kontroversen*, S. 227.

Abb. 38 a & b
Das Hochhaus, in dem Anton Saitz (Gottfried John) in *In einem Jahr mit 13 Monden* im 16. Stock lebt.

In einem Jahr mit 13 Monden *(1978)*
Der Film erzählt die letzten fünf Tage im Leben von Erwin/Elvira Weisshaupt (Volker Spengler), die mit seinem/ihrem Selbstmord enden. Erwin/Elvira besucht die wichtigsten Orte und Menschen seines/ihres Lebens, während er/sie im Voice-over von seinem/ihrem Leben erzählt.

Die Lebensgeschichten von Erwin/Elvira Weisshaupt und Anton Saitz (Gottfried John) werden dabei parallel erzählt: Beide haben einen schwierigen Start ins Leben und wachsen ohne Eltern auf. Erwin ist das Ergebnis eines Ehebruchs seiner Mutter während des Kriegs, die ihn in ein katholisches Waisenhaus gibt. Eine Adoption ist nicht möglich, weil ihr Mann durch die Formalitäten von Erwins Existenz erführe. Anton hingegen war im Konzentrationslager. Während Erwin eine Metzgerausbildung macht, die Tochter des Metzgermeisters Irene (Elisabeth Trissenaar) heiratet und mit ihr eine Tochter (Eva Mattes) bekommt und somit versucht, gesellschaftlichen Anschluss zu finden, beginnt Anton Saitz mit kriminellen Geschäften, nachdem er aus dem Konzentrationslager kommt. Hier beginnt sein Aufstieg, der sich parallel zu Erwin/Elviras Abstieg vollzieht. Zunächst machen sie gemeinsame Schwarzmarktgeschäfte mit Fleisch, wobei betont wird, dass Erwin dies nur tut, weil er Anton liebt.

Als sie entdeckt werden, muss Erwin für ein Jahr ins Gefängnis, verrät Saitz aber nicht. Als Erwin aus dem Gefängnis kommt, speist Saitz ihn mit Geld ab. Nun gesteht Erwin Anton Saitz seine Liebe, der ihm erwidert, er könne ihn nicht lieben, da er kein Mädchen sei. Daraufhin lässt Erwin in Casablanca eine Geschlechtsumwandlung machen, er wird zu Elvira. Anton Saitz weist ihn wiederum ab, er habe das nicht ernst gemeint. Mit dieser wiederholten Ablehnung begreift Elvira, dass sich diese Liebe nicht erfüllen wird. Ihr Leben wird immer schwieriger, sie prostituiert sich, versucht, ins Leben zurückzufinden, wird wieder verlassen, landet auf der Straße und bringt sich am Ende um. Während Anton Saitz die Hochhäuser des Frankfurter Westends zugeordnet werden, die symbolisch für das Geld stehen, und der 16. Stock, indem er hoch über der Stadt lebt (Abb. 38 a & b), ist Elviras Raum das Bahnhofsviertel mit Prostitution und Spielsalons (Abb. 39 a & b).

Anton Saitz verschuldet den Abstieg von Erwin/Elvira und richtet ihn/sie letztlich zugrunde. In der Konstruktion der Figur Anton Saitz wird seine ‚Täterschaft' mit seinen Erfahrungen im Konzentrationslager in Zusammenhang gebracht – er überlebte durch Zufall und Geschick. Seine Zeit im Konzentrationslager wird nur erwähnt, um seinen wirtschaftlichen Aufstieg und seine Methoden plausibel zu machen. Die Erfahrungen im KZ sind nicht wirklich von Interesse und werden vielmehr nivelliert, wenn Saitz die Worte in den Mund gelegt werden, er habe begriffen, dass das Leben im KZ und das Leben ‚draußen' sich gar nicht so sehr unterschieden. In beiden Fällen seien die Menschen eingesperrt und in beiden Fällen hätten sie Angst. Draußen aber, so legt es die Erzählung des Films nahe, wechselt Saitz die Seiten: Dort ist er nun kein Opfer mehr, er wird zum Täter. (Darin kann man eine Nivellierung des Unterschiedes zwischen Konzentrationslager und bundesrepublikanischer Nachkriegsgesellschaft sehen, die seiner Täterschaft die Qualität einer Nazitäterschaft verleiht.) Das wird dadurch verstärkt, dass er sein Bordell wie ein Konzentrationslager führt: Seinen wirtschaftlichen Erfolg verdankt er den Regeln und der Disziplin, die er im KZ lernte und im Bordell einführte, wobei er in letzterem der Kommandant ist. Das Codewort, mit dem Elvira ein letztes Mal zu Anton Saitz gelangen kann, ist „Bergen-Belsen". Der Leibwächter bezeichnet diesen Code als „Code 1a" mit dem man „ihn sogar beim Ficken stören" dürfe. Unterstützt wird die Konstruktion des Anton Saitz als „jüdische[m] Nazi"[159] durch die übergroße Macht, mit der die Figur ausgestattet ist: So hat Erwin/Elviras Frau Irene Angst vor Saitz Rache, nachdem Erwin/Elvira ein Interview gegeben hat, indem er/sie über die illegalen Anfänge von Anton Saitz Erfolg erzählt, sie fürchtet, dass er Erwin/Elvira „zerdrücken" werde und die gemeinsame Tochter „zerstören".

In *In einem Jahr mit 13 Monden* wird wiederholt auf Christentum und christliche Motivik Bezug genommen: So wird Erwin in einem katholischen Kloster großgezogen. Er besucht diesen Ort nochmal zusammen mit der Prostituierten Rote Zora (Ingrid Caven). Eine Nonne erzählt von Erwins Kindheit, während er/sie ohnmächtig am Boden liegt. Darin wiederholt sich das Bild des am Boden liegenden Opfers Elvira, das

159 Bodek: *Die Fassbinder-Kontroversen*, S. 202.

Abb. 39 a & b: Elviras (Volker Spengler) Raum in *In einem Jahr mit 13 Monden* ist das Bahnhofsviertel mit Prostitution und Spielsalons.

schon am Anfang des Films steht, nachdem sie von potentiellen Freiern misshandelt wurde. Später, nach ihrem Selbstmord, kommt die Nonne in die Wohnung von Elvira, was Janusz Bodek als Verweis auf den Juden als Täter im religiösen Sinne deutet:

Den Abschluß des Films bildet eine sinnreiche Szene, in der die katholische Nonne, deren Zögling ‚Erwin' einst war, nach dessen Selbstmord in seine Wohnung eilt und den dort befindlichen Juden mit einem Ausdruck von Verachtung umkreist. Ein letzter Fingerzeig auf den Juden als ‚schuldiges Opfer' und ‚Täter', als ‚Christusmörder' und ‚Holocaust-Rächer'.[160]

Auch die Sequenz im Schlachthaus, in der minutenlang die Schlachtung von Kühen zu sehen ist, während Erwin/Elvira der Roten Zora von ihrem Leben erzählt, kann

160 Bodek: *Die Fassbinder-Kontroversen*, S. 207.

mit (christlichen) Opferszenen assoziiert werden. Die Assoziationen, die diese zentrale sechsminütige Sequenz mit dem mechanischen, massenhaften Töten der Kühe eröffnet, sind vielfältig: Nicht nur kann sie mit dem industriellen Massenmord an Jüdinnen und Juden in Verbindung gebracht werden, sondern auch mit der Schächtszene aus dem NS-Propagandafilm *Der ewige Jude* (DE 1940, R: Fritz Hippler).

Die Figur Anton Saitz ist letztlich als eine einsame Figur gezeichnet; die Figuren, mit denen er interagiert, sind entweder seine Opfer oder seine Angestellten. Als Opfer seines Handelns taucht neben Erwin/Elvira ein Mann auf, den er entließ, weil dieser Krebs hat und Saitz keine Kranken „ertragen kann". Ein schwarzer Mann erhängt sich außerdem in Saitz Hochhaus – auch hier wird eine Verbindung suggeriert. Dem ehemaligen Angestellten zufolge ist Saitz „einer, der sich leistet, was er sich leisten kann". Und dass Saitz sich finanziell viel leisten kann, wurde im Verlauf der Filmhandlung bis dahin bereits mehrfach erwähnt. Sein Chauffeur (Günther Kauffmann) sagt über ihn, dass niemand Anton Saitz liebe, aber Anton Saitz wolle auch nicht, dass ihn jemand liebe. Sowohl finanziell als auch emotional scheint die jüdische Figur unabhängig und damit gleichzeitig den anderen Figuren, die ja genau an diesen Aspekten scheitern, überlegen, wie auch unmenschlich und anders.

Statt zu lieben oder geliebt zu werden, lässt er sich von seinen Angestellten seine infantilen Wünsche oder Begierden erfüllen. Dies wird in zwei Sequenzen deutlich und steht im Gegensatz zu Erwin/Elviras aufrichtigem Bedürfnis, geliebt zu werden, an dem er/sie letztlich zugrunde geht: Die erste, in der Anton Saitz zu sehen ist, zeigt, wie seine Angestellten und er im Hinterhof überfallen werden, während sie ins Auto steigen. Später erfahren die Zuschauer_innen, dass es sich um ein ‚Spiel' handelt, das seine Angestellten für ihn inszenieren und das regelmäßig stattfindet. Die zweite zeigt Elviras ersten Besuch bei Saitz in dessen Hochhaus. Saitz schaut gerade den Jerry-Lewis-Film *You're Never Too Young* (USA 1955, R: Norman Taurog) mit seinem Chauffeur und zwei weiteren Angestellten. Zwischendurch müssen sie gemeinsam Szenen mit- bzw. nachtanzen, wobei Saitz den Part von Jerry Lewis übernimmt und der Chauffeur den Dean Martins. Saitz lässt seine Untergebenen nach seinem Geschmack tanzen und dieser Geschmack – so zumindest eine Lesart – beinhaltet einen Verweis auf sein Jüdischsein. Überdies verstärken auch der Code ‚Bergen-Belsen' und die Tenniskleidung, die Saitz trägt (in einer Szene trägt er einen Trenchcoat darüber), den Eindruck, dass es kaum etwas gibt (außer den eigenen Bedürfnissen), das er ernst nimmt.

Die Sehnsucht der Veronika Voss *(1982)*

Der Film *Die Sehnsucht der Veronika Voss* ist nach *Die Ehe der Maria Braun* (1979) und *Lilli Marleen* (1981) der dritte der BRD-Trilogie Fassbinders. Er ist dem Schriftsteller Gerhard Zwerenz gewidmet, mit dem Fassbinder befreundet war und aus dessen Roman *Die Erde ist unbewohnbar wie der Mond* (1973) er Motive in *Der Müll, die Stadt und der Tod* verarbeitete. 1982 gewann *Die Sehnsucht der Veronika Voss* den Goldenen Bären der Berlinale. Angelehnt an die Lebensgeschichte der Schauspielerin Sybille Schmitz (1909–1955) erzählt der Film vom Lebensende der ehemals berühmten

Ufa-Schauspielerin Veronika Voss. Nachdem ein Comeback trotz wiederholter Versuche unmöglich wurde, befindet sie sich ganz in der Hand der Nervenärztin Dr. Katz, die es auf ihr Vermögen abgesehen hat und sie schlussendlich in den Selbstmord treibt.

In *Die Sehnsucht der Veronika Voss* tauchen gleich drei jüdische Figuren auf: Das alte jüdische Ehepaar Treibel, bei dem der Mann als Treblinka-Überlebender und ehemaliger Antiquitätenhändler beschrieben wird, sowie die Ärztin Dr. Marianne Katz. Das Ehepaar Treibel wird wie Veronika Voss von der profitgierigen Ärztin in Morphiumabhängigkeit gehalten. Gertrud Koch schreibt dazu:

> Die jüdische Ärztin trägt alle Züge kalter Überlegenheit. In der Konstruktion des Films gibt es ein altes jüdisches Ehepaar, das ebenfalls von der Ärztin Drogen bezieht. Aber auch hier grenzt Fassbinder die Dimension des physischen Leidens aus: Die beiden Alten tragen deutliche Züge einer vergeistigten Weltabgewandtheit, sie bestimmen ihren eigenen Tod, so als habe die Geschichte sie in die privilegierte Position derer versetzt, die selbst zum Tode ein selbstreflexives und kein leibliches Verhältnis haben. Dem stehen lang ausgespielte Bilder des körperlichen Verfalls, der Qual und der Tortur der Veronika Voss entgegen.[161]

Der Film beginnt mit einer Film-im-Film-Sequenz, in der die dunkelhaarige Ärztin gezeigt wird, die sich über die blonde Veronika Voss beugt, um ihr mit kaltem Gesichtsausdruck Morphium zu spritzen. Auch sie ist – wie Anton Saitz – in einem Netzwerk der Macht lokalisiert, dem Veronika Voss nichts entgegenstellen kann. Um diese Macht aufrechtzuerhalten, schreckt sie auch vor Mord nicht zurück, dessen Aufklärung sie nicht zu fürchten hat und den sie von anderen ausführen lassen kann. So wird die Freundin des Sportjournalisten Robert Krohn, der hinter Dr. Katz' Machenschaften kommt, getötet. Was in *In einem Jahr mit 13 Monden* nur angedeutet wird – dass Anton Saitz alle, die sich ihm in den Weg stellen, ‚zerstören' kann – passiert in *Die Sehnsucht der Veronika Voss* tatsächlich.

In *Die Sehnsucht der Veronika Voss* wird deutlich, wie Fassbinder mit der Markierung seiner jüdischen Figuren verfährt und welche Rolle dabei Namen einnehmen: Im Theaterstück *Der Müll, die Stadt und der Tod* (1975) heißt die jüdische Figur schlicht „der reiche Jude". Sie ist die einzige Figur, die keinen Personennamen trägt, was zum zentralen Kritikpunkt wurde. In *In einem Jahr mit 13 Monden* heißt die Figur Anton Saitz und wird im ganzen Film nicht explizit, d. h. verbal als jüdisch bezeichnet. Seine Zeit im Konzentrationslager sowie die offensichtlichen Parallelen zum „reichen Juden" aus *Der Müll, die Stadt und der Tod* machen die Konstruktion als jüdische Figur aber eindeutig. Der nicht jüdisch klingende Name erfährt eine gewisse Fremdheit dadurch, dass Saitz mit ai geschrieben wird, worauf er großen Wert legt und was mehrfach von unterschiedlichen Figuren betont wird. In *Die Sehnsucht der Veronika Voss* ist es das Ehepaar Treibel, das explizit als jüdisch ausgewiesen wird. Dr. Katz hingegen wird ausschließlich über ihren Namen als jüdisch markiert.[162]

161 Koch: *Die Einstellung ist die Einstellung*, S. 252.

162 Bering: *Der Name als Stigma*, S. 224, 355, 365.

Noch deutlicher als *In einem Jahr mit 13 Monden* wird die Hauptfigur Veronika Voss mittels christlicher Symbolik als Opfer inszeniert: Sie stirbt ganz in Weiß gekleidet an Ostern und fragt Robert Krohn in einem Traum auf dem Sterbebett, ob er sie mit einem Lamm verwechsle und ob sie auch ihr Kreuz noch selbst tragen müsse. Er antwortet, sie trage es doch bereits die ganze Zeit, da werde sie doch die letzten Meter auch noch schaffen. Dr. Katz, die man nach Veronika Voss' Selbstmord in deren Haus am Starnberger See sitzen sieht, wird hier also zur jüdischen Christusmörderin.

Die Opfer-Täter-Umkehr, die sich bei Fassbinder nachweisen lässt, taucht auch in Filmen anderer Regisseure auf, z. T. affirmativ in die Figurenkonstellation eingeschrieben, z. T. explizit thematisiert und einer einzelnen Figur als Gedankengut zugeschrieben. So wird eine antisemitische Opfer-Täter-Umkehr in *Rosenzweigs Freiheit* der Figur des Oberstaatsanwalts Keil zugeschrieben, wenn Michael Rosenzweig vorgeworfen wird, er habe, und das scheint sich in der Logik Keils schon aus seinem Jüdischsein zu erklären, den Neonazi Franke erschossen. Hier wird ein Rachemotiv Michaels vorausgesetzt, Selbstjustiz scheint emotional nachvollziehbar, wenn sie auch juristisch nicht zu legitimieren ist. Andererseits verdeutlicht die Figur Keil, dass es einen Wunsch nach jüdischer Täterschaft gibt, die beweisen würde, dass Jüdinnen und Juden nicht ausschließlich Opfer seien. Auch in dem *Tatort*-Film *Der Schächter* verdächtigt der als antisemitisch beschriebene Staatsanwalt Bux den Juden Jakob Leeb (ehemals Schächter), einen Jungen durch einen Kehlschnitt, einen ‚Schächtschnitt', ermordet zu haben. Dieser Verdacht gründet auf einer ressentimentgeladenen Annahme und dem Verweis auf vermeintliche jüdische Ritualmorde an christlichen Kindern. Sowohl *Rosenzweigs Freiheit* als auch *Der Schächter* stellen die jüdische Täterschaft oder Rache als unbegründete Anschuldigung und damit als Ergebnis antisemitischer Tendenzen dar. Beide Filme schreiben antisemitisches Denken aber lediglich Einzelpersonen zu und zeigen es letztlich als unverbesserliche Ausnahme und nicht als Phänomen aus der Mitte der Gesellschaft.
Auch die Figur Jochen Epstein wird in seinem Leben, so stellt sich im Laufe der Handlung von *Epsteins Nacht* heraus, zum Täter – allerdings liegt seine Tat in der Vergangenheit: Er verrät andere KZ-Häftlinge, um seinen Freund Adam Rose zu schützen. Der tödliche Schuss auf den ehemaligen KZ-Aufseher Giesser, dem die drei Überlebenden in einer Weihnachtsnacht in der Kirche begegnen, geschieht wiederum aus einer Verkettung unglücklicher Umstände und Notwehr heraus. Im Gegensatz zu Arno Bronstein aus *Bronsteins Kinder* plädiert Jochen Epstein nicht für Selbstjustiz; im Zuge eines heftigen Wortwechsels wird um die von Giesser zuvor gezückte Waffe gerungen, dabei erschießt er Giesser versehentlich. Die kammerspielartige Szene findet in einer Kirche in der Weihnachtsnacht statt, wobei die christliche aufgeladene Symbolik hier dadurch mehrdeutig wird, dass der Pfarrer nicht ist, was er zu sein vorgibt: Der SS-Mann Giesser verbirgt nicht nur seine Identität, sondern nimmt darüber hinaus die Identität des ermordeten KZ-Häftlings und Pfarrers Groll an.
Während die Tötung Giessers in *Epsteins Nacht* eindeutig als versehentlich legitimiert wird, steht Jochen Epsteins Schuldigwerden im Vernichtungslager ambivalent und

lediglich angerissen im Raum. Was Ronny Loewy über *Zeugin aus der Hölle* schreibt – dass hinter der Entscheidung zur Aussage auch der Wunsch stand, „die ganze Wahrheit aussprechen zu können, einschließlich der eigenen Einbezogenheit in das Terrorsystem des Lagers, die das Überleben in Auschwitz möglich machte“[163] –, kann auch für *Epsteins Nacht* gelten: Auch hier ist in der Handlung angelegt, dass KZ-Häftlinge für ihr Überleben in gewisser Hinsicht Teil des Systems werden mussten. Dennoch, über das moralische Dilemma und die Schwierigkeit, über diese Erfahrung zu sprechen, für die es keinen Platz in der Erinnerungskultur gibt, reflektiert der Film nicht.
Dass Überlebende in irgendeiner Weise etwas taten, das als anrüchig oder problematisch gelten kann – wie Jochen Epsteins und Baruch Kahanas Verrat, ihre Kollaboration mit der SS bzw. Gestapo, oder wie Adam Steins und Lea Weiss’ Dienstbarkeit SS-Kommandanten gegenüber –, wird häufig erzählt. Unklar bleibt dabei in den meisten filmischen Darstellungen einerseits die beschriebene Aporie, Teil des Terrorsystems werden zu müssen um des eigenen Überlebens willen. Andererseits wird vage angedeutet, die Figuren hätten sich auch anders, im Sinne von ‚moralisch richtig‘, verhalten bzw. sich verweigern können. Die Frage, wie die Figuren überleben konnten, wird zwar in vielen Filmen angerissen, doch lediglich vage beantwortet. Zwei mögliche Wege sind anhand der untersuchten Filme deutlich geworden: Die oben beschriebene Opfer-Täter-Umkehr, aber auch die Möglichkeit einer vielschichtigen, komplexen Darstellung der Shoah-Erfahrungen.

2.3.2 *Rächer-Figuren der* second generation

Ebenso wie Uri Schwarz in *Liebe unter Verdacht* zum Rächer seiner Großeltern wird, wird Theo Wandres (Jan-Josef Liefers) in der Rosa Roth-Folge *Jerusalem oder die Reise in den Tod* zum Rächer der Familie seiner Mutter. Die Figur Theo Wandres wird als Sohn einer jüdischen Mutter und eines christlichen Vaters beschrieben. Seine Eltern überlebten den Holocaust, doch die gesamte Familie seiner Mutter wurde ermordet. Der Radiojournalist, der hauptsächlich zu deutsch-jüdischen Themen arbeitet, ist nahezu besessen von der Vergangenheit: Er recherchiert bei der Wehrmachtsauskunftsstelle in Berlin und interessiert sich dabei nicht für die „großen Bösen“, wie er sagt, sondern für die „kleinen Mitläufer“.
In dem Krimi *Jerusalem oder die Reise in den Tod* gibt es zwei Tote: In einer deutschen Reisegruppe in Jerusalem, der Rosa Roth dort zufällig in ihrem Urlaub begegnet, sterben zwei Männer. Walter Bannert (Traugott Buhre) stirbt an einem Herzinfarkt, Hans Leun (Peter Roggisch) erhängt sich wenig später. Rosa Roth glaubt zunächst bei beiden nicht an einen natürlichen Tod, sie recherchiert auf eigene Faust und hält Mord für möglich. In drei längeren Sequenzen spricht sie mit Theo Wandres, über den sie sich Informationen aus Berlin hat kommen lassen. In den Gesprächen geht es um die deutsche Vergangenheit, um Schuld und wie mit der Schuld vor allem der deutschen Mitläufer_innen heute umzugehen sei. Das erste Gespräch findet in Yad Vashem statt.

163 Loewy: *Zeugin aus der Hölle* und die Wirklichkeit des Auschwitz-Prozesses, S. 27.

Hier wird Wandres als Nachgeborener gezeigt, den der Holocaust nicht loslässt und der nicht an das Gute glaubt. Er sagt, Gott schlafe oder erlaube sich einen Spaß mit den Menschen. Auf Rosa Roths Frage, was er mit einem alten Nazi machen würde, wenn er ihn erwische, antwortet er: „Vielleicht ihn anspucken, vielleicht ihn quälen", und nach einer Pause, „vielleicht ihn töten". Für die Nazi-Täter_innen und -Mitläufer_innen, für deren Taten und das normale Leben, das sie heute führen, er nur Abscheu übrig hat, gelten in seinen Augen normale Regeln der Menschlichkeit nicht mehr. Er wird als zur Rache fähig gezeigt und Rosas Verdacht, dass er Bannert ermordet hat, scheint sich zu verfestigen. Das zweite Gespräch findet an der Klagemauer in Jerusalem statt, direkt nachdem Rosa den erhängten Hans Leun gefunden hat. Hier offenbart Wandres Rosa Roth, dass er die beiden Toten durchaus kannte. Er hatte ihre Mitläuferschaft recherchiert und sich als Historiker ausgegeben, um ihr Vertrauen zu gewinnen. Er erklärt Rosa seine „Methode", nach der er Mitläufer ausfindig macht, auf einer Liste notiert und sie trifft. Was genau dabei seine Intention ist, bleibt im Dunkeln. Rosa Roth wirft ihm jedoch vor, dass er Bannert verfolgt, gefilmt und ihn damit „zu Tode gehetzt" habe. Leun hat sich, wie Wandres sagt, „von selbst erledigt", was nahe legt, dass er das sonst getan hätte.

Die dritte Begegnung findet in Wandres Hotelzimmer statt, in das Rosa Roth eingebrochen ist, um nach Beweisen zu suchen. Hier tritt Wandres ihr gegenüber bedrohlich auf. Rosa bezeichnet das Wissen um die Schuld der Täter, das er habe, als „Waffe". Obwohl es in *Jerusalem oder die Reise in den Tod* keinen Mordfall gibt, weil keiner der beiden Toten ermordet wurde, bestätigt sich ihr Verdacht, da die Todesfälle zusammenhängen und Theo Wandres das Bindeglied zwischen ihnen ist. Wandres ist – obwohl kein Mörder – der Täter, nachdem Rosa Roth gesucht hat. Als Rächer (aus der *second generation*) wird er zum Täter und scheint, auch wenn unklar bleibt, was er genau tat, am Tod der beiden Männer beteiligt.

Die sind in ihrer Verstricktheit sehr unterschiedlich dargestellt: Bannert ging damals nur zur Reichsbahn, weil er nicht als Soldat in den Krieg wollte. Er führte ohne große Skrupel seine Arbeit aus, nur einmal ließ er Anfang 1945 einen ganzen Zug deportierter Juden frei. Die Erinnerungen und seine Schuld quälten ihn seitdem. Leun hingegen wird als weniger reuig dargestellt. Nach einer Verletzung als Soldat kommt er zur Reichsbahn und ist an Transporten von Jüdinnen und Juden in das KZ Flossenbürg beteiligt, wo er auch Bannert kennenlernt. Er vertritt die Position, dass er nicht anders gekonnt habe und die Zeiten andere gewesen seien. Er hat große Angst, dass Bannert oder Wandres seine Vergangenheit publik machen könnten. In seinem Gespräch mit Rosa Roth hingegen bricht er einmal in Tränen aus. Das und auch sein Selbstmord verweisen auf ein ambivalentes Verhältnis zu seinen Taten während des Nationalsozialismus.

Durch die, wenn auch verschieden starke, Reue Bannerts und Leuns als auch ihr fortgeschrittenes Alter wirkt Wandres' Hass besonders unerbittlich. Die vier Figuren (Leun, Bannert, Roth, Wandres) eröffnen ein Panorama unterschiedlicher Möglichkeiten oder Positionen im Umgang mit der nationalsozialistischen Vergangenheit und der Shoah – wobei Leun als ehemaliger, wenig schuldbewusster und sich rechtfertigender Täter und Wandres als unnachgiebiger, obsessiver Rächer die äußeren Enden verkörpern.

Obwohl Wandres zu keinem Zeitpunkt als jüdisch bezeichnet wird – der Film erwähnt lediglich, dass seine Mutter Jüdin war –, ist er letztlich als jüdische Figur dargestellt. Nicht nur ist er nach jüdischen Religionsgesetzen aufgrund seiner Mutter jüdisch, auch verabschiedet er sich nach seinem zweiten Gespräch von Rosa Roth mit den Worten: „Ich gehe jetzt beten". Sie sieht ihm nach und das Bild zeigt ihn mit Kippa auf dem Kopf an der Klagemauer entlanggehen.

Theo Wandres als Rächerfigur der *second generation* ähnelt den bisher diskutierten Rächer-Figuren: Nicht mehr an Gerechtigkeit und das Gute glaubend – sei es in Gestalt eines Gottes oder einer für Gerechtigkeit sorgenden Justiz – wird er zum Rächer und nimmt Rache stellvertretend für jene, die es nicht mehr können. Dabei wird er als emotionsgesteuert, irrational und unberechenbar gezeigt: Über den reuigen Bannert sagt er, er habe nicht von ihm ablassen können, „wenn ich mich mal festgebissen habe, schmecke ich Blut".[164]

Ähnlich scheint es Uri Schwarz zu gehen, der, obwohl sein Erpressungsopfer Baruch Kahana nicht mehr lebt, die Vergangenheit nicht ruhen lassen kann. Stattdessen versucht er, Baruchs Sohn Daniel, der als Nachgeborener nicht involviert war noch für die Taten seines Vaters verantwortlich ist, umzubringen.[165]

Die ‚Täter' der *second generation* scheinen aufgrund der traumatischen Wirkung dessen, was ihren Familie geschehen ist, unzurechnungsfähig. Sie schrecken nicht vor Mord zurück, selbst dann, wenn es Menschen trifft, die für ihre Taten Reue empfinden oder es sich um unschuldige Nachgeborene handelt. In dieser Figurenkonstellation sind sie die eigentlichen Täter_innen, deren Handeln sich zwischen kalter Unerbittlichkeit und irrationalem Getriebensein bewegt. Ihre Taten relativieren in diesen Darstellungen diejenigen der ehemaligen NS-Täter_innen.

3. „Ganz normale feine Kinder"[166] – Die *second generation*

Die jüdischen Figuren der *second generation*, die ab den 1980er Jahren in Filmen auftauchen, sind Kabarettisten, Schriftsteller, Anwälte oder Nachwuchsunternehmer. Sie sind nach der Shoah geboren und stark geprägt von der Verfolgung ihrer Eltern. Sie

164 Das kann auch als sprachlicher Verweis auf das antisemitische Stereotyp des Blutsaugers verstanden werden, das auch dem Vampirmotiv verwandt auftaucht. Vgl. dazu Karin Stögner: Antisemitisch-misogyne Repräsentationen und die Krise der Geschlechtsidentität im Fin de Siècle. In: Frank Stern / Barbara Eichinger (Hrsg.): *Wien und die Jüdische Erfahrung 1900–1938: Akkulturation, Antisemitismus, Zionismus.* Wien: Böhlau 2009, S. 229–256, hier S. 247; außerdem Sara L. Robinson: *Blood Will Tell. Vampires as Political Metaphors before World War I.* Boston: Academic Studies 2011.

165 Auch wenn der Beweggrund der Figur Uri Schwarz, wie bereits beschrieben, nicht ganz deutlich wird. Seine Verzweiflung und sein Getriebensein werden ausführlich dargestellt und verweisen auf die emotionale Triebfeder seiner Rache. Der Versuch, die gescheiterte Erpressung auf den Sohn seines ehemaligen Erpressungsopfers auszuweiten, verweist wiederum auf Profitgier, die ihn ebenfalls zu motivieren scheint.

166 Sagt Rosa Rosenzweig in *Rosenzweigs Freiheit* (1998) über ihre Söhne.

wollen zur deutschen Mehrheitsgesellschaft gehören und gleichzeitig den Eltern gegenüber loyal sein. Sie sind sensibel für den Umgang nichtjüdischer Deutscher mit der Shoah, für Diskriminierung und (latente) Ressentiments. Diese Figuren der *second generation* sind zumeist Männer, die auf der Suche nach einer Position zu ihrem Deutsch- wie ihrem Jüdischsein sind. Die daraus entstehenden Auseinandersetzungen und Ambivalenzen sind ihre größte Gemeinsamkeit.

Die *second generation* setzt sich als *nach* der Shoah geborene Generation von Jüdinnen und Juden mit dem Leben im ‚Schatten des Holocaust'[167] *öffentlich sichtbar* auseinander. Im Bereich von Film und Fernsehen bearbeiten Regisseur_innen wie Dani Levy (geb. 1957 in Basel /Schweiz), Liliane Targownik (geb. 1959 in München) oder Jeanine Meerapfel (geb. 1943 in Argentinien) als Angehörige dieser *second generation* ab den späten 1980er, frühen 1990er Jahren filmisch die Folgen der Shoah für die Nachgeborenen und die Frage, was es bedeutet, als Jüdin oder Jude im zeitgenössischen Deutschland zu leben.
Viel breiter und bereits seit den späten 1970er Jahren findet sich diese Auseinandersetzung in der Literatur, wo jüdische Autor_innen wie Doron Rabinovici, Esther Dischereit oder Maxim Biller sich in fiktionalen wie nichtfiktionalen Texten aus der Perspektive der nachgeborenen Generation mit den Besonderheiten jüdischen Lebens in Deutschland nach der Shoah befassen. Der Zeitpunkt, an dem die Beschäftigung einsetzte, erklärt sich damit, dass die nachgeborene Generation das Erwachsenenalter erreichte. Die filmischen Auseinandersetzungen entstanden demgegenüber verzögert. Viele von ihnen sind Literaturverfilmungen, wie *Bronsteins Kinder* nach dem gleichnamigen Roman Jurek Beckers (geb. 1937) von 1986, *Gebürtig* nach einem Roman von Robert Schindel (geb. 1944) von 1992 und *SuperTex* nach dem gleichnamigen Roman (1991, dt. 1994) von Leon de Winter (geb. 1954). Der zweiteilige Fernsehfilm *Schalom meine Liebe* basiert auf einem Drehbuch von Rafael Seligmann (geb. 1947), der anschließend auch den ‚Roman zum Film' schrieb.[168] *Ein ganz gewöhnlicher Jude* basiert auf dem Kammerspiel des Schweizer Autors Charles Lewinsky (geb. 1946). Insofern stehen die Filmfiguren der *second generation* in enger Verbindung mit der literarischen Auseinandersetzung.
Barbara Oberwalleney stellt in ihrer Arbeit zu deutschsprachigen jüdischen Literatur von 1986 bis 1998[169] fest, dass das literarische Bild der jüdischen Figuren sich aus verschiedenen Komponenten zusammensetze, bei denen a) ambivalente Identität, b) Geschichtsbewusstsein, besonders als Bezugnahme auf die Shoah, c) die Verhandlung der Bedeutung von Religion für das eigene Leben und d) Sexualität als

167 Vgl. Aaron Hass: *In the Shadow of the Holocaust. The Second Generation.* Ithaka / London: Cornell UP 1990.

168 Rafael Seligmann: *Schalom meine Liebe.* München: dtv 1998.

169 Sie stützt sich in ihrer Arbeit auf deutschsprachige Texte folgender Autor_innen aus Deutschland und Österreich: Maxim Biller (geb. 1960), Esther Dischereit (geb. 1952), Barbara Honigmann (geb. 1949), Anna Mitschgutsch (geb. 1948), Doron Rabionovici (geb. 1961), Rafael Seligmann (geb. 1947) und Benjamin Stein (geb. 1970).

„Projektionsfläche sozialer Zustände und psychologischer Konstellationen“[170] zentral seien. Gleichzeitig spiele im Umfeld der literarischen Figuren sowohl der familiäre Konflikt zwischen Identifikation und Abgrenzung eine Rolle sowie gesellschaftliche Konflikte.[171] Die Analyse der Spielfilme zeigt im Folgenden, dass sich diese Merkmale auch für die Filmfiguren bestätigen lassen und nicht nur für diejenigen aus den genannten Romanverfilmungen. Dabei ist der deutsch-jüdischen Literatur, die Gegenstand von Oberwalleneys Untersuchung und den hier untersuchten Filmen vorgängig ist, eine wichtige Funktion bezüglich der Filmfiguren der *second generation* zuzuschreiben: So stellt sie einerseits literarische Vorlagen bereit, führt aber andererseits auch die jüdische Figur der *second generation* mit den vier genannten Attributen ein, auf welche für filmische Darstellungen zurückgegriffen werden konnte.
Maxim Biller (geb. 1960) – als Journalist mit seinen Artikeln für das *ZEIT-Magazin* und die *Frankfurter Allgemeine Sonntagszeitung* bekannt – zählt zu den jüngeren Vertreter_innen dieser Autorengeneration. Er schreibt in seinem Aufsatz „Geschichte schreiben“, dass er immer über Juden schreibe, weil es zum einen ‚die Juden‘ seien, die er kenne, zum anderen „der ewige Widerstreit zwischen Juden und Deutschen“[172] zu aufregend und mächtig sei, um nicht darüber zu schreiben. Seine Geschichten berührten dabei immer den Holocaust, wobei ihn besonders interessiere, was dieser bei den Nachgeborenen bewirke:

> Es kann meine Generation nämlich noch so sehr nerven und anöden, es kann uns noch so lästig sein – und doch ist es so, dass alles, was wir heute schreiben und denken und tun, dass also alles, was uns politisch und intellektuell beschäftigt, ein Echo auf die schrecklichste aller schrecklichen Zeiten ist. Unsere Mütter und Väter sind aus ihr hervorgegangen, klar, und darum sind auch wir die Kinder jener Zeit.[173]

Es wird deutlich, wie stark die eigene identitäre Verortung von der Verfolgung der Eltern geprägt ist. Außerdem reflektiert Biller die zum Teil widersprüchliche *Gleichzeitigkeit* von Deutschsein und Jüdischsein, was einen immer wieder zum Thema der Shoah zurückführe. Er schreibt:

> Wir sind als Juden neurotisch, arrogant, moralisierend, wir sind als Deutsche betroffen, skrupulös, abwehrend, und alle zusammen sind wir ständig damit beschäftigt, uns auf die eine oder andere Art von diesem übermächtigen, alles prägenden Gründungsmythos der Nachkriegszeit zu befreien.[174]

Diese ‚Verstricktheit‘ in das Spannungsfeld der *deutsch-jüdischen* Beziehungsgeschichte nach 1945 kann neben dem Fortwirken der Vergangenheit als psychische Belastung des ‚ererbten‘ Verfolgungstraumas als charakteristisch für die *second generation* und auch für ihre filmischen Darstellung gelten. Die implizite Vorstellung, die der

170 Barbara Oberwalleney: *Heterogenes Schreiben. Positionen der deutschsprachigen jüdischen Literatur (1986–1998).* München: Iudicium 2001, S. 58.

171 Vgl. ebd.

172 Maxim Biller: Geschichte schreiben. In: Bodemann / Brumlik (Hrsg.): *Juden in Deutschland – Deutschland in den Juden*, S. 210–216, hier S. 210.

173 Ebd., S. 212.

174 Ebd.

Konstruktion dieser Figuren eingeschrieben ist, beinhaltet, dass man sich aus den familiengeschichtlichen und historischen Zusammenhängen, in denen man aufgewachsen ist, nicht einfach befreien kann und diese überaus prägend sind.

Die Figur des Juden der *second generation* – der in der Tat zumeist männlich ist – wurde in Literatur und Feuilleton aufgebaut und etabliert. Für die Analyse ihrer filmischen Darstellung werden in diesem Kapitel Filme Gegenstand sein, die im Zeitraum zwischen 1990 und 2011 entstanden. Es hat gut zehn Jahre gedauert bis die in der Literatur ausgetragene Auseinandersetzung auch im Film auftauchte. Die als ambivalent gezeichnete, zwischen ihrem als widersprüchlich empfundenen Deutsch- und Jüdischsein zerrissene, jüdische Figur der *second generation* wird in den 1990er Jahren und zu Beginn des 21. Jahrhunderts populär. Ihre Sichtbarkeit wird so groß, dass sie beginnt, andere und möglicherweise auch gegenläufige Aspekte jüdischen Lebens zu verdecken. In der Folge entstehen ungefähr ab 2004/05, beginnend mit Dani Levys Komödie *Alles auf Zucker!*, Gegenbilder zu den dominanten, problemorientierten Bildern schwieriger jüdischer Identität in Deutschland, die möglicherweise von einem Überdruss an diesen zeugen: Sie sind humoristisch, weisen wenig(er) Vergangenheitsbezüge auf und sind in ihrer Darstellung jüdischen Lebens häufig folkloristischer. Neben *Alles auf Zucker!*, der mit über einer Million Kinozuschauer_innen ein großer Publikumserfolg war, sind hier auch Fernsehkomödien wie *Zores* oder *So ein Schlamassel*, sowie der *Tatort: Ein ganz normaler Fall* zu nennen, die, wenn sie auch zum Teil schon mehr eine dritte Generation in den Blick nehmen, in der Tradition dieser ‚unbeschwerteren' Gegenbilder stehen.

Der Fernsehzweiteiler *Schalom meine Liebe* bildet in gewisser Hinsicht einen Vorläufer dieser Tendenzen bzw. eine Brücke: Das Fortwirken der elterlichen Vergangenheit auf das Leben ihrer Kinder wird hier zwar explizit thematisiert, aber die Bestrebungen, sich davon zu befreien und ein Leben als Teil der deutschen Gesellschaft zu führen, der sich nicht abgrenzen muss, werden als Aufbruch einer nachgeborenen Generation gezeigt.

Die Filme *Alles auf Zucker!* und *Ein ganz gewöhnlicher Jude*, die mit einem zeitlichen Abstand von einem Jahr in die deutschen Kinos kamen, können für diese Entwicklung als paradigmatisch verstanden werden: Während in *Ein ganz gewöhnlicher Jude* sich der komplette, die Filmhandlung andauernde Monolog des Protagonisten mit den identitären Schwierigkeiten eines Sohnes jüdischer Überlebender auseinandersetzt und dabei alle Aspekte seines Lebens vor diesem Hintergrund ausdeutet, verweigert *Alles auf Zucker!* die Bezugnahme auf die Shoah nahezu vollständig. Jüdisches Leben wird im *Hier und Jetzt* gezeigt, die Referenzen auf deutsche Geschichte sind vielmehr Bezüge zur deutschen Teilungsgeschichte und Stereotype werden spielerisch zitiert statt kritisiert. So schreibt Henryk M. Broder in einer Rezension für den *Spiegel*:

> Der „ganz gewöhnliche Jude" ist eben doch ein Exot, wie ihn die Freunde des Bagels und der Klezmer-Musik gern haben: Innerlich zerrissen, mit seinem virtuellen Judesein hadernd, in der Tiefe seines verwundeten Herzens aber gutmütig und kooperativ. Nachdem er 90 Minuten lang erklärt hat, warum er

die Einladung nicht annehmen kann, sitzt er am Ende doch im Klassenzimmer – der Musterjude zum Anfassen, die didaktische Alternative zu den durchgeknallten Juden von Dani Levys exzellenter Komödie „Alles auf Zucker".[175]

Broders Vergleich der beiden Filme kommt nicht von ungefähr, man kann sie als zwei Pole der filmischen Darstellung jüdischen Lebens seinerzeit in Deutschland verstehen – während der eine die Bedeutung der (Verfolgungs-)Vergangenheit ins Zentrum stellt und mit seiner kammerspielartigen Struktur reflektierend und hadernd wirkt, verweigert sich der andere einer Deutung jüdischen Lebens vor dem Hintergrund der Shoah, schlägt humoristische Töne an und verwendet Stereotype ironisch bis spielerisch.[176]

Die Auseinandersetzung der *second generation* ist mit dem Diskurs um jüdisches Leben im Deutschland der 1980er und 1990er Jahre sowie der ersten Jahrzehnts des neuen Jahrtausends eng verknüpft. Wichtige Ereignisse für die in Kapitel 2.1 ausführlicher beschriebenen Umbrüche des Diskurses um jüdisches Leben in Deutschland sind beispielsweise literarische Auseinandersetzungen, wie sie Lea Fleischmann oder Henryk M. Broder Ende der 1970er und Anfang der 1980er Jahre geführt haben, die verhinderte Uraufführung von Fassbinders *Die Stadt, der Müll und der Tod* 1985, die deutsche Wiedervereinigung, die Pogrome rechter Gewalt Anfang der 1990er Jahre und die damit verbundene Debatte um neuen Antisemitismus sowie die Einwanderung von Jüdinnen und Juden aus der ehemaligen Sowjetunion.

Analog zu Lawrence Barons Beobachtung an internationalen Filmen[177] kann für die filmische Entwicklung von Figuren der *second generation* im deutschen Kontext eine auffallend häufige Beteiligung von Angehörigen eben dieser Generation festgestellt werden. Das verdeutlicht, dass es sich um eine Auseinandersetzung mit einem Aspekt jüdischer Identität handelt, die stark von jüdischen Angehörigen der *second generation* selbst ausgeht und von diesen sichtbar gemacht wird. Gleichzeitig autorisieren sie das Sprechen über jüdisches Leben und jüdische Identität, was in Deutschland häufig notwendig oder hilfreich bzw. erwünscht zu sein scheint. Das zeigt sich an Filmen jüdischer Regisseur_innen eben dieser Generation wie Jeanine Meerapfel mit *Malou*, Dani Levy mit den Filmen *Ohne mich* und *Meschugge* oder Liliane Targownik mit *Rosenzweigs Freiheit*.

175 Henryk M. Broder: „Ein ganz gewöhnlicher Jude": Der ewige Gute. In: *Spiegel*, 18.01.2006. http://www.spiegel.de/kultur/kino/ein-ganz-gewoehnlicher-jude-der-ewige-gute-a-396116.html (Zugriff am 06.11.2013).

176 Beide Darstellungen sind jedoch nicht unproblematisch: Während *Ein ganz gewöhnlicher Jude* den Vergangenheitsbezug hochhält und den Protagonisten Emanuel Goldfarb letztlich immer noch als Opfer der Vergangenheit zeigt, dem in der deutschen Gesellschaft Unrecht in Form von Anti- und Philosemitismus widerfährt, und dafür Eigenschaften und Motive der *second generation* so kumuliert, dass sie als klischierte Ansammlung von Gemeinplätzen verstanden werden können, spielt *Alles auf Zucker!* ein nicht ungefährliches Spiel mit letztlich antisemitischen Stereotypen, die der Film zwar eher aufzeigt, denn aufweist (vgl. Kap. II.3), die aber dennoch Anschlussfähigkeiten aufweisen. Die Frage, worüber hier gelacht wird und ob es nicht zu einer eher affirmativen, denn kritischen Rezeption der Stereotype des Jüdischen durch das deutsche Publikums kommen kann, stellt beispielsweise Oliver Lubrich: Sind hundert Klischees ergreifend? Dani Levys *Alles auf Zucker!* In: Arnold / Lorenz (Hrsg.): *Juden.Bilder*, S. 74–88, dar.

177 Baron: *Projecting the Holocaust into the Present*, S. 222.

3.1 Rosenzweigs Freiheit

Die Handlung von *Rosenzweigs Freiheit* (BRD 1998, R: Liliane Targownik[178]) spielt 1991 während der Welle fremdenfeindlicher Ausschreitungen und erzählt die Geschichte zweier ungleicher jüdischer Brüder: Der noch bei seiner Mutter, Rosa Rosenzweig (Gertrud Roll), lebende Michael Rosenzweig (Christoph Gareißen) befindet sich abends zu Besuch bei seiner vietnamesischen Freundin Nhung (Uyen Van Thi Dao), als von Neonazis ein Brandanschlag auf das Asylbewerberheim in Falkenwerda verübt wird. Er kann fliehen und gerät in der Nacht in die Zusammenstöße zwischen Polizei und Neonazis, wo er in Angst um sich schießt. Am nächsten Morgen wird er verwirrt aufgefunden und kann sich an die Ereignisse der vergangenen Nacht nicht erinnern. Er wird verdächtigt, einen Neonaziführer erschossen zu haben.

Sein Bruder Jakob Rosenzweig (Benjamin Sadler), ein Anwalt, der in Frankfurt lebt und arbeitet, kämpft dafür, die Unschuld seines Bruders zu beweisen. Dem Oberstaatsanwalt Keil (Felix von Manteufel), der aus karrieristischen Gründen an einer schnellen Aufklärung des Falls interessiert ist, kommt der von Indizien belastete jüdische Verdächtige gelegen, er ist nicht an weiteren Ermittlungen interessiert. Zusammen mit dem renommierten Anwalt Dr. Fritz Ahrendt (Peter Roggisch) und dem Psychologen Dr. Braun (Bernd Stegemann), der ein Profil von Michael Rosenzweig erstellen soll, um seine Schuldfähigkeit zu prüfen, recherchiert Jakob Rosenzweig die Ereignisse und Zusammenhänge der Nacht und setzt sich dabei mit der Shoah-Vergangenheit seiner Eltern und den Ereignissen seiner Kindheit auseinander. Gleichzeitig ist er immer wieder mit seinem aktuellen Verhältnis zur bundesdeutschen nichtjüdischen Mehrheitsgesellschaft konfrontiert, das von Verfolgung und antisemitischen Ereignissen der Vergangenheit geprägt ist.

Rosenzweigs Freiheit ist insofern hinsichtlich der Darstellung der *second generation* ein paradigmatischer Film, weil er diese Figuren in den Mittelpunkt der Handlung stellt. Mit den beiden Brüdern werden unterschiedliche Strategien kontrastiert, mit der (traumatischen) Vergangenheit und dem Leben in Deutschland umzugehen. Darüber hinaus sind in der Figurenkonstellation von *Rosenzweigs Freiheit* vier weitere Personen wichtig, anhand derer die Darstellung der Brüder genauer beschrieben werden kann: Dr. Braun, der Psychologe, ermöglicht durch Gespräche und Therapiesitzungen, aber auch sein Gutachten vor Gericht Einblick in die psychische Verfassung der beiden Brüder. Die Szenen mit ihrer Mutter, Rosa, zeigen innerfamiliäre Strukturen und die transgenerationellen Besonderheiten in Familien von Überlebenden. Mit Oberstaatsanwalt Keil und Anwalt Fritz Arendt treten zwei Vertreter des deutschen Gesetzes auf, die in ihrer gegensätzlichen Inszenierung insbesondere Jakobs Verhältnis zu Deutschland verdeutlichen. Die Figur der Richterin (Monica Bleibtreu) nimmt in diesem Zusammenhang keine besonders wichtige Rolle ein, ihr Verhalten ist – gemäß den Anforderungen an Richterfiguren – als neutral zu deuten.

178 Die Regisseurin Liliane Targownik wurde 1959 in München geboren und kann selbst als Angehörige der *second generation* gelten. Ihre filmische Arbeit befasst sich viel mit den Schwierigkeiten der deutsch-jüdischen, zum Teil auch deutsch-israelischen Beziehungen nach 1945. Liliane Targownik. In: *Regisseurinnen Guide*. http://regisseurinnenguide.de/vk.php3?user=15194 (Zugriff am 24.04.2012).

Als Fernsehfilm der dritten Programme hat *Rosenzweigs Freiheit* einen Bildungsauftrag. Entsprechend muss er ihm Kontext dieser Aufgabe, Bildung, Information und Kultur zu vermitteln,[179] verstanden werden. Mit dem Motiv des Feuers, das dreimal auftaucht und auf das noch zurückzukommen sein wird, entwirft der Film eine historische Kontinuität: Er beginnt mit dem Brandanschlag auf das Asylbewerber_innenheim, später erinnert sich Jakob an einen Brandanschlag auf die Synagoge in seiner Kindheit[180], und der Film endet mit der jüdischen Hochzeit Michaels und Nhungs, während gleichzeitig ein Brandanschlag auf die Wohnung verübt wird, in der Rosa und Michael leben. Damit findet eine Entwicklung hin zur Privatisierung des Terrors statt – anstatt ‚anonymen' Asylbewerber_innen ist jetzt eine individuelle jüdische Familie Ziel der Gewalt. Der Film endet, wie er begonnen hat: Die Freude, die sich vor allem in Musik ausdrückt (zu Anfang das gemeinsame Karaokesingen, am Ende Tanz und Gesang bei der Hochzeitsfeier), wird durch die gewalttätigen Angriffe kontrastiert und unterbrochen. Versteht man Anfang und Ende eines Films als für die Rezeption besonders bedeutsame Teile, da der Anfang wie eine Gebrauchsanweisung in Regeln und Konditionen der filmischen Welt einführt[181] und das Ende eines Films bestimmt, wie die Zuschauer_innen in die reale, außerfilmische Welt entlassen werden,[182] so vermittelt *Rosenzweigs Freiheit* den Eindruck, dass sich Geschichte wiederholt. Ausgehend von dem Angriff auf das Asylbewerber_innenheim schlägt der Film den Bogen zu den Angehörigen der *second generation*, indem er einerseits fragt, was die pogromartige Gewalt in ihnen auslöst, und zum anderen zeigt, wie die xenophob und rassistisch motivierte Gewalt, die sich zunächst an den *sichtbar* Fremden entlädt, auch Jüdinnen und Juden einschließt – verdeutlicht im Antisemitismus der Neonazis während der Gerichtsverhandlung. Die jüdische Nähe zu und die Betroffenheit von diesen Ausschreitungen werden in der Figurenkonstellation des Films über die Liebesbeziehung zwischen Michael und Nhung hergestellt. Durch seine Anwesenheit bei dem Angriff wird eine psychische Reaktion ausgelöst und Verdrängtes reaktiviert, so dass er zum Betroffenen wird. Diese Reaktion wird durch die zumindest partiell antisemitisch

179 Vgl. Joan K. Bleicher: *Chronik zur Programmgeschichte des deutschen Fernsehens*, S. 267–269.

180 *Rosenzweigs Freiheit* verweist hier eindeutig auf den Brandanschlag vom 13. Februar 1970, der auf das im Gemeindezentrum befindliche Altenheim der Israelitischen Kultusgemeinde München verübt wurde und bei dem sieben Shoah-Überlebende getötet und 15 weitere Menschen verletzt wurden. Die Täter_innen wurden damals, ebenso wie bei dem Brandanschlag in Jakobs und Michaels Kindheit in *Rosenzweigs Freiheit*, nicht gefasst, so dass die Tat und die Motive dahinter bis heute ungeklärt sind. Weiterführend dazu Wolfgang Kraushaar: *„Wann endlich beginnt bei Euch der Kampf gegen die heilige Kuh Israel?". München 1970: Über die antisemitischen Wurzeln des deutschen Terrorismus*. Hamburg: Rowohlt 2013; Jochen Fischer / Hans Karl Rupp: *Politik nach Auschwitz. Ausgangspunkte, Konflikte, Konsens. Ein Essay zur Geschichte der Bundesrepublik*. Münster: Lit 2005, S. 58; Werner Bergmann: *Antisemitismus in öffentlichen Konflikten. Kollektives Lernen in der politischen Kultur der Bundesrepublik 1949–1989*. Frankfurt am Main: Campus 1997, S. 314.

181 Vgl. Thomas Elsässer: *Hollywood heute. Geschichte, Gender und Nation im postklassischen Kino*. Berlin: Bertz + Fischer 2009, S. 67; Britta Hartmann: *Aller Anfang. Zur Initialphase des Spielfilms*. Marburg: Schüren 2009.

182 Vgl. Jens Eder: *Dramaturgie des populären Films. Drehbuchpraxis und Filmtheorie*. Hamburg: Lit 1999, S. 66 ff.

motivierte Anklage verstärkt. Jakob, der als Anwalt und Bruder hinzukommt, ist sich seiner Betroffenheit im Gegensatz zum naiven Michael bereits bewusst. Das zeigt sich in seiner obsessiven Beschäftigung mit der Neonazi-Szene, wenn er auch nichts von der Verbindung mit den traumatischen Ereignissen in seiner Kindheit ahnt. Einerseits wird hier Kontinuität suggeriert, andererseits handelt es sich bei Jakobs Obsession um einen Ersatzschauplatz, welcher die Auseinandersetzung mit der Verfolgungserfahrung der Eltern und deren Folgen ersetzt.

Der dramaturgische Aufbau der ersten zwei Sequenzen von *Rosenzweigs Freiheit* regt die Fragen und die Neugier der Zuschauer_innen an: Er beginnt mit der Sequenz des Anschlags auf das Wohnheim, die emotional stark wirkt, den Zuschauer_innen aber noch nicht viele Informationen über Setting und Hauptfiguren gibt. Während Michaels verwirrter Flucht, bei der er in eine Gruppe Neonazis schießt, sieht man den Neonazi Franke zuhause vor dem Fernseher der Berichterstattung über die Ausschreitungen folgen. Seinem Aussehen, das ihn als Neonazi kennzeichnet, und der Zustimmung, mit der er auf die Ausschreitungen reagiert, kann man seine politische Haltung entnehmen. Es ist zu sehen, wie er erschossen wird, doch den Täter sieht man nicht. Die Zuschauer_innen können somit zunächst nicht wissen, ob Michael der Täter ist oder nicht. Auch wissen sie nach dieser ersten Sequenz nicht, dass Michael jüdisch ist. Die zweite Sequenz, in der sich Jakob und Rosa Rosenzweig vor dem Untersuchungsgefängnis treffen, liefert nun Informationen über Figuren, Setting und über die Ereignisse der ersten Sequenz nach: Die Radionachrichten, die Jakob im Auto auf dem Weg ins Gefängnis hört, nehmen eine zeitliche Verortung vor, indem von der Ermordung des Neonaziführers Franke und den Ausschreitungen von letzter Nacht gesprochen wird, und deuten bereits die Möglichkeit eines Zusammenhangs an. Als Jakob zum Gefängnis kommt, steht dort bereits Rosa, die in stark jiddisch gefärbtem Deutsch fordert, Michael sehen zu dürfen, sie sei doch seine „Mamme". Hier wird eine erste Kennzeichnung ihrer Figur, und damit auch Michaels, als jüdisch vorgenommen. Jakob wird als ihr anderer Sohn eingeführt, der Anwalt in Frankfurt am Main ist. Er stellt sich als Jakob Rosenzweig vor, der telefonisch besprochen habe, dass er Michael Rosenzweig sehen dürfe. Mit den Namen wird eine zweite Kennzeichnung der Figuren als jüdisch vorgenommen. Außerdem wird der Verdacht des versuchten Totschlags formuliert, weil Michael um sich geschossen und die Waffe auch auf sich gerichtet habe. Anschließend wird Michaels psychischer Zustand gezeigt: Er tobt und schreit in einer Zelle und bekommt dann, von mehreren Wärtern festgehalten, ein Beruhigungsmittel verabreicht. Es wird hier bereits angedeutet, dass Jakob seinen Bruder möglicherweise vor Gericht verteidigen wird.

Die Schlusssequenz von *Rosenzweigs Freiheit* entspricht nicht einem glücklichen Ende, das alle Konflikte auflöst. Es regt damit, im Sinne des Bildungsauftrags, zur Auseinandersetzung mit der Thematik von Seiten der Zuschauer_innen über das Filmende hinaus an. Dabei wird das Andauern der neonazistischen Gewalt als Problem gezeigt, die Hochzeit von Michael und Nhung kann hingegen trotz kultureller und religiöser

Unterschiede in der jüdischen Gemeinde stattfinden und wird nicht problematisiert. Die jüdische Gemeinde wird hier zu dem Ort, an dem die sichtbar Fremden, die in der deutschen Gesellschaft Ausgrenzung erfahren, akzeptiert werden.

Der Film fokussiert stark auf die Figuren der beiden Brüder: Rückblenden zeigen prägende Ereignisse aus deren Kindheit; auf Rückblenden in die NS-Zeit und die Geschichte der Eltern wird hingegen verzichtet. Der Fokus liegt auf der Bedeutung, die die Verfolgungsvergangenheit der Eltern für Michael und Jakob hat, und nicht auf den historischen Ereignissen. Ähnlich verfährt auch *Gebürtig*, der weniger die tatsächlichen Ereignisse der Vergangenheit visualisiert, sondern vielmehr die (alb)traumhaften Erinnerungen einer nachgeborenen Generation von Täter- und Opferkindern bebildert, in denen sich Erinnerungen an tatsächliche Ereignisse und Imaginationen mischen. Auch dort liegt der Schwerpunkt auf den emotionalen Zuständen der nachgeborenen Protagonist_innen und ihren psychischen Strategien, mit den Familiengeschichten umzugehen, und nicht auf der Rekonstruktion der tatsächlichen historischen Ereignisse.

In *Rosenzweigs Freiheit* entwickeln sich die zentralen Themen in der Interaktion der beiden Brüder mit anderen Figuren, die dramaturgisch für die Entwicklung der Hauptkonflikte wichtige Funktionen erfüllen. Im Folgenden werden die psychischen Folgen der Shoah für die *second generation*, die Auseinandersetzung mit Deutschland sowie mit dem eigenen Judentum im Zusammenhang mit den jeweiligen Figuren untersucht.

3.2 *Psychische Folgen und transgenerationelle Traumatisierungen*

> Wie soll man werden normal, wenn man hat Eltern,
> die haben Auschwitz überlebt?
> (Der Holocaustüberlebende Edek zu seiner Tochter Ruth
> in *Chuzpe – Klops braucht der Mensch!*)

Die Figur des Dr. Braun in *Rosenzweigs Freiheit*, der auf Familien von Überlebenden spezialisiert ist und als Gerichtspsychologe hinzugezogen wird, erfüllt im Film die Funktion, Spätfolgen der elterlichen Verfolgung für die *second generation* zu thematisieren und psychologisches Wissen zu vermitteln. Zentral ist hierfür die Szene, in der er sein Plädoyer vor Gericht hält und Michaels psychischen Zustand beschreibt. Vorher sieht man ihn in Gesprächen mit Michael, Jakob und Rosa. Er ist derjenige, der in den Rosenzweigschen Familiengeheimnissen[183] ermittelt und diese für den/die

183 Die so entstehenden Familiengeheimnisse seien, so die Soziologin Gabriele Rosenthal, wirkmächtiger als erzählte Erlebnisse, da die Kinder mit diesen Leerstellen umgehen müssten, wobei es eine Strategie sei, die nichterzählten Erlebnisse zu imaginieren, eine andere, jedem Gedanken an diese Geschehnisse auszuweichen. Rosenthals Studien zeigen, dass die zweite und auch die dritte Generation häufig sehr konkrete Vorstellungen über diese verschwiegenen Ereignisse entwickeln, die den nichterzählten Geschichten oft sehr nahe kommen. Gabriele Rosenthal: Die Shoah im intergenerationellen Dialog. Zu den Spätfolgen der Verfolgung in Drei-Generationen-Familien. In: Alexander Friedmann / Elvira Glück / David Vyssoki (Hrsg.): *Überleben der Shoah – und danach. Spätfolgen der Verfolgung aus wissenschaftlicher Sicht.* Wien: Picus 1999, S. 68–88, hier S. 71 ff.

Zuschauer_in (psychologisch) ausdeutet. Wichtig für den Handlungsverlauf ist also nicht nur, dass er die psychische Verfassung Michaels (oder auch beider Brüder) näher charakterisiert, sondern auch, dass er zwei ‚Geheimnisse' ans Licht bringt, die den Zuschauer_innen zunächst verborgen, aber bedeutsam für Jakob und Michael sind. Erstens thematisiert er die ermordeten Kinder des Vaters Nathan Rosenzweig, die in der Familie dennoch präsent sind, über die aber nicht offen gesprochen wird. Sie stehen für die in der Shoah ermordete Familie. Zweitens versorgt er den Anwalt Fritz Ahrendt mit Informationen über die psychischen Besonderheiten der *second generation*, sodass in einem Zeugenverhör Jakobs das zweite ‚Geheimnis' ans Licht kommt: Die Brüder haben in ihrer Kindheit einen Brandanschlag auf das jüdische Gemeindezentrum miterlebt. In der Nacht vor Michaels Bar Mitzwa wurde die Synagoge angezündet und in dem angeschlossenen jüdischen Altersheim verbrannten sieben Menschen.[184] Jakob und Michael sahen, wie die Leichen aus dem Gebäude gebracht wurden. Die Bar Mitzwa fand in der teilweise verbrannten Synagoge statt. Die damaligen Täter_innen wurden nie gefasst. Mit diesem Ereignis aus ihrer Kindheit wird eine mögliche Erklärung für Jakobs obsessive Beschäftigung mit der Neonaziszene geliefert wie auch für Michaels panische Reaktion auf das Feuer. Jakob beschreibt, dass er als Kind das Gefühl hatte, dass trotz seiner während der Shoah ermordeten Großeltern „alles gut ausgegangen sei". Der Brandanschlag auf die Synagoge erschütterte dieses Sicherheitsgefühl, vor allem, weil die Täter_innen nicht zur Rechenschaft gezogen wurden. Möglicherweise entstand so das Gefühl, dafür selbst Sorge tragen zu müssen.

In seinem Plädoyer vor Gericht erklärt Dr. Braun, dass die Beziehung der Eltern zu den Kindern von enormen Verlustängsten geprägt sei, was eine Überforderung der Kinder darstelle, die eine normale Entwicklung nicht zulasse. Michaels persönliche Entwicklung sei in direktem Zusammenhang mit der Verfolgungsgeschichte der Eltern zu sehen. Er sei (als ältester Sohn) der erste Familienersatz (für die ermordeten Halbgeschwister), weshalb er es auch nicht schaffe, sich von der Familie zu lösen.

Was hier im Film dargestellt wird, hat eine Grundlage in der psychologischen Forschung. So beschreibt der niederländische Kinderpsychiater David J. de Levita, dass die *second generation* eine Generation von Ersatzkindern sei. Auch wenn ihre Eltern nicht alle Kinder verloren hätten, so hätten sie eine verlorengegangene Generation zu ersetzen.[185] Die Bedeutung der nachgeborenen Generation als Ersatzgeneration sei an den hohen Geburtenraten jüdischer Kinder direkt nach dem Krieg abzulesen, wobei die Geburt eines Kindes als Sieg über die Vernichtungspläne der Nazis verstanden wurde, als Sieg über den Tod.[186] Häufig werde den Mitgliedern der *second generation*, führt De Levita aus, diese Ersatz-Identität von ihren Eltern auf eine Weise verliehen, die es ihnen kaum ermöglicht, jemals wirklich ‚sie selbst' zu sein. In *Rosenzweigs Freiheit* ersetzen Michael und Jakob die in Auschwitz ermordeten kleinen Söhne Nathan Rosenzweigs,

184 Goschler / Kauders: Dritter Teil: 1968–1989, S. 340–341.

185 David de Levita: Transgenerationelle Traumatisierung. In: Friedmann / Glück / Vyssoki (Hrsg.): *Überleben der Shoah – und danach*, S. 89–99, hier S. 91.

186 Ebd., S. 92.

von denen er zwar nicht spricht, die aber symbolisiert durch die in der Wohnung sichtbaren Kinderschuhe in der Familie präsent sind.[187]

Dr. Braun beschreibt Michael als ängstlich, er suche Schutz bei seinen Eltern, die er aber gleichzeitig als schutzbedürftig wahrnehme und von denen er glaube, sie nicht verlassen zu können, da sie sonst nicht „klarkämen". Braun bezeichnet das als „klassische Umkehrung der Eltern-Kind-Rolle". Auch hier wird aus der psychologischen Forschung zu Familienstrukturen in Überlebendenfamilien zitiert: So zeigen Studien wie die von David de Levita oder Gabriele Rosenthal,[188] dass die *second generation* häufig durch ein umgekehrtes Eltern-Kind-Verhältnis geprägt ist. Die Kinder müssen ihre Eltern schützen, sie versuchen, deren erlebte Leiden mit ihrem Leben wiedergutzumachen und stellen keine schmerzhaften Fragen. Ihr Vertrauen in die Eltern ist durch die erfahrene Schutz- und Wehrlosigkeit der Eltern erschüttert. Gleichzeitig sind die Eltern häufig wenig in der Lage, auf die Bedürfnisse der Kinder einzugehen. Die Kinder der *second generation* leiden darunter, dass ihre Sorgen und Bedürfnisse für ihre Eltern keine Rolle spielen oder dass neben deren Verfolgungserfahrungen ihre Belange nichtig wirken.[189] Auch in *Chuzpe – Klops braucht der Mensch!* wird Ruth (Anja Kling) als sehr besorgt um ihren Vater Edek (Dieter Hallervorden) gezeigt. Sie fürchtet, er finde sich nach seinem Umzug von Melbourne nach Berlin nicht allein zurecht.

In dem von Jan Schütte verfilmten Roman *SuperTex* von Leon de Winter wird diese Konstellation ebenfalls thematisiert, wenn der Vater Simon Breslauer einerseits die Belange seiner Söhne nicht ernst nimmt und diese vor dem Hintergrund seiner Erfahrung als unwichtig abtut und andererseits nicht über seine eigenen Erlebnisse spricht. Auch *Ein ganz gewöhnlicher Jude* betont, wie der Protagonist Emanuel Goldfarb vor dem Hintergrund der elterlichen Erfahrungen sein kindliches Verhalten mäßigen musste, nicht auffallen und seinen Eltern keine Sorge bereiten durfte.

Weiterhin beschreibt Dr. Braun, dass Nhung ein Teil von Michaels Familie geworden sei, dieser habe sie in die symbiotische Beziehung zu seinen Eltern integriert, was verdeutliche, warum der Angriff auf ihr Leben und die Vorstellung, sie sei tot, zu einer subjektiven Notwehrreaktion geführt haben. Dr. Braun geht abschließend von einer verminderten Schuldfähigkeit aus.[190]

187 Das Motiv der Schuhe ist ikonographisch aufgeladen: Die Berge von Schuhen (und Brillen) in den Vernichtungslagern sind ähnlich wie die Schornsteine der Krematorien oder die Gleise zu „Superzeichen des Holocaust" (Michael Elm: Holokaust. Medienpädagogisches Filmheft zur ZDF-Fernsehdokumentation unter der Leitung von Guido Knopp (08.03.2011). http://www.fritz-bauer-institut.de/texte/Michael-Elm_Filmheft-Holokaust.pdf (Zugriff am 18.10.2011)) geworden. Damit wird auf andere diskursive Auseinandersetzungen mit der Shoah verwiesen.

188 De Levita: Transgenerationelle Traumatisierung; Rosenthal: Die Shoah im intergenerationellen Dialog.

189 Vgl. de Levita: Transgenerationelle Traumatisierung, S. 91; Kurt Grünberg: *Liebe nach Auschwitz. Die zweite Generation. Jüdische Nachkommen von Überlebenden der nationalsozialistischen Judenverfolgung in der Bundesrepublik Deutschland und das Erleben ihrer Paarbeziehungen*. Tübingen: Edition Diskord 2000, S. 25 ff.

190 Eine solche Pathologisierung, wie sie hier bei Michael vorgenommen wird, kann aus psychologischer Perspektive nicht auf die gesamte *second generation* übertragen werden. Obwohl sie von den Erlebnissen

3.3 *Sprechen und Schweigen*

Das Plädoyer Dr. Brauns findet im letzten Drittel der Handlung statt. Damit bieten seine Ausführungen retrospektiv eine Deutung vorangegangener Szenen an, in denen er beispielsweise mit Michael oder Jakob spricht. In diesen findet sich wiederholt das Thema Sprechen und Schweigen: In einem Gespräch fragt Dr. Braun Jakob, ob sein Vater oft von seiner ermordeten Familie gesprochen habe, woraufhin Jakob „nie" antwortet und beschreibt, dass er davon erst durch die Kinderschuhe erfahren habe. In einer Szene, die Rosa Rosenzweig und Fritz Ahrendt zeigt, sagt sie, dass sie nicht über diese Zeit sprechen wolle. Jakob verweist Dr. Braun mehrmals an seine Mutter, die einfach mehr wisse.

Die Spielfilme spiegeln hier einen realen Konflikt. Sprechen und Schweigen sind auch außerhalb filmischer Darstellungen zentrale Themen für die *second generation*: Dabei geht es darum, welche Ereignisse und Erfahrungen von den Eltern wie vermittelt oder vorenthalten werden. Die traumatischen Erlebnisse der Eltern erfahren die Kinder teilweise über Erzählungen, zum Teil erleben sie sie aber auch über das Schweigen der Eltern, die über das Erlebte nicht sprechen können. Wie die Soziologin Gabriele Rosenthal ausführt, leiden sie weniger an den erzählten Verfolgungserlebnissen ihrer Eltern als an den nicht erzählten. Es gäbe häufig ein schweigendes und ein über die Verfolgungserfahrung sprechendes Elternteil, wobei sich die Erfahrungen des schweigenden Elternteils verstärkt auswirken würden.[191]

Das findet sich auch in filmischen Darstellungen wieder: So sagt Max Breslauer in *SuperTex* zu seinem Vater, dass er viel zu wenig über sein Leben wisse, und auch in *Bronsteins Kinder* spielt das Nichtsprechen des Vaters eine wichtige Rolle: Das Schweigen von Arno Bronstein (Armin Mueller-Stahl) seinem Sohn Hans (Matthias Paul) gegenüber führt zu einer zunehmenden Entfremdung und dazu, dass Hans das Verhalten seines Vaters nicht verstehen kann. Er weiß nichts davon, dass sein Vater im Konzentrationslager war, und muss ‚Neuengamme' im Lexikon nachschlagen, nachdem er in einem Gespräch seines Vaters davon gehört hat. Arnos Verfolgungserfahrung und die langen Schatten, die diese auf die Gegenwart werfen, werden erst zum offenen Thema zwischen Vater und Sohn, als Hans entdeckt, dass Arno zusammen mit Freunden einen ehemaligen KZ-Aufseher in seinem Gartenhäuschen gefangen hält und Selbstjustiz üben will. Trotz des offenen Konflikts, der daraus entsteht, da Hans sich gegen Selbstjustiz positioniert, bleibt die Unfähigkeit miteinander zu sprechen zwischen den beiden bestehen. Hans scheint es unmöglich, nach Arnos Erlebnissen zu fragen.

ihrer Eltern während der Shoah stark geprägt ist und die analytische Arbeit mit Kindern von Überlebenden zeigt, dass diese trotz der unterschiedlichen Erlebnisse und sozialen Hintergründe der Eltern bemerkenswerte Übereinstimmungen aufweisen, hält Judith S. Kerstenberg fest, dass nicht von einem ‚Syndrom' gesprochen werden könne, da das eine Pathologisierung nahelege, die so nicht zu beobachten sei. Sie schlägt vor, stattdessen „von einem Komplex oder einer Konstellation bestimmter Merkmale" (Judith S. Kerstenberg: Überlebende Eltern und ihre Kinder. In: Dies. / Martin S. Bergmann / Milton E. Jucovy (Hrsg.): *Kinder der Opfer – Kinder der Täter. Psychoanalyse und Holocaust.* Frankfurt am Main: Fischer 1995, S. 103–126, hier S. 103) zu sprechen, die sich in ihrer jeweiligen Ausprägung unterscheiden.

191 Rosenthal: Die Shoah im intergenerationellen Dialog, S. 70–71, 73.

Diese Unfähigkeit nachzufragen erklärt Rosenthal damit, dass die Kinder die Traumatisierung der Eltern spüren und diese schützen wollen.[192] So versteht Arno in *Bronsteins Kinder* nicht, dass es sich nicht lediglich um seine Geschichte handelt, die er von seinem Sohn fernzuhalten versucht, sondern dass gerade sein Schweigen, das Hans schützen soll, diesen involviert und verunsichert. Dem ähnelt Rosa Rosenzweigs Perspektive in *Rosenzweigs Freiheit*: Auf den Vorschlag Fritz Ahrendts, einen Psychologen hinzuzuziehen, erwidert sie, dass ihre Kinder zu essen gehabt hätten, zur Schule gegangen seien und sie und ihr Mann alles getan hätten, damit sie glücklich seien. Es seien „ganz normale, feine Kinder", die nicht das hätten erleben müssen, was sie und ihr Mann damals erlebt hätten.

Tatsächlich erstreckt sich das Unvermögen, darüber zu sprechen, so zeigt Rosenthals Forschung, auch auf die *second generation*, die oft kaum oder nur sehr schwer dazu in der Lage ist, über die Verfolgungserfahrungen der Eltern zu sprechen, wobei Unterschiede zwischen verschiedenen Geschwistern festzustellen sind: Meist spreche ein Kind mehr über die Verfolgung der Eltern, während das andere weniger in der Lage sei, darüber zu sprechen, und stärker in der Vergangenheit verhaftet sei.[193] Diese unterschiedliche Verhaftung in der Vergangenheit findet sich auch in der Figurengestaltung Michaels und Jakobs in *Rosenzweigs Freiheit*, allerdings weniger im Umgang mit Sprechen und Schweigen als im Gegensatz zwischen Reflexion und affektiver Reaktion. Dies schlägt sich auch in der geographischen Distanz zu den Eltern nieder: Michael lebt noch zuhause, während Jakob seine Eltern selten besucht und sich zumindest räumlich stärker gelöst hat. Er sucht Distanz zur individuellen Geschichte seiner Eltern und kanalisiert seine Betroffenheit in einer vermeintlich rationalen Auseinandersetzung mit fortbestehenden nazistischen Tendenzen im Rahmen seines Berufs.

In der Komödie *Chuzpe – Klops braucht der Mensch!* wird das Motiv eher als ein bereits etabliertes zitiert, als dass tatsächlich eine psychologisierende Figurenentwicklung vorgelegt wird: Es ist hier Ruth, die als zwanghaft und überbesorgt gezeigt wird, und der Film versucht auch zu erzählen, dass es sich dabei um ein Resultat der Traumatisierung ihrer Eltern handele. Doch letztlich wirkt ihr Vater nicht traumatisiert und scheint im Gegensatz zu Ruth nicht nur zu erkennen, dass sie nicht „ganz normal" sei, sondern kann dies auch aussprechen, wenn er sagt: „Wie soll man werden normal, wenn man Eltern hat, die haben überlebt Auschwitz?" Es ist die Tochter, die für sich in Anspruch nimmt, dass alles okay sei, während Edek mit einem an den Enkel adressierten Augenzwinkern deutlich macht, es besser zu wissen. Hier wird die psychische Versehrtheit, die in Lily Bretts Romanvorlage eine zentrale Rolle spielt und sich beispielsweise in der Essstörung der Protagonistin Ruth ausdrückt, für die Fernsehkomödie zurechtgeschliffen: Übrig bleibt eine verspannt und zwanghaft wirkende, vegetarisch essende Tochter Ruth, die sich aber am Ende des Films doch von der Lebensfreude ihres Vaters anstecken lassen muss. Unabhängig davon, ob man eine solche Darstellung als angemessene empfindet oder nicht, zeigt sie, dass die Verwendung der Romanvorlage 2015

192 Rosenthal: Die Shoah im intergenerationellen Dialog, S. 77.
193 Ebd., S. 84.

insofern unproblematisch ist, als auf etablierte Figurentypen und Konfliktkonstellationen zurückgegriffen werden kann, die nicht auserzählt oder gar begründet werden, sondern lediglich angerissen werden müssen.[194]

Der prägende Zugang der *second generation* zur Shoah entsteht aber nicht nur durch das transgenerationelle Fortwirken der Verfolgungsgeschichte der Eltern, sondern auch in der Wechselwirkung mit einer medialen und gesellschaftlichen Vermittlung, die häufig im Gegensatz zum elterlichen Schweigen steht. Die Figuren der *second generation* bewegen sich in einer Gesellschaft, die von (unterschiedlichen) Diskursen über die Shoah geprägt ist: In *Gebürtig* taucht die Shoah medial vermittelt auf, als der Protagonist Danny Demant als Schauspieler in einem Holocaustfilm mitspielt, dessen Dreharbeiten in Auschwitz stattfinden. Der Ort, der zum Synonym für die nationalsozialistische Judenverfolgung geworden ist, wird zu dem Ort, an dem er und der Täternachkomme Konrad Sachs sich das erste Mal begegnen. Der Ort mit seinen Ikonografien und die Schauspieler_innen in Häftlingskostümen machen sichtbar, was die Figuren Demant und Sachs sonst unsichtbar bestimmt und bewegt.[195]

Und auch in *Bronsteins Kinder* tritt die nationalsozialistische Judenverfolgung eher medial vermittelt auf: Auf eine Szene, in der es zur Konfrontation zwischen Hans, seinem Vater Arno und dessen Freund Gordon Kwart kommt, in welcher Kwart ihre unterschiedlichen Ansichten damit erklärt, dass sie im Lager gewesen seien und Hans nicht, folgt eine Sequenz, die die Dreharbeiten zu einem Holocaustfilm zeigt – die Vergangenheit taucht als Reenactment auf: Zunächst sind Menschen zu sehen, die von bewaffneten SS-Männern unter lautem Rufen eine Straße entlang getrieben und auf einen Lastwagen verladen werden. Dann erst zeigt die nächste Einstellung, dass es sich um Dreharbeiten handelt, bei denen Hans' Freundin Martha als Schauspielerin mitwirkt. Hier entsteht eine Diskrepanz zwischen dem familiären Schweigen und der gesellschaftlichen Thematisierung. Hans hat keinen persönlicheren Zugang zur Geschichte der nationalsozialistischen Judenverfolgung.

Keine filmische, sondern eine literarische oder zumindest schriftliche Auseinandersetzung (und Vermitteltheit) wird in *Ohne mich* in einer Sequenz dargestellt, in der Simon Rosenthal in der S-Bahn auf Neonazis trifft: Die Konfrontation mit den Neonazis ist durchbrochen von Einstellungen, die einen Bildschirm zeigen, auf welchem Schrift erscheint, während zu hören ist, wie getippt wird. Die getippten Sätze ersetzen Handlungsteile, die nicht zu sehen sind, sondern lediglich geschrieben werden, wodurch der Eindruck entsteht, die Szene würde gerade geschrieben werden. Die

194 Die leichfertige und zum Teil holperige Übertragung der Romanmotive, die einige Ungereimtheiten entstehen lassen – so zieht Edek nicht wie in der Romanvorlage von Melbourne nach New York, wo seine Tochter lebt, sondern nach Berlin, was als Ort seiner Kindheit erzählt wird, während er andererseits Sehnsucht nach seiner Heimat Polen äußert –, mag auch daran liegen, dass es sich in erster Linie um einen Film handelte, der zu Dieter Hallervorderns 80. Geburtstag produziert wurde und der ihm die Möglichkeit geben sollte, sein schauspielerisches Können zu zeigen, möglicherweise anknüpfend an den Erfolg von *Sein letztes Rennen* (BRD 2013, R: Kilian Riedhof) und *Honig im Kopf* (BRD 2014, R: Till Schweiger), in denen Hallervorden bereits erfolgreich Hauptrollen jenseits seines klassischen Rollenrepertoires übernahm.

195 Wie auch in *Bronsteins Kinder* wird hier die Medialisierung der Erinnerung thematisiert.

Zuspitzung der Konfrontation, in der Simon sagt, er sei kein Jude, und auf die Drohung eines Neonazis, ihn nach Auschwitz zu bringen, antwortet: „Aber Auschwitz ist doch 'ne Lüge", wird dadurch in Simons Imagination verortet, die von seiner Angst vor Verfolgung (und Erkennbarkeit als Jude) geprägt ist. Die Sequenz endet damit, dass der Curser auf Speichern geht, die Kamera zurück fährt und Simon in der Rückenansicht am Computer sitzend zu sehen ist.

3.4 Das Verhältnis zu Deutschland

Michaels und Jakobs Verhältnis zu Deutschland wird als sehr unterschiedlich dargestellt. Ob und inwiefern es als *ambivalent* charakterisiert wird, wie es Oberwalleney für die Literatur jüdischer Autoren der *second generation* beschreibt, gilt es im Folgenden nachzuvollziehen. Für die jüdische Figur in der Literatur scheint das ambivalente Verhältnis zu Deutschland nahezu konstituierend zu sein:

> Das Selbstverständnis der jüdischen Figuren konstituiert sich aus dem Paradoxon, gleichermaßen – gewollt und ungewollt – Mitglied und Außenstehender der Gesellschaft zu sein, in der sie leben. Gesellschafts- und Selbstkritik gehen gerade im deutschsprachigen Raum Hand in Hand.[196]

Die Gefühle von Zugehörigkeit und Exklusion sind in den filmischen Darstellungen in Szenen zu beobachten, in denen jüdische Figuren auf nichtjüdische treffen. In diesen Konstellationen tauchen unterschiedliche Figuren auf, die für die deutsche nichtjüdische Majorität stehen und entsprechende Gefühle und Reflexionen bei den jüdischen Figuren auslösen: Ehemalige Nazitäter_innen oder Mitläufer_innen konfrontieren mit konkreten Ereignissen der Vergangenheit und deren Kinder mit dem (unterschiedlichen) Fortwirken der Vergangenheit sowie der Bedeutung, die dieser gegenwärtig für Jüdinnen/Juden und Nichtjüdinnen/Nichtjuden zukommt. Neonazis tauchen als konkrete Bedrohung, aber auch Personifizierung von Ängsten auf. Darüber hinaus schreiben sie die (Verfolgungs-)Vergangenheit in die Gegenwart fort.[197] Nichtjüdische Deutsche werfen durch ihre Zugehörigkeit zur nichtjüdischen Mehrheitsgesellschaft für die jüdischen Protagonist_innen der *second generation* die Frage nach der eigenen Zugehörigkeit auf, bilden den Hintergrund für Differenz und können gesellschaftlich vorhandenen (latenten) wie vermuteten Anti- und Philosemitismus sichtbar machen.

In *Rosenzweigs Freiheit* sind es die Konfrontation mit Neonazismus und die rechten Pogrome, vor denen das Verhältnis zu Deutschland und dem eigenen Deutschsein – vor allem Jakob Rosenzweigs – ausgehandelt wird. Michael befasst sich nicht mit Rechtsextremismus oder Antisemitismus, doch während der pogromartigen Ausschreitungen verfällt er in einen verwirrten, panikartigen Zustand. Er ist emotional betroffen, während Jakob vor allem intellektuell eine Kontinuität zur NS-Vergangenheit herstellt. Michaels Verhältnis zu Deutschland ist darüber hinaus über eine Leerstelle zu fassen: Er wird ausschließlich in privaten Beziehungen zu seinen Eltern sowie zu Nhung und

196 Oberwalleney: *Heterogenes Schreiben*, S. 8.

197 Baron: *Projecting the Holocaust into the Present*, S. 201 ff.

ihrem Sohn gezeigt, d.h. er scheint keine Beziehungen zu nichtjüdischen Deutschen zu haben und sich in einem Umfeld von unterschiedlichen Fremden oder Anderen zu bewegen.

Jakobs Verhältnis zu Deutschland wird vor allem durch seine Interaktionen mit dem als antisemitisch charakterisierten Oberstaatsanwalt Keil und dem Anwalt Fritz Ahrendt erzählt. Keil und Ahrendt sind als entgegengesetzte Figuren angelegt. Die Kontrastierung erfolgt schrittweise vor dem Hintergrund vermeintlicher Ähnlichkeiten, die durch Parallelisierung der Szenen entsteht: So folgen die ersten Auftritte der Anwälte aufeinander und beide werden im Gespräch mit Jakob Rosenzweig eingeführt, der zu ihnen kommt. In beiden Szenen wird der Familienname Rosenzweig thematisiert und damit implizit ihr Verhältnis und ihre Sensibilität Jüdinnen und Juden gegenüber berührt. Während Keil über Michael als „Michael Rosenbaum" spricht und Jakobs Verbesserung unfreundlich übergeht, denkt Ahrendt laut über seine Assoziationen mit dem Namen Rosenzweig nach: Er fragt, ob es nicht einen Rosenzweig im nationalsozialistischen Liedgut gegeben habe, woraufhin Jakob fragt, ob der nicht Rosenberg geheißen habe. Außerdem erwähnt er „diesen Kleinen, der in dieser Sendung, Dalli Dalli, immer so in die Luft gesprungen sei", worauf hin Jakob ihn auch hier korrigiert, dass es sich dabei um Hans Rosenthal handele. Die Assoziationskette zeigt, dass Ahrendt Jakob als Juden wahrnimmt. Ebenso wird das durch seine Verwendung des jiddischen Worts *Schmattes* verdeutlicht, welches er einwirft, als Jakob vom Textilgeschäft seiner Eltern spricht.

Im weiteren Verlauf werden Keil und Ahrendt zunehmend gegensätzlich dargestellt: Während Keils opportunistische Karriereorientiertheit immer deutlicher antisemitische Züge annimmt, setzt sich Ahrendt, der ein nicht weiter erläutertes persönliches Interesse für den Fall bekundet hat, engagiert für Michael ein und nimmt nach einer Auseinandersetzung mit Jakob die Verteidigung wieder auf. Während der gemeinsamen Arbeit entsteht zwischen Jakob und ihm langsam ein Vertrauensverhältnis, wobei Jakob misstrauisch bleibt. Dieses Misstrauen und die Vorbehalte, die Jakob Ahrendt entgegenbringt, scheinen durch tatsächlich vorhandenen Antisemitismus, repräsentiert durch Keil, verständlich.

Lawrence Baron, der Filme über Neo-Nazis im weiteren Sinne zu Holocaustfilmen zählt, stellt fest, dass das Thema Neonazismus im Holocaustfilm in den 1990er Jahren deutlich häufiger vertreten sei als andere Themen.[198] Als ‚Holocaust-Geister' führen Neonazis den Nazismus in die Gegenwart und tauchen als potentielle Vollstrecker_innen eines erneuten Genozids auf.[199] Genau diesen Zusammenhang macht auch *Rosenzweigs Freiheit* auf. Jakobs Auseinandersetzung mit der Neonazi-Szene wird als obsessiv dargestellt. So wird er in seiner Frankfurter Wohnung gezeigt, in der ganze Regale voller Aktenordner zu unterschiedlichen rechten Gruppen und Organisationen, Fachliteratur, Bilder und Zeitschriften zu sehen sind, die er offenbar archiviert. Durch die Psychologisierung der Figuren Jakob und Michael wird eine Kontinuität von der als traumatisch erfahrenen Verfolgung der Eltern in der Shoah über den Brandanschlag

198 Ebd., S.201.
199 Ebd.

auf das Gemeindezentrum in ihrer Kindheit bis zu den aktuellen Geschehnissen um die neonazistischen Pogrome hergestellt.

Aber die Begegnung von jüdischen Figuren mit Neonazis ist auch in anderen Filmen präsent, wo sie zum Moment der Auseinandersetzung mit der Vergangenheit und deren Fortwirken in der Gegenwart wird, wie beispielsweise in *Ohne mich*. So ist Simon Rosenthal gleich zweimal mit Neonazis konfrontiert: Zum einen in der skizzierten Situation in der U-Bahn und zum anderen durch seinen neuen Nachbarn. Beide Begegnungen sind von vornherein von seiner Angst bestimmt.[200]

Die neonazistische Gewalt wird häufig in Zusammenhang mit den Brandanschlägen der frühen 1990er Jahre thematisiert, wobei Feuer nicht nur in *Rosenzweigs Freiheit* motivisch eine zentrale Rolle spielt: *Ohne mich* beginnt mit Bildern von Brandanschlägen auf ein Wohnheim, wobei sich die Kamera in dem Wohnheim befindet und die Perspektive der Menschen darin einnimmt, es sind ihre Schreie zu hören, man sieht sie fliehen. Vor dem Wohnheim sieht man Parolen rufende Neonazis, die Steine und Molotowcocktails in die Scheiben werfen. Das letzte Bild zeigt die Stichflamme eines solchen Geschosses. Die Kamera zeigt einen Fernseher. Simon führt diese Bilder auf einer Art Probe vor und versucht mit den anwesenden Schauspieler_innen darüber zu sprechen. Mona wirft ihm vor, sie hätte diese Bilder schon tausendmal gesehen, es seien ausgelutschte Bilder, ‚Sensationsmache'. Er hält dagegen, es sei die Perspektive der Opfer, Realität. Die Auseinandersetzung macht die unterschiedlichen Wahrnehmungshorizonte deutlich: Sie wirft ihm Selbstmitleid vor. Auf die Frage, was das mit ihm zu tun habe, erklärt sie kurz zögernd, dass er sich doch nur für die Opferperspektive interessiere, weil er selber „so ein kleines, geknechtetes, kurzbeiniges Judenkerlchen"[201] sei. Seine emotionale Betroffenheit steht ihrer distanzierten Reaktion gegenüber und tatsächlich, das zeigen die folgenden fragmentarisch aneinandergefügten Bilder des Kurzfilms, hat seine Betroffenheit mit seiner (Familien-)Geschichte zu tun. Während in *Ohne mich* die Frage, warum Simon so von den Ausschreitungen betroffen ist, explizit thematisiert wird und in *Rosenzweigs Freiheit* die Verklammerung über die Figur der Nhung funktioniert, ist es in *Meschugge* die Fabrik von Lena Katz' jüdischem Großvater, auf die ein Brandanschlag verübt wird. Auch dieser Film beginnt mit Bildern des Brandes, hier der Fabrik, und das Motiv des Feuers zieht sich durch den weiteren Film.[202] *Rosenzweigs*

200 In Dani Levys Kurzfilm *Joshua*, ein Teil des Omnibusfilms *Deutschland 09*, ist es nicht der Protagonist Dani Levy, der zur *second generation* gehört, der direkt mit Neonazis konfrontiert ist, sondern sein Sohn Joshua, der schon Teil der dritten Generation ist. Obwohl der Film letztlich Dani Levys Perspektive einnimmt, wird hier ein Ausblick auf die dritte Generation und ihre Umgangsweisen mit Neonazismus angedeutet.

201 Dieses Zitat aus *Ohne mich* (nach eigenen Aufzeichnungen) verweist in seiner antisemitisch gefärbten Sprache auf die Vorstellung der ‚hässlichen' jüdischen Physiognomie, die u. a. von kurzen Beinen geprägt ist, wie sie beispielsweise in Wilhelm Buschs Figur des Schmulchen Schievelbeiner der 1882 erschienenen Bildergeschichte *Plisch und Plum* beschrieben wird. Vgl. zur Bedeutung der Verwendung antisemitischer Bilder bei Wilhelm Busch: Ulrich Wyrwa: Wilhelm Busch. In: Wolfgang Benz (Hrsg.): *Handbuch des Antisemitismus*, Bd. 2,1: Personen. Berlin: de Gruyter 2009, S. 115–116.

202 So ist Lena bei einem Fotoshooting – sie ist Setdesignerin – mit Feuer konfrontiert und kann dessen Anblick nicht ertragen. Bei einem Einbruch in das Büro des Anwalts Kaminski, wo sie Informationen über ihre Familie zu finden hofft, entfacht sie versehentlich ein Feuer, das sie verletzt und den Anwalt vermeintlich tötet.

Freiheit beginnt und endet mit Brandanschlägen. In der Konfrontation mit Feuer kommen – in *Rosenzweigs Freiheit* wie in *Meschugge* – (traumatische) Erfahrungen und Erinnerungen wieder hoch. Als vorbildhaft für die symbolische Verschränkung des Motivs des Feuers mit dem Thema der Shoah im Film kann der Vorspann von *Holocaust* gedeutet werden, in dem ein brennendes Synagogenportal mit Davidsstern zu sehen ist. Grundsätzlich ist diese Verschränkung im Begriff ‚Holocaust', der sich vom griechischen Begriff ‚holokauston' ableitet, was so viel bedeutet wie ‚ganz verbrannt', bereits angelegt.[203]

Eine Variation, bei ähnlicher Funktion, erfährt das Motiv der Begegnung der jüdischen Figur mit Neonazis in der Begegnung mit *Kindern* von Nazitätern. In *Gebürtig* wird die Figur des Hermann Sachs, Sohn eines Nazis, der als Arzt in Konzentrationslagern Menschen tötete, der jüdischen Figur Danny Demant gegenübergestellt. Beide müssen sich mit ihren Familiengeschichten auseinandersetzen, und auch wenn sie sehr unterschiedlich an der jeweiligen Familiengeschichte leiden, so ähneln sie sich doch darin, dass sie der Vergangenheit nicht entkommen können. In *Meschugge* ist die Verschränkung (narrativ) komplexer: Hier stellt sich die Protagonistin Lena Katz, die im Glauben, sie sei Jüdin, aufwuchs und sich auch so identifiziert, als Enkelin eines hochrangigen Nazis heraus, der sich nach 1945 als Jude ausgab, um der Ahndung seiner Verbrechen zu entgehen. Auch hier ist das unfreiwillige *Geworfensein in* oder *Gebundensein an* eine Familiengeschichte Thema (vgl. Kap. IV.5) und es bleiben auch trotz dieser Entdeckung Parallelen zur *tatsächlich* jüdischen Figur David Fish, dem Sohn einer überlebenden Jüdin, bestehen.

Unter anderem an *Meschugge* lässt sich ein Muster erkennen: Die Begegnung mit der nichtjüdischen Mehrheitsgesellschaft wird häufig im Bereich der Liebesbeziehung und Sexualität verhandelt. So ist Simons Angst vor neonazistischen Übergriffen in *Ohne mich* das Moment, das die Differenz zwischen ihm und seiner nichtjüdischen Freundin Mona (Maria Schrader) zeigt. Sie sagt, sie sehe seine Angst und verstehe sie auch, könne sie aber nicht aushalten, sie wirft ihm seine Ängstlichkeit letztendlich vor.

Die Konfrontation in der Liebesbeziehung ist auch in *So ein Schlamassel* – wobei es sich hier schon eher um die dritte Generation handelt – und *Ein ganz gewöhnlicher Jude* Thema. In *So ein Schlamassel* wird es in der ersten gemeinsamen Nacht für die Protagonistin Jil Grüngras, wenn sie mit dem nichtjüdischen Marc im Bett liegt und sie über Familie sprechen, anlässlich des Weihnachtsbaumes, der für Marc „einfach dazugehört", notwendig zu sagen, dass sie Jüdin ist. Bei einem Besuch der Familie ihres nichtjüdischen Freundes Marc ist Jil mit antisemitischen Witzen konfrontiert. Doch nicht nur diese explizite Konfrontation, die eine Positionierung ihrerseits geradezu erzwingt und fast zum Bruch zwischen ihr und Marc führt, verdeutlicht ihr Anderssein. Auch für Emanuel Goldfarb (Ben Becker) in *Ein ganz gewöhnlicher Jude* war die Beziehung

203 James E. Young: *Beschreiben des Holocaust. Darstellung und Folgen der Interpretation*. Frankfurt am Main: Suhrkamp 1997, S. 145. Der Begriff bezeichnete nach Young „[...] in der Septuaginta eine spezielle Art des Brandopfers und ist überdies assonant mit *ola*, dem hebräischen Wort für das heilige Opfer. Viele jüdische Autoren und Theologen sind sich der im Wort *Holocaust* mitschwingenden urchristlichen Idee eines jüdischen Martyriums sehr wohl bewußt und lehnen es daher nach wie vor entschieden ab." (Ebd.)

mit einer nichtjüdischen Partnerin ein Moment, in dem er Differenz empfand, wie er retrospektiv erzählt.

Das ambivalente Verhältnis der *second generation*-Figuren zu Deutschland wird in den verschiedenen Filmen durch die unterschiedliche Figurenentwicklung und die Ausgänge und Wendungen der Handlung unterschiedlich gedeutet: Während Jakob und Michael den Prozess zwar gewinnen und Fritz Ahrendt und Dr. Braun als Vertreter des ‚guten' Deutschland auf der jüdischen Hochzeit von Nhung und Michael in der Schlusssequenz anwesend sind, können sie den Antisemitismus nicht besiegen, der am Ende von *Rosenzweigs Freiheit* sogar noch bedrohlichere Züge annimmt. Simon Rosenthal in *Ohne mich* folgt dem Rat seiner Mutter und verlässt Deutschland am Ende des Films, auch wenn ihm nur der Mond bleibt, um der antisemitischen Bedrohung zu entkommen, während Danny Demant in *Gebürtig* an sein Wiener Kabarett zurückkehrt. Emanuel Goldfarb in *Ein ganz gewöhnlicher Jude* hingegen besucht nach einem langen Monolog, in dem er mit einer Schuleinladung hadert und mit der philosemitischen deutschen Gesellschaft abrechnet, schließlich doch die Schulklasse, zu der er eingeladen wurde. Nach seiner im bisherigen Filmverlauf kritisch bis verbitterten Haltung zeigt er sich am Ende versöhnlich.

3.5 Das Verhältnis zum eigenen Judentum

Das Verhältnis zum eigenen Jüdischsein ist bei den Angehörigen der *second generation* häufig ähnlich ambivalent wie das Verhältnis zu Deutschland. Das Selbstverständnis als jüdisch zeigt sich nicht nur in der Differenz zur nichtjüdischen deutschen Mehrheitsgesellschaft, sondern auch im Verhalten den eigenen Eltern und ihren Erwartungen sowie religiösen Traditionen gegenüber. Oberwalleney stellt für die deutsch-jüdische Literatur der *second generation* wie jener Maxim Billers, Esther Dischereits oder Barbara Honigmanns fest, dass diese sich nicht nur von der nichtjüdischen Umwelt abgrenze, sondern auch von der Elterngeneration, zu der der Abstand aufgrund der Shoah bedeutend größer sei als bei Nichtjüdinnen/Nichtjuden der gleichen Generation.[204]

Für die Filmfiguren der *second generation* wird die Bedeutung des Jüdischseins ebenso im Verhältnis zu ihren Eltern wie im Verhältnis zum Judentum als Religion deutlich. Letzteres wird häufig als Suche oder Aushandlung beschrieben und ist vom Verhältnis zu den Eltern, die als Repräsentant_innen des Judentums auftreten und deren Erwartungen häufig religiös und traditionell geprägt sind, nicht zu trennen. Nathan Abrams argumentiert, dass das Judentum als Religion (*Judaism*) im Film lange kein Thema gewesen sei; stattdessen wurden Bilder einer säkularen, kulturell und ethnisch geprägten *Jewishness* gezeichnet. Jüdische Rituale, Traditionen und religiöse Bräuche würden zwar gezeigt, fungierten aber nicht als Thema, sondern bildeten lediglich den Hintergrund für die Haupthandlung.[205] Auch im Kontext der Filmfiguren der *second generation* wird Judentum nicht zum ursächlichen Motiv im Sinne einer Spiritualität der Figur, sondern die Frage nach der Bedeutung von Religiosität für das eigene Leben hat

204 Oberwalleney: *Heterogenes Schreiben*, S. 66.
205 Abrams: *The New Jew in Film*, S. 134–135.

die Funktion, symptomatisch die komplexe Eltern-Kind-Beziehung aufzuzeigen. Im Prozess von Abgrenzung und Umgang mit ausgesprochenen und unausgesprochenen elterlichen Erwartungen ist die jüdische Religion ein wichtiger Aspekt.

Die Erwartungen der Eltern betreffen in der Regel drei Lebensbereiche: Die Partnerwahl und damit die Gründung einer (jüdischen bzw. nichtjüdischen) Familie (vgl. Kap. IV.6), den beruflichen Werdegang und die religiöse Lebenspraxis. Der Umgang der Figuren mit diesen Erwartungen wird unterschiedlich dargestellt: Jil Grüngras geht in der Fernsehkomödie *So ein Schlamassel* eher affirmativ mit den Erwartungen ihrer Familie um und lässt ihrem nichtjüdischen Freund Marc von ihrer orthodoxen Freundin Zippi Grundwissen in Sachen Judentum vermitteln, um ihn vor ihrer Familie als jüdisch auszugeben (vgl. Kap. IV.5). Zippi hingegen ist orthodox, lesbisch und lebt in einer Beziehung mit Scheindl, die jedoch von ihren Eltern zur Partnersuche nach New York geschickt wird, wo sie sich zunächst einverstanden erklärt, einen jüdischen Mann zu heiraten. Auf Jils Betreiben hin besinnt sie sich jedoch auf ihre Liebe zu Zippi und kommt nach Berlin zurück. Alle drei jungen jüdischen Frauen stehen in einem Konflikt zwischen dem Anspruch auf (romantische) Liebe und den religiösen und traditionellen Erwartungen ihrer Eltern(generation). Im Sinne eines konventionellen Happy Ends[206] entscheiden sich alle drei für die Liebesbeziehungen, die schlussendlich auch von ihren Familien akzeptiert werden. Dies bedeutet aber dennoch keine Abkehr von ihren religiösen Einstellungen: Zippi und Scheindl bleiben weiterhin ihrer orthodoxen Religiosität verpflichtet, während Jil – gemäß ihrer Erziehung – eher säkular lebt und nur die hohen Feiertage einhält.

Auch Daniel Kahana in *Liebe unter Verdacht* löst sich von den Vorstellungen seines streng religiösen Vaters und lebt säkular. Dass er nichtjüdische Partnerinnen hat, scheint eine Konsequenz dieses Lebensstils zu sein und wird nicht speziell problematisiert. Anders in *Schalom meine Liebe*, in dem die Zerrissenheit des Protagonisten Ron zwischen jüdischer und nichtjüdischer Welt, zwischen Israel und Deutschland, sich auch auf seine Liebesbeziehungen erstreckt: Er steht zwischen Yael, der israelischen Mutter seines Sohnes, die er nicht liebt, und seiner nichtjüdischen deutschen Freundin Ingrid, die von seiner Familie nicht akzeptiert wird. Obwohl seine Mutter Esther (ehemals Edith) für seinen Vater Jakob konvertierte, wünschen seine Eltern sich beide eine jüdische Schwiegertochter und jüdische Enkelkinder. Der Wunsch nach einer jüdischen Schwiegertochter wird auch in *SuperTex* von den Eltern Simon und Dora Breslauer deutlich artikuliert, wobei ihre Söhne, Max und Boy (Benjamin), unterschiedlich damit umgehen. Hier zeigt sich, dass Geschwisterfiguren häufig verwendet werden, um unterschiedliche Umgangsweisen mit den Erwartungen und Anforderungen der Eltern zu kontrastieren: So wird Boy Breslauer zunächst als der Sohn dargestellt, der sich den Erwartungen des dominanten Vaters fügt, sowohl beruflich in der väterlichen Firma als auch privat mit seiner (jüdischen) Verlobten Lea. Max hingegen verlässt die Firma und bricht mit seiner jüdischen Freundin Esther. Am Ende ist er

206 Eder: *Dramaturgie des populären Films*, S. 72, 112.

es aber, der nach dem Tod des Vaters die Firma weiterführt und sich entscheidet, sie nicht zu verkaufen, während Boy sich von Lea kurz vor der Hochzeit getrennt hat und in Marokko religiös mit einer sephardischen Jüdin namens Sulamit lebt. Boy wendet sich also *ohne* offenen Konflikt einem eigenen Lebenskonzept zu, während Max nach heftigen Auseinandersetzungen in die Fußstapfen seines Vaters treten kann. Auch in *Schalom meine Liebe* wird Rons Schwester Debbie hinsichtlich der elterlichen Erwartungen als die Angepasste gezeigt, während er die konflikthafte Abgrenzung sucht. In Dani Levys *Meschugge* unterscheiden sich die Geschwister ebenfalls hinsichtlich ihrer Religiosität: David Fishs Geschwister leben orthodox, während er säkular lebt.
Emanuel Goldfarb in *Ein ganz gewöhnlicher Jude* hat keine Geschwister und stammt aus einer Familie, die eher durch Traditionen denn durch Religiosität geprägt war. Die Religiosität der Eltern beschreibt er vor dem Hintergrund der Erfahrung der Shoah so: Während der Vater glaubte, dass es Gott nicht geben könne, sei die Mutter überzeugt gewesen, es gäbe Gott, er habe aber das Interesse an seinem Volk verloren. Jedoch schildert Emanuel Goldfarb die anhaltende Wirkung religiöser Traditionen und Regeln, wenn er sagt, er habe gedacht, man könne sein Judentum ablegen wie einen Mantel, der einem nicht mehr gefalle. Er habe die religiösen Regeln des Judentums jedoch so sehr internalisiert, dass er sich übergeben musste, als er das erste Mal etwas an Jom Kippur[207] aß, und dass er trotz seines atheistischen Selbstverständnisses seinen Sohn beschneiden lassen wollte. Auf diesen versuchten Bruch mit den religiösen Traditionen folgte eine streng religiöse Phase, die in der Bemühung bestand, sich dem zu fügen, was er offensichtlich nicht hinter sich lassen konnte. Seine Religiosität ist somit Teil seiner Suche nach Zugehörigkeit und Identität. Ebenso wie die religiöse Haltung seiner Eltern ganz von ihrer Holocausterfahrung geprägt war, geht es also auch bei ihm nicht tatsächlich um Spiritualität, sondern um den Wunsch, das ambivalente Selbstverständnis der *second generation* auf die eine oder andere Weise hinter sich zu lassen.[208]
Diese Suche nach Zugehörigkeit, die Emanuel Goldfarb in *Ein ganz gewöhnlicher Jude* auf einer religiösen Ebene führt, wird in *Schalom meine Liebe* auf eine Ebene nationaler Zugehörigkeiten gehoben: Ron möchte nach Israel gehen und die israelische Staatsbürgerschaft annehmen, da er in Deutschland immer „der Jude" sei und er wissen möchte, wohin er gehört. In Israel ist er als „der Deutsche" jedoch ebenfalls Außenseiter, so dass der Versuch einer Entscheidung um einer eindeutigen Zugehörigkeit willen scheitert und er nach Deutschland zurückkehrt.
Jaeckie Zucker in *Alles auf Zucker!* wird im Laufe der Filmhandlung religiöser und findet seine Zugehörigkeit zum Judentum gewissermaßen gleichzeitig mit dem Kontakt zu seiner Familie wieder. Der Film endet damit, dass Jaeckie sagt, er gehöre eben doch in gewisser Hinsicht zu „dem Club" und gehe jetzt sogar manchmal in die

207 Jom Kippur oder Jom ha-Kippurim ist der ‚Versöhnungstag' und der letzte der zehn Bußtage, an dem gefastet wird. Vgl. Heinz-Martin Döpp: Jom ha-Kippurim. In: Schoeps (Hrsg.): *Neues Lexikon des Judentums*, S. 407–408.

208 Hier deutet sich an, wie schwer oder gar unmöglich die kulturelle und soziale Zugehörigkeit zum Judentum von der religiösen zu trennen ist.

Synagoge. Die Auseinandersetzung der *second generation*-Figuren mit dem eigenen Judentum zeigt verschiedene Facetten jüdischer Identitäten auf: Neben der ethnischen Zugehörigkeit stellt Religiosität ebenso wie die Familiengeschichte und, mit dem Zionismus seit Ende des 18. Jahrhunderts, spätestens seit der Gründung Israels, die einer nationalen Zugehörigkeit einen möglichen Zugang dar.

Gleichzeitig spiegelt sich in dieser Auseinandersetzung immer auch ein Generationenkonflikt: So ist ein wichtiger Aspekt des Verhältnisses der *second generation* zu ihren Eltern die Auseinandersetzung mit deren Fehlern und der oft übermächtigen Rolle, die diese mit ihren Lebens- und Verfolgungsgeschichten im Leben ihrer Kinder spielen: In *SuperTex* ist der Protagonist Max Breslauer damit konfrontiert, dass der ohnehin übermächtige und dominante Vater eine deutlich jüngere, nichtjüdische Geliebte hat. In *Liebe unter Verdacht* gesteht der Vater Baruch Kahana seinem Sohn Daniel, dass er während des Nationalsozialismus Juden an die Gestapo verraten hat. Daniel Kahanas Verhältnis zu seinem Vater ist ambivalent: Er teilt dessen Religiosität nicht, bewundert aber seine Klugheit. Er kennt ihn kaum, und obwohl er ihn nicht als fürsorglichen, präsenten Vater beschreibt, bewundert er sein soziales Engagement in der Gemeinde. Auch wenn er schockiert ist von dem Verhalten des Vaters während des Nationalsozialismus, erfüllt er ihm dennoch seinen letzten Wunsch und hilft ihm bei seinem ‚Selbstmord'.

Max Breslauer behält das Geheimnis des Vaters für sich und ‚erbt' nach dessen Tod gewissermaßen die Geliebte. Simon Rosenthal in *Ohne mich* beugt sich letztlich der vehement geäußerten Angst und Besorgnis seiner Mutter und kommt ihrem Wunsch nach, Deutschland zu verlassen. Gleichzeitig wird seine Auswanderung ad absurdum geführt, wenn man ihn im letzten Bild auf dem Mond sitzen und seiner Mutter zuwinken sieht.

Die Auseinandersetzung damit, dass Eltern Fehler machen, sowohl das eigene Leben als auch die Erziehung ihrer Kinder betreffend, müssen nicht nur Jüdinnen und Juden der *second generation* führen. Dort findet sie aber häufig vor dem Hintergrund von Verfolgungsgeschichten statt, die es sehr schwer bis unmöglich machen, den Eltern Versäumnisse – wie mangelnde Fürsorge und Empathie oder Abwesenheit – oder Fehlverhalten – wie Überbesorgtheit oder überhöhte Erwartungen – vorzuhalten, besonders wenn diese aus der Verfolgungserfahrung zu resultieren scheinen. Dadurch wird eine offene Konfrontation für die Angehörigen der *second generation* oft sehr schwer, ebenso wie eine Distanzierung von den elterlichen Vorstellungen, auch wenn sie im Widerspruch zu den eigenen Wünschen stehen.

4. „Religiöser Jude in Berlin ermordet“[209] – Ermittler_innen

> Jüdischer Mitbürger im Polizeigriff!
> (Zeitungsschlagzeile im *Tatort*-Film *Ein ganz normaler Fall*)

Im Fernsehkrimi tauchen jüdische Figuren in drei unterschiedlichen Konstellationen auf, die mit verschiedenen Funktionen verbunden sind: Erstens können jüdische Figuren als (Mord-)Opfer am Rande auftauchen, beispielsweise wenn es um Neonazis als Täter geht. So beginnt der Film *Terror* (BRD 1998, R: Werner Masten) der ProSieben-Krimiserie *Die Straßen von Berlin* (1995–2000) damit, dass der amerikanische Schriftsteller und Wissenschaftler Simon Goldberg (Johannes Silberschneider)[210] bei einem neonazistisch motivierten Terroranschlag in die Luft gesprengt wird, in *Tod im Jaguar* ist die jüdische Figur David Prestin vermeintliches Opfer eines Mordanschlags und in *Hydra* wird der Mann von Jedida Steinmann – in der Vorgeschichte der eigentlichen Handlung – von Neonazis überfallen und umgebracht. Zweitens kommen sie als Figuren vor, die die Welt oder das Milieu ausmachen, indem der Mord passiert bzw. der Kriminalfall angesiedelt ist. Dabei ist es die nichtjüdische Ermittler_innen-Figur des Fernsehkrimis, wie die Kommissar_innen der *Tatort*-Reihe oder Pfarrer Braun als Ermittler der gleichnamigen Kriminalserie, die im Rahmen ihrer Ermittlungen jüdischen Figuren begegnet und jüdisches Leben wie Religion kennenlernt. Es handelt sich um Ermittlungen in einem (exotischen) ‚jüdischen Milieu‘. In der dritten Figurenkonstellation treten jüdische Figuren als Ermittler_innen auf. Hier sind sie es, die als Repräsentanten von Staat und Ordnung agieren.

Nur dieses Kapitel, das Krimi-Konstellationen in den Fokus nimmt, untersucht ausschließlich Fernsehfilme. Das liegt in der engen Verbindung, die das Krimigenre mit dem Fernsehen einging, begründet. Kriminalfilme im Fernsehen – besonders in Form von Serien – gewannen in den 1960er Jahren massiv an Popularität[211] und können heute

209 Zeitungsschlagzeile in *Liebe unter Verdacht*.

210 Die Figur Simon Goldberg ist eindeutig angelehnt an den amerikanischen Politologen Daniel Jonah Goldhagen. Simon Goldberg ist ein amerikanischer Wissenschaftler und Schriftsteller, der aus den USA nach Deutschland zu einer Lesereise kommt, um aus seinem Buch zu lesen, das in Deutschland auf Ablehnung stößt. Die Parallelen zu Goldhagens Buch *Hitlers willige Vollstrecker*, das 1996 schon vor Veröffentlichung der deutschen Übersetzung eine öffentliche Debatte in Deutschland auslöste, die dann mit der Veröffentlichung und der Lesereise Goldhagens fortwirkte, sind offensichtlich. Weiterführend zur Goldhagen-Debatte Julius H. Schoeps (Hrsg.): *Ein Volk von Mördern? Die Dokumentation zur Goldhagen-Kontroverse um die Rolle der Deutschen im Holocaust*. Hamburg: Hoffmann & Campe 1996; Sabine Manke: *Die Bilderwelt der Goldhagen-Debatte. Kulturwissenschaftliche Perspektiven auf eine Kontroverse um Geschichte*. Marburg: Tectum 2004; Klaus Grosse Kracht: *Die zankende Zunft. Historische Kontroversen in Deutschland nach 1945*. Göttingen: Vandenhoeck & Ruprecht 2005.

211 Dazu heißt es bei Knut Hickethier: „Mentalitätsgeschichtlich ist die wachsende Attraktivität der Kriminalfilm-Serien im Fernsehen in den sechziger Jahren aufschlußreich. In einer Zeit, in der die Lebensverhältnisse großer Zuschauermehrheiten stabil waren und ein allgemeiner Zukunftsoptimismus bestand, begann sich das Publikum für die Thematisierung von Bedrohung, Gewalt und Verbrechen in der Unterhaltung zu begeistern. Die Dramaturgie solcher Serien legt nahe, hier ein Wechselspiel zu vermuten zwischen dem Reiz der verbotenen Grenzüberschreitung durch den Verbrecher, die heimliche Wünsche der Zuschauer berührt, und den Sanktionen, die dem Verbrechen am Ende durch seine Entlarvung und die Bestrafung drohen: Der Zuschauer kann sich am Ende befriedigt auf den geordneten Gang der Welt und das Einhalten der Normen verlassen“ (Hickethier / Hoff: *Geschichte des deutschen Fernsehens*, S. 238–239).

als bedeutendstes Genre im deutschen Fernsehen angesehen werden.[212] Das Kriminalsujet steht in enger Verbindung mit geltenden Normen und ist damit in besonderer Weise an gesellschaftliche Realität gebunden. Ludwig Bauer bezeichnet das Kriminalsujet im Fernsehen als „fiktionale Annäherung an gesellschaftliche Realität"[213]. Fernsehkrimis – allen voran Filme der *Tatort*-Reihe – vermögen es, gesellschaftliche Diskurse aufzugreifen, zu prägen und immer wieder auch zu initiieren.[214] So hat sich Denis Gräf zufolge eine Sichtweise etabliert, in der die Reihe *Tatort* als „‚Seismograph' deutscher Befindlichkeiten und Mentalitäten, als Beobachter der Gesellschaft" wahrgenommen werde.[215] Sie wirke gesellschaftlich fort, da sie Diskurse und Diskussionen anstieße und konsequent Eingang in die Feuilletons der deutschen Zeitungen finde. Darüber hinaus verdeutlicht Gräf, dass der Krimi eine besondere Bedeutung für die gesellschaftlichen Verhältnisse, die jeweiligen Normen und Werte hat, denen er entspringt, da das Verbrechen die Verletzung einer Norm sei und diese Normverletzung im Zentrum des Krimis herrschende Normen und Werte zeigen müsse.[216]

Hier geht es weniger darum, die tatsächliche Beziehung zwischen Fernsehkrimis und außerfilmischer Realität zu untersuchen, als vielmehr darum, diese *angenommene* Nähe, die produktions- wie rezeptionsseitig *behauptet* wird, als maßgeblich für Bedeutung und (potentielle) Wirkung jüdischer Figuren im Fernsehkrimi zu verstehen. ‚Wirklichkeitsnähe' ist neben ‚Spannung' zentrales Bewertungskriterium von Krimizuschauer_innen.[217] Das stützt die Annahme, dass die jüdischen Krimifiguren in einem spezifischen Verhältnis zu Vorstellungen von gesellschaftlicher Realität stehen. Daher wird zunächst davon ausgegangen, dass ihre Darstellung besonders wirkmächtig bezüglich der gesellschaftlich vorhandenen Vorstellungen von (realen) Jüdinnen und Juden ist.

Bedeutend für die Darstellung ist dabei, wie sich die Ermittler_innen-Figur mit ihrem spezifischen Verhältnis zu Moral und Normen[218] und im Fall von Polizist_innen als Repräsentant_in des Staates gegenüber den jüdischen Figuren verhält, mit welchen Assoziationen und Themen sie im Zuge der Ermittlungen konfrontiert und wie sie im Verhältnis zu anderen Figuren gezeigt wird. In Kriminalfilmen, in denen die Ermittlungen dezidiert jüdische Themen und Fragen jüdischen Lebens in Deutschland berühren, ist die normative Rahmung besonders aufschlussreich. Der Figurenkonstellation, in der ein_e nichtjüdische_r Ermittler_in einem Juden oder einer Jüdin aus dem Umfeld des Mordopfers gegenübersteht, kommt dabei insofern besondere symbolische Bedeutung zu, als sie stellvertretend für das ‚deutsch-jüdische Verhältnis' gelesen werden kann – symbolisch für die deutsche Gesellschaft wacht die Ermittler_innen-Figur

212 Ebd.

213 Ludwig Bauer: *Authentizität, Mimesis, Fiktion. Fernsehunterhaltung und Integration von Realität am Beispiel des Kriminalsujets*. München: diskurs film 1992, S. 11.

214 Denis Gräf: *Tatort. Ein populäres Medium als kultureller Speicher*. Marburg: Schüren 2010, S. 9.

215 Ebd., S. 8.

216 Ebd., S. 10 ff.

217 Bauer: *Authentizität, Mimesis, Fiktion*, S. 14.

218 Vgl. die Überlegungen zur Figur Schimanski in Kap. IV.4.1.2.

darüber, dass der geschehene Mord aufgeklärt und juristisch verfolgt wird. Sie schützt gleichzeitig die jüdischen Angehörigen.
Festgehalten werden kann somit, dass die Gestaltung der jüdischen Figuren in Kriminalfilmen vor dem Hintergrund der angenommenen Nähe zu gesellschaftlicher Realität und gesellschaftlichen Themen als auch der Verhandlung und Darstellung gesellschaftlicher Normen ihre Relevanz und Brisanz erhält. Der spezifische Gesellschaftsbezug des deutschen Fernsehkrimis macht damit den besonderen Deutungsrahmen der auftauchenden jüdischen Figuren aus.

4.1 „Nein, das ist kein Heimspiel!" – Ermittlungen in jüdischen Milieus

In den Fernsehkrimis, in denen die Ermittlungen die Kommissar_innen-Figur in jüdische Lebenswelten führen, fungiert diese als ‚Eintrittskarte'[219]: Die Zuschauer_innen betreten mit ihr die jüdische Welt und lernen sie zusammen mit ihr kennen. Für die Deutung der Darstellung der jüdischen Lebenswelten und Figuren in solchen Krimis sind die beteiligte Kommissar_innen-Figur, ihre Beziehung zu den jüdischen Figuren und ihr Umgang mit ihnen von zentraler Bedeutung. Dies gilt insbesondere für Krimiserien oder -reihen, in denen die Zuschauer_innen die Kommissar_innen-Figuren bereits länger ‚kennen'. Es gilt daher nicht nur, die Figurenkonstellation aus nichtjüdischer Ermittler_innenfigur und jüdischer Umwelt des Mordopfers respektive jüdischen Verdächtigen zu untersuchen, sondern dabei dezidiert die unterschiedlichen Charaktere der Ermittler_innen-Figuren zu berücksichtigen.
Gleichzeitig ist in Fernsehkrimis, deren Ermittlungen in jüdische Lebenswelten und Milieus führen (in welchen also *mehr als eine jüdische Figur* auftritt), wie *Die Gärten des Rabbiners*, *Jerusalem oder die Reise in den Tod*, *Das Geheimnis des Golem*, *Liebe unter Verdacht* oder *Ein ganz normaler Fall* auch der Kriminalfall respektive Mordfall häufig spezifisch motiviert: Das Mordmotiv kann ebenso kausal mit dem jüdischen Umfeld verbunden sein wie der Verdacht und die Überlegungen der Ermittler_innen oder die spezifische Art und Weise des Mordes. Eine solche ‚jüdische' Akzentuierung des Mordes ist häufig aufschlussreich bezüglich des Bildes, dass der Krimi von Judentum und jüdischem Leben entwirft.

4.1.1 Christliche Ermittler_innen in jüdischen Milieus: Liebe unter Verdacht *(2002) und* Die Gärten des Rabbiners *(2008)*

> Es gibt nicht *ein* oder *das* Judentum. Es sind ja auch nicht alle Christen katholisch.
> (Daniel Kahana in *Liebe unter Verdacht*)

In dem Fernsehkrimi Liebe unter Verdacht und dem Film Die Gärten des Rabbiners der Krimiserie Pfarrer Braun (2003–heute, ARD) ermitteln als christlich charakterisierte Ermittler_innen in jüdischen Gemeinden. Dadurch wird (zunächst) der Kontrast zwischen der jüdischen Lebenswelt, in der sie ermitteln, und ihrer eigenen – christlich

219 Das trifft auch auf andere Filme zu, in denen nichtjüdische Figuren in der Funktion als ‚Türöffner' für das nichtjüdische Publikum auftreten und ihnen in die jüdische Lebenswelt ‚gefolgt' werden kann.

geprägten – verstärkt. In dieser Figurenkonstellation, die auf religiöse Differenz setzt, liegt das Potential, einerseits die jüdische Lebenswelt als fremd(er) darzustellen und andererseits die Differenz als eine (primär) religiöse zu zeigen bzw. die Gemeinsamkeiten trotz der (zunächst augenfälligen Religionsgrenzen) zu betonen.

In *Liebe unter Verdacht* handelt es sich um die Figur der Polizistin Eva Bartok (Natalia Wörner), die sowohl durch ihren christlich konnotierten Namen Eva als auch durch ihre Halskette mit einem silbernen Kreuzanhänger als Christin gekennzeichnet ist. In *Die Gärten des Rabbiners* ist es der privat ermittelnde katholische Pfarrer Guido Braun[220] (Ottfried Fischer), der den Mordfall in einer Synagoge aufklärt. Während sein Zugang zur jüdischen Religion professioneller Art und der Kontakt zum Rabbiner der jüdischen Gemeinde, Rabbi Chaim Seelig (Rudolf Kowalski), von theologischem Interesse geprägt ist, ist es bei Eva Bartok eine tiefe Sinnkrise, die sie für religiöse Fragestellungen und Sinnsuche empfänglich macht. So wird zu Beginn des Krimis ihr junger Kollege Tobias Sundermann (Arndt Schwering-Sohnrey) bei einem Einsatz getötet, woran sie sich als Einsatzleiterin die Schuld gibt und was sie in eine persönliche Krise stürzt, der sie mit Alkohol und Rückzug (aus dem Beruf) zu begegnen versucht.

In dieser Verfassung geht sie in eine Kirche, in der gerade eine Taufe vollzogen wird. Man sieht sie kniend beten. Sie blickt auf die Marienfigur. Während die Marienfigur in Großaufnahme zu sehen ist (Abb. 40), ist bereits hebräischer Gesang zu hören. Das nächste (überblendete) Bild zeigt das Kopfende einer Synagoge mit Thoraschrein (Abb. 41). Die Szene zeigt einen Gottesdienst und führt damit das spätere Mordopfer Baruch Kahana ein.[221] Hier werden Kirche und Synagoge, christliche und jüdische Religion parallelisiert. Hier ist die Idee des *einen* Gottes beider Religionen angelegt.

In *Die Gärten des Rabbiners* geschieht diese Parallelisierung über die Figuren Pfarrer Braun und Rabbi Seelig: Wie Braun betreut Seelig eine Gemeinde in Potsdam. Braun ermittelt wegen des Mordfalls, der in der Synagoge von Seeligs Gemeinde geschah. Während sich der Mordfall als aus finanziellen Interessen motiviert herausstellt – ein nichtjüdischer Gärtner ermordete einen jüdischen wegen einer kostbaren Blumenzwiebel – und die Ermittlungen im Mordfall Braun vorbehalten bleiben (Seelig scheint diesbezüglich keine Ambitionen zu haben), eröffnet ein paralleler Handlungsstrang eine zweite Aufgabe für die Gottesmänner, in deren Rahmen ihre (theologische) Begegnung hauptsächlich abläuft: Nachdem sie von der heimlichen Liebesbeziehung zwischen dem katholischen Gerd Kruschke und der jüdischen Alisha Grün erfahren,

220 Die Fernsehserie *Pfarrer Braun* ist lose an die Kriminalromane von Gilbert Keith Chesterton (1874–1936) angelehnt, der zwischen 1910 und 1935 49 Kriminalkurzgeschichten um die Figur *Father Brown* veröffentlichte, in denen diese (hobbymäßig) Kriminalfälle löst. Es gibt zahlreiche Verfilmungen der Father Brown-Figur, wie *Das schwarze Schaf* (BRD 1960, R: Helmuth Ashley) mit Heinz Rühmann als Pater Brown und dessen Fortsetzung *Er kann's nicht lassen* (BRD 1962, R: Axel von Ambesser). 1966–1972 lief im deutschen Fernsehen die deutsch-österreichische Serie *Pater Braun*, in der Josef Meinrad Pater Braun spielt.

221 Der jüdische Gottesdienst wird über folgende Bilder visualisiert: Kopfende der Synagoge, Gebetbuch mit hebräischer Schrift und Davidstern im Hintergrund, die Männer mit ihren Kippot von hinten, die Frauen auf der Empore, der singende Kantor von hinten, im Gegenschuss die Männer von vorne, auf den Kantor blickend, Kantor und Rabbiner, die sich zu den Betenden umgedreht haben, dann sieht man Baruch Kahana, das spätere Mordopfer des Kriminalfilms, in den Reihen der Betenden.

Abb. 40: *Liebe unter Verdacht*: Marienfigur in Großaufnahme.

die nicht nur unterschiedliche religiöse Zugehörigkeiten haben, sondern auch aus geschäftlich konkurrierenden Gärtnerfamilien kommen, versuchen sie die Liebenden einerseits zu bewegen, mit ihren Eltern zu sprechen, und andererseits, den jeweils anderen zu überzeugen, er möge zur eigenen Religion konvertieren. Um den jungen Leuten die Entscheidung zu erleichtern und eine Grundlage dafür zu schaffen, kommen die Geistlichen überein, sie gemeinsam in beiden Religionen zu unterrichten. Hier treten die beiden Religionsvertreter in einen Dialog und einen – humoristisch gezeigten – religiösen Wettstreit. Dieser Wettstreit wird parallelisiert durch Nebenfiguren auf beiden Seiten: Brauns Haushälterin, die ‚Roßhauptnerin' (Hansi Jochmann), und Seeligs Ehefrau Ruth (Marijam Agischewa) konkurrieren um den schönsten Garten und das beste Essen. Auch darüber hinaus sind die Umfelder Brauns und Seeligs parallel konstruiert: Der katholische Braun, der keine Familie haben kann, lebt mit seiner Haushälterin und seinem Messner Armin zusammen. Seelig lebt nur mit seiner Frau, sie haben jedoch einen Sohn im Alter Armins, „Yossele"[222], der in Israel ist.
Über diese Parallelisierung sowie die Ähnlichkeiten in der charakterlichen Beschreibung von Braun und Seelig – vor allem hinsichtlich ihrer Fürsorge für ihre Gemeinden und ihres humorvollen, schlagfertigen Umgangs mit religiösen und weltlichen Belangen – entsteht ein Bild, das vor allem die Ähnlichkeiten zwischen den Religionen hervorhebt.

222 Der Name ist in Deutschland durch die Figur aus Ephraim Kishons Satiren gleichen Namens bekannt (vgl. z. B. Ephraim Kishon: *Mein Freund Jossele. Und andere neue Satiren*. München: Langen / Müller 1977). Die Nachbarn von Kishons Jossele-Figur heißen Seelig, so dass hier von einem Verweis bzw. einem Rückgriff auf Kishons jüdische Figurennamen ausgegangen werden kann.

Abb. 41: *Liebe unter Verdacht*: Die Synagoge.

Dadurch, dass auf folkloristische Kodierungen wie jiddische Begriffe oder Klezmermusik in *Die Gärten des Rabbiners* weitgehend verzichtet wird, entsteht ein Bild vom *Judentum als Religion*, das sich von vielen anderen zeitgenössischen filmischen Darstellungen unterscheidet.

Die Motivation für den Mord ist in *Liebe unter Verdacht* deutlich altruistischer als in *Die Gärten des Rabbiners* und im Gegensatz hierzu kausal mit dem jüdischen Setting verknüpft: So wurde Baruch Kahana, der während des Nationalsozialismus Jüdinnen und Juden an die Gestapo verraten hat, von einem Nachkommen dieser Opfer erpresst. Um sich dieser Erpressung zu entziehen und sein Vermögen, das er als persönliche Wiedergutmachung ausschließlich dem (Wieder-)Aufbau jüdischen Lebens in Deutschland zukommen lässt, zu schützen, denkt er an Selbstmord, den er als gläubiger Jude jedoch nicht begehen darf. Deshalb hilft ihm sein Sohn Daniel Kahana und injiziert ihm eine tödliche Dosis eines Beruhigungsmittels, nachdem er ein letztes Mal den Shabbat mit ihm gefeiert hat. Sowohl die Verfehlungen Baruch Kahanas in der Vergangenheit und die daraus resultierende Erpressung als auch die Unmöglichkeit eines allein ausgeführten Suizids sind untrennbar mit seinem Jüdischsein verbunden. Anstelle der theologisch-professionellen Perspektive Pfarrer Brauns prägt hier die Liebesbeziehung der Kommissarin Eva Bartok zu dem zunächst nicht verdächtigen Daniel Kahana, dessen Täterschaft sie zwar ermittelt, den sie aber nicht mit einer Verhaftung zur Rechenschaft zieht, den Zugang zur filmischen jüdischen Welt.

Sowohl in *Liebe unter Verdacht* als auch in *Die Gärten des Rabbiners* stehen den Ermittler_innen-Figuren andere ermittelnde Figuren zur Seite, die deren Verhalten – nicht nur den jüdischen Figuren gegenüber – kontrastieren und damit hervorheben: In

Liebe unter Verdacht ist es Eva Bartoks neuer Kollege Jonas Hartung (Stephan Korves), der es auf ihren Job abgesehen hat. Er wird als karriereorientiert und skrupellos gezeigt, er arbeitet nachlässig und verhält sich auch im Umgang mit dem Mord in der jüdischen Gemeinde unsensibel und ressentimentbehaftet. In *Die Gärten des Rabbiners* ist der nun zum Landeskriminalamt versetzte Kommissar Geiger (Peter Heinrich Brix) die dem Pfarrer gegenübergestellte Figur. Dem in der Darstellung gesetzten Akzent auf Judentum als Religion folgend wird Geigers berufliche Unfähigkeit durch Unwissen über das Judentum ergänzt: Er fragt Rabbiner Seelig, ob er hier der Pfarrer sei und nimmt beim Betreten der Synagoge aus Höflichkeit seinen Hut ab. Trotz der sehr unterschiedlichen Darstellung der Figuren Hartung und Geiger, der eine unsympathisch, der andere eher tölpelhaft und unfreiwillig komisch, haben sie die Funktion gemein, das Verhalten der Ermittler_innen-Figur in andere *mögliche* Verhaltensweisen oder Einstellungen einzuordnen und gleichzeitig deren Integrität zu betonen.

4.1.2 Jüdisches in Tatort *und* Schimanski

> Oy, sie sind ein Antisemit, Herr Schimanski!
> (David Rosenfeldt zu Horst Schimanski in
> *Das Geheimnis des Golem*)

Eine besondere Rolle nimmt in der deutschen Krimiserienlandschaft die Krimireihe *Tatort* ein, die, nach dem Erfolg der Reihe *Der Kommissar* (1969–76) konzipiert, seit 1970 im bundesdeutschen Fernsehen sonntagabends um 20:15 Uhr in der ARD ausgestrahlt wird. Der *Tatort* stellt laut Hickethier deutlicher als andere Krimiserien zuvor die deutsche Gesellschaft als eine der sozialen und kulturellen Unterschiede dar, indem verschiedene Schichten mit ihren Konflikten gezeigt werden:

> Oft steigt der Zuschauer mit den Kommissaren – und zunehmend auch Kommissarinnen – in die auch diesen bis dahin wenig vertrauten Milieus, lernt diese als soziale Wirklichkeit kennen und kann sich auf diese Weise ein Bild von der sozialen Gestalt der Bundesrepublik machen.[223]

Das trifft auch auf unterschiedliche Kulturen und Religionen zu, die thematisiert und über die Ermittlungen der Kommissar_innen den Zuschauer_innen eröffnet werden.

Bis 2015 gibt es keine jüdischen Kommissar_innen in den hier analysierten *Tatort*- und *Schimanski*-Filmen, erst im März 2015 wird mit Nina Rubin eine jüdische Ermittlerinnenfigur in den Berliner *Tatort* eingeführt. Doch zunächst zu den jüdischen Figuren, die bis dahin im *Tatort* auftreten. Die Filme sind bezüglich der jüdischen Figuren sehr unterschiedlich aufgebaut: In *Tod im Jaguar* wurde der reiche jüdische Geschäftsmann David Prestin (Ivan Desny) nur vermeintlich ermordet. Ernst Roiter (Winfried Glatzeder) beginnt zu ermitteln und bewegt sich dabei auch im jüdischen Umfeld Prestins. Er begegnet Jüdinnen und Juden wie dessen Tochter Judith (Deborah Kaufmann) oder dem Rabbi Wolkenstein (Gerry Wolff). In *Der Schächter* wird Klara Blum (Eva Mattes) nicht in ein jüdisches Milieu geführt, das ihr fremd ist, sondern

223 Hickethier: *Tatort* und *Lindenstraße* als Spiegel der Gesellschaft.

es ist ihr Freund Jakob Leeb (Nikolaus Paryla), der vom antisemitischen Staatsanwalt Bux (Hannes Hellmann) des Mordes verdächtigt wird. Klara ermittelt und versucht, Leeb zu verteidigen, indem sie den tatsächlichen Mörder findet. In *Das Geheimnis des Golem* ermittelt Horst Schimanski (Götz George), durch den Mord an David Rosenfeldt (Nikolaus Paryla) auf ein mysteriöses Notizbuch aufmerksam geworden, im jüdischen Umfeld in Antwerpen und Duisburg. In *Ein ganz normaler Fall* ermitteln Ivo Batic (Miroslav Nemec) und Franz Leitmayr (Udo Wachtveitl) in München in der jüdischen Gemeinde, nachdem Rafael Berger (Oliver Nägele) im Jüdischen Gemeindezentrum tot aufgefunden wurde. Hier handelt es sich tatsächlich um Ermittlungen in der jüdischen Gemeinde, die als heterogen (von Chassidismus bis zu säkularem Judentum), dargestellt wird. Dass dies für die Kommissare – und wahrscheinlich auch für die Zuschauer_innen – eine fremde, exotische Welt ist, wird bereits im Vorspann durch hebräisch anmutende Lettern visuell umgesetzt und damit vorweggenommen (vgl. Abb. 2, S. 120). In einem völlig anderen Umfeld, nämlich einer politischen Verschwörung auf höchstem Niveau um das iranische Atomprogramm, ermitteln Bibi Fellner (Adele Neuhauser) und Moritz Eisner (Harald Krassnitzer) im *Tatort*-Film *Deckname Kidon* (BRD/AT 2014/15, R: Thomas Roth). Auch hier ist das fremdartige Umfeld durch die Gestaltung des Vorspanns in arabischer Schrift bereits gekennzeichnet. Im Laufe der Handlung werden die beiden Kommissar_innen jedoch auch mit israelischen Gegenspieler_innen vom Mossad wie Sara Gilani (Angela Gregovic) konfrontiert, die als mächtige und den Kommissar_innen überlegene Instanz im Geschehen mitmischen. Dieser *Tatort*-Film unterscheidet sich von den vorangegangenen dadurch, dass es sich nicht um ein jüdisches Milieu handelt, sondern der israelische Geheimdienst lediglich ein Akteur in den politischen Zusammenhängen um Waffenhandel und sicherheits- und machtpolitische Interessen ist.

Da die Kommissar_innen-Figuren hier – mit Ausnahmen von *Deckname Kidon* – die Funktion haben, den Zuschauer_innen die Tür in die jüdische Lebenswelt zu öffnen und diese sie gleichzeitig durch den Reihencharakter des *Tatort* gut kennen, sind sie und ihr Verhältnis zu den jüdischen Figuren näher zu beschreiben:

1. Ernst Roiter (Winfried Glatzeder) ist für 12 Filme, von 1996 bis 1998 *Tatort*-Kommissar in Berlin. *Tod im Jaguar* ist der erste dieser zwölf Filme. Die Figur ist somit noch nicht etabliert und wird in dieser Folge eingeführt. Er ermittelt zusammen mit dem russischen Polizisten Michael Zorowski (Robinson Reichel).[224] Roiter, der eine erwachsene Tochter hat, zieht nach seiner Scheidung von seinem ehemaligen Dienstort Frankfurt am Main nach Berlin. Die Figur wird als eine mit einem gehobenen Lebensstandard gezeigt: Er segelt, fährt Motorrad, lebt in einer modernen, hellen Wohnung

224 Auch die Figur des russischen Kommissars Michael „Zorro" Zorowski ist durchaus stereotyp dargestellt: Er hat eine harte Vergangenheit in der Moskauer Polizei hinter sich, wo er im Dienst schon mehrmals Menschen töten musste. Irgendwann habe er – so erzählt er Roiter – nicht mehr mitgezählt. Er nutzt seine Kontakte für die Ermittlungen und trifft in diesem Zuge russische Geschäftsmänner in Berlin in einer Sauna, die dort schwitzen und Wodka trinken. Doch Zorowski trinkt nicht – wie bei Marek Gorsky in *Im Angesicht des Verbrechens* (vgl. Kap. IV.4.2.1) scheint die bei Zorowski nur angedeutete Entscheidung gegen die russische Mafia mit einer Entscheidung gegen den für diese stehenden Wodkakonsum einherzugehen.

und schätzt gutes Essen und guten Wein wie auch teurere Restaurants. Den jüdischen Figuren begegnet er in den wenigen Szenen, in denen es zu einem Kontakt kommt, mit Distanz. So verweist er David Prestin kühl auf seine geschäftliche Telefonnummer, als dieser sich auf dessen Geburtstagsfeier an ihn wendet, weil er sich bedroht fühlt.

2. Horst Schimanski (Götz George) ist eine der beliebtesten Figuren des *Tatort.* Von 1981 bis 1991 verkörperte Götz George in 29 *Tatort*-Filmen und zwei Kinofilmen[225] den Kommissar Horst Schimanski. Ab 1997 spielt er dann dieselbe Figur in der eigenständigen *Schimanski*-Reihe, deren 12. Film *Das Geheimnis des Golem* ist. Die Figur Schimanski steht für einen Generationenwechsel, er verkörpert einen jungen und unkonventionellen Kommissar:

> Der äußerlichen Korrektheit setzte diese Figur ihre inneren Qualitäten entgegen, vor allem die Leidens- und Mitleidensfähigkeit sowie den Gerechtigkeitsfanatismus [...]. Einen, der nicht angepasst ist und nicht über den Dingen steht. Einen, der flucht, säuft, weiblichem Charme auch dann erliegt, wenn es die Ermittlungen beeinträchtigt.[226]

Er ist der unangepasste, wenig korrekte, aber doch moralisch integre Ermittler. Diese zwei Seiten, die sein Kollege Thomas (Julian Weigend) in *Das Geheimnis des Golem* als eine „Mischung aus Rambo und Sozialarbeiter" bezeichnet und Matthias N. Lorenz als „proletarische Identifikationsfigur des bundesrepublikanischen Westens"[227], trug sicher dazu bei, dass die Figur Schimanski auch bei den Zuschauer_innen polarisierend wirkte.[228] Auch sein Verhältnis zu den jüdischen Figuren in *Das Geheimnis des Golem* steht unter diesen Vorzeichen: Er hat wenig Berührungsängste, so dass seine unreflektierten Stereotype und Ressentiments sichtbar werden. So macht er dem Ehepaar Fränkel gegenüber einen antisemitischen Witz (vgl. Kap. III.7) oder fragt Lea Kaminski, ob sie nur mit jüdischen Männern schlafe und der Sex mit beschnittenen Männern besser sei als mit unbeschnittenen. David Rosenfeldt nennt er Rosenthal, Rosenzweig oder Rosenbaum und sagt ihm, er solle sein „jüdisches Getue" lassen. Auch gegenüber der Nebenfigur des Rabbi Moshe Ginsburg werden seine Stereotype deutlich, wenn er diesem vorwirft: „Sie lügen, sie mauscheln, die killen ihre eigenen Leute und mich schlagen sie fast tot."

Lorenz sieht hierin einen Bruch mit der „Genrekonvention, dass Fernseh-Kommissare moralisch integre Identifikationsfiguren zu sein haben"[229], und schreibt, der Film wage es, den Helden als Antisemiten darzustellen.[230] Dies wirft die Frage auf, ob Schimanski tatsächlich als Antisemit gezeigt wird und wenn ja, auf welche Weise das funktioniert. Zunächst zu Lorenz' Einordnung:

225 *Zahn um Zahn* (BRD 1985, R: Hajo Gies) und *Zabou* (BRD 1987, R: Hajo Gies).

226 Ingrid Brück / Andrea Guder / Reinhold Viehoff / Karin Wehn: *Der Deutsche Fernsehkrimi. Eine Programm- und Produktionsgeschichte von den Anfängen bis heute.* Stuttgart: Metzler 2003, S. 191–192.

227 Lorenz: Im Zwielicht, S. 89.

228 Prümm: Revolte gegen den ritualisierten Fernsehkrimi, S. 139.

229 Lorenz: Im Zwielicht, S. 93.

230 Ebd.

> Auch Schimanski bleibt zwar Identifikationsfigur und ist in seinem konkreten Verhalten auch durchaus den Juden zugewandt, äußert jedoch unverblümt eine ganze Reihe von Vorurteilen und Vorbehalten aus dem Arsenal des Antisemitismus. [...] Das Figurenarsenal von „Das Geheimnis des Golem" dagegen [im Gegensatz zu *Der Schächter* und dem Roman *Tod eines Kritikers* von Martin Walser; LWvH] spielt verschiedene Bewusstseinslagen in der bundesrepublikanischen Gesellschaft von heute durch: einen augenscheinlich unbewussten Antisemitismus bei Titelheld Schimanski, eine subtile Instrumentalisierung antisemitischer Vorstellungen der Deutschen durch seinen Gegenspieler König, aber auch die Zurückweisung derartiger Denkschablonen durch aufgeklärte Protagonisten wie die Kommissare ‚Hänschen' und Thomas.[231]

Hier soll vor allem auf die Funktion und Einbettung von ‚Schimanskis Antisemitismus' eingegangen werden:[232] So ist sein Umgang mit den jüdischen Figuren, vor allem das ‚Unverblümte', der langfristigen Charakterisierung Schimanskis geschuldet. In Verbindung mit seinem den jüdischen Figuren zugewandten Verhalten – er beschützt und verteidigt sie, versucht die Wahrheit herauszufinden und ist fasziniert von ihnen – werden diese Verhaltensweisen hier dennoch durch seine insgesamt positive Figurengestaltung (als gerechtigkeitsliebend, ehrlich, empathisch und sozial) entschuldigt. Es ist gerade das Unbewusste seiner Ressentiments, dass sie entschuldigt und letztlich zum Teil seines ‚proletarischen' Charakters werden lässt: Er spricht Dinge aus, die andere so nicht aussprechen würden und die man so nicht benennen sollte. Seine Ressentiments werden hier als individuelle Charakterschwäche gezeigt und nicht in ihrer gesellschaftlichen Anschlussfähigkeit. Dies wird vor allem durch das Verhalten der anderen Figuren gestützt: Für den jungen Kollegen Tom ist er ein Vorbild. Fränkels Frau unterstützt ihn und Lea Kaminski sagt am Ende zu ihm: „Wir haben ein Wort für Menschen wie Dich. Du bist ein Gerechter." Die jüdischen Figuren insgesamt scheinen ihm sein Verhalten und seine ‚verbalen Ausfälle' nicht übel zu nehmen, womit sein – letztlich antisemitisch geprägtes – Denken und Sprechen über Jüdinnen und Juden entschuldigt wird. Der zunächst diskreditierten, doch entschuldeten und letztlich aufrechten Figur Schimanski steht die Darstellung einer jüdischen Welt gegenüber, die als geheimnisvoll und altmodisch erscheint, in der kabbalistische Verschlüsselungen eine ebenso wichtige Rolle spielen wie halbdunkle Räume und (große Summen) Geld. Während also anhand der Figur Schimanski antisemitische Vorstellungen problematisiert werden, werden genau diese gleichzeitig mit der Darstellung der jüdischen Figuren bedient.

231 Ebd., S. 93–94.

232 Den anderen Ergebnissen von Lorenz, vor allem bezüglich der visuellen Dichotomie, die *Das Geheimnis des Golem* ‚die Juden' von ‚den Deutschen' abgrenzend entwirft und die besonders über die Lichtinszenierung funktioniert, soll hier durchaus zugestimmt werden. Er führt aus, dass der Film hier jüdische und (nichtjüdische) deutsche Räume als gegensätzlich inszeniere, womit der „Gegensatz vom altmodischen Juden im Film und der sie umgebenden Moderne" (ebd., S. 96) unterstrichen werde, sowie ‚wahre' und ‚falsche' Werte: „Den falschen Werten Geld und Karriere, die nicht halten, was sie versprechen, stehen Liebe und Freundschaft als wahre Werte gegenüber. [...] Auffällig und nicht unproblematisch ist, dass die Sphäre des (hier zerstörerischen) Geldes ganz klar den jüdischen Protagonisten zugeschrieben wird" (ebd., S. 97). Auch hier wird die positive Zeichnung Schimanskis, der keinen Wert auf Geld legt, sondern auf Freundschaft und seine Liebe zu Marie-Claire, verstärkt, die eine letztendliche Entschuldung des Vorwurfs, er sei Antisemit, unterstützt.

3. Klara Blum (Eva Mattes) ist seit 2002 Kommissarin am Bodensee in und um Konstanz. *Der Schächter* ist ihr vierter *Tatort*-Film.[233] Sie ist verwitwet und wird als feminine (und psychologische) Kommissarin gezeigt, die eher sanft vorgeht, eine Stärke in den Verhören hat und sich für die Hintergründe der Verbrechen interessiert. In *Der Schächter* wird der jüdische Jakob Leeb vom als antisemitisch charakterisierten Staatsanwalt Bux verdächtigt, einem Jungen die Kehle aufgeschnitten zu haben, weil er Schächter ist. Im Gegensatz zu Horst Schimanski ist Klara Blum frei von Vorurteilen, diese werden den Figuren in ihrem Umfeld – allen voran Bux – zugeschrieben. In gewisser Hinsicht funktioniert *Der Schächter* ähnlich wie der etwa einen Monat später erstausgestrahlte *Das Geheimnis des Golem* (Erstausstrahlung 11.01.2004): Beide thematisieren Antisemitismus, wenn auch sehr unterschiedlich. In *Der Schächter* fällt der Begriff Antisemitismus nicht einmal und das zentrale Thema bleibt damit unbenannt, während *Das Geheimnis des Golem* das anhand der Ermittler-Figur Schimanski durchaus problematisiert. Beide Filme reproduzieren aber gleichzeitig problematische Bilder von Jüdinnen und Juden. In *Das Geheimnis des Golem* geschieht das auf zwei Ebenen, einerseits durch die ‚Entschuldigung' von Schimanskis Verhalten als individueller Schwäche und andererseits auf der Bildebene, wo stereotype Bilder von jüdischem Leben reproduziert werden.[234] In *Der Schächter* vollzieht es sich primär auf der Bildebene. Auch hier werden problematische Stereotype reproduziert, die der (vermeintlichen oder versuchten) Antisemitismus-Kritik auf der Inhaltsebene zuwiderlaufen. Dadurch, dass die Ressentiments der – ohnehin als unsympathisch gezeigten – Figur Bux sowie weniger ausgeprägt der Nebenfigur Wolfgang Rodammer zugeschrieben werden, wird Antisemitismus gleichermaßen zum Problem Einzelner wie zum ‚Problem der Anderen' (vgl. Kap. II.3.2). Die Überzeichnung der antisemitischen Figur des Staatsanwalts macht es leicht, sich von dieser zu distanzieren und seine Haltungen zu verurteilen, da (derartig) offen artikulierter Antisemitismus (Ritualmordvorwurf etc.) in der Bundesrepublik ein konsensualisiertes Tabu darstellt. In *Der Schächter* wird keine jüdische Lebenswelt, sondern eine *einzelne* jüdische Figur gezeigt, die vor allem über Körpersprache und den Raum, in dem sie sich bewegt, charakterisiert ist: Jakob Leeb wird in vielen Szenen in seiner Villa am Ufer des Bodensees gezeigt. Sie ist altmodisch eingerichtet mit dunklen Holzmöbeln, Bücherwänden, z. T. holzgetäfelt. In dem Haus seiner Familie scheint sich seit deren Deportation in den 1930er Jahren nicht viel verändert zu haben. Leebs Körperhaltung ist leicht gebeugt, er schaut viel nach unten, wirkt unsicher. Hier entsteht ein Bild von einem Juden – ähnlich dem in *Das Geheimnis des Golem*, was auch dem Schauspieler Nikolaus Paryla und dessen Körpersprache

233 Eine – möglicherweise zufällige – Namensvetterin der Figur der *Tatort*-Kommissarin ist die 1904 in Czernowitz als Jüdin geborene sozialistische Schriftstellerin Klara Blum. Nachdem sie als Kind nach Wien gezogen war, lebte sie bereits seit Mitte der 1930er Jahre in der Sowjetunion. Von dort ging sie 1947 nach China und nahm später den chinesischen Namen Zhu Bailan an. 1971 starb sie in Ghuangzhou, China. Weiterführend Zhidong Yang: *Klara Blum – Zhu Bailan (1904–1971). Leben und Werk einer österreichisch-chinesischen Schriftstellerin*. Frankfurt am Main: Lang 1996; ders.: Klara Blum. In: Kilcher (Hrsg.): *Metzler Lexikon der deutsch-jüdischen Literatur*, S. 73–74.

234 Vgl. Lorenz: Im Zwielicht.

und Mimik geschuldet ist, der dort David Rosenfeldt spielt und in *Der Schächter* die Figur Jakob Leeb – als einem körperlich eher schwachen, verhuschten religiösen Geistesmenschen, der in vergangenen Zeiten mehr zuhause ist als in der Gegenwart. Ihm gegenüber steht die tatkräftige, durchsetzungsstarke und körperbetonte Klara Blum.

4. Ivo Batic und Franz Leitmayr sind als Hauptkommissare seit 1991 die Hauptfiguren des Münchner *Tatort. Ein ganz normaler Fall* ist der 60. *Tatort* mit dem Kommissarenduo. Während Leitmayr aus München kommt, wurde Batic in Kroatien geboren und kam als Kind nach Deutschland. Besonders für *Ein ganz normaler Fall*, in dem es immer wieder um das Verhältnis zum eigenen Deutschsein und das Verhältnis zu Jüdinnen und Juden vor dem Hintergrund der Shoah geht, ermöglichen es diese ungleichen Figurenbiografien, unterschiedliche Verhaltensweisen und Positionen aufzuzeigen. Trotz dieser Unterschiedlichkeit werden auch Batic und Leitmayr, wie Klara Blum, von der Figur des Staatsanwalts, die als ressentimentbehaftet gezeigt wird, abgegrenzt.

Festzuhalten bleibt, dass *Ein ganz normaler Fall* Heterogenität zeigt: Sowohl auf Seiten des Ermittlerduos Batic und Leitmayr werden unterschiedliche und mitunter gegensätzliche Positionen sichtbar als auch, im Unterschied zu *Der Schächter* und *Das Geheimnis des Golem*, in der gezeigten jüdischen Lebenswelt: Hier entsteht ein heterogenes Bild von gegenwärtigem jüdischen Leben, welches auch Brüche oder Gegensätze beinhaltet. Obwohl Religiosität für zentrale jüdische Figuren (wie Rabbi Ginsburg und das Ehepaar Fränkel) eine wichtige Rolle spielt, wird deutlich, dass es auch säkulare jüdische Lebensentwürfe gibt (anhand der Figur Rafael Berger). Und auch wenn mit dem Topos des Immobilienbesitzes ein möglicherweise bereits ‚verbranntes' Motiv in *Ein ganz normaler Fall* auftaucht, entsteht gerade durch die Räume, die die jüdischen Figuren bewohnen, ein Kontrast: So wohnt das orthodox lebende, junge Ehepaar Fränkel in einem sehr modernen Haus, das auch modern eingerichtet ist. Hier wird jüdische Orthodoxie mit jungen Menschen und modernem Design zusammengebracht, was visuell neu ist im deutschen Fernsehen.

4.1.3 Zusammenfassung

In den Kriminalfilmen, in denen nichtjüdische Ermittler_innen in jüdischen Milieus ermitteln, werden drei inhaltliche Bögen deutlich, die gehäuft auftauchen: erstens, das Thema Geld als ein klassisches Mordmotiv im Krimigenre. In *Tod im Jaguar* ist David Prestin erfolgreicher Geschäftsmann, der mit der Elite aus Politik und Wirtschaft im geheimen „Savigny-Kreis" verkehrt und befreundet ist. Die Figur wird eingeführt mit einer Szene, in der Prestin seinen 70. Geburtstag in seiner Villa in Berlin feiert. (Abb. 42) In *Das Geheimnis des Golem* geht es um kabbalistisch verschlüsselte Schweizer Nummernkonten, die vor dem Zweiten Weltkrieg von Wiener Juden eingerichtet wurden und heute – nachdem die Kodes in einem kleinen ledernen Notizbuch weitergegeben wurden – eine tödliche Jagd auf eben dieses Buch auslösen. In *Ein ganz normaler Fall* spielen die Immobilien der verstorbenen Leah Berger eine wichtige Rolle und die zwei zentralen Motive sind finanzielle: Jonathan Fränkel wird verdächtig, weil Leahs Vater

Abb. 42
David Prestins (Ivan Desny) Villa in dem *Tatort*-Film *Tod im Jaguar*.

Rafael Berger den mittellosen orthodoxen Familienvater wegen Mietrückständen aus der Wohnung werfen lassen wollte, und Michael Grossmann, weil er der Alleinerbe von Rafael Bergers Firma ist. In *Liebe unter Verdacht* stirbt Baruch Kahana freiwillig, um sein Vermögen vor dem ebenfalls jüdischen Erpresser Uri Schwarz zu schützen. Dieser wollte eigentlich Rache, da Kahana seine Großeltern während des Nationalsozialismus an die Gestapo verriet, doch scheint das finanzielle Motiv schlussendlich stärker zu sein, denn nach Baruch Kahanas Tod erpresst er dessen Sohn Daniel. Wie auch die jüdischen Figuren in *Das Geheimnis des Golem*, die Zugang zu den verschlüsselten Konten haben, nutzt Baruch Kahana sein immenses Vermögen ausschließlich für karitative Zwecke, die dem jüdischen Leben zugutekommen.

Geld und finanzielle Interessen der Beteiligten als Ermittlungsrichtungen der Kommissar_innen sind quasi genrespezifisch. Vor dem Hintergrund, dass auffallend häufig wohlhabende jüdische Figuren gezeigt werden (vor allem im *Tatort*) – Daniel Prestin als reicher Geschäftsmann, Jakob Leeb als Besitzer einer Villa am Bodensee, Jakob Rosenfeldt als derjenige, der Zugang zu ominösen Schweizer Nummernkonten hat, Rafael Berger als Immobilienbesitzer sowie Besitzer eines Unternehmens, Baruch Kahana als vermögender Mann, der Opfer einer Erpressung wurde – kann diese Häufung aber auch im Kontext antisemitischer Vorstellungen gedeutet werden.

Zweitens Bezüge zur Shoah, die vor allem in den Figurenbiografien auftauchen: Daniel Prestins Figurenbiografie in *Tod im Jaguar* wird wie auch die des Uri Schwarz in *Liebe unter Verdacht* über einen Computerdatensatz visuell erzählt. (Abb. 43 a & b) Er wurde 1926 in Berlin geboren, seine Familie emigrierte 1936 nach Lausanne und er kehrte 1960 nach Deutschland zurück. Jakob Leebs Familie in *Der Schächter* wurde verraten. Außer ihm wurden alle Familienmitglieder ermordet. Baruch Kahana verriet aus Todesangst andere Jüdinnen und Juden an die Gestapo. Ari Goldmann, David Rosenfeldt und Mosche Ginsburg in *Das Geheimnis des Golem* überlebten zu dritt das Konzentrationslager Mauthausen. Auch Felix van Gelden in *Mörderischer Besuch* wird als Überlebender der Shoah dargestellt, dessen Freundin Dora Sackheim über ihn sagt: „Man muss seine Geschichte kennen, um alles zu verstehen. [...] Über das Unaussprechliche hat er immer geschwiegen. Für diese Zeit fand er keine Worte und doch

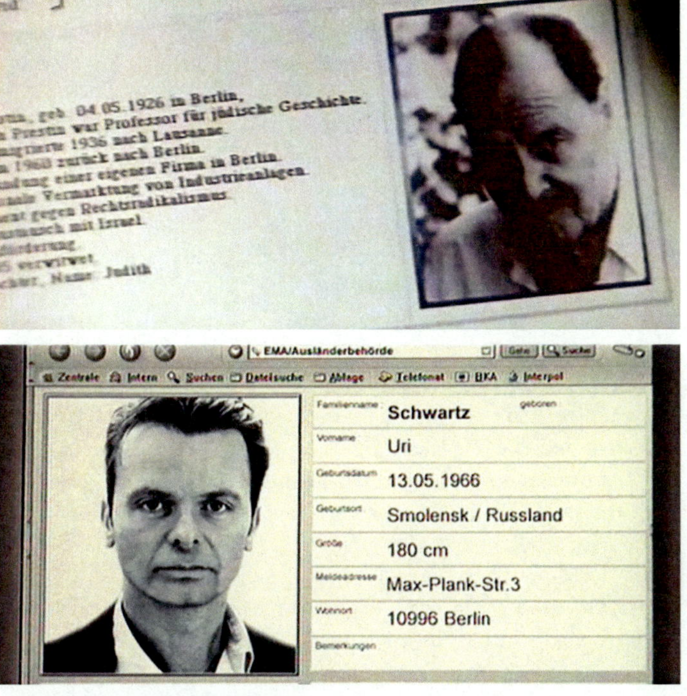

Abb. 43 a & b: Daniel Prestins Figurenbiografie in *Tod im Jaguar* (oben) wird wie auch die von Uri Schwarz in *Liebe unter Verdacht* (unten) über einen Computerdatensatz visuell erzählt.

war diese Zeit in seinem Leben immer gegenwärtig." Dies scheint für viele dieser jüdischen Krimi-Figuren zu gelten: Sie scheinen von diesem Aspekt ihrer Biografie nahezu determiniert, er soll ihre psychologische Konstitution erklären und Tätermotivationen andeuten (vgl. Kap. IV.2.2).

Anders wird die Shoah in die Handlung und Figurenkonstellation in *Ein ganz normaler Fall* eingebettet: Hier wird sie nicht über die Biografie einer jüdischen Figur eingebracht, sondern über die nichtjüdischen Figuren Batic und Leitmayr und die Frage nach ihrem Umgang mit ihr. Der Mord in der jüdischen Gemeinde und die Namen der Ermordeten an der Wand des Gemeindezentrums konfrontieren die Kommissare mit der eigenen geleisteten und nicht geleisteten Auseinandersetzung mit der Shoah, was sich vor allem in Gesprächen über die Gedenkstätte Dachau ausdrückt. Der Film endet mit Leitmayrs Fahrt zur Gedenkstätte, die seinen Besuch andeutet.

Drittens taucht, unabhängig von der tatsächlichen Motivlage des Mordes, in unterschiedlicher Einbettung das Übertreten religiöser Gebote auf. Die Regelverletzung kann sowohl den Zweck haben, mögliche Motive für Auseinandersetzungen zu verstehen, als auch Anlass für einen Einblick in religiöses jüdisches Leben sein. In

Der Schächter kann Jakob Leeb in der Untersuchungshaft seine täglichen Gebete nicht einhalten, Jonathan Fränkel in *Ein ganz normaler Fall* ist in seiner Flucht vor den Polizisten Batic und Leitmayr gehindert, da er am Shabbat nur eine begrenzte Schrittzahl tun darf. In *Liebe unter Verdacht* leistet Daniel Kahana seinem Vater Beihilfe zum Selbstmord, weil dieser sich als orthodoxer Jude nicht das Leben nehmen darf. Rabbi Chaim Seelig wird in *Die Gärten des Rabbiners* verdächtig, weil er mit dem Ermordeten kurz vor dessen Tod eine Auseinandersetzung hatte, die sich daran entzündete, dass dieser an Shabbat bei der Arbeit gesehen worden war. Die religiös wie auch kulturell wirksame Norm, keine_n nichtjüdische_n Partner_in zu haben, wird in *Ein ganz normaler Fall*, *Das Geheimnis des Golem*, *Tod im Jaguar* und *Die Gärten des Rabbiners* thematisiert. Der Bezug zur Shoah, wie er in allen Filmen zumindest angerissen wird, ist für den deutschen Spielfilm nach 1945 charakteristisch. Auffallend ist hingegen, dass in den bisher besprochenen Kriminalfilmen ein deutlich religiöseres Bild von jüdischem Leben entsteht als in anderen deutschen Spielfilmen. Judentum erscheint hier eher als Religion. Die Religiosität der jüdischen Figuren wirkt – mit Ausnahme von *Die Gärten des Rabbiners*, wo sie mit christlicher Religion kontrastiert wird, und *Ein ganz normaler Fall* – rückwärtsgewandt und altmodisch, sie birgt Geheimnisse und ist mysteriös.

4.2 Jüdische Ermittler_innen-Figuren zwischen Andeutungen und Eindeutigkeit

Als jüdische Ermittler_innen-Figuren tauchen neben Marek Gorsky in der zehnteiligen Krimiserie *Im Angesicht des Verbrechens* lediglich *ambigue* Ermittlerinnen-Figuren auf, die als jüdisch gelesen werden *können* bzw. bestimmte Kodierungen von *Jewishness* aufweisen. Der zweite Teil des Kapitels beschäftigt sich zunächst mit der Figur Marek Gorsky und anschließend mit diesen ambiguen Ermittlerinnen, wobei die Figur Rosa Roth, die von Iris Berben gespielte Ermittlerin der gleichnamigen Serie (1994–heute, ZDF), im Zentrum steht.

Die Seltenheit bzw. die Absenz jüdischer Ermittler_innen-Figuren in Fernsehkrimis liegt möglicherweise in ihrer Funktion bzw. Rolle: Sie sind als Repräsentant_innen eines Staates und einer Gesellschaft zu verstehen. Bei Polizist_innen-Figuren kann noch mehr ein den Staat und dessen Gesetze betreffender Idealismus angenommen werden, der ihren Eintritt in den Polizeidienst begründet, als bei privaten Ermittler_innen. Allgemein verkörpern die Ermittler_innen-Figuren der Fernsehkrimis Werte, auch wenn diese bei unterschiedlichen Figuren wie Horst Schimanski, Klara Blum oder Bella Block sehr unterschiedliche Ausformungen annehmen, und werden als Figuren, die mit einer spezifischen Moral ausgestattet sind, in der Handlung um die Kriminalfälle immer wieder in schwierigen Situationen mit (auch konkurrierenden und konfligierenden) gesellschaftlichen Normen und Werten konfrontiert, zu denen sie sich verhalten müssen. Mit ihrer moralischen Charakterisierung, wie auch ihrer Funktion als Türöffner in ansonsten verschlossene Bereiche der Gesellschaft, Milieus und Schichten, sind sie für die Zuschauer_innen wichtige Orientierungspunkte. Das bedeutet nicht notwendigerweise Identifizierung mit der Figur, aber doch eine gewisse Nähe (vgl. Kap. I). Bei Krimireihen oder -serien wird dieser Aspekt verstärkt. So ‚begleiten' die Zuschauer_innen die Ermittler_innen-Figuren – in gewisser Hinsicht aus sicherer Entfernung – in unterschiedlichste Settings und Fälle. Möglicherweise – so könnte man vermuten – würde eine als eindeutig jüdisch gestaltete Ermittler_innen-Figur zu fremd oder zu anders wirken, um diese Funktionen erfüllen zu können. Diesbezüglich lässt sich insgesamt eine gewisse Latenzzeit zwischen gesellschaftlicher Veränderung und filmischer bzw. televisueller Repräsentation feststellen: So dauerte es bis 1978, bis eine weibliche Kommissarin eine dauerhafte Hauptrolle im *Tatort* übernahm, und erst 2008 trat mit der Figur Cenk Batu (Mehmet Kurtulus im NDR-*Tatort*) erstmals im *Tatort* eine Kommissarfigur mit deutsch-türkischer Figurenbiografie auf.[235]

Im Fall der Absenz jüdischer Ermittler_innen-Figuren ist jedoch nicht nur von einer solchen Latenzzeit auszugehen, sondern es stellt sich auch die Frage, ob es in den 1960er, 1970er oder 1980er Jahren plausibel gewesen wäre, einer Figur im Polizeidienst einen jüdischen Figurenhintergrund zuzuschreiben. In den 1990er Jahren taucht dann zwar immer noch keine jüdische Ermittler_innen-Figur in deutschen Fernsehkrimis auf, doch Fernsehermittler_innen deutscher Serien werden mit Kodierungen von Jewishness ausgestattet, sodass – das wird im Folgenden detaillierter darzulegen sein – diese Lücke *unbewusst* gefüllt wurde.

Eine Ausnahme bildet Marek Gorsky (Max Riemelt) aus *Im Angesicht des Verbrechens*, der einen lettisch-jüdischen Hintergrund hat. Er ermittelt in Berlin als junger Polizist im Milieu des organisierten Verbrechens, verliebt sich in eine junge Zwangsprostituierte aus der Ukraine, die er zu retten versucht, und muss sich den Verwicklungen zwischen der russischen Mafia und seiner eigenen Familie ebenso stellen wie dem *Entanglement* zwischen Mafia und korrupten Polizist_innen.

4.2.1 Marek Gorsky: Ein russisch-jüdischer Polizist in Berlin

Im Zentrum der zehnteiligen Krimi-Serie *Im Angesicht des Verbrechens* stehen Marek Gorsky und Jelena (Alina Levshin), eine junge Frau, die unter falschen Versprechungen aus der Ukraine nach Deutschland gelockt wurde und dort als Zwangsprostituierte arbeiten muss. Die Serie, die ein großes Figurenarsenal mit vielen Handlungssträngen aufweist, spielt hauptsächlich in Berlin, in einigen Episoden auch zwischenzeitlich in der Ukraine.

In der ersten Episode *Berlin ist das Paradies* wird Marek Gorsky als eine vielschichtige Figur eingeführt und unterschiedliche Aspekte der Figurenidentität werden aufgefächert. Alle Teilgeschichten, wie die Liebesgeschichte mit Jelena und die Ermittlungen im Milieu des organisierten Verbrechens, denen mit dem unaufgeklärten Mord an seinem Bruder Grischa eine persönliche Motivation zugrunde liegt, sowie Figuren-Charakteristika – sein Deutschsein, sein Jüdischsein sowie seine lettisch-russische

235 Marie Mualem Sultan schreibt dazu: „Auch bei der ARD ist man sich der Tatsache bewusst, dass der Tatort das Paradebeispiel für eine Sendung darstellt, die explizit auch Menschen mit Migrationshintergrund als Zielgruppe fokussieren sollte. Eindrucksvoll zeigt sich dies im Herbst 2008, als der Schauspieler Mehmet Kurtulus neuer Tatort-Kommissar beim NDR wurde. Sein Einstand als erster deutsch-türkischer Tatort-Kommissar wurde medial ausgiebig inszeniert." (Marie Mualem Sultan: *Migration, Vielfalt und Öffentlich-Rechtlicher Rundfunk*. Würzburg: Königshausen & Neumann 2011, S. 90.)

Abb. 44
Kerzenleuchter in
Im Angesicht des Verbrechens.

Herkunft, sein Singlestatus und seine Charakterisierung als junger, ambitionierter, vor allem aber idealistischer Polizist – werden hier bereits angelegt.

In der zweiten Sequenz der ersten Episode soll Marek Gorsky mit drei Kollegen einen Haftbefehl vollstrecken. Als sie im Aufzug zu der Wohnung des Gesuchten fahren, stellt Gorsky im Voice-over die Kolleg_innen der Reihe nach vor. Über sich selbst sagt er: „Und ich: Marek Gorsky, Abschnitt sechs, bin mit Arbeit und Gehalt zufrieden, bis jetzt." Er spricht mit Berliner Dialekt, womit eine erste Charakterisierung als junger *Berliner* Polizist vorgenommen wird. In der Wohnung treffen die Polizisten den Gesuchten nicht an, wohl aber dessen Familie. Es wird deutlich, dass die Auseinandersetzung mit dem jüngeren Bruder des Gesuchten in Gorsky Erinnerungen hervorruft. Es ist ein junger Mann mit einer Pistole zu sehen, der diese auf den Tisch vor sich legt, auf dem – durch einen Zoom deutlich sichtbar gemacht – ein Kerzenständer mit hebräischen Schriftzeichen steht. (Abb. 44) Hier wird ein erster Hinweis auf Mareks jüdischen Hintergrund gegeben, der aber noch nicht verstanden werden muss. Er erzählt dem Bruder des Gesuchten, dass er auch einen großen Bruder gehabt habe, der erschossen wurde, und dass er ihn vermisse. Damit ist die offene, ungeklärte Familiengeschichte angedeutet, die – so wird im Laufe der Handlung deutlich – Marek veranlasste, Polizist zu werden. Als die Polizisten das Haus wieder verlassen, fragt eine der Kolleginnen Marek, ob er verstanden habe, was die Eltern gesagt haben. Hier wird deutlich, dass Marek russisch versteht.

Später in *Berlin ist das Paradies* wird Marek in der Wohnung seiner Eltern gezeigt, wo er seine Familie trifft und des zehnten Todestages seines Bruders gedacht wird. Die Sequenz beginnt mit einem hebräischen Gebet (dem Kaddisch, dem Totengebet), das von Mareks Vater (Küf Kaufmann) gesprochen wird. Neben dem Kaddisch wird das jüdische Familienleben vor allem über das Essen und Trinken gezeigt (siehe Abb. 16 a–c, S. 136), außerdem wird von der älteren Generation am Tisch Jiddisch gesprochen. Gleichzeitig wird auch die Prägung durch die russische Kultur sichtbar: Es gibt „russisches Eis", das Onkel Sascha an seine Kindheit erinnert („es schmeckt

Abb. 45: Menora und Kippas als Kodierungen von Jewishness in *Im Angesicht des Verbrechens*.

wie in meiner Kindheit") und ihn dazu veranlasst, eine Anekdote aus seiner Kindheit in Russland zu erzählen. Es wird – vor allem von den Männern – Wodka getrunken. Jüdische Symbole, wie eine Menora und Kippa tragende Männer (Abb. 45), sind zu sehen und es wird mit Akkordeon-Begleitung auf Jiddisch gesungen. So werden unterschiedliche Verweise auf kulturelle Referenzrahmen gegeben, Kodierungen als jüdisch stehen neben solchen als russisch. Es wird dabei aber auch mit bekannten Bildern bzw. möglichen Erwartungen gebrochen: Als Onkel Sascha mit Mareks Vater im Nebenzimmer spricht, ist sein tätowierter Unterarm zu sehen. Es ist jedoch *keine* Häftlingsnummer (vgl. Kap. IV.2.2.3), sondern eine Tätowierung, die eher auf Mafia-Zugehörigkeit schließen lässt.

In diesem Umfeld wirkt Marek Gorsky wie ein Fremder: Er spricht nicht Jiddisch, singt nicht mit und trinkt keinen Wodka mit den Männern, sondern sitzt mit seiner Mutter (Aviva Joel) und seiner Schwester Stella (Marie Bäumer) in der Küche. Es ist auch sein Beruf, der ihn von seiner Familie distanziert: Der Polizeiberuf ist nicht angesehen, seine Mutter fragt ihn, warum er Polizist werden musste, und eine junge Frau bezeichnet ihn als „Mussar", was als Verweis auf das hebräische *moser* (jemand, der etwas verrät oder weitergibt) verstanden werden kann.[236] In späteren Episoden wird er in einen Konflikt zwischen seinem Beruf und der Verstrickung seiner Familie, insbesondere seines Schwagers Mischa (Mišel Matičević), ins organisierte Verbrechen geraten. Doch auch unter den Polizist_innen fällt er mit seinem Engagement und seiner

236 Der ‚Moser', der Verräter, der Juden an Nichtjuden verrät, taucht auch in dem ein Jahr später ausgestrahlten *Ein ganz normaler Fall* auf. Dort ist es nicht ein Polizist, der andere kriminelle Jüdinnen und Juden potentiell verrät, sondern eine jüdische Figur, die droht, das Geheimnis eines Rabbiners zu enthüllen, zuvor jedoch ermordet wird.

Integrität neben korrupten Kolleg_innen auf. Er entspricht der Figur des jungen, idealistischen, aufstrebenden Polizisten.
Hier wird also ein Gegensatz inszeniert, der Marek den Zuschauer_innen näher rücken lässt. Er steht für das ‚Progressive' und kann damit die ‚Türöffnerfunktion' übernehmen, die sonst die nichtjüdischen Ermittler_innen-Figuren innehatten, und die Zuschauer_innen in die russisch-jüdische Welt führen. Diese ist charakterisiert durch das Milieu des organisierten Verbrechens, trägt aber auch märchenhafte Züge, die sich in Jelenas Visionen beim Schwimmen ausdrücken, in denen Sie Mareks Gesicht sieht.

Marek Gorskys Jüdischsein wird in erster Linie über das familiäre Umfeld und Familienbeziehungen sichtbar gemacht. Damit lassen sich zwei unterschiedliche Räume und Umgangsweisen verbinden: Die Wohnung seiner Eltern ist ein Raum traditionellen Judentums, das zwar nicht als dezidiert streng religiöses, aber doch gelebtes, osteuropäisches Judentum erscheint. Es wird durch das hebräische Gebet, die jiddische Sprache, *gefilte Fisch* und die Menora symbolisiert. Die Villa seiner Schwester Stella hingegen visualisiert den Reichtum, zu dem ihr Mann durch Zigarettenschmuggel und andere illegale Geschäften gekommen ist. Es gibt ein russisches Kindermädchen und es wird Russisch gesprochen. Stella ist die Chefin des russischen Restaurants Odessa, wo mafiöse Geschäfte abgewickelt werden. Hier ist Judentum nicht sichtbar und es scheint auch nicht gelebt zu werden, doch bezieht sich Stella mehrfach verbal auf ihr Jüdischsein: So rät sie Marek, sich nicht in eine Russin zu verlieben (ihr Mann ist Russe), sondern sich „eine gute jüdische Mamme, wie wir" zu suchen. Als sie von ihrem Kennenlernen mit Mischa erzählt, sagt sie, sie habe einfach nur eine „russisch-jüdische Frau" sein wollen.
Neben der elterlichen Wohnung und der Figur der Stella ist auch Onkel Sascha eine wichtige Figur für das jüdische Milieu in *Im Angesicht des Verbrechens*. Wie Stella durch ihre Ehe mit Mischa, ist Sascha Bindeglied zwischen Mareks Familie und damit seiner Lebenswelt und der russischen Mafia. Die Figur wird als die eines Paten, einer Autorität in Mafiakreisen dargestellt: als alter Jude, weiser Mann und ehemaliger Mafioso, der heute altersmilde und konfliktschlichtend agiert.
Während also die jüdischen Anteile der Figur Marek in *Im Angesicht des Verbrechens* fast von Beginn der ersten Folge an visuell umgesetzt und mehrfach auch verbal eindeutig formuliert werden, spielen sie in Bezug auf die Handlung eine geringe Rolle. Im beruflichen Kontext, der Aufdeckung der Mafiamachenschaften in Berlin, die an drei Punkten Mareks Privatleben berühren (über die Vergangenheit und den zehn Jahre zurückliegenden Mord an seinem Bruder, über die Verbindungen zu seiner (angeheirateten) Familie und schließlich über die Liebe zu Jelena, die als Zwangsprostituierte Opfer der kriminellen Handlungen ist), sind es vor allem seine russisch-lettische Herkunft und die russischen Sprachkenntnisse, die Marek immer wieder Türen öffnen und Ermittlungsvorteile verschaffen. Marek Gorsky ist als eine mit einer kaleidoskopischen

Figurenidentität[237] ausgestattete Figur gestaltet: Je nachdem, aus welchem Winkel, aus welcher Perspektive sie beleuchtet wird, zeigt sie verschiedene Facetten, die in unterschiedlichen Handlungszusammenhängen und Figurenkonstellationen relevant werden. Sein Jüdischsein, das über die Familie beschrieben wird, ist in gewisser Hinsicht ein Detail der Figurenbiografie, welches sie plastischer und möglicherweise vielschichtiger macht, für das Voranschreiten der Handlung aber kaum relevant ist. Diese könnte sich ebenso abspielen, wenn das Milieu die rein russische (nichtjüdische) Mafia in Berlin wäre – es wird von russischer Mafia erzählt, die auch einige jüdische Mitglieder aufweist. Und gerade in diesem Aspekt der Figurengestaltung hebt sich die Figur des Marek Gorsky von anderen jüdischen Figuren des Filmkorpus ab: Sein Jüdischsein ist für die Figur nicht konstituierend. Er wird nicht in jeder Handlungssituation und Figurenkonstellation als jüdisch gezeigt. Sein Jüdischsein motiviert sein Handeln nicht nachvollziehbar und er wird nicht zu einer *Spiegelfigur* für nichtjüdische Figuren, an welcher gezeigt werden kann, welche unterschiedlichen – problematischen wie moralisch einwandfreien – Umgangsweisen es in der deutschen Gesellschaft mit Jüdinnen und Juden gibt. Das Jüdischsein macht eine Facette der Figur Marek Gorsky aus, wie auch Berliner zu sein, Polizist zu sein, Mann zu sein und einen russischen Hintergrund zu haben. Dass dieser Aspekt der Figurenidentität aber so wenig thematisiert wird, in den Folgen zwei bis zehn dermaßen in den Hintergrund rückt und so wenig *notwendig* für die Handlung ist, ist eine neue Qualität in der Gestaltung einer jüdischen Figur, die besonders in Hinblick auf das im Kapitel „II. Jüdische Figuren im Kontext" diskutierte Schlagwort ‚Normalität' bemerkenswert erscheint.

4.2.2 Ambigue Kommissarinnen-Figuren: Rosa, Lea und Bella

Marek Gorsky stellt als jüdische Ermittler-Figur eine Ausnahme in der deutschen Fernsehlandschaft dar. Daneben gibt es einige Kommissarinnen-Figuren, die nicht als eindeutig jüdisch dargestellt sind, aber – so soll es zunächst formuliert werden – durch die in der Figurengestaltung verwendeten Kodierungen von Jewishness (vor allem Figurennamen, vgl. Kap. III.5) jüdische Aspekte oder eine Nähe zu Jüdischem haben. So ermittelt seit 1994 am Samstagabend im ZDF Rosa Roth in der gleichnamigen Serie. Gespielt wird die Berliner Fernseh-Kommissarin von Iris Berben, produziert wird die Sendung von ihrem Sohn Oliver Berben. Die Gestaltung der Figur Rosa Roth weist Kodierungen von Jewishness auf, sie wird jedoch nicht als (eindeutig) jüdische Figur dargestellt. Sie kann als *ambigue* Figur eingeordnet werden. Darunter soll zunächst verstanden werden, dass Figuren als jüdisch gelesen werden können, nicht aber müssen. Im Fall der Kommissarinnen-Figuren, um die es im Folgenden geht, ist damit gemeint, dass die Figuren *in Teilen* ähnlich kodiert sind wie jüdische Figuren. Das bleibt aber implizit, so dass sie vage Assoziationen mit Jüdischem hervorrufen, ohne dass explizit darüber nachgedacht werden muss, ob die Figur nun jüdisch ist oder nicht. Weitere

237 Die Metapher des Kaleidoskops geht hier zurück auf die Verwendung in dem Tagungsband Sandra H. Lustig / Ian Leveson (Hrsg.): *Turning the Kaleidoscope. Perspectives on European Jewry*. New York: Berghahn 2006, welches dort als Metapher für die Diversität jüdischen Lebens in Europa verwendet wird.

Figuren, die solche Kodierungen aufweisen, sind die Protagonistin der Serie *Die Kommissarin* (1994–2006, ARD) Lea Sommer (Hannelore Elsner), die in Frankfurt am Main spielt, sowie die ebenfalls im ZDF-Samstagskrimi in Hamburg ermittelnde Kommissarin Bella Block (Hannelore Hoger) in der gleichnamigen Serie.
Die Hinweise auf eine Jewishness der Ermittlerinnen-Figuren fallen dabei sehr unterschiedlich aus, nicht nur formal, sondern auch in ihrer Deutlichkeit und Prägnanz: Die deutlichste Ausprägung findet sich bei Rosa Roth. Sie hat einen jüdisch konnotierten Namen. Außerdem werden, besonders in dem Film *Jerusalem oder die Reise in den Tod,* Hinweise auf eine Nähe oder Vertrautheit der Figur mit dem Judentum und Israel gegeben. Rosa reist zur Hochzeit einer engen Freundin nach Jerusalem. Die Darstellung ihrer Reise nach Israel changiert zwischen einer ‚Heimkehr' und einem ‚Besuch': Sie spricht einige Worte Hebräisch und beginnt das Gespräch mit Uri, dem Bruder ihrer Freundin, der sie vom Flughafen abholt, mit der Frage, wie die Stimmung im Land sei. An der Tankstelle fragt sie, ob der Einfluss der Ultraorthodoxen inzwischen noch größer geworden sei. Sie war, wie sie sagt, vor fünf oder sechs Jahren das letzte Mal in Israel. Sie wird als jemand gezeigt, der das Land, seine politischen wie gesellschaftlichen Konflikte und Debatten gut kennt. Sie fühlt sich dort offensichtlich wohl, denn sie antwortet Uri auf die Frage, wie es ihr gehe, „Gut. Ich bin in Israel." Der deutsche Jude Theo Wandres (Jan-Josef Liefers) sagt zu ihr, sie würde glatt als Israelin durchgehen.
Darüber hinaus können die Bezüge und Assoziationen, die durch die Rollenbesetzung mit Iris Berben entstehen, berücksichtigt werden: Iris Berben wurde und wird durch ihre Ehe mit einem jüdischen Mann und ihr gesellschaftliches Engagement für Israel als jüdischen Themen nahestehend wahrgenommen.[238] Ihr Sohn Oliver Berben versteht sich als jüdisch.[239]
Auch die Darstellung von Lea Sommer weist mit dem jüdischen Figurennamen eine prägnante Kodierung auf, die der Figur einen jüdischen Aspekt verleiht. Doch in *Die Kommissarin* ist es nicht nur die ermittelnde weibliche Hauptfigur, die mit einem jüdisch klingenden Namen ausgestattet ist, sondern die Kodierung über Namen verdichtet sich im Umfeld der Protagonistin: ihr Sohn heißt Dani und ihr – ausschließlich am Telefon auftauchender – Partner Jonathan Roth. Darüber hinaus werden keine weiteren Kodierungen von Jewishness in der Gestaltung der Figur Lea Sommer verwendet.
Bella Block in der gleichnamigen Serie wird am wenigsten deutlich als eine jüdischen Figuren *ähnliche* Figur kodiert, auch wenn sie wie auch Rosa Roth einen Figurennamen

238 Berben reiste 1967 nach dem Sechstagekrieg als 17-Jährige erstmals nach Israel und engagiert sich seit dem Beginn ihrer Karriere öffentlich sichtbar für Israel. In einem Porträt in *Die Zeit* aus dem Jahr 2008 mit dem Titel „Meine Liebe zu Israel" gibt sie beispielsweise darüber Auskunft, was Israel ihr bedeutet, wie oft sie dort ist und welche Rolle die langjährige Beziehung zu einem Israeli dabei hat. Iris Berben / Tina Hildebrandt / Matthias Krupa: Meine Liebe zu Israel. Interview mit Iris Berben. In: *Die Zeit*, 14.08.2008. http://www.zeit.de/2008/34/berben-interview_aut (Zugriff am 20.11.2013).

239 Wie er in verschiedenen Interviews sagt, vgl. Oliver Berben / Evelyn Finger: „Im Vatikan staunt man wie ein kleines Kind". Interview mit Oliver Berben. In: *Die Zeit*, 23.04.2011. http://www.zeit.de/kultur/film/2011-04/interview-oliver-berben (Zugriff am 20.11.2013).

trägt, der neben der wohlklingenden Alliteration einen exotischen Beigeschmack hat und untypisch scheint für nichtjüdische deutsche Frauen ihrer Generation. Die Nähe zum Judentum wird jedoch verstärkt durch ihren jüdischen Lebensgefährten, Simon Abendroth (Rudolf Kowalski), den sie zehn Jahre lang hat, so dass ihre Nennung hier gerechtfertigt scheint. Sie lernt ihn im fünften Film *Auf der Jagd* (1998) kennen, die beiden trennen sich in der Episode *Das Schweigen der Kommissarin* (2008). In dem Film *Weiße Nächte* (2007), in dem es um Menschenhandel geht, reist sie zusammen mit Simon Abendroth nach Sankt Petersburg, wo sie neben den Ermittlungen in dem Mordfall gemeinsam das Grab des Dichters und Großonkels von Bella, Alexander Blok, besuchen. Der Besuch geschieht auf das Betreiben des Literaturprofessors Simon hin, der Alexander Blok als den größten Dichter des russischen Symbolismus bezeichnet.[240] Auf dem Friedhof trägt Simon eine Kippa, die laut Bella nicht nötig wäre, da Alexander kein Jude gewesen sei.

Für alle drei Ermittlerinnen-Figuren Rosa, Bella und Lea gilt, dass das Alter der Figuren in etwa dem Alter der besetzten Schauspielerinnen entspricht: Iris Berben, die die Rosa Roth spielt, wurde 1950 geboren, Hannelore Hoger, die Darstellerin der Bella Block, 1941 und Hannelore Elsner, welche Lea Sommer spielt, 1942. Die Kommissarinnen-Figuren sind also Kinder der letzten Kriegsjahre bzw. der direkten Nachkriegszeit. Dass in den 1940er und frühen 1950er Jahren nichtjüdische Eltern ihren Kindern häufig jüdisch konnotierte Namen gaben, ist wenig wahrscheinlich. Doch die Ermittlerinnen-Figuren Rosa Roth, Bella Block und Lea Sommer wurden auch nicht in den 1940er oder 1950er Jahren entworfen, sondern in den 1990er Jahren. Sie sind damit ‚Kinder' der 1990er Jahre: Die Serien *Rosa Roth* und *Bella Block* laufen seit 1994 als *Samstagskrimis* im ZDF. Mit diesem Sendeplatz initiierte das ZDF Krimiserien in Spielfilmlänge, die konzeptuell dem *Tatort* ähneln:

> Insgesamt ähnelt das Konzept, unter einem gemeinsamen Label Ermittler aus verschiedenen Regionen Deutschlands in unregelmäßigen Abständen auftreten zu lassen, sehr dem Tatort. Es gibt allerdings keinen markanten Vorspann und kein gemeinsames Konzept.[241]

Bemerkenswert ist hierbei, dass es diese ‚gesellschaftskritischen' Fernsehkrimis sind, wie die *Tatort*-Reihe oder die ZDF-*Samstagskrimis*, die seit den 1990er Jahren auffällig viele Bezüge zu jüdischem Leben enthalten, sei es in Form jüdischer Figuren oder implizit gehaltener Kodierungen. *Die Kommissarin* wurde ebenfalls seit 1994 in der ARD ausgestrahlt und wurde 2006 beendet.

Die jüdischen Figurennamen der Ermittlerinnen mögen als Inkonsistenz in der Entwicklung einer glaubhaften Figurenbiografie erscheinen, versteht man sie als analog zur Biografie einer Person, die plausibel ist und der bundesrepublikanischen Zeitgeschichte entspricht. Jedoch verweisen sie gleichzeitig auf ebendiese, nämlich gesellschaftliche und gesellschaftspolitische Tendenzen der 1990er Jahre, in denen jüdische Kultur

240 Alexander Alexandrowitsch Blok (nicht Block) (1880–1921) war russischer Dichter und einer der wichtigsten Vertreter des Symbolismus.

241 Brück / Guder / Viehoff / Wehn: *Der Deutsche Fernsehkrimi*, S. 277–278.

sich zunehmender Beliebtheit erfreute (vgl. Kap. II.2.2). Sie müssen sowohl in diesem Kontext gedeutet werden wie auch in den Konventionen des Fernsehkrimis zu diesem Zeitpunkt: Im deutschen Fernsehkrimi werden besonders bei den weiblichen Ermittlerinnen, die als außergewöhnlich, eigensinnig, selbstbewusst und unkonventionell gezeigt werden, *Assoziationen* zu jüdischem Leben gesetzt. Hierdurch wird das Unkonventionelle der Figuren ebenso betont wie ihre Offenheit und Toleranz. Es bedeutet jedoch nicht, dass es sich um jüdische Figuren handelt, die auch als solche wahrgenommen werden. Doch auch ohne eine explizite Thematisierung ihres religiösen oder kulturellen Hintergrundes oder ihrer Figurenbiografie lässt sich eine *assoziative Nähe* zum Judentum feststellen. Damit stehen sie symptomatisch für die 1990er Jahre, in denen ein gestiegenes Interesse an jüdischer Kultur und jüdischem Leben zu einer größeren Sichtbarkeit jüdischer Kultur in der bundesrepublikanischen Gesellschaft führte. Diese überdeckte die weitgehende Abwesenheit von Jüdinnen und Juden in Deutschland als Folge der Shoah. Damit haben die z. T. jüdisch kodierten Ermittlerinnen-Figuren einen Anteil an diesem häufig impliziten Füllen der Lücke, die eine ermordete und geflohene jüdische Generation in Deutschland hinterlassen hat. Bedeutung erfährt das auch dadurch, dass es sich um Polizistinnen im deutschen Staatsdienst handelt, deren jüdischer Anteil in dieser Generation real sehr gering sein dürfte.
Es soll also nicht davon ausgegangen werden, dass es sich bei den beschriebenen Kodierungen um „Jewish moments" im Sinne Jon Strattons handelt,[242] die durch eine *uneindeutige* Darstellung einem möglicherweise jüdischen Publikum eine Lesart der Figuren als jüdisch ermöglichen, sondern von einer Verwendung dieser Kodierungen in einem nichtjüdischen Kontext, die letztlich die gesellschaftliche Leerstelle verdeckt. Die ‚schwierigen' Themen Nationalsozialismus und Shoah müssen auf Grund der fehlenden expliziten Thematisierung nicht problematisiert werden. Eine fehlende Generation von Jüdinnen und Juden wird hier durch Figuren mit jüdisch anmutenden Namen, Nähe zu Israel und jüdischen Partnern ersetzt – ihre für das nichtjüdische, deutsche Publikum möglicherweise unangenehme (Familien-)Geschichte wird jedoch ausgespart. Das kann gleichermaßen als unbewusstes Angebot an die Rezipient_innen verstanden werden als auch als ein gesellschaftliches Symptom, das sich anhand filmischer Darstellungen offenbart, unabhängig davon, wie diese letztendlich wahrgenommen werden.

4.3 Exkurs: Krimi und Israel

Kriminalfilme und Israel gehen im zeitgenössischen Fernsehen eine auffallende Verbindung ein: In *Jerusalem oder die Reise in den Tod* führt eine private Reise die Kommissarin Rosa Roth nach Israel, wo sie mit ungeklärten Todesfällen in einer deutschen Reisegruppe konfrontiert wird. 2008 und 2010 verfilmte das ZDF zwei Kriminalromane der israelischen Autorin Batya Gur (1947–2005) und drehte dafür mit einem

242 Stratton: *Coming Out Jewish*, S. 300.

deutsch-israelischen Team in Israel: Heiner Lauterbach spielt in *Die Seele eines Mörders* und *Mörderischer Besuch* den Kommissar Michael Ochajon.[243]

Alle diese Filme – so die These, die hier vertreten werden soll – bieten im Sinne des Krimigenres einen Einblick in sonst verschlossene Bereiche der Gesellschaft und befassen sich mit gesellschaftlicher Realität. Hier ist es ein Einblick in die israelische Gesellschaft und ihre spezifischen Themen. Gleichzeitig bieten die Filme Anknüpfungspunkte für das deutsche Publikum, indem vorhandene oder bekannte Bilder von Judentum und Israel verwendet werden.

Jerusalem oder die Reise in den Tod wurde anlässlich des 50-jährigen Jubiläums des Staates Israel 1998 produziert.[244] Er verbindet politische Themen der israelischen Gesellschaft, wie Ultra-Orthodoxie und Selbstmordattentate, mit einer deutschen Perspektive auf das Land, die durch die eigene (NS-)Geschichte geprägt ist: Über die deutsche Reisegruppe, die nach Israel kommt, werden eine deutsche Perspektive und ein deutsches Interesse an Israel eingebracht. Rosa Roth wird in beiden Umfeldern als *Insider*-Figur gezeigt: Sie scheint Israel gut zu kennen und damit auch die Themen, die die israelische Gesellschaft bewegen (vgl. Kap. 5.2.2), und wird auch in der tödlichen Auseinandersetzung (obwohl es keinen Mord gibt) zwischen dem nachgeborenen Wandres und den NS-Tätern Bannert und Leun als die Figur mit einer moralischen, aber gemäßigten Position gezeigt, die sich auch in diesem deutschen Diskurs sicher bewegt.

Die Seele eines Mörders und *Mörderischer Besuch* geben als Verfilmungen von Kriminalromanen einer israelischen Autorin ebenfalls einen Einblick in die israelische Gesellschaft, bieten jedoch zugleich ausreichend bekannte Anknüpfungspunkte für die deutschen Zuschauer_innen an. *Mörderischer Besuch* offeriert, wie auch *Die Seele eines Mörders*, bekannte Bilder von Judentum und Israel: Die berühmte Musikerfamilie van Gelden mit Wurzeln in Europa entspricht dem stereotypen Bild aschkenasischer Juden: Kultiviert, die bekannteste Musikerfamilie Israels, mit Wurzeln, die bis in die Niederlande des 16. Jahrhunderts zurückreichen, bildende Kunst ebenso schätzend wie klassische Musik. Gleichzeitig wird mit Nita van Geldens (Liane Forestieri) Beziehung zu einem israelischen Araber an den politischen Konflikt in Israel angeknüpft. Der ermordete Felix van Gelden war im Konzentrationslager, das er nur wegen seiner Musik überleben konnte, indem er für die Nazis spielte. Die Freundin der Familie Dora Sackheim (Hannelore Hoger) sagt, man müsse seine Geschichte kennen, um ihn zu verstehen. Er habe über „diese Zeit“ nie gesprochen und doch sei sie in seinem Leben immer gegenwärtig gewesen. Ein weiteres innergesellschaftliches Thema ist Homosexualität und

243 Batya Gur schrieb ab 1988 sechs Kriminalromane mit der Hauptfigur Michal Ochajon. Sie erschienen ab 1992 auf Deutsch. Der dritte mit dem deutschen Titel *Das Lied der Könige* wurde als *Mörderischer Besuch* verfilmt. *Die Seele eines Mörders* basiert auf Gurs viertem Roman *Die Seele ist in deiner Hand.*

244 Tom Zwaenepoel: *Dem guten Wahrheitsfinder auf der Spur. Das populäre Krimigenre in der Literatur und im ZDF-Fernsehen.* Würzburg: Köngshausen & Neumann 2004, S. 291.

deren gesellschaftliche Akzeptanz in der israelischen Gesellschaft. Es wird über die Figur des Sohnes des Mordopfers und ihres Geliebten eingeführt.[245]

Auch *Die Seele eines Mörders* bietet Einblick in die israelische Gesellschaft, wenn die Feindschaft und die Vorbehalte zwischen einer jemenitischen und einer aschkenasischen Familie erzählt werden. Doch auch hier reicht der Fall in die Vergangenheit: Das Baby der jemenitischen Familie Baschari wurde dieser weggenommen und dem aschkenasischen Ehepaar Rosenstein gegeben, das keine Kinder bekommen konnte, da die Frau durch Mengeles Menschenversuche unfruchtbar wurde. Die Verknüpfung mit der NS-Vergangenheit, in der die Hintergründe des Falles zu finden sind, entspricht den bekannten Israel-Bildern ebenso sehr wie der Verweis auf den Nahostkonflikt, wenn Ochajon die Suche nach einem verschwundenen Mädchen mit zusätzlicher Unterstützung vorantreiben kann, da er angibt, der Täter sei wahrscheinlich Araber.

Während in den Krimis mit nichtjüdischen Ermittler_innen-Figuren diese die ‚Türöffner' für das deutsche nichtjüdische Publikum sind, die die Zuschauer_innen an die Hand nehmen, um die jüdischen Lebenswelten kennen zu lernen, sind es im Falle der Israel-Krimis also bekannte Themen, die einen (einfacheren) Einstieg in innerisraelische Fragen ermöglichen sollen.

5. „You don't know who I am"[246] – Kuckuckskinder (und Transformationen). Doing Jewishness?

Ging es bisher zumeist um Filmfiguren, die *eindeutig* als jüdisch dargestellt sind, sollen in diesem Kapitel mehrdeutige Figuren untersucht werden: Sie spielen mit Identitäten, tauschen bzw. wechseln Rollen, schauspielern, entdecken ihre Familiengeschichten und damit neue Teile und Aspekte ihrer Identität, durchlaufen Transformationen, sie werden jüdisch oder legen ihr Jüdischsein ab. Es geht also weniger um *Uneindeutigkeiten* in der Figurendarstellung, die die Zuschauer_innen zu der Frage anregen, ob die betreffende Figur jüdisch ist oder nicht, als vielmehr um Figuren, deren Jüdischsein oder deren Zugang zum Judentum *in Bewegung* ist, die sich im Übergang (zwischen Jüdischem und Nichtjüdischem) befinden. Die filmischen Darstellungen dieser Rollenspiele, Transformationen, Identitätswechsel und -brüche nehmen dabei sehr unterschiedliche Formen an.

Figuren, die – mag es noch so spielerisch sein – sich in einem solchen Übergang bewegen, die das zwischen dem Jüdischen und dem Nichtjüdischen Liegende verkörpern oder performativ die (imaginierte) Grenze zwischen Jüdischsein und Nichtjüdischsein überschreiten bzw. verwischen, sind für das vorhandene Verständnis von *Jewishness* von hoher Aussagekraft. Fragen, die in diesem Zusammenhang an die Filme und

245 Das Mordopfer Felix van Gelden hat drei Kinder: Nita van Gelden, seine Tochter und die jüngste der drei, hat ein Kind aus einer gescheiterten Beziehung zu einem arabischen Israeli. Das macht sie verdächtig und gleichzeitig können daran Auswirkungen des Konflikts und innergesellschaftliche Spannungen zwischen jüdischen und arabischen Israelis thematisiert werden. Gabi van Gelden, der älteste Sohn, ist homosexuell und deshalb offener Diskriminierung, auch durch die Polizei, ausgesetzt. Auch sein Vater lehnte seine Beziehung zu einem Mann ab. Theo van Gelden ist der Mörder.

246 Sagt die Figur Lena Katz zu David Fish in *Meschugge*.

die Figurenzeichnung im Falle eines *intentionalen* Rollenwechsels gestellt werden können, sind: Warum tut eine Figur als wäre sie jüdisch? Was verändert sie an sich, um als ‚jüdisch' zu gelten? Im Fall einer nichtverbalisierten, implizierten Metamorphose stellt sich hingegen die Frage, *wie* (und warum) nichtjüdische Figuren die Nähe zum Judentum und zu jüdischen Figuren suchen und welche Veränderungen sie (in ihrer Gestaltung) dadurch erfahren. Betrifft der Wechsel die Rollenbiografie, d. h. es handelt sich um eine angenommene Identität, die sich für die Figur als falsch herausstellt, stellt sich vielmehr die Frage, wie es eine Figur annimmt, wenn sie erfährt, dass sie einen jüdischen respektive nichtjüdischen Familienhintergrund hat? Welche Implikationen hat das für ihre Identität bzw. ihr Verhalten? Die grundlegenden Fragen, die sich an die Figuren mit ihren Rollenspielen, Metamorphosen und ‚angenommenen' Identitäten stellen lassen, beziehen sich zum einen darauf, wie jüdische Identität in Abgrenzung zu nichtjüdischer performt wird, und zum anderen darauf, welche Konzepte jüdischer Identität den Darstellungen zugrunde liegen (ethnische, religiöse, kulturelle).
Im ersten Teil dieses Kapitels steht der bewusste und absichtsvolle Rollen- oder Identitätswechsel im Vordergrund. Hier geht es um Figuren, die aus unterschiedlichen Motiven vorgeben oder spielen, jüdisch zu sein, wie Marc Norderstedt in *So ein Schlamassel*, Marlene Zucker in *Alles auf Zucker!* oder Nelly in *Phoenix*, die zu ihrer eigenen Doppelgängerin wird. Im zweiten Teil steht die Entdeckung einer anderen als der angenommenen Herkunft im Fokus. Exemplarisch wird der Spielfilm *Meschugge* analysiert, dessen Protagonistin feststellen muss, dass sie nicht jüdisch ist, wie sie ihr Leben lang dachte, sondern Kind eines deutschen NS-Verbrechers. Die Umkehrbewegung vollzieht *Abrahams Gold* (BRD 1989, R: Jörg Graser) mit der Figur Karl Lechner, der (plötzlich) erfährt, dass seine Mutter nicht tatsächlich seine Mutter und er Kind einer jüdischen Familie ist. Im dritten Teil werden dann Figurentransformationen untersucht, also unbewusste oder implizite Identitätswechsel, wie beispielsweise in der *Lindenstraße* oder in *Am Ende kommen Touristen*.

5.1 Spiel mit Identitäten

Als einer anderen sozialen, kulturellen oder ethnischen Gruppe zugehörig durchzugehen oder zu *passieren* wird – ursprünglich angewendet auf den afroamerikanischen Kontext und das Schwarz- bzw. Weißsein –, als *Passing* bezeichnet. Der Begriff des Passings findet aber auch Verwendung bezüglich anderer gesellschaftlich als *essentiell* angenommener Aspekte von Identitäten (Klasse, Ethnizität, Sexualität, Gender):[247]

> As the term metaphorically implies, such an individual crossed or passed through a racial line or boundary – indeed *trespassed* – to assume a new identity, escaping the subordination and oppression accompanying one identity and accessing the privileges and status of the other. [...] And although the cultural logic of passing suggests that passing is usually motivated by a desire to shed the identity of an oppressed group to gain access to social and economic opportunities, the rationale for passing may be more or less complex or ambiguous and motivated by other kinds of perceived rewards.[248]

247 Elaine K. Ginsberg: Introduction. The Politics of Passing. In: Dies. (Hrsg.): *Passing and the Fictions of Identity*. Durham: Duke UP 1996, S. 1–18, hier S. 3.
248 Ebd.

In den hier thematisierten filmischen Darstellungen von Identitätswechseln geht es – zumindest zum Teil – auch um Passing: um das Passing als jüdisch bzw. nichtjüdisch.
Historisch betrachtet ist das Passing als nichtjüdisch, also die Variante des Rollentauschs im Sinne eines Versteckens der jüdischen Identität, vor dem Hintergrund antisemitischer Ausgrenzung und tödlicher Verfolgung während des Nationalsozialismus wohl häufiger gewesen als das Vortäuschen einer jüdischen Identität. Diese Notwendigkeit (das eigene Jüdischsein zu verbergen) scheint in Filmen, deren Erzählzeit nach 1945 spielt, nicht mehr relevant. Eine Ausnahme findet sich in *Neues Deutschland: Ohne mich*: Der Jude Simon Rosenthal (Dani Levy) versucht, sein Jüdischsein zu verbergen, als er von Neonazis in der U-Bahn gefragt wird, ob er Jude sei – er antwortet: „Nee, ich ... ich bin Deutscher."[249] Seinem neuen – ebenfalls neonazistischen – Nachbarn gegenüber gibt er sich als Simon Krause aus.
In Filmen, die *während* des Nationalsozialismus spielen, ist nicht nur das Verbergen jüdischer Identität ein häufiges Motiv, sondern auch der Rollentausch, durch den jüdische Figuren zu Nazis werden und umgekehrt.[250] Auffällig ist, dass dabei die Verwandlungen häufig lediglich durch Kleidungs- und Habituswechsel geschehen, so beispielsweise auch in *Hitlerjunge Salomon* (BRD/PL/FR 1989, R: Agnieszka Holland). Dass hier nur sprachliche, vestimäre und onomastische Veränderungen für ein erfolgreiches Passing notwendig sind, weist antisemitische Vorurteile von einer ‚jüdischen Physiognomie' oder dem *anderen* Aussehen von Jüdinnen und Juden zurück. Filme wie *Zwartboek* (*Black Book,* NL 2006, R: Paul Verhoeven) bilden hierzu eine Ausnahme und inszenieren die Verwandlung ihrer jüdischen Figuren durch die Veränderung *äußerer* Merkmale, wie in diesem Beispiel das Färben von Haaren und Schamhaaren, als eine tatsächliche physische Verwandlung.[251] Das Vorgeben einer jüdischen Identität im zeitlichen Kontext des NS, d. h. in Filmen, die während des NS spielen, taucht weit seltener auf.[252]

249 Hier taucht die vermeintliche Dichotomie deutsch – jüdisch auf, wobei diese Verwendung von Deutschsein als Jüdischsein entgegengesetzt auch als Verweis auf die Neonazi-Terminologie gelesen werden kann, da Simon Rosenthal dem Neonazi, als dieser sagt: „Dich bringen wir jetzt nach Auschwitz", antwortet: „Aber Auschwitz ist doch eine Lüge."

250 Derartiger Rollentausch hat eine lange filmische Tradition und wird in unterschiedlichen Variationen aufgegriffen und reaktualisiert. Um die Nennung von *To Be or Not to Be* (*Sein oder Nichtsein*, USA 1942, R: Ernst Lubitsch) und *The Great Dictator* (*Der große Diktator*, USA 1940, R: Charles Chaplin), die als früheste und wahrscheinlich bekannteste Beispiele gelten können, kommt man in diesem thematischen Zusammenhang nicht herum. Die Maskerade, das Ablegen vermeintlich jüdischer Attribute bzw. Ersetzen jüdischer Attribute durch deutsche/nazistische bietet die Vorlage für Satire und Persiflage: So etwa in *Train de vie* (*Zug des Lebens*, FR/BG/NL/IL/RU 1998, R: Radu Mihaileanu), *Goebbels und Geduldig* (BRD 2002, R: Kai Wessel) oder *Mein bester Feind* (AT/ LUX 2011, R: Wolfgang Murnberger).

251 Damit, dass die Jüdin Rachel Weiss in *Zwartboek* sich die dunklen Haare blond färbt, um das Passing als nichtjüdische Niederländerin Ellis de Fries zu ermöglichen, und dann von dem hochrangigen Nazi Ludwig Müntze an ihrem dunklen Haaransatz als Jüdin enttarnt wird, entwickelt der Film eine Erzählung davon, dass Jüdinnen *tatsächlich* anders aussähen und als solche erkennbar seien.

252 Beispiele hierfür wären der explizite Identitätswechsel in dem DEFA-Film *Die Schauspielerin* (DDR 1988, R: Siegfried Kühn) – auch hier mit einer Veränderung der Haarfarbe einhergehend – oder der versehentliche und implizite Identitätswechsel wie in der britischen Jugendbuchverfilmung *The Boy in the*

Zum hier untersuchten Filmkorpus, den Filmen, die nach 1945 spielen, zurückkommend, fällt die umgekehrte Bewegung auf: das Vortäuschen jüdischer Identität als häufigster Identitätswechsel von Figuren. Situationen, in denen Jüdinnen und Juden ihr Jüdischsein verbergen (müssen), werden filmisch hingegen nicht thematisiert. Damit scheint Diskriminierung und Angst vor Diskriminierung klar der Zeit des Nationalsozialismus zugeordnet und von der Zeit nach 1945 abgegrenzt.
Nike Thurn beobachtet für die Literatur, dass die Anzahl literarischer Figuren mit einer ‚angenommenen' jüdischen Identität nach 1945 deutlich zunehme.[253] Jüdische Identität werde in der Literatur von einer verfolgten zu einer begehrenswerten, oft motiviert durch den „angestrebte[n] Wechsel von einer Täter- zu einer Opferbiographie"[254]. Diese Veränderung kann mit dem von Frank Stern beschriebenen Umbruch durch den verordneten Philosemitismus in der Nachkriegszeit in Zusammenhang gebracht werden.[255] Mit der – zumindest öffentlich bekundeten – positiven Bezugnahme auf alles Jüdische wurde Jüdischsein ‚begehrenswert'[256] für nichtjüdische Deutsche. Die Identifizierung mit ‚dem Jüdischen' und damit den jüdischen Opfern befreite diese von jeglichem Zweifel bezüglich der eigenen Rolle im Nationalsozialismus.
Das Vortäuschen jüdischer Identität taucht in den hier diskutierten Filmen in drei unterschiedlichen Kontexten auf:

Erstens: Im Zusammenhang mit Nazi-Täter_innen und NS-Vergangenheit: Max Weiss, der Großvater der weiblichen Hauptfigur Lena Katz in *Meschugge*, nimmt 1945 – wie schon Max Schulz in Edgar Hilsenraths Roman *Der Nazi und der Friseur* von 1971[257] – die jüdische Identität eines Ermordeten an und gibt sich als KZ-Überlebender aus, um seine Täterschaft zu vertuschen und der juristischen Verfolgung seiner Verbrechen zu entgehen. Ein solch kriminalistischer Beweggrund wie bei der Figur Max Weiss/Goldberg, der sich eine Nummer in den Arm tätowiert, um sich glaubhaft als Überlebender

Striped Pyjamas (*Der Junge im gestreiften Pyjama*, GB 2008, R: Mark Herman) oder dem Kurzfilm *Spielzeugland* (BRD 2007, R: Jochen Alexander Freydank). Es wird häufig eher thematisiert, zum Opfer zu werden und ggf. sogar an der Seite von Jüdinnen und Juden bis in den Tod zu gehen, wie in *Ehe im Schatten* (DE Ost 1947, R: Kurt Maetzig), *In Jenen Tagen* (DE West 1947, R: Helmut Käutner), *Zwischen Gestern und Morgen* (1947) oder *Rosenstraße* (BRD/NL 2003, R: Margarethe von Trotta). Dadurch findet zwar kein tatsächliches *Jüdischwerden* statt, doch die Figuren werden *mit* ‚den Juden' und *wie* ‚die Juden' zu Opfern, worin ebenfalls eine Art Rollentausch gesehen werden kann.

253 Nike Thurn: Falschmünzer und Findelkinder. Fingierte jüdische Identitäten in der Literatur – ein Desiderat der literaturwissenschaftlichen Antisemitismusforschung? In: *Medaon – Magazin für jüdisches Leben in Forschung und Bildung* 5,8 (2011), S. 1–6. http://medaon.de/pdf/A_Thurn-8-2011.pdf (Zugriff am 16.03.2013).

254 Ebd., S. 3.

255 Vgl. Stern: *Im Anfang war Auschwitz.*

256 Die sexuelle Konnotation des begehrenswerten Jüdischen wird in Kap. VI.6 aufgegriffen, in dem die Figurenkonstellation der jüdisch-nichtjüdischen Liebesbeziehung im Fokus steht.

257 Edgar Hilsenraths *Der Nazi und der Friseur* erschien, nachdem kein deutscher Verlag für die Publikation gefunden wurde, 1977 in den USA auf Englisch und erst sechs Jahre später auf Deutsch. Er erzählt die Geschichte des Nazis Max Schulz, der nach Ende des Zweiten Weltkriegs die Identität des Juden Itzig Finkelstein annimmt und, um der Verfolgung zu entgehen, nach Israel emigriert.

auszugeben,[258] findet sich auch in *Epsteins Nacht*. Der ehemalige KZ-Aufseher Giesser (Günter Lamprecht) gibt sich dort als Opfer aus und übernimmt die (nichtjüdische) Identität des im Konzentrationslager ermordeten Pfarrers Groll. Das Passing (im ersten Fall als jüdisches, im zweiten als nichtjüdisches Opfer) ist hier an eine plausible Opferbiografie gebunden: Sowohl Giesser in *Epsteins Nacht* als auch Weiss in *Meschugge* nehmen die *konkrete* Identität eines Ermordeten an, den sie persönlich kannten.
Die Übernahme oder die Fälschung einer jüdischen Identität aus einer kriminellen Motivation, durch welche Nazi-Täter_innen zu (jüdischen) Opfern werden, mag ein Extremfall sein. Doch „U-Boot-Existenzen“[259], d.h. Täter_innen, die nach dem Ende des Nationalsozialismus unter falscher Identität weiterlebten – und sich damit der eigenen Täterbiografie entledigten – waren sicherlich nicht selten.[260] Von einer pathologischen Motivation des Identitätswechsels und der *unbewussten* Übernahme einer Opferbiografie wie im Fall Bruno Dössekker alias Benjamin Wilkomirski[261] gibt es im westdeutschen Spielfilm keine Darstellungen.
Doch es muss nicht zwangsläufig um das Verbergen der eigenen Nazi-Täterschaft gehen, wie es in den genannten Filmen der Fall ist, sondern es kann auch lediglich der Wechsel von einem abstrakteren ‚Täterkollektiv‘ zum ‚Opferkollektiv‘ angestrebt werden: „Während vor der Shoah mit dem Fingieren einer jüdischen Identität die Assimilation an einen minoritären Status verhandelt wird, ist es nach dieser Zäsur [...] die an einen auratisierten Opferstatus“[262], stellt Thurn für die Literatur fest. Dieser Wechsel wird filmisch eher durch implizite Figurentransformationen oder Opferidentifizierungen dargestellt (vgl. Kap. 5.3 und 6) denn durch angenommene jüdische Identitäten.

Zweitens: Das Vortäuschen jüdischer Identität taucht als eine humoristische Darstellung im Sinne einer Verwechslungskomödie auf: So geben in *Alles auf Zucker!*, *So ein Schlamassel* und *Herbe Mischung* die nichtjüdischen Partner vor, jüdisch zu sein, um die jüdische Community zu täuschen. Das Passing als jeweils *Anderer*, d.h. vor Nichtjuden und Nichtjüdinnen als jüdisch zu bestehen oder vor Jüdinnen und Juden als nichtjüdisch oder auch als Nazi, wäre wahrscheinlich einfacher, weil es bedeutet, den Stereotypen der jeweiligen Gruppe zu entsprechen, wie es in *Ein ganz normaler Fall* geschieht, wenn Franz Leitmayr dem Staatsanwalt gegenüber eine jüdische Herkunft mit dem Verweis auf seine Großmutter andeutet, die Rebecca geheißen habe.

258 Zur zentralen Bedeutung der tätowierten Häftlingsnummer für die Darstellung Überlebender vgl. Kap. II.2.3.

259 Assmann: *Der lange Schatten der Vergangenheit*, S. 142.

260 Der Fall Hans Ernst Schneider/Hans Schwerte kann hierfür als prominentes Beispiel gelten, vgl. ebd., S. 141–144.

261 Zum Fall Bruno Dösseker, der als Binjamin Wilkomirski seine Autobiografie veröffentlichte, vgl. Irene Diekman/Julius H. Schoeps (Hrsg.): *Das Wilkomirski-Syndrom. Eingebildete Erinnerungen oder Von der Sehnsucht, Opfer zu sein*. Zürich: Pendo 2002.

262 Thurn: Falschmünzer und Findelkinder, S. 2. Zur Aura des Opfers vgl. außerdem Aleida Assmann: *Der lange Schatten der Vergangenheit*, S. 80–81. Sie beschreibt, dass das „Traumatische zu einem positiven kulturellen Wert und sozialen Status“ (ebd., S. 80) geworden sei. Auf der leidvollen Opfererfahrung können positive Selbstbilder und kollektive Identitäten errichtet werden, denen aber kein ebenso klares und identitätsbildendes Tätergedächtnis gegenüberstehe (ebd., S. 81 f.).

In *Alles auf Zucker!* geht es darum, korrekt *Schiwa* zu sitzen, also die religiöse, siebentägige Trauerzeit einzuhalten, um das Erbe der verstorbenen Mutter antreten zu können. Die Familie Zucker muss, inklusive der nichtjüdischen Mutter und Ehefrau Marlene (Hannelore Elsner), *vorgeben*, ein (traditionelles) jüdisches Leben zu führen. Dagegen entscheidet Jil Grüngras (Natalia Avelon) in *So ein Schlamassel*, ihren nichtjüdischen Freund Marc Norderstedt (Johannes Zirner) vor ihrer Familie als Juden auszugeben, weil diese einen nichtjüdischen Partner an ihrer Seite nicht akzeptieren würde.
Im ersten Film muss primär religiöses Wissen gelernt und der Haushalt koscher gemacht werden, was für die nichtjüdische Marlene ebenso viel Neues bedeutet wie für ihren jüdischen Ehemann Jaeckie (Henry Hübchen), der mit „dem jüdischen Club" nichts zu tun hat. (Jüdischsein nach jüdischer Definition und jüdisches Leben werden hier als nicht zwangsläufig zusammenhängend beschrieben.) In *So ein Schlamassel* hingegen ‚judaisiert' Jil den Namen ihres Freundes und nennt ihn Jonathan Rosenzweig. Überdies bereitet ihre Freundin Zippi (Cornelia Saborowski) ihn auf den Kiddusch mit Jils Familie vor. Hier wird nicht nur religiöses Wissen als notwendig für das Passing betrachtet, sondern auch kulturelles Wissen wird als wichtig dargestellt, wenn Marc/Jonathan jiddische Wörter wie *Goi* oder *Potz* nicht versteht.
In *Russendisko* gibt sich der russische Einwanderer Mischa (Friedrich Mücke) vor dem Rabbi als jüdisch aus, weil er so eine Aufenthaltsgenehmigung bekommen kann.[263] Auch hier wird religiöses Wissen gelehrt, diesmal von seinem jüdischen Freund Wladimir (Matthias Schweighöfer) und dessen Vater (Rainer Bock). Wladimir und der ebenfalls jüdische Freund Andrej (Christian Friedel) ermutigen ihn auf dem Weg zum Rabbiner, er sei ihr „Premiumjude", ihr „Jahrhundertjude". Die Hilfe von jüdischer Seite bei der ‚Verwandlung' – die in den genannten drei Fällen diese auch initiiert – legitimiert es, in eine jüdische Rolle zu schlüpfen, und ermöglicht so die humoristische Darstellung, ohne die Figuren (als opportunistisch) zu degradieren.
Geben sich Figuren ohne diese ‚jüdische Autorisierung' als jüdisch aus, so wird ihr Verhalten als opportunistisch gezeigt, wie in *Der Passagier*: Hier gibt sich ein Schauspieler als Jude und Shoah-Überlebender aus, um dadurch eine jüdische Rolle (in einem Film) zu bekommen. Während sich der Schauspieler hier erhofft, der Regisseur möge glauben, er könne als Jude authentischer einen Juden spielen, was auf die Problematik von Rollenbesetzungen verweist, versprechen sich die meisten Figuren, die sich nach 1945 als Juden ausgeben, Vorteile von der Zugehörigkeit zur Opfergemeinschaft und deren Opferstatus, wie in den erstgenannten Beispielen.
Die vermeintlichen, angenommenen Vorzüge des Jüdischseins in Deutschland nach 1945, der sog. „Juden-Bonus"[264], werden auch ‚echten' jüdischen Figuren zugeschrieben und lassen sich anhand von Szenen beispielsweise aus *Zores* und *Alles auf Zucker!* konkretisieren. In diesen fingieren die jüdischen Protagonist_innen (gegenüber

263 Zur rechtlichen Situation jüdischer ‚Kontingentflüchtlinge' vgl. Gorelik / Weiss: Die russisch-jüdische Zuwanderung, S. 379–418.
264 Beispielsweise Gorelik: „Sie können aber gut deutsch!", S. 65.

nichtjüdischen Deutschen) antisemitische Diskriminierung, um sich Vorteile zu sichern. Konkret beinhalten diese angenommenen ‚Vorteile' zweierlei: erstens, die Vorstellung, Juden und Jüdinnen bevorzugten sich untereinander, weshalb es von Vorteil sein könne, dazuzugehören. Als antisemitische Zuschreibung wird das in *Schalom meine Liebe* offengelegt, wenn der Vermieter von Kuba Rosenbaum auf dessen Einwand, er könne die Mieterhöhung nicht zahlen, fragt, ob es denn keine Solidarität unter „Ihren Leuten" gäbe. Zweitens die Annahme, dass nichtjüdische Deutsche vorsichtig (bis philosemitisch) mit Jüdinnen und Juden umgingen, weil sie nicht unter Antisemitismusverdacht geraten wollen, was als angenehm und möglicherweise vorteilhaft imaginiert wird.

In allen drei erwähnten Beispielen (*Alles auf Zucker!*, *So ein Schlamassel*, *Russendisko*) vollzieht sich der Identitätswechsel oder Rollentausch *ohne* optische Veränderung – mit Ausnahme der Beschneidung als physisch eindeutigem Merkmal: In *So ein Schlamassel* fliegt die Maskerade auf, weil der dreizehnjährige Ruven (David und Ben Orthen) auf der Toilette entdeckt, dass Marcs/Jonathans Vater (August Zirner) nicht beschnitten ist. In *Russendisko* lässt Mischa sich beschneiden, um glaubwürdig als Jude gelten zu können. Die Beschneidung des männlich-jüdischen Körpers erscheint hier als einziges eindeutiges, sichtbares Erkennungsmerkmal von Juden.[265]

Eine besondere Form nimmt die Verwandlung in *Phoenix* an: Hier wird Nelly auf Betreiben ihres früheren Ehemanns Johnny zu ihrer eigenen Doppelgängerin. Diese Verwandlung wird aber weniger als die zu einer Jüdin gezeigt als vielmehr in einer doppelten Bewegung zur früheren Nelly und gleichzeitig zu einer Holocaustüberlebenden – beides ist sie, doch es muss nach Johnnys Vorstellungen sichtbar werden. Die äußerliche Verwandlung geschieht also entlang Johnnys Erinnerungen, der Nelly Kleider, Schuhe und Strümpfe besorgt, ihr aufträgt sich die Haare zu färben und erklärt, wie sie sich zu schminken habe. Die andere Verwandlung geschieht entlang *seiner* Annahmen über die Gruppe, vor der sie als Überlebende *passieren* muss: Da diese nichts wissen wolle von Lagern, reiche eine kleine Narbe am Unterarm mit dem Hinweis, sie habe sich die Nummer herausgeschnitten, und keiner würde mehr nachfragen. Auf Nellys

265 Die Beschneidung als zentrales Differenz-Merkmal dürfte möglicherweise nach der öffentlichen Debatte um Vertretbarkeit und Legalität der Beschneidung von männlichen Säuglingen 2012, ausgelöst durch ein Urteil des Kölner Landgerichts im Mai 2012, weniger unbeschwert verwendet werden. Nach Alfred Bodenheimer hat die ‚Beschneidungsdebatte' von 2012 den deutschen Blick auf das Fremde offengelegt, vor allem aber gezeigt, dass Juden wieder fremder würden. Die geschockten Reaktionen auf jüdischer Seite führt er darauf zurück, dass deutsche Jüdinnen und Juden es nicht gewohnt gewesen seien, zu den Fremden gezählt zu werden, nachdem die Betonung einer „christlich-jüdischen Leitkultur" vor allem der Abgrenzung von den Muslimen gegolten hatte. Nun gehörten ‚die Juden' in der öffentlichen Debatte zusammen mit ‚den Muslimen' zu einer „an atavistisch-archaischen Normen orientierten Minderheit, fern der jüdisch-christlichen Leitkultur." (Bodenheimer: *Haut ab!*, S. 17.) Bodenheimer beschreibt die Debatte weiterhin als „Diskurswende", welche einen Prozess markiere, innerhalb dessen jüdische Existenz Stück für Stück ihrer intrinsischen Legitimation in Europa beraubt werde, die nach 1945 mühsam aufgebaut worden sei (ebd., S. 21–22). Für den Einsatz im Film als Kodierung von Jewishness und Markierung von Differenz zur nichtjüdischen männlichen Figur kann die Beschneidung nach 2012 damit durchaus eine andere Konnotation erhalten und gerade für eine humoristisch-folkloristische Darstellung unbrauchbar werden, wobei davon ausgegangen werden kann, dass das Beschnittensein weniger problematische Assoziationen hervorruft als die Beschneidungszeremonie Neugeborener.

Einwand, ob das denn jemand glauben würde, wenn sie geschminkt, im roten Kleid und mit Schuhen aus Paris mit dem Zug aus dem Lager komme, antwortet Johnny, keiner würde etwas zu tun haben wollen mit den Heimkehrern und Versehrten, Nelly sollten die Freunde anschauen und sagen: „Sie lebt, sie hat's geschafft, sie ist zurück, sie freut sich, sie hat ein luftiges Kleid angezogen und wunderbare Schuhe, weil sie sich freut." Die Verwandlung muss an den Sehnsüchten der Freunde orientiert sein, damit sie gelingt. Die stark an *Vertigo* (USA 1958, R: Alfred Hitchcock) orientierte Verwandlung Nellys wird in *Phoenix* aus der Perspektive der Frau und als die Suche einer Frau nach sich selbst – das frühere Selbst ist nicht mehr da – sowie die Suche nach ihrem Mann und seinen inneren Motiven, dessen Nichterkennen ein Nichterkennenwollen ist, gezeigt.

Drittens: Der Rollenwechsel taucht als professionelles Spiel auf, also als schauspielerische Performanz in Film-im-Film-Handlungen, wie beispielsweise in *Der Passagier, Bronsteins Kinder, Gebürtig* oder *Rubbeldiekatz*. Hier schlüpfen Figuren als *Schauspieler_innen* zeitweise in jüdische Rollen. Anhand von Castingszenen wird thematisiert, welche Vorstellungen von *Jewishness* vorherrschen (*Der Passagier, Bronsteins Kinder, Gebürtig*), anhand von Maske, Kostümierung und dem Spiel der Figuren als Jüdinnen und Juden wird sichtbar gemacht, was für ‚jüdisch' gehalten wird.

In allen drei Varianten, in denen der bewusste, willentliche Rollenwechsel, also das *Fingieren* einer jüdischen Identität, auftaucht, werden die vorhandenen Vorstellungen davon, was Jüdischsein ausmache, sichtbar. Einige Filme nutzen die Verwandlung der Figuren, um Stereotype aufzudecken, auszustellen und zu kritisieren, indem sie diese in ihrer Absurdität herausstellen (*Gebürtig, Bronsteins Kinder, Alles auf Zucker!*). Andere thematisieren die Koordinaten des Rollentauschs nicht explizit und setzen den Tausch nicht in Zusammenhang mit Stereotypen und Vorurteilen (*So ein Schlamassel, Russendisko*).

Darüber hinaus unterscheidet sich die Art und Weise der Verwandlungen je nachdem, vor *wem* das Passing als Jude oder Jüdin gelingen soll: Ist das Verbergen der eigenen Nazitäterschaft hinter einer angenommenen jüdischen Identität das Ziel, wie in *Meschugge*, dann muss die Figur in erster Linie vor der nichtjüdischen deutschen Mehrheitsgesellschaft als jüdisch (für) wahr-genommen werden. Hier reicht eine plausible Überlebendenbiografie und eine tätowierte Häftlingsnummer. Will die Figur vor Jüdinnen und Juden als jüdisch gelten, wird ein deutlich folkloristischeres Bild von Judentum veranschlagt: Religiöses und kulturelles Wissen scheint ebenso von Nöten wie Verständnis jiddischer Sprache, Kenntnis des Essens und jüdischer Witze.

5.2 *Entdecken der eigenen Identität:* Meschugge

Das Entdecken oder Aufdecken der Familiengeschichte, das einen Zusammenbruch der eigenen Identität, des eigenen Selbstverständnisses bedeuten kann, wenn die Entdeckung denn aufgedeckt bleibt und nicht wieder *ver*deckt wird, ist ein Motiv bei Figuren der nachgeborenen Generation. Sie definieren sich über ihre (vermeintliche)

Herkunft und müssen dann aufgrund spezifischer Ereignisse feststellen, dass ihre Familiengeschichte oder familiäre Herkunft eine andere ist als angenommen. In der filmischen Darstellung lässt sich eine solche Entdeckung besonders spannend an den Filmfiguren nachvollziehen: Sie vereinen zwei Identitäten, die (fälschlicherweise) angenommene und die neu entdeckte, ‚wahre' Identität. Zwischen beiden gibt es einen Moment der Entdeckung, einen Wendepunkt. Da es sich bei den Figuren aber nicht um reale Menschen, sondern um fiktive Konstruktionen handelt, ist dieser Wendepunkt bei der Ausgestaltung der Figur von vornherein bekannt, was Kontinuitäten und Brüche in der Gestaltung entstehen lässt: Einerseits können bereits (vor der Entdeckung) Hinweise angelegt sein, die auf die ‚wahre' Identität verweisen, so dass diese für die Zuschauer_innen retrospektiv nachvollziehbar wird. Gleichzeitig muss die Figur auch vor der Entdeckung glaubwürdig die (von ihr) ‚angenommene' Rolle verkörpern. Andererseits kann der Wendepunkt auch durch tiefgreifende Veränderungen der Figur in Haltung, Habitus etc. davor und danach betont werden, was auf zugrunde liegende essentialistische Paradigmen verweist bzw. verweisen kann. Gerade mit diesen Kontinuitäten und Veränderungen, die die Figuren aufweisen und die zentral für deren Bedeutung sind, geben diese Figuren Einblick in die zugrunde liegenden Konzepte von Jüdischsein. Es ist das Ausmaß und die Art und Weise, in der sich die jüdische Figurenidentität durch die Entdeckung ändert, sowie das Bezogensein des ‚Vorher' und ‚Nachher', das im Zentrum des Interesses der Analyse steht.

Der 1998 von Dani Levy nach einem Drehbuch von ihm und Maria Schrader gedrehte Spielfilm *Meschugge* erzählt die Geschichte von David Fish (Dani Levy) und Lena Katz (Maria Schrader), die sich auf die Suche nach ihren jeweiligen Familiengeschichten machen. Sie lernen sich in New York kennen, nachdem Lena Davids Mutter Ruth schwerverletzt in einem Hotelflur gefunden hat. Ruth stirbt an ihren Verletzungen. Später machen sich David und Lena mit Hilfe des zwielichtigen jüdischen Anwalts Charles Kaminski (David Strathairn) auf die Suche, was mit Davids Mutter wirklich passierte und wie Davids und Lenas Familiengeschichten zusammenhängen. Die Suche führt sie nach Deutschland, wo sie herausfinden, dass Lenas Großvater KZ-Aufseher in Treblinka war und eigentlich Max Weiss heißt. Er nahm die Identität des Vaters der deportierten Familie Goldberg (Davids Familie) an, um seine Täterschaft zu verbergen. Lenas Mutter Anna Weiss/Ruth Goldberg schwieg ihr Leben lang dazu und deckte damit den Vater. Sie erschießt sich nach ihrem Geständnis David gegenüber am Ende des Films. Lena stellt sich der Schuld ihres Großvaters insofern, als sie ihn der Justiz übergibt. David und sie bleiben, ‚obwohl' er nun weiß, dass sie keine Jüdin ist, ein Paar.

Die Hauptfiguren David und Lena gehören der dritten Generation an und haben sich beide von etwas losgesagt: David von der orthodox jüdischen Lebensweise seiner Familie, was ihn von seinen Geschwistern trennt und mitunter zu Spannungen führt, Lena von Deutschland, das sie verlässt, weil sie dort nicht leben kann und will. Doch beide müssen erkennen, dass die Bindungen, die sie abgelegt zu haben glauben, sie nicht so schnell loslassen, um sie dann am Ende des Films (doch) zu überwinden: David beginnt nach dem Tod seiner Mutter, nachts zu beten, und Lena findet heraus, dass ihre Familiengeschichte mit Deutschland eng verbunden und eine deutsche Tätergeschichte ist. Programmatisch für *Meschugge* ist, dass Lena und David dieses Verhaftetsein am Ende des Films überwinden, wenn sie allen Widrigkeiten zum Trotz ein Paar bleiben. Diese Gleichzeitigkeit von Auseinandersetzung *mit*, aber nicht mehr Gebundensein *an* die eigene Familiengeschichte zeigt *Meschugge* als Privileg der dritten Generation, für deren Freiheit Opfer gebracht werden müssen: Davids Mutter Ruth stirbt durch einen in einer Art Handgemenge entstanden Unfall und Lenas Mutter begeht Suizid, so die Schuld, die der Großvater von sich weist, auf sich nehmend. Damit ist der Weg für Davids und Lenas Liebesbeziehung – *trotz alledem* – frei.

Die Figur Lena Katz

Für das Motiv des Aufdeckens der eigenen Identität ist besonders die Figur der Lena interessant. Sie wird als Figur eingeführt, die sich leidenschaftlich mit den Opfern bzw. der Opferseite identifiziert. Nach dem Brand der Fabrik ihres Großvaters, der zu Anfang der Handlung von Neonazis gelegt wurde, reist sie nach Deutschland, wo sie den lokalen Politiker_innen gegenüber sehr konfrontativ auftritt. Es ist ihre Mutter, die sie bremst und ihr sagt, sie solle sich nicht aufführen wie ein „wildgewordener Teenager". Zurück in New York reagiert sie auf das Feuer als Teil des Setdesigns eines Fotoshootings sensibilisiert und findet es nun vor dem Hintergrund des Brandanschlags geschmacklos. Darüber hinaus wird angedeutet, dass sie nicht in Deutschland leben will.

Trotz der starken ‚Opferidentifizierung' (bzw. ihres Zugangs zu ihrem Jüdischsein durch eine Identifizierung mit den jüdischen Opfern) tauchen von Anfang an Zweifel an ihrem Jüdischsein auf, die wiederholt (von anderen jüdischen Figuren) geäußert werden, vor allem aufgrund ihres Äußeren. Sie reagiert vehement darauf, Jüdischsein spielt für ihr Selbstverständnis, obwohl nicht religiös, eine zentrale Rolle. Und so trägt sie deutlich sichtbar eine Halskette mit Davidsstern, die jeden Zweifel ausräumen soll. Diese wird zum Symbol für Lenas ‚jüdische' Identität.

Auch der Figurenname gibt den Zweifeln an ihrer Identität Nahrung und nimmt die spätere Entdeckung ihrer Herkunft bereits vorweg: Mit dem Nachnamen Katz wird sie zwar eindeutig als jüdisch gekennzeichnet, der Vorname Lena, nah am jüdischen Lea, kann jedoch als Irritationsmoment gedeutet werden und damit als (erster) Verweis auf eine Unstimmigkeit in ihrer jüdischen Identität. Der erste, der sie auf ihre „schickse nose" anspricht, ist Charles Kaminski. Er fragt sie zunächst, ob Katz ein jüdischer Name sei. Sie antwortet, natürlich, sie sei jüdisch.[266]

Die Figur Lena wird nicht nur als eine Figur gezeigt, die sich empathisch mit Opfern und Diskriminierten identifiziert und solidarisiert, denn in diesem Sinne kann auch ihre Beziehung zu ihrem schwarzen Freund in New York gelesen werden,[267] sondern sie wird gleichzeitig als hilfsbereite und dadurch zusätzlich moralisch integre Figur

266 Auch Lenas (Katz) und Davids (Fish) Zugehörigkeit zur Täter- bzw. Opferseite deutet sich in ihren Namen, die Katze, die den Fisch frisst bzw. ihm gefährlich wird, an.

267 Seán Allan: Post-unification German-Jewish Relations and the Discourse of Victimhood in Dani Levy's Films. In: Paul Cooke / Marc Silberman (Hrsg.): *Screening War. Perspectives on German Suffering.* Rochester: Camden House 2010, S. 251–267, hier S. 254.

charakterisiert: Sie findet Davids Mutter und hilft ihr. Ebenso versucht sie zunächst reflexhaft, ihrer eigenen Mutter zu helfen und zu der Verschleierung der Nazivergangenheit ihrer Familie beizutragen, als diese ihr am Telefon sagt, sie könne so nicht leben. In dem verzweifelten Versuch, ihre Mutter zu schützen, bricht sie nachts in Charles Kaminskis Kanzlei ein, bei der diese abbrennt und sie Kaminski ohnmächtig zurücklässt. Trotz dieser Verbundenheit mit ihrer Mutter und deren bereits angedrohtem Suizid entscheidet sich Lena schlussendlich dafür, zusammen mit David die Wahrheit über ihre Familie herauszufinden, diese zu konfrontieren und sie durch die deutsche Justiz zur Rechenschaft ziehen zu lassen.

Lena wird – trotz ihrer zeitweisen Unsicherheit, was richtig sei – als moralisch und ‚aufrecht' charakterisiert. Dies geschieht in Teilen auch in Abgrenzung zu der ansonsten ebenfalls positiv dargestellten zweiten Hauptfigur David: Er ist es, der keine Zeit hat, seine Mutter zu dem Treffen mit Lenas Mutter zu begleiten, bei dem sie dann stirbt. Er geht nicht ans Telefon, wenn sie ihn anruft, und nimmt ihre Sorgen nicht ernst. Somit wird er, so wird es in der Montage einer Szene dargestellt, die im Folgenden genauer beschrieben werden soll, mitschuldig am Tod seiner Mutter, den er – im Gegensatz zu Lena, die alles versucht, um das Leben seiner Mutter Ruth zu retten – zumindest hätte verhindern können.

Während der Beerdigungsfeier gehen David und Lena hinaus auf die Dachterrasse: Sie sind in der Dämmerung auf der Terrasse zu sehen, im Vordergrund eine halb abgerissene Happy-Birthday-Girlande. Sie war für die Geburtstagsfeier von Davids Mutter gedacht, zu der es nicht mehr kam, weil sie im Streit mit Lenas Mutter tödlich stürzte. Den Hintergrund bildet die Skyline von Manhattan. David lehnt am Geländer. Lena hört die Mailbox seines Handys ab, auf der seine Mutter ihn bittet, sein Meeting zu verschieben und sie zu der Verabredung zu begleiten, sie habe Angst, die Frau alleine zu treffen. Lena legt auf, lässt das Handy in Davids Jackentasche gleiten und fragt, ob er seine Mutter zurückgerufen habe. Er schüttelt den Kopf und verneint. Die dramatisierende Musik im Hintergrund wird lauter. Er habe versucht, seine Termine zu verschieben. Er sucht nach Worten, er sei einfach zu beschäftigt gewesen. Er blinzelt schneller und sagt, er habe keine Zeit für seine Mutter gehabt. Lena wendet sich ihm mehr zu. Er schluchzt. Er hatte einfach keine Zeit für sie. Lena legt David die Hand auf den Arm, hält seine Hände. Er weint und sie nimmt sein Gesicht in die Hände, so dass sie nun mit dem Rücken zu Kamera steht. Auf eine Weißblende folgt eine subjektive Kameraperspektive auf den Hotelflur und wieder eine Weißblende. Davids Mutter am Boden liegend. Weißblende. Lena und David sind nun in einer amerikanischen Einstellung auf dem Dach zu sehen, Lena steht immer noch mit dem Rücken zu Kamera. Es regnet inzwischen, ihre Kleider sind nass. David weint, sie umarmt ihn. Es ist Blaulicht zu hören. Weißblende. Subjektive Perspektive aus dem Krankenwagen. Das Gesicht von Davids Mutter mit Sauerstoffmaske auf der Liege im Krankenwagen. Weißblende. Lena und David sind jetzt im Profil auf dem Dach zu sehen, sie stehen einander zugewandt, es regnet. Weißblende. David ist zu sehen, wie er mit seiner Schwester und deren Mann ins Krankenhaus kommt, man hört ihn sagen „We're looking for Mrs Fish." Weißblende. Man sieht eine verschwommene Polizeimarke und das Gesicht eines Polizisten dahinter. David und Lena auf dem Dach: inzwischen sind sie vollständig nass. Er versucht, sie zu küssen, sie entzieht sich ihm, nein, nein, sie habe einen Freund. Weißblende. Davids Gesicht in Großaufnahme im Krankenhaus, wie er sich müde die Augen reibt. Lenas Mutter am Flughafen, wie sie zusammenbricht, nachdem Lena ihr erzählt hat, dass die Frau, die sie im Hotel gefunden hat, gestorben ist. Wieder sieht man Lena und David auf dem Dach, sie wiederholt ihr Nein vehementer, nimmt ihre Handtasche und läuft weg. David sieht ihr zunächst nach und läuft ihr dann hinterher. Die nächste Einstellung zeigt die beiden im Treppenhaus, er ist wenige Stufen hinter ihr. Sie dreht sich um, er ruft „Lena, Lena". Man sieht sie in Großaufnahme im Profil, ihre Gesichter sind sich nah. Es ist dunkel, das Gegenlicht beleuchtet ihre Profile:

> Lena: You don't know anything about me.
> David: I don't care.
> Lena: You don't know who I am.
> David: I don't care.
>
> *Sie küssen sich, die Kamera zoomt heran.*

Der intermittierende Wechsel der Szene auf dem Dach, die zunächst primär Davids Schuldgefühle darstellt und dann Lenas subjektive Perspektive montiert, die ihre Erinnerungen daran zeigt, wie sie Davids Mutter fand und verzweifelt versuchte, ihr zu helfen, kontrastiert ihre selbstlose Hilfe mit seinem Versäumnis, was die positive Figurenzeichnung Lenas verstärkt.

Ihr Einbruch bei Kaminski wird mit Davids Vortäuschen von Kaminskis Tod[268] parallelisiert, so heben sich ihre Fehlentscheidungen auf – beide tun hier etwas, das als ‚falsch' gezeigt wird, erkennen (dann) aber ihren Fehler. Bevor Lena und David sich auf die Suche nach den Verwicklungen ihrer Familiengeschichten machen und sich vorbehaltlos aufeinander einlassen, laufen sie beide einmal in die Irre. In beiden Fällen wird Kaminski als die ‚böse' oder skrupellose Figur gezeigt: Er ist es, der Lena körperlich angreift, so dass das Feuer ausbricht, und er stiftet David gegen dessen Vorbehalte dazu an, Lena glauben zu machen, Kaminski wäre bei dem Brand umgekommen, um sie nach Deutschland zu locken.

Die genaue Nachzeichnung der Figur Lena als eine moralische, die (mit David) als die positivste Figur beschrieben wird, ist wichtig für das Ende des Films und die Aufdeckung von Lenas tatsächlicher Herkunft sowie die identitäre Umdeutung, die die Figur dadurch erfährt. Denn diese moralische Charakterzeichnung ist eine Kontinuität, sie bleibt von Lenas Familiengeschichte unberührt, und auch nachdem ihre tatsächliche Herkunft aufgedeckt ist, hat sie Bestand.

Das wäre insofern unproblematisch, wenn nicht damit, nach Lorenz' Lesart – die es noch genauer zu diskutieren gilt –, die Opfer- und Tätergruppe aufgelöst und ein Schlussstrich gezogen würde, wodurch der Holocaust also als abgeschlossene Geschichte erscheine.[269] Stuart Taberner hingegen deutet Lenas Mithilfe bei der Aufdeckung der

268 Es ist Kaminskis Idee, dass David Lena gegenüber vorgeben solle, dass Kaminski bei dem Brand ums Leben gekommen sei, um sie zu überzeugen nach Deutschland mitzukommen. David folgt diesem Vorschlag zunächst mit sichtbaren Zweifeln, erkennt dann aber, dass dem als radikal dargestellten Kaminski vor allem bezüglich der Wahl seiner Mittel nicht zu trauen ist.

269 Matthias N. Lorenz: Der Holocaust als Zitat, S. 281.

tatsächlichen Ereignisse und der Überführung ihres Großvaters an die Justiz als Erfolg in der (emotionalen) Ablösung von ihrem Großvater als Nazi-Täter: „The representation of the third generation thus manages to make the emotional break with the past of which her mother's generation was never quite capable [...]."[270] Die kleine Schwarzweiß-Fotografie von Davids und Lenas Müttern, die die beiden als Mädchen nebeneinander zeigt und das ‚deutsch-jüdische Verhältnis' vor der Shoah symbolisiert, muss demnach zerrissen bleiben, weil Lenas Mutter die Ablösung und Konfrontation mit den Verbrechen ihres Vaters nicht gelingt.

Es soll hier eine Lesart von *Meschugge* vorgeschlagen werden, nach welcher Lenas Geschichte als symbolisch für die Opferidentifizierung der in zweiter und dritter Generation nachgeborenen Deutschen[271] gedeutet werden kann: Sie muss sich der Wahrheit und ihrer individuellen Familiengeschichte[272] stellen, dass sie nicht auf Seiten der Opfer geboren wurde und Opa eben doch ein Nazi war.[273] Das Filmende, mit den Konsequenzen, die sie aus der Täterschaft ihrer Familie für ihr Handeln zieht, nämlich der Abgrenzung und Lossagung von dieser Familie sowie der Versöhnung mit David, kann als dieser Lesart entsprechend, aber auch als widersprüchlich gedeutet werden: Die *Opferidentifizierung* ist somit, so könnte der Film positiv gelesen werden, überwunden hin zu einer (ethischen) *Opferorientierung*.[274] Dieser Lesart folgend, wird (erst) so eine (Liebes-)Beziehung zu einem Juden möglich. Erst dann können sie, wie in dem am Ende des Films von David erzählten Gleichnis,[275] trotz allem, trotz der Shoah zusammen sein.

270 Stuart Taberner: "Wie kannst Du mich lieben?" "Normalizing" the Relationship between Germans and Jews in the 1990s Films *Aimée und Jaguar* and *Meschugge*. In: James Jordan / William Niven (Hrsg.): *Politics and Culture in Twentieth-Century Germany*. Rochester: Camden House 2003, S. 227–243, hier S. 238–239.

271 Vgl. Jureit / Schneider: *Gefühlte Opfer*; Werner Konitzer: Opferorientierung und Opferidentifizierung. Überlegungen zu einer begrifflichen Unterscheidung. In: Margrit Frölich / Ulrike Jureit / Christian Schneider (Hrsg.): *Das Unbehagen an der Erinnerung. Wandlungsprozesse im Gedenken an den Holocaust.* Frankfurt am Main: Brandes & Apsel 2012, S. 119–127.

272 So führt Schneider aus, dass aus dem Zweifel bezüglich der möglichen Täterschaft der eigenen Eltern für die 68er die Überzeugung entstanden sei, die Elterngeneration sei schuldig, wobei die empirische Überprüfung individueller Lebensgeschichten eine untergeordnete bzw. kaum eine Rolle gespielt habe. Christian Schneider: Generation im Abtritt. Vom Schicksal historischer Gegenidentifizierungen. In: Ebd., S. 85–100, hier S. 90. Meschugge reindividualisiert diese Schuld der Elterngeneration und zeigt die Auseinandersetzung mit konkreter individueller Familiengeschichte.

273 Entgegen den Befunden über die dritte Generation, die die (Mit-)Täterschaft der Großelterngeneration eher leugnet und deren Leiden und Heldentaten bzw. moralisch korrektes Verhalten im Familiengedächtnis viel stärker tradiert. Sabine Moller / Karoline Tschuggnall / Harald Welzer: *Opa war kein Nazi. Nationalsozialismus und Holocaust im Familiengedächtnis*. Frankfurt am Main: Fischer 2002.

274 Vgl. zu der begrifflichen Unterscheidung Konitzer: Opferorientierung und Opferidentifizierung.

275 „David: Ein Hund steht auf der einen Seite eines Teiches und will rüber auf die andere Seite. Aber er darf nicht schwimmen, und er darf auch nicht um den See herumlaufen. Also, wie kommt der Hund auf die andere Seite?
Lena: Ich weiß es nicht.
David: Ganz einfach. Er schwimmt.
Lena: Aber er darf doch nicht schwimmen.
David: Ich weiß. Er schwimmt trotzdem."

Das Ende kann aber auch als Inszenierung einer überindividuellen Versöhnung gedeutet werden, in der ein opferidentifizierter Umgang mit der Vergangenheit insofern par excellence deutlich wird, als Lena und David in ihrem gemeinsamen Suchen nach der Vergangenheit beide nun mutterlos *gleich* werden. Die Zäsur zwischen den Generationen wird zur Möglichkeit eines Neuanfangs. So deutet Lorenz diese deutsch-jüdische Versöhnung, die am Ende von *Meschugge* steht, nicht als Übernahme historischer Verantwortung. Er versteht sie vielmehr als Plädoyer für einen Schlussstrich, das er auch in dem Lied *Don't You Turn Your Back On Me* ausgedrückt sieht, das Lena für David singt.[276] Für Lorenz' Lesart eines Schlussstrichs spricht sicherlich das sich hinter David und Lena schließende Tor als eines der letzten Bilder des Films, das zeigt, dass nun etwas abgeschlossen ist. (Abb. 46 a & b)

Während Taberner und Lorenz stärker auf die Deutung von Lenas und Davids Liebesbeziehung als deutsch-jüdische Versöhnung und den Umgang der dritten Generation mit Shoah und NS-Vergangenheit abheben, fragt Sean Allan nach dem Konzept jüdischer Identität, das sich in *Meschugge* findet, welches er als mit Performance eng verbunden versteht:

> While at one level this notion of performative identity is embodied in the abhorrent masquerade played out by Lena's Nazi grandfather, it also operates at another level insofar as Lena is forced to recognize that her own identity as a third-generation "Jewish" victim has itself been an elaborate charade, albeit one in which she has been an unwitting performer.[277]

Er argumentiert, dass Lena ihre jüdische Identität im Ursprung zwar in ihrer Familien(geschichte) und in der Zugehörigkeit zu einem etablierten Diskurs von Opferschaft bzw. Opfersein suche,[278] letztlich aber Werte wie Hilfsbereitschaft, Unkonventionalität etc. genauso wichtig dafür seien, wer sie ist. Der Regisseur Levy mache hier ein anti-essentialistisches Konzept von Identität stark, von „identity as ‚performance'"[279]. Lena und ihre Familie würden zu Anfang als Opfer von Antisemitismus in Deutschland gezeigt; am Ende stehe Lena als deutsches ‚Opfer' da, betrogen von dem Großvater, den sie geliebt habe.[280] Auch wenn Allan behauptet, Lenas

276 Lorenz: Der Holocaust als Zitat, S. 281. Das Lied *Don't You Turn Your Back On Me* wurde von Niki Reiser, Dani Levy, Harvey Friedmann, Sandra Nasic, Dennis Poschwatta, Henning Ruemenapp und Stefan Ude geschrieben und von der deutschen Band *Guano Apes* umgesetzt. Der vollständige Text lautet: Boy you're killing me / With your funny smile / My heart is beating loud as hell / I'm diving in your eyes. // My whole life is upside and down / When you're chasing down my skin / The more I run away from you / The closer you draw near. // Take me to the edge of feeling / Heart against my skin / Show me places I have longed for / In sanctity and sin. // Locked intense inside my head / Your touch will set me free / I hold on til the sun comes up / If you'll be there for me. // I wonder if you let me down [4x] // Don't you turn your back on me / Take a look at where you wanna be / Don't be scared of what you see / The only thing that's killing you is me. // Now you're leaving me / With your angry eyes / My love gets lost with you / I was saving you last night. // Locked intense inside my head / Your trust will set us free / The more you run away from me / The closer I draw near. // I wonder if you let me down [4x]

277 Allan: Post-unification German-Jewish Relations, S. 253.

278 Bei Allan heißt es: „blend of genetics and ethnicity backed up by an empathic identification with a well-established discourse of victimhood" (ebd.).

279 Ebd., S. 255.

280 Ebd.

Abb. 46 a & b: Schlussbilder von *Meschugge*.

Jüdischsein spiele in jedem Aspekt ihres Lebens eine Rolle, so fällt doch auf, dass es letztlich nur auf ihrer familiären Herkunft und der Verfolgung der Familie basiert. Lena wird *nicht* mit religiösen oder kulturellen Facetten jüdischen Lebens in Zusammenhang gebracht – anders als David. Das steht m. E. im Widerspruch zu der Lesart eines anti-essentialistischen Konzepts: In dieser Darstellung von Lenas Jüdischsein ist einerseits bereits vorweggenommen, dass sie keine ‚echte' Jüdin ist, und andererseits ist so bereits die Möglichkeit angelegt, dass sie ihr Jüdischsein, symbolisiert durch die Halskette mit Davidsstern, am Ende des Films vollständig ablegen kann (und muss). Die Implikationen, die sich aus der Entdeckung ergeben, betreffen lediglich ihr Selbstverständnis als Teil einer ‚Opfergemeinschaft' – und Opfer kann sie in gewisser Hinsicht dennoch bleiben. Fragt man aber nach der ‚jüdischen' Identität der Figur Lena, dann ist es für *Meschugge* äußerst interessant, auch die Leerstellen zu beachten, also das, was nicht explizit erzählt, in der Figurenbiografie aber angelegt ist, wie die Figuren der Väter.

Lenas unsichtbarer Vater

Um die Figur Lena und die Bedeutung, die die Aufdeckung des Familiengeheimnisses für ihre Charakterisierung hat, deuten zu können, müssen alle Details berücksichtigt werden, die über Lenas familiären Hintergrund erzählt werden. So lebt sie bei einer Verwandten ihres Vaters in New York, der aber im ganzen Film nur einmal kurz – und auch hier nicht namentlich – erwähnt wird. Es wird erzählt, dass die Eltern sich haben scheiden lassen, wobei die Mutter keinen Kontakt mehr zu der Familie von Lenas Vater wünscht. Ob es sich bei ihrem Vater um einen amerikanischen Juden handelt oder er lediglich Verwandte in New York hat, wird nicht expliziert. In jedem Fall scheint sie einen jüdischen Vater zu haben – so suggeriert der Name Katz,[281] der von ihrem Vater stammt, denn ihre Mutter und ihr Großvater heißen Goldberg mit Nachnamen.

Dieser Aspekt der Figurenbiografie wird lediglich angedeutet und bleibt folglich unklar. Wahrscheinlich findet er deshalb in Rezensionen und wissenschaftlichen Überlegungen keine Erwähnung. Die Nichtthematisierung von Lenas Vater scheint schlüssig, insofern es um die Verwicklung der Lebensgeschichten der Mütter geht. Auch Davids Vater taucht weder auf noch wird er erwähnt. Interessant ist jedoch, dass sich infolge der Entdeckung ihrer tatsächlichen Herkunft mütterlicherseits ihr jüdisches Selbstverständnis vollständig ändert; der Vater scheint keinen Anteil an ihrer identitären Selbstverortung als Jüdin zu haben.

Wenn Lorenz die Beziehung zwischen Lena und David als Symbol für die deutsch-jüdische Symbiose versteht und in eigentlich allen Interpretationen Lena aufgrund des Umstands, dass ihre Familie mütterlicherseits nicht jüdisch ist, ihre ‚jüdische Identität' abgesprochen wird, dann wird dieser in der Darstellung lediglich angedeutete Aspekt der Figur Lena Katz übersehen. Das kann Symptom des Bedürfnisses sein, Jüdisches und Nichtjüdisches eindeutig zu kategorisieren und ambigue (Zugehörigkeiten und) Identitäten im Sinne einer ‚gemischten' Herkunft, die ambivalente oder doppelte Zugehörigkeitsgefühle auslösen kann, unsichtbar zu machen, indem sie *vereindeutigt* werden (vgl. Kap. IV.6.4). Festzuhalten ist, dass diese identitäre Facette der Figur, die für zusätzliche Komplexität sorgt, in der bisherigen Auseinandersetzung mit *Meschugge* übersehen wurde.

Lenas Beziehung zu David: „Nothing happens accidently"

Die Liebesbeziehung von Lena und David wird von Anfang an als schicksalhaft dargestellt, was zum Teil fehlende Kausallogik ersetzt, gleichzeitig aber auch das symbolische Potential dieser Verbindung hervorhebt. So sagt David, als sie sich im Krankenhaus kennenlernen, zu ihr, dass nichts zufällig passiere. Als sie ihn fragt, was er damit meine, antwortet er: „Actually I don't know." Später aber wird die Handlung zeigen, was die Figur David zu diesem Zeitpunkt noch nicht wissen kann. Nämlich, dass sich die beiden treffen mussten, um die Wahrheit über ihre verschlungenen

281 Der Name Katz als Markierung einer Figur als jüdisch wurde bereits in Kap. IV.2 zu Überlebenden-Figuren im Zusammenhang mit *Die Sehnsucht der Veronika Voss* besprochen. Zur Einordnung des Namens Katz als einem jüdischen vgl. Bering: *Der Name als Stigma*, S. 286, 323, 355, 365.

Familiengeschichten herauszufinden. Die schicksalshafte Beziehung der beiden, die auch der Paratext des Kinoplakats als „große Liebe" beschreibt, macht ebenso wie die Figur Lena eine Transformation durch: Sie lernen sich als Jude und Jüdin in New York mit ähnlichem Hintergrund kennen (beide haben jüdische Eltern aus Deutschland, während Davids Mutter in die USA floh und dort blieb, sind Lenas Mutter und Großvater nach der Befreiung in Deutschland geblieben). Durch das Aufdecken der gefälschten Identität von Lenas Großvater handelt es sich auf einmal um eine jüdisch-nichtjüdische Beziehung zwischen Opfer- und Täternachkommen. Trotz Lenas Herkunft, die für David in zweierlei Hinsicht ein Problem darstellen könnte –, er muss nicht nur die doppelte Schuld ihrer Familie vergessen (die Nazitäterschaft ihres Großvaters und die Schuld ihrer Mutter am Tod seiner Mutter), sondern kann auch davon ausgehen, dass seine orthodox jüdische Familie, deren Lebensstil er zwar nicht teilt, aber zu der er dennoch (engen) Kontakt hat, eine nichtjüdische Partnerin nicht gutheißen würde – bleibt er bei ihr. Er verliebt sich nicht in die *Jüdin* Lena – so erzählt es uns *Meschugge*.

Vom bayerischen Bierfahrer zum ‚heimatlosen' Juden: Abrahams Gold *(1989). Ein Vergleich mit* Meschugge *(als Film der 1990er Jahre)*

Meschugge soll hier als Film der 1990er Jahre gelesen werden und als Film, indem es um die *dritte* Generation geht. Typisch für die Filme der 1990er Jahre, die sich mit der NS-Vergangenheit beschäftigen, sei, so Stefan Reinecke, die Identitätsfrage, die häufig anhand einer Verwechslung gestellt werde. Es seien Familiendramen, in denen sich Konflikte zwischen Generationen abspielen.[282]

Darin ähnelt *Meschugge* durchaus dem fast zehn Jahre früher entstandenen *Abrahams Gold*, der, obwohl er sich als „Anti-Heimatfilm"[283] auf ein ganz anderes Genre bezieht, eine beträchtliche Menge an Ähnlichkeiten und Parallelen, vor allem in der Figurenkonstellation, aufweist.[284]

282 Stefan Reinecke: Nachholende Bewältigungen oder: It runs through the family. Holocaust und Nazivergangenheit im deutschen Film der Neunziger. In: Dillmann / Loewy (Hrsg.): *Die Vergangenheit in der Gegenwart*, S. 76–83, hier S. 80–81. Reinecke bezieht sich hierbei auf *Land der Väter, Land der Söhne* (1987/88), *Abrahams Gold*, *Meschugge*, *Nichts als die Wahrheit*. Er stellt fest, die Inszenierung von Historie als Familiendrama sei „[...] auch als eine Art nachholende Bewältigung des Schweigens der Fünfziger zu verstehen – und auch als eine Art Korrektur des abstrakten politischen Antifaschismus der 68er" (ebd., S. 78).

283 Inga Scharf: *Nation and Identity in the New German Cinema. Homeless at Home*. London / New York: Routledge 2008, S. 108.

284 *Abrahams Gold* muss aber auch in einer Traditionslinie der Filme der 1980er Jahre gesehen werden, über die Eric Rentschler schreibt: „Nach *Heimat* gab es eine ganze Reihe von Filmen über die jüngste deutsche Vergangenheit, alle in der Provinz und vor üppigen Wäldern gefilmt. [...] Im Gegensatz zu *Regentropfen* werden Juden in Reitz' *Heimat* zwar gelegentlich erwähnt, aber nie gezeigt. In den meisten Fällen wurden Juden in deutschen Filmen [der 1980er Jahre] jedoch zu Chiffren und psychischen Projektionen" (Eric Rentschler: Film der achtziger Jahre. Endzeitspiele und Zeitgeistszenerien. In: Jacobsen / Kaes / Prinzler (Hrsg.): *Geschichte des deutschen Films*, S. 285–322, hier S. 312–314). Als Ausnahme nennt Rentschler *Das schreckliche Mädchen*, der ebenfalls in der bayerischen Provinz spielt und ebenfalls auf reale Ereignisse zurückgeht. Er erzählt die Geschichte einer Schülerin, die Recherchen über ihre Heimat-Kleinstadt während des Nationalsozialismus anstellt und mit diesem Interesse auf breite Ablehnung stößt.

Abrahams Gold erzählt ebenfalls von einer unbekannten und dann aufgedeckten familiären Herkunft und weist dabei zahlreiche ähnliche Konstellationen und Symbole auf wie *Meschugge*, die allerdings in einer Art Negativentwurf häufig konträr gedeutet werden: Karl Lechner (Günther Maria Halmer), der zunächst den alten Nazi und ehemaligen KZ-Aufseher Alois Hunzinger (Robert Dietl) begleitet, um in Auschwitz verstecktes Zahngold auszugraben, erfährt, dass er nicht das leibliche Kind seiner Mutter ist. Er ist vielmehr das jüngste Kind der jüdischen Familie Sternenmeer, für die seine Mutter als Küchenhilfe arbeitete. Als die Familie Sternenmeer von der Gestapo abgeholt wurde, gab sie den (damals zweijährigen) David Sternenmeer als ihren Sohn aus und zog ihn als Karl Lechner groß. Er sollte eigentlich erst nach ihrem Tod von seiner tatsächlichen Herkunft erfahren, als sie aber Goldzähne in seiner Hosentasche findet, nachdem er aus Polen wiederkommt, lässt sie es ihn sofort erfahren. Karl/David nimmt diese neue Identität an, wobei auf die Darstellung seiner Transformation noch einzugehen ist, und es kommt zu Konfrontation zwischen ihm und seinem ehemaligen „Spezl" Alois Hunzinger. Mit dem ‚Schatz', der in Auschwitz gehoben wurde, scheint auch die Vergangenheit aus dem Unbewussten der Figuren wieder aufzutauchen: Alois ist wieder der paranoide Antisemit, der hinter Karl/David nun einen Verschwörer vermutet und fürchtet, wie Adolf Eichmann vom Mossad entführt und in Israel hingerichtet zu werden. Alois zwingt seine Enkelin Annamirl, sich zwischen ihm und „dem Jud" zu entscheiden und Karl/David wegen sexuellen Missbrauchs anzuzeigen. Die Anzeige nimmt Annamirl wieder zurück, dann aber entzieht sie sich (dem emotionalen Druck der Situation) durch Selbstmord. Karl/David und Bärbel, Annamirls Mutter, die beim Schützenfest eine Nacht miteinander verbrachten, treffen sich am Grab des Mädchens, gehen dann aber getrennte Wege.

In *Abrahams Gold* taucht ebenso wie in *Meschugge* eine Verwechslung auf bzw. eine angenommene Identität erweist sich im Laufe der Handlung als falsch. Dabei haben Halsketten eine symbolische Funktion – die zunächst angenommene und später als falsch entlarvte Identität wird durch Halsketten mit religiösen Symbolen sichtbar gemacht: Lena trägt ihr Jüdischsein in Form eines Davidsternanhängers regelrecht vor sich her und Karl trägt einen Kreuzanhänger, der besonders in der Szene, bevor und während ihn seine Mutter über seine Herkunft aufklärt, gut sichtbar ist. (Abb. 47)

In beiden Filmen tauchen drei Generationen auf, wobei die Nazi-Großväter ihre Verbrechen verbergen (Max Weiss hinter der jüdischen Identität, Alois Hunzinger verbirgt den paranoiden Antisemiten hinter dem liebenden Opa) und die zweite Generation keine Verantwortung übernimmt (Anna Weiss/Ruth Goldberg deckt den Betrug ihres Vaters, Bärbel verlässt Heimatort und -haus und zeigt ihren Vater nicht an) und ihre Töchter mit Lügen aufwachsen lassen. Diese dritte Generation wird in *Abrahams Gold* und *Meschugge* zu Opfern, wenn auch auf sehr unterschiedliche Weise (Lena verliert ihre Identität, Annamirl ihr Leben), und muss sich zwischen dem (jüdischen) Liebhaber und der Familie entscheiden. Diese letzte Parallele besteht zumindest nach Hanno Loewys Deutung, der entsprechend der ‚realen' Vorlage der Filmhandlung Annamirl und Bärbel als eine Person liest:

Abb. 47
Karl (Günther Maria Halmer)
in *Abrahams Gold*
im Gespräch mit seiner Mutter.

> So steht Annamirl, von Bärbel einmal mehr alleingelassen, am Ende zwischen zwei Männern. Und nehmen wir Annamirl und Bärbel als das, was sie sind, nämlich eine Person, dann verrät „das Annamirl" am Ende seinen Liebsten Karl für den Vater-Großvater, der von ihr verlangt, zur Polizei zu gehen und Karl als Kinderschänder, als Vergewaltiger anzuzeigen […].[285]

Annamirl nimmt diesen Verrat zwar zurück, doch die Position zwischen Liebhaber und Nazi-Großvater ist ähnlich der Figurenkonstellation in *Meschugge*.
So spielt in beiden Filmen eine (sexuelle) jüdisch-nichtjüdische Beziehung eine Rolle, wobei die Sexszenen jeweils in der Mitte des Films angesiedelt sind, wenn die betreffende Figur (Lena bzw. Karl) von ihrer ‚anderen' Identität noch nichts weiß. In beiden Filmen haben die Verwicklungen einen Suizid zur Folge: So begehen Lenas Mutter und Annamirl Selbstmord. Die Generationen, zwischen denen sich die Konflikte entfalten, sind in *Meschugge* und *Abrahams Gold* auf jeweils einen Vertreter reduziert: Der Großvater als Nazitäter steht (ohne Frau an seiner Seite) Tochter und Enkelin gegenüber.
Doch die Spiegelungen sind vielfältiger, so dass Loewys Lesart, die Bärbel und Annamirl zu einer Figur verdichtet, auch für *Meschugge* zumindest versuchsweise möglich erscheint: Denn nicht nur läuft Bärbel aus dem Dorf weg in die Stadt, was sich mit der von Anna Weiss nicht übernommenen Verantwortung für die Schuld ihres Vaters parallelisieren lässt, sondern es lässt sich auch mit Lenas ‚Weglaufen' nach New York assoziieren. Sie denkt, als Jüdin nicht in Deutschland leben zu können, dabei ist sie kein Opfer und es sind letztlich Menschen wie ihr Großvater, vor denen sie wegläuft. Beide Filme kommen zu dem Ort, an dem alles begann, und dem Zuhause, das Lena und Bärbel verlassen haben, zurück.
Das Verhalten der Figur Anna Weiss in *Meschugge* findet seine Entsprechung nicht nur in Bärbel, die die Verbrechen ihres Vaters nicht anzeigt, sondern auch in der Lechnerin, Karls Mutter, die ihren Sohn über seine tatsächliche Herkunft täuscht.[286]

285 Loewy: *Zeugin aus der Hölle* und die Wirklichkeit des Auschwitz-Prozesses, S. 74.

286 Das Motiv der angenommenen jüdischen Kinder, die in nichtjüdischen Haushalten versteckt wurden, findet sich auch in *Ich weiß, wofür ich lebe* (BRD 1955, R: Paul Verhoeven): Hier nimmt eine

Die dritte Generation, so erzählen *Meschugge* und *Abrahams Gold*, nimmt für sich in Anspruch, nahezu gleichermaßen Opfer der Geschichte zu sein, aber auch anders mit ihr umzugehen. Die Figur Lena Katz wird als Enkelin von Opfern eingeführt, woran sich auch durch die Entdeckung nichts ändert, sie bleibt im weitesten Sinne Opfer (der Geschichte). Täter, so die Logik in *Meschugge*, gibt es auf beiden Seiten: Nicht nur Lenas Großvater ist ein Täter, sondern auch Charles Kaminski wird als Mitglied der *Jewish Defense League* als radikal, gewalttätig und skrupellos beschrieben. Auch er wird, so erfahren die Zuschauer_innen in den Textinserts am Ende des Films, zu drei Jahren Haft verurteilt. Diese über die Einblendung mitgeteilte Freiheitsstrafe Kaminskis soll die Strafe von Lenas Großvater kontrastieren, die wegen gesundheitlicher Beeinträchtigungen ausgesetzt wird. Nachdem Kaminski als gewalttätig und skrupellos der (moralischen) Figur Lena gegenüber gezeigt wurde, kann dennoch kein Mitleid mit ihm aufkommen. Kaminski wird von seiner Einführung als Figur bis zu seiner Verhaftung nach dem Showdown durch seine Charakterisierung als radikale und gewaltbereite ‚Täterfigur' inszeniert und damit Lenas Großvater an die Seite gestellt.[287] Zwischen diesen beiden ‚Tätern' stehen David und Lena, die mit ihrer Liebesbeziehung eine versöhnliche, die *richtige* Position einnehmen.

Annamirl bleibt am Ende von *Abrahams Gold* kein anderer Ausweg als der Suizid, somit wird auch sie zum Opfer der Mutter, die sie im Stich ließ, sowie des Großvaters. So unterschiedlich die Enden von *Meschugge* und *Abrahams Gold* angelegt sind, diese Gemeinsamkeit, die dritte Generation als Opfer zu zeigen, bleibt bestehen. Die Generationenvertreter_innen in *Meschugge* und *Abrahams Gold* verdeutlichen unterschiedliche (mögliche) Verhaltensweisen und die Konflikte innerhalb der Familien entstehen entlang von Generationslinien. Die Popularität einer hier eingenommenen Generationenperspektive kann im Zusammenhang mit Generation als Gedächtniskategorie erklärt werden:

> Man positioniert sich zum Holocaust mittlerweile als Angehöriger einer Generation, weil dies auch den Vorteil hat, den kontaminierten nationalen Bezug beiseite lassen zu können. Die Generationengemeinschaft bietet den Kriegs- und Nachkriegsgeborenen im Unterschied zur nationalen Verortung die Möglichkeit, sich als Kollektiv zu definieren, ohne die im Nationalsozialismus sozialen Akteure – Täter,

Krankenschwester während des Zweiten Weltkriegs zwei jüdische Kinder an und kämpft nach dem Krieg verzweifelt um das Sorgerecht. In *Ende der Schonzeit* (BRD/IL 2012, R: Franziska Schlotterer) ist der jüdische Albert, der von einem Bauernehepaar auf ihrem Hof im Schwarzwald versteckt wird, kein Kind mehr. Dort bittet der Bauer Fritz Albert, als Gegenleistung ein Kind mit seiner Frau Emma zu zeugen, da sie gemeinsam keine Kinder bekommen können. Aus dieser Verbindung entsteht Bruno, der in den 1970er Jahren nach Israel reist, um seinen Vater kennenzulernen. Diese Reise Brunos bildet die Rahmenhandlung für die Geschichte von Albert, Emma und Fritz.

287 Als David und seine Mutter das erste Mal Kaminskis Büro betreten, sieht Davids Mutter einen Button der Jewish Defense League an seiner Jacke und will gehen. Sie fürchtet sich offensichtlich vor ihm. Kaminski greift Lena zweimal im Laufe der Filmhandlung körperlich an. Er überredet David bei seinem Plan mitzumachen, Lena zu entführen, um ihren Großvater nach Israel vor ein israelisches Gericht zu zwingen. Als Lena in seinem Büro die Zeitungsausschnitte und Schwarzweiß-Fotografien in einer Schublade entdeckt, die ihn als Radikalen und gesuchten Aktivisten zeigen, erinnert das an die filmische Umsetzung vom Finden von Beweismaterial gegen Nazitäter_innen, beispielsweise an die Szene in *Der deutsche Freund*, wenn Friedrich (Max Riemelt) den kleinen Stapel von Fotografien seines Nazi-Vaters anschaut.

Mitläufer und Zuschauer – mit einbeziehen zu müssen. *Generation* ist auch deswegen eine zentrale Gedächtniskategorie, weil sich mit ihr Distanz zum historischen Bezugsereignis ausdrücken lässt.[288]

In der Gestaltung der dritten Generation als Opfer (der Geschichte) soll hier ein Ausdruck bzw. eine Fortführung des Selbstverständnisses der zweiten Generation, der 68er, gesehen werden, die die Rolle für sich in Anspruch nahm, die Elterngeneration kollektiv anzuklagen, und sich darüber (unbewusst) den Opfern immer weiter annäherte bzw. sich mangels Alternativen mit diesen identifizierte.[289] Die Generationenperspektive ist genau deshalb für die filmische Darstellung attraktiv, weil sie zum einen in Familiengeschichten funktioniert – hier wird die individuelle Auseinandersetzung gezeigt, die real häufig versäumt wurde – und zum anderen, weil sie (neben dem falschen) den ‚richtigen' Umgang vorführen und sich damit normativ positionieren kann.

Die Schlussbilder beider Filme, die Zukunftsperspektiven eröffnen, könnten unterschiedlicher kaum sein: David und Lena sind in einer Totalen zu sehen, wie sie Seite an Seite das Anwesen ihres Großvaters verlassen (siehe Abb. 45, S. 310). Karl/David und Bärbel verabschieden sich, nachdem sie sich an Annamirls Grab getroffen haben, und gehen auf der Landstraße in entgegengesetzte Richtungen weg, ohne dass klar ist, wohin die beiden aufbrechen.[290] (Abb. 48)
Dass Lenas Großvater vor Gericht gestellt wird und Lenas Mutter Selbstmord begangen hat, macht die Liebesbeziehung zwischen Lena und David (weiterhin) möglich. Die Beziehung zwischen Bärbel und Karl/David wiederum ist rein sexuell, eine Heirat kommt nicht in Frage (wie Karl direkt nach dem Akt betont und Bärbel mit ihm darin übereinstimmt). Alois Hunzinger kommt nicht ins Gefängnis, weil die Dorfpolizisten sich weigern, Karl/Davids Anzeige aufzunehmen; das Dorf hält zusammen. So bleibt dem Juden Karl/David lediglich die Möglichkeit zu gehen, er hat, wie er sagt, keine Heimat mehr.
Während das Rollenspiel von Lenas Großvater metaphorisch als „groteske Verzerrung des bundesdeutschen Philosemitismus – der raschen Identifizierung mit den Opfern"[291] gelesen werden kann, das Lena als solches Demaskieren muss, wobei das letztendlich dann keine grundlegenden Konsequenzen für ihre Identität zu haben scheint und gleichzeitig die Beziehung mit David ermöglicht, beinhaltet die Entdeckung der tatsächlichen Identität in *Abrahams Gold* keine metaphorische Lesart: Die Lechnerin ist „die ehrliche Haut", wie der Pfarrer sie lobt, die dem jüdischen Säugling das Leben gerettet und ihn als ihr eigenes Kind großgezogen hat.[292] Die Figur Karl/David macht mit der Entdeckung – im Gegensatz zu Lena in *Meschugge* – eine Veränderung durch: Zunächst sieht man ihn mit dem Foto seiner Mutter in der Hand im Regen in der

288 Jureit / Schneider: *Gefühlte Opfer*, S. 83.

289 Vgl. Schneider: Generation im Abtritt, S. 91.

290 Vgl. Hanno Loewy: Großvater, warum hast Du so große Zähne ... Zu Jörg Grasers *Abrahams Gold*. In: Claudia Dillmann / Ronny Loewy (Hrsg.): *Die Vergangenheit in der Gegenwart*, S. 72–75, hier S. 75.

291 Reinecke: Nachholende Bewältigungen, hier S. 81.

292 Ein Motiv, das in *Ich weiß, wofür ich lebe* (1955) im Zentrum der Handlung steht.

Abb. 48: Schlussbild von *Abrahams Gold*:
Karl/David (Günther Maria Halmer) und Bärbel (Hannah Schygulla) gehen in unterschiedliche Richtungen davon.

morgendlichen Dämmerung auf einer Wiese sitzen. Er scheint dort die ganze Nacht gesessen zu haben, unterlegt ist die Szene mit einem Requiem. Seine Sprache wird nach der Verwandlung viel deutlicher, der Bayerische Dialekt scheint zu schwinden. Auf Annamirls Beerdigung sieht der ehemalige Bierfahrer Karl, jetzt der jüdische David Sternenmeer, im dunklen Mantel geradezu städtisch aus und in die Stadt wird er kurz darauf auch aufbrechen.[293]

Die dritte Generation taucht hier als eine an der Vergangenheit und den familiären Verstrickungen leidende auf. Lena und Annamirl stehen weit von der großväterlichen Täterschaft entfernt, die sie – im Gegensatz zu ihren Müttern – inklusive den daraus erfolgenden Konsequenzen anerkennen. Der lange bestehende Gegensatz von Schuld und eigenem Leid in der (öffentlichen) deutschen Erinnerung, die sich gegenseitig auszuschließen schienen, scheint sich in der dritten Generation insofern aufzuheben. Die identitäre Verwechslung, deren Aufdeckung zentraler Motivator für die Fragen ist, die sich den Angehörigen der dritten Generation in den hier analysierten Filmen stellen, wird ohne Widerspruch angenommen. Der daraus erfolgende ‚Seitenwechsel' von Opfernachkommen zu Täternachkommen oder umgekehrt scheint keinen großen Unterschied für die Figuren zu machen: Lena bleibt ‚Opfer' und Karl/David passt die neue Familiengeschichte ebenso gut wie sein neuer Mantel.

Trotz aller Unterschiede ist die *Funktion* der falschen Herkunft, die als solche aufgedeckt wird, eine ähnliche, nämlich die Auseinandersetzung mit der Vergangenheit auszulösen bzw. eine andere Perspektive darin einzunehmen; und auch wenn

293 Vgl. Loewy: Großvater, warum hast Du so große Zähne, S. 74.

die wahre Herkunft in *Meschugge* und *Abrahams Gold* erstaunlich wenig für die Protagonist_innen zu ändern scheint, der Ausblick, den die Filme mit ihren letzten Bildern geben, könnte unterschiedlicher kaum sein.

Transformationen

Die Verwandlung nichtjüdischer Figuren in jüdische funktioniert nicht immer spielerisch für eine zeitlich begrenzte Maskerade oder wissentlich, um beispielsweise juristischen Konsequenzen zu entgehen. Sie kann auch unbewusst(er) und implizit erfolgen. Häufig ist es eine unausgesprochene Transformation, die sich symbolhaft vollzieht.

Zum einen kann es zu einer Transformation von Opfern bzw. Überlebenden der Shoah kommen, die vor dem Hintergrund ihrer Verfolgungsgeschichte als Juden oder Jüdinnen wahrgenommen werden, auch wenn nichts über einen jüdischen Hintergrund der Figuren erzählt oder angedeutet wurde. Die Transformation findet, so die These hier, in der Wahrnehmung der Zuschauer_innen statt (ist aber möglicherweise in der Figurendarstellung angelegt). Beispielhaft dafür können die Filme *Am Ende kommen Touristen* und *Nichts als die Wahrheit* stehen: In beiden treten Überlebende der Shoah auf, werden aber nicht dezidiert als jüdisch dargestellt. *Am Ende kommen Touristen* erzählt die Geschichte von Sven Lehnert (Alexander Fehling), einem deutschen Zivildienstleistenden, der seinen Zivildienst in der Jugendbegegnungsstätte Auschwitz leistet und dort dem Überlebenden Stanisław Krzeminski (Ryszard Ronczewski) begegnet. Krzeminski lebt nahe dem Lager und restauriert für die Ausstellung der Gedenkstätte Koffer, die in der Shoah Ermordeten abgenommen wurden. Die Hauptfigur Sven Lehnert begleitend, erzählt der Film von dessen Zeit in Oświęcim, wobei die Hilfe und Unterstützung von Krzeminski einen großen Teil seiner Arbeit ausmacht und bei Lehnert zu einer langsamen und schrittweisen Auseinandersetzung mit der Shoah führt. Der Film fokussiert auf die Gegenwart und zeigt die Begegnung mit dem Auschwitz-Überlebenden des Vernichtungslagers aus der Perspektive des jungen Zivildienstleistenden der dritten Generation. Die Schwerpunktsetzung auf die Gegenwart und die Perspektive einer dritten Generation, die NS und Shoah gegenüber zwar nicht per se unsensibler ist, aber viele Formen des Gedenkens als erstarrte Phrasen wahrnimmt und dagegen revoltiert, begründet, dass die Verfolgungsgeschichte Krzeminskis nicht erzählt und auch sonst nicht viel über die Geschichte dieser Figur erzählt wird. Obwohl es deutliche Hinweise gibt, dass die Figur Krzeminski nicht jüdisch ist (seine Schwester lebt in der Nähe und wurde nicht verfolgt, ebenso wird nicht von anderen verfolgten oder ermordeten Familienangehörigen erzählt), sondern es sich um einen polnischen, politischen Häftling handelt, kann sie – so die These – als jüdisch wahrgenommen werden, weil westliche Zuschauer_innen mit Auschwitz stark jüdische Opfer (als die größte Opfergruppe der Shoah) assoziieren. Dadurch, dass der nichtjüdische Hintergrund Krzeminskis ebenso wie der Grund seiner Verfolgung nicht expliziert wird, wird keine möglicherweise *vergessene* Opfergruppe präsent und damit sichtbar gemacht, sondern es wird eine Lesart der Figur als jüdisch nahegelegt. Der Film lässt sich daneben – und das ist nicht minder problematisch – auch so lesen,

dass mit dieser Figurendarstellung an die Perspektive eines polnisch-nationalen Erinnerungsdiskurses angeschlossen und spezifisch jüdische Erinnerung und Opferschaft aus dem Holocaust-Diskurs ausgegrenzt wird.
Eine ähnliche Lesart ist für *Nichts als die Wahrheit* möglich. Hier treten vor Gericht im fiktiven Prozess gegen Josef Mengele Zeug_innen auf, die in Auschwitz Mengeles medizinische Experimente überlebten. Diese Zeug_innen-Figuren werden jedoch nicht mit einer Biografie ausgestattet, zum Teil bleiben sie sogar namenlos. Ob die Figuren jüdisch sind oder nicht, wird nicht erzählt, anzunehmen ist jedoch, dass sie allein aufgrund ihrer Rolle als Opfer und Überlebende der Shoah als jüdisch wahrgenommen werden.

Eine interessante Transformation einer nichtjüdischen Figur, nicht weil sie als Holocaust-Überlebende gezeigt wird, sondern weil sie aufgrund ihrer empathischen Solidarität mit einem Überlebenden zum ‚gefühlten Opfer' wird, zeigt die *Lindenstraße*. 1990 beschäftigt sich die 14-jährige Valerie Zenker (Nadine Spruß) in Folge 248 bis 256 mit dem Holocaust, nachdem sie entdeckt, dass der Pizzabäcker Enrico Pavarotti (Guido Gagliardi) ein jüdischer Auschwitzüberlebender ist. Ihre intensive Beschäftigung gipfelt – nach der Begegnung mit dem Juden Herr Sommerfeld auf dem jüdischen Friedhof – im Abrasieren ihrer Haare, einer Solidaritätsgeste, die die Transformation auch visuell vollzieht.

> Valerie: Ich muss einen Weg finden, Hebräisch zu lernen.
> Hr. Sommerfeld: Aber warum?
> Valerie: [Sie schüttelt den Kopf] Ich kann es nicht ausdrücken. [PAUSE] Vielleicht aus Solidarität.
> Hr. Sommerfeld: Aus Solidarität mit den Toten?
> Valerie: Ja. Oder aus Reue. Ich will alles wiedergutmachen.
> Hr. Sommerfeld: Ja, eine Wiedergutmachung gab es ja schon [...]. [Er erklärt ihr einiges zur Wiedergutmachung. Sie gehen zusammen in die Synagoge, wo er ihr eine verbrannte Thora zeigt und ihr erklärt, dass man Menschenleben nicht wiedergutmachen kann.]
> Valerie: Dann wird es also immer eine Kluft zwischen uns geben?
> Hr. Sommerfeld: Ja, vielleicht wird die Zukunft sie überbrücken.
> Valerie: Es muss gehen. Es muss einfach gehen.

Sie überlegt, aus Protest zu konvertieren, um zusammen mit Herrn Sommerfeld auf „der richtigen Seite" zu stehen. Als sie ihren Freund Zorro (Thorsten Nindel) wenig später bittet, ihr die Haare abzurasieren, sagt sie: „Ich möchte so aussehen wie die Juden damals im KZ." Damit endet die Episode *Begegnungen* (254, 1990). Die erste Einstellung der nächsten Episode *Geburtstage* (255, 1990) zeigt Valerie mit rasiertem Kopf in einem gestreiften Schlafanzug zähneputzend vor dem Badezimmerspiegel.[294] (Abb. 49)
Wie schon Lena in *Meschugge* als nachgeborenes deutsches Opfer (der Geschichte) gezeigt wird, so wird auch Valerie in der *Lindenstraße* aus Empathie zum ‚Opfer'. Ihr

294 Eine visuelle Solidarisierung mit den Opfern, in diesem Fall aber den eigenen Angehörigen findet statt, wenn sich Nachgeborene von Holocaust-Überlebenden als Zeichen der Solidarität oder Erinnerung deren Häftlingsnummer tätowieren lassen. Von diesem in Israel häufiger werdenden Phänomen erzählt der israelische Dokumentarfilm *Numbered* (IL 2012, R: Dana Doron / Uriel Sinai).

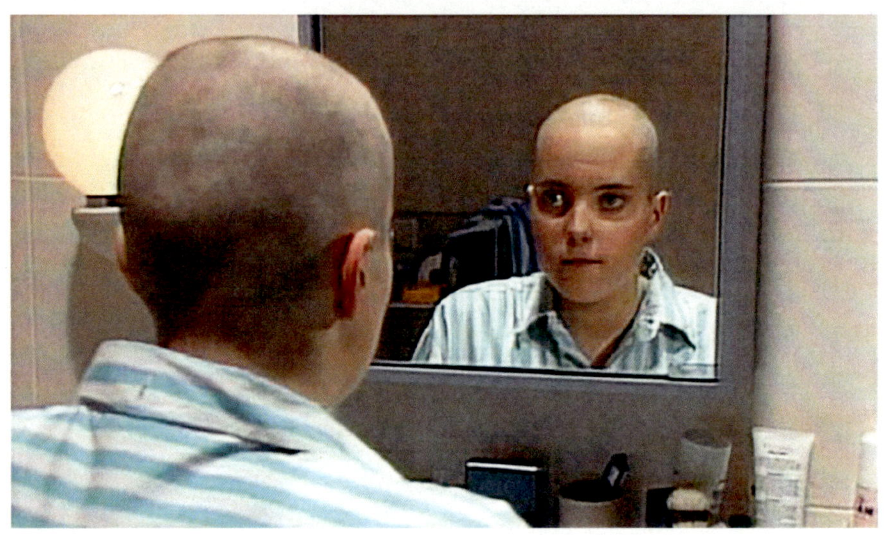

Abb. 49: Valerie (Nadine Spruß) in der Episode 255 *Geburtstage* der *Lindenstraße*.

Wunsch, etwas wiedergutzumachen, wird ebenso ausgesprochen wie der, zur „richtigen Seite" zu gehören. Der Seitenwechsel, den sie vollziehen will, zunächst dadurch, Hebräisch zu lernen oder zu konvertieren, vollzieht sich visuell durch das Abrasieren der Haare. Die Übernahme von Verantwortung für den Holocaust funktioniert hier im Wissen darum, welche die ‚richtige' Seite ist, und dadurch, sich auf diese zu stellen und für diese ‚richtige Seite', namentlich die jüdischen Opfer, einzustehen. Eine Auseinandersetzung mit der eigenen Familiengeschichte passiert nicht: Valeries Vater erzählt ihr in Episode 248 lediglich, dass bei ihnen zuhause früher nicht über den Massenmord an den Juden gesprochen worden sei, weil sein Vater selbst Parteimitglied war. Das emotionale Dilemma wird zwar angedeutet, wenn Valerie antwortet: „Was? Opa war ein Nazi?", und dann entsetzt den Kopf schüttelt und sagt: „Den hab ich doch so lieb." Doch sie wird von ihrem Vater beruhigt, dass damals fast alle in der Partei gewesen seien. In den folgenden Episoden konzentriert sich Valeries Interesse und Empathie auf die Opfer, über die sie viel liest, und im Besonderen auf Enrico Pavarottis Geschichte.

Auch wenn das Verhalten von Valerie von anderen Lindenstraßen-Figuren nicht als eine Opferidentifikation reflektiert wird, stellt die *Lindenstraße* mit dieser Transformationsgeschichte der Figur Valerie Zenker 1990 eine Opferidentifizierung sehr früh dar. Das Bedürfnis der dritten Generation, auf Seiten der Opfer zu stehen und sich mit diesen auch mehr zu befassen als mit der eigenen Täter- oder Mitläuferfamiliengeschichte, wird hier bereits verhandelt – letztlich handelt es sich aber um ein Bedürfnis, das zu diesem Zeitpunkt (noch) der dritten von der zweiten Generation zugeschrieben wird.

6. „Ich habe ein Faible für die jüdischen Männer“[295] – Jüdische Lover

Die jüdisch-nichtjüdische Liebesbeziehung kann im Sinne einer Opferidentifikation ebenfalls als Transformation gelesen werden. Auch wenn es sich in der Regel nicht um eine *bewusste* oder *sichtbare* Verwandlung der Figuren handelt, so nähern sie sich durch die Liebesbeziehung dem Jüdischen doch häufig an. Sander L. Gilman spricht in diesem Zusammenhang von einer Art „sexueller ‚Aktion Sühnezeichen‘“[296]. Die Attraktion jüdischer Männer für nichtjüdische Frauen und die Darstellung dieser Beziehungen in westdeutschen Spielfilmen als eine Opferidentifikation zu lesen, als eine Art dem Jüdischsein und damit dem Opfersein – unabhängig von einer Konversion – näherzukommen oder zumindest die trennende Distanz zu den Opfern zu überwinden, ist zentrale These in diesem Kapitel, das sich schwerpunktmäßig mit der Deutung dieser Figurenkonstellation befasst.

Die (Liebes-)Beziehung zwischen einer jüdischen und einer nichtjüdischen Figur ist die häufigste Figurenkonstellation der analysierten Spielfilme. Dabei kann sie verschiedene Positionen im Handlungsgefüge einnehmen und unterschiedlich thematisch eingebunden sein: Sie kann bereits beendet in der Vergangenheit liegen, wie in *Der Ruf* oder *Die Himmelsleiter*, oder unerfüllt bleiben, wie in *In einem Jahr mit 13 Monden* oder *Drei Schwestern made in Germany*. Sie kann als Romeo-und-Julia-Geschichte einer schwierigen Liebe über Grenzen hinweg Haupthandlungsstrang sein, wie in *Die Gärten des Rabbiners* oder *So ein Schlamassel*. Sie kann als Affäre oder lediglich in Form einer deutlichen Anziehungskraft in die Handlung eingebettet sein, wie in *Berlin, Berlin*, *Liebe unter Verdacht*, *Der Schächter* oder *Gebürtig*, oder es tauchen ‚gemischte Ehen‘ in der Handlung auf, die als solche eher im Hintergrund bestehen und nicht explizit thematisiert werden, wie in *Max Minsky und ich* oder *Das Leben ist zu lang*. Die jüdisch-nichtjüdische Liebesbeziehung kann Differenzen zwischen den Partner_innen betonen und Konfliktpotentiale aufzeigen, wie in *Der Ruf*, *Neues Deutschland: Ohne mich*, *Malou* oder *Die verlorene Zeit*. Daneben werden die Paare als symbiotisch inszeniert, beispielsweise in der *Lindenstraße* oder *Annas Sommer*. Die Beziehungen treffen auf Widerstände von außen, wobei für die (Handlungs-)Zeit nach 1945 eher die Vorbehalte der jüdischen Familien thematisiert werden. Andere filmische Darstellungen hingegen zeigen zwar Liebesbeziehungen zwischen jüdischen und nichtjüdischen Figuren, ohne dass dieser Aspekt der Beziehung jedoch eine Rolle spielt, wie beispielsweise in *Im Angesicht des Verbrechens*.

Dass sich diese Figurenkonstellation in den hier diskutierten Filmen so massiert, scheint vielschichtig begründet zu sein: Jüdisch-nichtjüdische Paarbeziehungen entsprechen der westdeutschen (und seit 1989 bundesdeutschen) Lebensrealität, wo über 60 % der Jüdinnen und Juden mit nichtjüdischen Partner_innen liiert sind.[297] Vor

295 Ältere Dame zur jüdischen Hauptfigur Leo Rosen in *Zores*.

296 Sander L. Gilman: Das Phänomen der eingebildeten Erinnerung. Zum Fall Wilkomirski. In: Dieckmann / Schoeps (Hrsg.): *Das Wilkomirski-Syndrom*, S. 13–25, hier S. 16.

297 Heinrich C. Olmer: *„Wer ist Jude?“ Ein Beitrag zur Diskussion über die Zukunftssicherung der Jüdischen Gemeinschaft*. Würzburg: Ergon 2010, S. 181.

diesem Hintergrund erscheint die Figurenkonstellation als eine an die außerfilmische Realität angebundene Darstellung. Primär soll hier jedoch davon ausgegangen werden, dass sie sich erstens aus dem Handlungsaufbau und Setting der Filme ableitet, die keine ausschließlich jüdischen Lebenswelten zeigen. Entweder werden einzelne Figuren als jüdisch eingeführt oder nichtjüdische Figuren treten in jüdische Lebenswelten ein und fungieren damit für das großteils deutsch-nichtjüdische Publikum als ‚Türöffner'. Zweitens hat die jüdisch-nichtjüdische Liebesbeziehung, gerade nach der Shoah, ein großes symbolisches Potential, das in vielen Filmen für die Darstellung von Wünschen und Hoffnungen bezüglich des ‚deutsch-jüdischen Verhältnisses' sowie für die übergeordnete Aussage des Films genutzt wird.

Auffällig in der Figurenkonstellation der jüdisch-nichtjüdischen Liebesbeziehung ist, dass die Konstellation jüdischer Mann – nichtjüdische Frau weit häufiger ist als die umgekehrte. Homosexuelle Beziehungen finden sich im Filmkorpus nur in *Familie verpflichtet* und am Rande in *So ein Schlamassel*. Die eindeutige Überrepräsentation von Paaren mit jüdischem Mann und nichtjüdischer Frau ist vor dem Hintergrund der grundsätzlich höheren Anzahl männlicher jüdischer Figuren wenig erstaunlich. Dennoch führt sie zurück zu der Frage nach den Gründen für die Popularität dieser Beziehungskonstellation – sowohl bezüglich der Gestaltung der männlichen jüdischen Figuren als auch der weiblichen sowie der symbolischen Attraktivität dieser Figurenkonstellation.

Da es in diesem Kapitel um Liebesbeziehungen zwischen jüdischen und nichtjüdischen Figuren geht, sollen einige Überlegungen zu spezifischen begrifflichen Schwierigkeiten vorangestellt werden, die bereits auf unterschiedliche mögliche Akzentuierungen der Darstellungen verweisen: Der bisher verwendete Begriff der *gemischten Beziehung* bezieht sich auf die im amerikanischen Kontext verwendeten Termini des *mixed couple*, der *mixed relationship* oder *mixed marriage*, die nicht wie im Deutschen auf einen problematischen Rassebegriff verweisen, sondern die unterschiedlichen ethnischen und kulturellen Hintergründe der Partner_innen thematisieren. Gleichzeitig bezeichnet *gemischte Beziehung* in allen der hier diskutierten Filme die Beziehung zwischen einer jüdischen und einer christlichen oder nicht explizit religiös charakterisierten, aber im Sinne der deutsch-christlichen Mehrheitsgesellschaft als christlich wahrnehmbaren Figur. Von *jüdisch-christlichen Beziehungen* zu sprechen würde aber das Augenmerk stark auf die religiöse Ebene lenken und darüber hinaus verschleiern, dass die nichtjüdische Figur in den meisten Fällen eben nicht explizit als solche beschrieben wird, sondern dies als Norm vorausgesetzt wird bei Figuren, deren religiöser Hintergrund nicht thematisiert wird. Von deutsch-jüdischen Liebesbeziehungen zu sprechen, bedeutet, zwei nicht dichotome Begriffe einander gegenüberzustellen, und ist ebenso problematisch wie der Terminus des ‚deutsch-jüdischen Verhältnisses' (vgl. Kap. II.2). Im Zusammenhang mit dem symbolischen Potential dieser Figurenkonstellation kann seine Verwendung insofern sinnvoll sein, als er die Gegenüberstellung von ‚deutschen Täter_innen (und Mitläufer_innen)' und ‚jüdischen Opfern' und deren Verbindung in eben einer *deutsch-jüdischen* Paarbeziehung impliziert. Diesen Überlegungen folgend wird in diesem Kapitel von jüdisch-nichtjüdischen Liebesbeziehungen gesprochen, wenn es um eine neutrale, nicht deutende Bezeichnung gehen soll. Hingegen kann ‚deutsch-jüdisch' im Zusammenhang mit dem symbolischen Potential Verwendung finden, ebenso wie der Terminus ‚gemischte Beziehung', wenn es um den Zusammenhang mit ethnischen oder kulturellen Differenzen bzw. den Bezug zu realgesellschaftlichen und sozialen Fragestellungen geht.

6.1 Symbolisches Potential

Die Liebesbeziehung zwischen jüdischen und nichtjüdischen Figuren als Symbol für die gesamtgesellschaftliche ‚deutsch-jüdische Beziehung' hat vor allem nach der Shoah eine große Kraft: Sie drückt den Wunsch nach Versöhnung aus, nach einer Überwindung der aus der nationalsozialistischen Vergangenheit erwachsenen Distanz (zwischen ‚Täter_innen' und ‚Opfern' ebenso wie zwischen ‚Täter_innennachkommen' und ‚Opfernachkommen'). In diesem Wunsch nach Überwindung wird häufig eine symbiotische Nähe gesucht, die die Grenzen zwischen Opfern und Täter_innen auflöst, indem die Liebenden quasi verschmelzen. In der deutsch-jüdischen Liebesbeziehung wird ‚der Jude' (wieder) präsent, und zwar als Objekt deutscher Begierde. Die deutsch-jüdische Liebesbeziehung steht damit im Kontext eines erstarkenden Interesses an jüdischen Themen nach 1989 ebenso wie im Zusammenhang mit philosemitischen Tendenzen, die eigentlich eine Verliebtheit ins Judentum darstellen.[298] Die Liebesbeziehung mit einer/einem jüdischen Partner_in kann auch im Zusammenhang mit der *Opferidentifikation*[299] der nachgeborenen Generation nichtjüdischer Deutscher gedeutet werden, die diese eine (auch private) Nähe zu den Opfern suchen lässt. Hier würde es nicht nur um eine Überwindung der Distanz, sondern auch um eine Überwindung (und Abgrenzung von) der Elterngeneration gehen.
In der Darstellung der Beziehung zwischen Isolde (Marianne Rogée) und dem italienischen Holocaustüberlebenden Enrico in der *Lindenstraße* wird die Verschmelzung der beiden Liebenden, die alle Unterschiede verschwinden lässt, deutlich. Die beiden werden als ein Paar gezeigt, das sehr liebevoll miteinander umgeht und sich sehr liebt („Sie ihn Dir an! Wir lieben uns!"). In zwei Szenen wird ihre Beziehung näher charakterisiert. In der ersten (Abb. 50 a & b) lässt Enrico sich von Isolde die Fingernägel der rechten Hand schneiden und fragt sie, worüber sie mit Valerie (vgl. Kap. IV.5.3) gesprochen habe, er sei sicher, dass sie ihr das Richtige gesagt habe:

> Isolde: Was ist schon das Richtige? Ich habe nur über mich gesprochen, wie immer [sie küsst ihn].
> Enrico: Gut. Über Dich [Er küsst ihre Nase.], über mich [Er küsst ihr Kinn und zieht sie an sich heran]. Wir sind eins, bella joya [Er küsst sie leidenschaftlich]. Du und ich [Er schließt die Augen und sieht sie dann an]. Vielleicht alle. Wir wissen es nicht.

Vor dem Hintergrund, dass Valerie Isolde nach Enricos Erlebnissen während der Shoah fragt, nachdem er nicht mir ihr darüber sprechen wollte, und Isolde ihr unter dem Hinweis, dass sie seine Geschichte auch nicht erzählen könne, wenn er das nicht wolle,

298 Gilman: Das Phänomen der eingebildeten Erinnerung, S. 16.
299 Jureit / Schneider: *Gefühlte Opfer*, S. 10, 27.

Abb. 50 a & b: Enrico (Guido Gagliardi) und Isolde (Marianne Rogée) in Episode 251 *Die Frage* der *Lindenstraße*.

stattdessen von ihrer eigenen Kindheit und ihrem Vater erzählt, der Nazi war und den sie hasste, wird deutlich, worauf die hier inszenierte Symbiose abzielt: Es macht keinen Unterschied, ob Isolde von Enricos Vergangenheit erzählt oder von ihrer, die beiden sind eins. Die individuelle Verschmelzung der beiden Liebenden wird durch ihre körperliche Annäherung unterstrichen. Der Transfer der Einswerdung auf eine überindividuelle Ebene, die nun alle ‚Juden' und ‚Deutschen' eins werden lässt („Vielleicht alle. Wir wissen es nicht"), wird davon begleitet, dass sich die beiden aus ihrer Umarmung lösen. Hier wird die symbolische Bedeutung sehr explizit. Die Verschmelzung der Figuren wird ebenso ausgesprochen wie die Übertragung auf eine überindividuelle Ebene.

Sander L. Gilman nennt als eines der vier Modelle der Einbildungen, jüdisch zu sein oder jüdisch zu werden, eine Art der Fortsetzung des Philosemitismus in Form der gemischten Beziehung:

> In den Vereinigten Staaten gibt es seit Jahrzehnten eine gewisse Angst unter konservativen und orthodoxen Juden, daß die Juden aussterben, indem sie Nichtjuden heiraten, obwohl es oft vorkommt, daß bei dieser Heirat der nichtjüdische Partner zum Judentum übertritt. Daraus wird dann wenigstens bei den reformierten Juden ein Jude oder eine Jüdin. In Deutschland gibt es eine Art von sexueller „Aktion Sühnezeichen", eine Identifikation mit dem Opfer, die so stark ist, daß man sich in das Jüdischsein verliebt und danach einen Juden oder eine Jüdin aussucht.[300]

Während Gilman (möglicherweise) noch eine Partnerschaft mit einhergehender Konversion im Sinn hat – er denkt in diesem Artikel auch über *Einbildungen* jüdischer Identität in Zusammenhang mit dem Wilkomirski-Syndrom nach –, ist eine Konversion der nichtjüdischen Figur für die symbolische Bedeutung der Beziehung nicht erforderlich und in den hier diskutierten Filmen auch nur selten Thema.[301] Für die symbolische

300 Gilman: Das Phänomen der eingebildeten Erinnerung, S. 16.

301 Lediglich in zwei Filmen wird eine Konversion thematisiert: So lehnt die Mutter (Irm Herrmann) der jüdischen Hauptfigur Ron (Dominique Horwitz) in *Schalom meine Liebe* besonders heftig dessen

Kraft dieser Figurenkonstellation, die in der Versöhnungsgeste, der Annäherung und emotionalen Identifikation und der Liebe *zum* Judentum gesehen werden kann, muss keine Konversion vollzogen werden. Die Darstellung einer Konversion wäre möglicherweise sogar hinderlich: Einerseits würde ein *eindeutiges* Jüdischwerden der Figur gezeigt werden, also ein *zum Anderen werden*, das über das häufig vage bleibende Bild der symbiotischen Beziehung, die die Grenzen zwischen Deutschem (Täter_innen) und Jüdischem (Opfern) einebnet, hinausgehen würde. Andererseits würde eine Konversion auf die möglichen *realen* Problematiken gemischter Beziehungen hinweisen, die gerade in der hier gezeigten Konstellation (jüdischer Mann – nichtjüdische Frau) aufgrund der matrilinearen Weitergabe des Judentums die Notwendigkeit einer Auseinandersetzung mit religiösen Regeln und Autoritäten ebenso bedeuten würde wie die Entscheidung für eine der beteiligten Religionszugehörigkeiten. Insofern scheint die Konversion nicht zufällig im Hintergrund bzw. unsichtbar zu bleiben: Für die deutsche Sehnsucht nach Versöhnung und die Opferidentifikation sind realgesellschaftliche Schwierigkeiten eher hinderlich. Das einzige, das es zu überwinden gilt – und das wird in Zusammenhang mit dem Konfliktpotential der gemischten Beziehung ausführlich zu diskutieren sein (vgl. IV.6.2) –, ist die trennende Vergangenheit.
Die Opferidentifikation, für die der Fall Wilkomirski als Beispiel pathologischer Steigerung gelten kann – Wilkomirski identifizierte sich in seiner numerischen Identität als Opfer[302] –, ist als „Grundstruktur kollektiven Erinnerns“[303] zur „erinnerungspolitischen Norm“[304] geworden und als solche eng an die zweite Generation (nachgeborener nichtjüdischer Deutscher) gebunden. Diese begegnet der Geschichte ihrer Eltern durch Identifikation mit den Opfern, die Ulrike Jureit als „Opferidentifikation“[305] und Christian Schneider als „Gegen-Identifizierung“[306] bezeichnet. Bei Jureit heißt es dazu:

> Die Aufarbeitung der nationalsozialistischen Vergangenheit und die Würdigung der Millionen Opfer der Vernichtungspolitik gehören zweifellos zu den herausragenden Verdiensten der zweiten Generation, auch wenn daran durchaus noch andere beteiligt waren. Neben der politischen und gesellschaftlichen Bedeutung, die es hatte, das Schweigen über Massenmorde und Vernichtungslager zu durchbrechen, drückt sich darin aber zugleich der Versuch aus, der eigenen emotionalen Bindung an die Elterngeneration zu entkommen, denn dieser Opferbezug war mehr als die überfällige Anerkennung der Ehrung der Ermordeten. Die revoltierenden Studenten fühlten sich vielmehr selbst als Opfer.[307]

Beziehung zur nichtjüdischen Ingrid (Katja Weitzenböck) ab, obwohl sie selbst für ihren Mann zum Judentum konvertierte. Hier ist es ihre ‚Ernsthaftigkeit‘ und die durchgeführte Konversion, die den Unterschied zu machen scheint. In *Die Gärten des Rabbiners* legen sowohl Pfarrer Braun als auch Rabbiner Seelig dem jungen jüdisch-katholischen Paar nahe, dass sie sich für eine der beiden Religionen entscheiden müssten und somit eine/r konvertieren müsse. Am Ende des Films lehnt das Paar diese Option ab und entscheidet sich für eine standesamtliche Ehe, bei der sie ihre unterschiedlichen Religionen behalten können.

302 Vgl. Konitzer: Opferorientierung und Opferidentifizierung, S. 124–125.

303 Jureit / Schneider: *Gefühlte Opfer*, S. 25.

304 Ebd.

305 Ebd., S. 10.

306 Christian Schneider: Der Holocaust als Generations-Objekt. Generationsgeschichtliche Anmerkungen zu einer deutschen Identitätsproblematik. In: *Mittelweg 36* 13,4 (2004), S. 56–73, hier S. 68.

307 Jureit / Schneider: *Gefühlte Opfer*, S. 27.

In dem Versuch, Opferorientierung und Opferidentifizierung zu differenzieren, geht Werner Konitzer der Frage nach, wo „eine Stellungnahme, ein Engagement ‚im Interesse' oder auch ‚in Bezug' auf die Opfer" übergehe in eine problematische Identifikation.[308] Das problematische an der Opferidentifizierung, wie sie Jureit und Schneider beschreiben, ist zum einen, dass sie unbewusst und damit unabsichtlich, also auch unreflektiert passiert, zum anderen, dass sie mit ambivalenten Gefühlen verbunden ist.[309]

Die Verschmelzung der Figuren durch ihre (Liebes-)Beziehung kann einer Opferidentifizierung in einigen Fällen nahekommen. Sie kann so weit gehen, dass es zu einem regelrechten Rollentausch bzw. einer Gleichsetzung kommt, in der die nichtjüdische und die jüdische Figur gleichgesetzt werden. Die nichtjüdische Figur legt die Geschichte der Eltern ab und nimmt quasi die Geschichte der jüdischen Figur an. Im Falle der beiden im Folgenden beschriebenen Sequenzen bleibt der jüdischen Figur – hier Enrico Pavarotti aus der *Lindenstraße* – diesbezüglich nur (stumme) Zustimmung. So erzählt Isolde in der Folge *Das Lied* (1990) Valerie weinend über ihr und Enricos Kennenlernen:

> Als ich ihn kennenlernte auf Ischia, ich habe ihn vom ersten Moment an geliebt. Ich habe sehr lang gedacht, ich liebe ihn weil er so heiter ist, weil er ... er strahlt so etwas aus, was ich für Lebensfreude hielt. Als er mir dann seine Geschichte erzählte, passierte etwas Merkwürdiges: *Er* musste *mich* trösten. [Mit Nachdruck:] Er *konnte* [Kursivierung als Markierung der Betonung durch die Verfasserin eingefügt] mich trösten.

Isolde ist diejenige, die weint und getröstet werden muss, sein Verlust wird zu ihrem Verlust, ihre Trauer gleichwertig mit seiner. Mehr noch: Ihre Trauer wird gelindert als er, ‚der Jude', sie tröstet und damit zu verstehen gibt, dass es Trost gäbe und sie nicht so traurig sein *solle*. Sein nicht genauer beschriebenes Trösten kann als eine Form der Absolution verstanden werden, wie auch seine Liebe, die sie von ihrer ‚familiären Belastung' und jeglicher Form ‚ererbter Schuld' freispricht. Opferidentifizierung sowie der Wunsch, von Schuld freigesprochen zu werden, die sich in Isoldes Liebe zu Enrico und zum Judentum ausdrücken, finden einen weiteren Höhepunkt, wenn sie wenig später in einem Restaurant ein jiddisches Lied für ihn singt.

Am Ende des *Tatort*-Films *Der Schächter* verlassen Jakob Leeb und Klara Blum sein Haus. Er will nach Straßburg zurückkehren, nachdem er antisemitischen Drohungen, wie anonymen Anrufen und Verdächtigungen durch den Staatsanwalt, die bis zur Untersuchungshaft führten, ausgesetzt war. Als sie aus der Haustür treten, sehen sie, dass diese mit roter Farbe beschmiert ist. Jakob geht vor. Klara bleibt stehen und sagt: „Ich habe in meinem Leben nie gekniffen." Hier ist es nicht wie in der *Lindenstraße* die Trauer und Verlusterfahrung, die Klara von Jakob ‚übernimmt', sondern die (vermeintliche) Verfolgungs- oder Ausgrenzungserfahrung. Sie, die in ihrem Engagement für den jüdischen Freund als aufrecht und moralisch integer gezeigt wurde, läuft nicht weg – im Gegensatz zu ihm. Und tatsächlich bleibt Jakob stehen, dreht sich um und

308 Konitzer: Opferorientierung und Opferidentifizierung, S. 125.

309 Schneider: Generation im Abtritt, S. 91 ff.

kehrt zurück ins Haus. Ähnlich wie in der *Lindenstraße* ist jedoch, dass sich auch hier die in Klaras Aussage ausgedrückte Parallelisierung vor einem völlig unterschiedlichen Erfahrungshorizont abspielt, der einen Vergleich von Klaras und Jakobs Verhaltensweisen eigentlich unmöglich macht.

Diese Beispiele verdeutlichen, dass die jüdisch-nichtjüdische Liebesbeziehung in ihrer symbolischen Überhöhung eng an die der Shoah nachgeborene Generation gebunden ist. Darin zeigt sich eine Parallele zu Jureits und Schneiders Überlegungen zur Opferidentifikation, die ebenfalls ein Phänomen der nachgeborenen Generation ist. Während in der *Lindenstraße* Isolde Enricos Opferperspektive übernimmt, macht Klara ihren Erfahrungshintergrund selbstbewusst zum Maßstab für Jakobs Verhalten. Beides bleibt unproblematisiert.

Die symbolische Kraft deutsch-jüdischer Liebesbeziehungen ist so groß, dass sie nicht nur als konkrete Figurenkonstellation, sondern auch als Metapher Verwendung findet. Hier werden ihre spezifischen Konnotationen besonders deutlich. So weist Sara R. Horowitz darauf hin, dass die Metapher der ‚intermarriage' besonders in philosemitischen Narrativen nach der Shoah auftaucht, wenn eine kulturelle Fusion beschrieben werden soll, wobei sie mit der vollen Akzeptanz des Juden durch den Nichtjuden konnotiert sei.[310] Im Bild der glücklichen Ehe als Metapher für das ‚deutsch-jüdische Verhältnis' vor dem Nationalsozialismus, die dann brutal geschieden worden sei, blieben die Juden allerdings weiterhin die Anderen, darüber hinaus müsse nach den Genderrollen der metaphorischen Ehepartner gefragt werden.[311]

Geht man der von Horowitz gezogenen Verbindung zum Nationalsozialismus nach, waren damals realhistorisch jüdisch-nichtjüdische Ehen verboten und es wurde in derartigen Fällen versucht, die Scheidung zu erzwingen. In filmischen Darstellungen bietet die Figurenkonstellation der jüdisch-nichtjüdischen Ehe im Kontext des Nationalsozialismus die Möglichkeit, von deutschem Anstand, großer Liebe und Rettungsgeschichten, aber auch von deutschen Opfern zu erzählen, wie in *Ehe im Schatten* (DE Ost 1947, R: Kurt Maetzig), *In jenen Tagen* (DE West 1947, R: Helmut Käutner) oder *Rosenstraße*. Die filmische Darstellung jüdisch-nichtjüdischer Beziehungen *während* des Nationalsozialismus in Filmen nach 1945 kann für die symbolische Deutung bezüglich der erzählten Zeit als Vorgänger oder vorhergehendes Narrativ verstanden werden. Da die Filme nicht unbedingt früher entstanden, sondern lediglich früher spielen, handelt es sich somit um *parallele* Deutungsentwicklungen. Setzten die nichtjüdischen Ehepartner in Filmen wie den oben genannten Beispielen durch das Nichtaufgeben ihrer Solidarität dem jüdischen Ehepartner gegenüber ein Zeichen *gegen* den nationalsozialistischen Antisemitismus, so kann auch in Filmen, die nach

310 Sara R. Horowitz: Lovin' Me, Lovin' Jew. Gender, Intermarriage, and Metaphor. In: Phyllis Lassner / Lara Trubowitz (Hrsg.): *Antisemitism and Philosemitism in the Twentieth and Twenty-first Centuries. Representing Jews, Jewishness, and Modern Culture.* Newark: University of Delaware Press 2008, S. 196–216, hier S. 196–197.

311 Ebd.

1945 spielen, die Liebe zu einem/einer jüdischen Partner_in als Positionierung *gegen* Antisemitismus verstanden werden:

> At the very least, to marry a Jew is to demonstrate that one has been 'vaccinated' against racism and prejudice. To celebrate the Jewishness of the marriage partner – to acclaim those desirable attributes that attach to the partner insofar as he or she is Jewish – is to extend the love of one's spouse to a love of Jews in generally in an opposing (but also corresponding) gesture to anti-Semitism. In these positive representations of intermarriage, the distinctiveness of the Jew remains a constant, but Jewish difference is celebrated, rather than feared or repudiated.[312]

Ebenso wie im Sprechen über *Opfer* im Kontext der nationalsozialistischen Verbrechen der *Täter* bereits impliziert ist und dadurch die eigene normative Position bekräftigt wird,[313] geschieht dies auch in (Liebes-)Beziehungen zu Nachkommen von Opfern. Problematisiert und explizit gemacht wird das in *Der deutsche Freund*, der von der Liebe eines Täterkindes (Friedrich) und eines Opferkindes (Sulamit) erzählt. Beider Eltern flohen – wenn auch aus gegenteiligen Motivationen – nach Argentinien, die Geschichte ihrer Kinder führt über die Auseinandersetzung mit Herkunft und Geschichte ihrer Eltern zurück nach Deutschland.

Friedrichs Distanzierung von seinen (Täter-)Eltern wird in zwei Szenen deutlich, wobei erstere vor allem auf die diesbezügliche Rolle seiner Beziehung zu Sulamit eingeht: In einem Gespräch darüber, warum Sulamit mit einem Stipendium gerade nach Deutschland kam – Friedrich hofft, es sei wegen ihm gewesen –, antwortet sie, vielleicht habe sie nach der Sprache ihrer Eltern gesucht. Friedrich sagt: „Deswegen liebe ich dich so", worauf hin Sulamit nachfragt und er antwortet: „Weil du Jüdin bist." Sie geht daraufhin wortlos weg. Die Rolle und Funktion, die sie als Jüdin für Friedrich hat, nämlich vor allem die Auflehnung gegen und Abgrenzung von seinen Eltern – er liebt eine Jüdin in Abgrenzung zu ihnen und ihrer Generation, die ‚die Juden' hassten und verfolgten –, wird hier ausgesprochen und kränkt sie.

In einer anderen Sequenz erzählt Friedrich, enttäuscht von der linkspolitischen Bewegung in Frankfurt, die sich gegen eine bewaffnete Revolution sperre, dass er nach Argentinien gehen und sich dort dem bewaffneten Widerstand anschließen wolle. In diesem Zusammenhang sagt er, der nach Deutschland gegangen war, um mehr über die verschwiegene Täterschaft seines Vaters zu erfahren, dass er Lateinamerikaner sei und etwas für sein Land tun wolle. Sulamit sagt zu ihm: „Du bist Deutscher und du musst für keine Schuld büßen!"

Während die erste Sequenz verdeutlicht, dass die Liebesbeziehung zu Sulamit für Friedrich eine Opposition zu seinen Eltern markiert,[314] zeigt die zweite, dass er, nachdem

312 Horowitz: Lovin' Me, Lovin' Jew, S. 200.

313 Konitzer: Opferorientierung und Opferidentifizierung, S. 121.

314 Spannend an dieser Stelle ist, dass *Der deutsche Freund* auch die jüdische Perspektive sichtbar werden lässt: Auch für Sulamit steht die Beziehung zu ‚dem Deutschen' – ebenso wie ihre Entscheidung, nach Deutschland zu gehen – in Opposition zu ihren Eltern, die diese nicht gutheißen. Diese Abgrenzung von der als pauschal empfundenen Ablehnung ihrer Eltern allen und allem Deutschen gegenüber ist für sie ein notwendiger Schritt, um eine eigene Position zu entwickeln. In Deutschland führt sie – als Friedrich in seine politische Aktivität verstrickt ist und dann nach Argentinien zurückkehrt – allerdings eine

sein Vorhaben, in Deutschland mehr über die Täterschaft seines Vaters zu erfahren und anschließend die politischen Verhältnisse zu ändern, gescheitert ist, eine andere Strategie versucht, um sich von der Geschichte der Eltern zu distanzieren und die Nähe zu – diesmal anderen – Opfern zu suchen: In Argentinien wird er festgenommen und inhaftiert. Bereits während seiner Inhaftierung plant er, sich nach seiner Freilassung dem Kampf der indigenen Bevölkerung um ihr Land anzuschließen. Die Beziehung zu einer Jüdin ist nur *eine* Strategie – und für Friedrich nur der erste Schritt – der Opferidentifizierung. In der Identifizierung mit Opfern, diesem „Wechselbalg aus lauter zusammengestückten Identitäten, die allesamt ‚Opferqualität' hatten", so Schneider, seien die ermordeten Juden das erste „role-model" gewesen, die Opferidentifizierung mache aber nicht bei ihrem ursprünglichen Objekt halt.[315]
In *Der deutsche Freund* wird die Opferidentifikation der Figur Friedrich sichtbar gemacht und am Ende aufgelöst, indem sich Friedrich langsam von seiner radikalen Politisierung löst und ein ruhiges Leben beginnt, in dem Gefühl, er habe alle seine Kämpfe gekämpft. Die Liebesbeziehung zu Sulamit wird dadurch wieder möglich, sie wird als große Liebe gezeigt, die sich nun erfüllen kann.
Symbolisch kann die Liebesbeziehung zwischen jüdischen und nichtjüdischen Figuren als Anknüpfen an das (als positiv imaginierte) ‚deutsch-jüdische Verhältnis' vor 1933, also als eine Form der Versöhnung verstanden werden. Auf Figurenebene kann sich in dieser Konstellation eine Charakterisierung der nichtjüdischen Figur als dezidiert *nicht antisemitisch* und die trennende Vergangenheit überwindend vollziehen. Dabei bleibt die jüdische Figur (häufig) anders. Durch die Nichtthematisierung von Konversionen zeigt sich, dass das Judentum als Fremdes oder Anderes geliebt wird und damit (immer noch) nicht integraler Bestandteil der deutschen Gesellschaft ist.
Die Häufung dieser Figurenkonstellation ist als Symptom des deutschen Wunsches nach Versöhnung, nach der einseitigen ‚Wiederaufnahme' einer vermeintlichen Liebesbeziehung und einer Vergebung zu lesen. Gleichzeitig kann die deutsch-jüdische Liebesbeziehung als starkes Symbol einer ehemals verbotenen Beziehung auch zur Vergleichsfolie werden: In *Deutschlandlied. Schicksale der Nachkriegszeit* und *Drei Schwestern made in Germany* werden jüdisch-nichtjüdische Beziehungen verwendet, um den nationalsozialistischen Antisemitismus und den (amerikanischen) Rassismus gegenüber Schwarzen zu parallelisieren. In *Deutschlandlied* beginnt die jugendliche Betty eine romantische Beziehung zum schwarzen GI George, die bald einen Skandal auslöst. Zu ihrer Mutter, die sie vor den Folgen der Beziehung warnt, sagt sie: „Warum darf ich ihn nicht lieben? Ist er Jude?" Hier wird über die vermeintliche Inszenierung eines andauernden Antisemitismus, die mit dem empörten Einspruch von Bettys Mutter sofort gebrochen wird, eine Parallele hergestellt. In *Drei Schwestern made in Germany* werden alle drei Schwestern über ihre Beziehungen zu Männern charakterisiert: Die

Beziehung zu einem deutschen Mann (Michael, gespielt von Benjamin Sadler), der im Exil geboren wurde und damit nicht nur die Exilerfahrung teilt, sondern auch von jeglichem Verdacht der Täterschaft bzw. Nazi-Eltern zu haben, befreit ist.

315 Schneider: Generation im Abtritt, S. 89.

älteste Schwester Nora liebt unglücklich und unerfüllt den Holocaustüberlebenden Jacob, die zweitälteste Freya sucht pragmatisches Glück in der Ehe zum amerikanischen General Montgomery, mit dem sie ein neues Leben in den USA beginnen will, und die Jüngste, Guddy, will unkonventionell ihren Spaß und hat dabei nicht nur Sex mit verschiedenen, sondern auch mit schwarzen Männern. Als Guddy als Provokation ihre Verlobung mit einem schwarzen Musiker bekanntgibt, stellt Montgomery, der sich als Rassist und „Monster" entpuppt, das Ultimatum, entweder müsse Guddy ihre Verlobung lösen oder er würde die Ehe zu Freya annullieren. „Ein Schwarzer in der Familie. Das geht doch nicht. Das geht doch hoffentlich auch für Euch nicht?" Darauf antwortet Nora: „Hoffentlich? Was wäre das? Rassenschande? Die haben wir hier gerade hinter uns. Geht das jetzt wieder von vorne los nur diesmal ohne Juden?" Als er weiter darauf drängt, die Schwestern sollten Guddy „Manieren beibringen", zeigt Freya ihm den Hitlergruß: „Jawohl, mein Führer!" Hier wird der Vergleich auf die Spitze getrieben: Und auch, wenn letztlich alle Schwestern als moralisch ‚anständig' charakterisiert werden, kommt es Nora zu, die den jüdischen Jacob liebt und die sich von dieser Liebe auch während des Nationalsozialismus nicht hat abbringen lassen, die (vermeintliche) Kontinuität der Diskriminierung zu benennen und sich ihr (wiederholt) entgegen zu stellen.

Daneben muss jedoch auch, besonders vor dem Hintergrund, dass die jüdisch-nichtjüdischen Beziehungen in einer spezifischen Geschlechterkonstellation deutlich häufiger dargestellt werden, nach der Bedeutung der zugrunde liegenden Geschlechterkonstruktionen gefragt werden. Es gilt aber nicht nur nach der symbolischen Bedeutung der Liebesbeziehung als Ganzes zu fragen, sondern auch nach der Bedeutung und Funktion, die ihr für die Figuren der Liebenden zukommt und welche Veränderungen diese dadurch durchlaufen.

6.2 Konfliktpotential

Waren jüdisch-nichtjüdische Liebesbeziehungen früher bereits in der Literatur eine Figurenkonstellation, in der sich von Problemen der Assimilation und Emanzipation erzählen ließ,[316] so lässt sich heute damit von der trennenden (unterschiedlich empfundenen) Vergangenheit erzählen. Die Shoah wird für viele der Liebesbeziehungen zur trennenden Vergangenheit. In Filmen wie *Der Ruf*, *Welcome in Vienna* oder *Lore* haben die Hauptfiguren diese Zeit selbst auf unterschiedlichen Seiten erlebt. In *Malou*, *Neues Deutschland: Ohne mich* oder *So ein Schlamassel* ist es die Geschichte der Eltern, die sich unterscheidet und die zu einer unterschiedlichen familiären Sozialisation der Figuren führt. Doch auch für die Nachgeborenen wird die Shoah zum trennenden Ereignis und konfliktträchtigen Thema.

In Filmen, deren Handlung zeitlich noch nah am Nationalsozialismus angesiedelt ist, sind die Konflikte um die Vergangenheit sehr konkret: In *Der Ruf* waren Lina und Prof. Mauthner zwar bereits vor dessen Gang ins Exil geschieden, doch Lina gab den

316 Florian Krobb: *Die schöne Jüdin. Jüdische Frauengestalten in der deutschsprachigen Erzählliteratur vom 17. Jahrhundert bis zum Ersten Weltkrieg.* Tübingen: Niemeyer 1993, S. 257.

gemeinsamen Sohn während des NS als arisches Kind eines anderen (nichtjüdischen) Mannes aus und klärt dies auch nach Ende des Krieges nicht auf. Mauthner hält ihr vor, schon immer Vorurteile gegen Juden gehabt zu haben.[317] Dadurch, dass beiden Figuren genug Zeit gegeben wird, ihre (konträren) Positionen und Ambivalenzen ausführlich zu schildern und somit nachvollziehbar zu machen, wird eine ausgewogene und versöhnliche Atmosphäre in der Figurenbeziehung geschaffen. Der Ton des Films ist versöhnlich, weil die Unterschiedlichkeit der Perspektiven nachvollziehbar wird. Dennoch sind die Sequenzen in der Mitte des Films, die den Konflikt zwischen Lina und Mauthner zeigen, Schlüsselszenen für das Bild, das der Film vom ‚deutsch-jüdischen Verhältnis' anhand dieser gescheiterten Ehe entwirft.

Die 14-jährige Lore in *Lore* kann ihrem erwachenden sexuellen Interesse an dem (vermeintlich) jüdischen Thomas nicht nachgeben, weil sie den von ihren Nazieltern gelernten Hass auf Juden nicht so einfach ablegen kann. Als Tochter eines Nazivaters, deren Beziehung zum jüdischen Soldaten Freddy davon abhängt, wie sie sich zu ihrer Elterngeneration positioniert, wird auch die Figur der nichtjüdischen Claudia in *Welcome in Vienna* gezeigt. Wie gerechtfertigt Freddys Misstrauen, ob sie den Antisemitismus ihres Nazivaters teilt, ist, wird lange im Unklaren gelassen, da sie dies – gemäß der quasi verordneten Ächtung von Antisemitismus – abstreitet. Freddy sieht sich jedoch insofern konkret konfrontiert und in seinen Befürchtungen bestätigt, als er in einem Brief von Claudias Vater die Forderung liest, sie möge sich von „dem Juden" trennen. Eine Schwierigkeit, die sowohl *Der Ruf* als auch *Welcome in Vienna* betonen, ist, dass die jüdischen Figuren aufgrund ihrer Abwesenheit im Exil nur auf das vertrauen können, was ihre nichtjüdischen (Ex-)Partner_innen über ihr Verhalten und ihre Ansichten während des Nationalsozialismus sagen.

Mit größerem zeitlichem Abstand zum Nationalsozialismus führen die Themen NS-Vergangenheit und Shoah besonders für Figuren, die als Nachgeborene dargestellt werden, durch den zumindest offiziell tabuisierten Antisemitismus oft eher verstellt oder indirekt zu Konflikten in den jüdisch-nichtjüdischen Paarbeziehungen: So nehmen Jil und Marc in *So ein Schlamassel* den antisemitischen Witz von Marcs Onkel unterschiedlich wahr, was zu einem Konflikt zwischen ihnen führt. Während er diesen als harmlos einschätzt, steht er für sie in einer Verbindungslinie mit dem Antisemitismus, der zur Shoah geführt hat.

In *Ein ganz gewöhnlicher Jude* führt die Beziehung zwischen dem sich als säkular und atheistisch verstehenden Emanuel und der nichtjüdischen Hannah zum Konflikt, weil diese ihm vorhält, er sei so „unerträglich jüdisch" geworden für jemanden, der das gar nicht sein wolle. Er kann sein Jüdischsein nicht auf die gleiche Weise hinter sich lassen, wie sie den Katholizismus ihrer Eltern. Emanuel und Hannah müssen feststellen, dass sie „den alten Krempel" nicht hinter sich lassen können. Es ist seine Prägung durch die Shoah-überlebenden Eltern, die Verfolgungsgeschichte der Familie, die er nicht

317 So sagt er zu ihr in einer Streitsituation: „It was not only pressure that made you convert the boy to a full fledged Aryan. Otherwise you'd have long since told him who his true father was."

abstreifen kann. Somit wirkt auch hier die Shoah als trennende Vergangenheit in die Paar-Gegenwart.
Neben diesen internen Beziehungskonflikten können die gemischten Beziehungen auch auf Widerstand von außen stoßen: So wird in den Fernsehfilmen *Schalom meine Liebe* und *So ein Schlamassel* explizit die Ablehnung der nichtjüdischen Partnerin bzw. des nichtjüdischen Partners durch die jüdischen Familien thematisiert. In dem Fernsehfilm *Die Gärten des Rabbiners* der Krimireihe *Pfarrer Braun* ist die Ablehnung der Beziehung zwischen der jüdischen Alisha Grün (Julia Richter) und dem katholischen Gerd Kruschke (Niels Bruno Schmidt) auf der familiären Ebene eher persönlich oder individuell denn religiös motiviert, da es sich um Familien handelt, die wegen der Konkurrenz ihrer Gärtnereibetriebe verfeindet sind. Der Disput zwischen Pfarrer Braun und Rabbi Seeliger hingegen ist ein religiöser, der die Beziehung nicht als falsch oder unmöglich erachtet, aber die Konversion eines der beiden Partner_innen als zwingend notwendig voraussetzt, wobei Braun und Seeliger sich darum streiten, wer von beiden nun konvertieren und seinen ursprünglichen Glauben ablegen müsse. Dass die religiöse Differenz sich ausgeprägter in der Figurenzeichnung wiederfindet als nur durch die Gegenüberstellung einer dezidiert jüdischen und einer vage christlichen Figur, ist auffällig. Hier geht es nicht um die trennende Geschichte der Shoah, die die Figuren in Täter_innennachkommen und Opfernachkommen unterteilt, sondern um die Frage nach dem familiär tradierten Glauben, der nicht mit dem des Anderen kompatibel sei (zumindest für die religiösen Autoritäten).
Die Ablehnung durch die jüdische Familie wird im zweiteiligen Fernsehfilm *Schalom meine Liebe* sehr kritisch beschrieben: So lehnt Rons Familie – allen voran seine konvertierte Mutter Esther – seine nichtjüdische Frau Ingrid ab und bezeichnet sie pejorativ als „Schickse". Doch ebenso wie für Sulamit in *Der deutsche Freund* sind Liebesbeziehungen für die Figur Ron ein Bereich, in dem das eigene Selbstverständnis – auch oder besonders in Abgrenzung zu dem der Eltern – ausgehandelt wird. So wird Ron als zwischen drei Frauen stehend dargestellt, wobei jede für einen Lebensentwurf und ein anders akzentuiertes (jüdisches) Selbstverständnis steht:
Erstens, seine jüdisch Schulkameradin und Jugendfreundin Rebecca. Sie entstammt einer wohlhabenden jüdischen Frankfurter Familie. Rons Auseinandersetzung mit ihr entzündete sich an ihrem mangelnden Idealismus und ihrer Ablehnung der zionistischen Idee. Sie steht für ein deutsches Judentum, das unter sich bleibt, und so beginnt der Film auch mit ihrer Hochzeit mit einem jüdischen Mann.
Zweitens, die Israelin Yael, mit der Ron einen gemeinsamen Sohn hat. Sie lebt in Israel und möchte gern mit Ron zusammen sein. Doch Ron ist zwischen Israel und Deutschland hin- und hergerissen. Seine Gefühle für Yael scheinen nicht nach Deutschland übertragbar.[318] Außerdem kann er mit ihrem beruflichen Erfolg und ihren Ambitionen schlecht umgehen.

318 So sagt er zu ihr, sie sei „tüchtig, schön und erfolgreich [zögernde Pause] in Israel". Hier wird deutlich, dass die beiden Länder für ihn mit unterschiedlichen Lebensentwürfen, Vorstellungen und eben auch Partnerinnen verbunden sind. Es wird gezeigt, dass er seinen Platz – als Mann und Jude – noch nicht gefunden hat.

Drittens, seine blonde, deutsche nichtjüdische Freundin Ingrid. Sie möchte ihn heiraten und wartet geduldig auf ihn, obwohl er sie wiederholt im Stich lässt, ohne sie nach Israel geht und ihr seinen Sohn verheimlicht. Sie steht für ein Leben in Deutschland, das mit einer vollen Partizipation an der nichtjüdischen Mehrheitsgesellschaft und der Abgrenzung von seiner Elterngeneration verbunden ist. Am Ende wird Ron sich für sie entscheiden.

Auch in dem *Tatort*-Film *Ein ganz normaler Fall* wird die Geheimhaltung der Affäre zwischen Leah Berger und dem nichtjüdischen Michael Grossmann (Jörg Hartmann) nicht damit begründet, dass Grossmann verheiratet ist, sondern dass Leahs Vater dies nicht akzeptiert hätte: „Er war kein Freund der jüdischen Gemeinschaft, aber für ihn war klar, dass Leah einen Juden heiraten würde. Das war ein ungeschriebenes Gesetz."

All diese Darstellungen zusammengenommen entsteht das Bild, dass es bei jüdisch-nichtjüdischen Liebesbeziehungen vor allem die jüdische Seite sei, die Vorbehalte habe. Vorbehalte auf der nichtjüdisch-deutschen Seite werden nicht nur nicht explizit geäußert, sondern gar nicht sichtbar. Während die Ablehnung der nichtjüdischen Partnerin in *Schalom meine Liebe* explizit durch das jüdische Religionsgesetz, die Halacha, erklärt wird („keine jüdische Mutter, keine jüdischen Kinder"), wird sie in *So ein Schlamassel* und *Der deutsche Freund* eher durch einen Verweis auf die Vergangenheit und die Möglichkeit von Nazitäter_innen in der Familie abgelehnt. Auffällig in *Der deutsche Freund* ist, dass Friedrichs Eltern das jüdische Mädchen Sulamit freundlich in ihre Familie aufnehmen und sie zu Familienausflügen und sogar an Weihnachten willkommen ist. Antisemitismus wird hier nicht sichtbar. Sie grüßen Sulamits Vater auf der Straße, während er schweigt. Das impliziert zunächst, die Eltern hätten ihren Nazismus sowie ihren Antisemitismus im argentinischen Exil abgelegt. Eine gewisse Unklarheit entsteht dadurch, dass die Zuschauer_innen später von Friedrich erfahren, dass sein Vater in Argentinien Kontakt zu anderen hochrangigen Nazis und sein Onkel vielen geholfen habe, dort unterzutauchen, sowie, dass Friedrich mit seiner Familie gebrochen habe, weil sein Vater, konfrontiert mit seiner Nazivergangenheit, weder Reue noch Einsicht zeigte. Am Ende von *Der deutsche Freund* akzeptiert Sulamits Mutter jedoch die Beziehung zu ihrem „deutschen Freund".

Die Happy Ends dieser Liebesgeschichten werden auch infolge der Akzeptanz durch die Familie möglich, die dann einsetzt, wenn die Liebenden ‚bewiesen' haben, dass sie sich nicht von ihrer Partnerwahl abbringen lassen. Auch Rons Familie akzeptiert am Ende von *Schalom meine Liebe* seine inzwischen schwangere Freundin Ingrid und seinen unehelichen Sohn Benni. Der Film endet mit einem Pessachfest bei Rons Eltern. Sie sitzen am gedeckten Tisch. Vater Kuba steht am Kopfende und sagt:

> Dieses Jahr ist für unsere Familie ein besonderes Pessachfest. Ron hat immer gesagt, dass er seine Mischpoche nicht verlieren will. Jetzt, denke ich, muss die Mischpoche aufpassen, euch nicht zu verlieren. [...] Ingrid und Benni sind ein Teil unserer Familie geworden. Wenn wir miteinander reden, dann können wir auch miteinander leben.

Abb. 51: Kollektives Happy End in *So ein Schlammassel*.

Abb. 52: Kollektives Happy End in *Schalom meine Liebe*.

Abb. 53: Kollektives Happy End in *Die Gärten des Rabbiners*.

Mit dem letzten Satz zitiert er Ron, der diesen Anspruch in einer Konfliktsituation ihm gegenüber vertreten hatte. Damit wird deutlich, dass die Elterngeneration die Position und das Selbstverständnis ihrer Kinder akzeptiert hat.

Humoristisch im Ton und mit einem Happy End, das wie ein *deus ex machina* auftaucht und entsprechend unglaubwürdig bleiben muss, wird die Ablehnung des nichtjüdischen Freundes von Jil Grüngras (Natalia Avelon) in *So ein Schlamassel* aufgehoben. In der romantischen Komödie ist die Ablehnung der Familie, die zum Rollenspiel und daraus resultierender Verwechslung führt, das Hindernis, das die Liebenden überwinden müssen, um im letzten Akt zueinander finden zu können. Deutlich pragmatischer und realitätsnäher fällt das Ende von *Die Gärten des Rabbiners* aus, dort entscheiden sich die Liebenden für eine standesamtliche Ehe, die sie nicht zu einer Entscheidung für eine der beiden Religionen zwingt.

Die Endsequenzen von *Schalom meine Liebe*, *Die Gärten des Rabbiners* und *So ein Schlammassel* machen deutlich, dass die jüdisch-nichtjüdische Beziehung nicht nur in ihrem symbolischen Potential (als Versöhnung) aus nichtjüdischer Perspektive eng an eine nachgeborene Generation gebunden ist. In diesen Filmen findet eine generationelle Aushandlung sich verändernder Selbstverständnisse statt, für welche die Beziehung mit einer/einem nichtjüdischen Partner_in eine Art Kristallisationspunkt darstellt. Das zeigt sich auch an der Gestaltung im Bild: So inszenieren die Filme das Happy End nicht in einem Bild der beiden Liebenden, sondern der Liebenden inmitten der versöhnten Familien – es ist ein kollektives Happy End, eine kollektive Versöhnung (Abb. 51–53), die als utopischer Ersatz für die Realverhältnisse gelesen werden kann.

6.3 Geschlechterkonstruktionen und die Inszenierung der sexuellen Attraktion

Die filmische Darstellung von jüdisch-nichtjüdischen Liebesbeziehungen kann indes nicht ausschließlich vor dem Hintergrund ihres symbolischen Potentials und der Auseinandersetzungen um Nationalsozialismus und Shoah gedeutet werden. Der Umstand, dass es sich bei den Beziehungen um heterosexuelle Liebesbeziehungen handelt, bei denen Sexualität eine nicht unbedeutende Rolle spielt und die gleichzeitig deutlich häufiger die Konstellation jüdische Männerfigur – nichtjüdische Frauenfigur aufweisen, verweist darauf, dass sie mit Geschlechterkonstruktionen, Körper- und Sexualbildern von Jüdinnen und Juden in Zusammenhang stehen.

6.3.1 Geschlechterkonstellationen

Die Dominanz von jüdisch-nichtjüdischen Figurenpaaren, die aus einem jüdischen Mann und einer nichtjüdischen Frau bestehen, erklärt sich zunächst einmal im Zusammenhang der generell zu beobachtenden Hegemonie männlicher jüdischer Figuren[319] (vgl. Kap. II.5).

Hier lassen sich zwei Beobachtungen machen: Liebesbeziehungen zwischen weiblichen jüdischen Figuren und nichtjüdischen Männern, wie in *So ein Schlamassel*, *Die Gärten*

319 Abrams: *The New Jew in Film*, S. 19.

des Rabbiners, Malou, Max Minsky und ich, Annas Sommer oder auch *Der deutsche Freund*, sind romantisch konnotiert und zumeist als ‚große Liebe' dargestellt. Beziehungen zwischen jüdischen Männern und nichtjüdischen Frauen hingegen werden durchaus auch als primär sexuell motiviert gezeigt, wie beispielsweise in *In einem Jahr mit 13 Monden, Neues Deutschland: Ohne mich, Gebürtig, SuperTex* oder *Berlin, Berlin*.

Diese Konstellation transportiert eine antisemitische Phantasie, jüdische Männer würden ‚deutsche' Frauen verführen, ist aber auch als Motiv aus der amerikanischen Popkultur bekannt, in welcher ‚der jüdische Mann' häufig nichtjüdische Frauen als Zeichen seiner Assimilation begehrt.[320]

Gerade weil die Konstellation jüdischer Mann – nichtjüdische Frau deutlich häufiger in den hier analysierten Filmen auftritt, muss tiefergehend nach den Implikationen dieser Geschlechterkonstellation gefragt werden, sei es nach der Attraktivität des jüdischen Mannes für die nichtjüdische Frau (und umgekehrt), aber auch den Schwierigkeiten, die sich scheinbar aus der umgekehrten Paarkonstellation ergeben und diese daher in der Darstellung weniger attraktiv machen. So beschreibt Judith E. Doneson, dass die christlich-jüdische Beziehung in Holocaustfilmen häufig als eine männlich-weibliche dargestellt werde:

> This takes shape in the alliance of the weak, passive, rather feminine Jew being protected by a strong Christian/gentile, the male, signifying a male-female-relationship. It is generally a benevolent, symbiotic coupling based on the stereotype of the meek female dependent upon the strong male and the need both have for each other. The relationship exists on two levels: one depicts the Christian/gentile in his attempts to rescue the weak Jew; the other reflects a sexual attitude whereby the male Christian saves a female Jew because he loves her.[321]

Während in *Die verlorene Zeit* die Geschlechterkonstellation tatsächlich so gestaltet ist, dass der nichtjüdische Tomasz die jüdische Hannah aus Auschwitz rettet, scheint sie in *Der Schächter* auf den ersten Blick unzutreffend, ist es doch hier die Frau, Klara Blum, die den Mann, Jakob Leeb, vor den antisemitisch motivierten Anschuldigungen beschützt. Doch in Anbetracht der ihnen zugeschriebenen Attribute – Klara ist selbstbewusst und klar, körperlich stark, dank ihres Berufs mit einer gewissen Macht ausgestattet und aktiv, während Jakob passiv, körperlich schwach, gebeugt, ängstlich und hilflos ist – scheint die beschriebene Konstellation von Attributen trotz gegenläufiger Geschlechterrollen aufrechterhalten. So muss für diese Darstellung die jüdische Figur in der Beziehung nicht weiblich sein, vielmehr analysiert Doneson die Darstellung der männlichen jüdischen Figuren als mit weiblichen Attributen ausgestattet und feminisiert.

Neben der Möglichkeit einer dem biologischen Geschlecht der Figur entgegenlaufenden Geschlechterkodierung in der filmischen Darstellung muss auch danach gefragt

320 Kalmar: *The Trotskys, Freuds and Woody Allens*, S. 244–247.

321 Judith E. Doneson: The Image Lingers. The Feminization of the Jew in *Schindler's List*. In: Yosefa Loshitzky (Hrsg.): *Spielberg's Holocaust. Critical Perspectives on Schindler's List*. Bloomington: Indiana UP 1997, S. 140–152, hier S. 140–141.

werden, ob in Abhängigkeit von der Perspektive in der Geschlechterkonstellation jüdischer Mann – nichtjüdische Frau auch unterschiedliche Darstellungen entstehen. Vorläufige These soll hier sein, dass eine stärkere Fokussierung auf die nichtjüdische Protagonistin, wie in *Der Schächter, Berlin, Berlin* oder *Liebe unter Verdacht*, eher sichtbar macht, was für diese an der männlich-jüdischen Figur begehrenswert oder attraktiv ist, währen eine im Mittelpunkt stehende männlich-jüdische Figur eher die Frage beantworten muss, was an der nichtjüdischen Frau attraktiv ist und warum sie diese Beziehung eingeht oder sucht.

6.3.2 Die Attraktivität der jüdischen Figuren zwischen sexuellen Stereotypen und symbolischer Kraft

In filmischen Darstellungen, in denen nichtjüdische Männer Beziehungen zu jüdischen Frauen eingehen, sind jene häufig als sehr schön dargestellt, z. T. durchaus mit Referenz auf das Bild der schönen Jüdin (vgl. Kap I.2.3). Unterschieden werden können Filme, in denen die weiblich-jüdische Figur Protagonistin ist oder ihre Perspektive dominiert, wie in *So ein Schlamassel*, *Der deutsche Freund* oder *Malou*. Hier wird das Sexuelle der Beziehung nicht ausgeblendet, letztlich handelt es sich aber um Liebesgeschichten, in denen die romantische Facette dominiert. In diesen Filmen werden die jüdischen Protagonistinnen als schön gezeigt, ohne sie als übermäßig verführerisch zu inszenieren. Dies geschieht eher in Filmen, die die Perspektive des nichtjüdischen Mannes auf die weiblich-jüdische Figur betonen, wie *Das Geheimnis des Golem* oder *Ein ganz normaler Fall*. Außerdem tauchen Jüdinnen beispielsweise in der vierteiligen Fernsehserie *Jerusalem, Jerusalem* als exotische und aufregend fremde Israelinnen auf, wo sich der Protagonist Hubert (Hinnerk Jensen) in die israelische Nira (Tine Seebohm) verliebt und sogar zunächst seine Frau und sein Kind für sie verlässt.

Die Attraktivität, die – folgt man den hier diskutierten filmischen Darstellungen – vornehmlich den jüdischen Männern gegenüber den nichtjüdischen Frauen zugeschrieben wird, mag sich mit der bereits beschriebenen symbolischen Kraft der ‚deutsch-jüdischen Beziehung' amalgamieren, sie speist sich aber auch stark aus Versatzstücken unterschiedlicher Stereotype: So taucht der jüdische Mann in den Filmen als attraktiv für die nichtjüdische Frau auf, wobei diese Attraktivität als eine (vornehmlich, wenn auch nicht ausschließlich) sexuelle gezeigt wird. Die männlichen jüdischen Figuren sind sexuell aktiv bis promiskuitiv. Die jüdisch-nichtjüdischen Beziehungen werden in der Regel auch über Sexszenen beschrieben. Die jüdischen Männer scheinen in den hier diskutierten Filmen in besonderer Weise in der Lage, Frauen sexuell zu befriedigen; ihrer Sexualität wird ein großer Stellenwert beigemessen. So scheinen Frauen Ron in *Schalom meine Liebe* nicht wiederstehen zu können, und in *Love Comes Lately* stehen die sexuellen Abenteuer eines alternden Literaten im Zentrum, wobei hier die Grenze zwischen Realität und Phantasie durch die subjektive Erzählperspektive verschwimmt und die Zuschauer_innen nicht wissen, was tatsächlich passiert und was er sich erträumt.

Die Darstellung der jüdischen Lover und ihrer Sexualität bewegt sich in einem Spannungsfeld zwischen alten antisemitischen Stereotypen vom sexuell unersättlichen

Juden und dem in der amerikanischen Populärkultur starken Bild des jüdischen Mannes als sexuell neurotisch, vom jüdischen Mann als Schlemihl.[322]

Doch es ist nicht nur das Bild des sexuell aktiven männlichen Juden, sondern auch vom Juden als – besonders im Deutschland nach 1945 – mächtigen Mann, der die Frauen anzieht. So sagt Claudia in *Welcome in Vienna* zu ihrem jüdischen Freund Freddy, der als amerikanischer Soldat in seine Geburtsstadt Wien zurückgekehrt ist: „Die Frauen lieben doch die Sieger, nicht wahr?" Es ist seine Macht als amerikanischer Armeeangehöriger im besetzten Wien, die Freddy für Claudia attraktiv macht, und es ist die steile Karriere des ebenfalls jüdischen Sergeant Adler, die sie dazu bringen wird, Freddy später mit diesem zu betrügen. Der erfolgreiche Textilhändler Simon Breslauer (Jan Decleir) und später sein Sohn Max (Stephen Mangan) werden für die nichtjüdische Maria in *SuperTex* aus ähnlichen Gründen attraktiv, und auch der skrupellose Immobilienhändler Anton Saitz scheint für Erwin/Elvira und die rote Zora in *In einem Jahr mit 13 Monden* durch seinen Reichtum und seine – in diesem Falle explizit benannte – gesellschaftliche Macht nicht an Attraktivität zu verlieren. Doch es muss nicht die Macht der in diesem Falle amerikanischen Soldaten als Sieger sein oder finanzielle Macht, sondern auch die angenommene moralische Überlegenheit kann attraktiv wirken.

Zwei Attribute, die die jüdischen Lover charakterisieren, sind Intellektualität und Opferschaft. So werden – korrelierend mit dem Vorurteil vom schlauen Juden – auffällig viele männliche jüdische Figuren als sehr klug gezeigt: der Philosophieprofessor Mauthner in *Der Ruf*, der Literaturprofessor Simon Abendroth in der Krimi-Serie *Bella Block*, die Figur Jakob Lehn, später Johann Feiner als Dozent für Mathematik und „brillanter Kopf", der von der Stasi angeworben wird, in *Die Wölfe*. Als Variation der Intellektualität werden sie als Künstler gezeigt: Alfie Seeliger in *Das Leben ist zu lang* ist brotloser und unverstandener Filmemacher, ebenso wie Simon Rosenthal in *Ohne mich* oder Danny Demant, Emanuel Katz und Hermann Gebirtig in *Gebürtig*, die alle drei Kabarettisten bzw. Musiker sind. Obwohl er sich der Mathematik zuwendet, kann auch Jakob Lehn in *Die Wölfe* gut Klavier spielen und ist damit sowohl als Intellektueller als auch als Künstler gezeigt, in *Love Comes Lately* beeindruckt Max Kohn als Schriftsteller mit seinen Geschichten. Daneben ist es vor allem Sensibilität und Verletzlichkeit, welche durch künstlerische Neigungen der Figuren evoziert, aber auch durch eine Inszenierung von Opferschaft (der Shoah) begründet wird. So sind die männlich-jüdischen Figuren beispielsweise in *Der Schächter*, *Gebürtig*, *SuperTex* oder *Schalom meine Liebe* Überlebende der Shoah oder Kinder von Überlebenden.

Wie die genannten vier Attribute (Promiskuität, Macht, Intellektualität, Opferschaft) zusammenkommen und sich zu (für die nichtjüdischen Frauenfiguren) unwiderstehlichen *jüdischen Lovern* verdichten, wird in der Literaturverfilmung von Robert Schindels gleichnamigem Roman *Gebürtig* deutlich: In *Gebürtig* werden alle drei jüdischen Figuren in Beziehungskonstellationen mit nichtjüdischen Frauen gezeigt, wobei die drei Figuren einen sehr unterschiedlichen Umgang mit diesen pflegen. Alle

322 Vgl. Kalmar: *The Trotskys, Freuds and Woody Allens.*

drei Figuren werden auch über ihre (sexuellen) Beziehungen eingeführt: So zeigt die erste Szene nach dem Vorspann Danny Demant (August Zirner) und Susanne Ressel (Ruth Rieser) nackt im Bett liegend. Sie sagt: „Ach Danny, wo bist Du bloß mit deinen Gedanken?", setzt sich nackt im Bett auf, zieht sich etwas über und geht aus dem Bild. Danny Demants Erzählerstimme aus dem Off sagt: „Susanne kennt mich zu gut. Vier Jahre gehen wir schon als Paar über das Glatteis von all dem Vergangenen, rutschen aus und falle uns in die Arme." Hermann Gebirtig (Peter Simonischek) wird mit einer Szene eingeführt, in der er mit einer Frau im Bett seines Appartements in New York liegt, als ein nächtlicher Anruf ihn erreicht, und Emanuel Katz (Samuel Finzi) ist zwar bereits vorher am Klavier in Demants Theater zu sehen, doch als Figur vorgestellt wird auch er in Zusammenhang mit seinen Beziehungen zu Frauen: Mascha und Susanne schneiden Gemüse in Danny Demants Theater, Emanuel zieht sich eine Jacke über und sagt: „Ich muss noch meine Kleine abholen, sie findet sonst nicht her." Mascha fragt nach: „Wenn du Kleine sagst, meinst du sie ist unter zwei Meter?" Sie lacht. Katz geht kommentarlos, Demant hinterher. Demants Erzählerstimme: „Die Frage nach der Größe seiner Blondinen liebte Emanuel Katz nicht." Danny Demant und Katz sind inzwischen an der Tür, Demant fragt: „Wie heißt sie denn, deine neue Walküre? Kriemhild? Gudrun?" Er schließt auf und Emanuel geht hinaus, dreht sich um und antwortet: „Fast. Kathi."

Die hier relativ ausführlich beschriebene Szene verweist auf Katz Promiskuität wie auch auf seine Vorliebe für blonde Frauen, die allerdings durch Demants Anspielung auf die Walküren nicht als rein ästhetische beschrieben wird, sondern als eine für ‚germanische' (also österreichische oder deutsche) Frauen. Ebenso wie auch Gebirtig, der zu Anfang nur mit jiddisch sprechenden Polinnen ins Bett geht, wie Demant sagt, scheint seine Partnerinnenwahl neurotisch und historisch geprägt. Während Gebirtig Frauen sucht, die als Vertreterinnen einer zerstörten Welt verstanden werden können, begehrt Katz die (klischeehaft) nichtjüdische Frau.

Während die Attraktivität der männlichen jüdischen Figuren für die weiblichen nichtjüdischen Figuren aus dieser Perspektive zu erklären ist, werden auch an den nichtjüdischen Frauen, mit denen die jüdischen Protagonisten Beziehungen oder Affären beginnen, Muster erkennbar: So werden diese in vielen Fällen als klischeehafte, blonde Nichtjüdinnen gezeigt: Crissie in *Gebürtig* ebenso wie Ingrid in *Schalom meine Liebe*, wobei beide von dem ehemaligen deutschen Model Katja Weitzenböck gespielt werden. Auch in *SuperTex* wird die Geliebte des Vaters des Protagonisten, die später auch die seine werden wird, als nichtjüdisch kodiert, indem sie als blond und verführerisch, different zu den weiblichen jüdischen Figuren (Max' Ex-Freundin Esther, die Verlobte seines Bruders Leah, die Freundin seines Bruders Sulamit sowie seine Mutter Dina) und durch den Namen Maria als christlich markiert ist. Auch hier fällt wie in *Schalom meine Liebe* abschätzig das Wort Schickse. Die Ablehnung und Begehrlichkeit (der verbotenen Welt) stehen hier nebeneinander.

Die nichtjüdische Frau steht hier als Symbol für eine gelungene Assimilation in die nichtjüdische Mehrheitsgesellschaft, als gleichzeitig (zumindest religiös und traditionell) verbotene Partnerin gewinnt sie zusätzlich an Attraktivität.

6.4 Implikationen und Leerstellen

Was vielfach ausgespart wird in den hier diskutierten filmischen Darstellungen ist der Blick auf die *gemischte Beziehung*, d. h. auf die realgesellschaftlichen Fragen, die sich für jüdisch-nichtjüdische Paare ergeben können sowie die identitären Implikationen, die sich für Kinder aus gemischten Beziehungen eröffnen.

So argumentiert die dreizehnjährige Nelly Sue Edelmeister in *Max Minsky und ich*, die keine Lust auf ihre Bat Mitzwa hat, dass ihr Vater auch keine Bar Mitzwa gehabt habe. Ihre Mutter, die amerikanische Jüdin Lucy Edelmeister, antwortet, er sei aber konfirmiert worden. Während die Beziehung der Eltern über Konfessionsgrenzen hinweg, wenn auch nicht explizit thematisiert gezeigt wird, sind die familiären Implikationen, die sich aus dieser unterschiedlichen Zugehörigkeit ergeben, nahezu ausgespart: Nelly wächst zwar nicht in einem jüdischen Umfeld auf, aber gerade das macht die Unterscheidung zwischen der jüdischen Familie und dem schwerpunktmäßig (abgesehen vom Religionsunterricht in der jüdischen Gemeinde) nichtjüdischen Umfeld deutlich. So taucht die nichtjüdische Familie ihres Vaters nicht auf und ihre unterschiedlichen kulturellen und religiösen Hintergründe werden nicht verhandelt. Interessanterweise stellt der Film, obwohl in einer klassischen Coming-of-Age-Film-Tradition stehend und ihre adoleszente identitäre Suche beschreibend, nicht die Frage, ob Nelly jüdisch ist oder christlich. Es geht also nicht wirklich darum, ob sie jüdisch ist oder nicht, sondern eher darum, ob sie den Erwartungen ihrer Mutter entsprechen wird oder nicht. Nelly muss sich entscheiden – so scheint es – ob sie Bat Mitzwa machen möchte oder nicht, eine christliche Konfirmation als Alternative steht nicht zur Diskussion.

Es wird nicht nur das symbolische Potential der jüdisch-nichtjüdischen Liebesbeziehungen hervorgehoben, sondern sie werden auch als *gemischte Beziehungen* in den filmischen Darstellungen sichtbar gemacht und damit als Teil einer sozialen Realität gezeigt. Die Kontinuität dieser Realität wird in *Max Minsky und ich* und auch in *Schalom meine Liebe* deutlich: In ersterem verliebt sich Nelly, die eine jüdische Mutter und einen nichtjüdischen Vater hat, in den nichtjüdischen Max. In zweiterem ist Rons Mutter für dessen Vater konvertiert. Sie wurde von Edith zu Esther. Insofern ist Ron nicht das Kind einer jüdisch-nichtjüdischen Beziehung, doch wie sein Vater verliebt er sich in eine nichtjüdische Frau.

Obwohl diese Kontinuität sichtbar wird, verharrt die filmische Darstellung letztlich doch in der binären Vorstellung von Juden und Nichtjuden. Wenn Nelly davon erzählt, wie Risa, ihre jüdische Großtante, die wie eine Großmutter für sie ist, sie davon überzeugt, doch Bat Mitzwa zu machen, bezieht diese sich auf Herkunft und (kulturelle) Wurzeln:

> […] sie machte mir klar, dass eine Bat Mitzwa mehr mit den Wurzeln meiner Herkunft zu tun hat als mit der Frage, ob ich an Gott glaube oder nicht. Und das die Thora uns nicht erklären will, wie das Universum entstanden ist, sondern unserem Erstaunen Ausdruck verleiht, dass es überhaupt ein Universum gibt […].

Hier wird auf die übergeordnete Bedeutung von Herkunft verwiesen, obwohl diese bei Nelly gleichermaßen jüdisch wie christlich ist. Die filmische Darstellung schließt sich hier der matrilinearen Linie gemäß der Halacha an.[323] Auch in *Meschugge* wird stillschweigend dem halachischen Verständnis gefolgt und hybridere identitäre Konstellationen eher ausgespart: So gibt Lena Katz, nachdem sie herausgefunden hat, dass ihr Großvater und damit ihre Familie mütterlicherseits nicht jüdisch ist, wie er vorgab, sondern eine Nazi-Vergangenheit hat, ihren Davidsstern, der symbolisch für ihr Judentum steht, trotz ihres jüdischen Vaters ab. Die Familie ihres jüdischen Vaters spielt in *Meschugge* keine Rolle, lediglich eine Cousine ihres Vaters taucht am Rande auf.

In *Der Ruf* ebenso wie in *Die Wölfe* oder *Die Himmelsleiter* ist der Vater jüdisch, die Kinder werden hingegen nahezu ungebrochen als nichtjüdisch gezeigt: So findet Walter erst am Ende des Films heraus, dass der jüdische Professor Mauthner sein Vater ist. Das einzige, was daraus für ihn sichtbar resultiert, ist seine Abkehr von der nationalsozialistischen Ideologie und dem damit verbundenen Antisemitismus. Doch auch vorher, in einer Sequenz, die einen Konflikt zwischen Lina und Mauthner, Walters Eltern, zeigt, geht es darum, warum Lina ihm nichts von seinem jüdischen Vater erzählt habe. Dabei geht es aber vornehmlich um die Frage, ob es sich um mangelnde Solidarität Mauthner gegenüber handelte, ob sie es um der Sicherheit des Kindes willen tun musste oder ob sie den jüdischen Vater (aus opportunistischen Beweggründen) verheimlichen wollte. Dass damit ein Teil von Walters Herkunft verschwiegen wurde oder dass es sein Selbstbild verändert hätte, ist nicht von Bedeutung in ihrem Disput.

In *Die Wölfe* wird von einer Dreiecksgeschichte zwischen dem jüdischen Jakob (später Johann) und zwei nichtjüdischen Frauen erzählt (Lotte und Silke). Was die gemischte Beziehung für die Kinder von Jakob und Silke bedeutet, wird auch hier nicht thematisiert. Die Kinder werden als nichtjüdisch gezeigt. Einzig auf der Ebene der Namen lässt sich die Frage nach Zugehörigkeiten und unterschiedlichen kulturellen und religiösen Hintergründen ausmachen: Lotte nennt ihre Tochter, von der sie glaubt, sie sei die Tochter Jakobs und nicht ihres Ehemannes Bernd, Miriam. Miriam verliebt sich in Jakobs Sohn Thomas (und stellt sich natürlich doch als Bernds Tochter heraus). Thomas hat – das teilt er mit vielen Jüdinnen und Juden in der DDR, die von ihren Eltern wenig von ihrem jüdischen Hintergrund vermittelt bekamen – keinen jüdischen Namen. Als Miriam von Thomas schwanger wird, wünscht sie sich eine Tochter, die Anna heißen soll, er hingegen einen Sohn, den er David nennen möchte.

Auch in *Alles auf Zucker!* werden Thomas und Jana, die Kinder des jüdischen Jaeckie und der nichtjüdischen Marlene, als nichtjüdisch gezeigt. Dies begründet sich innerhalb der Narration darüber, dass Jaeckie sein Judentum nicht lebt und „mit diesem Club" nichts zu tun hat, wie er in der ersten Szene sagt. Die DDR-Vergangenheit der Familie begründet die Absenz jüdischer Tradition zusätzlich. Der einzige Verweis auf den ‚gemischten Hintergrund' Janas findet auf der Namensebene statt: So gibt Jana ihrer Tochter den jüdischen Namen Sarah, wobei unklar ist, ob das auf *ihren* jüdischen Vater Bezug nimmt oder auf den jüdischen Vater Sarahs (wie sich herausstellt ihr orthodoxer Cousin Joshua).

323 Vgl. bspw. Günter Stemberger: *Jüdische Religion*. München: Beck 2006, S. 11.

In Dani Levys *Das Leben ist zu lang* geht die *Vereindeutigung* der Figuren insofern noch einen Schritt weiter, als der jüdische Vater Alfie Seeliger in seiner Familie völlig separiert scheint: Seine Kinder Alain und Romy scheinen keinen Bezug zum Judentum zu haben, obwohl ihr Vater sich offensichtlich als jüdisch versteht. Sie schämen sich für ihren Vater und machen sich über ihn lustig. Hier steht der jüdische Mann allein in seiner Familie mit einer nichtjüdischen Frau und nichtjüdischen Kindern.

Die hier beschriebene Leerstelle oder Aussparung verweist auf zweierlei: Zum einen deutet sie auf einen Aspekt der jüdischen Figuren hin, der schwer greifbar ist. Es sind Figuren, die *per definitionem* jüdisch sind. Sie werden als jüdische Figuren gestaltet – allerdings nicht unbedingt orientiert am lebendigen Vorbild oder an eigener Erfahrung. Und so haben sie etwas Statisches an sich, das auch ihr Jüdischsein miteinschließt. Dieses können sie nur unverändert als solches oder gar nicht weitergeben.

Zum anderen offenbart sich in dieser Tendenz zur *Vereindeutigung*, was meint, dass Figuren *entweder* als jüdisch *oder* als nichtjüdisch gezeigt werden und differenziertere Figuren nicht möglich sind, nämlich der Wunsch nach einer klaren Grenze und Trennung, danach, ‚der Jude' möge nah und präsent sein, aber doch *der Andere* bleiben.

7. „Es geht doch nichts über eine jüdische Freundin!"[324] Jüdische Nebenfiguren

> Die eigentliche Leistung der Nebenfigur besteht in ihrer Ergänzung zum Handlungs- und Figurenpotential der Hauptfigur(en). Diese Ergänzungsfunktion berührt jedoch unter Umständen nicht nur die Hauptfigur, sondern auch ein übergeordnetes Thema, die Gesamtstruktur des Handlungsablaufs oder aber die konkrete Ausgestaltung der Mise en scène.[325]

In den Spielfilmen treten nicht nur jüdische Hauptfiguren auf, sondern auch jüdische Nebenfiguren. Die Nebenfiguren sind Teil sehr unterschiedlicher Figurenkonstellationen: Sie können sowohl im Umfeld jüdischer Hauptfiguren auftreten als auch die einzige jüdische Figur eines Films sein. Damit variieren die Präsenz und die Bedeutung der jüdischen Nebenfiguren stark. Beispielsweise taucht in *Liebe unter Verdacht* ein jüdischer Barkeeper auf, der lediglich in drei Szenen auftritt und neben der jüdischen Hauptfigur Daniel Kahana weitgehend unbedeutend ist. Ähnlich klein ist die Rolle von Sam Löbel (Alfred Balthoff), der in *Das Geld liegt auf der Straße* (BRD 1958, R: Egon Monk) lediglich in wenigen Szenen auftritt und aufgrund seines Namens (er wird auch Löb genannt), seiner Sprache (leicht jiddelnder Einschlag, Verwendung des Begriffs ‚meschugge') und seines Berufs (Geldverleiher) als jüdisch gelesen werden kann. Die Figuren Jakob und Simon Frischmuth treten hingegen bereits in der ersten Sequenz von *Obsession* auf und spielen nahezu durchgehend eine Rolle in der Handlung.

Darüber hinaus kommen den Nebenfiguren unterschiedliche ergänzende oder, wie der englische Begriff *supporting act* anzeigt, unterstützende Funktionen für die filmische

324 Sagt Barbara Bärenklau (Hannelore Elsner) in *Rot und Blau* zu ihrer (jüdischen) Freundin Samantha (Adriana Altaras).

325 Peter Hartmann: *Zur Dramaturgie der Nebenfigur in Theater und Film*. Marburg: Tectum 2000, S. 1.

Darstellung zu. Die diesbezügliche Bedeutung der Figur steht nicht zwangsläufig in Zusammenhang mit dem Umfang ihrer Auftritte. Während Nebenfiguren häufig ausschließlich über ihre Beziehung zur und Funktion für die Hauptfigur gedeutet werden, weist Peter Hartmann daraufhin, dass sie auch in einer Aussage zu den Rezipient_innen stehen.[326] Damit lassen sich zwei allgemeine Fragen an die Gestaltung der jüdischen Nebenfiguren stellen. Erstens: Welche Funktion kommt ihnen für den dramaturgischen Aufbau des Films bzw. seine Handlung zu? Und zweitens: Welche Funktion oder Bedeutung hat dabei ihr Jüdischsein?

7.1 Im Umfeld jüdischer Hauptfiguren

Bewegt sich eine jüdische Hauptfigur nicht ausschließlich in einem nichtjüdischen Umfeld, treten um sie herum jüdische Nebenfiguren auf. Dabei haben sie zunächst die übergeordnete Funktion, die jüdische Umwelt der Hauptfigur zu bevölkern. Darin liegt häufig die Bedeutung in dieser Konstellation: Der Eindruck einer jüdischen Lebenswelt entsteht erst durch die Gesamtheit der jüdischen Hauptfigur(en) und der jüdischen Nebenfiguren. Damit sind die jüdischen Nebenfiguren an dem Bild von Jüdinnen und Juden, das der Film anbietet, ebenso beteiligt wie die jüdischen Hauptfiguren.

Bezogen auf diese erfüllen sie jedoch unterschiedliche Funktionen: Sie können den Konflikt der Hauptfigur im Kleinen spiegeln, wie beispielsweise in *So ein Schlamassel*. Dort müssen die Nebenfiguren Zippi und Scheindl ebenso für ihre Beziehung kämpfen, die auf die Ablehnung von Scheindls Eltern stößt, wie die im Zentrum der Handlung stehende Protagonistin Jil für ihre Liebesbeziehung zum nichtjüdischen Marc. Einerseits wird hier das Bild verstärkt, dass es sich für die romantische Liebe zu kämpfen lohne. Beide Paare finden am Ende der Handlung zueinander. Die von außen an sie herangetragenen konventionellen Grenzen werden überwunden und die Familien beugen ihre traditionellen Vorstellungen der grenzenüberwindenden romantischen Liebe. Andererseits pluralisieren die Nebenfiguren Zippi und Scheindl die jüdische Welt und gestalten sie heterogener: Sie werden als lesbisch *und* orthodox gestaltet. Damit verbinden sie scheinbare Gegensätze und fügen den möglichen jüdischen Lebensmodellen ein unkonventionelles hinzu. Zwar erscheint die heterosexuelle Beziehung hier durch die heterosexuellen Hauptfiguren Jil und Marc als Norm, es wird aber auch eine Abweichung von dieser sichtbar.

Die Nebenfigur Yvonne in *Max Minsky und ich* erfüllt ebenfalls eine pluralisierende Funktion, wirkt aber auch stark kontrastierend, womit sie der Bestätigung einer stabilen Vorstellung von ‚den Juden' entgegenwirkt. Yvonne (Maxime Foerste) geht mit der Protagonistin Nelly Sue Edelmeister (Zoe Moore) zusammen in den Religionsunterricht und wird von Nelly als ihre „Erzfeindin" beschrieben. Nelly entspricht dem Stereotyp des klugen, gebildeten, jüdischen ‚Nerd'-Mädchens.[327] Die Figur Yvonne ist

326 Hartmann: *Zur Dramaturgie der Nebenfigur*, S. 66.

327 Zum jüdischen Nerd vgl. bspw. Benjamin Nugent: The Rise of the Jewish Nerd. In: *Jewish Quaterly* 212 (2008), http://www.jewishquarterly.org/issuearchive/article3b26.html?articleid=465 (Zugriff am 17.02.2014).

Abb. 54: Yvonne, Nellys ‚Erzfeindin' in *Max Minsky und Ich*.

ihr entgegengesetzt: ihre schlechten schulischen Leistungen stehen Nellys guten gegenüber, sie spielt gut Basketball, was Nelly nicht kann, und sie ist in der Schule beliebt und trifft sich bereits mit Jungs, was die Außenseiterin Nelly zunächst noch nicht interessiert. Die Kontrastierung der beiden Figuren ist auch optisch umgesetzt: Während Nelly mit dunklen Haaren und Brille einer möglichen stereotypen Vorstellung jüdischer Mädchen entspricht, konterkariert die deutlich größere und blonde Yvonne dieses Bild. (Abb. 54)

In *Meschugge* ist die Figurenkonstellation weitgehend symmetrisch aufgebaut: Es gibt eine jüdische Hauptfigur (David Fish) und eine nichtjüdische (Lena Katz), deren Familiengeschichte, anhand des Schicksals ihrer Mütter erzählt wird. Auf beiden Seiten gibt es eine ‚böse', antagonistische Figur: Auf der nichtjüdischen ist das ein Altnazi, Lenas Großvater Max Weiss, der sich skrupellos als jüdisch ausgibt. Auf der jüdischen wird ihm – von der Darstellung in einigen Szenen nahezu parallelisiert (vgl. Kap. IV.5) – die jüdische Nebenfigur Charles Kaminski gegenübergestellt. Der radikale Nazijäger nimmt alle Mittel in Kauf und instrumentalisiert unschuldige Menschen wie Lena für seine Rache. Hier pluralisiert die jüdische Nebenfigur nicht nur die jüdische Welt, sondern wirkt insofern ausgleichend, als sie nahelegt, dass es Skrupellosigkeit auf allen Seiten gebe und damit die deutsche Schuld relativiert.

In *Der Ruf* haben die anderen jüdischen Figuren, allen voran Fränkl (Harald Mannl), im ersten Drittel des Films, das im kalifornischen Exil spielt, die Funktion, ein Panorama unterschiedlicher Einstellungen und Positionen unter den jüdischen Exilant_innen aufzuzeigen. Die Einstellung der Hauptfigur Mauthner wird kontextualisiert und durch die Nebenfiguren wird sichtbar, dass nicht alle Jüdinnen und Juden so optimistisch hinsichtlich der deutschen Nachkriegsgesellschaft waren und für viele eine Rückkehr nicht in Frage kam. Diese skeptischeren, unversöhnlicheren Positionen stellen gleichzeitig den Hintergrund dar, vor dem Mauthners Ansichten gezeigt und von ihm erklärt werden können. Dramaturgisch ermöglichen diese Nebenfiguren damit eine

Auseinandersetzung über eine Rückkehr nach Deutschland und die Erörterung ihres Für und Wider.

Neben solchen pluralisierenden Nebenfiguren, die durch ihre charakterliche und optische Gestaltung den Protagonist_innen häufig unähnlich sind und damit das Spektrum jüdischer Figuren erweitern, sind Kantoren und Rabbiner häufige jüdische Nebenfiguren, die das Bild der jüdischen Welt vervollständigen. Beispiele hierfür sind *Ein ganz normaler Fall*, *Tod im Jaguar*, *Liebe unter Verdacht*, *Russendisko*, *Alles auf Zucker!*. Darüber hinaus sind jüdische Nebenfiguren aus dem Bereich der Familienbeziehung zentral für die Gestaltung der jüdischen Umwelt der Hauptfigur. Hier sind es häufig vor allem die Figuren der jüdischen Mütter, durch die das jüdische Familienleben gezeigt wird (vgl. Kap. III.6.1), wie beispielsweise in *Rosenzweigs Freiheit*, *Neues Deutschland: Ohne mich*, *Das Leben ist zu lang*, *SuperTex* oder *So ein Schlamassel*.

7.2 Begleiter_innen nichtjüdischer Hauptfiguren

Treten (einzelne) jüdische Nebenfiguren in Figurenkonstellationen mit nichtjüdischen Hauptfiguren auf, können ebenfalls verschiedene Funktionen festgestellt werden, die sich mit Blick auf die nichtjüdischen Hauptfiguren unterscheiden lassen: So ist die jüdische beste Freundin Samantha (Adriana Altaras) der Hauptfigur Barbara Bärenklau (Hannelore Elsner) in *Rot und Blau* eine *Verbündeten-Figur*.[328] Als beste Freundin spricht sie über viele private Dinge mit Barbara und gewährt den Zuschauer_innen so eine verstärkte Innenansicht der Protagonistin. Sie taucht maßgeblich in drei Szenen auf: In der ersten will sie Barbara zu einem gemeinsamen Kinobesuch abholen, doch diese ist nicht zuhause, sondern im Wochenendhaus der Familie, um ihre „Vergangenheit aufzuräumen“. In dieser Szene wird die Figur Samantha als Barbaras beste Freundin, als Patentante ihrer Tochter Sarah (Joya Thome) und als Vertraute der Familie eingeführt. Damit ist bereits erklärt, warum sie in der nächsten Sequenz bei Barbara in der ‚Datscha‘ auftaucht. Dort steht sie Barbara ohne viel zu fragen bei und betrinkt sich mit ihr – sie fragt lediglich einmal, ob es bei ihren Problemen um Geld gehe. Am nächsten Morgen greift sie, mit Barbara im Bett sitzend, diesen Faden wieder auf und fragt unvermittelt, ob ihr 50.000 helfen würden (siehe Abb. 9, S. 132). Als sie hinzufügt, dass sie einen Vertrag machen könnten und Barbara auch Zinsen bezahlen müsste, sagt diese:

> Barbara: Es geht doch nichts über eine jüdische Freundin.
> Samantha: Hast Du etwas gegen Juden?
> Barbara: Ich liebe Juden und Dich liebe ich ganz besonders.
> Samantha: Und ich lieb Dich. Und Geld liebe ich auch, wie Du. Du kannst nur nicht damit umgehen.
> Barbara: Ich liebe meine Unabhängigkeit und meine Arbeit, meinen Beruf, und die Architektur und meine Kinder.
> Samantha: Und deinen Mann.

328 Hartmann: *Zur Dramaturgie der Nebenfigur*, S. 68.

Einerseits wird in dieser Szene, wie in einer weiteren, die jüdische Freundin mit dem Topos des Geldes verbunden, wobei die Stereotypik dieser Verbindung im Dialog aufgegriffen und damit reflektiert ist – ob sie dadurch auch aufgebrochen oder aufgelöst ist, ist fraglich. Andererseits wird hier Barbaras Ehekrise angedeutet und sie erzählt von den zwei anderen bedeutenden Männern in ihrem Leben: Samuel, in den sie als Mädchen verliebt war („Vielleicht war das auch ein Jude?") und der später in der Handlung wieder auftauchen wird, und Timor, mit dem sie eine gemeinsame erwachsene Tochter hat, die ebenfalls im Laufe der Handlung wieder in ihr Leben treten wird.

In der zweiten Szene trifft Samantha Barbara zum gemeinsamen Mittagessen, bevor diese das erste Mal nach 20 Jahren ihre Tochter Ilke wiedersieht. Hier gibt die Nebenfigur Samantha der Hauptfigur die Möglichkeit, ihre Nervosität und Ängste auszudrücken und für die Zuschauer_innen erkennbar zu machen. Der dritte Auftritt Samanthas ist auf der Feier von Barbaras 50. Geburtstag: Hier treffen Kindheitsliebe Samuel und Ehemann Gregor aufeinander und die Nebenfigur der besten Freundin hat auch hier die vermittelnde, kommentierende Funktion derjenigen, die die Dinge beim Namen nennt.

Neben dieser Funktion für die Handlung, in der sie Gespräche über Ehe, Liebe, Sexualität und Geld anstößt, charakterisiert sie die Protagonistin weitergehend, da es nicht unerheblich ist, *wer* diese Verbündete eigentlich ist. Hier wird auch das Jüdischsein der Figur Samantha relevant: Die jüdische beste Freundin lässt – ebenso wie der türkische Exfreund Timor, dessen Tochter eine zentrale Rolle in *Rot und Blau* spielt – eine Offenheit und Toleranz für Differenz und Anderssein vermuten.

Eine solche Charakterisierung der politischen oder weltanschaulichen Einstellungen der nichtjüdischen Hauptfigur durch die jüdische Nebenfigur findet sich in verschiedenen der hier analysierten Filme:[329] In der Krimiserie *Bella Block* hat der jüdische Freund der Protagonistin und Ermittlerin eine ähnliche Funktion. Der Literaturprofessor, der gerne kocht und – wie auch Bella Block – guten Rotwein zu schätzen weiß, charakterisiert die Protagonistin darüber, dass er bestimmte ihrer Eigenschaften betont, indem er Ähnlichkeiten zu diesen aufweist. Sein Jüdischsein gibt ebenso wie in *Rot und Blau* einen Hinweis auf die weltanschauliche Ausrichtung der Protagonistin.

Deutlich konkreter ist diese Beschreibung weltanschaulicher und politischer Positionen durch jüdische Nebenfiguren in Filmen, die sich mit dem Nationalsozialismus befassen: *Wir Wunderkinder* erzählt die Geschichte von Hans Böckel (Hansjörg Felmy) über 40 Jahre von 1913 bis 1957, parallelisiert mit der Geschichte seines Schulkameraden Bruno Tiches (Robert Graf). Die an zwei Stellen des Films prominent auftretende jüdische Nebenfigur Siegfried Stein (Pinkas Braun) dient eher dazu, die politische Haltung Böckels und Tiches' zu charakterisieren, denn um Steins eigene

329 In *Meschugge* und *Rosenzweigs Freiheit* sind es dagegen die (vermeintlich) jüdischen Figuren, die durch ihre Partner_innen mit anderem kulturellen bzw. ethnischen Hintergrund in ihrer Weltanschauung charakterisiert und als offen beschrieben werden: Lena in *Meschugge* hat einen schwarzen Freund und Michael in *Rosenzweigs Freiheit* eine vietnamesische Freundin.

Geschichte zu erzählen.[330] 1933 sucht Stein bei Böckel Hilfe, der daraufhin versucht, sich bei dem Nationalsozialisten Tiches für ihn einzusetzen. Seine Versuche bleiben erfolglos, doch als Stein nach dem Krieg als Soldat aus der Emigration zurückkehrt, zeigt er sich erkenntlich und hilft Böckel in dessen schwieriger beruflicher und wirtschaftlicher Situation. In der Kontrastierung von Tiches antisemitischem Verhalten und Böckels Hilfsversuchen kommt der Figur des Siegfried Stein eine wichtige Funktion zu: Ihm gegenüber äußert Tiches erstmals antisemitische Positionen, Böckel dagegen versucht, ihm zu helfen. Dass Stein dieses Verhalten wahrnimmt und nach seiner Rückkehrt anerkennt, betont Böckels Integrität zusätzlich.
Eine ähnliche Funktion übernimmt die jüdische Nebenfigur Herr Rosenblatt (Heinz Marecek) in dem österreichischen Film *Der Bockerer*, der von Karl Bockerers (Karl Meerkatz) ‚bockigem' Verhalten während des Nationalsozialismus in Wien erzählt und sich auf diese Weise mit der Situation in Österreich während NS und Zweitem Weltkrieg auseinandersetzt. Bockerer spielt mit Dr. Rosenblatt vor dessen Emigration in die USA regelmäßig Karten. Er kündigt ihm die Loyalität nicht auf und verabschiedet ihn am Bahnhof, als dieser gezwungenermaßen emigriert. Der Film endet mit Rosenblatts Rückkehr und der Wiederaufnahme des gemeinsamen Kartenspiels. Auch hier werden die politische Position des Protagonisten und dessen Verhalten während des Nationalsozialismus durch eine jüdische Nebenfigur gestützt, die zunächst Unterstützung erfährt und dann zurückkehrt und die erfahrene Loyalität und Hilfe zurückgibt. Hier werden jüdisch-nichtjüdische Beziehungen gezeigt, die – vor allem dank der moralischen Integrität der nichtjüdischen Figur – nicht von der Shoah zerstört wurden.

7.3 ‚Atmosphärische' Figuren

Haben jüdische Nebenfiguren nicht, wie in *Wir Wunderkinder* oder *Der Bockerer*, die Funktion, die nichtjüdische Hauptfigur in ihrer politischen, moralischen oder im weitesten Sinne weltanschaulichen Gestaltung weiter zu beschreiben, wofür ihr Jüdischsein von Relevanz ist, dann sind sie häufig „atmosphärische Figuren"[331]. Die atmosphärische Figur ist dadurch gekennzeichnet, dass sie den Ort der Handlung einführt, „[...] sie ist Bestandteil der Szene und beschreibt sie in ihrer Wirkung, die über das bildliche hinausgeht. Ihr Rhythmus und ihr Aussehen können stellvertretend für andere Menschen sein. Oftmals wird sie in Expositionen eingesetzt"[332]. Atmosphärische *jüdische* Nebenfiguren können beispielsweise einen Ort als Ort jüdischen Lebens markieren, wie in *Das Geheimnis des Golem*, in dem die Hauptfigur Horst Schimanski in Antwerpen auf einen Markt geht, auf dem deutlich als solche erkennbare orthodoxe Juden, die u. a. Antiquitäten verkaufen, bereits auf das dortige jüdische Leben und das jüdische Setting, in welchem der Krimi spielen wird, verweisen.

330 Und so wird die Frage nach möglichem Verhalten und Opportunismus während des Nationalsozialismus durchaus thematisiert, auch anhand der jüdischen Nebenfigur, die Shoah bleibt jedoch unerwähnt.
331 Peter Hartmann: *Zur Dramaturgie der Nebenfigur*, S. 68.
332 Ebd.

Interessanter aber sind atmosphärische jüdische Nebenfiguren, die häufiger auftauchen und nicht lediglich stellvertretend für ein rein jüdisches Milieu stehen, sondern stattdessen einen Ort charakterisieren sollen, an dem *auch* Jüdinnen und Juden leben. So beginnt beispielsweise der Film *Obsession* damit, dass man in einer der ersten Szenen einen Mann in Berlin beim Ladendiebstahl von Knöpfen sieht. Der Kaufhausdetektiv erwischt ihn und verfolgt den flüchtenden Mann in eine U-Bahn-Station, wo er diesen stellt. Nun tritt ein Mann mit englischem Akzent auf – John McHale (Daniel Craig), eine der Hauptfiguren – der dem Kaufhausdetektiv Geld für die Knöpfe anbietet, um die Angelegenheit zu beenden. Der Detektiv nimmt das Angebot nicht an, der Dieb wird ohnmächtig. McHale ruft nach einem Arzt, wird von Polizisten gepackt und gerät mit ihnen in eine Prügelei. Endlich kommt ein Arzt hinzu, der an dem Zusammengebrochenen erste Hilfe leistet. Beobachtet wird die Szene von der jungen Musikerin Miriam Auerbach (Heike Makatsch), die später bei der Gerichtsverhandlung für den angeklagten McHale aussagen wird und sich als die Freundin des Arztes herausstellt. Während diese Exposition die Dreiecksbeziehung zwischen McHale, Miriam und dem Arzt Pierre Moulin aufspannt, die das Thema des Films ist, wird gleichzeitig das Bild eines bunten, multikulturellen Berlins entworfen, wo Fremde auf Fremde treffen: Der aus Zimbabwe kommende McHale hilft dem, wie die Zuschauer_innen später erfahren, jüdischen Jacob Frischmuth (Seymour Cassel) und der französische Arzt Pierre Moulin kommt hinzu. Während McHale und Moulin zentrale Figuren sind und um Miriams Liebe konkurrieren, ist Jacob Frischmuth eine Nebenfigur, die zwar keine zentrale Rolle spielt, aber doch wiederholt auftaucht. Er lebt mit seinem Bruder Simon (Allen Garfield) zusammen, mit dem er eine Schneiderei besitzt. Sie nehmen McHale bei sich auf, der keine Aufenthaltsgenehmigung hat und deshalb abgeschoben werden soll. Die Brüder sind als zeitlose Kuriositäten inszeniert, die aus den 1920er Jahren stammen könnten: Jacob, der die Knöpfe stahl, „weil sie so schön glänzen", wirkt weltfremd an der Grenze zum Autismus. Sie bauen Puppen, ihre Ladenwerkstatt wirkt wie aus der Zeit gefallen. Diese beiden jüdischen Nebenfiguren in *Obsession*, so soll hier argumentiert werden, haben zweierlei Funktion: Zum einen charakterisieren sie als *atmosphärische* Figuren den Ort, das Berlin der Nachwendezeit, an dem viele unterschiedliche Menschen leben, an dem alles möglich scheint, das zugleich ein geschichtsträchtiger Ort ist. Zum anderen stellen sie eine – wenn auch eher assoziative – Verbindung zu den 1920er Jahren her, die für die Handlung des Films eine Rolle spielen: McHale sucht einen Film von 1928 und es sind die Brüder Frischmuth, die McHale mit ihrer Kundin Ella Beckmann bekanntmachen, welche Unmengen alter Filme ihres verstorbenen Mannes besitzt, und letztendlich auch den Film finden. Der Laden der Brüder wie auch die alten Filme stellen eine Verbindung zu einer vergangenen Zeit dar, die in Berlin noch auffindbar scheint, erzeugen aber vor allem eine geheimnisvolle, poetische Atmosphäre. Das Bild, das dabei von Juden entsteht, ist kurios und weltfremd und evoziert eine nicht existente Kontinuität: Im Geschäft der Brüder scheint die Zeit stehen geblieben zu sein, die Shoah – die nicht erwähnt wird – scheint es als Zäsur oder Bruch nicht gegeben zu haben. Die Geschichte der beiden wird nicht erzählt. Jüdisches Leben in Berlin scheint in *Obsession* als Relikt einer vergangenen Zeit. Zeitgenössisches jüdisches Leben taucht hier ebenso wenig auf wie die Shoah, durch die eben dieses jüdische Leben des Berlins der 1920er Jahre zerstört wurde.

Jüdische Nebenfiguren als atmosphärische Figuren, denen die Funktion zukommt, gerade das zeitgenössische Berlin als Handlungsort zu charakterisieren, tauchen jedoch in mehreren Filmen auf: In *Liebe unter Verdacht* ermittelt die Kommissarin Eva Bartok nicht nur in einem jüdischen Umfeld, sie stellt in diesem Zusammenhang auch fest, dass der Barkeeper ihrer ‚Stammkneipe' jüdisch ist. In der ersten Szene, in der der Barkeeper auftaucht, wissen die Zuschauer_innen noch nicht um seinen jüdischen Familienhintergrund. Eva Bartok fragt nach dem Sinn des Lebens angesichts ihres jungen, lebensgefährlich verletzten Kollegen. Der Barkeeper antwortet ihr:

Sinn? Vergiss es! Das Leben funktioniert wie ein Spiel und hat nur einen Sinn, nämlich gespielt zu werden. Die Regeln sind irre kompliziert und obwohl sie kein Schwein kapiert, wollen sie alle ganz vorne mitmischen. Das Spiel sagt dir auch nicht warum du spielst. Es gibt dir nur die Möglichkeit dazu. Also hör auf nach einem Sinn zu fragen, es gibt am Ende sowieso nix zu gewinnen. [Er lächelt die andere Kellnerin an]. Man kann nur versuchen möglichst viel Spaß bei seiner Partie zu haben.[333]

Sie antwortet, dass er sich irre, es gebe etwas zu gewinnen, es gäbe sogar einen „Jackpot". Auf die Frage, welcher das sei, flüstert sie ihm etwas ins Ohr. Er lächelt und sagt: „Daran habe ich natürlich nicht gedacht." So bleibt der eigentliche Lebenssinn, den Eva Bartok annimmt, sei es Liebe oder Glaube, den Zuschauer_innen verborgen.

Zunächst kommt der Figur des Barkeepers in dieser Szene die Funktion zu, das Innenleben der Figur Eva Bartok zu beleuchten und eine Psychologie der Figur zu entwickeln. In der zweiten Sequenz betrinkt Eva sich wieder in der Bar. Der Barkeeper funktioniert erneut als Vertrauter. Sie erzählt ihm, wenn man seinen Glauben verloren habe, sei es besser, den Verstand gleich mit zu verlieren. Im dritten Auftritt der Barkeeper-Figur fragt er, wie es im Fall um den „toten Rabbi" laufe, er würde ja gerne helfen, aber er sei seit seiner Bar Mitzwa nicht mehr in der Synagoge gewesen. Auf ihre Nachfrage: „Du bist Jude?", wiegt er den Kopf abwägend hin und her und sagt: „Naja, sagen wir mal, ich bin beschnitten. Mit Religionen habe ich nicht so viel am Hut. Die bringen die Menschen auseinander. Ein guter Drink bringt sie zusammen. Daran glaube ich." Der Barkeeper wird als nichtreligiöse, atheistische Figur dargestellt. Sie unterstützt das Bild einer jungen Generation von Jüdinnen und Juden, die häufig ebenso wenig mit Religion zu tun haben wie die Christinnen und Christen ihrer Generation. Sie verdeutlicht, dass man Jüdinnen und Juden nicht erkennen kann und möglicherweise nicht weiß, ob man jüdische Menschen kennt oder nicht. Darüber hinaus kann sie den Eindruck erwecken bzw. verstärken, es gäbe deutlich mehr Jüdinnen und Juden in Deutschland, als das tatsächlich der Fall ist.

In *Rubbeldiekatz* taucht auf einer Party der amerikanische Jude David (Hinrich Horstkotte) auf, der mit dem aufstrebenden und lediglich als Frau verkleideten Schauspieler Alexander/Alexandra (Matthias Schweighöfer) flirtet. Der mit Brille, Locken und

333 Eigene Transkription von *Liebe unter Verdacht*.

amerikanischem Akzent stereotyp inszenierte David (Hinrich Horstkotte) befindet sich auf einer Lesereise und hat – so wird in der Vorstellung deutlich – am nächsten Tag eine Lesung im Jüdischen Museum. Hier illustriert die Nebenfigur das Berliner Kulturleben mit seiner Prominenz, perpetuiert aber gleichzeitig – einerseits durch das Äußere der Figur, andererseits durch sein ausgeprägtes Interesse an der großen, blonden, nichtjüdischen Frau – ein stereotypes Bild vom ‚Juden'.
Den Nebenfiguren kommen damit unterschiedliche Funktionen zu in Abhängigkeit von ihrer Präsenz, ihrer Verortung und Rolle in der Figurenkonstellation sowie ihrer Anordnung im Konflikt. Sie charakterisieren den Ort, stellen die Lebenswelt und das Umfeld der Hauptfigur dar, pluralisieren diese, wenn sie (partielle) Gegenentwürfe zu den Hauptfiguren liefern, und dienen dazu, bestimmte Facetten der Hauptfigur, wie Charaktereigenschaften oder spezifische Konfliktkonstellationen, in denen sie sich befindet, hervorzuheben.

Fazit
„Ist das aus dem Talmud? Kann gut sein, ich hab's aus einem Film."

Jüdische Figuren sind auch in bundesrepublikanischen Spielfilmen, deren Handlung nach 1945 angesiedelt ist, sichtbar. Obgleich sie nicht so zahlreich sind wie jüdische Figuren in Holocaustfilmen und häufig in thematischem und figurenbiographischem Zusammenhang mit der Shoah stehen, zeigt die Untersuchung des umfangreichen Filmkorpus doch deutlich, dass sie sichtbarer sind als zunächst angenommen – und hier ist die Tendenz ganz klar: immer häufiger werden. Die mit ihnen assoziierten Themen, die Figurenkonstellationen und Konflikte, in welchen sie stehen, weisen eine große Bandbreite auf. Obschon die Figurendarstellung historischen Entwicklungen und Veränderungen unterworfen ist, weist sie jedoch auch Kontinuitäten in verwendeten Kodierungen, zugeordneten Funktionen und Figurenkonstellationen auf, so dass bestimmte Rollenmuster durch Wiederholung und Konventionalisierung zu etablierten Figurentypen werden.

Sichtbarkeit wird in Zusammenhang mit gesellschaftlichen Minoritäten häufig als positiv besetzter Begriff verwendet, ihre Zunahme mit einem Zuwachs an Macht, politischer Partizipation und gesellschaftlicher Anerkennung gleichgesetzt.[1] Aus der Sichtbarkeit von jüdischen Figuren im bundesrepublikanischen Spielfilm kann eine positiv besetzte, visuelle Anerkennung von Jüdinnen und Juden jedoch nur begrenzt abgeleitet werden, handelt es sich doch um eine *Sichtbarmachung*, die nicht zeigt, was existiert, was ‚wahr' oder evident ist, sondern als Ergebnis eines Prozesses etwas konstruktiv sichtbar macht. Die Perpetuierung von Stereotypen mit zum Teil antisemitischer Färbung, die klare Distinktion der jüdischen von den nichtjüdischen Filmfiguren, die ihnen gegenüberstehen, und die Leerstellen dessen, was an Themen des realen jüdischen Lebens in der Bundesrepublik nicht gezeigt wird, verbieten hier die Deutung der filmischen Darstellung als visuelle Anerkennung des *realen*, zeitgenössischen jüdischen Lebens mit seinen Heterogenitäten, Widersprüchen und Erneuerungen.

1 Vgl. Johanna Schaffer: *Ambivalenzen der Sichtbarkeit. Über die visuellen Strukturen der Anerkennung.* Bielefeld: Transcript 2008.

Die Spezifik des bundesrepublikanischen Verhältnisses

Die filmische Sichtbarkeit von jüdischen Figuren ist in den bundesrepublikanischen Spielfilmen mit einer (auch visuellen) Erkennbarkeit verbunden. Das Spannungsverhältnis, das eben daraus resultiert – dass jüdische Filmfiguren visuell erkennbar gestaltet werden müssen, Jüdinnen und Juden *in realitas* aber nicht immer erkennbar sind –, bietet einiges an problematischem Potential für die Figurengestaltung, ist aber gleichzeitig nicht aufzulösen: Ein Film über Jüdinnen und Juden, in welchem diese für ein nichtjüdisches Publikum nicht erkennbar werden und der sich doch an ein solches richtet, verfehlt seine Adressat_innen – in diesem Fall ein deutsches, mehrheitlich nichtjüdisches Publikum. Aus dem Einsatz von Stereotypen von Jüdinnen und Juden für die Gestaltung erkennbar jüdischer Figuren leitet sich die Notwendigkeit einer kritischen Betrachtung und Bewertung der Sichtbarkeit jüdischen Lebens im Film ab: Stereotype, im Sinne von Vorstellungsbildern über Jüdinnen und Juden und nicht als filmische Stereotype verstanden (vgl. Kap. I.2), verdecken häufig mehr, als dass sie einen Blick auf jüdische Gegenwart freigeben. Insofern scheint vor einer vorschnellen positiven Bewertung des Befunds jüdischer Sichtbarkeit aufgrund der Zentralität, die Visualität bei der gesellschaftlichen Konstruktion von Wirklichkeit und damit von Bedeutung einnimmt,[2] Vorsicht geboten, leitet sich doch aus dieser Zentralität die Wirkmacht der *sichtbaren* jüdischen Figuren ab – unabhängig davon, ob sie außerfilmisches jüdisches Leben sichtbar machen oder durch Überrepräsentanz den Blick darauf verstellen.

Gleichzeitig verdeutlicht das Spannungsverhältnis zwischen der Notwendigkeit von visueller Erkennbarkeit im Film und der Ununterscheidbarkeit in der außerfilmischen Realität sowie der Umgang damit, wie maßgeblich die jüdischen Spielfilmfiguren des Filmkorpus von ihrem spezifischen bundesrepublikanischen Entstehungs- und Rezeptionskontext geprägt sind. Die bundesrepublikanische Auseinandersetzung mit jüdischem Leben und dem Verhältnis von jüdischer Minorität und nichtjüdischer Mehrheitsgesellschaft funktioniert im Gegensatz zur amerikanischen[3] oder beispielsweise französischen anders. Sie ist geprägt von der Shoah, dem daraus resultierenden offiziell guten Verhältnis zu ‚den Juden', der symbolischen Bedeutung, die der kleinen jüdischen Bevölkerung in Westdeutschland nach 1945 deshalb zukam, der Gegenüberstellung von Täter_innen und Opfern bzw. deren Nachkommen sowie von dem fortbestehenden Widerspruch zwischen Deutschsein und Jüdischsein. Gerade der letzte Aspekt ist einer, der im amerikanischen Konzept des kulturellen ‚melting pot' nicht beinhaltet ist; hier stellt Jüdischsein und gleichzeitiges Amerikanischsein keinen Widerspruch dar. Außerdem wird im Gegensatz zum bundesrepublikanischen Kontext auch ein jüdisches Publikum adressiert (vgl. Kap. III. „Kodierungen von Jewishness").

2 Irit Rogoff: Studying Visual Culture. In: Nicolas Mirzoeff (Hrsg.): *The Visual Culture Reader*. London: Routledge 2002, S. 14–26, hier S. 24.

3 Vgl. beispielsweise Nathalie Weber: *Woody Allen & Paul Mazursky. Das Tragikomische als Ausdrucksmittel jüdischer Selbstreflexion im amerikanischen Film*. Berlin: Logos 2006. Siehe außerdem der in der Einleitung aufgearbeitete Forschungsstand auch zu jüdischen Figuren im amerikanischen Film.

Im Gegensatz dazu wurde in der DDR die mögliche (kulturelle oder religiöse) Differenz von Jüdinnen und Juden zur nichtjüdischen Mehrheitsgesellschaft einerseits durch die geringe Rolle, die Religion spielte, und andererseits durch die Betonung des sozialistischen Kollektivs eher verdeckt. Entsprechend brachen sich antisemitische Ressentiments gemäß der politischen Ideologie anders Bahn – eher in Form eines antiimperialistischen Antizionismus, der in Westdeutschland erst im Kontext der 68er eine bedeutendere Rolle spielte.[4] Dazu kam, dass in der DDR die zumeist jüdischen Opfer der Shoah weitgehend als Opfer des Faschismus universalisiert wurden, weshalb sich das Figurenmuster des jüdischen Opfers – auch im Film – ganz anders ausprägte. Die entstehende kulturwissenschaftlich ausgerichtete Arbeit von Lisa Schoß *‚Juden' im Film der DDR* untersucht diesen komplexen Zusammenhang und ergänzt somit die vorliegende Arbeit zum bundesrepublikanischen Film. Die Ergebnisse der beiden Untersuchungen zusammenzubringen und dabei die tatsächliche Bedeutung der als prägend angenommenen, unterschiedlichen gesellschaftspolitischen Kontexte an den konkreten filmischen Darstellungen jüdischer Figuren und Themen zu überprüfen, ist eine noch ausstehende, aber wichtige künftige Aufgabe für eine vergleichende Untersuchung. Ob sich neben den Narrationen auch die Figurengestaltung und damit die wirkenden Vorstellungen von Jüdinnen und Juden maßgeblich unterschieden, bleibt zu untersuchen.

Die spezifischen gesellschaftlichen Zusammenhänge und die Ausdeutung des Verhältnisses von nichtjüdischer Majorität zu jüdischer Minorität im Spiegel des kulturellen und nationalen (deutschen) Selbstverständnisses und politischer Ideologien sind für die Gestaltung jüdischer Spielfilmfiguren dermaßen prägend, dass ein Vergleich mit anderen Produktionsräumen nur begrenzt sinnvoll erscheinen kann. Deshalb wurde als Grundlage dieser Arbeit ein umfangreiches Filmkorpus recherchiert und zusammengestellt, das westdeutsche Produktionen ins Zentrum stellt. Vergleichende Forschungsfragen – unter Berücksichtigung des jeweiligen gesellschaftlichen Kontexts – scheinen künftig in zwei Richtungen aufschlussreich und können an die hiermit vorgelegten Ergebnisse anschließen: Ein Vergleich der filmischen Darstellungen jüdischer Filmfiguren in BRD und DDR mit Blick darauf, wie sich die beiden Perspektiven vor allem durch das Bedürfnis nach Abgrenzung gegenseitig beeinflussten und nach 1989 möglicherweise verschmolzen oder veränderten. Daneben könnte hinsichtlich der Publikumswirkung jüdischer Filmfiguren eine Analyse ausländischer, insbesondere amerikanischer Spielfilme mit jüdischen Figuren, die in Deutschland eine (breite) Rezeption erfuhren, aufschlussreich sein. Der Entstehungskontext und die daraus resultierenden Kodierungen mögen von den bundesrepublikanischen verschieden sein, doch die Filme bieten den deutschen Rezipient_innen ebenso eine mediale Begegnung mit (fiktiven) Jüdinnen und Juden wie die hier untersuchten westdeutschen Filme. Interessant bei einer solchen Arbeit scheint vor allem die Frage nach der unterschiedlichen Rezeption der Filme und dem differierenden Verständnis der

4 Vgl. bspw. Bodemann: *In den Wogen der Erinnerung*, S. 71–73; Holz: Die Gegenwart des Antisemitismus, S. 79–99.

Kodierungen durch ein amerikanisches und ein deutsches Publikum. Hier läge der Fokus nicht auf dem Produktions-, sondern dem Rezeptionsraum und den spezifischen, divergierenden Lesarten der Filme. Ein weiterführendes Forschungsinteresse, das sowohl die gesellschaftspolitische Frage nach dem deutschen Verhältnis zu den in Deutschland lebenden Migrant_innengruppen und kulturellen wie religiösen Minoritäten berührt als auch die nach dem Einsatz von Stereotypen in filmischen Darstellungen von Migrant_innen und Minderheiten, ist die vergleichende Untersuchung von jüdischen Figuren und (anderen) Migrant_innen-Figuren in deutschen Spielfilmen. Auch wenn der jüdischen Minorität in der Bundesrepublik eine gesonderte Bedeutung und Rolle zukommt,[5] kann die vorliegende Arbeit als Teil oder Vorarbeit eines solchen noch ausstehenden vergleichenden Forschungsansatzes verstanden werden. Denn das grundlegende Dilemma, dass Spielfilme mit den gesellschaftlich vorhandenen Vorstellungen über die jeweilige Gruppe arbeiten müssen und dabei in dem Spannungsverhältnis von visueller Erkennbarkeit und Perpetuierung von Differenz stehen, haben Filme mit Minoritäten-Figuren ebenso gemein, wie dass sich im Bild des Fremden oder Anderen das Selbstverständnis der Medienschaffenden spiegelt.

Funktionen jüdischer Spielfilmfiguren: Spiegelfiguren und folkloristische Figuren

Die Analyse der Filme hat ergeben, dass vor allem zwei Funktionen jüdischer Spielfilmfiguren unterschieden werden können: Die Funktion als Spiegelfiguren sowie ihre – häufig auch psychologisierende – Gestaltung als Figuren mit Innenleben. Als Spiegelfiguren sind sie in erster Linie relevant für die nichtjüdischen Filmfiguren. Sie geben diesen die Möglichkeit, sich gegenüber Jüdinnen und Juden, Antisemitismus oder der Shoah zu positionieren, sie spiegeln die jeweiligen bundesrepublikanischen Verhältnisse oder konkrete Ereignisse. Figuren mit jüdischem Innenleben sind hingegen mit mehr als einer Funktion in der Figurenkonstellation verbunden, übergeordnet im vorliegenden Zusammenhang ist jedoch, dass sie Vorstellungen von jüdischem Leben und Jewishness transportieren. Sie thematisieren ‚jüdische Identität‘[6] und jüdisches Leben. An ihnen und mit ihnen werden zugrundeliegende Konzepte oder Verständnisse von Jewishness sichtbar. Im Folgenden werden sie als folkloristische jüdische Filmfiguren bezeichnet, weil sie in der Regel auch anhand folkloristischer visueller und auditiver Kodierungen als jüdisch markiert werden – unabhängig davon, wie in

5 So beschreibt beispielsweise Y. Michal Bodemann, dass der jüdischen Minorität in der Bundesrepublik in Anbetracht ihres demografischen Gewichts verhältnismäßig viel Aufmerksamkeit zukomme, was mit der symbolischen Bedeutung der jüdischen Gemeinschaft zu tun habe und zu einer Art „Sonderstatus“ führe (Bodemann: *In den Wogen der Erinnerung*, S. 15). Daraus entstehe aber auch ein besonderer Status des Andersseins von Jüdinnen und Juden, den er als ambivalent beschreibt: „Während nun etwa die Türken in Deutschland das ‚ganz Andere‘ repräsentieren [...] akzentuiert die ideologische Arbeit der Juden ihren eigenen ambivalenten Status: Sie sind sowohl ‚wie wir‘ und sind doch gleichwohl Fremde. Einerseits unterscheiden sie sich im Habitus, in der Sprache, dem Aussehen nach und im alltäglichen Zusammenhang nicht von den Deutschen, andererseits sind sie Fremde aufgrund der ‚exotischen‘ religiösen Praktiken, aufgrund ihrer Rolle als Holocaust-Opfer.“ (Ebd., S. 172–173.)

6 Vgl. hierzu Christina von Braun: Vorwort. ‚Jüdische Identität‘? In: Sucker / Wohl von Haselberg (Hrsg.): *Bilder des Jüdischen*, S. 1–9.

Figurengestaltung und Handlung die Vorstellungen von Jewishness weiter ausdifferenziert werden. Doch auch diese ‚folkloristischen Figuren' sind an der Ausdeutung deutscher Selbstverständnisse beteiligt, für welche nach der Shoah die „jüdische Trope" unabdingbar ist.[7] Während sich im 19. Jahrhundert die deutsche Nation nach außen gegen ‚die Franzosen' und gegen den ‚inneren Feind' – ‚die Juden' – definierte,[8] findet diese Verhandlung von nationalem Selbstverständnis heute über die eigene Beziehung zu ‚den Juden' statt. Dabei spielen die ‚den Juden' zugeschriebenen Eigenschaften nicht zwangsläufig eine vordergründige Rolle, sondern die deutsch-nichtjüdische Positionierung ihnen gegenüber ist zentral. Die Thematisierung jüdischer Themen ist für diese Selbstverständigung jedoch nicht ausreichend, es braucht auch authentisch Jüdisches, wie Michal Bodemann feststellt.[9] Während die Spiegelfiguren also primär die Thematisierung oder Sichtbarmachung der Beziehung, der Interaktion ermöglichen sowie die Betonung der Bedeutung, die Jüdinnen und Juden in der Bundesrepublik symbolisch zugemessen wird, liefern die folkloristisch-jüdischen Figuren – und mit ihnen die an ihrer Gestaltung beteiligten jüdischen Filmschaffenden – dieses ‚authentisch Jüdische'. Doch das ist eine zweischneidige Angelegenheit: Die ‚authentisch jüdischen' Stimmen werden zwar für die bundesrepublikanische Selbstverständigung benötigt und damit häufig funktionalisiert. Gleichzeitig finden sie genau deshalb, wegen ihrer immensen (symbolischen) Bedeutung, verstärkt Gehör, und nicht alle beteiligen sich mit ihren Darstellungen an den der jüdischen Minorität häufig zugewiesenen Funktionen, sondern bringen teilweise gegenläufige Bilder und Erzählungen ein.

In der Bedeutung dieser Figurenfunktionen ist eine historische Entwicklung festzustellen. Obgleich sich Spiegelfiguren und folkloristische Figuren keineswegs immer dichotomisch zueinander verhalten, steht häufig einer der beiden Figurenaspekte im Vordergrund. So ist erstere Funktion in den Filmen der 1950er, 1960er und 1970er Jahre häufiger als die Verwendung folkloristischer jüdischer Figuren. Das Jüdischsein dieser Filmfiguren erschöpft sich dabei oft nahezu in ihrer Spiegelfunktion. In Filmen wie *Wir Wunderkinder*, *Alma Mater* oder *Abschied von gestern* wird weder thematisiert, was Jüdischsein für die jüdische Figur bedeutet, noch wird es mit Handlungen oder Einstellungen in Verbindung gebracht. Es wird erst und ausschließlich im Kontakt mit der (antisemitischen) nichtjüdischen deutschen Umwelt relevant. Die jüdischen Spiegelfiguren sind aussagekräftig in Bezug auf das deutsche Selbstbild und die Bedeutung, die ‚das Jüdische' als abstrakter Topos dafür hat.

Ab den 1980er Jahren werden jüdische Figuren mit Innenleben häufiger. Das steht im Zusammenhang mit einer Zunahme des Gedenkens, die u. a. durch die amerikanische Fernsehserie *Holocaust* 1979 ausgelöst wird, aber bereits durch Ereignisse und Debatten der 1960er und 70er Jahre, wie den Eichmann-Prozess, die Frankfurter Auschwitzprozesse, aber auch den Sechs-Tage-Krieg (1967) und den Jom-Kippur-Krieg (1973) in Israel vorbereitet wurde und mit einer Neudefinition der jüdischen Rolle darin

7 Vgl. Bodemann: Öffentliche Körperschaft und Authentizität, S. 45–48.

8 Von Braun: Vorwort. ‚Jüdische Identität'?, S. 3.

9 Bodemann: *In den Wogen der Erinnerung*, S. 148, 158.

einhergeht.[10] Nun wird jüdisches Leben filmisch thematisiert und vorhandene Vorstellungen davon, was dieses ausmacht, werden sichtbar. Das kann in Filmen wie *Schalom meine Liebe*, *Zores* oder *So ein Schlamassel* eine folkloristische Färbung annehmen oder eine jüdische Perspektive auf Shoah, Antisemitismus oder Rechtsextremismus thematisieren, wie in *Rosenzweigs Freiheit, Annas Sommer* oder *Rosenfeld und Birkenau*. In diesen jüdischen Figuren und dem jüdischen Leben, das sie sichtbar machen, könnte eine Form visueller Anerkennung liegen. Einer solchen Einschätzung kann entgegengehalten werden, dass die Darstellungen zusammengenommen häufig eine Festschreibung jüdischen Lebens auf ein folkloristisches, exotisches, an ostjüdischer Kultur orientiertes Judentum vollziehen und damit Jüdinnen und Juden (immer noch) nicht aus dem aufgezwungenen Status des Andersseins entlassen. Die starke Sichtbarkeit spezifischer Aspekte jüdischen Lebens produziert gleichzeitig Unsichtbarkeiten, die Heterogenität und Pluralität jüdischer Lebensentwürfe wie Selbstverständnisse (in Deutschland) unterrepräsentiert lassen.
Die unterschiedlichen Funktionen jüdischer Spielfilmfiguren verweisen des Weiteren auf die bereits thematisierte Beteiligung unterschiedlicher Filmschaffender. Häufig sind an der Darstellung jüdischer Figuren mit psychologisierten Innenansichten auch jüdische Akteure und Akteurinnen beteiligt. Damit wird deutlich, dass jüdische Filmschaffende, wie beispielsweise Jeanine Meerapfel oder Daniel Wolf, ein Interesse daran haben, jüdische Themen filmisch umgesetzt zu sehen, mag die Form im populären Erzählen und in künstlerisch motivierten Filmen noch so unterschiedlich sein. Das kann sowohl darin begründet sein, dass es eben die naheliegenden, nämlich ‚eigene' Geschichten[11] sind, die sie erzählen; der Wunsch nach (filmischer) Sichtbarkeit von jüdischem Leben kann aber auch in Zusammenhang mit dem nach visueller Anerkennung verstanden werden. Doch auch bei diesen Darstellungen handelt es sich nicht um ‚reine' Selbstbilder, sondern diese mischen sich stets mit Fremdzuschreibungen.[12] Darüber hinaus braucht das jüdische Thema in der deutschen Auseinandersetzung die Beteiligung jüdischer Stimmen, um Authentizität zu erlangen. Insofern sind auch diese Darstellungen Teil der Auseinandersetzung mit jüdischen Themen, die notwendig für die Verhandlung von deutschen Selbstbildern ist.
Es fällt auf, dass die sichtbaren Kodierungen von Jewishness (Kap. III) vor allem in Zusammenhang mit den folkloristisch-jüdischen Figuren auftauchen. Die

10 Vgl. ebd., S. 81–82, 112–113. So rückte mit den 1980er Jahren die Frage in den Mittelpunkt, welche Bedeutung Erinnerungskultur zugemessen werde und wie sie beschaffen sein sollte. Schildt: *Deutsche Kulturgeschichte*, S. 425.

11 Unter eigenen Geschichten werden nicht nur im engeren Sinne (auto-)biographische Narrationen verstanden, sondern auch Geschichten, Themen und Konflikte, die der eigenen Lebenswelt nahestehen bzw. von dieser inspiriert sind.

12 Selbstbilder sind immer geprägt von den Fremdbildern, mit denen man wiederholt konfrontiert ist und auf die reagiert werden muss. Hier besteht ein Wechselverhältnis (vgl. Sucker / Wohl von Haselberg: Einleitung). Außerdem werden Filme als kollektive Produkte verstanden, die nicht die alleinige Handschrift ihres Regisseurs tragen (vgl. Kap. I) und darüberhinaus ein nichtjüdisches Publikum adressieren, dem möglicherweise sowohl hinsichtlich der Art und Weise der Darstellung als auch bezüglich deren Verständlichkeit entgegengekommen werden muss oder wird.

Spiegelfiguren werden hingegen dadurch als jüdisch markiert, dass sie von den nichtjüdischen Figuren so benannt werden oder sich selbst diesen gegenüber so bezeichnen. Da sich ihre dramaturgische Funktion in der Spiegelfunktion für die nichtjüdische Umwelt erschöpft, ist eine dezidiertere Ausgestaltung ihres Jüdischseins nicht notwendig.

Perspektiven: Vor dem Hintergrund der Shoah oder Blick nach vorn
In der Gestaltung der jüdischen Figuren können neben den genannten Funktionen zwei grundlegende Perspektiven oder Blickrichtungen festgestellt werden, aus welchen die Figuren entworfen und gedeutet werden. In den meisten Filmen ist die Shoah prägend für die Figurenbiografie und -psychologie: Die Figuren entwickeln sich vor diesem Hintergrund, ihre Geschichten hängen inhaltlich mit der Shoah zusammen und sie bewegen sich in einer fiktiven Gesellschaft, die durch die Shoah so geprägt ist, dass ihnen die Vergangenheit in unterschiedlichen Formen wiederholt begegnet. Trotz der Erzählzeit nach 1945 bleibt die Zeit des Nationalsozialismus für viele der jüdischen Filmfiguren zentraler Bezugspunkt – das gibt möglicherweise Aufschluss über die Wahrnehmung durch die Zuschauer_innen, die die Figuren ebenfalls aus einer derartigen Perspektive rezipieren.
Filme, die sich dieser Ausdeutung der jüdischen Figuren vor dem Hintergrund der Shoah entziehen und andere Entwürfe von Jüdischsein versuchen, sind dagegen in der Regel gegenwarts- bzw. zukunftsorientierter. Eine derartige Perspektive auf jüdische Figuren kann im Zusammenhang mit der Suche nach Normalität gelesen werden, wobei Normalität hier bedeutet, andere Zugänge zu jüdischem Leben anzubieten als die Verfolgung und Ermordung während des Nationalsozialismus. Hier findet – möglicherweise in Abgrenzung zu oder als Reaktion auf die erlebte Blickrichtung in den Jahrzehnten nach der Shoah – ein Bedürfnis Ausdruck, das sich häufig einer nachgeborenen Generation zurechnen lässt, die für sich neue Identitätsentwürfe in Anspruch nimmt. Gleichzeitig kommt dem Bedürfnis nach einer solchen neuen Perspektive bei Jüdinnen und Juden eine andere Bedeutung zu als bei nichtjüdischen Deutschen – in jedem Fall wird die Forderung nach Normalität und Darstellungen der Gegenwart fernab der Shoah-Vergangenheit aus nichtjüdischem, deutschem Mund geäußert schneller misstrauisch betrachtet, als wenn diese von Seiten einer jungen, nachgeborenen jüdischen Generation eingebracht wird. Darin wird deutlich, dass die – in dieser Schärfe – aus der Shoah resultierenden unterschiedlichen Erinnerungs- und Erfahrungshorizonte und die Implikationen, die sie für Positionen und Äußerungen haben, sich noch nicht oder nur schwer überwinden lassen.
Die Tatsache, dass diese Perspektiven nicht in ähnlicher Ausprägung nebeneinanderstehen, sondern die Shoah als dominierende Perspektive bis in die 1980er Jahre vorherrschte, während vor allem seit 1989 zunehmend andere Erzählungen und Figurenentwürfe entstanden sind, verweist auf die Frage, ob es sich hierbei um eine historische Entwicklung handelt, die noch nicht an ein Ende gekommen ist. Ob es sich tatsächlich um den in Kapitel II.4 thematisierten Paradigmenwechsel von Jüdinnen und Juden als zentraler Minderheit mit besonderer Bedeutung hin zu einer Minderheit unter vielen anderen handelt, kann zum jetzigen Zeitpunkt noch nicht beantwortet

werden. In jedem Fall wäre die Bedeutung einer solchen Veränderung nicht nur für Jüdinnen und Juden in Deutschland, sondern auch für das (nationale) deutsche Selbstverständnis kaum zu überschätzen. Darüber hinaus würde sie einer vergleichenden Perspektive auf die filmischen Darstellungen jüdischer und Migrant_innen-Figuren zusätzliche Relevanz und neue Dimensionen verleihen.

Ähnlichkeiten und Parallelen zu jüdischen Figuren in NS- und Holocaustfilmen
Auch in Spielfilmen, die zeitgenössisches jüdisches Leben in der Bundesrepublik thematisieren, spielt die Shoah häufig eine Rolle. Die Färbung des Blicks auf jüdisches Leben und jüdische Themen durch die Shoah und den Nationalsozialismus erklärt sich mit der Zentralität, die die andauernde und kontroverse Deutung der NS-Zeit in der Bundesrepublik hatte und bis heute hat. Diese verlief immer vor dem Hintergrund ihrer Bedeutung für gegenwärtige deutsche Selbstbilder,[13] für aktuelle politische Argumentationen und für den „Meinungskampf" in öffentlichen Kontroversen.[14] Die Dominanz eines Shoah-zentrierten Blicks auf jüdisches Leben erklärt auch, warum sich folgende Parallelen und Ähnlichkeiten in der filmischen und televisuellen Auseinandersetzung mit dem Nationalsozialismus und der Darstellung jüdischer Figuren in Spielfilmen, deren Handlung nach 1945 angesiedelt ist, auffinden lassen:
Erstens ist die Darstellung jüdischer Figuren im bundesrepublikanischen Spielfilm nach 1945 wie auch die filmische Erinnerung an NS und Shoah durch verschiedene Perspektiven geprägt. Diese kommen sowohl durch die Beteiligung verschiedener Generationen wie auch jüdischer und nichtjüdischer Filmschaffender zu Stande. Das kollektive Bildgedächtnis des NS wurde wie auch das zu jüdischen Themen „im Spannungsfeld von Selbst- und Fremdwahrnehmung"[15] ausgeprägt.
Zweitens sind partielle (personelle und visuelle) Kontinuitäten festzustellen, die der Lesart des Jahres 1945 als Bruch widersprechen und diese Zäsur teilweise ‚überbrücken': Personelle Kontinuitäten auf Seiten der Filmschaffenden sorgen für ästhetische Kontinuitäten, wie auch auf Seiten der Zuschauer_innen die antisemitischen Filmbilder des Nationalsozialismus als intertextuelles Wissen Bestand haben.[16] Darüber hinaus sorgt die wiederholte und bis heute andauernde –häufig wenig reflektierte bis ungebrochene – Verwendung von Archivmaterial aus der NS-Zeit (am häufigsten in Dokumentarfilmen) dafür, dass die antisemitische Bildsprache der Nationalsozialist_innen bekannt bleibt.[17]
Drittens gibt es motivische Ähnlichkeiten: Die Täter-Opfer-Umkehr taucht in einigen der in dieser Arbeit diskutierten Filme auf – eine deutliche Parallele zu Holocaustfilmen.

13 Vgl. Hickethier: Nur Histotainment?, S. 300.

14 Steinbach: Die publizistischen Kontroversen – eine Vergangenheit, die nie vergeht, S. 127.

15 Kramer: Wiederkehr und Verwandlung der Vergangenheit im deutschen Film, S. 284.

16 Sven Kramer verweist darüber hinaus noch auf die ‚Überläufer'-Filme, deren Produktion vor 1945 begonnen wurde, die aber erst nach Ende des Nationalsozialismus in den Vertrieb kamen, weil sie als unbedenklich eingeschätzt wurden. Vgl. ebd.

17 Siehe z. B. Loose: Die Ambivalenz des Authentischen, S. 11.

Je weniger Nähe die ‚Schuld', um die es in der Handlung geht, zum NS aufweist, desto stärker funktioniert eine Reindividualisierung dieses Musters und desto undeutlicher wird dessen Herkunft in der Auseinandersetzung mit der und Reaktion auf die Shoah. Dabei müssen jüdische Figuren nicht zwangsläufig zu Täter_innen werden, wie in Kapitel IV.2.3 diskutiert, mitunter reicht es aus, sie nichtjüdischen Figuren gegenüberzustellen, die als die ‚wahren' Opfer inszeniert und in den Mittelpunkt gerückt werden. Auch die Figur des/der guten Deutschen als Identifikationsangebot an das Publikum oder als Hauptfigur, zu der Nähe aufgebaut werden kann, findet sich nicht nur in Holocaustfilmen, sondern auch in zahlreichen der in dieser Arbeit diskutierten Spielfilme. Die Motive, die Holocaustfilme als symbolisch für Verfolgung und Vernichtung etabliert haben, wie Feuer, Schuhe oder Koffer, werden auch in Filmen wie *Meschugge* oder *Rosenzweigs Freiheit* aufgegriffen, verwendet und zitiert.

Auch in der historischen Ausprägung von Handlungs- und Rollenmustern lassen sich Parallelen erkennen, die einerseits damit zu tun haben, dass Holocaustfilme wie die hier untersuchten Spielfilme stark von der Erinnerungskultur und den dazugehörigen gesellschaftlichen Auseinandersetzungen geprägt sind, und andererseits damit, dass die in dieser Arbeit analysierten jüdischen Filmfiguren häufig im Deutungszusammenhang mit Shoah und NS stehen. So wie in den 1950er Jahren die Shoah in der filmischen Auseinandersetzung mit dem Nationalsozialismus keine Rolle mehr spielte und die Auseinandersetzung sich hin zur Wehrmacht verlagerte, traten auch jenseits dieses thematischen Zusammenhangs keine jüdischen Figuren in anderen deutschen Spielfilmen auf. Die einzige Ausnahme des hier untersuchten Filmkorpus ist *Wir Wunderkinder* (1958), in dem eine jüdische Nebenfigur auftritt (vgl. Kap. IV.7). Losgelöst von der Shoah konnten Jüdinnen und Juden in den 1950er Jahren nicht thematisiert werden. Die nichtempfundene Dringlichkeit oder gar Weigerung, sich mit der NS-Zeit auseinanderzusetzen, spiegelt sich in der Abwesenheit jüdischer Figuren in Fernsehen und Kino.[18]

In den 1960er Jahren spielte das Fernsehen eine wichtige Rolle für die Auseinandersetzung mit Shoah und NS. Zweiter Weltkrieg und Shoah wurden dabei zunehmend verkoppelt.[19] Das Fernsehen sparte dabei die Reichweite der Vergangenheit in die bundesrepublikanische Gegenwart nicht aus, so dass jüdische Figuren auch in Fernsehspielen mit gegenwärtiger Handlungszeit, wie *Anfrage* (1962) oder *Mord in Frankfurt* (1968), auftraten. Das Kino hatte dazu mit Ausnahme von *Zeugin aus der Hölle* wenig beizutragen. Daran änderte auch der Neue Deutsche Film nichts.

Die Fokussierung auf Hitler in den 1970er Jahren (vgl. Kap. II.2.2) trug nicht zu einem vermehrten Auftreten jüdischer Figuren bei. Die Verschiebung der Perspektive in der Auseinandersetzung mit dem NS auf die Opfer Ende der 1970er Jahre brachte dann aber auch eine verstärkte Auseinandersetzung mit den Spätfolgen der Verfolgung und dem Überleben einiger Opfer mit sich. In diesem Blick auf die Opfer spielen Dokumentarfilme der 1970er und 1980er Jahre, wie *Der Prozess* (BRD 1984, R: Eberhard

18 Vgl. Hickethier: Nur Histotainment?, S. 301–302.
19 Ebd., S. 303.

Fechner) oder *Shoah*, eine maßgebliche Rolle.[20] Sie waren auch prägend für den Typ der durch psychische Versehrtheit gekennzeichneten Überlebendenfigur (vgl. Kap. IV.2.2). Der Mauerfall 1989 führt zu einem Bruch in der Erinnerung und Auseinandersetzung mit dem NS und auch zu anderen Darstellungszusammenhängen jüdischer Figuren in gegenwärtigen Handlungskontexten. Das begründet sich nicht nur in der veränderten Erinnerungskultur,[21] sondern auch darin, dass sich in der Berliner Republik eine dritte (Enkel-)Generation zu Wort meldete. In der Auseinandersetzung mit dem NS spielte jetzt Humor eine neue Rolle;[22] für die Darstellung jüdischer Filmfiguren wurden Gegenentwürfe zur etablierten Figur des jüdischen Shoah-Opfers eingefordert und entwickelt.[23]

Somit können die Ergebnisse der vorliegenden Arbeit auch im Kontext einer Auseinandersetzung mit der bundesrepublikanischen Erinnerungskultur gelesen werden, da diese sich in einem beständigen Wechselverhältnis mit den hier analysierten Filmen befindet. Die jüdischen Spielfilmfiguren prägen das im kulturellen Gedächtnis konstruierte Bild von Jüdinnen und Juden, gleichzeitig sind die untersuchten filmischen Darstellungen Ausdruck einer sich wandelnden Erinnerungskultur.[24]

Fortschreibungen und Entwicklungen: Typen jüdischer Spielfilmfiguren

Die Figurentypologie jüdischer Figuren, die sich in der Literatur des 19. Jahrhunderts zeigt und die in Kapitel I.3 als Spektrum potentieller Vorbilder der jüdischen Filmfiguren eingeführt wurde, wirkt bis heute nach: Die Figurentypen des ‚edlen', des ‚gefährlichen' und des ‚lächerlichen Juden' sowie der ‚schönen Jüdin' scheinen sich häufig in der Gestaltung jüdischer Filmfiguren zu reaktualisieren.[25] So erfährt der ‚edle Jude' nach der Shoah in Filmen eine reaktive, philosemitische Deutung und wird zur moralisch überlegenen Opferfigur. Dabei ist diese (moralische) Überhöhung alleiniges Resultat seiner Opferschaft und wird nicht (zwangsläufig) durch charakterliche Attribute gestützt. Verstärkung erfährt diese Figurenzeichnung eher noch durch aktuellen

20 Kramer erwähnt in diesem Zusammenhang auch noch *Mendel Schainfelds zweite Reise nach Deutschland* (BRD 1972, ZDF, R: Hans-Dieter Grabe), vgl. Kramer: Wiederkehr und Verwandlung der Vergangenheit im deutschen Film, S. 296.

21 Vgl. Schildt / Siegfried: *Deutsche Kulturgeschichte*, S. 520 ff.

22 Vgl. Kramer: Wiederkehr und Verwandlung der Vergangenheit im deutschen Film, S. 298.

23 Diese Tendenz lässt sich nicht nur an Spielfilmen ablesen, sondern zeichnet sich auch in anderen Medien ab. Vgl. Lea Wohl: (Gegen-)Bilder des Jüdischen auf Youtube. Oder: „Lasst uns alle Juden sein". In: Jonas Engelmann / Hans-Peter Frühauf / Werner Nell / Peter Waldmann (Hrsg.): *We are Ugly But We Have the Music. Eine ungewöhnliche Spurensuche in Sachen jüdischer Erfahrung und Subkultur.* Mainz: Ventil 2012, S. 218–228.

24 Ein Wandel in der Erinnerungskultur bzw. vor allem ihrer Bewertung, der sicherlich auch mit einem Generationenwechsel zusammenhängt, zeichnet sich in einigen aktuellen Auseinandersetzungen ab, wie bspw. Jureit / Schneider: *Gefühlte Opfer*; Dana Giesecke / Harald Welzer: *Das Menschenmögliche. Zur Renovierung der deutschen Erinnerungskultur.* Hamburg: Edition Körber-Stiftung 2012; Frölich / Jureit / Schneider (Hrsg.): *Das Unbehagen an der Erinnerung*; Aleida Assmann: *Über das Unbehagen an der Erinnerungskultur. Eine Intervention.* München: Beck 2013.

25 Zu den Figurentypen in der Literatur des 19. Jahrhunderts siehe Gubser: *Literarischer Antisemitismus*, S. 103.

Antisemitismus, dem die Figur im Rahmen der Handlung begegnen kann und der sie erneut zum Opfer macht. Die Passivität, mit der die Figur auf Antisemitismus und Diskriminierung reagiert, wird in den entsprechenden Filmen häufig mit Unschuld und Reinheit assoziiert. In dieser aktualisierten Ausformung wird der ‚edle Jude' zum ‚hilflosen Juden', der auf die Hilfe und Rettung durch nichtjüdische Figuren angewiesen ist. Damit bildet der ‚hilflose Jude' eine ideale Vorlage für nichtjüdische Figuren, sich gegen Antisemitismus zu positionieren und als Variationen des ‚guten Deutschen' aufzutreten – die Überlebenden- oder Opferfigur wird hier zum Gegenbild der durch Aktivität gekennzeichneten Heldenfigur.[26]

Der ‚gefährliche Jude' hingegen reaktualisiert sich in den Rächerfiguren und tritt als Bedrohung für die nichtjüdischen Protagonist_innen im Kontext einer dem sekundären Antisemitismus entsprechenden Täter-Opfer-Umkehr auf. In einigen Fällen wird seine Täterschaft durch den Umstand traumatischer Verfolgungserlebnisse relativiert oder (vermeintlich) entschuldet.

Die schöne Jüdin bleibt schön und wird ein weiteres Mal umgedeutet zur reinen, häufig unbedrohlichen Attraktion des nichtjüdischen Mannes. Das Stereotyp von der schönen jüdischen Frau scheint so wenig als historisch kontaminiert wahrgenommen zu werden, dass es lediglich einer geringen Umdeutung bedarf und nahezu unverändert fortbesteht.

Der ‚lächerliche Jude' taucht auf den ersten Blick nicht auf. Doch der Kern seiner einstigen Lächerlichkeit, die Unüberwindbarkeit seines Andersseins und sein verzweifeltes, wenn auch lächerliches Ringen um gesellschaftliche Integration und Partizipation, macht lediglich eine stärkere Metamorphose durch als die zuvor genannten Typen, weshalb seine aktuelle Formation kaum erkennbar scheint: Aus dem ‚lächerlichen Juden' wird der ‚witzige Jude'. Damit wird aus der jüdischen Figur, *über* die man lacht, die jüdische Figur, *mit* der man lacht. Versteht man den jüdischen Humor als Phänomen, das aus dem Ringen nach gesellschaftlicher Partizipation entstand (vgl. Kap. III.7), so ist er heute zu einer zentralen Kodierung von Jewishness geworden, die dazu dient, das spezifisch Jüdische (und nicht das spezifisch Bürgerliche) einer Filmfigur zu betonen. Der verzweifelte Versuch des ‚lächerlichen Juden', Teil der bürgerlichen Gesellschaft zu werden, wobei er eben doch immer wieder in Nuancen seines Auftretens danebenlag und deshalb scheitern musste,[27] geht für die einst aus einem ähnlichen Beweggrund Witze erzählenden Juden und Jüdinnen ähnlich erfolglos aus: Was sich verändert hat, ist, dass das (pejorative) Lachen über den ‚lächerlichen Juden' zu einem (nun wohlgesonnenen) Lachen mit dem ‚witzigen Juden' und über dessen Witze wird, wobei die Anschlussfähigkeiten und Lachangebote, die die Filme mit ihren ‚witzigen Juden' machen, durchaus ambivalent sein können. Letztendlich entlässt auch der Humor oder der Witz des ‚witzigen Juden' diesen nicht aus seiner kulturellen Andersartigkeit, die er nicht überwinden kann.

26 Vgl. Assmann: *Der lange Schatten der Vergangenheit*, S. 80.

27 Gubser: *Literarischer Antisemitismus*, S. 120.

Ein jüdischer Figurentyp, der erst nach der Shoah entsteht und durch seine Häufigkeit als etabliert bzw. konventionalisiert gelten kann, ist der ,traurige' oder ,traumatisierte Jude'. Diese Figur entwickelt sich vor dem Hintergrund der eigenen Verfolgungserfahrung oder der ihrer Familie und weist Überschneidungen mit der Reaktualisierung des ,edlen' als ,hilfloser Jude' auf. Im Gegensatz zu diesem benötigt der ,traurige' oder ,traumatisierte Jude' aber kein nichtjüdisches Gegenüber, das ihm hilft oder ihn rettet. Er ist deshalb nicht zwangsläufig aktiver, doch es wird in den Filmen häufig ein innerlicheres oder psychologisierenderes Bild von ihm entworfen. In diesen Figuren spiegelt sich ein gewandeltes Menschenbild, das erst in der zweiten Hälfte des 20. Jahrhunderts Menschen derartig von ihrer Biografie und zurückliegenden Ereignissen aus verstand und Figuren entsprechend konzipierte. Die traumatische Erfahrung, die zuvor noch Anlass zur Scham war, wurde zum „Gegenstand von Prestige und Ehre".[28] Diese jüdischen Figuren sind durch ihren Hintergrund determiniert: Sie können mit ihren Handlungen nur vor diesem tatsächlich verstanden werden und auch ihre Entwicklung findet davor statt, wobei diesbezüglich unterschiedliche Annahmen und Einstellungen festzustellen sind: Während einige Narrationen nahelegen, dass es heilende Ereignisse geben könne, die es den Überlebenden ermöglichen, sich (wiederholt) mit ihrer Verfolgungsvergangenheit auseinanderzusetzen und diese dadurch in ihrer Allgegenwart quasi zu überwinden, zeigen andere gerade das Scheitern an dem Versuch einer ,Verarbeitung' des Erlebten.

Der Figurentyp des ,traurigen Juden' kann feiner ausdifferenziert werden in eher passive Untertypen, wie die traumatisierten jüdischen Figuren, allen voran die Überlebenden-Figuren, und aktivere, wie die jüdischen Rächer-Figuren. Eine Variation des ,traurigen oder traumatisierten Juden' ist auch die *second generation*-Figur (vgl. Kap. IV.3), die fast ebenso geprägt durch die Shoah ist wie die Überlebenden-Figuren. Auch sie macht die Verfolgungsvergangenheit zu einer Art Lebensperspektive und vermag nicht, sie hinter sich zu lassen. In den Figurenkonstellationen der Spielfilme stehen diese ,traurigen jüdischen' Figuren häufig in engen Beziehungen zu nichtjüdischen Figuren, auf die sie anziehend zu wirken scheinen. Sie fordern deren Hilfe und Liebe heraus. Dabei wirken diese jüdischen Figuren hier wiederum ,spiegelnd' für die gesellschaftliche Gegenwart bzw. die nichtjüdische Figur: Am Grad von Empathie, Liebe und Nähe zur ,traurigen jüdischen' Figur lässt sich die Distanz zu Antisemitismus, Ressentiment und nazistischer Vergangenheit ablesen. Die ,traurige jüdische' Filmfigur hat damit gleichermaßen das Potential, innerjüdische Themen, Fragen jüdischer Selbstverständnisse und möglicher Umgangsformen mit der Shoah im zeitgenössischen Deutschland zu adressieren, als auch als Spiegelfigur primär funktional für die nichtjüdische Hauptfigur oder die gesellschaftliche Bilanz des Films zu fungieren.

Es werden aber auch Brüche mit und Abweichungen von etablierten Bildern erkennbar: In den Spielfilmen wird über Zuschreibungen und Stereotype reflektiert. Wiederholt werden diese in der Interaktion zwischen jüdischen und nichtjüdischen Figuren

28 Assmann: *Der lange Schatten der Vergangenheit*, S. 81.

sichtbar gemacht. Dies geschieht zum Teil durchaus, ohne die nichtjüdischen Figuren als integre oder positiv gestaltete Figuren zu diskreditieren, beispielsweise wenn dies humoristisch gerahmt ist. Das im Titel zitierte Beispiel aus dem Fernsehkrimi *Liebe unter Verdacht* (2002) macht deutlich, dass die Assoziation der Figur Eva Bartok unzutreffend ist, wenn sie ihr jüdisches Gegenüber mit Religiosität, Tiefsinnigkeit und Tradition assoziiert: Dem stellt Daniel Kahana Populärkultur und auch Unkenntnis des Talmud entgegen. In solchen humoristischen Reflektionen über Vorstellungsbilder und Stereotype ist meines Erachtens eine Möglichkeit angelegt, als Zuschauer_in die eigene Involviertheit in kursierende Vorstellungen und Stereotype zu entdecken und sich mit ihr auseinanderzusetzen.

Darüber hinaus werden auch zeitgenössische innerjüdische Fragen und Aspekte realen jüdischen Lebens filmisch aufgegriffen, verhandelt und damit für ein nichtjüdisches Publikum zur Diskussion gestellt. Beispielsweise wird die konkrete Remigrations- und Migrationssituation von Jüdinnen und Juden zunächst in der direkten Nachkriegszeit und aktueller ab den 1990er Jahren zum Thema von Spielfilmen. Gezeigt werden auch die Heterogenität innerhalb jüdischer Gemeinden in der Bundesrepublik und die daraus resultierenden Konflikte oder die konflikthafte Ablösung von einer (übermächtigen) Elterngeneration, die gleichermaßen spezifisch jüdische Fragen aufwirft wie auch Ähnlichkeiten zu einer gleichalten, nichtjüdischen Generation verdeutlicht.

Es lassen sich also auch in der Gestaltung der jüdischen Figuren gegenläufige Tendenzen festhalten: Die Fokussierung auf die Shoah einerseits und demgegenüber die auf ein gegenwärtigeres oder stärker auf die Zukunft gerichtetes jüdisches Leben, das häufig folkloristisch gezeigt wird. Damit in Verbindung steht die Funktion der jüdischen Figuren, Einblicke in – den Zuschauer_innen ansonsten häufig verschlossenes – jüdisches Leben zu ermöglichen, sowie die Funktion, gesellschaftliche Zustände und deutsche Selbstbilder zu spiegeln und damit Werkzeug einer Auseinandersetzung um deutsche Selbstverständnisse zu sein.

Die Rolle, die Antisemitismus im Zusammenhang mit den jüdischen Spielfilmfiguren spielt, macht die Notwendigkeit der in Kapitel II.3.1 entwickelten Methodik zur differenzierten Analyse des Zusammenhangs von Film und Antisemitismus deutlich: Antisemitismus auf der Handlungsebene als filmisches Thema, auf der Bild- und Figurenebene häufig als reproduziertes Ressentiment und auf der Ebene der Rezeption als wahrgenommenen Antisemitismus zu untersuchen, ermöglicht es, die vielschichtigen Verbindungen mit gesellschaftlichen Verhältnissen zu unterschiedlichen Zeitpunkten zu beleuchten.

Die in der vorliegenden Arbeit herausgearbeiteten Figurentypen oder Rollenmuster verweisen jedoch nicht nur auf den spezifischen gesellschaftlichen Zusammenhang der Bundesrepublik nach 1945 bis zur Gegenwart, sondern sind insofern auch in der Antisemitismus- und Stereotypenforschung zu verorten, als sie auf Kontinuitäten über historische Zäsuren wie die Jahre 1933 und 1945 hinweg aufmerksam machen.

Unsichtbarkeiten

Wird filmische Sichtbarkeit zumindest als Möglichkeit einer visuellen Anerkennung gedeutet, so bedeutet dies, dass auch die mitproduzierten Unsichtbarkeiten in den Blick genommen werden müssen und danach gefragt werden muss, welche Aspekte jüdischen Lebens in der Bundesrepublik nach 1945 nicht thematisiert und damit – vor allem für eine nichtjüdische Öffentlichkeit – auch nicht (medial) erfahrbar wurden, sowie nach der Bedeutung dieser Unsichtbarkeiten für die (vorherrschende) Vorstellung von jüdischem Leben.

Zum ersten kann festgestellt werden, dass Narrative, die die Shoah überbrücken und damit die Zeit vor dem Nationalsozialismus mit der jeweiligen Gegenwart nach 1945 verbinden, der Vorzug gegeben wird vor Geschichten, die auf die Kontinuitäten von Nationalsozialismus und Nachkriegszeit abheben und damit das Ende des Nationalsozialismus 1945 als Bruch in Frage stellen. Die Überbrückung der Weimarer Zeit hin zur Bundesrepublik steht hier der Betonung von Kontinuitäten zwischen Nationalsozialismus und Bundesrepublik gegenüber. Beispiele für ‚Überbrückungsnarrative' sind Filme, in denen jüdische Exilant_innen bzw. Remigrant_innen auftauchen. Sie binden das gegenwärtige (West-)Deutschland an das jüdische Leben in Deutschland vor 1933 und schließen damit an die Idee an, es habe vor 1933 eine ‚Normalität' zwischen Jüdinnen/Juden und Nichtjüdinnen/Nichtjuden in Deutschland gegeben, an die angeschlossen werden könne (vgl. Kap. II.4). Beispiele für die Darstellung von Kontinuitäten sind hingegen Handlungen, die bereits vor 1945 beginnen, aber über Kapitulation, Kriegsende oder Befreiung hinausgehen. Dass DP-Camps in den Spielfilmen weitgehend unsichtbar sind (vgl. Kap. IV.2.2.1), kann als Symptom des dominanten Narrativs von 1945 als Bruch verstanden werden. Denn hierbei müssten Lager, in denen Jüdinnen und Juden nach 1945 lebten, ebenso thematisiert werden, wie der Umstand, dass Jüdinnen und Juden die Shoah überlebten, danach aber nicht mehr in Deutschland leben wollten und ihre Existenz dort als Provisorium empfanden.

Zum Zweiten ist festzuhalten, dass aus der Schwierigkeit, jüdische Filmfiguren erkennbar als jüdisch darzustellen, resultiert, dass die Gestaltung jüdischer Filmfiguren in der Regel bei der Darstellung ambivalenter Zugehörigkeiten und Zugehörigkeitsgefühle versagt. Jüdische Figuren im Film sind zumeist erkennbar und eindeutig jüdisch. Weder sie selbst noch ihre Umwelt ziehen das (ernsthaft) in Zweifel. Grenzräume jüdischer Identitäten, wie sie die mehrfach thematisierten gemischten Beziehungen und Familien ebenso wie Konversionen darstellen, bleiben in den bundesrepublikanischen Spielfilmen unsichtbar. Versteht man die Konzeptualisierung von Jüdinnen und Juden als ‚die Anderen' als paradigmatisch für antisemitisches Denken (vgl. Kap. II.3), so wird das problematische Potential einer solchen Darstellungskonvention deutlich. Die Unsichtbarkeit solcher – in der Außensicht oder auch im subjektiven Selbstverständnis – ambivalenten oder uneindeutigen Zugehörigkeiten kann somit als vertane Chance betrachtet werden, die Grenze zwischen ‚jüdisch' und ‚nichtjüdisch' zu dekonstruieren und damit eine Grundannahme unter anderem des Antisemitismus in Frage zu stellen (vgl. Kap. II.3). Darin spiegelt sich möglicherweise der Wunsch nach einem exotischen, fremden jüdischen Leben in Deutschland, das erkennbar different vom nichtjüdischen ist. Doch das Festschreiben von Jüdinnen und Juden auf ihr Anderssein und das Verhindern ihrer uneingeschränkten Partizipation hat eine lange Tradition. Diese wird möglicherweise mit der Dominanz folkloristischer Darstellungen fortgeschrieben.

Drittens ist festzuhalten, dass weibliche jüdische Figuren – wie in vielen Fällen auch nichtjüdische Frauenfiguren – häufig nicht als autonome Figuren mit Innenansichten gezeigt werden und lediglich als Charakterisierung oder Beiwerk der männlichen Hauptfiguren dienen.

Die Unsichtbarkeiten verweisen auf die medialen Begegnungen, die die Filme *nicht* ermöglichen, vor allem aber darauf, dass die Darstellungen jüdischer Spielfilmfiguren stark geprägt sind von deutschen Selbstverständnissen, Wunschvorstellungen und impliziten Ideologien: So spiegelt sich in den Spielfilmnarrationen der Wunsch nach dem Bild eines nationalsozialistischen Faschismus, der über eine nicht antisemitische Gesellschaft hereinbrach, an die nach Kriegsende auch wieder angeschlossen werden konnte, ebenso wie das – möglicherweise häufig unbewusste – Vorhandensein der den Antisemitismus und Philosemitismus verbindenden Vorstellung vom Juden als Anderen. Aber auch von jüdischen Themen *vermeintlich* unabhängige gesellschaftliche Vorstellungen von Geschlechterverhältnissen[29] bilden sich ebenso ab, wie sie durch die Filme perpetuiert werden.

Mediale Begegnungen mit Jüdinnen und Juden

Jüdische Spielfilmfiguren werden ähnlich wie reale Personen wahrgenommen. Das Publikum reagiert auf sie zwar weniger emotional, dafür aber auch ungehemmter, und sie bieten dem mehrheitlich nichtjüdischen deutschen Publikum die Möglichkeit einer fiktiven medialen Begegnung mit Jüdinnen und Juden, wie sie *in realitas* kaum besteht (vgl. Kap. I). Denn die Größe der jüdischen Bevölkerung wird in Deutschland häufig deutlich überschätzt, tatsächlich kennen viele Deutsche Jüdinnen und Juden aber nur aus den Medien.[30] Die filmischen Darstellungen jüdischer Figuren sind, gerade weil die Zuschauer_innen mit einer außerfilmischen jüdischen Wirklichkeit zumeist keinen Kontakt haben, Teil der Wirklichkeit des Publikums und nehmen damit den Stellenwert einer (medialen) ‚Begegnung' oder ‚Erfahrung' ein.

Diese ‚medialen Begegnungen' oder ‚Erfahrungen' sind durch die Kodierung der Figuren als jüdisch, ihre Einbettung in die Figuren- und Konfliktkonstellationen sowie ihre thematische Einbindung häufig so gestaltet, dass sie für das nichtjüdische

29 Auf den zweiten Blick zeigt sich, dass Judentum, Christentum oder auch Nationalstaatsdenken durchaus spezifische Genderdispositive beinhalten. Weiterführend dazu siehe D. Paul Sullins: Gender and Religion. Deconstructing Universality, Constructing Complexity. In: *American Journal of Sociology* 112,3 (2006), S. 838–880; Birgit Heller: Religionen. Geschlecht und Religion – Revision des *homo religiosus*. In: Ruth Becker / Beate Kortendieck (Hrsg.): *Handbuch der Frauen- und Geschlechterforschung. Theorie, Methoden, Empirie*. Wiesbaden: Springer 2008, S. 705–710.

30 Y. Michal Bodemann spricht hier von einer „imaginäre[n] demographische[n] Komponente", die das „Phantombild [...] des imaginären Judentums" in Deutschland präge, und meint damit die zahlenmäßige Überschätzung der jüdischen Gemeinschaft, die häufig auf eine bis eineinhalb Millionen deutschlandweit geschätzt werde. (Bodemann: *In den Wogen der Erinnerung*, S. 186.)

deutsche Publikum wunschgemäß sind. Die Handlungen zeigen nichtjüdische Figuren, durch die Nähe zu den jüdischen Figuren oder zu ganzen Lebenswelten aufgebaut werden kann und in deren Interaktionen sich *bestätigende* Momente für das deutsche Selbstbild finden lassen. Die Nähe der nichtjüdischen zu den jüdischen Figuren fungiert zunehmend – das bedeutet vor allem ab den 1980er Jahren – als Substitut für den realen Mangel. Viele der Darstellungen bestätigen vorhandene Bilder des Jüdischen, wie in den Kapiteln III.4 bis III.9 gezeigt wurde. Gleichzeitig bieten gerade die jüdischen Nebenfiguren, die die Welt der jüdischen Protagonist_innen pluralisieren, irritierende und wenig bekannte jüdische Figurenentwürfe, wie die lesbisch-orthodoxe Zippi in *So ein Schlamassel*, der atheistische Barkeeper in *Liebe unter Verdacht* oder auch der möglicherweise jüdische Privatdetektiv in *Rot und Blau*. Wiederum andere Filme, häufig jene, an denen jüdische Filmschaffende zentral beteiligt sind, ermöglichen tatsächlich einen Einblick in innerjüdische Themen und Konflikte, wie *Der Ruf* oder *Schalom meine Liebe*, in Fragen jüdischer Selbstverständnisse, wie *Malou*, *Annas Sommer* oder *Ohne mich*, oder in psychische Folgen der Shoah, die ohne eine Begegnung mit Shoah-Überlebenden am Rande verbleiben würden.
Es lässt sich zusammenfassen, dass es sich um filmische Begegnungen mit jüdischen Figuren handelt, die dem deutschen nicht-jüdischen Publikum in der Regel durch Türöffner-Figuren erleichtert werden, an denen dieses sich auf dem Weg in die jüdische Lebenswelt und in der Interaktion mit Jüdinnen und Juden orientieren kann. Schwieriger ist der Aufbau von Nähe zu den Filmfiguren möglicherweise für jüdische Zuschauer_innen, denen die für ein nichtjüdisches Publikum gestalteten jüdischen Figuren so artifiziell wie fremd vorkommen können. Darin besteht wohl das Potential der aktuellen Pluralisierung und Ausdifferenzierung von Themen und Zusammenhängen, in welchen jüdische Figuren auftreten: Diese Gegenbilder befördern nicht nur ein heterogeneres Bild von jüdischem Leben in Deutschland und weltweit und tragen damit zur langsamen Aufweichung der Vorstellung von Jüdinnen und Juden als distinkten ‚Anderen' bei, sondern ermöglichen vielleicht auch eine zunehmende Adressierung eines jüdischen wie nichtjüdischen Publikums, denen unterschiedliche Begegnungen und ‚Jewish moments' bei der Filmrezeption angeboten werden.

Anhang

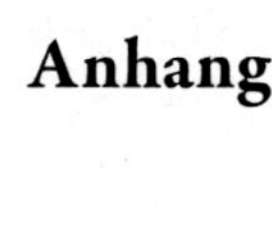

1.
Filmografie mit Synopsen

Abrahams Gold
BRD 1989, Regie + Drehbuch: Jörg Graser
Spielfilm, Kinostart Deutschland: 26. April 1990; TV-Erstsendung: 12. September 1993, ZDF
Synopsis: Die vierzehnjährige Annamirl (Daniela Schötz) wächst bei ihrem Großvater Alois Huntziger (Robert Dietl) auf, der ein angesehener Gastwirt eines niederbayerischen Dorfes ist, aber einst KZ-Aufseher in Auschwitz war. Annamirls Mutter Bärbel (Hannah Schygulla), die inzwischen in den Heimatort zurückgekommen ist, hat kein gutes Verhältnis zu ihrem Vater und weiß schon länger von seiner Nazi-Vergangenheit. Zusammen mit seinem Freund Karl Lechner (Günther Maria Halmer) fährt Alois Huntziger nach Auschwitz, um eine Kiste Zahngold auszugraben, die er kurz vor Kriegsende dort versteckt hat. Als Karl Lechner nach seiner Rückkehr erfährt, dass er das Kind einer jüdischen Familie ist, überwirft er sich mit Alois. Annamirl wird von ihrem Großvater gezwungen, Karl wegen sexueller Belästigung anzuzeigen. Sie zieht die Anzeige zwar noch zurück, kann sich aus der familiären Zwangslage aber nur noch durch Suizid befreien.

Abschied von gestern
BRD 1965/66, Regie + Drehbuch: Alexander Kluge
Spielfilm, Uraufführung: 05. September 1966; Kinostart Deutschland: 14. Oktober 1966
Synopsis: Es wird die Geschichte von Anita G. (Alexandra Kluge) erzählt, die als Tochter jüdischer Eltern versucht, in der Bundesrepublik Fuß zu fassen. Nach der Rückkehr aus dem Exil wuchs sie in der DDR auf und floh in den Westen, wo sie wegen Diebstahls einer Strickjacke auf Bewährung verurteilt wird. Sie zieht entgegen ihren Bewährungsauflagen in eine andere Stadt und wird dort die Geliebte ihres neuen Chefs, der sie aber anzeigt. Ihren Job als Zimmermädchen verliert sie wiederholt, weil sie des Diebstahls verdächtigt wird. Sie wird die Geliebte eines Ministerialrats, doch als sie schwanger wird, schickt er sie weg. Schwanger stellt sie sich der Polizei. Das Baby wird ihr weggenommen und sie kommt in ein Frauengefängnis.

Alles auf Zucker!
BRD 2004/05, Regie: Dani Levy, Drehbuch: Dani Levy / Holger Franke
Spielfilm, Kinostart Deutschland: 06. Januar 2005; TV-Erstsendung: 23. September 2005, Arte
Synopsis: Jaeckie Zucker (Henry Hübchen) steckt als ehemaliger Sportreporter und Spieler in einer finanziellen und persönlichen Krise, als ihn die Nachricht vom Tod seiner Mutter und deren Erbe erreicht. Allerdings hat sie bestimmt, dass er sich mit seinem orthodoxen Bruder Samuel (Udo Samel) vertragen und mit diesem gemeinsam die traditionellen sieben Tage Schiwa einhalten muss. Für den atheistischen Jaeckie, der sich selbst nicht als jüdisch versteht und mit seiner Frau Marlene (Hannelore Elsner) und seinen erwachsenen Kindern Jana (Anja Franke) und Thomas (Steffen Groth) kein jüdisches Leben lebt, ist das eine Herausforderung – nicht nur, weil sie jüdisches Familienleben vortäuschen müssen. So versucht er mit einigen Tricks, noch während der Trauerzeit an einem Billardturnier teilzunehmen, bei dem er hofft 100.000 Euro zu gewinnen. Ein vorgetäuschter Herzinfarkt wird zu einem echten, die Brüder vertragen sich und bekommen am Ende trotz aller Unterschiede das dringend benötigte Erbe.

Alma Mater
BRD 1969, Regie: Rolf Hädrich, Drehbuch: Rolf Hädrich / Dieter Meichsner
Fernsehspiel, TV-Erstsendung: 27. November 1969, ARD
Synopsis: Der jüdische Professor Freudenberg (Karl Guttmann) kam 1953 aus dem amerikanischen Exil zurück und ist Professor für Neuere Geschichte an der Freien Universität Berlin. Angesichts der Studentenproteste 1968 entscheidet er, Deutschland wieder zu verlassen. Das Fernsehspiel mutet wie ein Dokumentarfilm an und verwendet dokumentarisches Material der Studierendenproteste an der Freien Universität Berlin.

Anderswo
BRD 2014/15, Regie: Ester Amrami, Drehbuch: Momme Peters / Ester Amrami
Arbeitstitel: *Immer Zores mit Noa*; *Altneuland*
Spielfilm, Kinostart Deutschland: 29. Januar 2015
Synopsis: Die Israelin Noa (Neta Riskin) lebt seit einigen Jahren in Berlin. Doch manchmal fühlt sie sich isoliert und fremd. Das Wörterbuch unübersetzbarer Wörter, an dem sie arbeitet, steht für ihre Position zwischen den Ländern und Kulturen. Als ihr die Unterstützung für ihr Projekt entzogen wird, entscheidet sie – auf der Suche nach Heimat –, Berlin für eine Weile den Rücken zu kehren und zu Besuch nach Israel zu fliegen. Doch auch mit ihrer Familie dort gibt es Verständigungsprobleme und das Verhältnis zu ihrer Mutter (Hana Laslo) ist nicht gerade unkompliziert. Sie bleibt länger als zunächst geplant und ihr deutscher Freund Jörg (Golo Euler) kommt nach Israel nach. Die deutsch-israelische Liebesbeziehung erzählt von den Unterschieden zwischen Deutschland und Israel, von Noas Suche nach Heimat und ihrem Erwachsenwerden.

Anfrage
BRD 1962, Regie: Egon Monk, Drehbuch: Joachim C. Fest / Egon Monk
Basiert auf dem Roman *Anfrage* von Christian Geissler
Fernsehspiel, TV-Erstsendung: 15. Februar 1962, NDR
Synopsis: Der junge Physiker Klaus Köhler (Hartmut Reck) bereitet sich auf den Besuch von Mr. Weismantel (Konrad Wagner) aus Amerika vor. Der will nach Deutschland kommen, um das Haus seiner entfernten Familie zu sehen, die während der Shoah ermordet wurde. Die Familie Valentin lebte in dem Haus, indem das Universitätsinstitut nun sitzt, in welchem Köhler arbeitet. Köhler soll den Gast aus Amerika empfangen und er bereitet sich vor: Er recherchiert den angeblich überlebenden Sohn der Familie und setzt sich mit der Judenverfolgung auseinander. Als der Gast aus Amerika kommt, muss Köhler feststellen, dass dieser mehr Verständnis für die Gesellschaft hat als für sein Engagement.

Annas Sommer
BRD/GR/ES 2000/2001, Regie + Drehbuch: Jeanine Meerapfel
Spielfilm, Uraufführung: 27. Oktober 2001, TV-Erstsendung: 30. Juli 2003, Arte
Synopsis: Anna Kastelano (Angela Molina) kommt auf eine griechische Insel, um das Haus ihrer Familie zu verkaufen. Dort sind die Erinnerungen an ihren kürzlich verstorbenen Mann Max (Herbert Knaup) und ihren Vater Leon (Dimitris Katalifos) und deren Lebensgeschichten lebendig. Sie beschäftigt sich mit ihrer Familiengeschichte und findet mehr über die Deportation ihrer Großmutter heraus. Sie beginnt eine Liebesbeziehung mit dem jungen Nikola (Agis Emmanouil) und entscheidet, das Haus doch nicht zu verkaufen.

Auf das Leben!
BRD 2014, Regie: Uwe Janson, Drehbuch: Thorsten Wettcke
Spielfilm, Kinostart Deutschland: 27. November 2014
Synopsis: Ruth Weintraub (Hannelore Elsner) ist Holocaustüberlebende und war in den frühen 1970er Jahren Sängerin jiddischer Lieder. Als ihre Wohnung und ihre Musikinstrumentenwerkstatt zwangsgeräumt werden, lernt sie den jungen Jonas (Max Riemelt) kennen, der in seinem Bus wohnt und sich vor seiner Freundin versteckt, der er nichts von seiner Erkrankung an multipler Sklerose erzählen will. Kurze Zeit später findet Jonas Ruth nach einem Suizidversuch und bringt sie ins Krankenhaus.
In Rückblenden erzählt der Film davon, wie Ruth sich Anfang der 1970er Jahre in den Filmstudenten Viktor (Max Riemelt) verliebt, der einen Dokumentarfilm über sie dreht. In den Interviewsequenzen erzählt die junge Ruth (Sharon Brauner) davon, wie sie die Verfolgung überlebt hat und von ihren Eltern, die während der Shoah ermordet wurden. Als Viktor einige Zeit später die Fotoausstellung eines ehemaligen Kriegsfotografen organisiert, bei deren Eröffnung Ruth auftreten soll, erkennt Ruth den NS-Fotografen, der auch sie als Mädchen fotografierte, und ersticht ihn. Die Liebe zu Viktor zerbricht und Ruth muss eine achtjährige Gefängnisstrafe absitzen. In der Auseinandersetzung mit Jonas findet Ruth ihren Lebensmut wieder und beginnt wieder zu singen. Jonas stellt sich der Aussprache mit seiner Freundin.

Auf Wiedersehen Amerika
BRD/PL 1994, Regie: Jan Schütte, Drehbuch: Thomas Strittmatter / Jan Schütte
Spielfilm, Kinostart Deutschland: 28. April 1994, TV-Erstsendung: 08. März 1996, Arte
Synopsis: Eigentlich soll Isaak Aufrichtig (Otto Tausig) auf die Wohnung des befreundeten Paares Genovefa (Sofia Merle) und Mosche (Jakob Bodo) in New York aufpassen, während sie eine Schiffsreise in ihre ehemalige Heimat Polen machen. Doch als der Sweatshop, für den er arbeitet, in einer Polizeirazzia durchsucht wird und der Besitzer ihm kurz vor der Festnahme noch Bargeld zuschiebt, flüchtet er auf das Schiff, mit dem auch Genovefa und Mosche reisen. Als das Schiff eine Panne hat, müssen sie über Land von Deutschland nach Polen reisen. Isaak verliebt sich in Polen in Zofia (Christa Berndl) und entscheidet, mit ihr in die USA zurückzukehren, während Mosche und Genovefa entgegen der ursprünglichen Pläne ein Haus in Gdansk kaufen und dort bleiben.

Bei Thea
BRD 1988, Regie: Dominik Graf, Drehbuch: Johannes Reben
Fernsehfilm, TV-Erstsendung: 10. Januar 1988, ZDF
Synopsis: David Adler (Hannes Jaenicke) verlässt Tel Aviv, wo er mit seinen Großeltern lebt, deutschen Juden, die während des Nationalsozialismus nach Palästina flohen, und geht zum Studium nach München. Seine Großeltern sind immer noch zwischen Deutschland und Israel hin- und hergerissen, so dass David sehr gut Deutsch spricht. In der Kneipe „Bei Thea" lernt er die Wirtin Thea (Marianne Hoppe) kennen und erfährt, als sie ihn erkennt, dass sie die erste Ehefrau seines Großvaters war. Thea ließ sich 1937 von Davids Großvater scheiden, danach ging dieser ins Exil.

Bella Block
Krimireihe, BRD 1994–heute, ZDF
Folgentitel: *Weiße Nächte*, 2007, Regie: Christian von Castelberg, Drehbuch: Katrin Bühlig
TV-Erstsendung: 27. Oktober 2007
Synopsis: Der Fall konfrontiert Bella Block (Hannelore Hoger) mit Menschenhandel: Schwangere Russinnen werden nach Deutschland gelockt, wo ihre Babys nach der Entbindung an kinderlose deutsche Frauen verkauft werden. Als eine der Frauen zu fliehen versucht, wird sie ermordet. Bella Block reist im Zuge der Ermittlungen mit ihrem jüdischen Lebensgefährten Simon Abendroth (Rudolf Kowalski) nach Sankt Petersburg.

Berlin, Berlin
Fernsehserie, BRD 2001–2004, ARD
86 Episoden in 4 Staffeln, Episodenlänge: 25 Min.
Episodentitel: *Träume*, Staffel 1, Episode 9
TV-Erstsendung: 19. März 2002
Synopsis: Tuhan (Maverick Quek) vermittelt Lolle (Felicitas Woll) einen Job in einem koscheren Restaurant, dessen Chef Moshe (David Steffen) er kennt. Trotz anfänglicher Schwierigkeiten mit Moshe bekommt Lolle die Stelle und beginnt dort zu arbeiten. Obwohl sie ihren neuen Chef nicht leiden kann, taucht er in ihren Träumen auf und sie küssen sich.

Episodentitel: *Lolle und der Traumprinz*, Staffel 1, Episode 10
TV-Erstsendung: 20. März 2002
Synopsis: Lolle (Felicitas Woll) verliebt sich in ihren Chef Moshe (David Steffen) und hilft ihm, an Schabbat das Essen für eine bevorstehende Hochzeit vorzubereiten. Nach Feierabend trinken sie zusammen Wein und unterhalten sich privater. Lolle erfährt, dass Moshe verheiratet ist und seine Frau und seine Kinder, die aus Israel zurückkommen, vom Flughafen abholen muss. Lolle und Moshe streiten sich, nachdem ihr versehentlich ein Stück Käse in die Hühnersuppe gefallen ist und diese neu zubereitet werden muss, weil sie nicht mehr koscher ist. Als sie sich versöhnen, küssen sie sich auf Lolles Dachterrasse.

Episodentitel: *Nicht ganz koscher*, Staffel 1, Episode 11
TV-Erstsendung: 21. März 2002
Synopsis: Lolle und Moshe beginnen eine Affäre, obwohl Lolle Zweifel daran hat. Sie werden fast von Moshes Frau erwischt. Moshe versichert Lolle, dass er seiner Frau von ihr erzählen will, doch dann kommt wiederholt etwas dazwischen.

Episodentitel: *Die Geliebte*, Staffel 1, Episode 12
TV-Erstsendung: 22. März 2002
Synopsis: Lolles und Moshes Affäre besteht nun seit über zwei Monaten. Wiederholt drohen sie aufzufliegen und Lolle wird klar, dass eine Entscheidung getroffen werden muss. Auf der Bar Mitzwa seines Sohnes beendet sie die Beziehung zu Moshe.

Episodentitel: *Singles*, Staffel 1, Episode 13
TV-Erstsendung: 26. März 2002
Synopsis: Lolle hat bei Moshe gekündigt, hat aber immer noch Liebeskummer wegen der Trennung von ihm. Sie versucht sich abzulenken, indem sie andere Männer kennenlernt. Moshe sucht noch einmal das Gespräch mit ihr, um ihr zu sagen, dass er wegen der Herzkrankheit seines Sohnes mit seiner Familie nach Amerika umziehen wird. Die beiden verabschieden sich voneinander.

Birkenau und Rosenfeld
FR/BRD/PL 2002, Regie: Marceline Loridans-Ivens, Drehbuch: Marceline Loridan-Ivens / Jean-Pierre Sergent / Elisabeth D. Prasetyo
Spielfilm, Kinostart Deutschland: 15. April 2004; TV-Erstsendung: 10. November 2006, ARD
Synopsis: Bei einem Treffen in Paris von Frauen, die Auschwitz überlebt haben, entscheidet sich die Filmemacherin Myriam Rosenfeld (Anouk Aimée), nach Auschwitz zu reisen. Sie tauscht das in der Tombola gewonnene Fahrrad gegen ein Zugticket nach Polen und fährt los, um sich mit ihrer Vergangenheit auseinanderzusetzen. In den folgenden Tagen besucht sie das ehemalige Lagergelände und entdeckt verloren geglaubte oder verdrängte Erinnerungen wieder. Dort lernt sie auch Oskar (August Diehl) kennen, einen jungen Deutschen, dessen Großvater ein hochrangiger Nazi war und der auf der Suche nach Spuren der Vergangenheit ist.

Bronsteins Kinder
BRD 1990/91, Regie: Jerzy Kawalerowicz, Drehbuch: Jerzy Kawalerowicz / Jurek Becker
Spielfilm, TV-Erstsendung: 09. Mai 1993, ZDF
Synopsis: Der 18-jährige Hans (Matthias Paul) nutzt das Gartenhäuschen seines Vaters Arno (Armin Mueller-Stahl), um sich ungestört mit seiner Freundin Martha (Katharina Abt) zu treffen. Eines Tages entdeckt er dort einen gefesselten Mann (Rolf Hoppe) und erfährt, dass sein Vater in Neuengamme inhaftiert war. Der Gefangene ist ein ehemaliger Aufseher des Lagers. Arno und zwei Freunde, ebenfalls Überlebende aus Neuengamme, halten ihn nun gefangen, um Selbstjustiz zu üben. Es entsteht ein Konflikt zwischen Vater und Sohn, der sich auf die unterschiedlichen Lebenserfahrungen gründet. Hans kann seinen Vater, den Holocaustüberlebenden, nicht verstehen und entscheidet sich schlussendlich, den Gefangenen frei zu lassen.

Chuzpe – Klops braucht der Mensch!
BRD 2015, Regie: Isabel Kleefeld, Drehbuch: Andrea Stoll
Fernsehfilm, basiert auf dem Roman *Chuzpe* von Lily Brett
TV-Erstsendung: 05. September 2015, ARD
Synopsis: Der Holocaust-Überlebende Edek Rotwachs (Dieter Hallervorden) lebt in Melbourne. Als seine Frau stirbt, überredet ihn seine Tochter Ruth (Anja Kling), nach Berlin zu ziehen, wo sie auch lebt, damit er nicht so allein sei. Doch Edek langweilt sich in Berlin und lernt zwei ebenfalls verwitwete Polinnen (Franziska Troegner und Natalia Bobyleva) kennen, mit denen er gemeinsam ein Klops-Restaurant eröffnet. Ruth, die diesem Projekt kritisch gegenüber steht und sich viele Sorgen um ihren Vater macht, muss als das Restaurant ein voller Erfolg wird, einsehen, dass ihr Vater ein lebensfroher Mann ist, der auf eigenen Füßen steht.

Das Geheimnis des Golem
BRD 2003, Regie: Andreas Kleiner, Drehbuch: Mario Giordano
Fernsehfilm (der Reihe *Schimanski*), TV-Erstsendung: 11. Januar 2004, ARD
Synopsis: Horst Schimanski (Götz George) sieht in Antwerpen zufällig, wie David Rosenfeldt (Nikolaus Paryla) überfallen wird, und nimmt daraufhin den Auftrag an, ihn zu beschützen und nach Düsseldorf zu begleiten. Als Rosenfeldt in Schimanskis Wohnung ermordet wird, gerät Schimanski selbst unter Verdacht und beginnt zu ermitteln, um seine Unschuld zu beweisen. Die Nachforschungen führen zum Geheimdienst, zu Schweizer Nummernkonten, und alle Beteiligten jagen einem Notizbuch hinterher, das die kabbalistisch verschlüsselten Zahlencodes dieser Konten enthält.

Das Leben ist zu lang
BRD 2009/2010, Regie + Drehbuch: Dani Levy
Spielfilm, Kinostart Deutschland: 26. August 2010
Synopsis: Der hypochondrische jüdische Filmemacher Alfie Seeliger (Markus Hering) hatte vor Jahren einen großen Erfolg mit dem Film *Das blaue Wunder*, aber sein aktuelles Filmprojekt *Mo-ha-ha-med* über die Mohammed-Karikaturen findet in der deutschen Filmbranche keinerlei Unterstützung. Und auch privat kriselt es mit Ehefrau Helena (Meret Becker) und den Kindern Romy (Hannah Levy) und Alain (David Schlichter). Einzig die junge Schauspielerin Caro Will (Yvonne Catterfeld) scheint ihn zu verstehen. Als Alfie versucht, sich umzubringen, misslingt sogar dies: Er überlebt, erwacht aber nur scheinbar in seinem alten Leben, denn er muss erkennen, dass er selbst eine Filmfigur in einem Film des Regisseurs Dani Levy ist. Er versucht, den Regisseur und Drehbuchschreiber zu finden und für sein Schicksal verantwortlich zu machen. Traum, Realität und Fiktion verschwimmen: Alfie bekommt einen Preis auf dem Filmfest in Venedig, es gibt ihm zu Ehren ein Familientreffen und er versöhnt sich mit seiner Frau.

Das Muli
BRD 2015, Regie: Stephan Wagner, Drehbuch: Stefan Kolditz
Fernsehfilm (der Reihe *Tatort*), TV-Erstsendung: 22. März 2015, ARD
Synopsis: Die Berliner Kommissarin Nina Rubin (Meret Becker) ermittelt mit ihrem Kollegen Robert Karow (Mark Waschke) in einem zunächst unklaren Fall, in dem sie einen Tatort, aber keine Leiche vorfinden. Es stellt sich später heraus, dass es sich um eine junge Frau handelt, die als Drogenkurierin, als ‚Muli', gearbeitet hat und anschließend ermordet wurde. Eine weitere minderjährige Kurierin ist auf der Flucht und wird gleichzeitig von der Polizei und den Drogenhändlern gesucht. Der Film führt das neue Berliner Ermittler_innen-Duo Rubin und Karow ein. Nina Rubin ist mit dem jüdischen Arzt Viktor Rubin (Aleksandar Tesla) verheiratet und hat mit ihm zwei Söhne, Tolja (Jonas Hämmerle) und Kaleb (Louie Betton).

Das Urteil
BRD 1997, Regie: Oliver Hirschbiegel, Drehbuch: Paul Hengge
Fernsehfilm, TV-Erstsendung: 15. Dezember 1997, NDR
Synopsis: Der jüdische Buchhändler Siegfried Rabinovicz (Klaus Löwitsch) fliegt von New York nach Deutschland, um als Zeuge in einem Mordprozess gehört zu werden. Bei einem Zwischenstopp überredet ihn eine Flughafenangestellte, seinen Anschlussflug zugunsten eines anderen Passagiers aufzugeben, und bietet ihm dafür eine wertvolle Haggada an, die Rabinovicz schon lange gesucht hat. In der VIP-Lounge des Flughafens lässt er sich in ein Gespräch mit einem Fremden (Matthias Habich) verwickeln, der erstaunlich gut über den Prozess und den Fall informiert ist. Es stellt sich heraus, dass der Fremde ein Freund des Angeklagten ist, der Rabinoviczs nächtlichen Aufenthalt organisierte, um ihn zu überreden, seine belastende Aussage zu überdenken. Gleichzeitig sprechen die beiden Männer nicht nur über den Prozess, sondern immer wieder auch über Rabinoviczs Verhältnis zu Deutschland und die Folgen von NS und Shoah für sie beide.

Das Zeugenhaus
BRD 2014, Regie: Matti Geschonneck, Drehbuch: Magnus Vattrodt
Basiert auf dem gleichnamigen Buch von Christiane Kohl
Fernsehfilm, Uraufführung: 20. November 2014; TV-Erstsendung: 24. November 2014 ZDF
Synopsis: Die Amerikaner richten im Herbst 1945 in einer Villa ein Gästehaus ein, in dem sie Zeug_innen, aber auch Angeklagte der Nürnberger Prozesse unterbringen. Als Gastgeberin wählen sie die aus Ungarn stammende und vor kommunistischer Verfolgung geflohene Gräfin Belavar (Iris Berben) aus, die sie mit der Aufgabe betrauen, bei den sehr unterschiedlichen ‚Gästen' für ein möglichst konfliktfreies Miteinander zu sorgen. Die ehemalige Hausbesitzerin Elise Krollmann (Johanna Gastdorf) wohnt mit ihrem 13-jährigen Sohn Werner (Louis Hofmann) als Haushälterin im Keller des Hauses. In den Zimmern sind untergebracht: Generalmajor Erwin von Lahousen (Matthias Brandt) als Zeuge der Anklage; Reichsbildberichterstatter Heinrich Hoffmann (Udo Samel) mit seiner Tochter Henriette von Schierach (Rosalie Thomass); Herr Ross (Matthias Matschke), der als Zeuge vorgeladen ist und sich als Opfer einer tragischen Verwechslung mit seinem Bruder gibt, der bei der SS war; der schweigsame Herr Gärtner, von dem keiner weiß, dass er als Überlebender als Zeuge geladen ist. Nur Marie-Claude Vaillant-Couturier (Vicky Krieps), die selbst Überlebende ist und sich als Übersetzerin ausgibt, kann Gärtners Verhalten deuten. Auch sie offenbart erst spät, dass sie bei der Resistance war und als Auschwitzüberlebende als Zeugin aussagt.

Der Bockerer
AT/BRD 1980/81, Regie: Franz Antel, Drehbuch: Kurt Nachmann
Adaption des gleichnamigen Theaterstücks von Ulrich Becher / Peter Preses
Spielfilm (3 Teile), Uraufführung: 13. November 1981; TV-Erstsendung: 22. Januar 1988
Synopsis: Der Fleischer Karl Bockerer (Karl Merkatz) erlebt in Wien den Anschluss Österreichs an das Deutsche Reich als eigentlich unpolitischer Mensch. Doch er wehrt sich bockig immer wieder gegen die nationalsozialistische Ideologie – nicht aus politischen Motiven, sondern aus Menschlichkeit und zum Teil Naivität. Sein Sohn Hans (Georg Schuchter) geht zur SA und fällt in Stalingrad. Sein jüdischer Freund Herr Rosenblatt (Heinz Marecek), mit dem er regelmäßig Karten spielte, wandert aus, kehrt jedoch nach Kriegsende nach Wien zurück, um Bockerer zu besuchen.

Der deutsche Freund
BRD/ARG 2011/12, Regie + Drehbuch: Jeanine Meerapfel
Spielfilm, Kinostart Deutschland: 01. November 2012
Synopsis: Die junge Jüdin Sulamit (Celeste Cid) wächst im Argentinien der 1950er Jahre auf, wohin ihre Eltern aus Deutschland geflohen sind. Mit dem Nachbarsjungen Friedrich (Max Riemelt), der ebenfalls aus Deutschland stammt, dessen Eltern aber als Nazis nach Kriegsende flohen, verbindet sie zunächst eine Freundschaft und später eine Liebe. Als Friedrich nach Deutschland geht, um zu studieren und mehr über die Vergangenheit seines Vaters zu erfahren, entscheidet sich auch Sulamit, in Deutschland zu studieren. Friedrich schließt sich der Studentenbewegung an und kehrt später, politisch radikalisiert, nach Argentinien zurück, um sich der Guerillabewegung anzuschließen. Er wird verhaftet und kommt ins Gefängnis. Sulamit besucht ihn, obwohl sie sich in einer Beziehung mit einem anderen Mann befindet. Nach Friedrichs Freilassung scheint eine Beziehung zwischen den beiden endlich möglich.

Der Durchdreher
BRD 1979, Regie + Drehbuch: Helmut Dietl
Spielfilm, Kinostart Deutschland: 08. März 1979
Synopsis: Der Kinofilm *Der Durchdreher* ist ein Zusammenschnitt der 12-teiligen Fernsehserie *Der ganz normale Wahnsinn* und erzählt die Geschichte des neurotischen Journalisten Maximilian Glanz (Towje Kleiner). Der verliebt sich in Gloria Schimpf (Monika Schwarz), sie kommen aber einfach nicht zusammen. Die Figur des Maximilian Glanz erinnert deutlich an Woody Allens Alter-Ego-Figuren.

Der ganz normale Wahnsinn
BRD 1979, Regie + Drehbuch: Helmut Dietl
Fernsehserie, 12 Episoden, Episodenlänge: 45 Min.
Synopsis: Die Serie erzählt in zwölf „Kapiteln" von dem chaotisch-neurotischen Journalisten Maximilian Glanz (Towje Kleiner). Er ist frisch geschieden und arbeitet für eine Münchner Tageszeitung, wo er für die Beantwortung der Leserbriefe zuständig ist. Er möchte ein Buch schreiben, das den Titel tragen soll: *Woran es liegt, dass der einzelne sich nicht wohl fühlt, obwohl es uns allen so gut geht*. Die Serie zeigt sein Leben zwischen Zeitungsredaktion und der immer auf der Kippe stehenden Beziehung mit der ebenfalls frisch geschiedenen Gloria Schimpf (Monika Schwarz). Die Veröffentlichung von Maximilians Buchmanuskript, finanzielle Nöte und die Beziehungsschwierigkeiten der beiden ziehen sich durch alle „Kapitel". Die letzte Episode spielt in der Zukunft des Jahres 2014 und zeigt Maximilian und Gloria als betagtes Paar, inzwischen durch die Verpflanzung künstlicher Gehirne dauerhaft glücklich. Die Serie um den neurotischen Maximilian Glanz ist deutlich angelehnt an Filme von Woody Allen, sowohl in Witz und Erzähltempo als auch in der Figurengestaltung des neurotischen Protagonisten. Maximilian Glanz ist nicht ‚eindeutig' als jüdische Figur gestaltet, kann aber durchaus als solche gelesen werden.

Der letzte Mentsch
BRD/CH/FR 2012–2014, Regie: Pierre-Henry Salfati, Drehbuch: Almut Getto / Pierre-Henry Salfati
Spielfilm, Kinostart Deutschland: 08. Mai 2014
Synopsis: Mit seiner jüdischen Herkunft befasst sich der eigentlich Menachem Teitelbaum heißende Marcus Schwarz (Mario Adorf) erst, als er sich entscheidet, jüdisch begraben werden zu wollen, und feststellt, dass er in der jüdischen Gemeinde sein Judesein gar nicht nachweisen kann. Seine tätowierte Häftlingsnummer reicht dort als Beweis nicht aus. Durch Zufall trifft er die junge Gül (Katharina Derr), die ihn in sein Heimatdorf in Ungarn fährt. Dort sucht er nach Zeugen für seine Identität und beginnt, sich mit seiner Vergangenheit auseinanderzusetzen. Auch für Gül bedeutet die Reise mit Marcus eine Auseinandersetzung mit der deutsch-jüdischen Geschichte. Am Ende ist sie es, die Marcus hilft, seinen letzten Wunsch von einer jüdischen Beerdigung zu erfüllen, und seine Erinnerungen weiterträgt.

Der Passagier – Welcome to Germany
BRD/CH/GB 1987/88, Regie + Drehbuch: Thomas Brasch
Spielfilm, Uraufführung: 05. Mai 1988; TV-Erstsendung: 05. März 1990, ZDF
Synopsis: Der jüdische Regisseur Cornfield (Tony Curtis) kehrt aus den USA nach Deutschland zurück, um dort einen Film über die NS-Zeit zu drehen. Er war Anfang der 19040er Jahre gezwungen worden, als KZ-Häftling an einem antisemitischen Nazi-Film als Statist mitzuwirken. Den Häftlingen war versprochen worden, nach Ende der Dreharbeiten in die Schweiz auswandern zu dürfen. Einer der Häftlinge wurde bei einem Fluchtversuch umgebracht. Cornfield will die damaligen Ereignisse durch die filmische Auseinandersetzung verarbeiten. Durch die Film-im-Film-Konstruktion mischen sich die Ebenen von Darstellung und tatsächlichen Ereignissen und es wird die Frage nach Selbsttäuschung und Schein gestellt.

Der Rosengarten
BRD/NL 1989, Regie: Fons Rademakers, Drehbuch: Paul Hengge
Spielfilm, Kinostart Deutschland: 15. November 1990; TV-Erstsendung: 17. April 1992, ZDF
Synopsis: Auf dem Frankfurter Flughafen schlägt Aaron Reichenbach (Maximilian Schell) auf einen scheinbar fremden Mann ein. Er wird verhaftet, doch er scheint verwirrt und äußert sich nicht zu seiner Tat. Die Anwältin Gabriele Freund (Liv Ullmann) erklärt sich bereit, ihn zu verteidigen, und findet heraus, dass Reichenbach in dem Mann Arnold Krenn (Kurt Hübner), einen ehemaligen KZ-Kommandanten, wiedererkannte, der für den Tod von 20 Kindern verantwortlich war, darunter auch Reichenbachs Schwester. Vor Gericht sieht Aaron Reichenbach seine andere, ebenfalls tot geglaubte Schwester Ruthi wieder. Doch Aaron wird wegen seines Angriffs verurteilt, während der Nazitäter straffrei bleibt.

Der Ruf
Deutschland West 1948/49, Regie: Josef von Baky, Drehbuch: Fritz Kortner
Spielfilm, Uraufführung: 19. April 1949
Synopsis: Der während des Nationalsozialismus geflohene jüdische Philosophieprofessor Mauthner (Fritz Kortner) entscheidet sich, das kalifornische Exil wieder zu verlassen und den Ruf seiner ehemaligen Universität Göttingen anzunehmen. Zusammen mit seinen Assistenten und seiner deutschen Haushälterin Emma (Lina Carstens) kehrt er über Paris nach Berlin zurück. Dort trifft er seine Exfrau Lina (Johanna Höfer) wieder, die auch die Mutter des gemeinsamen, inzwischen erwachsenen Sohnes Walter (Ernst Schröder) ist. Lina gibt vor, Walter sei als Kriegsgefangener noch nicht zurückgekehrt – tatsächlich weiß Walter nichts von seinem jüdischen Vater und befindet sich in der studentischen Gefolgschaft des antisemitischen Professors Fechner (Paul Hoffmann), der mit seinen Parolen auch Mauthner das Leben schwer macht. Angesichts des Antisemitismus, der ihm in der Studierendenschaft entgegenschlägt, entscheidet sich Mauthner, in die USA zurückzukehren, doch er wird krank und stirbt, nicht jedoch ohne sich zuvor noch mit Walter versöhnt zu haben, der sich bei ihm am Sterbebett entschuldigt.

Der Schächter
BRD 2003, Regie: Jobst Oetzmann, Drehbuch: Fred Breinersdorfer
Fernsehfilm (der Reihe *Tatort*), TV- Erstsendung: 7. Dezember 2003, ARD
Synopsis: Am Bodensee gibt es Gerüchte, es sei ein Junge ermordet worden, bevor dessen Leiche auftaucht. Als Klara Blum (Eva Mattes) die Leiche findet, zeigt sich, dass das Kind mit einem Kehlschnitt getötet wurde. Staatsanwalt Bux (Hannes Hellmann) hat schnell Klaras jüdischen Freund Jakob Leeb (Nikolaus Paryla) in Verdacht, der in einer Gemeinde in Straßburg Schächter war. Klara versucht, Jakob vor den antisemitisch motivierten Anschuldigungen zu schützen, doch dieser muss zwischenzeitlich in Untersuchungshaft, bis Klara beweisen kann, dass der geistig behinderte Edgar Rohdammer (Ulrich Bähnk) den Jungen getötet hat.

Der Zobel
BRD 2013/14, Regie: Patrick Winczewski, Drehbuch: Rainer Jahreis / Eckhard Theophil
Fernsehfilm (der Serie *SOKO Leipzig*), TV-Erstsendung: 3. Januar 2014, ZDF
Synopsis: Als Jakob Silberstein (Michael Degen) aus Israel in seine Geburtsstadt Leipzig zurückkehrt, wird ein Mordanschlag auf ihn verübt. Er überlebt, doch die junge Musikerin Gesine Bentheim, mit der er sich aus unbekannten Gründen getroffen hat, wird erschossen. Er weigert sich zunächst, mit den Polizeibeamten zu sprechen. Seine Enkelin Sarah (Julia Hartmann), die aus Israel anreist, um sich um ihren Großvater zu kümmern, hat weniger Berührungsängste mit der deutschen Polizei und versteht sich besonders gut mit dem jungen Kommissar Tom Kowalski (Steffen Schroeder). Obwohl ein rechtsradikaler Hintergrund der Tat nahezuliegen scheint und sich die Presse einschaltet, um Aufklärung zu fordern, stellt sich heraus, dass es bei dem versuchten Mord um einen teuren Zobel ging, der dem Pelzgeschäft von Jakob Silbersteins Eltern gehörte.

Deutschland 09. Joshua
BRD 2008, Regie + Drehbuch: Dani Levy
Kurzspielfilm (Teil des Omnibusfilms *Deutschland 09*), Kinostart Deutschland: 26. März 2009
Synopsis: In der achten Episode des Omnibusfilms *Deutschland 09* befragt Filmemacher Dani Levy (Dani Levy) die Menschen auf der Straße nach Deutschland und muss eine allgemein schlechte Stimmung feststellen. Sein Psychiater (Hans Hollmann) führt Levys ‚Schwarzseherei' auf sein Jüdischsein zurück und verschreibt ihm die Droge Promorganas, damit er weniger ‚schwarzsehe'. Als Dani Levy seinen Sohn Joshua (Joshua Levy) beim Kindergarten abholt, fliegt dieser ihm beim Spielen kurzerhand davon. Während das Kind über Berlin fliegt, im Bundestag festgenommen und in Brandenburg von Neonazis als neuer Führer gefeiert wird, versucht Levy, seinen Sohn wiederzufinden.

Deutschlandlied. Schicksale der Nachkriegszeit
BRD 1994/95, Regie: Tom Toelle, Drehbuch: Peter Märthesheimer / Pea Fröhlich / Tom Toelle
Fernsehdreiteiler, TV-Erstsendung: 04. Mai 1995 (Teil 1); 05. Mai 1995 (2. Teil); 06. Mai 1995 (3. Teil), Arte
Synopsis: Erzählt wird von der direkten Nachkriegszeit in der fiktiven Stadt Königsbruck. Der schwarze GI George (David Ramsey) rettet Betty (Julia Brendler) und ihrer Mutter Anna Mahlmann (Ulli Philipp) bei einem der letzten Bombenangriffe das Leben. Der von den Nazis verfolgte Sozialist Wolfgang Schuhbeck (Matthias Habich) kann nach Kriegsende sein Versteck verlassen und wird von der amerikanischen Militärverwaltung zum neuen Bürgermeister ernannt, kämpft aber auf der einen Seite damit, dass nach der Entnazifizierung kaum qualifizierte Mitarbeiter_innen für die Verwaltung der Stadt bleiben und auf der anderen mit den Vorstellungen der amerikanischen Militärverwaltung. Teil dieser ist auch der deutsch-jüdische Lieutenant Stone (Francis Fulton-Smith). Lisa (Katja Riemann) erwartet ein Kind vom Bruder (Heino Ferch) ihres im Krieg vermissten Mannes. Der Nazi Herrmann Sternke (Matthias Gnädinger) wird von den Amerikanern interniert, was für seine Familie eine völlige Veränderung bedeutet. Sein Sohn Paulchen (Fabian Busch) muss nicht nur die Bewunderung für seinen Vater überdenken, sondern sich auch um das Überleben der Familie kümmern. Er freundet sich mit dem jüdischen ‚Schwarzmarktkönig' Aljoscha (Andras Balint) an, in dem er eine Vaterfigur findet und der ihm den lukrativen Handel auf dem Schwarzmarkt beibringt. Betty und George verlieben sich und angesichts des Rassismus, der nicht nur unter den Deutschen, sondern auch unter den Amerikanern herrscht, ist ein Skandal vorprogrammiert. Als George Betty vor einem übergriffigen amerikanischen General schützen will, kommt es zu einem Schusswechsel und George muss fliehen. Anna und Betty verstecken ihn zunächst, doch bei einem Fluchtversuch werden George und Schuhbeck erschossen. Aljoscha verlässt Königsbruck und geht nach Palästina.

Die Frau, die im Wald verschwand
BRD 2007–2009, Regie + Drehbuch: Oliver Storz
Fernsehfilm, TV-Erstsendung: 29. April 2009, ARD
Synopsis: Eines Abends verschwindet die Frau von Gerd Vorweg (Stefan Kurt) spurlos. Vorweg ist der Bürgermeister des fränkischen Ortes Großgeldern. Schnell scheint sich der erste Verdacht zu bestätigen, dass Katharina Vorweg (Karoline Eichhorn) sich in einem als ‚Knochenwald' bekannten, vom Zweiten Weltkrieg noch verminten Waldstück das Leben genommen hat. Gerd Vorweg kann den Tod seiner Frau nicht akzeptieren.
Wochen später taucht Horst Karg (Matthias Brandt) abends bei ihm auf, sie kennen sich aus dem Zweiten Weltkrieg, als Vorweg Karg als Arzt im Lazarett behandelte. Es stellt sich heraus, dass Karg und Katharina eine Affäre hatten und ihren Tod vortäuschten, um gemeinsam ein neues Leben zu beginnen. In Rückblenden wird die Geschichte ihres Kennenlernens erzählt, aber auch die Geschichte Katharinas, die traumatisiert von ihren Kriegserlebnissen die Vorzeigefrau für den karrieristischen Vorweg spielen musste, der ihr verbot, ihre Panikattacken bei dem jüdischen Psychiater Dr. Rosenbaum behandeln zu lassen, um die Fassade aufrechtzuerhalten. Katharina kommt zu dem Gespräch zwischen den Männern dazu und verkündet ihnen, dass sie mit keinem von beiden weiterleben wolle, da Karg nur eine offene Rechnung mit Vorweg zu begleichen gehabt hätte. Als sie wegfährt, erschießt sich Karg im Schuppen und Vorweg verfolgt weiter seine Karriere in Großgeldern.

Die Himmelsleiter. Sehnsucht nach Morgen
BRD 2015, Regie: Carlo Rola, Drehbuch: Peter Zingler
Fernsehzweiteiler, TV-Erstsendung: 27. Februar 2015, 28. Februar 2015, ARD
Synopsis: Anna Roth (Christiane Paul) muss im Köln der Nachkriegszeit ihre Familie ohne ihren vermissten Mann Adam (Ernst Stötzner) durchbringen. Dabei muss sie sich mit dem Altnazi Zettler (Axel Prahl) auseinandersetzen, der ihren jüdischen Mann an die Nazis verriet, obwohl dieser als Büttenredenschreiber und Liedtexter im ‚Veedel' hoch angesehen war. Jetzt will Zettler Annas Haus und Grundstück an sich bringen, in dessen Ruine sie mit ihren Kindern Sophie (Sarah Horváth), Eva (Muriel Wimmer), Michel (Jonathan Berlin) sowie ihrem Enkel Paul (Luis Vorbach) lebt. Doch Anna will mit Altnazis und Opportunisten wie Zettler keine Geschäfte machen. Während Michel sich beim Schmuggeln über die belgische Grenze, die ‚Himmelsleiter', in Gefahr begibt und später auch getötet wird, verliebt sich Anna in den Bauern Josef (Henning Baum). Doch da kommt ihr Mann Adam nach sechs Jahren wieder. Anna steht

zu ihm, doch sie sind sich fremd geworden und die ohnehin schon zerrüttete Ehe lässt sich nicht mehr so einfach kitten. Vor dem Spruchkammergericht versuchen sie zusammen Zettlers Schuld zu beweisen, doch er wird freigesprochen. Adam denkt an Selbstjustiz und will Zettler stellen, begeht dann aber Selbstmord. Anna lebt mit Josef und ihren beiden Töchtern, endlich scheint es wirtschaftlich auch wieder bergauf zu gehen.

Die Kommissarin
BRD, 1994–2006
Fernsehserie, 66 Episoden in 6 Staffeln, Episodenlänge: 48 Min.
TV-Erstsendung: 06. Oktober 1994–06. März 2006, ARD
Synopsis: Kriminalhauptkommissarin Lea Sommer (Hannelore Elsner) ermittelt mir ihrem jungen Kollegen Nick Siegel (Til Schweiger) in Frankfurt am Main. Die Kommissarin, deren Markenzeichen ihre Lederjacke ist, hat einen Sohn, Dani Sommer (Guido Sherr), und ist mit Jonathan Roth liiert, der aber nicht auftritt, sondern nur am Telefon präsent ist. 1997 wurden zwei 90-minütige Fernsehfilme mit der Kommissarin Lea Sommer in der *Tatort*-Reihe ausgestrahlt.

Die Seele eines Mörders
BRD 2009, Regie: Peter Keglevic, Drehbuch: Wolfgang Stauch
Basiert auf dem Roman *Denn die Seele ist in deiner Hand* von Batya Gur
Fernsehfilm, TV-Erstsendung: 16. November 2009, ZDF
Synopsis: Die schöne Anwaltsgehilfin Zohara Baschari wurde ermordet. Gefunden wird die Tote von einer Jugendliebe des ermittelnden Inspektors Michal Ochajon (Heiner Lauterbach). Die Ermittlungen führen ihn zu dem Streit zwischen der jemenitischen Familie Baschari und ihren aschkenasischen Nachbarn, den Beneschs, der weit in die Vergangenheit reicht. In einem Auffanglager für jemenitische Einwander_innen wurde den Bascharis ihr Baby weggenommen, um dann zu einer aschkenasischen Familie gegeben zu werden. Ochajon findet heraus, dass Zohara Baschari sterben musste, weil sie ihre Schwester, das Baby von damals, in den USA wiedergefunden hatte und deren Herkunft aufzudecken drohte.

Die Sehnsucht der Veronika Voss
BRD 1981/82, Regie: Rainer Werner Fassbinder, Drehbuch: Peter Märthesheimer, Pea Fröhlich, Rainer Werner Fassbinder
Spielfilm, Uraufführung: 18. Februar 1982
Synopsis: Der Sportreporter Robert Krohn (Hilmar Thate) lernt den ehemaligen Ufa-Star Veronika Voss (Rosel Zech) kennen und es beginnt eine undefinierbare Beziehung zwischen ihnen. Er findet heraus, dass Veronika Voss morphiumsüchtig ist und in Abhängigkeit von der jüdischen Ärztin Dr. Katz (Annemarie Düringer) lebt, die ihr das Morphium beschafft und sich an ihr bereichert. Veronika Voss lebt in Dr. Katz' Praxis und ist auch nicht die einzige Patientin, die von der habgierigen Ärztin ausgenommen wird. Als Robert Krohns Freundin Henriette (Cornelia Froboess), die sich an seinen Nachforschungen beteiligt hat, ermordet wird, schaltet er die Polizei ein, kann Dr. Katz jedoch nichts nachweisen. Dr. Katz treibt Veronika, die ihr nun lästig wird, in den Selbstmord. Robert Krohn nimmt seinen Beruf als Sportreporter wieder auf.

Die Straßen von Berlin
BRD 1998, Regie + Drehbuch: Werner Masten
Fernsehserie, 22 Episoden in 4 Staffeln, Episodenlänge: 90 Min.

Episode: *Terror*
TV-Erstsendung: 02. Februar 1998, ProSieben
Synopsis: Simon Goldberg (Johannes Silberschneider), ein ebenso gefeierter wie umstrittener amerikanisch-jüdischer Historiker und Sachbuchautor, wird Opfer eines Bombenattentats. Die Sonderkommission beginnt zu ermitteln und verhaftet schnell den Kopf einer internationalen Neonazivereinigung, Robert Kessler (Hark Bohm). Doch diesem gelingt es, auch aus dem Hochsicherheitstrakt noch die Fäden weiter zu ziehen, die Ermittler zu bedrohen und ein Ultimatum für seine Freilassung zu setzen – andernfalls droht ein weiterer Bombenanschlag.

Die verlorene Zeit
BRD 2009–2011, Regie: Anna Justice, Drehbuch: Pamela Katz
Spielfilm, Kinostart Deutschland: 24. November 2011
Synopsis: Hannah (Dagmar Manzel) lebt mit ihrem Mann und ihrer Tochter in New York. Als sie 1976 in einem Fernsehinterview Tomasz zu erkennen glaubt, bricht die Vergangenheit in ihre Gegenwart ein und erschüttert ihre gesichert scheinende Existenz. Tomasz, ein polnischer Häftling, befreite sie 1944 aus einem deutschen Vernichtungslager, doch kurz vor Kriegsende wurde das junge Liebespaar getrennt. In der Annahme, der andere sei getötet worden, suchten sie einander nicht. Nun macht Hannah sich auf die Suche nach Tomasz. Der Film endet damit, dass Hannah in Polen aus dem Bus steigt und Tomasz sie abholt.

Die Wölfe
BRD 2009, Regie: Friedemann Fromm, Drehbuch: Friedemann Fromm / Christoph Fromm
Fernsehdreiteiler

Teil 1: *Nichts kann uns trennen*
TV-Erstsendung: 29. Januar 2009
Synopsis: Bei einer Hochzeit im Jahr 1989 stellt sich heraus, dass sich die Eltern des Brautpaares von früher kennen. 1948: Die Jugendlichen Bernd (Vincent Redetzki) und Kurt (Philip Wiegratz) sind mit Silke (Nina Gummich) und Lotte (Henriette Confurius) befreundet. Im Nachkriegsberlin träumen sie von einer eigenen Kneipe. Um einer Schanklizenz näher zu kommen nehmen sie den jüdischen Jakob (Neel Fehler) bei sich auf und gründen mit ihm und Lottes kleinem Bruder Ralf (Maximilian Werner) die Bande „Die Wölfe".

Teil 2: *Zerbrochene Stadt*
TV-Erstsendung: 02. Februar 2009
Synopsis: 1961 haben sich die jungen Erwachsenen deutlich auseinanderentwickelt, doch halten nach wie vor den freundschaftlichen Kontakt: Bernd (Florian Lukas) besitzt eine Spedition, verdient gut am Schwarzhandel und ist mit Lotte (Annett Renneberg) liiert. Jakob (Florian Stetter) ist Mathematikdozent, Kurt (Aljoscha Stadelmann) studiert Jura und Silke (Stefanie Stappenbeck) arbeitet als überzeugte Sozialistin beim DDR-Fernsehen. Es kommt zur Auseinandersetzung, als Lotte sich in Jakob verliebt und – zunächst noch unentschieden – mit ihm nach Ostberlin geht. Als die Grenze zwischen DDR und BRD geschlossen wird, entscheidet Bernd, Lotte mit Hilfe seiner Spedition nach Westdeutschland zu schmuggeln. Lotte besteht darauf, ihren jüngeren Bruder Ralf und auch Jakob mitzunehmen, doch Ralf wird bei der Flucht erschossen und Jakob erwischt. Die Stasi bietet ihm an, unter einer neuen Identität als Johann Feiner als Wissenschaftler in Moskau zu arbeiten. Da ihm keine Alternativen bleiben, nimmt Jakob an und geht mit Silke nach Moskau. Lotte, Bernd und Kurt sind in dem Glauben, Jakob sei auch bei der Flucht umgekommen.

Teil 3: *Hoffnung auf Glück*
TV-Erstsendung: 03. Februar 2009
Synopsis: 1989 sind Lotte und Bernd verheiratet und haben zwei gemeinsame Kinder. Bernd (Axel Prahl) ist erfolgreicher Bauunternehmer und Kurt (Felix Vörtler) ein CDU-Politiker. Auch Johann und Silke (Johanna Gastdorf) sind verheiratet, sie haben zwei Söhne. Im Urlaub in Ungarn lernen sich Lottes und Bernds Tochter Miriam (Alma Leiberg) und Johann und Silkes Sohn Thomas (Florian David Fitz) kennen und verlieben sich. Als Miriam schwanger wird, entschließt sich Thomas, nach Westdeutschland zu fliehen. Nach dem Mauerfall beschließen sie zu heiraten. In der Kirche bei der Trauung treffen sich „Die Wölfe" wieder. Doch der Hochzeit steht etwas im Wege: Lotte glaubt, Miriam sei Jakobs Tochter und nicht Bernds, es kommt zum Eklat. Schlussendlich stellt sich das als falsch heraus, und Miriam und Thomas heiraten nach der Geburt ihrer Tochter.

Drei Schwestern made in Germany
BRD 2006, Regie + Drehbuch: Oliver Storz
Fernsehfilm, TV-Erstausstrahlung: 20. Januar 2006, Arte
Synopsis: Die drei Schwestern Sonnenberg sind sehr unterschiedlich: Die älteste und besonnenste der drei, Nora (Barbara Rudnik), ist in ihrer unerfüllten und im Jahr 1947 unmöglichen Liebe zum Juden und KZ-Überlebenden Jacob Goldblum (Stefan Kurt) ernst geworden, Freya (Karoline Eichhorn) ist pragmatisch und opportunistisch, sie will die schwäbische Provinz Frauenburg hinter sich lassen, den amerikanischen Kommandanten Montgomery Bellmont (Christopher Buchholz) heiraten und mit ihm in die USA gehen, und Guddy (Marvie Hörbiger), die jüngste, ist überbordend lebensfroh, provokant und unkonventionell und will vor allem eins: ihren Spaß haben. Am Abend vor Freyas Hochzeit steht ein Mann vor ihrer Tür, der sie mit Bildern, die sie mit Goebbels auf einem Tanzabend zeigen, erpressen will. Die drei Schwestern planen, den ungebetenen Hochzeitsgast umzubringen, damit er die deutsch-amerikanische Hochzeit nicht gefährden kann. Es ist dann Goldblum, der ihnen während des Hochzeitsfests hilft, sich auch ohne einen Mord von dem Erpresser zu befreien. Die Hochzeit platzt, frisch geschlossen, dann dennoch: Da Bellmont sich als Rassist herausstellt und die Ehe, nachdem seine neue Schwägerin Guddy in der Öffentlichkeit einen schwarzen GI geküsst hat, annullieren lassen will.

Ein ganz gewöhnlicher Jude
BRD 2004/05, Regie: Oliver Hirschbiegel, Drehbuch: Charles Lewinsky
Spielfilm, Kinostart Deutschland: 19. Januar 2006; TV-Erstsendung: 04. April 2007, ARD
Synopsis: Emanuel Goldfarb (Ben Becker) erhält von einem Lehrer eine schriftliche Einladung, als jüdischer Mitbürger am Sachkundeunterricht einer Klasse teilzunehmen, damit die Schüler_innen die Möglichkeit hätten, einen Juden kennenzulernen. Sein Versuch, eine schriftliche Absage zu erteilen, führt zur Auseinandersetzung mit dem ‚deutsch-jüdischen Verhältnis' nach 1945 und mit seinem eigenen Jüdischsein. Schlussendlich sagt Goldfarb doch zu und besucht die Schulklasse.

Ein ganz normaler Fall
BRD 2011, Regie: Torsten C. Fischer, Drehbuch: Daniel Wolf / Rochus Hahn
Fernsehfilm (der Reihe *Tatort*), TV-Erstsendung: 27. November 2011, ARD
Synopsis: In der Münchner Synagoge wird der 57-jährige Rafael Berger tot aufgefunden, nur zwei Wochen nachdem sich seine Tochter Leah das Leben genommen hat. Mit seinem Blut wurde das Wort Moser neben ihn geschrieben. Ivo Batic (Miroslav Nemec) und Franz Leitmayr (Udo Wachtveitl) nehmen die Ermittlungen auf und stoßen schnell auf den orthodoxen und bereits wegen Körperverletzung vorbestraften Jonathan Fränkel (Alexander Beyer), der einen Disput mit Berger hatte, weil dieser ihn aus dem Haus werfen lassen wollte, in dem er wohnt. Doch auch mit Rabbi Grünberg (André Jung) gab es einen Konflikt: Berger warf ihm vor, dass er seine Tochter in die Orthodoxie geführt habe, um sie auszunutzen. Mit dem Kompagnon ihres Vaters Michael Grossmann (Jörg Hartmann) hatte Leah ein geheimes Verhältnis, von dem der Vater möglicherweise erfahren hatte. Batic und Leitmayr ermitteln in alle Richtungen und kommen in engeren Kontakt mit jüdischem Leben und der jüdischen Religion. Schlussendlich stellt sich heraus, dass der geistig behinderte Gehilfe das Rabbis Aaron Klein (Florian Bartholomäi) Berger die Treppe runter stieß, in der Hoffnung den Rabbi, der von Berger unter Druck gesetzt wurde, zu schützen.

Ein Leben für ein Leben – Adam Resurrected
US/BRD/IL 2007/08, Regie: Paul Schrader, Drehbuch: Noah Stollmann
Basiert auf dem Roman *Adam Hundesohn* von Yoram Kaniuk; Originaltitel: *Adam Resurrected*
Spielfilm, Kinostart Deutschland: 19. Februar 2009
Synopsis: Adam Stein (Jeff Goldblum) lebt in einem Sanatorium für traumatisierte Shoah-Überlebende in der israelischen Wüste. Dort unterhält er die anderen Patient_innen und hat auch das Personal mit seinem Charme fest im Griff. Der frühere Clown und Entertainer wurde im Konzentrationslager von dem sadistischen Kommandanten Klein (Willem Dafoe) gezwungen, als Hund zu leben, und überlebte so, während seine Frau und seine zwei Töchter ermordet wurden. Als ein junger Patient (Tudor Rapiteanu) in das Sanatorium eingeliefert wird, der sich für einen Hund hält, spricht das Adam auf besondere Weise an und es entwickelt sich eine fürsorgliche Beziehung zwischen den beiden. Bei dem Versuch, dem Jungen zu helfen, muss Adam sich auch mit seiner eigenen Geschichte auseinandersetzen.

Ein Stück Himmel
BRD 1982/86, Regie: Franz Peter Wirth, Drehbuch: Leo Lehmann
Basiert auf den autobiografischen Romanen *Ein Stück Himmel*, *Ein Stück Erde* und *Ein Stück Fremde* von Janina David
Fernsehserie, 10 Episoden, Länge der Episoden 1–8 je 60 Min., der Episoden 9–10 je 115 Min.
Synopsis: Die ersten acht Episoden erzählen vom Überleben der Protagonistin Janina David (Dana Vávrová), erst im Warschauer Ghetto und dann versteckt in einem polnischen Kloster. Sie wurden von April bis Juni 1982 in der ARD ausgestrahlt. 1986 folgen zwei weitere Episoden in der doppelten Länge von jeweils 116 Minuten, die von Janinas Lebensweg nach Kriegsende erzählen.

Auf dem Weg in die Zukunft, Episode 9
TV-Erstsendung: 02. November 1986, ARD
Synopsis: Janina kommt nach Kriegsende in ein jüdisches Kinderheim und wird auf die Alija vorbereitet. Doch sie will nicht nach Palästina. Sie kommt mit dem Zug nach Paris, flüchtet aber dort zu Verwandten, um nicht nach Palästina zu müssen. In Paris lernt sie ein wenig zu schneidern und entscheidet, nach Australien auszuwandern, wo sie entfernte Verwandte hat.

Licht über dem Wasser, Episode 10
TV-Erstsendung: 05. November 1986, ARD
Synopsis: Janina bricht von Frankreich aus mit dem Schiff nach Australien auf, wo sie bei Verwandten leben kann. Auf der Überfahrt lernt sie den ägyptischen Schiffsoffizier Ali kennen und verliebt sich in ihn. Sie entscheidet aber, nicht bei ihm zu bleiben und ihn zu heiraten, sondern geht in Melbourne von Bord. Dort wird sie von ihrer Tante Marina (Ulli Philipp) abgeholt, unter deren Launen und Erwartungen sie in der kommenden Zeit sehr zu leiden hat. Sie findet Arbeit als Näherin und wird zunehmend selbständiger. Der Film endet damit, dass sie sich von Marina emanzipiert, eine kleine Wohnung nimmt und ihren eigenen Plänen für ihr Leben folgt.

Ein Zug nach Manhattan
BRD 1981, Regie: Rolf von Sydow, Drehbuch: Eric Burger
Basiert auf der Geschichte *Holiday Song* von Paddy Chayefsky
Fernsehfilm, TV-Erstsendung: 08. März 1981, ZDF
Synopsis: Der Kantor einer kleinen jüdischen Gemeinde in einem New Yorker Vorort, Leon Sternberger (Heinz Rühmann), wacht im Jahr 1952 eines Morgens auf und hat angesichts des Elends und Unrechts in der Welt seinen Glauben verloren. Er bekommt den Rat, nach Manhattan zu fahren und einen berühmten Rabbi um Hilfe zu bitten. Doch Sternberger ist noch nie Zug gefahren und nimmt – fehlgeleitet von einem Bahnhofsvorsteher – mehrmals einen falschen Zug. Zunächst begegnet er einer Frau, die verzweifelt ist und den Tag nicht vergessen kann, an dem ihre Familie 1942 in den Niederlanden deportiert wurde. Er spendet ihr Trost und bringt sie nach Hause, doch als er im nächsten Zug einen Mann trifft, der vom gleichen Tag im Jahr 1942 spricht, wird ihm klar, dass er eine Familie wieder zusammenbringen kann. Durch diese ‚schicksalshaften' und ‚gottgelenkten' Geschehnisse findet Sternberger seinen Glauben wieder.

Ende der Schonzeit
BRD/IL 2012/13, Regie: Franziska Schlotterer, Drehbuch: Gwendolyn Bellmann / Franziska Schlotterer
Spielfilm, Kinostart Deutschland: 14. Februar 2013
Synopsis: Die Rahmenhandlung des Films erzählt vom jungen Bruno (Max Mauff), der 1970 nach Israel reist, um seinen Vater kennenzulernen. Der Film beginnt mit einer Szene, in der Bruno im Bus in Israel gezeigt wird. In Rückblenden wird dann erzählt, wie sich der jüdische Albert (Christian Friedel) 1942 auf dem Bauernhof des Ehepaars Emma (Brigitte Hobmeier) und Fritz (Hans-Jochen Wagner) im tiefsten Schwarzwald versteckt. Fritz will ihn aufnehmen und ihm helfen. Er weiß außerdem, dass Hilfe auf dem Hof dringend nötig ist, während Emma sich Sorgen um mögliche Konsequenzen macht. Irgendwann bittet Fritz Albert, dem kinderlosen Paar zu helfen und den ersehnten Nachwuchs zu zeugen. Albert willigt nach einiger Zeit ein und aus der Pflicht entwickelt sich – zumindest für Emma – eine leidenschaftliche Affäre. Fritz erfährt es und als Albert Emma abweist, sich auch hinter Fritz' Rücken zu treffen, verrät sie Albert. Albert wird am nächsten Tag von der Gestapo abgeholt, ohne zu wissen, wer ihn verraten hat. Nach

Kriegsende kehrt Albert zurück, er will wissen, wer ihn verraten hat und sein Kind sehen. Er erfährt, dass Emma das Kind verloren hat. Es kommt zu einer letzten Nacht zwischen Albert und Emma, die nicht mehr von Leidenschaft und Zuneigung geprägt ist und in der Bruno gezeugt wird. Fritz glaubt, er habe Albert betrunken verraten und erschießt sich.
In dem Kibbuz angekommen, in dem Albert, inzwischen Avi (Rami Heuberger), lebt, wird Bruno zunächst von ihm abgewiesen. Doch dann kommt es doch noch zu einem Gespräch und einer Annäherung zwischen Vater und Sohn und Bruno kann den Brief seiner verstorbenen Mutter Emma übergeben, in dem steht, dass sie Albert an die Gestapo verraten hat. Am Ende fährt Bruno nach Deutschland zurück.

Epsteins Nacht
BRD/AT/CH 2002, Regie: Urs Egger, Drehbuch: Jens Urban
Spielfilm, Kinostart Deutschland: 17. November 2002; TV-Erstsendung: 25. Januar 2005, Bayern 3
Synopsis: Die drei Juden Karl Epstein (Mario Adorf), Jochen Rose (Otto Tausig) und Adam Rose (Bruno Ganz) feiern zusammen Weihnachten. Karl Epstein und Adam Rose begleiten die Tochter ihrer Haushälterin in den Weihnachtsgottesdienst und erkennen dort im Pfarrer den ehemaligen SS-Hauptsturmführer Giesser (Günter Lamprecht) wieder, der sie im Konzentrationslager, das sie gemeinsam überlebten, quälte. Später am Abend nimmt Adam die Waffe seines Bruders und fährt zur Kirche, um Giesser zu stellen. Er will ihn nicht töten, sondern nur herausfinden, ob er etwas über den Verbleib seiner Jugendliebe Hannah weiß, die auch im Lager war. Als Jochen und Karl dazu kommen, kommt es zu einem langen Gespräch, das am Ende eskaliert: Karl erschießt Giesser. Als er 15 Jahre später aus dem Gefängnis wieder frei kommt, sucht ihn eine alte Frau auf: Hannah (Annie Girardot). Sie hat tatsächlich überlebt. Doch Adam ist inzwischen verstorben.

Familie verpflichtet
BRD 2015, Regie: Hanno Olderdissen, Drehbuch: Lucas Banuscha, Michael Comtesse
Fernsehfilm, Premiere: 09. Oktober 2015, TV-Erstsendung: 05. November 2015, NDR
Synopsis: David (Max von Pufendorf) und Khaled (Omar El-Saeidi) sind ein Paar. Während Davids jüdische Mutter Lea (Maren Kroymann) im gleichen Haus wohnt und sich in alles einmischt, weiß Khaleds muslimische Familie gar nichts von seiner Homosexualität. Als die junge Sarah (Franziska Brandmeier) auftaucht, die von David schwanger ist, kommt es zu Verwechslungen und Konflikten. Während Khaleds Vater Aledrissi (Ramin Yazdani) homophob ist und sich mit der Sexualität seines Sohnes zunächst nicht arrangieren kann, hegt Davids Mutter Vorbehalte gegen Araber und Muslime und auch David und Khaled entzweien sich über die Frage, ob sie das noch ungeborene Baby gemeinsam aufziehen sollen oder nicht. Über die Freude, Großeltern zu werden, versöhnen sich die Familien jedoch letztendlich und David und Khaled heiraten und werden eine Familie.

Gebürtig
AT/BRD/PL 2001/02, Regie: Lukas Stepanik, Robert Schindel, Drehbuch: Lukas Stepanik, Robert Schindel, Georg Stefan Troller
Spielfilm, Kinostart Deutschland: 22. April 2004
Synopsis: Beim Dreh eines Holocaustfilms auf dem Lagergelände von Auschwitz treffen sich der jüdisch-wienerische Kabarettist Danny Demant (August Zirner) und der deutsch-nichtjüdische Journalist Konrad Sachs (Daniel Olbrychski). Beide müssen sich mit der Shoah-Vergangenheit auseinandersetzen, die sie persönlich betrifft: Demants Vater wurde ermordet. Sachs Vater war ein berüchtigter Arzt in einem Vernichtungslager. Und so werden beide an diesem bedeutsamen Ort von der Vergangenheit eingeholt, die sie sonst auf Abstand halten. Parallel dazu versucht Dannys Exfreundin Susanne Ressel (Ruth Rieser) daheim in Wien, den Überlebenden Hermann Gebirtig (Peter Simonischek) zu überzeugen, aus New York nach Wien zu kommen, um gegen den SS-Mann Pointner auszusagen. Als Gebirtig sich für eine Aussage entscheidet, muss auch er sich mit der Vergangenheit und dem Verlust der ermordeten Eltern und der verlorenen Heimat Wien auseinandersetzen. Doch Pointner wird freigesprochen und Gebirtig kehrt in die USA zurück.

Gegen Ende der Nacht
AT/CH/BRD 1998, Regie + Drehbuch: Oliver Storz
Fernsehfilm, TV-Erstsendung: 29. April 1998, ARD
Synopsis: Im August 1945 wird eine fünfköpfige Familie brutal ermordet. Der jüdisch-amerikanische Offizier Dave Gladbaker (Stefan Kurt), dessen Eltern in der Shoah ermordet wurden, nimmt die Ermittlungen auf. Er vermutet schnell eine Verwechslung: Der Mörder könnte die als Flüchtling bei der Familie untergekommene Karin mit der Tochter der Familie verwechselt haben. Karin (Karoline Eichhorn) ähnelt sehr der gesuchten KZ-Aufseherin Gerda Korte aus Majdanek. Obwohl Dave sich in Karin verliebt hat, will er die Wahrheit herausfinden. Am Ende gesteht Karin, dass sie als Krankenschwester an Selektionen beteiligt war. Dave weiß nicht, was er tun soll. Karin nimmt seine Waffe und flieht.

Hannah Arendt
BRD/FR/IL 2011/12, Regie: Margarethe von Trotta, Drehbuch: Pamela Katz / Margarethe von Trotta
Spielfilm, Uraufführung: 11. September 2012; Kinostart Deutschland: 10. Januar 2013
Synopsis: Obwohl der Film auch Rückblenden in Hannah Arendts Jugend zeigt (Friederike Becht als junge Hannah Arendt), fokussiert die Handlung auf Arendts gedankliche Auseinandersetzung mit dem Eichmann-Prozess in Jerusalem. Die Handlung beginnt 1960 in New York, wo Hannah Arendt (Barbara Sukowa) mit Heinrich Blücher (Axel Milberg) lebt. Das Milieu der deutsch-jüdischen Emigrant_innen wird gezeigt, besonders Arendts Freund Hans Jonas (Ulrich Noethen) und ihre Freundin Mary McCarthy (Janet McTeer) spielen als Figuren eine wiederkehrende Rolle. Nachdem Arendt die Nachricht von der Erfassung Eichmanns und seinem bevorstehenden Prozess in Israel gesehen hat, schlägt sie dem *New Yorker* vor, über den Prozess zu berichten. Sie reist 1961 zum Prozessbeginn nach Israel, trifft ihren Freund Kurt Blumenfeld (Michael Degen) und wohnt allen wichtigen Verhandlungstagen bei. Es kostet sie zwei Jahre, bis sie die versprochene Artikelserie fertigstellt, die nicht nur in den USA, sondern auch in Israel und Deutschland einen Skandal auslöst und die Grundlage für ihr späteres Buch *Eichmann in Jerusalem* ist. Die Anfeindungen und das Unverständnis, das sie daraufhin erfährt, werden ausführlich gezeigt, u. a. bedrängt der Mossad sie, von der Veröffentlichung abzusehen, doch Arendt hält an ihrer Position fest.

Herbe Mischung
BRD/IL 2015, Regie: Dror Zahavi, Drehbuch: Annabel Wahba, Barry Thomson
Fernsehfilm, TV-Erstsendung: 04. November 2015
Synopsis: Zahra (Peri Baumeister) und Benni (Trystan Pütter) leben als frischverliebtes Paar in München. Dort spielt es für sie keine Rolle, dass Zahra einen ägyptischen Vater hat und Benni Israeli ist. Als Bennis Großvater unerwartet stirbt, nimmt er sie kurzentschlossen mit nach Tel Aviv, um sie dort seiner Familie vorzustellen. Zunächst verheimlichen sie, dass Zahra nichtjüdisch ist und einen arabischen Familienhintergrund hat. Doch schließlich entscheidet sich Benni, zu Zahra zu stehen, und bekommt dabei unerwartete Unterstützung von seiner Großmutter (Ruth Geller), die ebenfalls nichtjüdisch war und für den Großvater konvertierte – was bislang keiner in der Familie wusste.

Hydra
BRD 2015, Regie: Nicole Weegmann, Drehbuch: Jürgen Werner
Fernsehfilm (der Reihe *Tatort*), TV-Erstsendung: 11. Januar 2015, ARD
Synopsis: Die *Tatort*-Kommissar_innen Peter Faber (Jörg Hartmann), Martina Bönisch (Anna Schudt), Nora Dalay (Aylin Tezel) und Daniel Kossik (Stefan Konarske) ermitteln in Dortmund im Fall um den ermordeten Neonazi Kai Fischer. Die hochschwangere Frau des ermordeten Neonazis bezichtigt die Israelin Jedida Steinmann (Valerie Koch) der Tat. Steinmann ist Leiterin einer Beratungsstelle gegen rechte Gewalt und ihr Ehemann wurde vor wenigen Monaten bei einem Angriff von Neonazis ermordet – damit hätte sie ein Motiv. Doch sie streitet das ab und die Kommissar_innen konzentrieren sich auf Rivalitäten innerhalb der Dortmunder Neonaziszene. Im Zuge der Ermittlungen wird die Kommissarin Nora Dalay von Neonazis überfallen und bedroht. Die Ermittler_innen finden heraus, dass Fischer einen Informanten in der Dortmunder Kriminalpolizei hatte. Als Fischer als V-Mann angeworben werden sollte, wurde das dem Informanten zu riskant und er brachte Fischer um.

Im Angesicht des Verbrechens
BRD 2008–2010, Regie: Dominik Graf
Fernsehserie (10 Teile), TV- Erstsendung: 27. April 2010 bis 11. Mai 2010, Arte
Synopsis: Die Serie erzählt in verschiedenen Handlungssträngen, deren Hauptfigur der lettisch-jüdische Polizist Marek Gorsky (Max Riemelt) ist, vom Kampf der Polizei gegen die russische Mafia in Berlin. Korrupte Polizist_innen führen zu Verstrickungen und erschweren die Ermittlungen und auch Gorsky ist persönlich involviert: Der Mann seiner Schwester Stella (Marie Bäumer) ist in das organisierte Verbrechen verwickelt und sein Bruder Grischa wurde vor zehn Jahren erschossen. Der unaufgeklärte Mord, der ebenfalls in diesem Milieu passierte, wird für Marek Gorsky zum Beweggrund, gegen die Mafia vorzugehen. Dann verliebt er sich in die ukrainische Zwangsprostituierte Jelena (Alina Levshin) und neben das Ziel, den Mörder seines Bruders zu finden, tritt der Versuch, sie zu retten.

Im Labyrinth des Schweigens
BRD 2014, Regie: Giulio Ricciarelli, Drehbuch: Elisabeth Bartel / Giulio Ricciarelli
Spielfilm, Kinostart Deutschland: 06. November 2014
Synopsis: Der Film erzählt die Vorgeschichte des Frankfurter Auschwitzprozesses und beginnt damit, dass der Holocaustüberlebende Simon Kirsch (Johannes Krisch) einen ehemaligen Auschwitz-Aufseher erkennt. Mit dem Journalisten Thomas Gnielka (André Szymanski) geht er zur Staatsanwaltschaft, um es zu melden, doch er findet kein Gehör, keiner möchte die Nazi-Verbrechen verfolgen, außer dem jungen Anwalt Johann Radmann (Alexander Fehling). Radmann beginnt zu recherchieren und wird dabei von Generalstaatsanwalt Fritz Bauer (Gert Voss) unterstützt. Er stößt auf viele Widerstände bei seinen Ermittlungen, ihm werden Steine in den Weg gelegt und die Untersuchung belastet ihn zunehmend. Er wirkt besessen von dem bevorstehenden Prozess, beginnt zu trinken und seine Beziehung zu Marlene (Friederike Becht) gerät in eine Krise. Der Film endet mit dem Beginn des Prozesses.

In einem Jahr mit 13 Monden
BRD 1978, Regie + Drehbuch: Rainer Werner Fassbinder
Spielfilm, Uraufführung: 08. November 1978; Kinostart Deutschland: 17. November 1978
Synopsis: Erzählt werden die letzten Tage im Leben von Elvira Weisshaupt (Volker Spengler). Sie unterzog sich aus Liebe zu dem jüdischen Anton Saitz (Gottfried John) einer Geschlechtsumwandlung und wurde von Erwin zu Elvira, doch auch dadurch wurde die Beziehung nicht möglich. Jetzt wurde sie von ihrem aktuellen Freund verlassen und lässt einsam und verzweifelt ihr Leben Revue passieren. Sie lässt sich mit ihrer Freundin, der „Roten Zora“ (Ingrid Caven), durchs Frankfurter Rotlichtviertel treiben, besucht das Kloster, in dem sie als Junge ihre Kindheit verbrachte, und trifft Anton noch einmal. Doch der kann sich zunächst noch nicht einmal mehr an sie erinnern. Verzweifelt, weil sie ihre Einsamkeit nicht überwinden kann, nimmt sie sich das Leben.

Kaddisch für einen Freund
BRD 2010/11, Regie + Drehbuch: Leo Kashin
Spielfilm, Kinostart Deutschland: 15. März 2012
Synopsis: Ali (Neil Belakhdar) kommt aus einem palästinensischen Flüchtlingslager im Libanon mit seiner Familie nach Berlin-Kreuzberg. Mit seinem Cousin und dessen Freunden verwüstet er die Wohnung des jüdischen älteren Nachbarn Alexander (Ryszard Ronczewski). Doch er wird erwischt und seine Mutter zwingt ihn, Alexander beim Aufräumen seiner Wohnung zu helfen, damit dieser von einer Anzeige absieht. Der aus Russland stammende Alexander kann diese Hilfe gut brauchen, denn ihm steht ein Besuch vom Sozialamt bevor, bei dem geprüft werden soll, ob er noch alleine wohnen kann. Eine verwüstete, unordentliche Wohnung kann er dann nicht präsentieren. Ali und Alexander arbeiten zusammen und lernen sich langsam kennen und mögen, trotz aller Unterschiede. Als Alexander stirbt, spricht Ali für ihn das Kaddisch, da sein Sohn in Israel als Soldat gefallen ist

Kaddisch nach einem Lebenden
BRD 1968/69, Regie + Drehbuch: Karl Fruchtmann
Fernsehfilm, TV-Erstsendung: 28. Januar 1969, ARD
Synopsis: Der Shoah-Überlebende Peri (Günter Mack) lebt in Tel Aviv ein scheinbar normales Leben. Plötzlich erinnert er sich an Johannes Bach (Rudolf Wessely), einen Mithäftling, der mit ihm im Konzentrationslager war und ebenfalls überlebt hat. Er macht sich auf die Suche nach Bach, seine Erinnerungen lassen ihn nun nicht mehr los. Doch als er ihn findet, ist Bach ein gebrochener Mann.

Kir Royal – aus dem Leben eines Klatschreporters
BRD 1986, Regie: Helmut Dietl, Drehbuch: Helmut Dietl / Patrick Süsskind
Fernsehserie, 6 Episoden in 1 Staffel, Episodenlänge: 60 Min.

Episodentitel: *Adieu Claire*, Episode 4
TV-Erstsendung: 13. Oktober 1986, ARD
Synopsis: Klatschreporter Baby Schimmerlos (Franz Xaver Kroetz) ist auf der Suche nach einer neuen Klatschgeschichte. Seine Sekretärin erzählt ihm, dass der jüdische Komponist Friedrich Danziger (Curt Bois) todkrank sei und bald sterben würde, seit 40 Jahren aber seine frühere Geliebte und Sängerin Claire Maetzig (Marianne Hoppe) nicht mehr gesehen habe, die sich geschworen habe, nie mehr deutschen Boden zu betreten. Während Baby mit dem Fotografen Herbie (Dieter Hildebrandt) versucht, Claire Maetzig in Paris ausfindig zu machen, hat der Arzt Theo Krakauer (Richard Münch) – ein alter Freund von Friedrich und Claire, in dessen Privatklinik Friedrich untergebracht ist – bereits mit Claire gesprochen und sie überredet, nach München zu kommen, um Danziger nochmal zu sehen. Sie reist inkognito an und Baby kommt gerade an der Privatklinik an, als Claire und Friedrich abfahren.

La Amiga – Die Freundin
BRD/ARG 1987/88, Regie: Jeanine Meerapfel, Drehbuch: Agnieszka Holland / Jeanine Meerapfel / Alcides Chiesa
Spielfilm, Kinostart Deutschland: 26. September 1991; TV-Erstsendung: 24. März 1993, ARD
Synopsis: Der Film spielt während der Militärdiktatur in Argentinien und erzählt die Geschichte der Freundinnen Raquel (Cipe Lincovsky) und Maria (Liv Ullmann), die seit ihrer Kindheit eng befreundet sind. Raquel ist erfolgreiche Schauspielerin. Als Marias Sohn verschleppt wird, versucht sie, der Freundin zu helfen, ihn zu finden, wird aber selbst von der Militärjunta bedroht. Sie geht nach Berlin, welches ihre Eltern 1933 verlassen hatten. Nach dem Ende der Militärdiktatur 1983 treffen sich die beiden Freundinnen in Argentinien wieder, doch sie haben sich angesichts ihrer Erlebnisse beide verändert.

Landauer. Der Präsident
BRD 2014, Regie: Hans Steinbichler, Drehbuch: Dirk Kämper
Fernsehfilm, TV-Erstsendung: 15. Oktober 2014
Synopsis: Kurt Landauer (Josef Bierbichler), ehemaliger Präsident des FC Bayern München, kommt 1947 nach München zurück, um ein Visum für die Aus/Weiterreise in die USA zu beantragen. In München trifft er die langjährige Haushälterin seiner Familie, Maria (Jeanette Hain), wieder und stellt fest, dass von seinem Club fast nichts mehr übrig ist. Als er eine Vereinssitzung besucht, wird er spontan wieder zum Präsidenten ernannt und hilft bei der Instandsetzung des Stadions sowie dabei, eine Lizenz für den Verein von der amerikanischen Militärregierung zu erhalten. Er verschiebt seine Pläne, nach Amerika zu gehen, und bleibt bis 1951 Präsident des FC Bayern.

Let's go!
BRD 2014, Regie + Drehbuch: Michael Verhoeven
Basiert auf dem Buch *Von Zuhause wird nichts erzählt* von Laura Waco
Fernsehfilm, Uraufführung: 02. Juli 2014; TV-Erstsendung: 10. Oktober 2014
Synopsis: Laura (Alice Dwyer), die mit ihrem Mann Gabriel (Fabian Feder) inzwischen in den USA lebt, kehrt 1968 nach München zurück, als ihr Vater (Maxim Mehmet) bei einem Autounfall ums Leben kommt. Bei dem Unfall wird auch ihre Schwester Friede schwer verletzt, die nun im Koma liegt. Lauras Mutter Hela (Naomi Krauss) hat sich vor Trauer benommen zurückgezogen und es scheint für Laura, die

das schon immer schwierige und distanzierte Verhältnis zu ihrer Mutter überwinden möchte, keine Möglichkeit zu geben, in der gemeinsamen Trauer Nähe herzustellen. Sie beginnt, eine Auseinandersetzung mit ihrer Mutter zu forcieren.

In Rückblenden erzählt der Film die Geschichte von Laura, die als Kind zweier Holocaustüberlebender im bayerischen Freising geboren wurde, wo die Eltern ein Gasthaus hatten. Später zog die Familie Steger (eingedeutscht dann Stöger) nach München. Laura empfindet München als Heimat, aber erlebt zuhause die traumatisierten Eltern zwischen dem Versuch, in Deutschland anzukommen, und aus kindlicher Perspektive unverständlicher Distanz. Ihre Mutter kann keine körperliche Nähe zu ihren Kindern ertragen und der Vater reagiert oft unerwartet streng. Obwohl der Film auch die Geschichten der Eltern Hela und Meier erzählt, wird auf Lauras Erfahrung als Angehörige der *second generation* fokussiert, die tief geprägt ist von den Traumatisierungen ihrer Eltern. Sie kann diese erst anfangen zu verstehen, als sie ihre Geschichte von ihrer Tante erfährt.

Levin und Gutman
BRD 1985, Regie: Peter Deutsch, Drehbuch: Wolfdietrich Schnurre
Fernsehserie, 13 Episoden (13 Teile), Episodenlänge: 30 Min., TV-Erstsendung: 18. September 1985
Synopsis: Die Serie erzählt von jüdischem Leben im Westberlin der 1980er Jahre anhand der orthodoxen Familie Gutman und der liberalen Familie Levin. Dabei werden jeweils drei Generationen gezeigt: Großvater Sammy Levin (Shmuel Rodensky), Hanna (Corny Collins) und Jossel (Edwin Marian) sowie ihre Kinder Max (Jack Geula), Felix (Stefan Reck) und Ruth (Claudia Arnold) in der Familie Levin, bei den Gutmans die Großeltern Elsbeth (Karin Hardt) und Jakob (Werner Hinz), Harry (Gerd Baltus) und Enkel Leo (Benjamin Völz). Die Konflikte und Themen der einzelnen Episoden zeigen verschiedene Aspekte und Themen jüdischen Lebens: Feiertage, unterschiedliche jüdische Institutionen, ‚gemischte Ehen', die Frage, was Jüdischkeit bedeutet, aber auch zwischenmenschliche Konflikte, beispielsweise wenn Großvater Sammy Gutman ins Altersheim umzieht oder Elsbeth Levin an Krebs erkrankt. Damit wird versucht, ein Panorama jüdischen Lebens zu entwerfen und jüdische Positionen in ihrer Pluralität darzustellen.
Episodentitel: *Die Sprüche der Väter* (Episode 1), *Moische, wo bist Du?*, (Episode 2), *Ein Freudenfest* (Episode 3), *Jossels Sabbat* (Episode 4), *Mirjam* (Episode 5), *Unterwegs nach Jerusalem* (Episode 6), *Eine kleine Erinnerung* (Episode 7), *Das schwarze Schaf* (Episode 8), *Rabbi Löw* (Episode 9), *Die Geburt des Gerechten* (Episode 10), *Besuch aus Israel* (Episode 11), *Die Laubhütte* (Episode 12), *Aufbruch* (Episode 13)

Liebe unter Verdacht
BRD 2002, Regie: Jorgo Papavassiliou, Drehbuch: Tim Krause
Arbeitstitel: *Baruchs Schatten*
Fernsehfilm, TV-Erstsendung: 26. November 2002, SAT1
Synopsis: Die Kommissarin Eva Bartok (Natalia Wörner) befindet sich in einer Lebens- und Glaubenskrise, nachdem ein junger Kollege in einem gemeinsamen Einsatz erschossen wurde, und so fängt sie nur unwillig an, mit dem neuen Kollegen Jonas Hartung (Stephan Korves) zu ermitteln, als ein religiöser Jude tot in seiner Wohnung gefunden wird. Die Anzeichen deuten auf Mord und nicht auf einen natürlichen Tod. Im Zuge ihrer Ermittlungen findet sie heraus, dass der Tote während des Nationalsozialismus Jüdinnen und Juden an die Gestapo verraten hat und er deswegen heute erpresst wurde. Sie lernt nicht nur das Judentum als Religion kennen, sondern verliebt sich auch in den Sohn des Toten, Daniel Kahana (Max Tidof). Als sie herausfindet, dass dieser seinem Vater auf dessen Wunsch beim Selbstmord geholfen hat, verzichtet sie – zutiefst enttäuscht, dass er ihr nicht vertraut hat – auf seine Festnahme.

Lindenstraße
Fernsehserie, BRD 1985–heute, WDR
Episodenlänge: ca. 30 Min.

Episodentitel: *Bilder der Vergangenheit,* Episode 248
Sendetermin: 02. September 1990
Valerie Zenker (Nadine Spruß) sieht die tätowierte Nummer auf Enrico Pavarottis (Guido Gagliardi) Arm. Sie erkennt sie nicht sofort als Häftlingsnummer, beginnt aber dann, über den Holocaust nachzulesen, und vermutet, dass Enrico im Konzentrationslager war. Sie spricht mit ihrem Vater Andy Zenker (Jo Bolling)

über den Holocaust und erfährt von ihm, dass bei ihm zuhause „darüber" nicht gesprochen wurde und sein Vater selbst in der Partei gewesen sei.

Episodentitel: *Gemischtes,* Episode 249
Sendetermin: 09. September 1990
Valerie befasst sich intensiver mit dem Holocaust. Sie liest viele Bücher und versucht, mit den Erwachsenen in ihrem Umfeld darüber zu sprechen. Die finden, dass es nicht das richtige Thema für eine 14-Jährige sei. Ihr Vater macht sich Sorgen, weil sie so bedrückt ist.

Episodentitel: *Herzschläge,* Episode 250
Sendetermin: 16. September 1990
Valerie befasst sich immer noch mit dem Holocaust und wirkt bedrückt und still.

Episodentitel: *Die Frage* , Episode 251
Sendetermin: 23. September 1990
Valerie fragt Enrico, ob ihre Vermutung stimmt. Er möchte aber nicht über seine Vergangenheit sprechen. Sie spricht mit Isolde Pavarotti (Marianne Rogée), seiner Frau, die ihr ihre Geschichte erzählt. Als Isolde so alt war wie Valerie, hasste sie ihren 1945 gefallenen Vater, weil er überzeugter Nazi war.

Episodentitel: *Das Lied* , Episode 253
Sendetermin: 07. Oktober 1990
Valerie lässt nicht locker und Enrico erzählt ihr nun doch seine Geschichte. Sie erfährt, dass seine ganze Familie in Auschwitz ermordet wurde und er mit acht Jahren dort von den Russen befreit wurde. Bei sich zuhause zeigt er ihr die Fotografien, die er von seiner Familie hat, und die gelben Sterne, die ihm als einzige Erinnerungen geblieben sind. Abends singt Isolde in dem griechischen Restaurant, in dem sie regelmäßig auftritt, ein jiddisches Lied.

Episodentitel: *Begegnungen*, Episode 254
Sendetermin: 14. Oktober 1990
Auf dem jüdischen Friedhof begegnet Valerie Herrn Sommerfeld (Josef Millo), der aus Israel kommt, um seine Geburtsstadt zu besuchen. Er spricht mit ihr über Holocaust und Wiedergutmachung und zeigt ihr die Synagoge.
Valerie lässt sich von Zorro (Thorsten Nindel) aus Solidarität die Haare abrasieren.

Episodentitel: *Geburtstage*, Episode 255
Sendetermin: 21. Oktober 1990
Bei einer Geburtstagsfeier fragt Franz Wittich (Martin Rickelt), der Alt-Nazi der *Lindenstraße*, Valerie nach ihrer Frisur. Mit Zorros Hilfe erklärt sie, warum sie sich die Haare abrasiert hat und dass sie damit ein Zeichen der Solidarität setzen will. Es kommt zur Auseinandersetzung zwischen Zorro und Franz.

Episodentitel: *Die Wahrheit,* Episode 256
Sendetermin: 28. Oktober 1990
Valerie und Zorro besuchen eine KZ-Gedenkstätte. Der Off-Kommentar vermittelt zusätzliche Informationen. Valerie bricht im Raum mit den Krematorien weinend zusammen.
Später bereut sie, dass sie sich die Haare abrasiert hat. Sie wollte ein Zeichen der Solidarität setzen, hat jetzt aber Angst, es komme einer Beleidigung gleich. Sie bedankt sich bei Zorro, dass er zu ihr halte und sie immer mit ihm reden könne.

Episodentitel: *Die Jungfernfahrt,* Episode 259
Sendetermin: 18. November 1990
Valeries Haare sind deutlich nachgewachsen. Sie ist jetzt unglücklich verliebt.

Episodentitel: *Nur noch Kartoffeln*, Episode 556
Sendetermin: 28. Juli 1996
Isolde besucht mit Freunden zusammen Enrico Pavarotti im Krankenhaus, der nach einem Unfall im Koma liegt. Sie halten die Beatmungsmaschine an und er stirbt. Ein katholischer Priester gibt ihm das letzte Geleit.

Episodentitel: *Stolperstein,* Episode 1302
Sendetermin: 14. November 2010
Helga Beimer erfährt vom Schicksal von Frau Rosenberg, die als einzige ihrer Familie die Shoah überlebte und nun in New York lebt. Helga Beimer will für die Rosenbergs zwei Stolpersteine verlegen lassen, doch sie stößt auf Widerstand, weil sie die Zustimmung des Hausbesitzers braucht.

Episodentitel: *Jetzt erst recht,* Episode 1305
Sendetermin: 05. Dezember 2010
Helga Beimer hat sich durchgesetzt: Auf ihre Initiative hin werden zwei Stolpersteine für die Familie Rosenberg verlegt, die vor dem Nationalsozialismus in dem Haus gelebt haben.

Lore
BRD/AUS/GB 2011/12, Regie: Cate Shortland, Drehbuch: Robin Mukherjee / Cate Shortland
Basiert auf Rachel Seifferts Novelle *Die dunkle Kammer*
Spielfilm, Kinostart Deutschland: 01. November 2012
Synopsis: Die 14-jährige Lore (Saskia Rosendahl) ist die Tochter hochrangiger Nazis. Als die 1945 nach Kriegsende verhaftet werden, reist sie mit ihren Geschwistern von Süddeutschland zu ihrer Großmutter nach Husum. Auf der strapaziösen Reise durch das in Zonen unterteilte Nachkriegsdeutschland treffen sie Thomas (Kai Malina), den seine Papiere als jüdischen Überlebenden ausweisen. In Lore entbrennt ein Konflikt zwischen Begehren und Zuneigung auf der einen und dem in der Kindheit verinnerlichten Antisemitismus auf der anderen Seite, der für sie kaum überwindbar scheint.

Love Comes Lately
BRD/AT 2006/07, Regie: Jan Schütte, Drehbuch: Michael Gutmann / Jan Schütte
Alternativer Titel: *Bis später Max! – Die Liebe kommt, die Liebe geht*
Spielfilm, Kinostart Deutschland: 09. April 2009
Synopsis: Der jüdische Schriftsteller Max Kohn (Otto Tausig) ist trotz seines fortgeschrittenen Alters charmant und bei Frauen beliebt. So lässt er auf seiner Lesereise auch keine Möglichkeit für einen Flirt aus. Doch die Grenzen zwischen erträumten Liebesabenteuern, seinen Geschichten und realen Ereignissen verschwimmen zunehmend.

Malou
BRD 1980, Regie + Drehbuch: Jeanine Meerapfel
Spielfilm, Kinostart Deutschland: 20. März 1984; TV-Erstsendung: 16. Juni 1987, ARD
Synopsis: Hannah (Grischa Huber) lebt in Berlin und ist mit Martin (Helmut Griem) verheiratet. Sie setzt sich intensiv mit dem Leben ihrer verstorbenen jüdischen Mutter Malou (Ingrid Caven) auseinander. Die war als Französin für ihren deutschen jüdischen Mann zum Judentum konvertiert und mit ihm ins Exil nach Südamerika gegangen und definierte sich stark über ihre Liebesbeziehungen. Hannah hofft, darin eine Lösung ihrer eigenen Eheprobleme zu finden und sich aus ihren Abhängigkeiten zu lösen.

Max Minsky und ich
BRD 2006/07, Regie: Anna Justice, Drehbuch: Holly Jane Rahlens
Spielfilm, Kinostart Deutschland: 06. September 2007
Synopsis: Die 13-jährige Nelly Sue Edelmeister (Zoe Moore) ist eine engagierte Astronomin und aus der Ferne in Prinz Edouard von Luxemburg verliebt. Als ein Basketballturnier der Schule die Chance bietet, den Prinzen zu treffen, entscheidet die unsportliche Nelly, dass sie Basketballspielen lernen muss. Helfen kann dabei Max Minsky (Emil Reinke), der ein guter Basketballspieler ist und in der Schule Nellys Hilfe brauchen kann. Langsam freunden sich die beiden an und am Ende ist das Basketballturnier nicht mehr so wichtig. Doch Nelly muss sich nicht nur mit ihrer Verliebtheit auseinandersetzen, sondern auch mit ihrer anstehenden Bat Mitzwa. Ihre Mutter Lucy Bloom Edelmeister (Adriana Altaras) drängt sie dazu, doch Nelly als Nachwuchswissenschaftlerin und Atheistin weiß noch nicht, ob sie sie machen möchte.

Meschugge
BRD/CH 1997/98, Regie: Dani Levy, Drehbuch: Dani Levy / Maria Schrader
Spielfilm, Kinostart Deutschland: 11. März 1999; TV-Erstsendung: 8. März 2002, Arte
Synopsis: Ein Brandanschlag auf die Schokoladenfabrik eines jüdischen Unternehmers veranlasst dessen Enkelin Lena Katz (Maria Schrader), aus New York nach Deutschland zu kommen, sowie die in New York lebende Ruth Fish, in dem Fabrikanten ihren lange tot geglaubten Vater zu erkennen. Doch kurz darauf stirbt Ruth bei einem Unfall, im Krankenhaus lernen sich ihr Sohn David Fish (Dani Levy) und Lena Katz kennen. Sie kommen sich näher und müssen gleichzeitig erkennen, dass das Schicksal ihrer Mütter – die früher Freundinnen waren – verbunden zu sein scheint. Zusammen mit dem zwielichtigen Anwalt Kaminski (David Stathairn) versucht David, das Geheimnis zu lösen. Zusammen mit Lena reisen sie nach Deutschland und finden heraus, dass Lenas Großvater ein gesuchter Nazitäter ist, der der Ahndung seiner Verbrechen durch eine falsche jüdische Identität zu entgehen versuchte. Doch dann entführt Kaminski Lena. Er will mit ihr als Geisel ihren Großvater in seine Gewalt bringen, um ihn nach Israel zu entführen.

Mord in Frankfurt
BRD 1968, Regie + Drehbuch: Rolf Hädrich
Fernsehspiel, TV-Erstsendung: 30. Januar 1968, ARD
Synopsis: Während der jüdische Andrej Makowski (Václav Voska) von Polen nach Frankfurt reist, um in einem Prozess gegen einen Nazi-Täter als Zeuge auszusagen, wird der Taxifahrer, der Stewardess Franziska (Monika Lundi) gerade noch fuhr, ermordet. Sie besucht ihren Freund Hans (Joachim Ansorge), der gerade dabei ist, ein Theaterstück über den Auschwitzprozess zu proben. Der Mord an dem Taxifahrer erhält große öffentliche Aufmerksamkeit und löst den Ruf nach der Todesstrafe aus. Einander gegenübergestellt werden der Nazi-Prozess, in dem Makowski aussagt, die Proben zu *Die Ermittlung* von Peter Weiss und das Echo auf den Taxifahrermord.

Mörderischer Besuch
BRD 2010, Regie: Jorgo Papavassiliou, Drehbuch: Nils Morten-Osburg
Nach dem Roman *Das Lied der Könige* von Batya Gur
Fernsehfilm, TV-Erstsendung: 06. Dezember 2010, ZDF
Synopsis: Der Musiker Felix van Gelden (Joost Siedhoff) wird ermordet aufgefunden. Michal Ochajon, der gerade nichtsahnend eine Nacht mit dessen Tochter Nita (Liane Forestieri) verbracht hat, beginnt zu ermitteln. Schnell zeigt sich, dass ein gestohlenes Bild wohl nicht das Mordmotiv war und es in der bekannten Musikerfamilie Gelden einige Konflikte und Dissonanzen gab. Motiv für den Konflikt wie den Mord ist ein unbekanntes Requiem von Vivaldi, dass Felix van Gelden im Konzentrationslager das Leben rettete. Er wollte es seinen Söhnen mit der Auflage weitergeben, es nicht zu veröffentlichen, doch der ehrgeizige Theo (Benjamin Sadler) träumt vom großen Ruhm und brachte erst den Vater und später auch noch seinen Bruder Gabi (Wilfried Hochholdinger) um, um an das Requiem zu kommen.

Neues Deutschland: Ohne mich
BRD 1993, Regie: Dani Levy
Fernsehfilm, Kurzfilm aus Episodenfilm, TV-Erstsendung: 03. Juli 1993, West 3
Synopsis: Dem jüdischen Filmemacher Simon Rosenthal (Dani Levy) machen die rechtsextremen Pogrome der frühen 1990er Jahre Angst. Er will sie in seiner nächsten Produktion thematisieren. Doch seine Freundin Mona (Maria Schrader) wirft ihm Larmoyanz und Selbstmitleid vor. Mit seinen Ängsten steht Simon zwischen seiner Freundin und seiner Mutter, die sich Sorgen macht und ihn von einer Ausreise aus Deutschland überzeugen will. Die Frage, ob seine Ängste begründet sind oder nicht, ist nicht zu klären, subjektiv werden seine Begegnungen mit seinem faschistischen Nachbarn oder Neonazis in der U-Bahn gezeigt. Am Ende flieht er auf den Mond, um von dort aus seiner Mutter zu erzählen, dass er in Sicherheit sei.

Nichts als die Wahrheit
BRD 1998/99, Regie: Roland Suso Richter, Drehbuch: Johannes W. Betz
Spielfilm, Kinostart Deutschland: 23. September 1999
Synopsis: Der auf Josef Mengele spezialisierte Anwalt Peter Rohm (Kai Wiesinger) wird entführt und von einem Mann (Götz George), der behauptet der totgeglaubte Josef Mengele zu sein, gebeten, seine Verteidigung vor Gericht zu übernehmen. Wenn er das tue, würde er sich stellen. Nach einigem Zögern und Abwehren nimmt Rohm das Mandat an und begibt sich in einen Prozess, der mediales Ereignis und moralisches Dilemma für ihn ist: Mengele behauptet vor Gericht, bei seinem Handeln habe es sich nicht um Mord gehandelt, sondern um ‚Euthanasie'. Er habe Menschen – möglichst schmerzfrei – getötet, die sowieso ermordet worden wären. Neben der moralischen Herausforderung, mit dieser Position als Anwalt umzugehen, muss Rohm entdecken, dass seine eigene Mutter (Doris Schade) als junge Krankenschwester (unfreiwillig) in Euthanasiefälle verstrickt war und ihr Leben lang darüber geschwiegen hat. Im Laufe des Gerichtsprozesses treten viele Zeugen auf, die Opfer Mengeles waren und gegen ihn aussagen. In seinem Plädoyer spricht Rohm sich dafür aus, dass es keinen Zweifel an der Schuld Mengeles geben könne.

Obsession
BRD/FR 1996/97, Regie: Peter Sehr, Drehbuch: Marie Noelle / Peter Sehr
Spielfilm, Kinostart Deutschland: 28. August 1997; TV-Erstsendung: 03. September 2000, ARD
Synopsis: Obwohl sie mit dem französischen Arzt Pierre (Charles Berling) zusammen ist, verliebt sich die Musikerin Miriam (Heike Makatsch) in den Steinmetz John McHale aus Zimbabwe (Daniel Craig). Dieser ist nach Berlin gekommen, einen Film über einen Hochseilartisten aus den 1920er Jahren zu finden, der ihm Auskunft über seine Familiengeschichte geben soll. Ohne gültige Aufenthaltsgenehmigung und auf der Flucht vor Abschiebung kommt er bei dem jüdischen Brüderpaar Simon und Jacob Frischmuth (Allen Garfield und Seymour Cassel) unter, die ihm helfen. Die Dreiecksbeziehung zwischen Miriam, Pierre und John droht zu zerbrechen: Miriam verliert ihr ungeborenes Baby bei einem Unfall und zieht mit Pierre nach Frankreich. John folgt ihnen und erst am Ende verstehen die Männer, dass sie Miriam nicht zu einer Entscheidung zwingen dürfen.

Pfarrer Braun
Fernsehserie, BRD 2003–heute, ARD

Episode: *Die Gärten des Rabbiners*
BRD, 2008, Regie: Wolfgang F. Henschel, Drehbuch: Hartmut Block
TV-Erstsendung: 03. April 2008, ARD
Synopsis: Kurz nach Pfarrer Guido Brauns (Ottfried Fischer) Strafversetzung nach Potsdam wird ein Toter in der dortigen Synagoge gefunden. Kommissar Geiger (Peter Heinrich Brix) verdächtigt zunächst den Rabbiner der Gemeinde Chaijm Seelig (Rudolf Kowalski). Daran glaubt Pfarrer Braun nicht und beginnt zu ermitteln, um seinen Kollegen zu entlasten. Er findet nicht nur heraus, dass die Gärtnereifamilien Grün und Kruschke wegen geschäftlicher Konkurrenz verfeindet sind, sondern auch, dass deren Kinder Alisha Grün (Julia Richter) und Gerd Kruschke (Niels Bruno Schmidt) eine heimliche Liebesbeziehung pflegen. Während der Mord an Gärtner Schulmann wegen einer kostbaren Tulpenzwiebel geschehen ist, können die Gottesmänner für Alisha und Gerd ein Happyend erreichen.

Phoenix
BRD 2013/14, Regie: Christian Petzold, Drehbuch: Christian Petzold / Harun Farocki
Spielfilm, Kinostart Deutschland: 25. September 2014
Synopsis: Nelly (Nina Hoss) überlebt schwerverletzt und mit zerstörtem Gesicht Auschwitz. Ihre Freundin und Mitarbeiterin der Jewish Agency Lene (Nina Kunzendorf) bringt sie nach Berlin zurück, wo versucht wird, Nellys Gesicht zu rekonstruieren, und sie sich erholen kann. Während Lene die Ausreise nach Palästina vorbereitet, trifft Nelly ihren nichtjüdischen Ehemann Johnny (Ronald Zehrfeld). Johnny hält Nelly für tot und erkennt sie nicht, sieht aber in der vermeintlich Fremden die Ähnlichkeit zu seiner Frau Nelly und schlägt vor, sie möge sich als Nelly ausgeben, um gemeinsam mit an das Vermögen der Verstorbenen zu gelangen. Nelly wird zu ihrer eigenen Doppelgängerin und gleicht sich mit Johnnys Hilfe, der sie – so scheint es – nicht erkennen will, ihrem alten Selbst an. Lene sieht keine Zukunft für sich und begeht Suizid. Am Ende offenbart Nelly Johnny ihre wahre Identität.

Rosa Roth
Fernsehserie, BRD 1994–2013, ZDF

Episode: *Jerusalem oder die Reise in den Tod*
BRD 1996, Regie: Carlo Rola, Drehbuch: Lothar Schöne
TV-Erstsendung: 12. Dezember 1998, ZDF
Synopsis: Als Rosa Roth (Iris Berben) zur Hochzeit einer Freundin nach Israel reist, stirbt Walter Bannert (Traugott Buhre), ein Tourist einer deutschen Reisegruppe, die sich mit ihr im gleichen Hotel in Jerusalem befindet. Obwohl alles auf einen natürlichen Tod hindeutet, beginnt Rosa Roth zu ermitteln und schließt sich der Reisegruppe häufiger an. Die Spuren führen in die Vergangenheit und schließlich gerät Bannerts Biografie und seine Motivation, nach Israel zu reisen, immer mehr in den Blickpunkt. Rosa entdeckt, dass es der junge Theo Wandres (Jan Josef Liefers) ist, der die während des Nationalsozialismus schuldig gewordenen alten Männer Walter Bannert und Hans Leun (Peter Roggisch) verfolgt und letztlich beide in den Tod treibt. Ohne dass ein tatsächlicher Mord geschieht, geraten sowohl die damaligen Täter Walter Bannert und Hans Leun als auch der getriebene Rächer Theo Wandres mit jüdischem Familienhintergrund ins Zentrum der Krimihandlung.

Rosenzweigs Freiheit
BRD 1998, Regie + Drehbuch: Liliane Targownik
Fernsehfilm, TV-Erstsendung: 24. Februar 1999, ARD
Synopsis: Michael Rosenzweig (Christoph Gareissen) ist bei seiner vietnamesischen Freundin Nhung (Thi Dao Uyen Van) zu Besuch, als Neonazis einen Brandanschlag auf das Asylbewerber_innenheim verüben, in dem sie lebt. Er gerät in Todesangst, flüchtet und schießt auf der Flucht auf eine Gruppe randalierender Neonazis. Als am nächsten Morgen der Neonaziführer Funke tot aufgefunden wird, gerät er unter Mordverdacht und kommt in Untersuchungshaft. Sein Bruder Jakob Rosenzweig (Benjamin Sadler) kommt aus Frankfurt, um ihn vor Gericht zu verteidigen. Er ist Experte für die rechtsextreme Szene und schafft es zusammen mit Anwalt Fritz Ahrend (Peter Roggisch) und Gerichtspsychologe Dr. Braun (Bernd Stegemann), Michaels Unschuld zu beweisen. Während des Prozesses wird deutlich, dass die Gründe für Michaels Panik und Verwirrung in der Verfolgung ihrer Eltern während der Shoah zu suchen sind und in dem Brandanschlag auf ein jüdisches Gemeindezentrum in München, welchen Jakob und Michael als Kinder miterlebten. Die Brüder gehen mit dieser belastenden Geschichte sehr unterschiedlich um. Nach Michaels Freispruch heiratet er Nhung in der Jüdischen Gemeinde. Währenddessen wird ein Brandanschlag auf die Wohnung der Rosenzweigs verübt.

Rot und Blau
BRD 2002/03, Regie + Drehbuch: Rudolf Thome
Spielfilm, Kinostart Deutschland: 15. Januar 2004; TV-Erstsendung: 17. November 2004, ARD
Synopsis: Die Architektin Barbara Bärenklau (Hannelore Elsner) befindet sich in einer Krise und will Ballast aus der Vergangenheit abwerfen, als plötzlich ihre inzwischen 20-jährige Tochter Ilke (Seril Turhan) wieder in ihr Leben tritt. Ihr türkischer Vater hatte sie nach der Trennung von Barbara in der Türkei aufgezogen, so dass Mutter und Tochter sich seit fast 20 Jahren nicht gesehen haben. Per Zufall bringt Ilke auch Samuel Eisenstein (Hanns Zischler), die Kinderliebe ihrer Mutter, wieder in Barbaras Leben. Das bleibt auch für Barbaras Ehe nicht ohne Konsequenzen. Begleitet wird Barbara bei all diesen Verwirrungen und Aufregungen von ihrer jüdischen Freundin Samantha (Adriana Altaras), die ihr finanziell und in Liebesangelegenheiten zur Seite steht.

Rubbeldiekatz
BRD 2011, Regie: Detlev Buck, Drehbuch: Anika Decker, Detlev Buck
Spielfilm, Kinostart Deutschland: 15. Dezember 2012
Synopsis: Der wenig erfolgreiche Schauspieler Alexander Honk (Matthias Schweighöfer) bewirbt sich als Alexandra verkleidet für eine wichtige Frauenrolle in einem Hollywoodfilm über den Nationalsozialismus, der in Berlin gedreht wird. Seine Maskerade wird dadurch erschwert, dass er kurz vor Drehbeginn eine Nacht mit der berühmten Hauptdarstellerin Sarah Voss (Alexandra Maria Lara) verbracht hat, in die er jetzt verliebt ist. So muss er sie für sich gewinnen, ohne zugleich als Alexander aufzufliegen, was ihn den

Job kosten würde. Auf einer Party wird ‚Alexandra' von dem amerikanisch-jüdischen Schriftsteller David (Hinrich Horstkotte) angemacht, der am kommenden Tag im Jüdischen Museum lesen wird.

Russendisko
BRD 2011/12; Regie: Oliver Ziegenbalg, Oliver Schmitz, Drehbuch: Oliver Ziegenbalg
Nach dem gleichnamigen Roman von Wladimir Kaminer
Spielfilm, Kinostart Deutschland: 29. März 2012
Synopsis: Die drei Freunde Wladimir (Matthias Schweighöfer), Mischa (Friedrich Mücke) und Andrej (Christian Friedel) wandern nach dem Mauerfall aus ihrer russischen Heimat als jüdische ‚Kontingentflüchtlinge' nach Berlin ein. Obwohl sie kaum Geld in der Tasche haben und nicht wissen, was sie mit ihrem Leben einmal machen wollen, haben sie eine gute Zeit. Doch nach und nach stellt sich heraus, dass Andrej von Heimweh geplagt wird, Mischa nicht jüdisch ist und deswegen von Abschiebung bedroht ist, und Wladimir verliebt sich –zunächst unglücklich – in Olga (Peri Baumeister). Es gelingt ihnen, den Rabbi zu überzeugen, Mischa zu bescheinigen, dass er als Jude bleiben darf. Er musiziert fortan in der Jüdischen Gemeinde. Andrej entscheidet sich, nach Russland zurückzugehen, und Wladimir gewinnt Olga für sich und beginnt mit seiner alten Plattensammlung die erfolgreiche Partyreihe ‚Russendisko '.

Schalom meine Liebe
BRD/IL 1998, Regie: Josef Rödl, Drehbuch: Josef Rödl / Rafael Seligmann
Fernsehzweiteiler, TV-Erstsendung: 25. Dezember 1998, ARD
Synopsis: Der Mittdreißiger Ron Rosenbaum (Dominique Horrwitz) steht zwischen seinen beiden Leben in Frankfurt und Israel. Während in Israel Yael (Hana Azoulay-Asfari), die Mutter seines inzwischen 15-jährigen Sohnes auf ihn wartet, lebt in Frankfurt seine Ursprungsfamilie und vor allem seine schöne Freundin Ingrid (Katja Weitzenböck). Als sich seine berufliche Perspektive in Frankfurt mal wieder schwierig gestaltet und gleichzeitig ein attraktives Jobangebot aus Israel kommt, entscheidet er sich dafür, nach Israel zu gehen. Doch der Job ist weniger interessant als gedacht und das Zusammenleben mit Yael scheitert, sodass er doch nach Frankfurt und zu Ingrid zurückkehrt. Doch sein Sohn Benny (Yehuda Seligmann) kommt nach und so lernen auch seine Eltern den bisher verheimlichten Enkelsohn kennen. Die Auseinandersetzung mit Yael bleibt schwierig und auch Ingrids Vertrauen muss er erst zurückgewinnen. Als Yael bei einem Selbstmordattentat in Israel stirbt, entscheidet Ron, dass Benny nun mit ihm und Ingrid, die inzwischen schwanger ist, in Deutschland zusammenleben wird.

Schatten der Engel
BRD/CH 1975/76, Regie: Daniel Schmid, Drehbuch: Rainer Werner Fassbinder
Verfilmung des Theaterstücks *Die Stadt, der Müll und der Tod* von Rainer Werner Fassbinder
Spielfilm, Erstaufführung: 31. Januar 1976
Synopsis: Die Prostituierte Lily Brest (Ingrid Carven) lebt mit ihrem Zuhälter Raoul (Rainer Werner Fassbinder) zusammen. Sie verdient wenig, Raoul misshandelt sie deshalb und verspielt das wenige Geld. Als ein reicher Immobilienspekulant zu ihr kommt, der sich selbst nur „der reiche Jude" (Klaus Löwitsch) nennt und sie fürs Zuhören bezahlt, beginnt für Lily ein langsamer Aufstieg. Sie wird reich, doch Raoul wendet sich von ihr ab. Der reiche Jude versucht, über sie an ihren Vater heranzukommen, den er für den Tod seiner Eltern verantwortlich macht und der sich als Nazitäter herausstellt. Aus Einsamkeit und Verzweiflung bittet Lily den reichen Juden, sie zu töten. Er erwürgt sie und wird vom Polizeipräsidenten gedeckt, so dass er straffrei bleibt. Stattdessen wird Raoul für den Mord an Lily verantwortlich gemacht.

Schwarzer Kies
BRD 1960/61, Regie: Helmut Käutner, Drehbuch: Helmut Käutner, Walter Ulbrich
Spielfilm, Erstaufführung Deutschland: 13. April 1961
Synopsis: In einem kleinen Dorf im Hunsrück sorgen die amerikanische Militärbasis und der im Bau befindliche Militärflughafen für ein florierendes Nachtleben mit zahlreichen Prostituierten und einem regen Schwarzhandel. Dort hat auch der Shoah-Überlebende Wirt Loeb (Max Buchsbaum) ein Lokal, in dem GIs trinken und Prostituierte arbeiten. Robert Neidhard (Helmut Wildt) fährt Kies für den Bau des Flughafens und verkauft ihn nachts schwarz an deutsche Unternehmen. Als er eines Nachts von der Polizei

verfolgt wird, überfährt er zwei Menschen. In der Folge tut er alles, um sein Verbrechen zu vertuschen, und versucht gleichzeitig, seine ehemalige Freundin Inge (Ingmar Zeisberg) zurückzugewinnen.

Simon sagt auf Wiedersehen zu seiner Vorhaut
BRD 2015, Regie: Viviane Andereggen, Drehbuch: Georg Lippert
Fernsehfilm, TV-Erstsendung: 19. November 2015, NDR
Synopsis: Der zwölfjährige Simon (Maximilian Ehrenreich) wohnt abwechselnd bei seiner säkularen Mutter Hannah (Lavinia Wilson) und seinem Vater Frank (Florian Stetter), der sich nach der Trennung verstärkt dem Judentum zuwendet. Der möchte, dass Simons Beschneidung nachgeholt wird, damit er Bar Mitzwa haben kann. Simon ist zunächst strikt dagegen, als er sich jedoch in die neue Rabbinerin verliebt, ändert er seine Meinung. Komplikationen entstehen, da die Rabbinerin auch seinem Vater gefällt und Simon glaubt die Beschneidung mit Hilfe seiner Freunde auch selbst durchführen zu können.

So ein Schlamassel
BRD 2009, Regie: Dirk Regel, Drehbuch: Daniel Wolf
Fernsehfilm, TV-Erstsendung: 29. Januar 2010, ARD
Synopsis: Die Komödie erzählt die Geschichte von Jil Grüngras. Die Steuerberaterin ist Anfang dreißig, beruflich erfolgreich und alleinstehend. Grund genug für ihre jüdische Familie wiederholt nachzufragen, wann sie denn nun endlich einen Mann finden und heiraten möge. Als sie sich in den nichtjüdischen Landschaftsarchitekten Marc Norderstedt verliebt, gerät Jil in einen Konflikt zwischen den Erwartungen ihrer Familie, die sich einen jüdischen Ehemann für sie wünscht, und ihren eigenen romantischen Vorstellungen. Zunächst gibt sie Marc als Juden Jonathan Rosenzweig aus, doch als die Maskerade auffliegt, muss Jil sich entscheiden. Sie trennt sich von Marc, erkennt aber dann, dass sie ohne ihn nicht glücklich wird, auch wenn er nichtjüdisch ist, und kehrt zu ihm zurück. Am Ende gibt auch ihre Familie der Liebesbeziehung ihren Segen.

SuperTex – Eine Stunde im Paradies
BRD/NL 2002/03, Regie: Jan Schütte, Drehbuch: Richard Reitinger / Andrew Kazamia / Jan Schütte
Nach dem Roman *SuperTex* von Leon de Winter
Spielfilm, Kinostart Deutschland: 11. März 2004; TV-Erstsendung: 13. März 2006, Arte
Synopsis: Max Breslauer (Stephen Mangan) ist der Sohn des erfolgreichen Textilfabrikanten und Shoah-Überlebenden Simon Breslauer (Jan Decleir). Obwohl er in der Firma seines Vaters arbeitet und sich bemüht, dort seinen Platz zu finden, fällt ihm das Leben im Schatten des überkritischen Vaters schwerer als seinem Bruder Boy (Elliot Levey), der sich leichter den väterlichen Vorstellungen fügt. Als Max herausfindet, dass sein Vater eine Geliebte hat und dieser kurz darauf stirbt, gilt es für die Brüder, ihre Haltung zu überdenken und neue Pläne zu machen: Boy löst sich aus dem vorgezeichneten Weg, löst die Verlobung mit Lea (Tracy-Ann Oberman) und geht eigenen beruflichen Ideen in Marokko nach, während Max feststellen muss, dass er trotz seines Aufbegehrens seinem Vater ähnlicher ist als gedacht. Er übernimmt letztendlich die Firma SuperTex.

Tannbach – Schicksal eines Dorfes
BRD 2015, Regie: Alexander Dierbach, Drehbuch: Josephin von Thayental / Robert von Thayental
Fernsehdreiteiler

Episodentitel: *Der Morgen nach dem Krieg*
TV-Erstsendung: 04. Januar 2015
Synopsis: Es wird die Geschichte des Endes des 2. Weltkriegs und des Beginns des Kalten Kriegs in dem fiktiven Ort Tannbach an der bayerisch-thüringischen Grenze erzählt. Wenige Tage vor der Kapitulation lassen SS-Angehörige Gräfin Caroline von Striesow (Natalia Wörner) exekutieren, die ihren Mann Georg von Striesow (Heiner Lauterbach) versteckt hatte. Ihre Tochter Anna (Henriette Confurius) muss die Ermordung der Mutter mitansehen. Auf dem Gut Striesow sind zahlreiche Flüchtlinge untergebracht, auch Liesbeth Erler (Nadja Uhl) mit ihren Söhnen Friedrich (Jonas Nay) und Lothar (Ludwig Trepte). Lothar ist ihr jüdischer Ziehsohn, den sie, seit seine Eltern deportiert wurden, als ihren leiblichen ausgibt. Lothar verlässt Tannbach nach Kriegsende, um sich auf die Suche nach seinen Eltern zu machen. Anna ist,

nachdem ihr Vater von den Amerikanern in ein Kriegsgefangenenlager gebracht wurde, allein für das Gut verantwortlich. Sie und Friedrich verlieben sich. Als sich die Besatzungszonen verschieben, liegt Tannbach plötzlich in der sowjetischen und nicht mehr wie zuvor in der amerikanischen Besatzungszone.

Episodentitel: *Die Enteignung*
TV-Erstsendung: 05. Januar 2015
Synopsis: Friedrich begeistert sich für die neuen politischen Ideen, die mit der Roten Armee nach Tannbach gekommen sind. Er freundet sich mit Landrat Konrad Werner (Ronald Zehrfeld) an. Im Zuge der politischen Veränderung werden ehemalige Großgrundbesitzer umgesiedelt/deportiert und eine Bodenreform durchgeführt. Friedrich schafft es, Anna durch Heirat vor der Umsiedelung zu retten und ein Stück Land ihres ehemaligen Gutes zugeteilt zu bekommen. Dort wollen Anna, Friedrich und Lothar, der inzwischen wiedergekommen ist, ohne seine Eltern zu finden, gemeinsam leben. 1946 verschieben sich die Grenzen der Besatzungszonen abermals und Tannbach wird in der Mitte geteilt. Liesbeth verlässt, nachdem sie ihre Söhne nicht überzeugen konnte, sie zu begleiten, die sowjetische Zone mit dem Wunsch, sich ein Leben außerhalb Deutschlands aufzubauen.

Episodentitel: *Mein Land, dein Land*
TV-Erstsendung: 07. Januar 2015
Synopsis: 1948 versuchen sich die Bewohner_innen Tannbachs mit der Situation des geteilten Dorfes zu arrangieren. Anna, Friedrich und Lothar leben gemeinsam auf ihrem neuen Bauernhof. Anna und Friedrich stehen beide nach wie vor idealistisch hinter den Ideen des sozialistischen Staates. Lothar trägt seinen Teil zum Lebensunterhalt durch Schmuggel und Schwarzhandel über die noch sehr durchlässige Grenze bei. Er ist Grenzgänger, auch ideologisch ist er keiner ‚Seite' zuzuordnen. Annas Vater Georg, inzwischen zurückgekehrt und wieder verheiratet, lebt im westlichen, amerikanisch besetzten Teil des Dorfes. Doch die Grenze wird zunehmend stärker kontrolliert und weniger passierbar.
1952 sind Anna und Friedrich Eltern geworden. Lisbeth kommt aus den USA zur Taufe ihres Enkelkinds, die im amerikanischen/westlichen Teil Tannbachs mit Annas Vater stattfinden soll. Lothar, der eigentlich aus Sicherheitsgründen im Ostteil bleiben wollte, wird bei einer illegalen Grenzüberquerung erschossen. Anna und Friedrich gehen in den Osten zurück.

Tod im Jaguar
BRD 1996, Regie: Jens Becker, Drehbuch: Raimund Kusserow / Peter Sandmeyer
Fernsehfilm (der Reihe *Tatort*), TV-Erstsendung: 09. Juni 1996, ARD
Synopsis: Als der neu nach Berlin gezogene Kommissar Ernst Roiter (Winfried Glatzeder) einen Freund zu dem Geburtstagsempfang des jüdischen Geschäftsmanns David Prestin (Ivan Desny) begleitet, wird der Jaguar des Gastgebers in die Luft gesprengt und der darin sitzende Mann ermordet. Roiter nimmt mit seinem russischen Kollegen Michael Zorowski (Robinson Reichel) die Ermittlungen auf. Während Roiter in die Abgründe der Berliner Geschäftswelt der 1990er Jahre und ihrer Geheimzirkel eintaucht, überprüft Zorowski die Herkunft des Sprengstoffs und gerät der Stasi und internationalem Waffenhandel auf die Spur. Doch auch im Privatleben Prestins finden sich Motive: So hatte er sich mit seiner Tochter Judith (Deborah Kaufman) überworfen, weil er ihren Freund (Götz Schulte) nicht schätzte. Wegen seines Engagements für Israel bekam er Drohungen von Neonazis. Schließlich stellt sich heraus, dass Prestin gar nicht tot ist, sondern sein Chauffeur im Wagen saß. Prestin nutzte den Augenblick der Verwirrung, um unterzutauchen und sich in Sicherheit zu bringen. Letztendlich finden Roiter und Zorowski heraus, dass Judiths Freund für den versuchten Mordanschlag verantwortlich ist – er wollte dadurch an das Erbe David Prestins gelangen.

Wir Wunderkinder
BRD 1958, Regie: Kurt Hoffmann, Drehbuch: Heinz Pauck, Günter Neumann
Spielfilm, Uraufführung: 28. Oktober 1958; TV-Erstsendung: 06. Oktober 1964, ARD
Synopsis: Eingebunden in eine kabarettistische Rahmenhandlung wird die Geschichte der Schulkameraden Hans Boeckel (Hansjörg Felmy) und Bruno Tiches (Robert Graf) von 1913 bis 1955 erzählt. Anhand ihrer parallelen Entwicklung wird die Geschichte Deutschlands von den 1920er Jahren über den beginnenden Nationalsozialismus, den Zweiten Weltkrieg und die direkte Nachkriegszeit bis zum Wirtschaftswunder

gezeigt. Gegenübergestellt werden der idealistische Journalist Hans und der opportunistische Bruno, der erst in der NSDAP Karriere macht, nach Kriegsende im Schwarzhandel tätig ist und dann durch die richtigen Kontakte vom wirtschaftlichen Aufschwung profitieren kann. Während es bereits vor 1933 zu antisemitisch geprägten Auseinandersetzungen zwischen Bruno und dem jüdischen Klassenkameraden Siegfried Stein (Pinkas Braun) kommt, versucht Hans, diesem bei der Ausreise zu helfen, als er Deutschland während des Nationalsozialismus verlassen muss. Bruno hingegen ist zu keiner Hilfe bereit. Nach Kriegsende kehrt Siegfried als amerikanischer Soldat zurück und versucht, Hans und seiner kleinen Familie in ihrer wirtschaftlich schwierigen Situation zu helfen.

Wohin und Zurück – Welcome in Vienna
AT/CH/BRD 1982–1985, Regie: Axel Corti, Drehbuch: Axel Corti / Georg Stefan Troller
Fernsehfilm (3. Teil der Trilogie *Wohin und Zurück*), Deutsche Erstausstrahlung: 09. März 1987
Synopsis: Freddy Wolf (Gabriel Barylli) trifft als amerikanischer Soldat zusammen mit dem aus Berlin stammenden ebenfalls jüdischen Soldaten Adler (Nicolas Brieger) in Salzburg ein, als die deutsche Wehrmacht 1945 kapituliert. Er verliebt sich in die junge Schauspielerin Claudia Schütte (Claudia Messner), deren Vater als hochrangiger Wehrmachtsoffizier dank seines militärischen Wissens nach der Kapitulation mit den Amerikanern kooperieren kann. Freddy folgt ihr nach Wien, wo sie an einem Theater Arbeit findet, das sich im Wiederaufbau befindet. Während Adler politisch zunehmend desillusioniert wird und sich opportunistischer und karriereorientierter verhält, denkt Freddy – trotz der distanzierten und kühlen Reaktionen der einheimischen Bevölkerung auf die jüdischen Remigrant_innen – darüber nach, wieder österreichischer Staatsbürger zu werden und dauerhaft nach Wien zurückzukehren. Als Claudia sich aber Adler zuwendet, der inzwischen zum Kulturoffizier ernannt wurde und im Schwarzhandel ertragreiche Geschäfte macht, entschließt Freddy sich nun doch, in die USA zurückzukehren, kehrt aber letztendlich unentschieden wieder um.

Zeugin aus der Hölle
BRD/JUG 1965–1967, Regie: Zica Mitrovic
Spielfilm, Uraufführung: 29. Juni 1967, Kinostart Deutschland: 07. Juli 1967
Synopsis: Staatsanwalt Hoffmann (Heinz Drache) konsultiert den Journalisten Bora Petrović (Daniel Gélin) in Belgrad, um ihn um Hilfe zu bitten. Um den ehemaligen KZ-Arzt Dr. Berger (Hans Zesch-Ballot) anzuklagen, braucht Hoffmann Lea Weiss als Hauptbelastungszeugin. Bora Petrović schrieb direkt nach dem Krieg ein Buch über Lea Weiss' Erlebnisse im Konzentrationslager, dass sie ihm diktierte, um Zeugnis darüber abzulegen. Nun behauptet sie aber, das Buch sei unwahr und sie wolle nicht gegen Berger aussagen. Zunächst scheinen alle Bemühungen Petrovićs, Lea Weiss zu einer Aussage zu überreden, vergeblich. Die Erinnerung an und das Sprechen über die Zeit im Konzentrationslager sind schambehaftet und belastend, lassen sie ihr Leid wieder durchleben. Außerdem wird sie von Bergers Schergen bedroht und eingeschüchtert, der inzwischen ein wichtiger Funktionär in der Pharmaindustrie ist. Kurzzeitig willigt sie in eine Zeugenaussage vor Gericht ein, begeht dann aber in einem Angstanfall Suizid.

Zores
BRD 2006, Regie: Anja Jacobs, Drehbuch: Daniel Wolf
Fernsehfilm, Erstausstrahlung: 30. August 2006, Südwest 3
Synopsis: Der chaotische Leo Rosen (René Ifrah) ist 38 Jahre alt, lebt bei seiner Mutter (Petra Kelling) und ist trotz vieler Geschäftsideen beruflich erfolglos. Sogar die Jugendfußballmannschaft, die er trainiert, verliert alle Spiele. Als er die Straßengeigerin Mascha Kaminer (Soraya Gomaa) kennenlernt, die mit ihrem kleinen Bruder Sascha (Jascha Stiller) nach New York umziehen will, weil sie in Deutschland keinen Erfolg hat, versucht er, sie zu beindrucken und ihr einen Job zu verschaffen, damit sie bleibt. Er behauptet, einen jüdischen Cateringservice zu führen, und nimmt einen Auftrag der Stadt an, ein jüdisches Essen im Rathaus auszurichten. Mit Hilfe der Kochkünste seiner Mutter und dem kurzerhand eingestellten Koch Beppi (Dietrich Siegl) meistert er den Empfang. Mascha findet mit ihrem Auftritt Gehör bei den Kulturbeauftragten der Stadt und Leo kann sie überzeugen zu bleiben.

2.
Figurennamen

Abrahams Gold (1989)
David Sternenmeer

Abschied von gestern (1965/66)
Anita G.

Alles auf Zucker! (2004/05)
Jaeckie (Jakob) Zucker
Jana Zucker
Thomas Zucker
Samuel Zuckermann
Golda Zuckermann
Joshua
Lily

Alma Mater (1969)
Prof. Freudenberg
Frau Freudenberg

Anderswo (2013/14)
Noa
Rachel
Henja
Yossi
Netta
Dudi
Yoav

Anfrage (1962)
Mr. Weismantel

Annas Sommer (2001)
Anna Kastelano

Auf das Leben! (2014)
Ruth Weintraub

Auf Wiedersehen Amerika (1994)
Isaak Aufrichtig
Mosche
Perlmutter

Bei Thea (1988)
David Adler

Bella Block (1994–heute)
Bella Block
Simon Abendroth

Berlin, Berlin (2001–2004)
Moshe Rosenkranz
Sarah Rosenkranz
Arthur Rosenkranz
Hannah Rosenkranz
Rabbi Barslai

Birkenau und Rosenfeld (2003)
Myriam Rosenfeld
Suzanne
Ginette
Rachel

Bronsteins Kinder (1990/91)
Hans Bronstein
Arno Bronstein
Elle Bronstein
Martha Lepschitz
Rahel Lepschitz
Hugo Lepschitz
Gordon Kwart
Rotstein

Chuzpe. Klops braucht der Mensch! (2015)
Edek Rotwachs
Ruth Rotwachs

Das Geheimnis des Golem (*Schimanski*, 2003)
David Rosenfeldt
Lea Kaminski
Rabbi Moishe Ginsburg
Herr Fränkel
Frau Fränkel

Das Leben ist zu lang (2010)
Alfie Seeliger
Alfies Mutter

Das Muli (*Tatort*, 2015)
Nina Rubin
Viktor Rubin
Kaleb Rubin
Tolja Rubin

Das Urteil (1997)
Siegfried Rabinovicz

Das Zeugenhaus (2014)
Herr Gärtner

Der Bockerer (1980/81)
Herr Rosenblatt

Der deutsche Freund (2012)
Sulamit Löwenstein
Philipp Löwenstein
Ida Löwenstein

Der Durchdreher (1979)
Maximilian Glanz

Der ganz normale Wahnsinn (1979)
Maximilian Glanz

Der letzte Mentsch (2012–2014)
Marcus Schwarz/ Menachem Teitelbaum
Ethel
Rabbi Premiak

Der Passagier – Welcome to Germany (1987/88)
Mr. Cornfield

Der Rosengarten (1989)
Aaron Reichenbach
Ruth Levi
Rachel Reichenbach

Der Ruf (1948/49)
Prof. Mauthner
Fränkel

Der Schächter (*Tatort*, 2003)
Jakob Leeb
Herr Talmon

Der Zobel (2013/14)
Jacob Silberstein
Sarah Silberstein

Deutschland 09: Joshua (2009)
Dani Levy
Joshua Levy

Deutschlandlied. Schicksale der Nachkriegszeit (1994/95)
Lieutenant Stone
Aljoscha

Die Frau, die im Wald verschwand (2007–2009)
Dr. Rosenbaum

Die Himmelsleiter. Sehnsucht nach Morgen (2015)
Adam Roth
Josef Rogowski

Die Kommissarin (1994–2006)
Lea Sommer
Dani Sommer
Jonathan Roth

Die Seele eines Mörders (2009)
Michal Ochajon
Dani Balilati
Orli Shoshan
Ada Efrati
Klara Benesch
Efraim Benesch
Ezra Baschari

Die Sehnsucht der Veronika Voss (1981/82)
Dr. Katz

Die Straßen von Berlin – Terror (1998)
Simon Goldberg

Die verlorene Zeit (2011)
Hannah Silberstein/ Levine

Die Wölfe (2009)
Jakob

Drei Schwestern made in Germany (2006)
Jacob Goldblum
Lea
Eli

Ein ganz gewöhnlicher Jude (2004/05)
Emanuel Goldfarb

Ein ganz normaler Fall (2011)
Leah Berger
Raffael Berger
Jonathan Fränkel
Miriam Fränkel
Rabbiner Grünberg
Aaron Klein
Claudia Schwarz
Martin Hirsch

Ein Leben für ein Leben – Adam Resurrected (2007/08)
Adam Stein
Abe Wolfowitz

Ein Stück Himmel (1982/86)
Janina Dawidowicz

Ein Zug nach Manhattan (1981)
Leon Sternberger
Esther Sternberger
Rosen

Ende der Schonzeit (2012/13)
Albert

Epsteins Nacht (2002)
Jochen Epstein
Adam Rose
Karl Rose
Hannah Liebermann

Familie verpflichtet (2015)
David Silbermann
Lea Silbermann
Maier

Gebürtig (2001/02)
Hermann Gebirtig
Danny Demant
Emanuel Katz

Gegen Ende der Nacht (1998)
Dave Gladbaker

Hannah Arendt (2012/13)
Hannah Arendt
Kurt Blumenfeld

Herbe Mischung (2015)
Benni Goldfein
Ephraim Goldfein
Hannah Goldfein
Edna
Arik Weiss
Rafi Leibowitz
Moran Leibowitz

Hydra (*Tatort*, 2015)
Jedida Steinmann

Im Angesicht des Verbrechens (2010)
Marek Gorsky
Stella
Onkel Sascha
Silvie

Im Labyrinth des Schweigens (2014)
Fritz Bauer
Simon Kirsch

In einem Jahr mit 13 Monden (1978)
Anton Saitz

Kaddisch für einen Freund (2011/12)
Alexander Zamskoy

Kaddisch nach einem Lebenden (1968/69)
Peri
Bach
Gurfinkel

Kir Royal – Adieu Claire (1986)
Friedrich Danziger
Theo Krakauer
Claire Maetzig

La Amiga – Die Freundin (1987/88)
Raquel

Landauer. Der Präsident (2014)
Kurt Landauer

Let's go (2013/14)
Meier Stöger
Hela Stöger
Laura Stöger
Friede Stöger
Tante Ida

Levin und Gutman (1985)
Sammy Levin
Max Levin
Elsbeth Gutman
Hanna Levin
Benno Levin
Harry Gutman
Jossel Levin
Rabbi Nathanson
Ruth Levin
Leo Gutman

Liebe unter Verdacht (2002)
Baruch Kahana, Toter
Daniel Kahana, Sohn des Toten
Namenloser Barkeeper
Gabriel Kornblum
Uri Schwarz
Familie Kindermann
Rabbiner (Jitzchak) Goldstein
Kantor Wassermann

Lindenstraße, Episoden 248–253
Enrico Pavarotti
Hr. Sommerfeld
Familie Rosenberg

Lore (2011/12)
Thomas

Love Comes Lately (2006/07)
Max (Maximilian) Kohn
Reisel

Malou (1981)
Hannah
Malou
Paul Kahn
Klara Kahn

Max Minsky und ich (2006/07)
Nelly Sue Edelmeister
Lucy Bloom Edelmeister
Risa Ginsberg
Frau Goldfarb
Frau Lewi

Meschugge (1997/98)
David Fish
(Lena Katz)
Charles Kaminski
Ruth Goldberg

Mord in Frankfurt (1968)
Andrej Markowski

Mörderischer Besuch (2010)
Michael Ochajon
Daniel Balilati
Hannah
Dora Sackheim
Nita van Gelden
Theo van Gelden
Gabriel van Gelden
Felix van Gelden
Isi Maischiach
Herzl Cohen

Neues Deutschland: Ohne mich (1993)
Simon Rosenthal

Nichts als die Wahrheit (1998/99)
Namenlose jüdische Zeugen

Obsession (1997)
Jacob Frischmuth
Simon Frischmuth

Pfarrer Braun – Die Gärten des Rabbiners (2008)
Chaijm Seelig
Ruth Seelig
Lea Grün
Adam Grün
Alisha Grün

Phoenix (2013/14)
Nelly Lenz
Lene Winter

Rosa Roth – Jerusalem oder die Reise in den Tod (1998)
Rosa Roth
Naomi
Uri
Leo
Tova

Rosenzweigs Freiheit (1998)
Jakob Rosenzweig
Michael Rosezweig
Rosa Rosenzweig
Nathan Rosenzweig

Rot und Blau (2002/03)
Samuel Eisenstein
Samantha

Rubbeldiekatz (2011)
David

Russendisko (2012)
Wladimir Kaminer
Andrej
Herr Kaminer
Frau Kaminer

Schalom meine Liebe (1998)
Ron Rosenbaum
Jacob „Kuba" Rosenbaum
Esther (ehemals Edith) Rosenbaum
Debbi Rosenbaum
„Bubbe" Hanna Rosenbaum
Yael Allon
Benni Allon
Asher Allon
Sara Allon

Schatten der Engel (1975/76)
Der reiche Jude

Schwarzer Kies (1960/61)
Herr Loeb

Simon sagt auf Wiedersehen zu seiner Vorhaut (2015)
Simon Grünberg
Frank Grünberg
Hannah Grünberg
Rebecca

So ein Schlamassel (2009)
Jil Grüngras
Benno Grüngras
Sarah Silberschatz
David Silberschatz
Patrick Silberschatz
Netty Rosenberg
Micky Rosenberg
Ruven Rosenberg
Zippi
Scheindl

SuperTex – Eine Stunde im Paradies (2002/03)
Max Breslauer
Benjamin (genannt Boy) Breslauer
Simon Breslauer
Dora Breslauer
Esther
Jakob
Herschel

Tannbach (2015)
Lothar (Erler)

Tod im Jaguar (1996)
David Prestin
Judith Prestin
Rabbiner Hazel Wolkenstein
Marcel Goldmann

Wir Wunderkinder (1958)
Siegfried Stein

Wohin und Zurück – Welcome in Vienna (1982–1986)
Freddy (Alfred) Wolf
Sergeant Adler

Zeugin aus der Hölle (1965–1967)
Lea Weiss

Zores (2006)
Leo Rosen
Rebecca Rosen
Hans Rosen
Mascha Kaminer
Sascha Kaminer

3.
Analyseleitende Fragen zur systematisierten Filmsichtung

a) **Wann und wie wird deutlich, dass die Filmfigur jüdisch ist?**
Wird es visuell oder sprachlich erzählt? Mittels welcher Gegenstände oder Handlungen wird es gezeigt? Wenn es gesagt wird, wer sagt es zu wem und in welchem Zusammenhang?

b) **Was macht Jüdischsein im Film aus?**
Durch welche Verhaltensweisen, Einstellungen, Werte, Denkweisen und Handlungen wird es charakterisiert?

c) **Mit welchen größeren Themenfeldern und Bedeutungszusammenhängen werden Judentum und Jüdischsein zusammengebracht?**
Wie bspw. die Shoah, Israel, der Nahostkonflikt, Neonazis, Familie, Kultur und Tradition

d) **Versteht die Filmfigur sich selbst als jüdisch oder handelt es sich um eine Fremdzuschreibung, die ihr von außen begegnet? Oder beides?**

e) **Entstehen aus ihrem Jüdischsein Schwierigkeiten oder Konflikte für die Figur?**
Wenn ja, entstehen diese aus ihr selbst heraus als identitäre Konflikte oder in Interaktion mit ihrer – jüdischen oder nichtjüdischen – Umwelt?

f) **Wie unterscheidet sich die jüdische Filmfigur von anderen, nichtjüdischen Figuren?**
Wenn eine Differenz entsteht, sind die erzählten oder gezeigten Unterschiede auf ihr Jüdischsein zurückzuführen?

g) **Kann der jüdischen Filmfigur eine spezifische Musik zugeordnet werden?**
Wird ihr Jüdischsein über bestimmte Musik zum Ausdruck gebracht? Gibt es ein musikalisches Thema, welches der jüdischen Figur oder der jüdischen Lebenswelt zugeordnet werden kann?

h) **Kann der jüdischen Filmfigur ein Ort zugeordnet werden?**
An welchen Orten hält sie sich auf oder trifft andere Jüdinnen und Juden? Gibt es speziell jüdische Räume? Welche Bedeutung hat der Raum für das Jüdischsein der Filmfiguren? An welchen Orten passiert die Begegnung zwischen den jüdischen und nichtjüdischen Figuren?

4.
Literaturverzeichnis

Abrams, Nathan: "I'll have whatever she's having." Jewish Food on Film. In: Anne Bowers (Hrsg.): *Reel Food. Essays on Food and Film*. London / New York: Routledge 2004, S. 87–100.

—: (Hrsg.): *Jews & Sex*. Nottingham: Five Leaves 2008.

—: *The New Jew in Film. Exploring Jewishness and Judaism in Contemporary Cinema*. New York / London: IB Tauris 2012.

Adam, Gerhard / Michael Schaaf / Alphons Silbermann (Hrsg.): *Filmanalyse. Grundlagen – Methoden – Didaktik*. München: Oldenbourg 1980.

Akademie des Jüdischen Museums Berlin. http://www.jmberlin.de/main/DE/03b-Akademie/00-akademie.php (Zugriff am 09.10.2013).

Allan, Seán: Post-unification German-Jewish Relations and the Discourse of Victimhood in Dani Levy's Films. In: Paul Cooke / Marc Silberman (Hrsg.): *Screening War. Perspectives on German Suffering*. Rochester: Camden House 2010, S. 251–267.

Altaras, Adriana: *Titos Brille. Die Geschichte meiner strapaziösen Familie*. Köln: Kiepenheuer & Witsch 2011.

Aly, Götz: *Unser Kampf. 1968 – Ein irritierter Blick zurück*. Frankfurt am Main: Fischer 2008.

Angekommen, aber noch nicht begrüßt. http://www.dw.com/de/angekommen-aber-noch-nicht-begrüßt/a-1465589 (Zugriff am 07.11.2013).

Anspach, Julia: Antisemitische Stereotype im deutschen Heimatfilm nach 1945 In: Heinz Ludwig Arnold / Matthias N. Lorenz (Hrsg.): *Juden.Bilder*. München: Edition text + kritik 2008, S. 61–73.

Antler, Joyce: Epilogue. Jewish Women on Television. Too Jewish or Not Jewish Enough? In: Dies. (Hrsg.): *Talking Back. Images of Jewish Women in American Popular Culture*. Hanover: UP of New England 1997, S. 242–252.

Arendt, Hannah: Der Auschwitz-Prozeß. In: Klaus Bittermann / Eike Geisel (Hrsg.): *Nach Auschwitz. Essays & Kommentare 1*. Berlin: Edition Tiamat 1989, S. 99–136.

Aristoteles: *Werke in deutscher Übersetzung*, Bd. 5: Poetik, aus d. Altgriech. übers. u. erl. v. Arbogast Schmitt. Berlin: Akademie 2008.

Ashkenazi, Ofer: *Weimar Film and Modern Jewish Identity*. New York: Palgrave Macmillan 2012.

Assmann, Aleida: Zur Mediengeschichte des kulturellen Gedächtnisses. In: Astrid Erll / Ansgar Nünning (Hrsg.): *Medien des kollektiven Gedächtnisses. Konstruktivität – Historizität – Kulturspezifität*. Berlin / New York: de Gruyter 2004, S. 45–60.

—: *Der lange Schatten der Vergangenheit: Erinnerungskultur und Geschichtspolitik*. München: Beck 2006.

—: On The (In)Compatibility of Guilt and Suffering in German Memory. In: *German Life and Letters* 59,2 (2006), S. 187–200.

—: *Geschichte im Gedächtnis. Von der individuellen Erfahrung zur öffentlichen Inszenierung*. München: Beck 2007.

—: Soziales und kollektives Gedächtnis. http://www.bpb.de/files/0FW1JZ.pdf (Zugriff am 06.11.2013).

Baron, Lawrence: *Projecting the Holocaust into the Present. The Changing Focus of Contemporary Holocaust Cinema*. Lanham: Rowman&Littlerfield 2005.

—: *The Modern Jewish Experience in World Cinema*. Waltham, MA: Brandeis UP 2011.

Barthes, Roland: Der Wirklichkeitseffekt. In: Ders.: *Das Rauschen der Sprache*, aus d. Franz. v. Dieter Hornig. Frankfurt am Main: Suhrkamp 2012, S. 149–163.

Bartov, Omer: Der Holocaust. Von Geschehen und Erfahrung zu Erinnerung und Darstellung. In: Rosmarie Beier-de Haan (Hrsg.): *Geschichtskultur in der zweiten Moderne*. Frankfurt am Main: Campus 2000, S. 95–119.

—: *The "Jew" in Cinema: From The Golem to Don't Touch My Holocaust*. Bloomington: Indiana UP 2005.

Battegay, Caspar: *Judentum und Popkultur. Ein Essay*. Bielefeld: Transcript 2012.

Baudrillard, Jean: *Agonie des Realen*, aus d. Frz. v. Lothar Kurzawa / Volker Schaefer. Berlin: Merve 1978.

—: *Der symbolische Tausch und der Tod*, aus d. Frz. v. Gerd Bergfleth. München: Matthes & Seitz 1982.

Bauer, Ludwig: *Authentizität, Mimesis, Fiktion. Fernsehunterhaltung und Integration von Realität am Beispiel des Kriminalsujets*. München: diskurs film 1992.

Ben-Amos, Dan: The "Myth" of Jewish Humor. In: *Western Folklore* 32,2 (1973), S. 112–131.

Benkel, Thorsten: *Inszenierte Wirklichkeiten. Erfahrung, Realität, Konstitution von Konformität*. Stuttgart: Ibidem 2003.

Benz, Wolfgang: Der schwierige Status der jüdischen Minderheit in Deutschland nach 1945. In: Ders. (Hrsg.): *Zwischen Antisemitismus und Philosemitismus. Juden in der Bundesrepublik*. Berlin: Metropol 1991, S. 9–21.

Berben, Iris / Tina Hildebrandt / Matthias Krupa: Meine Liebe zu Israel. Interview mit Iris Berben. In: *Die Zeit*, 14.08.2008. http://www.zeit.de/2008/34/berben-interview_aut (Zugriff am 20.11.2013).

Berben, Oliver / Evelyn Finger: „Im Vatikan staunt man wie ein kleines Kind". Interview mit Oliver Berben. In: *Die Zeit*, 23.04.2011. http://www.zeit.de/kultur/film/2011-04/interview-oliver-berben (Zugriff am 20.11.2013).

Bergmann, Werner: *Geschichte des Antisemitismus*. München: Beck 2002.

—: Störenfriede der Erinnerung. Zum Schuldabwehr-Antisemitismus in Deutschland. In: Klaus-Michael Bogdal / Klaus Holz / Matthias N. Lorenz (Hrsg.): *Literarischer Antisemitismus nach Auschwitz*. Stuttgart: Metzler 2007, S. 13–35.

—: Bleibtreu-Affäre (1949). In: Wolfgang Benz (Hrsg.): *Handbuch des Antisemitismus. Judenfeinschaft in Geschichte und Gegenwart*, Bd. 4: Ereignisse, Dekrete, Kontroversen. Berlin: de Gruyter 2011, S. 53–55.

—: Schmierwelle (1959–1960). In: Ebd., S. 373–377.

—: Antisemitismus – eine Einführung. http://www.antisemitismus.net/geschichte/bergmann.htm (Zugriff am 07.11.2013).

Bergmann, Werner / Rainer Erb: Kommunikationslatenz, Moral und öffentliche Meinung. Theoretische Überlegungen zum Antisemitismus in der Bundesrepublik Deutschland. In: *Kölner Zeitschrift für Soziologie und Sozialpsychologie* 36 (1986), S. 223–246.

Bering, Dietz: *Der Name als Stigma. Antisemitismus im deutschen Alltag 1812–1833*. Stuttgart: Klett-Cotta 1992.

—: Elftes Bild. Der jüdische Name. In: Joachim Schlör / Julius H. Schoeps (Hrsg.): *Bilder der Judenfeindschaft. Antisemitismus. Vorurteile und Mythen*. Augsburg: Bechtermünz 1999, S. 153–166.

Bernardi, Daniel / Pomerance Murray/ Hava Tirosh-Samuelson (Hrsg.): *Hollywood's Chosen People. The Jewish Experience in American Cinema*. Detroit: Wayne State UP 2013.

Bial, Henry: *Acting Jewish. Negotiating Ethnicity on the American Stage & Screen*. Ann Arbor: University of Michigan Press 2005.

Biller, Maxim: Geschichte schreiben. In: Y. Michal Bodemann / Micha Brumlik (Hrsg.): *Juden in Deutschland – Deutschland in den Juden. Neue Perspektiven*. Göttingen: Wallstein 2010, S. 210–216.

Bleicher, Joan K.: *Chronik zur Programmgeschichte des deutschen Fernsehens*. Berlin: Edition Sigma 1993.

—: *Die mediale Zwangsgemeinschaft. Der deutsche Kinofilm zwischen Filmförderung und Fernsehen*. Berlin: Avinus 2013.

Bodek, Janusz: *Die Fassbinder-Kontroversen. Entstehung und Wirkung eines literarischen Textes. Zu Kontinuität und Wandel einiger Erscheinungsformen des Alltagsantisemitismus in Deutschland nach 1945, seinen künstlerischen Weihen und seiner öffentlichen Inszenierung*. Frankfurt am Main: Peter Lang 1991.

Bodemann, Y. Michal: „Öffentliche Körperschaft" und Authentizität. Zur jüdischen Ikonographie in Deutschland. In: *Mittelweg 36* 5,5 (1996), S. 45–56.

—: Staat und Minorität. Antisemitismus und die gesellschaftliche Rolle der Juden in der Nachkriegszeit. In: Werner Bergmann / Rainer Erb (Hrsg.): *Antisemitismus in der politischen Kultur nach 1945*. Opladen: Westdeutscher Verlag 1990, S. 320–331.

—: *In den Wogen der Erinnerung. Jüdische Existenz in Deutschland*. München: dtv 2002.

Bodenheimer, Alfred: *Haut ab! Die Juden in der Beschneidungsdebatte*. Göttingen: Wallstein 2012.

Bogdal, Klaus-Michael: Literarischer Antisemitismus nach Auschwitz. Perspektiven der Forschung. In: Ders. / Klaus Holz / Matthias N. Lorenz (Hrsg.): *Literarischer Antisemitismus nach Auschwitz*. Stuttgart: Metzler 2007, S. 1–12.

Bogdal, Klaus-Michael / Klaus Holz / Matthias N. Lorenz (Hrsg.): *Literarischer Antisemitismus nach Auschwitz*. Stuttgart: Metzler 2007.

Bohleber, Werner: Die Entwicklung der Traumatheorie in der Psychoanalyse. In: *Psyche* 54 (2000), S. 797–839.

Böhme, Christian / Detlef David Kauschke / Charlotte Knobloch: „Die Herzen der Menschen erreichen". In: *Jüdische Allgemeine*, 09.11.2006. http://www.juedische-allgemeine.de/article/view/id/6729 (Zugriff am 19.11.2013).

Böhme, Christian / Michael Wuliger: „Wir sind ein aufgescheuchtes Völkchen". Klischees und Wahrheiten: Der Regisseur Dani Levy über Juden, Deutsche und Schweizer. In: *Jüdische Allgemeine*, 17.04.2008. http://www.juedische-allgemeine.de/article/view/id/2975 (Zugriff am 07.11.2013).

Bordwell, David / Kristin Thompson: *Film Art. An Introduction*. New York / St. Louis / San Francisco u. a.: McGraw-Hill 1990.

Borgstedt, Angela: Die kompromittierte Gesellschaft. Entnazifizierung und Integration. In: Peter Reichel / Harald Schmid / Peter Steinbach (Hrsg.): *Der Nationalsozialismus. Die zweite Geschichte. Überwindung, Deutung, Erinnerung*. Bonn: Bundeszentrale für politische Bildung 2009, S. 85–104.

Bösch, Frank: Entgrenzte Geschichtsbilder? Fernsehen, Film und Holocaust in Europa und den USA 1945–1980. In: Ute Daniel / Axel Schildt (Hrsg.): *Massenmedien im Europa des 20. Jahrhunderts*. Köln: Böhlau 2010, S. 413–437.

Brauner, Artur / Marc Hairapetian: „Wo es Anstand gibt, bin ich zuhause". Interview. In: r*ay Filmmagazin*. http://www.ray-magazin.at/magazin/2006/12-/artur-brauner-wo-es-anstand-gibt-bin-ich-zuhause (Zugriff am 20.11.2013).

Brenner, Michael: Epilog oder Neuanfang? Fünf Jahrzehnte jüdischen Lebens im Nachkriegsdeutschland. Eine Zwischenbilanz. In: Otto R. Romberg / Susanne Urban-Fahr (Hrsg.): *Juden in Deutschland nach 1945. Bürger oder „Mit"-Bürger?*, Frankfurt am Main: Tribüne 1999, S. 35–44.

—: Ein neues deutsches Judentum? In: Ders. (Hrsg.): *Geschichte der Juden in Deutschland. Von 1945 bis zur Gegenwart*. München: Beck 2012, S. 419–434.

– (Hrsg.): *Geschichte der Juden in Deutschland. Von 1945 bis zur Gegenwart*. München: Beck 2012.

Brenner, Michael / Norbert Frei: Zweiter Teil: 1950–1967. Konsolidierung. In: Michael Brenner (Hrsg.): *Geschichte der Juden in Deutschland. Von 1945 bis zur Gegenwart*. München: Beck 2012, S. 153–293.

Broder, Henryk M.: *Ein ganz gewöhnlicher Jude*. Der ewige Gute. In: *Der Spiegel*, 18.01.2006. http://www.spiegel.de/kultur/kino/ein-ganz-gewoehnlicher-jude-der-ewige-gute-a-396116.html (Zugriff am 06.11.2013).

Brook, Vincent: *Something Ain't Kosher Here. The Rise of the ‚Jewish' Sitcom*. New Brunswick: Rutgers UP 2003.

Brück, Ingrid / Andrea Guder / Reinhold Viehoff / Karin Wehn: *Der Deutsche Fernsehkrimi. Eine Programm- und Produktionsgeschichte von den Anfängen bis heute*. Stuttgart: Metzler 2003.

Brumlik, Micha / Hajo Funke / Lars Rensmann: Einleitung. In: Dies. (Hrsg.): *Umkämpftes Vergessen. Walser-Debatte, Holocaust-Mahnmal und neuere deutsche Geschichtspolitik*. Berlin: Das Arabische Buch 2000, S. 9–14.

Bunia, Remigius: *Faltungen. Fiktion, Erzählen, Medien*. Berlin: Schmidt 2007.

Burghardt, Kirsten: Moralische Wiederaufrüstung im frühen deutschen Nachkriegsfilm. In: Michael Schaudig (Hrsg.): *Positionen deutscher Filmgeschichte. 100 Jahre Kinematographie. Strukturen – Diskurse – Kontexte.* München: diskurs film 1996, S. 240–277.

Chase, Jefferson S.: *Inciting Laughter. The Development of "Jewish Humor" in 19th Century German Culture.* Berlin / New York: de Gruyter 2000.

Classen, Christoph: *Bilder der Vergangenheit. Die Zeit des Nationalsozialismus im Fernsehen der Bundesrepublik Deutschland 1955–1965.* Köln: Böhlau 1999.

Corell, Catrin: *Der Holocaust als Herausforderung für den Film. Formen des filmischen Umgangs mit der Shoah seit 1945. Eine Wirkungstypologie.* Bielefeld: Transcript 2009.

Crivellari, Fabio / Kay Kirchmann / Markus Sandl / Rudolf Schlögl (Hrsg.): *Die Medien der Geschichte. Historizität und Medialität in interdisziplinärer Perspektive.* Konstanz: UVK 2004.

—: Einleitung. Die Medialität der Geschichte und die Historizität der Medien. In: Dies. (Hrsg.): *Die Medien der Geschichte. Historizität und Medialität in interdisziplinärer Perspektive.* Konstanz: UVK 2004, S. 9–48.

Dardan, Asal: „Zu jedem Bild ein Gegenbild". Regiearbeit als Historiografie in Thomas Braschs *Der Passagier – Welcome to Germany.* In: Claudia Bruns / Asal Dardan / Anette Dietrich (Hrsg.): *„Welchen Stein Du hebst". Filmische Erinnerung an den Holocaust.* Berlin: Bertz & Fischer 2012, S. 286–299.

Davies, Christie: Exploring the Thesis of the Self-Deprecating Jewish Sense of Humor. In: *Humor – International Journal of Humor Research* 4,2 (1991), S. 189–209.

De Levita, David: Transgenerationelle Traumatisierung. In: Alexander Friedmann (Hrsg.): *Überleben der Shoah – und danach. Spätfolgen der Verfolgung aus wissenschaftlicher Sicht.* Wien: Picus 1999, S. 89–99.

Distelmeyer, Jan: Vom Auteur zum Kulturprodukt. Entwurf einer kontextorientierten Werkgeschichtsschreibung. In: Andrea Nolte (Hrsg.): *Mediale Wirklichkeiten.* Marburg: Schüren 2003, S. 86–97.

—: Übergänge, Kontinuitäten, Brüche. In: Hans-Michael Bock / Jan Distelmeyer / Wolfgang Jacobsen / Jörg Schöning (Hrsg.): *Spaß beiseite, Film ab. Jüdischer Humor und verdrängendes Lachen in der Filmkomödie bis 1945.* München: Edition text + kritik 2006, S. 9–12.

Dillmann, Claudia: Zu bittere Kräuter. *Zeugin aus der Hölle.* Die Produktion und Rezeption eines „riskanten" Films. In: Dies. / Ronny Loewy (Hrsg.): *Die Vergangenheit in der Gegenwart. Konfrontationen mit den Folgen des Holocaust im deutschen Nachkriegsfilm.* München: Edition text + kritik 2001, S. 29–35.

Dillmann-Kühn, Claudia: *Artur Brauner und die CCC. Filmgeschäft, Produktionsalltag, Studiogeschichte 1946–1990.* Frankfurt am Main: Schriftenreihe des Deutschen Filmmuseums 1990.

Diner, Dan: Negative Symbiose. Deutsche und Juden nach Auschwitz. In: Ders. (Hrsg.): *Ist der Nationalsozialismus Geschichte? Zu Historisierung und Historikerstreit.* Frankfurt am Main: Fischer 1987, S. 185–197.

—: *Gegenläufige Gedächtnisse. Über Geltung und Wirkung des Holocaust.* Göttingen: Vandenhoeck & Ruprecht 2007.

—: Deutsch-jüdisch-russische Paradoxien oder Versuch eines Kommentars aus Sicht des Historikers. In: Dimitri Belkin / Raphael Gross (Hrsg.): *Ausgerechnet Deutschland! Jüdisch-russische Einwanderung in die Bundesrepublik.* Frankfurt am Main: Nicolai 2010, S. 18–20.

Döpp, Heinz-Martin: Jom ha-Kippurim. In: Julius H. Schoeps (Hrsg.): *Neues Lexikon des Judentums.* Gütersloh / München: Bertelsmann 1998, S. 407–408.

—: Pessach. In: Ebd., S. 648–649.

Doneson, Judith E.: The Image Lingers. The Feminization of the Jew in *Schindler's List.* In: Yosefa Loshitzky (Hrsg.): *Spielberg's Holocaust. Critical Perspectives on Schindler's List.* Bloomington: Indiana UP 1997, S. 140–152.

Doty, Alexander: *Making Things Perfectly Queer. Interpreting Mass Culture.* Minneapolis: University of Minnesota Press 1993.

Ebbrecht, Tobias: Das Judentum als Fernsehkulisse. In: *Phase 2. Zeitschrift gegen die Realität* 11 (2004). http://phase2.nadir.org/rechts.php?artikel=204&print= (Zugriff am 11.10.2010).

Ebbrecht-Hartmann, Tobias: *Übergänge. Passagen durch eine deutsch-israelische Filmgeschichte.* Berlin: Neofelis 2014.

Eckstaedt, Aaron: *„Klaus mit der Fiedel, Heike mit dem Bass…": Jiddische Musik in Deutschland.* Berlin / Wien: Philo 2003.

Eder, Jens: *Dramaturgie des populären Films. Drehbuchpraxis und Filmtheorie*. Hamburg: Lit 1999.

—: Imaginative Nähe zu Figuren. In: *montage/av* 15,2 (2006), S. 135–160.

—: *Die Figur im Film. Grundlagen der Figurenanalyse*. Marburg: Schüren 2008.

Eine Scheibe Leben. In: *Der Spiegel*, 26.04.1961. http://www.spiegel.de/spiegel/print/d-43160996.html (Zugriff am 19.11.2013).

Eke, Norbert Otto: Wahrnehmung im Augen-Schein. Thomas Braschs (und Jurek Beckers) filmische Reflexion über die Kunst nach Auschwitz. *Der Passagier – Welcome to Germany*. In: Hartmut Alo Allkemper / Norbert Otto Eke / Hartmut Steinecke (Hrsg.): *Literatur und Demokratie. Festschrift für Hartmut Steinecke zum 60. Geburtstag*. Berlin: E. Schmidt 2000, S. 285–300.

Elm, Michael: Holokaust. Medienpädagogisches Filmheft zur ZDF-Fernsehdokumentation unter der Leitung von Guido Knopp (08.03.2011). http://www.fritz-bauer-institut.de/texte/Michael-Elm_Filmheft-Holokaust.pdf (Zugriff am 18.10.2011).

Elsaesser, Thomas: *Der neue deutsche Film. Von den Anfängen bis zu den neunziger Jahren*. München: Heyne 1994.

—: Die Gegenwärtigkeit des Holocausts im Neuen Deutschen Film – am Beispiel Alexander Kluge. In: Claudia Dillmann / Ronny Loewy (Hrsg.): *Die Vergangenheit in der Gegenwart. Konfrontationen mit den Folgen des Holocaust im deutschen Nachkriegsfilm*. München: Edition text + kritik 2001, S. 54–67.

—: *Terror und Trauma. Zur Gewalt des Vergangenen in der BRD*. Berlin: Kadmos 2007.

—: *Hollywood heute. Geschichte, Gender und Nation im postklassischen Kino*. Berlin: Bertz + Fischer 2009.

Engell, Lorenz: Jenseits von Geschichte und Gedächtnis. Historiographie und Autobiographie des Fernsehens. In: *montage/av* 14,1 (2005), S. 60–79.

Erens, Patricia: *The Jew in American Cinema*. Bloomington: Indiana UP 1984.

Erll, Astrid: Medium des kollektiven Gedächtnisses – ein (erinnerungs-)kulturwissenschaftlicher Kompaktbegriff. In: Dies. / Ansgar Nünning (Hrsg.): *Medien des kollektiven Gedächtnisses. Konstruktivität – Historizität – Kulturspezifität*. Berlin: de Gruyter 2004, S. 3–22.

—: *Kollektives Gedächtnis und Erinnerungskulturen*. Stuttgart / Weimar: Metzler 2005.

Esposito, Elena: *Soziales Vergessen. Formen und Medien des Gedächtnisses der Gesellschaft*. Frankfurt am Main: Suhrkamp 2002.

—: *Die Fiktion der wahrscheinlichen Realität*. Frankfurt am Main: Suhrkamp 2007.

Eue, Ralph / Lars H. Gass: *Provokation der Wirklichkeit. Das Oberhauser Manifest und die Folgen*. München: Edition text + kritik 2012.

Evers, Florian: *Vexierbilder des Holocaust: Ein Versuch zum historischen Trauma in der Populärkultur*. Berlin: Lit 2011.

Everschor, Franz: In einem Jahr mit 13 Monden. In: *film-dienst* 26 (1978). http://www.filmportal.de/node/30945/material/727003 (Zugriff am 15.07.2013).

FilmFernsehFonds Bayern: http://www.fff-bayern.de/foerderung/gefoerderte-projekte/project/kebab-latkes-sauerkraut/ (Zugriff am 19.11.2013).

Fischer, Torben: Judenbilder und literarischer Antisemitismus. Bemerkungen zur Forschungsgeschichte. In: Heinz Ludwig Arnold / Matthias N. Lorenz (Hrsg.): *Juden.Bilder*. München: Edition text + kritik 2008, S. 115–124.

Fischer, Torben / Matthias N. Lorenz (Hrsg.): *Lexikon der „Vergangenheitsbewältigung" in Deutschland. Debatten- und Diskursgeschichte des Nationalsozialismus nach 1945*. Bielefeld: Transcript 2007.

Fiske, John: *Understanding Popular Culture*. London / New York: Routledge 2010.

—: *Television Culture*. London / New York: Routledge 2011.

Frei, Norbert: Der Frankfurter Auschwitz-Prozeß und die deutsche Zeitgeschichtsforschung. In: Fritz Bauer Institut (Hrsg.): *Auschwitz: Geschichte, Rezeption und Wirkung* (= *Jahrbuch 1996 zur Geschichte und Wirkung des Holocaust*). Frankfurt am Main: Campus 1996, S. 123–138.

Freud, Sigmund: Der Humor. In: Ders.: *Der Witz und seine Beziehung zum Unbewussten. Der Humor.* Frankfurt am Main: Fischer 1992, S. 251–258.

—: Der Witz und seine Beziehung zum Unbewussten. In: Ebd., S. 23–249.

Friedman, Lester D.: *Hollywood's Image of the Jew.* New York: Ungar 1982.

Friedmann, Georges / Edgar Morin: Soziologie des Kinos. In: *montage/av* 19,2 (2010), S. 21–41.

Frölich, Margrit / Hanno Loewy / Heinz Steinert (Hrsg.): *Lachen über Hitler – Auschwitz-Gelächter? Filmkomödie, Satire und Holocaust.* München: Edition text + kritik 2003.

Funiok, Rüdiger / Manuela Pietraß: Medien als Ausgangspunkt für die Frage nach dem Menschsein. In: Dies. (Hrsg.): *Mensch und Medien. Philosophische und sozialwissenschaftliche Perspektiven.* Wiesbaden: VS 2010, S. 7–22.

Fuxjäger, Anton: Diegese, Diegesis, diegetisch. Versuch einer Begriffsentwirrung. In: *montage/av* 16,2 (2007), S. 17–37.

Gallwitz, Tim: Unterhaltung – Erziehung – Mahnung. Die Darstellung von Antisemitismus und Judenverfolgung im deutschen Nachkriegsfilm 1946 bis 1949. In: Fritz Bauer Institut (Hrsg.): *„Beseitigung des jüdischen Einflusses …". Antisemitische Forschung, Eliten und Karrieren im Nationalsozialismus (= Jahrbuch 1998/99 zur Geschichte und Wirkung des Holocaust*). Frankfurt am Main: Campus 1999, S. 275–304.

—: „Was vergangen ist, muss vorbei sein!" Zur Gegenwärtigkeit des Holocaust im frühen deutschen Nachkriegsfilm 1945–1950. In: Claudia Dillmann / Ronny Loewy (Hrsg.): *Die Vergangenheit in der Gegenwart. Konfrontationen mit den Folgen des Holocaust im deutschen Nachkriegsfilm.* München: Edition text + kritik 2001, S. 10–19.

Gampel, Yolanda: *Kinder der Shoah: die transgenerationelle Weitergabe seelischer Zerstörung.* Gießen: Psychosozial 2009.

Gesetzliche Regelungen: http://www.zentralratdjuden.de/de/topic/62.html (Zugriff am 15.04.2010

Giere, Jacqueline: Einleitung. In: Fritz Bauer Institut (Hrsg.): *Überlebt und Unterwegs. Jüdische Displaced Persons im Nachkriegsdeutschland.* Frankfurt am Main: Campus 1997, S. 13–26.

Giesecke, Dana / Harald Welzer: *Das Menschenmögliche. Zur Renovierung der deutschen Erinnerungskultur.* Hamburg: Edition Körber-Stiftung 2012.

Gilman, Sander L.: *Jüdischer Selbsthass. Antisemitismus und die verborgene Sprache der Juden.* Frankfurt am Main: Jüdischer Verlag 1993.

—: *Die schlauen Juden. Über ein dummes Vorurteil.* Hildesheim: Claassen 1998.

—: „Die Rasse ist nicht schön" – „Nein, wir Juden sind keine hübsche Rasse!". Der schöne und der häßliche Jude. In: Ders. / Robert Jütte / Gabriele Kohlbauer-Fritz (Hrsg.): *„Der schejne Jid": Das Bild des „jüdischen Körpers" in Mythos und Ritual.* Wien: Picus 1998, S. 57–74.

—: Zwölftes Bild. Der „jüdische Körper". Gedanken zum physischen Anderssein der Juden In: Joachim Schlör / Julius H. Schoeps (Hrsg.): *Bilder der Judenfeindschaft. Antisemitismus. Vorurteile und Mythen.* Augsburg: Bechtermünz 1999, S. 167–179.

—: Jurek Becker. A Life in Five Worlds. In: Alo Allkemper / Norbert Otto Eke / Hartmut Steinecke (Hrsg.): *Literatur und Demokratie. Festschrift für Hartmut Steinecke zum 60. Geburtstag.* Berlin: Schmidt 2000, S. 245–272.

—: Das Phänomen der eingebildeten Erinnerung. Zum Fall Wilkomirski. In: Irene Dieckmann / Julius H. Schoeps (Hrsg.): *Das Wilkomirski-Syndrom. Eingebildete Erinnerungen oder Von der Sehnsucht, Opfer zu sein.* Zürich: Pendo 2002, S. 13–25.

Gilman, Sander L. / Karen Remmler (Hrsg.): *Reemerging Jewish Culture in Germany. Life and Literature since 1989.* New York: New York UP 1994.

Ginsberg, Elaine K.: Introduction. The Politics of Passing. In: Dies. (Hrsg.): *Passing and the Fictions of Identity.* Durham: Duke UP 1996, S. 1–18.

Gorelik, Lena: *„Sie können aber gut deutsch!". Warum ich nicht mehr dankbar sein will, dass ich hier leben darf, und Toleranz nicht weiterhilft.* München: Pantheon 2012.

Gorelik, Lena / Yfaat Weiss: Die russisch-jüdische Zuwanderung. In: Michael Brenner (Hrsg.): *Geschichte der Juden in Deutschland. Von 1945 bis zur Gegenwart.* München: Beck 2012, S. 379–418.

Goschler, Constantin / Anthony Kauders: Dritter Teil: 1968–1989. Positionierungen. In: Michael Brenner (Hrsg.): *Geschichte der Juden in Deutschland. Von 1945 bis zur Gegenwart.* München: Beck 2012, S. 295–378.

Gräf, Dennis: *Tatort. Ein populäres Medium als kultureller Speicher.* Marburg: Schüren 2010.

Grossmann, Atina / Tamar Lewinsky: Erster Teil: 1945–1949 Zwischenstation. In: Michael Brenner (Hrsg.): *Geschichte der Juden in Deutschland. Von 1945 bis zur Gegenwart.* München: Beck 2012, S. 67–152.

Gruber, Ruth Ellen: *Virtually Jewish. Reinventing Jewish Culture in Europe.* Berkeley: University of California Press 2002.

—: "Non-Jewish, Non Kosher, Yet Also Recommended." Beyond "Virtually Jewish" in Postmillenium Central Europe. In: Jonathan Karp / Adam Sutcliffe (Hrsg.): *Philosemitism in History.* New York: Cambridge UP 2011, S. 314–335.

Grünberg, Kurt: *Liebe nach Auschwitz. Die zweite Generation. Jüdische Nachkommen von Überlebenden der nationalsozialistischen Judenverfolgung in der Bundesrepublik Deutschland und das Erleben ihrer Paarbeziehungen.* Tübingen: Edition Diskord 2000.

Gubser, Martin: *Literarischer Antisemitismus. Untersuchungen zu Gustav Freytag und anderen bürgerlichen Schriftstellern des 19. Jahrhunderts.* Göttingen: Wallstein 1998.

Günter, Manuela: Identität und Identifizierung. Einige Überlegungen zur Konstruktion des „Juden" nach dem Holocaust. In: Pól O'Dochartaigh (Hrsg.): *Jews in German Literature since 1945: German-Jewish Literature?* Amsterdam / Atlanta: Rodopi 2000, S. 435–446.

Hahn, Eva / Hans Henning Hahn: Nationale Stereotypen. Plädoyer für eine historische Stereotypenforschung. In: Hans Henning Hahn / Stephan Scholz (Hrsg.): *Stereotyp, Identität und Geschichte: Die Funktion von Stereotypen in gesellschaftlichen Diskursen.* Frankfurt am Main: Peter Lang 2002, S. 17–56.

Hahn, Hans Henning: 12 Thesen zur Stereotypenforschung. In: Ders. / Elena Mannová (Hrsg.): *Nationale Wahrnehmung und ihre Stereotypisierung: Beiträge zur historischen Stereotypenforschung.* Frankfurt am Main: Peter Lang 2007, S. 15–24.

Haibl, Michaela: *Zerrbild als Stereotyp. Visuelle Darstellungen von Juden zwischen 1850 und 1900.* Berlin: Metropol 2000.

Hake, Sabine / Roger Thiel: *Film in Deutschland. Geschichte und Geschichten seit 1895.* Reinbek: Rowohlt 2004.

Hall, Stuart: *Encoding and Decoding in the Television Discourse.* Birmingham: Center for Contemporary Cultural Studies 1973.

—: Kulturelle Identität und Globalisierung. In: Karl Heinz Hörning / Rainer Winter (Hrsg.): *Widerspenstige Kulturen: Cultural Studies als Herausforderung.* Frankfurt am Main: Suhrkamp 1999, S. 393–442.

—: Kodieren/Dekodieren. In: Ders.: *Ausgewählte Schriften*, Bd, 4: Ideologie, Identität, Repräsentation, hrsg. v. Julia Koisvisto / Andreas Merkens. Hamburg: Argument 2004, S. 66–80.

Hardtwig, Wolfgang: Der Historiker und die Bilder. In: *Geschichte und Gesellschaft. Zeitschrift für historische Sozialwissenschaft* 24 (1998), S. 305–322.

Hargens, Wanja: *Der Müll, die Stadt und der Tod. Rainer Werner Fassbinder und ein Stück deutscher Zeitgeschichte.* Berlin: Metropol 2010.

Hartmann, Britta: *Aller Anfang. Zur Initialphase des Spielfilms.* Marburg: Schüren 2009.

—: „Berlin ist das Paradies". Inszenierungen der Stadt in Dominik Grafs *Im Angesicht des Verbrechens* und Thomas Arslans *Im Schatten.* In: Julia Pattis / Rainer Rother (Hrsg.): *Die Lust am Genre. Verbrechergeschichten aus Deutschland.* Berlin: Bertz+Fischer 2011, S. 169–186.

Hartmann, Peter: *Zur Dramaturgie der Nebenfigur in Theater und Film.* Marburg: Tectum 2000.

Haslberger, Hubert: Die Sehnsucht der Veronika Voss. In: *film-dienst* 5 (1982). http://www.filmportal.de/node/39715/material/617734 (Zugriff am 15.07.2013).

Hass, Aaron: *In the Shadow of the Holocaust. The Second Generation.* Ithaka / London: Cornell UP 1990.

Haus der Geschichte Baden-Württemberg (Hrsg.): *Antisemitismus im Film. Laupheimer Gespräche 2008.* Heidelberg: Winter 2011.

Hediger, Vinzenz: Vom Überhandnehmen der Fiktion. Über ontologische Unterbestimmtheit filmischer Darstellung. In: Gertrud Koch (Hrsg.): *„Es ist, als ob". Fiktionalität in Philosophie, Film- und Medienwissenschaft.* München: Fink 2009, S. 163–183.

Heid, Ludger: Wir sind und wollen nur Deutsche sein! Jüdische Emanzipation und Judenfeindlichkeit 1750–1880. In: Ders. / Christina von Braun (Hrsg.): *Der ewige Judenhass. Christlicher Antijudaismus, deutschnationale Judenfeindlichkeit, rassistischer Antisemitismus.* Berlin / Wien: Philo 2000, S. 70–109.

Heikaus, Ulrike: Über die Diskursfähigkeit eines Fernsehgeräts. Zehn Versuche über das „Jüdische" in der deutschen Fernsehunterhaltung. In: Dies. (Hrsg.): *Das war spitze! Jüdisches in der deutschen Fernsehunterhaltung.* Essen: Klartext 2001, S. 9–22.

Heimann-Jelinek, Felicitas / Hannes Sulzenbacher: Einleitung. In: Cilly Kugelmann (Hrsg.): *typisch! Klischees von Juden und Anderen.* Berlin: Nicolai 2008, S. 9–14.

Heinze, Carsten (Hrsg.): *Perspektiven der Filmsoziologie.* Konstanz: UVK 2012.

Henschel, Gerhard: *Neidgeschrei. Antisemitismus und Sexualität.* Hamburg: Hoffmann & Campe 2008.

Hickethier, Knut: Filmgeschichte zwischen Kunst- und Mediengeschichte. Zur Einleitung. In: Ders. (Hrsg.): *Filmgeschichte schreiben. Ansätze, Entwürfe und Methoden. Dokumentation der Tagung der GFF 1988.* Berlin: Edition Sigma 1989, S. 7–22.

—: *Das Fernsehspiel der Bundesrepublik. Themen, Form, Struktur, Theorie, Geschichte 1951–1977.* Stuttgart: Metzler 1980.

—: Film und Fernsehen als Mediendispositive in der Geschichte. In: Ders. / Eggo Müller / Rainer Rother (Hrsg.): *Der Film in der Geschichte. Dokumentation der GFF-Tagung.* Berlin: Edition Sigma 1997, S. 63–73.

—: Genretheorie und Genreanalyse. In: Jürgen Felix (Hrsg.): *Moderne Film Theorie.* Mainz: Bender 2002, S. 62–103.

—: *Film- und Fernsehanalyse.* Stuttgart: Metzler 2007.

—: Nur Histotainment? Das Dritte Reich im bundesdeutschen Fernsehen. In: Peter Reichel / Harald Schmid / Peter Steinbach (Hrsg.): *Der Nationalsozialismus. Die zweite Geschichte. Überwindung, Deutung, Erinnerung.* Bonn: Bundeszentrale für politische Bildung 2009. S. 300–317.

—: *Tatort* und *Lindenstraße* als Spiegel der Gesellschaft. In: *Aus Politik und Zeitgeschichte* 20 (2010), S. 41–46. http://www.bpb.de/apuz/32757/tatort-und-lindenstrasse-als-spiegel-der-gesellschaft?p=all (Zugriff am 06.11.2013).

—: Jüdisches im deutschen Unterhaltungsfernsehen. In: Ulrike Heikaus (Hrsg.): *Das war spitze! Jüdisches in der deutschen Fernsehunterhaltung.* Essen: Klartext 2011, S. 25–39.

Hickethier, Knut / Peter Hoff: *Geschichte des deutschen Fernsehens.* Stuttgart: Metzler 1998.

Hirschberger, Claudia / Karoline Noack / Jane Redlin / Elisabeth Tietmeyer: Vorwort. In: Dies. (Hrsg): *Die Sprache der Dinge. Kulturwissenschaftliche Perspektiven auf die materielle Kultur.* Münster: Waxmann 2010, S. 7–8.

Hißnauer, Christian: *Fernsehdokumentarismus. Theoretische Näherungen, pragmatische Abgrenzungen, begriffliche Klärungen.* Konstanz: UVK 2011.

Hobl, Lilli: Wege durch die Irrgärten deutscher Fernseharchive. Aufzeichnungen einer Fernsehhistorikerin. In: *montage/av* 14,1 (2005), S. 93–96.

Hödl, Klaus: Der „virtuelle Jude" – ein essentialistisches Konzept?. In: Ders. (Hrsg.): *Der „virtuelle Jude". Konstruktionen des Jüdischen.* Innsbruck: Studien-Verlag 2005, S. 53–70.

Holz, Klaus: *Die Gegenwart des Antisemitismus. Islamistische, demokratische und antizionistische Judenfeindschaft.* Hamburg: Hamburger Edition 2005.

—: Die Paradoxie der Normalisierung. Drei Gegensatzpaare des Antisemitismus vor und nach Auschwitz. In: Ders. / Klaus-Michael Bogdal / Matthias N. Lorenz (Hrsg.): *Literarischer Antisemitismus nach Auschwitz.* Stuttgart: Metzler 2007, S. 37–57.

—: Der Jude. Dritter der Nationen. In: Eva Eßlinger / Tobias Schlechtriemen / Doris Schweitzer / Alexander Zons (Hrsg.): *Die Figur des Dritten. Ein kulturwissenschaftliches Paradigma.* Berlin: Suhrkamp 2010, S. 292–303.

Horowitz, Sara R.: Lovin' Me, Lovin' Jew. Gender, Intermarriage, and Metaphor. In: Phyllis Lassner / Lara Trubowitz (Hrsg.): *Antisemitism and Philosemitism in the Twentieth and Twenty-first Centuries. Representing Jews, Jewishness, and Modern Culture.* Newark: University of Delaware Press 2008, S. 196–216.

—: Geschlechtsspezifische Erinnerungen an den Holocaust. In: Sigrid Jacobeit / Grit Philipp (Hrsg.): *Forschungsschwerpunkt Ravensbrück: Beiträge zur Geschichte des Frauenkonzentrationslagers.* Berlin: Edition Hentrich 1997, S. 131–135.

Hyman, Paula: *Gender and Assimilation in Modern Jewish History. The Roles and Representation of Women.* Seattle: University of Washington Press 1995.

In einem Jahr mit 13 Monden. http://www.arte.tv/de/in-einem-jahr-mit-13-monden/6632280,CmC=6632246.html (Zugriff am 15.07.2013).

In einem Jahr mit 13 Monden. http://www.schauspielhaus.de/de_DE/archiv/in_einem_jahr_mit_13_monden.283916 (Zugriff am 15.07.2013).

Insdorf, Annette: *Indelible Shadows. Film and the Holocaust.* Cambridge: Cambridge UP 2003.

Interview mit Dani Levy. In: *Cine-fils. Cinephile Interview Magazine.* http://www.cine-fils.com/interviews/dani-levy.html (Zugriff am 07.11.2013).

Israelitische Kultusgemeinde München und Oberbayern. http://www.ikg-muenchen.de/fileadmin/downloads/MuenchenSpezial.pdf (Zugriff am 14.07.2010).

Jakubowski, Jeanette: Vierzehntes Bild. „Die Jüdin". Darstellungen in deutschen antisemitischen Schriften von 1700 bis zum Nationalsozialismus. In: Joachim Schlör / Julius H. Schoeps (Hrsg.): *Bilder der Judenfeindschaft. Antisemitismus. Vorurteile und Mythen.* Augsburg: Bechtermünz 1999, S. 196–209.

Jasper, Willi / Julius H. Schoeps / Bernhard Vogt (Hrsg.): *Russische Juden in Deutschland. Integration und Selbstbehauptung in einem fremden Land.* Weinheim: Beltz Athenäum 1996.

Jureit, Ulrike / Christian Schneider: *Gefühlte Opfer. Illusionen der Vergangenheitsbewältigung.* Bonn: bpb 2010.

Kalmar, Ivan: *The Trotskys, Freuds and Woody Allens. Portrait of a Culture.* Toronto: Viking 1993.

Kansteiner, Wulf: Die Radikalisierung des deutschen Gedächtnisses im Zeitalter seiner kommerziellen Reproduktion. Hitler und das ‚Dritte Reich' in den Fernsehdokumentationen von Guido Knopp. In: *ZfG* 51,7 (2003), S. 626–648.

Karatsioras, Nikolaos: Schwarze Löcher des Schweigens. Salomon Korn über deutsch-jüdische Normalität. http://www.uni-stuttgart.de/uni-kurier/uk101/spektrum/salomon_korn.html (Zugriff am 14.07.2010).

Katholisches Institut für Medieninformation (Hrsg.): *Religion im Film. Lexikon mit Kurzkritiken und Stichworten zu 2400 Kinofilmen.* Köln: KIM 1999.

Kauders, Anthony: *Unmögliche Heimat. eine deutsch-jüdische Geschichte der Bundesrepublik.* München: DVA 2007.

Kellner, Douglas: *Media Culture. Cultural Studies, Identity and Politics between the Modern and the Postmodern.* London / New York: Routledge 1995.

Kerstenberg, Judith S.: Überlebende Eltern und ihre Kinder. In: Dies. / Martin S. Bergmann / Milton E. Jucovy (Hrsg.): *Kinder der Opfer – Kinder der Täter. Psychoanalyse und Holocaust.* Frankfurt am Main: Fischer 1995, S. 103–126.

Kiesel, Doron: Die Augen sind zwei Lügner: *Der Passagier – Welcome to Germany* von Thomas Brasch. In: Ders. / Ernst Karpf / Karsten Visarius (Hrsg.): *Once upon a time … Film und Gedächtnis.* Marburg: Schüren 1998, S. 139–147.

Kirsten, Guido: *Filmischer Realismus.* Marburg: Schüren 2013.

Klippel, Heike: Feministische Filmtheorie. In: Jürgen Felix (Hrsg.): *Moderne Film Theorie.* Mainz: Bender 2002, S. 168–190.

Klüger, Ruth: *Unterwegs verloren.* Wien: Zsolnay 2008.

Knilli, Friedrich / Siegfried Zielinski: *Holocaust zur Unterhaltung. Anatomie eines internationalen Bestsellers. Fakten, Fotos, Forschungsreportagen.* Berlin: Verlag für Ausbildung und Studium 1982.

Knops, Tilo-Rudolf: Siegfried Kracauer und die Mesalliance von Film und Bildungsbürgertum in der Weimarer Republik. In: Knut Hickethier (Hrsg.): *Filmgeschichte schreiben. Ansätze, Entwürfe und Methoden. Dokumentation der Tagung der GFF 1988.* Berlin: Edition Sigma 1989, S. 79–92.

Koch, Gertrud: Qualen des Fleisches, Kälte des Geistes. Zu den jüdischen Figuren in Fassbinders Filmen. In: Elisabeth Kiderlen (Hrsg.): *Deutsch-jüdische Normalität. Fassbinders Sprengsätze.* Frankfurt am Main: Pflasterstrand 1985, S. 46–51.

—: *Die Einstellung ist die Einstellung. Visuelle Konstruktionen des Judentums.* Frankfurt am Main: Suhrkamp 1992.

Koch, Gertrud / Christiane Voss: *„Es ist, als ob". Fiktionalität in Philosophie, Film und Medienwissenschaft.* Paderborn: Fink 2009.

Kohlbauer-Fritz, Gabriele: „La belle juive" und die „schöne Schickse". In: Dies. / Sander L. Gilman / Robert Jütte (Hrsg.): *„Der schejne Jid". Das Bild des „jüdischen Körpers" in Mythos und Ritual.* Wien: Picus 1998, S. 109–121.

Königseder, Angelika: Displaced Persons. In: Wolfgang Benz (Hrsg.): *Handbuch des Antisemitismus. Judenfeindschaft in Geschichte und Gegenwart*, Bd. 3: Begriffe, Theorien, Ideologien. Berlin / New York: de Gruyter 2010, S. 57–58.

Konitzer, Werner: Opferorientierung und Opferidentifizierung. Überlegungen zu einer begrifflichen Unterscheidung. In: Margrit Frölich / Ulrike Jureit / Christian Schneider (Hrsg.): *Das Unbehagen an der Erinnerung. Wandlungsprozesse im Gedenken an den Holocaust.* Frankfurt am Main: Brandes & Apsel 2012, S. 119–127.

Körber, Karen: *Juden, Russen, Emigranten. Identitätskonflikte jüdischer Einwanderer in einer ostdeutschen Stadt.* Frankfurt am Main: Campus 2005.

—: Puschkin oder Thora? Der Wandel der jüdischen Gemeinden in Deutschland. In: José Brunner / Shai Levi (Hrsg.): *Juden und Muslime in Deutschland. Recht, Religion, Identität.* Göttingen 2009, S. 233–254.

Korn, Salomon: Wie deutsch solls denn sein? In: *Die Zeit*, 05.06.2003. http://www.zeit.de/2003/24/Essay_Korn (Zugriff am 18.11.2013).

Kortner, Fritz: *Letzten Endes. Fragmente.* München: Kindler 1971.

Kracauer, Siegfried: *Theorie des Films. Die Errettung der äusseren Wirklichkeit.* Frankfurt am Main: Suhrkamp 1985.

—: *Von Caligari zu Hitler. Eine psychologische Geschichte des deutschen Films*, aus d. Engl. v. Ruth Baumgarten / Karsten Witte. Frankfurt am Main: Suhrkamp 1999.

Kramer, Sven: Nacktheit in Holocaust-Fotos und -Filmen. In: Ders. (Hrsg.): *Die Shoah im Bild.* München: Edition text + kritik 2003, S. 225–248.

—: Wiederkehr und Verwandlung der Vergangenheit im deutschen Film. In: Peter Reichel / Harald Schmid / Peter Steinbach (Hrsg.): *Der Nationalsozialismus, die zweite Geschichte. Überwindung, Deutung, Erinnerung.* München: Beck 2009, S. 283–299.

Kramp, Leif: *Gedächtnismaschine Fernsehen*, Bd. 1: Das Fernsehen als Faktor gesellschaftlicher Erinnerung. Berlin: Akademie 2011.

Krankenhagen, Stefan: Humor als Rolle: Zur Kunst von Ana Adam. In: Klaus Hödl (Hrsg.): *Der „virtuelle Jude". Konstruktionen des Jüdischen.* Innsbruck: StudienVerlag 2005, S. 145–154.

Krause, Peter: „Eichmann und wir": Die bundesdeutsche Öffentlichkeit und der Jerusalemer Eichmann-Prozess 1961. In: Jörg Osterloh / Clemens Vollnhals (Hrsg.): *NS-Prozesse und deutsche Öffentlichkeit. Besatzungszeit, frühe Bundesrepublik und DDR.* Göttingen: Vanderhoeck & Ruprecht 2011, S. 283–306.

Krauss, Marita: *Heimkehr in ein fremdes Land. Geschichte der Remigration nach 1945.* München: Beck 2001.

Krieger, Rosalin: Does He Actually Say the Word Jewish? Jewish Representations in Seinfeld. In: *Journal for Cultural Research* 7,4 (2003), S. 387–404.

Kriest, Ulrich: Birkenau und Rosenfeld. In: *film-dienst* 8 (2004). http://www.filmportal.de/node/10961/material/754250 (Zugriff am 15.04.2013).

Kristeva, Julia: Bachtin, das Wort, der Dialog und der Roman. In: Jens Ihwe (Hrsg.): *Literaturwissenschaft und Linguistik. Ergebnisse und Perspektiven*, Bd. 3: Zur linguistischen Basis der Literaturwissenschaft II. Frankfurt am Main: Athenäum 1972, S. 345–375.

Krobb, Florian: *Die schöne Jüdin. Jüdische Frauengestalten in der deutschsprachigen Erzählliteratur vom 17. Jahrhundert bis zum Ersten Weltkrieg.* Tübingen: Niemeyer 1993.

Krotz, Friedrich: Stuart Hall. Encoding/Decoding und Identität. In: Andreas Hepp / Friedrich Krotz / Tanja Thomas (Hrsg.): *Schlüsselwerke der Cultural Studies*. Wiesbaden: VS 2009, S. 210–223.

Künzl, Hannelore: Menora. In: Julius H. Schoeps (Hrsg.): *Neues Lexikon des Judentums*. Gütersloh / München: Bertelsmann 1998, S. 562–563.

Kugelmann, Cilly: Lang ist der Weg. Eine jüdisch-deutsche Film-Kooperation. In: Fritz Bauer Institut (Hrsg.): *Auschwitz. Geschichte, Rezeption und Wirkung* (= *Jahrbuch 1996 zur Geschichte und Wirkung des Holocaust*). Frankfurt am Main: Campus 1996, S. 353–370.

Kuipers, Giselinde: Humour Styles and Symbolic Boundaries. In: *Journal of Literary Theory* 3,2 (2009), S. 219–239.

Landmann, Salcia: *Der jüdische Witz. Soziologie und Sammlung*. Olten: Walter 1961.

—: *Als sie noch lachten. Das war der jüdische Witz*. München: Herbig 1997.

Lawson, Robert: *Role Reversal and Passing in Postwar German and Austrian Jewish Literature*. Osnabrück: Der Andere Verlag 2003.

Lerman, Antony: Jewish Self-Hatred. Myth or Reality? In: *Jewish Quarterly* 210 (2008). http://www.jewishquarterly.org/issuearchive/article2366.html?articleid=432 (Zugriff am 20.02.2012).

Lewitan, Louis: „Komödien gehören in den Bereich der Erlösung". Der Schweizer Regisseur und Schauspieler Dani Levy erzählt, warum Humor am interessantesten ist, wenn er dunkel ist. In: *Die Zeit*, 01.10.2010. http://www.zeit.de/2010/14/Rettung-Dani-Levy (Zugriff am 06.11.2013).

Lichtblau, Albert: Unter Philosemitismusverdacht. Der Klezmerboom – Für nichtjüdische Musizierende erlaubt? In: Irene A. Diekmann / Elke-Vera Kotowski (Hrsg.): *Geliebter Feind – gehasster Freund. Antisemitismus und Philosemitismus in Geschichte und Gegenwart*. Berlin: vbb 2009, S. 623–651.

Liliane Targownik. In: *Regisseurinnen Guide*. http://regisseurinnenguide.de/vk.php3?user=15194 (Zugriff am 24.04.2012).

Link, Jürgen: *Versuch über den Normalismus. Wie Normalität produziert wird*. Göttingen: Vandenhoeck & Ruprecht 2009.

Loewy, Hanno: Großvater, warum hast Du so große Zähne … Zu Jörg Grasers *Abrahams Gold*. In: Claudia Dillmann / Ronny Loewy (Hrsg.): *Die Vergangenheit in der Gegenwart. Konfrontationen mit den Folgen des Holocaust im deutschen Nachkriegsfilm*. München: Edition text + kritik 2001, S. 72–75.

—: Der Überlebende als böser Held. X-Men, Comic-Culture und Auschwitz-Fantasy. In: Susanne Düwell / Matthias Schmidt (Hrsg.): *Narrative der Shoah. Repräsentationen der Vergangenheit in Historiographie, Kunst und Politik*. Paderborn: Schöningh 2002, S. 171–188.

—: Tragische Märchen? Deutsche Generationendramen. In: Moshe Zuckermann (Hrsg.): *Medien – Politik – Geschichte* (= *Tel Aviver Jahrbuch für deutsche Geschichte* 31). Göttingen: Wallstein 2003, S. 335–358.

—: Zwischen *Judgment* und *Twilight*. Schulddiskurse, Holocaust und Courtroom Drama. In: Sven Kramer (Hrsg.): *Die Shoah im Bild*. München: Edition text + kritik 2003, S. 133–169.

—: *Lindenstraße*. Eine Erledigung. In: Ulrike Heikaus (Hrsg.): *Das war spitze! Jüdisches in der deutschen Fernsehunterhaltung*. Essen: Klartext 2011, S. 81–89.

Loewy, Ronny: *Zeugin aus der Hölle*. In: Irmtrud Wojak (Hrsg.): *„Gerichtstag halten über uns selbst …". Geschichte und Wirkung des ersten Frankfurter Auschwitzprozesses* (= *Jahrbuch 2001 zur Geschichte und Wirkung des Holocaust*). Frankfurt am Main: Campus 2001, S. 265–276.

—: *Zeugin aus der Hölle* und die Wirklichkeit des Auschwitz-Prozesses. In: Ders. / Claudia Dillmann (Hrsg.): *Die Vergangenheit in der Gegenwart. Konfrontationen mit den Folgen des Holocaust im deutschen Nachkriegsfilm*. München: Edition text + kritik 2001, S. 26–29.

—: Ist ein jüdischer Komiker jüdisch-komisch oder, wie ein exzellenter Geiger, schier ein exzellenter Komiker? In: Hans-Michael Bock / Jan Distelmeyer / Wolfgang Jacobsen / Jörg Schöning (Hrsg.): *Spaß beiseite, Film ab. Jüdischer Humor und verdrängendes Lachen in der Filmkomödie bis 1945*. München: Edition text+ kritik 2006, S. 13–20.

—: *Schwarzer Kies*. In: Christoph Fuchs / Michael Töteberg (Hrsg.): *Fredy Bockbein trifft Mister Dynamit. Filme auf den zweiten Blick*. München: Edition text + kritik 2007, S. 171–175.

Loose, Ingo: Die Ambivalenz des Authentischen. Juden, Holocaust und Antisemitismus im deutschen Film nach 1945. In: *Medaon – Magazin für jüdisches Leben in Forschung und Bildung* 4 (2009). www.medaon.de/pdf/A_Loose-4-2009.pdf (Zugriff am 05.06.2013).

—: Juden, Holocaust und Antisemitismus im bundesdeutschen Film nach 1945. In: Haus der Geschichte Baden-Württemberg (Hrsg.): *Antisemitismus im Film. Laupheimer Gespräche 2008*. Heidelberg: Winter 2011, S. 151–170.

Lorenz, Matthias N.: Der Holocaust als Zitat. Tendenzen im Holocaust-Spielfilm seit *Schindler's List*. In: Sven Kramer (Hrsg.): *Die Shoah im Bild*. München: Edition text + kritik 2003, S. 267–296.

—: Juden.Bilder in Literatur und Film seit 1945. In: Ders. / Heinz Ludwig Arnold (Hrsg.): *Juden. Bilder*. München: Edition text + kritik 2008, S. 3–5.

—: Im Zwielicht. Filmische Inszenierung des Antisemitismus. Schimanski und *Das Geheimnis des Golem*. In: Ders. / Heinz Ludwig Arnold (Hrsg.): *Juden.Bilder*. München: Edition text + kritik 2008, S.89–102.

Lubrich, Oliver: Sind hundert Klischees ergreifend? Dani Levys *Alles auf Zucker!*. In: Heinz Ludwig Arnold / Matthias N. Lorenz (Hrsg.): *Juden.Bilder*. München: Edition text + kritik 2008, S. 74–88.

Lustig, Sandra H. / Ian Leveson (Hrsg.): *Turning the Kaleidoscope. Perspectives on European Jewry*. New York: Berghahn 2006.

Marchart, Oliver: *Cultural Studies*. Konstanz: UVK 2008.

Martin Walser. Ansprachen aus Anlaß der Verleihung [des Friedenspreises des Deutschen Buchhandels an Martin Walser in der Paulskirche zu Frankfurt am Main]. Frankfurt am Main: Verlag der Buchhändler-Vereinigung 1998.

Metz, Christian: Semiologie des Films. München: Fink 1972.

Mikos, Lothar: Liebe und Sexualität in *Pretty Woman*: Intertextuelle Bezüge und alltägliche Erfahrungsmuster in einem Text der Populärkultur. In: *montage/av* 2,1 (1993), S. 67–86.

—: John Fiske: Populäre Texte und Diskurs. In: Andreas Hepp / Friedrich Krotz / Tanja Thomas (Hrsg.): *Schlüsselwerke der Cultural Studies*. Wiesbaden: VS 2009, S. 156–164.

Mikos, Lothar / Rainer Winter (Hrsg.): *Die Fabrikation des Populären. Der John Fiske-Reader*. Bielefeld: Transcript 2001.

—: Der erinnerte Film. Perspektiven einer Filmgeschichte als Rezeptionsgeschichte. In: Knut Hickethier / Eggo Müller / Rainer Rother (Hrsg.): *Der Film in der Geschichte. Dokumentation der GFF-Tagung*. Berlin: Edition Sigma 1997, S. 143–153.

Mock, Roberta: *Jewish Women on Stage, Film, and Television*. New York: Palgrave Macmillan 2007.

montage/av 16,2 (2007): Diegese.

Morsch, Thomas: Filmische Erfahrung im Spannungsfeld zwischen Körper, Sinnlichkeit und Ästhetik. In: *montage/av* 19,1 (2010), S. 55–77.

Mualem Sultan, Marie: *Migration, Vielfalt und Öffentlich-Rechtlicher Rundfunk*. Würzburg: Königshausen & Neumann 2011.

Müller, Eggo: „Pleasure and Resistance". John Fiskes Beitrag zu Populärkulturtheorie. In: *montage/av* 2,1 (1993), S. 52–66.

Netenjakob, Egon: Das Vergnügen, aggressiv zu sein. Zum Schimanski-Konzept innerhalb der Tatort-Reihe der ARD. In: Ders. / Thomas Koebner: *Tatort. Die Normalität als Abenteuer*. Marburg: Institut für Neuere Deutsche Literatur 1990, S. 32–39.

Nordmann, Ingeborg: Neunzehntes Bild. „Der Intellektuelle". Ein Phantasma. In: Joachim Schlör / Julius H. Schoeps (Hrsg.): *Bilder der Judenfeindschaft. Antisemitismus. Vorurteile und Mythen*. Augsburg: Bechtermünz 1999, S. 252–259.

Nünning, Ansgar (Hrsg.): *Metzler-Lexikon Literatur- und Kulturtheorie. Ansätze – Personen – Grundbegriffe*. Stuttgart: Metzler 2008.

Nugent, Benjamin: The Rise of the Jewish Nerd. *Jewish Quaterly* 212 (2008), http://www.jewishquarterly.org/issuearchive/article3b26.html?articleid=465 (Zugriff am 17.02.2014).

Oberwalleney, Barbara: *Heterogenes Schreiben. Positionen der deutschsprachigen jüdischen Literatur (1986–1998)*. München: Iudicium 2001.

Ochse, Katharina. "What could be more fruitful, more healing, more purifying?" Representations of Jews in the German Media after 1989. In: Sander L. Gilman / Karen Remmler (Hrsg.): *Reemerging Jewish Culture in Germany. Life and Literature since 1989.* New York: New York UP 1994, S. 113–129.

Olmer, Heinrich C.: *„Wer ist Jude?" Ein Beitrag zur Diskussion über die Zukunftssicherung der Jüdischen Gemeinschaft.* Würzburg: Ergon 2010.

Oring, Elliot: The People of the Joke. On the Conceptualization of a Jewish Humor. In: *Western Folklore* 42,4 (1983), S. 261–271.

Pattis, Julia: Gangster im Kiez: Mafia, Migranten, Subkulturen. In: Dies. / Rainer Rother (Hrsg.): *Die Lust am Genre. Verbrechergeschichten aus Deutschland.* Berlin: Bertz+Fischer 2011, S. 145–158.

Pearl, Jonathan / Judith Pearl: *The Chosen Image. Television's Portrayal of Jewish Themes and Characters.* Jefferson: McFarland 1999.

Pellegrini, Ann: Whiteface Performances. "Race", Gender, and Jewish Bodies. In: Jonathan Boyarin (Hrsg.): *Jews and Other Differences. The New Jewish Cultural Studies.* Minneapolis: University of Minnesota Press 1997, S. 108–150.

Pertsch, Dietmar: *Jüdische Lebenswelten in Spielfilmen und Fernsehspielen. Filme zur Geschichte der Juden von ihren Anfängen bis zur Emanzipation 1871.* Tübingen: Niemeyer 1992.

Pinto, Diana: The Challenges of Progressive Jews in 21st Century Europe. In: *European Union for Progressive Judaism* (2010), http://www.eupj.org/paris-2010/69-dr-diana-pinto.html (Zugriff am 20.05.2011).

Pleitner, Berit: Von Wölfen, Kunst und Leidenschaft. Zur Funktion von Stereotypen über Polen und Franzosen im deutschen nationalen Diskurs 1850 bis 1871. In: Hans Henning Hahn / Stephan Scholz (Hrsg.): *Stereotyp, Identität und Geschichte. Die Funktion von Stereotypen in gesellschaftlichen Diskursen.* Frankfurt am Main: Peter Lang 2002, S. 273–292.

Poe, Edgar Allan: Der entwendete Brief. In: Ders.: *Die Maske des roten Todes. Phantastische Erzählungen.* Bremen: Dogma 2013.

Portuges, Catherine: Intergenerational Transmission. The Holocaust in Central European Cinema. In: Andrea Sabbadini (Hrsg.): *Projected Shadows. Psychoanalytic Reflections on the Representation of Loss in European Cinema.* London / New York: Routledge 2007, S. 73–91.

Probst, Maximilian: Die verfehlte Normalität. In: *Die Zeit*, 24.05.2007, S. 50. http://www.zeit.de/2007/22/Die_verfehlte_Normalitaet (Zugriff am 19.11.2013).

Pross, Harry: Halacha. In: Julius H. Schoeps (Hrsg.): *Neues Lexikon des Judentums.* Gütersloh / München: Bertelsmann 1998, S. 322–323.

—: Maror. In: Ebd., S. 548–549.

—: Mesusa. In: Ebd., S. 564–565.

Prümm, Karl: Film und Fernsehen. Ambivalenz und Identität. In: Wolfgang Jacobsen / Anton Kaes / Hans Helmut Prinzler (Hrsg.): *Geschichte des deutschen Films.* Stuttgart: Metzler 1993, S. 499–518.

—: Revolte gegen den ritualisierten Fernsehkrimi. Götz George und Horst Schimanski – Porträt einer Rolle und eines Schauspielers. In: Anne Bartsch / Ingrid Brück / Kathrin Fahlenbrach (Hrsg.): *Medienrituale. Rituelle Performanz in Film, Fernsehen und Neuen Medien.* Wiesbaden: VS 2008, S. 137–144.

Przyrembel, Alexandra / Jörg Schönert (Hrsg.): *Jud Süss. Hofjude, literarische Figur, antisemitisches Zerrbild.* Frankfurt am Main: Campus 2006.

Quindeau, Ilka: *Trauma und Geschichte. Interpretationen autobiographischer Erzählungen von Überlebenden des Holocaust.* Frankfurt am Main: Brandes & Apsel 1995.

—: Schuldabwehr und nationale Identität. Psychologische Funktionen des Antisemitismus. In: Matthias Brosch / Michael Elm / Norman Geißler / Brigitta Elisa Simbürger / Oliver von Wrochem (Hrsg.): *Exklusive Solidarität. Linker Antisemitismus in Deutschland.* Berlin: Metropol 2007, S. 157–164.

Rauch, Raphael: Ein Stück Himmel (Autobiographie von Janina David und Fernsehserie von Franz Peter Wirth). In: Wolfgang Benz (Hrsg.): *Handbuch des Antisemitismus*, Bd. 8. Berlin: de Gruyter 2015, S. 194–198.

—: Levin und Gutman (Fernseh-Serie von Peter Deutsch, 1985). In: Ebd., S. 245–248.

Reinecke, Stefan: Nachholende Bewältigungen oder: It runs through the family. Holocaust und Nazivergangenheit im deutschen Film der Neunziger. In: Claudia Dillmann / Ronny Loewy (Hrsg.): *Die Vergangenheit in der Gegenwart. Konfrontationen mit den Folgen des Holocaust im deutschen Nachkriegsfilm.* München: Edition text + kritik 2001, S. 76–83.

Renger, Rudi: Kulturtheorien der Medien. In: Stefan Weber (Hrsg.): *Theorien der Medien. Von der Kulturkritik bis zum Konstruktivismus.* Konstanz: UVK 2003, S. 154–179.

Rensmann, Lars: Zwischen Kosmopolitismus und Ressentiment. Zum Problem des sekundären Antisemitismus in der deutschen Linken. In: Matthias Brosch / Michael Elm / Norman Geißler / Brigitta Elisa Simbürger / Oliver von Wrochem (Hrsg.): *Exklusive Solidarität. Linker Antisemitismus in Deutschland.* Berlin: Metropol 2007, S. 165–189.

Rentner on the Road. In: *Der Spiegel*, 25.04.1994, S. 197–199. http://wissen.spiegel.de/wissen/image/show.html?did=13683878&aref=image017/SP1994/017/SP199401701970199.pdf&thumb=false. (Zugriff am 16.02.2014).

Rentschler, Eric: Film der achtziger Jahre. Endzeitspiele und Zeitgeistszenerien. In: Wolfgang Jacobsen / Anton Kaes / Hans Helmut Prinzler (Hrsg.): *Geschichte des deutschen Films.* Stuttgart / Weimar: Metzler 1993, S. 285–322.

Renz, Werner: Der 1. Frankfurter Auschwitz-Prozess 1963–65 und die deutsche Öffentlichkeit. Anmerkungen zur Entmythologisierung eines NSG-Verfahrens. In: Jörg Osterloh / Clemens Vollnhals (Hrsg.): *NS-Prozesse und deutsche Öffentlichkeit: Besatzungszeit, frühe Bundesrepublik und DDR.* Göttingen: Vandenhoeck & Ruprecht 2011, S. 349–362.

Reznik, David L.: *New Jews? Race and American Jewish Identity in 21st-Century Film.* Boulder: Paradigm 2012.

Rheintz, Hanna: Generationenkonflikte prägen den jüdischen Alltag. In: Michael Wuliger (Hrsg.): *Deutsche Juden – Juden in Deutschland.* Bonn: Bundeszentrale für politische Bildung 1991, S. 16–21.

Richter, Matthias: *Die Sprache jüdischer Figuren in der deutschen Literatur (1750–1933). Studien zu Form und Funktion.* Göttingen: Wallstein 1995.

Riederer, Günter: Den Bilderschatz heben. Vom schwierigen Verhältnis zwischen Geschichtswissenschaft und Film. In: Moshe Zuckermann (Hrsg.): *Medien – Politk – Geschichte* (= *Tel Aviver Jahrbuch für deutsche Geschichte* 31). Göttingen: Wallstein 2003, S. 15–39.

Rosenberg, Joel: Jewish Experience on Film. An American Overview. In: David Singer (Hrsg.): *American Jewish Year Book 1996.* New York: American Jewish Committee 1996, S. 3–50.

Rosenthal, Gabriele: Die Shoah im intergenerationellen Dialog. Zu den Spätfolgen der Verfolgung in Drei-Generationen-Familien. In: Alexander Friedmann / Elvira Glück / David Vyssoki (Hrsg.): *Überleben der Shoah – und danach. Spätfolgen der Verfolgung aus wissenschaftlicher Sicht.* Wien: Picus 1999, S. 68–88.

Sartre, Jean-Paul: *Überlegungen zur Judenfrage*, aus d. Franz. v. Vincent von Wroblewsky. Reinbek: Rowohlt 2010.

Scharf, Inga: *Nation and Identity in the New German Cinema. Homeless at Home.* London / New York: Routledge 2008.

Schieber, Elke: *Tangenten. Holocaust und jüdisches Leben im Spiegel audiovisueller Medien der SBZ und der DDR 1946 bis 1990 – Eine Dokumentation.* Berlin: Bertz + Fischer 2014.

Schildt, Axel: *Annäherungen an die Westdeutschen. Sozial- und kulturgeschichtliche Perspektiven auf die Bundesrepublik.* Göttingen: Wallstein 2011.

Schildt, Axel / Detlef Siegfried: *Deutsche Kulturgeschichte. Die Bundesrepublik – 1945 bis zur Gegenwart.* Bonn: Bundeszentrale für politische Bildung 2009.

Schindel, Robert: Schweigend ins Gespräch vertieft. In: Klaus-Michael Bogdal / Klaus Holz / Matthias N. Lorenz (Hrsg.): *Literarischer Antisemitismus nach Auschwitz.* Stuttgart: Metzler 2007, S. 331–336.

Schlör, Joachim: Siebzehntes Bild. „Der Urbantyp". Stadtbewohner par excellence. In: Ders. / Julius H. Schoeps (Hrsg.): *Bilder der Judenfeindschaft. Antisemitismus. Vorurteile und Mythen.* Augsburg: Bechtermünz 1999, S. 229–240.

Schlör, Joachim / Julius H. Schoeps (Hrsg.): *Bilder der Judenfeindschaft. Antisemitismus. Vorurteile und Mythen.* Augsburg: Bechtermünz 1999.

Schmid, Harald: Das Unbehagen in der Erinnerungskultur. Eine Annäherung an kulturelle Deutungsmuster. In: Margrit Frölich / Ulrike Jureit / Christian Schneider (Hrsg.): *Das Unbehagen an der Erinnerung. Wandlungsprozesse im Gedenken an den Holocaust.* Frankfurt am Main: Brandes & Apsel 2012, S. 161–181.

Schmidt, Bärbel: *Geschichte und Symbolik der gestreiften KZ-Häftlingskleidung.* Dissertation Universität Oldenburg 2000. http://oops.uni-oldenburg.de/407/1/440.pdf (Zugriff am 02.04.2013).

Schneider, Christian: Der Holocaust als Generations-Objekt. Generationsgeschichtliche Anmerkungen zu einer deutschen Identitätsproblematik. In: *Mittelweg 36* 13,4 (2004), S. 56–73.

—: Generation im Abtritt. Vom Schicksal historischer Gegenidentifizierungen. In: Ders. / Margrit Frölich / Ulrike Jureit (Hrsg.): *Das Unbehagen an der Erinnerung. Wandlungsprozesse im Gedenken an den Holocaust.* Frankfurt am Main: Brandes & Apsel 2012, S. 85–100.

Schönborn, Susanne: „Juden reden über Gefühle, und die anderen über Kunst". Konstruktionen jüdischer Identität in der Fassbinder-Debatte 1984/85. In: Klaus Hödl (Hrsg.): *Der „virtuelle Jude". Konstruktionen des Jüdischen.* Innsbruck: StudienVerlag 2005, S. 101–117.

—: *Zwischen Erinnerung und Neubeginn. Zur deutsch-jüdischen Geschichte nach 1945.* München: Meidenbauer 2006.

Schoß, Lisa / Lea Wohl von Haselberg: Antisemitismus im deutschen Spielfilm nach 1945. In: *Deutschunterricht* 2 (2015), S. 81–85.

Schreiber, Mordecai: *The Shengold Jewish Encyclopedia.* Rockville: Shengold 1998.

Schruff, Helene: Robert Schindel. In: Andreas B. Kilcher (Hrsg.): *Metzler Lexikon der deutsch-jüdischen Literatur. Jüdische Autorinnen und Autoren deutscher Sprache von der Aufklärung bis zur Gegenwart.* Stuttgart / Weimar: Metzler 2000, S. 515–517.

Schütte, Wolfram: Liebe – ein Wahnsinn. „In einem Jahr mit 13 Monden": R. W. Faßbinders jüngster Film. In: *Frankfurter Rundschau,* 17.11.1978, http://www.filmportal.de/node/30945/material/727001 (Zugriff am 07.10.2013).

Schweinitz, Jörg: *Film und Stereotyp. Eine Herausforderung für das Kino und die Filmtheorie.* Berlin: Akademie 2006.

Segeberg, Harro: Intermedialität im Antisemitismus. Zur Mediengeschichte des Jud Süss-Komplexes. In: Haus der Geschichte Baden-Württemberg (Hrsg.): *Antisemitismus im Film. Laupheimer Gespräche 2008.* Heidelberg: Winter 2011, S. 93–124.

Seidel, Ernst: Was ist ein antisemitischer Film? Über eine umstrittene Kategorie. In: Haus der Geschichte Baden-Württemberg (Hrsg.): *Antisemitismus im Film. Laupheimer Gespräche 2008.* Heidelberg: Winter 2011, S. 19–32.

Seidel, Ingolf: Antisemitismus aus kritisch-theoretischer Sicht. Möglichkeiten und Grenzen politischer Bildungsarbeit in einem gesellschaftlichen Problemfeld. Besonderheiten sekundär antisemitischer Muster. 5.3.1. Sekundär antisemitisch motivierter Antizionismus in der BRD. http://www.hagalil.com/antisemitismus/kritische-theorie/0531.htm (Zugriff am 16.01.2010).

Seipel, J.: *Film und Multikulturalismus. Repräsentationen von Gender und Ethnizität im australischen Kino.* Bielefeld: Transcript 2009.

Sperber, Manès. In: Hans Jürgen Schultz (Hrsg.): *Mein Judentum.* Stuttgart / Berlin: Kreuz 1979, S. 178–194.

Stam, Robert: The Question of Realism: Introduction. In: Ders. / Toby Miller (Hrsg.): *Film and Theory. An Anthology.* Malden: Blackwell 2002, S. 223–228.

Steinbach, Peter: Die publizistischen Kontroversen – eine Vergangenheit, die nie vergeht. In: Ders. / Peter Reichel / Harald Schmid (Hrsg.): *Der Nationalsozialismus, die zweite Geschichte. Überwindung, Deutung, Erinnerung.* München: Beck 2009, S. 127–174.

Stemberger, Günter: *Jüdische Religion.* München: Beck 2006.

Stengel, Katharina: *Hermann Langbein. Ein Auschwitz-Überlebender in den erinnerungspolitischen Konflikten der Nachkriegszeit.* Frankfurt am Main: Campus 2012.

Stern, Frank: *Im Anfang war Auschwitz. Antisemitismus und Philosemitismus im deutschen Nachkrieg.* Gerlingen: Bleicher 1991.

—: Philosemitismus statt Antisemitismus. Entstehung und Funktion einer neuen Ideologie in Westdeutschland. In: Wolfgang Benz (Hrsg.): *Zwischen Antisemitismus und Philosemitismus. Juden in der Bundesrepublik.* Berlin: Metropol 1991, S. 47–62.

—: Films in the 1950s. Passing Images of Guilt and Responsibility. In: Hanna Schissler (Hrsg.): *The Miracle Years. A Cultural History of West Germany, 1949–1968*. Princeton: Princeton UP 2001, S. 266–280.

—: *Dann bin ich um den Schlaf gebracht. Ein Jahrtausend jüdisch-deutsche Kulturgeschichte*. Berlin: Aufbau 2002.

Stiglegger, Marcus: *Auschwitz-TV. Reflexionen des Holocaust in Fernsehserien*. Wiesbaden: Springer 2015.

Stratton, Jon: *Coming Out Jewish*. London / New York: Routledge 2000.

—: *Jewish Identity in Western Pop Culture. The Holocaust and Trauma through Modernity*. New York: Palgrave Macmillan 2008.

Strehle, Samuel: *Zur Aktualität von Jean Baudrillard. Einleitung in sein Werk*. Wiesbaden: VS 2012.

Sucker, Juliane / Lea Wohl von Haselberg (Hrsg.): *Bilder des Jüdischen. Zwischen Selbstbildern und Fremdzuschreibungen im 20. und 21. Jahrhundert*. Berlin: de Gruyter 2012.

Taberner, Stuart: „Wie kannst Du mich lieben?". "Normalizing" the Relationship between Germans and Jews in the 1990s Films *Aimée und Jaguar* and *Meschugge*. In: James Jordan / William Niven (Hrsg.): *Politics and Culture in Twentieth-Century Germany*. Rochester: Camden House 2003, S. 227–243.

Thiele, Martina: *Publizistische Kontroversen über den Holocaust*. Münster: Lit 2001.

Thompson, Kristin: *Storytelling in Film and Television*. Cambridge: Harvard UP 2003.

Thurn, Nike: Falschmünzer und Findelkinder. Fingierte jüdische Identitäten in der Literatur – ein Desiderat der literaturwissenschaftlichen Antisemitismusforschung? In: *Medaon – Magazin für jüdisches Leben in Forschung und Bildung* 5,8 (2011), S. 1–6. http://medaon.de/pdf/A_Thurn-8-2011.pdf (Zugriff am 16.03.2013).

Vatter, Christoph: *Gedächtnismedium Film. Holocaust und Kollaboration in deutschen und französischen Spielfilmen*. Würzburg: Königshausen & Neumann 2008.

Von Keitz, Ursula: Die provozierte Erinnerung. „Szenen" des Holocaust im Justizfilm. In: Dies. / Thomas Weber (Hrsg.): *Mediale Transformationen des Holocausts*. Berlin: Avinus 2013, S. 141–172.

Von Schrenk, Uta: Old Shatterhand. In: *Jüdische Allgemeine*, 03.05.2007. http://www.juedische-allgemeine.de/article/view/id/3798 (Zugriff am 20.11.2013).

Waldbauer, Peter: *Lexikon der antisemitischen Klischees. Antijüdische Vorurteile und ihre historische Entstehung*. Murnau / Staffelsee: Mankau 2007.

Wamhof, Georg: Gerichtskultur und NS-Vergangenheit. Performativität – Narrativität – Medialität. In: Ders. (Hrsg.): *Das Gericht als Tribunal oder: Wie der NS-Vergangenheit der Prozess gemacht wurde*. Göttingen: Wallstein 2009, S. 9–37.

Weber, Nathalie: *Woody Allen & Paul Mazursky. Das Tragikomische als Ausdrucksmittel Jüdischer Selbstreflexion im amerikanischen Film*. Berlin: Logos 2006.

Weber, Thomas: *Die Unterhaltsame Aufklärung. Ideologiekritische Interpretation von Kriminalfernsehserien des westdeutschen Fernsehens*. Bielefeld: Aisthesis 1992.

Weckel, Ulrike: Amerikanischer Traum von einem deutschen Schuldbekenntnis. Der Spielfilm *Judgment at Nuremberg* (1961) und seine Rezeption in der deutschen Presse. In: Georg Wamhof (Hrsg.): *Das Gericht als Tribunal, oder: Wie der NS-Vergangenheit der Prozess gemacht wurde*. Göttingen: Wallstein 2009, S. 163–185.

Wefelmeyer, Fritz: Die Ästhetik sich schließender Systeme. Judendarstellungen bei Rainer Werner Fassbinder. In: Pól O'Dochartaigh (Hrsg.): *Jews in German Literature since 1945. German-Jewish Literature?* Amsterdam: Rodopi 2000, S. 549–565.

Weniger, Kay: *Zwischen Bühne und Baracke. Lexikon der verfolgten Theater-, Film- und Musikkünstler 1933–1945*. Berlin: Metropol 2008.

—: *„Es wird im Leben dir mehr genommen als gegeben..." Lexikon der aus Deutschland und Österreich emigrierten Filmschaffenden 1933 bis 1945. Eine Gesamtübersicht*. Hamburg: Acabus 2011.

Wenzel, Mirjam: *Gericht und Gedächtnis. Der deutschsprachige Holocaust-Diskurs der sechziger Jahre*. Göttingen: Wallstein 2009.

Wickert, Christl: Tabu Lagerbordell. Vom Umgang mit Zwangsprostituierten nach 1945. In: Insa Eschebach / Sigrid Jacobeit / Silke Wenk (Hrsg.): *Gedächtnis und Geschlecht. Deutungsmuster in Darstellungen des nationalsozialistischen Genozids*. Frankfurt am Main: Campus 2002, S. 41–58.

Wiedemann, Dieter: Braucht Deutschland den deutschen Film? Überlegungen und Polemiken zur Wiedervereinigung einer Filmnation. In: Michael Schaudig (Hrsg.): *Positionen deutscher Filmgeschichte: 100 Jahre Kinematographie. Strukturen – Diskurse – Kontexte*. München: diskurs film 1996, S. 473–486.

Winkler, Georg: *Klezmer. Merkmale, Strukturen und Tendenzen eines musikkulturellen Phänomens*. Bern: Peter Lang 2003.

Winter, Rainer (Hrsg.): *Medienkultur, Kritik und Demokratie. Der Douglas Kellner Reader*. Köln: Herbert von Halem 2005.

Wisse, Ruth R.: *No joke. Making Jewish Humor*. Princeton / Oxford: Princeton UP 2013.

Witte, Karsten: *Der Passagier – das Passagere. Gedanken über Filmarbeit*. Frankfurt am Main: Frankfurter Bund für Volksbildung 1988.

Wolffsohn, Michael: Auf dem Weg in die Normalität? Zur Situation der Juden in Deutschland heute. In: Michael Wuliger (Hrsg.): *Deutsche Juden – Juden in Deutschland*. Bonn: Bundeszentrale für politische Bildung 1991, S. 12–15.

—: Identität, Identifizierung, Integration – Auflösung, „Endlösung“, Auferstehung. Zehn Thesen jenseits der Geschichte, diesseits der Gesellschaft. In: Y. Michal Bodemann / Micha Brumlik (Hrsg.): *Juden in Deutschland – Deutschland in den Juden*. Göttingen: Wallstein 2010, S. 225–244.

Wolfram Kinzig: Philosemitismus – Was ist das? Eine kritische Begriffsanalyse. In: Irene A. Diekmann / Julius H. Schoeps (Hrsg.): *Geliebter Feind – gehasster Freund. Antisemitismus und Philosemitismus in Geschichte und Gegenwart*. Berlin: vbb 2009, S. 25–60.

Wright, Melanie J.: Judaism. In: John Lyden (Hrsg.): *The Routledge Companion to Religion and Film*. London / New York: Routledge 2009, S. 91–108.

Wyrwa, Ulrich: Wilhelm Busch. In: Wolfgang Benz (Hrsg.): *Handbuch des Antisemitismus*, Bd. 2,1: Personen. Berlin: de Gruyter 2009, S. 115–116.

Yavetz, Zvi: *Judenfeindschaft in der Antike*. München: Beck 1997.

Young, James E.: *Beschreiben des Holocaust. Darstellung und Folgen der Interpretation*. Frankfurt am Main: Suhrkamp 1997.

Zeifert, Ruth: Wir Juden, die Juden – ich Jude? Das Jüdische aus der jüdisch/nichtjüdischen Doppelperspektive von „Vaterjuden“. In: Juliane Sucker / Lea Wohl von Haselberg (Hrsg.): *Bilder des Jüdischen. Zwischen Selbstbildern und Fremdzuschreibungen*. Berlin: de Gruyter 2012, S. 369–384.

Ziv, Avner: Introduction. In: *Humor – International Journal of Humor Research* 4,2 (1991), S. 145–148.

Zuckermann, Moshe: Aspekte des Philosemitismus. In: Irene A. Diekmann / Julius H. Schoeps: *Geliebter Feind – gehasster Freund. Antisemitismus und Philosemitismus in Geschichte und Gegenwart*. Berlin: vbb 2009, S. 61–71.

Zurawik, David: *The Jews of Prime Time*. Hanover: Brandeis UP 2003.

Zwaenepoel, Tom: *Dem guten Wahrheitsfinder auf der Spur. Das populäre Krimigenre in der Literatur und im ZDF-Fernsehen*. Würzburg: Köngshausen & Neumann 2004.

5.
Abbildungsverzeichnis

Abb. 1: Wirt Loeb (Max Buchsbaum) in *Schwarzer Kies* (BRD 1960/61, R: Helmut Käutner). Sein Gesicht und sein Unterarm spiegeln sich in einer Musicbox.
Abb. 2: Vorspann von *Ein ganz normaler Fall* (BRD 2011, R: Torsten C. Fischer).
Abb. 3: Pinkas Braun (2.v.l.) als Siegfried Stein in *Wir Wunderkinder* (BRD 1958, R: Kurt Hoffmann).
Abb. 4: Annemarie Düringer als Dr. Katz (links) und Rosel Zech als Veronika Voss (rechts) in *Die Sehnsucht der Veronika Voss* (BRD 1981/82, R: Rainer Werner Fassbinder).
Abb. 5: Die Brüder Boy (Elliot Levey) (links) und Max (Steven Mangan) (rechts) in *SuperTex* (BRD/NL 2002, R: Jan Schütte).
Abb. 6: Leo Rosen (René Ifrah) und Mascha Kaminer (Soraya Gomaa) in *Zores* (BRD 2006, R: Anja Jacobs).
Abb. 7: Benni (Yehuda Seligmann), Ron (Dominique Horwitz) und Yael (Hana Azoulay-Hasfari) in Israel in *Schalom meine Liebe* (BRD/IL 1998, R: Josef Rödl).
Abb. 8: Die jüdischen Familien Silberschatz und Grüngras in *So ein Schlamassel* (BRD 2009, R: Dirk Regel).
Abb. 9: Barbara (Hannelore Elsner) und Samantha (Adriana Altaras) in *Rot und Blau* (BRD 2002/03, R: Rudolf Thome).
Abb. 10: Bernd (Vincent Redetzki) und Jakob (Neel Fehler) in *Die Wölfe* (BRD 2009, R: Friedemann Fromm).
Abb. 11: Sulamit (Celeste Cid) und Friedrich (Max Riemelt) in *Der deutsche Freund* (BRD/ARG 2011/12, R: Jeanine Meerapfel).
Abb. 12: In *Zores* (BRD 2006, R: Anja Jacobs) besucht Rebecca Rosen (Petra Kelling) das Grab ihres Mannes Hans Rosen auf dem jüdischen Friedhof.
Abb. 13: Kerzenständer in der Villa des jüdischen Geschäftsmannes David Prestin (Ivan Desny) in dem *Tatort*-Film *Tod im Jaguar* (BRD 1996, R: Jens Becker).
Abb. 14: Die Wohnung des Ehepaars Fränkel in dem Schimanski-Film *Das Geheimnis des Golem* (BRD 2003, R: Andreas Kleinert), bei denen Horst Schimanski zum Essen eingeladen ist.
Abb. 15: Lolle (Felicitas Woll) und Moshe (David Steffen) kommen sich in der Episode *Lolle und der Traumprinz* der Serie *Berlin, Berlin* (BRD 2002, Staffel 1, Episode 10) in seinem koscheren Restaurant näher.
Abb. 16 a, b, c: Essen bei einer Familienfeier anlässlich des 10. Todestages des Bruders von Marek Gorsky in *Im Angesicht des Verbrechens* (BRD 2008–2010, R: Dominik Graf).
Abb. 17: In *Liebe unter Verdacht* (BRD 2002, R: Jorgo Papavassiliou) isst Daniel Kahana einen Cheeseburger und erklärt Eva Bartoc daran, was nicht koscher ist.
Abb. 18: Zippis Café *Zippis koschere Delicatessen* in *So ein Schlamassel* (BRD 2009, R: Dirk Regel).
Abb. 19 a & b: Lea Kaminski tanzt in der Schimanski-Folge *Das Geheimnis des Golem* (BRD 2003, R: Andreas Kleinert) ausgelassen im koscheren Deli in Antwerpen.
Abb. 20: Die junge orthodoxe Jüdin Miriam Fränkel (Annika Blendl) in dem *Tatort*-Film *Ein ganz normaler Fall* (BRD 2011, R: Torsten C. Fischer).
Abb. 21: Maximilian Glanz (Towje Kleiner) und Gloria Schimpf (Monika Schwarz) in *Der ganz normale Wahnsinn* (BRD 1979, R: Helmut Dietl).
Abb. 22: Alvy Singer (Woody Allen) und Annie Hall (Diane Keaton) in *Annie Hall* (USA 1977, R: Woody Allen).
Abb. 23: Ruth Weintraub (Sharon Brauner) singt jiddische Lieder in *Auf das Leben!* (BRD 2014, R: Uwe Janson).
Abb. 24: Siegfried Rabinovicz (Klaus Loewitsch) und Markus Schlüter (Matthias Habich) in *Das Urteil* (BRD 1997, R: Oliver Hirschbiegel).
Abb. 25: Marek Gorsky und seine Kolleg_innen von der Polizei ermitteln in der ersten Episode von *Im Angesicht des Verbrechens* (BRD 2008–2010, R: Dominik Graf) in einer russischen Disko.

Abb. 26: Der „Schwarzmarktkönig“ Jacob (Stefan Kurt) in *Drei Schwestern made in Germany* (BRD 2006, R: Oliver Storz).
Abb. 27 a & b: Das DP-Camp in *Drei Schwestern made in Germany* (BRD 2006, R: Oliver Storz).
Abb. 28: Dora (Bettina Moissi) und David Yellin (Israel Beker) in *Lang ist der Weg* (Deutschland West 1947/48, R: Herbert B. Fredersdorf / Marek Goldstein).
Abb. 29: David Yellin (Israel Beker) in *Lang ist der Weg* (Deutschland West 1947/48, R: Herbert B. Fredersdorf / Marek Goldstein) bei der landwirtschaftlichen Arbeit.
Abb. 30: Irene Papas als Lea Weiss in *Zeugin aus der Hölle* (BRD/JUG 1965–1967, R: Zica Mitrovic).
Abb. 31: Nelly (Nina Hoss) in *Phoenix* (BRD 2013/14, R: Christian Petzold).
Abb. 32: Die tätowierte Häftlingsnummer von Enrico Pavarotti (Guido Gagliardo) in der *Lindenstraße*.
Abb. 33: Jakob (Neel Fehler) schließt mit Bernd (Vincent Redetzki) Blutsbrüderschaft in dem ZDF-Fernsehdreiteiler *Die Wölfe* (BRD 2009, R: Friedemann Fromm).
Abb. 34: Nach dem Wechsel seiner Identität hat Jakob, nun Johann, in *Die Wölfe* (BRD 2009, R: Friedemann Fromm) seine Häftlingsnummer entfernen lassen.
Abb. 35 a & b: Johnny (Ronald Zehrfeld) erkennt Nelly an der Nummer auf ihrem Unterarm, *Phoenix* (BRD 2013/14, R: Christian Petzold).
Abb. 36: Myriam (Anouk Aimée) begegnet auf dem Gelände der heutigen Gedenkstätte Auschwitz in *Birkenau und Rosenfeld* (FR/BRD/PL 2002/03, R: Marceline Loridan-Ivens) israelischen Jugendgruppen.
Abb. 37: Uri Schwarz in *Liebe unter Verdacht* (BRD 2002, R: Jorgo Papavassiliou).
Abb. 38 a & b: Das Hochhaus, in dem Anton Saitz (Gottfried John) in *In einem Jahr mit 13 Monden* (BRD 1978, R: Rainer Werner Fassbinder) im 16. Stock lebt.
Abb. 39 a & b: Elviras (Volker Spengler) Raum in *In einem Jahr mit 13 Monden* (BRD 1978, R: Rainer Werner Fassbinder) ist das Bahnhofsviertel mit Prostitution und Spielsalons.
Abb. 40: *Liebe unter Verdacht* (BRD 2002, R: Jorgo Papavassiliou): Marienfigur in Großaufnahme.
Abb. 41: *Liebe unter Verdacht* (BRD 2002, R: Jorgo Papavassiliou): Die Synagoge.
Abb. 42: David Prestins (Ivan Desny) Villa in dem *Tatort*-Film *Tod im Jaguar* (BRD 1996, R: Jens Becker).
Abb. 43 a & b: Daniel Prestins Figurenbiografie in *Tod im Jaguar* (BRD 1996, R: Jens Becker) (links) wird wie auch die von Uri Schwarz in *Liebe unter Verdacht* (BRD 2002, R: Jorgo Papavassiliou) (rechts) über einen Computerdatensatz visuell erzählt.
Abb. 44: Kerzenleuchter in *Im Angesicht des Verbrechens* (BRD 2008–2010, R: Dominik Graf).
Abb. 45: Menora und Kippas als Kodierungen von Jewishness in *Im Angesicht des Verbrechens* (BRD 2008–2010, R: Dominik Graf).
Abb. 46 a & b: Schlussbilder von *Meschugge* (BRD/CH 1997/98, R: Dani Levy).
Abb. 47: Karl (Günther Maria Halmer) in *Abrahams Gold* (BRD 1989, R: Jörg Graser) im Gespräch mit seiner Mutter.
Abb. 48: Schlussbild von *Abrahams Gold* (BRD 1989, R: Jörg Graser): Karl/David (Günther Maria Halmer) und Bärbel (Hannah Schygulla) gehen in unterschiedliche Richtungen davon.
Abb. 49: Valerie (Nadine Spruß) in der Episode *Geburtstage* (255, 1990) der *Lindenstraße*.
Abb. 50 a & b: Enrico (Guido Gagliardi) und Isolde (Marianne Rogée) in Episode 251 *Die Frage* (1990) der *Lindenstraße*.
Abb. 51: Kollektives Happy End in *So ein Schlammassel* (BRD 2009, R: Dirk Regel).
Abb. 52: Kollektives Happy End in *Schalom meine Liebe* (BRD/IL 1998, R: Josef Rödl).
Abb. 53: Kollektives Happy End in *Die Gärten des Rabbiners* (BRD 2008, R: Wolfgang F. Herschel).
Abb. 54: Yvonne, Nellys ‚Erzfeindin‘ in *Max Minsky und Ich* (BRD 2006/07, R: Anna Justice).

6.
Filmregister

Abrahams Gold 299, 314–318, 320, 370
Abschied von gestern 21, 124, 129, 131, 143, 170, 243, 357, 370
Alles auf Zucker! 24, 29, 56, 59, 99, 102, 112, 118, 125, 127, 131, 133–134, 137, 142, 150, 154, 158, 255–256, 272, 299, 302–305, 343, 347, 370
Alma Mater 21, 57, 85, 122–123, 130, 170, 176–178, 185–186, 357, 370
Am Ende kommen Touristen 13, 217, 233, 299, 320
Anderswo 371
Anfrage 21, 130, 170, 194, 361, 371
Annas Sommer 151, 323, 338, 358, 368, 371
Auf das Leben! 24, 127, 167, 221, 239, 371
Auf Wiedersehen Amerika 154, 158–159, 187, 189, 191, 372
Bei Thea 206, 372
Bella Block 25, 28, 57, 145, 147, 171, 288, 294, 295, 340, 348, 372
Bella Block: Auf der Jagd 295
Bella Block: Das Schweigen der Kommissarin 295
Bella Block: Weiße Nächte 295, 372
Berlin, Berlin 25, 135, 137, 139–140, 146, 148, 152, 154, 171, 323, 338–339, 372
Berlin, Berlin: Lolle und der Traumprinz 135, 372
Birkenau und Rosenfeld 203–204, 217–219, 222, 226, 229–230, 232–233, 373
Bronsteins Kinder 23, 124, 128, 133, 148, 169, 171, 204, 207, 229, 239, 241, 249, 253, 263–265, 305, 373
Chuzpe – Klops braucht der Mensch! 24, 127, 140, 260, 262, 264, 373
Das Geld liegt auf der Straße 344
Das Jesus-Video 193
Das Leben ist zu lang 29, 106, 118, 150, 152, 154, 158, 323, 340, 344, 347, 374
Das Urteil 57, 133, 142, 148, 154, 170, 176, 187–189, 191–192, 229–230, 374
Das Zeugenhaus 20, 207, 216–217, 222, 375
Der Bibel-Code 193
Der Bockerer 131, 349, 375
Der deutsche Freund 130, 133, 151, 317, 330–331, 334–335, 338–339, 375
Der Durchdreher 375
Der ganz normale Wahnsinn 28, 152, 375–376
Der letzte Mentsch 25, 376
Der Passagier 124, 128, 133, 154, 170, 176, 187, 190–191, 193, 204, 224, 231–232, 303, 305, 376
Der Rosengarten 84, 133, 140, 170, 202, 203, 220–221, 223, 228–229, 232–233, 235–239, 376
Der Ruf 19, 29, 31, 49, 57, 83, 130–131, 133, 143, 170, 176–178, 180–181, 183–186, 211, 323, 332–333, 340, 343, 346, 368, 377
Der Staat gegen Fritz Bauer 236
Der Zobel 377
Deutschland 09. Joshua 118, 133, 152, 154, 268, 343, 377
Deutschlandlied 20, 177, 207–208, 331, 378
Die Frau, die im Wald verschwand 378
Die Gärten des Rabbiners 131, 133–134, 137, 140, 148, 276–277, 279, 280, 288, 323, 327, 334, 337–338, 391
Die Himmelsleiter 20, 133, 169, 180, 207, 216, 221, 241, 323, 343, 379
Die Kommissarin 25, 28, 294–295, 378
Die Seele eines Mörders 193, 297–298, 379
Die Sehnsucht der Veronika Voss 21, 54, 67, 97–98, 129–130, 144, 239, 243, 247–248, 313, 379
Die Straßen von Berlin: Terror 194, 274, 379
Die verlorene Zeit 217, 225, 323, 338, 380
Die Wölfe 57, 130, 133, 207, 227, 340, 343, 380
Drei Schwestern made in Germany 20, 208, 209, 323, 331, 381
Ein ganz gewöhnlicher Jude 57, 112, 129, 141, 150, 154, 160, 220, 253, 255–256, 262, 269–270, 272, 333, 381
Ein Leben für ein Leben 223–224, 228, 239, 381
Ein Stück Himmel 22, 217, 382
Ein Zug nach Manhattan 170, 382
Ende der Schonzeit 317, 382

Epsteins Nacht 218, 222, 224, 239, 249–250, 302, 383
Familie verpflichtet 25, 324, 383
Gebürtig 124–125, 128, 133, 142, 152, 187, 190, 192–193, 204, 221, 229–231, 233, 235–238, 253, 260, 265, 269–270, 305, 323, 338, 340–341, 383
Gegen Ende der Nacht 20, 384
Hannah Arendt 234, 384
Herbe Mischung 25, 302, 384
Im Angesicht des Verbrechens 118, 123, 129, 133, 134, 137, 148, 176, 196, 199–200, 202, 216, 281, 288–289, 292, 323, 385
Im Angesicht des Verbrechens: Berlin ist das Paradies 289–290
Im Labyrinth des Schweigens 134, 214, 216–217, 222, 236, 385
In einem Jahr mit 13 Monden 21, 56, 67, 97–98, 133, 144, 152, 170, 239, 243–245, 248–249, 323, 338, 340, 385
Jerusalem, Jerusalem 193, 339
Kaddisch für einen Freund 25, 106, 118, 133, 140, 176, 197–200, 202, 385
Kaddisch nach einem Lebenden 386
Kir Royal: Adieu Claire 386
La Amiga 386
Landauer. Der Präsident 20, 177, 386
Lang ist der Weg 19, 20, 168, 170, 209–211, 217–219, 221
Let's go! 127, 217, 219, 387
Levin und Gutman 23, 25, 28, 170, 386
Liebe unter Verdacht 25, 56, 77, 125, 131, 133–134, 137, 148, 152, 165, 176, 196, 198–199, 201, 224, 239, 250, 271, 273–274, 276–277, 279–280, 286, 288, 323, 339, 344, 347, 351, 365, 368, 387
Lindenstraße 24–25, 28, 131, 207, 217, 226, 228–230, 280, 299, 321–323, 325, 328–329, 387–388
Lindenstraße: Begegnungen 231, 321, 388
Lindenstraße: Bilder der Vergangenheit 226, 387
Lindenstraße: Das Lied 328, 388
Lindenstraße: Geburtstage 321, 388
Lore 207, 332–333, 389
Love Comes Lately 57, 128, 152, 154, 158, 339–340, 389
Malou 133, 151, 170, 256, 323, 332, 338–339, 368, 389
Max Minsky und ich 29, 57, 133, 151, 154, 194, 323, 338, 342, 345, 389
Meschugge 67, 133, 144, 150, 171, 187, 192–193, 217, 220, 238, 256, 268–269, 272, 298–299, 301–302, 305–307, 310–318, 320–321, 343, 346, 348, 361, 390
Mörderischer Besuch 193, 286, 297, 390
Mord in Frankfurt 21, 44, 84, 122, 133, 170, 179, 207, 214, 236, 238, 361, 390
Neues Deutschland. Ohne mich 23–24, 89, 141, 144, 148, 150, 152–153, 217, 256, 265, 268–270, 273, 300, 323, 332, 338, 340, 347, 368, 390
Nichts als die Wahrheit 67, 101, 235, 314, 320–321, 391
Obsession 25, 63, 87, 171, 242, 259, 344, 350, 391
Pfarrer Braun 28, 137, 334, 391
Phoenix 217, 221, 223, 227, 236, 299, 304–305, 391
Rosa Roth 28, 30, 67, 144, 147, 193, 239, 250–252, 288, 293–297, 392
Rosa Roth: Jerusalem oder die Reise in den Tod 134, 193, 239, 241, 250–251, 276, 294, 296–297, 392
Rosenfeld und Birkenau 151, 358
Rosenstraße 205, 329
Rosenzweigs Freiheit 23–24, 86, 89, 141, 144, 150, 167, 171, 206–207, 217, 220, 249, 252, 256–261, 264, 266–270, 347–348, 358, 361, 392
Rot und Blau 25, 123, 129, 145, 171, 344, 347–348, 368, 392
Rubbeldiekatz 25, 171, 194, 305–351, 392
Russendisko 125, 131, 146, 148, 176, 195–196, 198–202, 303–305, 347, 393
Schalom meine Liebe 25, 77, 85, 118, 123, 129, 131, 133, 152, 167, 171, 193, 253, 255, 271–272, 304, 326, 334–335, 337, 339–342, 358, 368, 393
Schatten der Engel 170, 242–243, 393
Schicksale der Nachkriegszeit 331
Schimanski: Das Geheimnis des Golem 25, 77, 98–99, 131, 134, 137, 149, 154, 161, 276, 280–286, 288, 339, 349, 374
Schwarzer Kies 21, 84, 91–92, 130–131, 170, 215–216, 227, 393
Simon sagt auf Wiedersehen zu seiner Vorhaut 394

So ein Schlamassel 24, 56–57, 59, 77, 118, 123, 125, 127–129, 133, 137, 139, 142, 146, 150, 154, 163–165, 167, 169, 216, 255, 269, 271, 299, 302–305, 323–324, 332–335, 337, 339, 345, 347, 358, 368, 394
SuperTex 24, 56, 126, 128–129, 137, 148–150, 154, 158, 207, 220, 253, 262–263, 271, 273, 338, 340–341, 347, 394
Tannbach 20, 207, 394
Tatort 25, 28, 53, 84, 98, 103, 112, 118, 150, 163, 177–179, 196, 236, 249, 255, 274–275, 280–282, 284–286, 289, 295, 328, 335
Tatort: Das Muli 374
Tatort: Deckname Kidon 281
Tatort: Der Schächter 53, 56, 98–99, 103, 104, 137, 154, 160, 177–179, 249, 280, 283–286, 288, 323, 328, 338–340, 377
Tatort: Ein ganz normaler Fall 25, 98, 112, 123, 125–126, 133, 135, 141, 150, 154, 196, 255, 274, 276, 281, 285, 287–288, 291, 302, 335, 339, 347, 381
Tatort: Hydra 25, 118, 274, 384
Tod im Jaguar 56, 98, 135, 168, 274, 280–281, 285–286, 288, 347, 395
Wir Wunderkinder 20, 122, 129–131, 142, 170, 176, 348–349, 357, 361, 395
Wohin und zurück: An uns glaubt Gott nicht mehr 180
Wohin und zurück: Santa Fe 180
Wohin und zurück: Welcome in Vienna 20, 57, 83, 170–171, 175–177, 180–181, 183–187, 207, 332–333, 340, 396
Zeugin aus der Hölle 21, 31, 122–123, 151, 170–171, 179, 203, 205, 212, 214–221, 223–225, 234–237, 250, 316, 361, 396
Zores 24, 59, 102, 118, 123, 125, 127, 129, 133–137, 140, 149–150, 152–154, 161, 165, 167–168, 201–202, 255, 303, 323, 358, 371, 396